Über die Herausgeber

Herbert Bruhn, geb. 1948, Prof. Dr. phil., Dipl.-Psych.; erstes Studium Dirigieren bei Wilhelm Brückner-Rüggeberg, Hans Swarowski und Sergiu Celibidache; Tätigkeit als Pianist und Dirigent an verschiedenen westdeutschen Musiktheatern; zweites Studium Psychologie, Musikwissenschaft und Musikpädagogik in München; 1988–89 Musikdirektor der Universität des Saarlandes, seit 1989 Professor für Musik und ihre Didaktik in Kiel; weiterhin tätig als Pianist und Dirigent; Arbeits- und Forschungsschwerpunkte: Grundlagen der Musikpsychologie und Musiktherapie, musikalische Entwicklung. – *Wichtigste Veröffentlichungen:* Harmonielehre als Grammatik der Musik (1988); Musikpsychologie. Ein Handbuch (1993, hg. zus. mit R. Oerter und H. Rösing); Musikpsychologie in der Schule (1995, hg. zus. mit H. Rösing).

Adresse: Christian-Albrechts-Universität, Institut für Ästhetische Bildung, Olshausenstraße 75, 24118 Kiel; bruhn@ewf.uni-kiel.de

Helmut Rösing, geb. 1943, Prof. Dr. phil. habil.; Promotion 1968 (Themenbereich Vergleichende Musikwissenschaft, musikalische Akustik); 1968–72 Redakteur für Sinfonie und Oper beim Saarländischen Rundfunk; 1974 Habilitation in Musikwissenschaft an der Universität in Saarbrücken (Musikalische Stilisierung akustischer Vorbilder in der Tonmalerei, 1977); 1975–1978 Leiter der Zentralredaktion des Internationalen Quellenlexikons der Musik (RISM) in Kassel; 1978–93 Professor für Systematische Musikwissenschaft an der Gesamthochschule Kassel, seit 1993 an der Universität Hamburg; wissenschaftlicher Beirat für das Fachgebiet Musikpsychologie der Neuausgabe von MGG, Musik in Geschichte und Gegenwart. – *Wichtigste Veröffentlichungen:* Musik und Massenmedien (1978); Rezeptionsforschung in der Musikwissenschaft (1983); Musik im Alltag (1985); Beiträge zur Popularmusikforschung, hg. für den Arbeitskreis Studium Populärer Musik (1986 ff); Musik als Droge (1991); Musikpsychologie. Ein Handbuch (1993, hg. zus. mit H. Bruhn und R. Oerter); Musikpsychologie in der Schule (1995, hg. zus. mit H. Bruhn); Schriften zur Popularmusikforschung (1996 ff).

Adresse: Universität Hamburg, Musikwissenschaftliches Institut, Neue Rabenstraße 13, 20354 Hamburg, Fax (040) 4123-5669.

Herbert Bruhn
Helmut Rösing (Hg.)

Musikwissenschaft

Ein Grundkurs

rowohlts enzyklopädie

rowohlts enzyklopädie

Herausgegeben von Burghard König

Originalausgabe
Veröffentlicht im Rowohlt Taschenbuch Verlag GmbH,
Reinbek bei Hamburg, März 1998
Copyright © 1998 by Rowohlt Taschenbuch Verlag GmbH,
Reinbek bei Hamburg
Umschlaggestaltung Jens Kreitmeyer
Satz Aldus und Optima (PostScript PageOne)
Gesamtherstellung Clausen & Bosse, Leck
Printed in Germany
ISBN 3 499 55582 4

Inhalt

III Musik herstellen

IV Musik lernen und vermitteln

V Musik beschreiben

VI Musik entdecken

Anhang

Zusammengestellt von Herbert Bruhn und Helmut Rösing

Helmut Rösing und Herbert Bruhn
Musikwissenschaft

1. Aufgabenstellung

Die Entwicklung der Musik und des Musiklebens auf der Schwelle vom 20. zum 21. Jahrhundert stellt eine Herausforderung an die Musikwissenschaft dar. Noch nie zuvor gab es – über die ganze Welt verbreitet – eine derartige Vielfalt musikalischer Stile und Kulturen, die durch die technischen Medien so gut wie jederzeit und überall für jeden zugänglich sind. Die Musikstile und Musikkulturen beeinflussen sich gegenseitig in zunehmendem Ausmaß. «Weltmusik» im positiven wie negativen Sinn (Nettl, 1985) – als behutsame Integration oder als okkupatorische Aneignung fremder Stilelemente durch die eigene Musik – ist das eine der hörbaren Ergebnisse der Musikentwicklung. Ein anderes Ergebnis ist die bewußte Rückbesinnung auf musikalische Traditionen einer Region (→Kulturbereiche der Welt; →Vergleichende Musikpädagogik). Vor allem muß der Trend zu einer internationalen Popmusik genannt werden, die über die jeweils neuesten digitalen Medien global verbreitet und vermarktet wird und Kulturräume überschreitend überall Traditionen einzuebnen droht (→Musikvermittlung in der modernen Mediengesellschaft).

Versteht man Forschung nicht allein als Versuch der Rekonstruktion von kulturellen Zusammenhängen vergangener Zeiten, sondern auch als gegenwartsbezogene Aufgabe, dann ist es zentrales Anliegen von Musikwissenschaft, die Musik und das Musikleben der heutigen Zeit im Wechselspiel von geschichtlichen Traditionen und gesellschaftlichen Neuerungen begreifbar und erfahrbar zu machen.

Das kann nur gelingen, wenn Musik nicht als Objekt, als Gegenstand der Analyse und Reflexion einer Bewertung unterzogen wird, sondern als hörbares Ergebnis menschlichen Handelns mit einer Botschaft im Kontext gesellschaftlicher Gegebenheiten verstanden wird. Was das konkret bedeutet, läßt sich kultursoziologischer Forschung entnehmen (→Musikkultur). Demnach gibt es immer so viele verschiedene Kunstrichtungen wie Bildungs- bzw. allgemeiner: Gesellschaftsschichten. Die

Produktion und Rezeption von Kunst wird als Spiegel der kulturellen Bedürfnisse verschiedener Gesellschaftsschichten verstanden. In diesem Sinn haben sich nach Arnold Hauser (1974, S. 585 ff) im Abendland seit dem Zeitalter der Aufklärung (18. Jahrhundert) drei Bildungsschichten entwickelt. Ihre kulturellen Bedürfnisse haben zur Ausprägung von drei grundsätzlich verschiedenen Kunst- und Musiktypen geführt:

– zur Musik der Bildungselite (Kunstmusik, klassische Musik, E-Musik),
– zur Musik der geringer gebildeten, naiven Bevölkerungsschicht (Volksmusik) und
– zur populären Musik der teilgebildeten Einwohnerschaft in den Städten.

Der letztgenannte Musiktyp hat mit der Industrialisierung im 19. Jahrhundert immer mehr an Attraktivität gewonnen. Spätestens in den 20er Jahren dieses Jahrhunderts (Weimarer Zeit; vgl. Rösing, 1995 a) ist er zur eigentlich repräsentativen Musikrichtung geworden. Ab der Mitte des 20. Jahrhunderts – so Hauser – ist diesem Typ von populärer Musik mit dem Entstehen einer vierten Bildungsschicht der Rang abgelaufen worden: von einer technik- und konsumorientierten urbanen Bildungsschicht, die ihre Musik in der afro-amerikanisch beeinflußten Popmusik findet (Rock 'n' Roll, Beat, Rock, Disco).

Das Erkenntnisinteresse von Musikwissenschaft muß auf die Bedürfnisstrukturen gesellschaftlicher Gruppierungen und ihre historische Bedingtheit gerichtet sein – auf soziologisch fundierte Strukturen (wie Bildung und Milieu) ebenso wie ökonomische Strukturen (Angebot und Nachfrage). Die Produktion und die Vermittlung von Musik sind in gleicher Weise wie das Hören als Resultat eines umfassenden motivationalen Handlungszusammenhangs zu verstehen und zu deuten. Musikimmanente Forschung, die auf die Analyse und Interpretation musikalischer Strukturen ausgerichtet ist, bedarf der Ergänzung durch soziokulturelle, lebensgeschichtliche und wahrnehmungspsychologische Faktoren, um musikalische Funktionen und →Zweckbestimmungen von Musik als zentrale Größen für musikalisches Handeln erfassen zu können (s. dazu Bruhn, Oerter & Rösing, 1993). Nur aus der Synergie dieser musikbezogenen Fragestellungen können «verstehendes Hören» (Rauhe, Reinecke & Ribke, 1975) und musikalische Kompetenz hervorgehen – Kompetenz verstanden als Neugier und Offenheit gegenüber allen Musikstilen und -richtungen, die das aktuelle Musikleben prägen.

Mit dem vorliegenden Buch wird ein erster Versuch im deutschsprachigen Raum unternommen, den Anforderungen an eine offene und sich ihrer gesellschaftlichen Verantwortung bewußte Musikwissenschaft gerecht zu werden.

In unterschiedlicher Form und Sichtweise versuchen die Autorinnen und Autoren sich der Frage «Was ist Musik?» (Teil I) anzunähern. Teil II (Musik verwenden) thematisiert soziologische, sozialpsychologische und psychophysiologische Aspekte des Gebrauchs von Musik. In Teil III (Musik herstellen) ist der Blick mehr auf die Komposition und die Wechselbeziehungen zur Entstehungssituation gerichtet. Teil IV (Musik lernen und vermitteln) gilt der Auseinandersetzung mit den ständig präsenten Instanzen des Musiklebens, die zur musikalischen Sozialisation eines Individuums führen und seine Präferenzstruktur beeinflussen, ohne daß dies immer bewußt sein muß. Die Kategorisierung von Musik, Musikepochen, Stileigenheiten, Instrumenten und Dokumenten ist Gegenstand von Teil V (Musik beschreiben). Teil VI (Musik entdecken) ist der Auseinandersetzung mit fremden Kulturen und Ethnien gewidmet. Es soll deutlich werden, daß die Entwicklung der abendländischen Musiktradition keine in der Natur begründete Selbstverständlichkeit ist, sondern lediglich einen Sonderfall unter den Musikstilen der Welt darstellt.

Den thematischen Schwerpunkten der sechs Hauptteile entsprechen unterschiedliche Erkenntnisinteressen. Sie bilden ein Spannungsfeld, das durch verschiedene Teildisziplinen musikwissenschaftlicher Forschung markiert und im besten Fall durch stimulierende Konkurrenz, im schlechtesten Fall durch Strategien der Ausgrenzung belebt und mit Dynamik erfüllt wird.

2. Kunst oder Unterhaltung? – Kunst und Unterhaltung

Im Mittelpunkt musikwissenschaftlicher Arbeit steht in der Regel die Kunstmusik eines Kulturbereichs. Vor allem in der deutschsprachigen musikwissenschaftlichen Forschung wird die Kunstmusik als sogenannte «ernste» Musik (E-Musik) von der «unterhaltenden» Musik (U-Musik) abgegrenzt. Mehr oder weniger indirekt wird damit unterstellt, Kunstmusik sei nicht zur Unterhaltung gedacht. Wie wenig zutreffend die in Kreisen der Historischen Musikwissenschaft gebräuchliche und auch institutionell sanktionierte Unterscheidung (z. B. Urheberrecht, Kulturpolitik, Rundfunk) eigentlich ist, zeigen die Musikbezeichnungen unbefangener Hörer: Unter «moderner Musik» verstehen sie im allgemeinen die aktuelle Rock- und Popmusik sowie Jazz, kaum jedoch die zeitgenössische Kunstmusik. Kunstmusik wird allgemein als «klassische Musik» bezeichnet – unter Einschluß von Konzertmusik und Oper des 17. Jahrhunderts bis hin zur Westside-Story von Leonard Bernstein. Als «Unterhaltungsmusik» gelten meist nur volkstümliche Musik, Schlager, Partymusik und Mainstream-Pop – manchmal wird die kommerzielle Hintergrundmusik (funktionelle Musik) noch hinzugezählt.

In herkömmlicher musikwissenschaftlicher Geschichtsschreibung kommt Rock, Pop, Jazz und volkstümlicher Musik neben der Kunstmusik aus Vergangenheit und Gegenwart allenfalls eine marginale Rolle zu. Im zwölfbändigen Neuen Handbuch der Musikwissenschaft z. B. ist der letzte Band (Stockmann, 1992) zwar der Volks- und Popularmusik in Europa vorbehalten. Aber nur ganze 35 Seiten sind Rock, Pop und Jazz gewidmet, zudem mit zweifelhaftem Ergebnis. In der «Musikgeschichte in Daten» (Dietel, 1994) glaubt man sogar, auf Angaben zur populären Musik selbst im 20. Jahrhundert vollständig verzichten zu können. So trifft immer noch zu, was Georg Knepler schon vor Jahren anmahnte: «Viele musikgeschichtliche Werke [...] sparen gerade jene Typen von Musik so gut wie ganz aus, die für Millionen von Menschen allein als Musik gelten – Unterhaltungs- und Tanzmusik, Beat, Jazz» (1982, S. 17).

Es ist erklärtes Ziel unserer Arbeit, Widerstand gegen diese Form von Ausgrenzung der musikalischen «Artenvielfalt» (Kaden, 1993, S. 171) zu leisten. Wo immer möglich, soll die Musik eines Kulturbereichs gleichberechtigt nach den drei musikalischen Grundtypen *folk* (Volksmusik), *art* (Kunstmusik) und *pop* (populäre Musik) behandelt werden. Diese Vorgehensweise ist in Ethnomusikologie und Vergleichender Musikwissenschaft schon länger üblich. Denn bei der Untersuchung verschiedenster Musikkulturen und Musiksysteme der Welt hat sich herausgestellt, daß zwischen diesen drei Typen auf ähnliche Weise beschreibbare Gemeinsamkeiten und Unterschiede bestehen (Booth & Kuhn, 1990, S. 414). Tabelle 1 gibt einige Anhaltspunkte dafür, wie diese Grobklassifikation nach Grundtypen für die zeitgenössische abendländische Musik herangezogen werden kann.

Natürlich erweist sich bei näherer Betrachtung diese Klassifikation in nur drei musikalische Grundtypen als erweiterungs- und differenzierungsbedürftig. Das schon allein deswegen, weil in musikethnologischer Forschung eine zusätzliche Unterscheidung in Volksmusik (neuerer De-

Tabelle 1: Kunstmusik, populäre Musik und Volksmusik als Grundtypen der Musikentwicklung – bezogen auf die Musik im Europa des ausgehenden 20. Jahrhunderts

	Kunstmusik	Populäre Musik (Rock, Pop, Jazz)	Volksmusik, volkstümliche Musik, Schlager
geschichtliche Wurzeln	abendländische Kirchenmusik, höfische Gesangs- und Instrumentalkunst, absolute Musik des 18./19. Jahrhunderts (Sinfonie, Klaviersonate, Streichquartett u. a. m.)	afrikanisches Musikidiom in afroamerikanischer Vermittlung (Nord- und Lateinamerika), europäische Volks- und Gebrauchsmusik (Marsch), Gemeindegesang der christlichen Kirche	regionale Volkslieder und -tänze, instrumentale Tanz- und Umgangsmusik (z. B. Festmusik)
übergreifende Stilmerkmale	komplexe musikalische Strukturen, variierende Umformung anstelle von wörtlicher Wiederholung, extreme Ausnutzung des Hörfeldes mit distinkten Tönen und Geräuschklängen, schriftliche Notierung	Dominanz von Rhythmus und Sound, markante Wiederholungsstrukturen, häufig sehr starke Technik- und Kommerzbezogenheit	einfache musikalische Strukturen, die eine mündliche Tradierung ermöglichen, Orientierung an Tanz und Gesang, oft mundartliche Texte
Beispiele für aktuelle Stile	Zwölftonmusik, serielle Musik, Aleatorik, Elektronische Musik, Computermusik	Rock 'n' Roll, Rock, Punk, Reggae, Heavy Metal, Rap, Techno, Bebop, Cool Jazz, Free Jazz, Jazzrock	Volks- und Heimatlieder, Volkstanz, volkstümelnde Musik und volkstümlicher Schlager
typenübergreifende Stilrichtungen	Fusion – Crossover – Weltmusik		

finitionsansatz: Schepping, 1988) und tribale Musik angebracht ist. Unter tribaler Musik versteht man die Musik von nicht nationalstaatlich organisierten Stammesgemeinschaften, kurz: von «Randgruppen der Menschheit» (Lindig, 1981, S. 5). Sie wurde früher höchst mißverständlich als «Musik der Naturvölker» oder gar als «primitive music» bezeichnet. Diese Musik erweist sich im allgemeinen bei näherer Betrachtung als höchst elaboriert, kunstvoll und raffiniert. Sie strukturiert das gemeinschaftliche Zusammenleben noch weitaus ganzheitlicher als Volksmusik. Eine Differenzierung zwischen den drei Grundtypen wird notwendig, wenn man die musikalische Wirklichkeit in der Vieldimensionalität von gleichzeitig, bestehenden musikalischen Stilen beschreiben will. Kein Kategoriensystem, kein noch so fein geknüpftes Netz eines Historikers (Dahlhaus, 1977, S. 68) vermag dies zu leisten. Bei traditioneller Sichtweise bleiben besonders leicht Musikerpersönlichkeiten unberücksichtigt, die sich im Grenzbereich zwischen zwei Musiktypen befinden (z.B. Frank Zappa oder Bob Ostertag), obwohl sie für die Weiterentwicklung und Neuformulierung von musikalischen Stilen besonders bedeutsam sind.

Den Ergebnissen empirischer Studien zufolge haben die unterschiedlichen Richtungen der populären Musik (zum Begriff Rösing, 1996) der modernen Kunstmusik den Rang bei weitem abgelaufen: 80 Prozent der 14- bis 29jährigen bevorzugen Stile der Rock- und Popmusik (Emnid-Institut, 1995). Das war nicht immer so. Ältere Kunstmusik-Stile (Barock, Klassik, Romantik) sprachen zur Zeit ihrer Entstehung weitaus größere Bevölkerungskreise an – und diese Stile tun das auch heute noch. Die Zauberflöte, die «Kleine Nachtmusik» von Mozart oder die 5. Sinfonie von Beethoven z.B. zählen mittlerweile seit eineinhalb bis zwei Jahrhunderten zum Populärsten, was je komponiert wurde.

Weder die Zahl der Hörer noch das Ausmaß an Komplexität (2. Wiener Schule) oder an Originalität (John Cage) darf jedoch vorrangiges Kriterium dafür sein, welche Musikstile in einem Grundkurs Musikwissenschaft Berücksichtigung finden.

3. Musik der Welt – Weltmusik

Musikwissenschaftliche Forschung hat ihren Ursprung im Europa der Aufklärung (→ Entstehung des wissenschaftlichen Umgangs mit Musik). Um die Wende zum 20. Jahrhundert gehörte die Erforschung außereuropäischer Musikstile zwar bereits zu den Gebieten der Musikwissenschaft (vgl. Adler, 1885). Erst langsam aber konnte sich das Fach an den Universitäten etablieren, so z. B. in Berlin aus der Philosophie und der Musikpsychologie heraus (Stumpf & Hornbostel, 1911) oder in Wien unter deutlicher Beeinflussung durch die Kulturkreislehre (vgl. dazu Schneider, 1976). Die Musikethnologie, Ethnomusikologie bzw. Vergleichende Musikwissenschaft ging in den ersten Jahrzehnten noch sehr stark von ästhetischen Prinzipien der abendländischen Musik aus. Daraus ist auch die früher übliche Unterscheidung zwischen Musik der Hochkulturen und Musik von Naturvölkern zu erklären: Wird außereuropäische Musik an den theoretischen Systemen abendländischer Kunstmusik gemessen, so kann die Differenziertheit der fremden Musik nicht annähernd erfahren werden.

Ziel der vergleichenden Forschung war es, übergreifende Bauprinzipien der Musik, sogenannte → Universalien zu finden. Von diesem Ansatz löste sich die kulturvergleichende Forschung nur mühsam. Nachdem deutlich war, daß man Systeme mit interkultureller Gültigkeit wohl nur bedingt finden würde (dazu Rösing, 1993, S. 51), verlegte man sich auf die reine Vermessung und Dokumentation von Tonsystemen, Typen der Melodiebildung und Rhythmusstrukturen. Erst auf der Grundlage teilnehmender Forschung (s. Blacking, 1976) und nach Einbezug anthropologischer, soziologischer und historisch-ethnologischer Fragestellungen wandelte sich die Erforschung der Musik der Welt· Man begann, Musik als gesellschaftlich geprägtes, historisch gewachsenes und auf ein Weltbild bezogenes Mittel zur Konsolidierung einer Kulturgemeinschaft zu begreifen. Hinter einer solchen relativierenden Einschätzung verschwand die Suche nach Universalien von Musik und ihrer Wahrnehmung nahezu vollkommen.

Je enger die Welt aufgrund der neuen Kommunikationsmöglichkeiten zusammenrückt, desto stärker werden Stilrichtungen der ganzen Welt in die abendländische, westliche Musik aufgenommen. Vielfältige Crossover-Strömungen und → interkultureller Musikaustausch haben die zeitgenössische Kunstmusik, Jazz und Jazzrock, New Age-Musik, Ethnobeat, Avantgarderock und viele andere Musikstile mit neuartigen, teilweise exotischen Details bereichert.

Damit ist jedoch nicht unbedingt ein tiefergehendes Verständnis für die Andersartigkeit der Musik fremder Kulturen einhergegangen (Steinert, 1997). Erhebliche Widerstände zeigen sich, wenn z.B. selbst die Musik einer westlichen Teilkultur wie Techno von Musikpädagogen «beim besten Willen» nicht als Musik akzeptiert werden kann (vgl. Terhag, 1994, S. 217). Die im allgemeinen kulturübergreifende Sichtweise der folgenden Beiträge, insbesondere die Sichtweise von Teil VI (Musik entdecken), soll Möglichkeiten einer Annäherung aufzeigen – nicht zuletzt, um den weltmusikalischen Synkretismus etlicher Musikproduktionen westlicher Herkunft besser durchschaubar zu machen.

4. Historische und Systematische Musikwissenschaft

In seiner Schrift von 1885 beabsichtigte Guido Adler, den Arbeitsbereich der Musikwissenschaft um Komponenten zu erweitern, die über die historische und die philosophisch-ästhetische Forschung hinausgehen. Die Historische Musikwissenschaft sollte durch eine Systematische Musikwissenschaft ergänzt werden. Die Eingliederung von Gebieten wie Musikpsychologie, Musiksoziologie, musikalische Akustik, Hörphysiologie gelang jedoch nur unzulänglich. Noch heute erforschen Physiologen das Gehör, Akustiker den musikalischen Raum, Psychologen die Wirkungen und Soziologen die Funktionen von Musik, ohne daß es zu einem wirklichen wissenschaftlichen Austausch oder zu einer Zusammenschau der Forschungsergebnisse käme. Im Gegenteil scheint sich ein immer größerer Teil der Historiker immer intensiver immer kleineren und spezielleren geschichtsbezogenen Fragestellungen zu widmen.

Es steht jedoch außer Frage, daß historische Forschung nicht von den psychologischen und soziologischen Bedingungen der Entstehung, Vermittlung und Rezeption von Musik getrennt werden darf (vgl. Blaukopf, 1982). Musikalische Systeme sind von der Beschaffenheit psychologischer Prozesse der Informationsverarbeitung abhängig. Physiologische Prozesse sind die Grundlage für Musikwahrnehmung, Musikempfinden und Musikausübung (→ Psychophysiologie der Wirkung von Musik). Institutionalisierte musikvermittelnde Sozialisationsinstanzen (vom Kindergarten bis zur Musikhochschule; Konzertwesen, Musikindustrie und Massenmedien) schließlich haben entscheidenden Anteil daran, wie Musik auf das Individuum wirkt und wie sie von ihm bewertet wird (→ Musikalische Lebenswelten; vgl. Pape, 1996).

Bei Adler (1885) erscheint Systematische Musikwissenschaft als Klammerbegriff für alle nicht primär oder vorrangig historisch ausgerichtete musikwissenschaftliche Forschung. Sie umfaßt die Gegenstandsbereiche Gesellschaft und Musik (Musik als Klangereignis im gesellschaftlichen Kontext) sowie Individuum und Musik (Musik als Phänomen der psychophysiologischen Verarbeitung). Außerdem bezieht Systematische Musikwissenschaft die mehr praxisorientierten Arbeitsfelder Musikpädagogik, Angewandte Musikpsychologie und Musiktherapie ein.

Betrachtet man die Arbeitsgebiete der Systematischen Musikwissenschaft, so wird deutlich, daß es fahrlässig wäre, systematische Forschung von der historischen zu trennen. Umgekehrt erweist sich jedoch auch, daß historische Forschung nur gut sein kann, wenn sie auf einer systematischen Grundlage betrieben wird. Beispielhaft dafür ist die Studie über «Lontano» (1967) für großes Orchester von György Ligeti, in der Komponistenbiographie und Werkbesprechung, Notentextanalyse, die physikalische Untersuchung erklingender Musikstrukturen und psychologische Aspekte des Kompositionsvorgangs (Synästhesie) zu einer Zusammenschau führen, die das Musikverständnis vertiefen hilft (Engelbrecht, Marx & Sweers, 1997).

Auch mit den Beiträgen des Grundkurses Musikwissenschaft soll belegt werden, daß es sinnvoll erscheint, generell auf die tradierte Unterscheidung zwischen systematischem und historischem Vorgehen zu verzichten. Das derzeit zu registrierende Schwergewicht auf historischer Forschung wird dem Gegenstand Musik nicht gerecht.

5. Wertbestimmung von Musik

Meist wird der Wert von Musik und von Musikstilen an ästhetischen Prinzipien gemessen. Dabei handelt es sich um normative Wertsetzungen. Sie haben sich aus Musiktheorie und Philosophie entwickelt, entsprechen den Vorstellungen einer kunstmusikorientierten Wissenschaft und basieren vor allem auf den Strukturmerkmalen einer schriftlich festgehaltenen Komposition.

Kunstmusikliebhaber zeigen oft ein von der musikwissenschaftlich sanktionierten Wertung abweichendes Hörverhalten bei der Wahl von Konzerten, der Bevorzugung von Musikstücken und beim Kauf von Tonträgern. Die individuellen Bewertungskriterien befinden sich offensichtlich keineswegs immer mit den ästhetischen Prinzipien der Experten im Einklang. Noch viel deutlicher wird die Diskrepanz zwischen individueller Präferenz (Lieblingsmusik) und musikästhetischer Wertung bei moderner Rock- und Popmusik oder gar bei Volksmusik: Diese Musik fällt unterschiedslos durch das Raster ästhetischer Bewertungsmuster. Die ausschließlich an Kunstmusik orientierten Kriterien erfassen den Wert dieser Musikrichtungen nicht oder allenfalls höchst unzureichend. Musik wird als schlecht abqualifiziert, obwohl sie für viele Personen (und selbst für erfahrene Kunstmusikliebhaber) häufig von großer Bedeutung ist.

Es sollte üblich werden, den Bewertungsvorgang selbst zum Untersuchungsgegenstand zu machen (Rösing, 1995 b). Dabei würde deutlich werden, daß eine absolute, aus der Ästhetik abgeleitete Wertehierarchie wesentliche Aspekte der beurteilten Musik außer acht läßt. Musik ist ein Handlungsgegenstand in einem kulturellen Kontext. Sie erfüllt Funktionen im Bedingungsgefüge zwischen einer Person und der Gesellschaft. Es reicht nicht aus, ein Musikstück von seiner Faktur her zu beurteilen. Man muß es aus seinem historischen, gesellschaftlichen und funktionalen Zusammenhang heraus zu verstehen versuchen. Die primäre Frage ist nicht, ob ein Musikstück an sich gut ist, sondern wofür und in welchem Zusammenhang es gut ist (Eggebrecht in Dahlhaus & Eggebrecht, 1985, S. 80 und 87).

Anstelle einer absoluten Wertehierarchie tritt somit ein relatives System handlungs-, verhaltens- und kulturbezogener musikalischer Wertezuordnungen. Sie basieren zwar auch auf musikästhetischen Kriterien und auf Strukturmerkmalen von Kompositionen, aber eben nicht ausschließlich. Denn sie beinhalten darüber hinaus Aspekte der Interaktion zwischen Musik, Musikkonsument und gesellschaftlichem Umfeld. Die musikästhetisch-strukturellen Aspekte werden um kulturraumspezifische, soziologische und historische Gesichtspunkte ergänzt.

Schlecht ist Musik dann vor allem dort, wo sie zielgerichtet so eingesetzt wird, daß sie einer Humanisierung entgegenwirkt – mit anderen Worten: wenn durch ihren Einsatz Lebensbewältigung verhindert, Freiräume von Vorstellungen eingeengt und lebenserleichternde Zwecke

(Spaß, Genuß, Unterhaltung) negiert werden. Musikwissenschaftliche Forschung erhält damit eine ethische Komponente, die es bewußter als bislang wahrzunehmen gilt.

Literatur

Adler, G. (1885). Umfang, Methode und Ziel der Musikwissenschaft. *Vierteljahresschrift für Musikwissenschaft, 1,* 5–20.

Blacking, J. (1976). *How musical is man.* London: Faber (1. Aufl. 1973).

Blaukopf, K. (1982). *Musik im Wandel der Gesellschaft.* München: Piper (2. Aufl. dtv, 1984).

Booth, G. D. & Kuhn, T. L. (1990). Economic and transmission factors as essential elements in the definition of folk, art, and pop music. *The Musical Quarterly, 74* (3), 411–438.

Bruhn, H., Oerter, R. & Rösing, H. (Hg.). (1993). *Musikpsychologie. Ein Handbuch.* Reinbek: Rowohlt (3. Aufl. 1997).

Dahlhaus, C. (1977). *Grundlagen der Musikgeschichte.* Köln: Gerig.

Dahlhaus, C. & Eggebrecht, H. H. (1985). *Was ist Musik?* Wilhelmshaven: Heinrichshofen.

Dietel, G. (1994). *Musikgeschichte in Daten.* München / Kassel: dtv / Bärenreiter.

Emnid-Institut. (1995). Befragungsergebnisse zu Musikpräferenzen. *Spiegel Special, 12,* 63.

Engelbrecht, C., Marx, W. & Sweers, B. (1997). *Lontano – «Aus weiter Ferne». Zur Musiksprache und Assoziationsvielfalt György Ligetis.* Hamburg: von Bockel.

Hauser, A. (1974). *Soziologie der Kunst.* München: Beck.

Kaden, C. (1993). *Des Lebens wilder Kreis. Musik im Zivilisationsprozeß.* Kassel: Bärenreiter.

Knepler, G. (1982). *Geschichte als Weg zum Musikverständnis. Zur Theorie, Methode und Geschichte der Musikgeschichtsschreibung* (2. Aufl.). Leipzig: Reclam.

Lindig, W. (Hg.). (1981). *Völker der Vierten Welt.* München: Funk / Schöningh.

Nettl, B. (1985). *The western impact on world music. Change, adaptation, and survival.* New York: Schirmer.

Pape, W. (1996). Aspekte musikalischer Sozialisation. *Beiträge zur Popularmusikforschung, Bd. 18.* Karben: Coda, 80–110.

Rauhe, H., Reinecke, H. P. & Ribke, W. (1975). *Hören und Verstehen. Theorie und Praxis handlungsorientierten Musikunterrichts.* München: Kösel.

Rösing, H. (1993). Systematische Musikwissenschaft. Ausgewählte Beispiele zu Inhalten und Methoden eines multidisziplinären Faches. *Acta Musicologica, 65,* 51–73.

Rösing, H. (Hg.). (1995 a). «Es liegt in der Luft was Idiotisches …» Populäre Musik zur Zeit der Weimarer Republik. *Beiträge zur Popularmusikforschung, Bd. 15 / 16.* Baden-Baden: CODA.

Rösing, H. (1995 b). Musikalische Meinungsbildung. In Bruhn, H. & Rösing, H. (Hg.), *Musikpsychologie in der Schule* (Akademie für Lehrerfortbildung Dillingen, Akademiebericht Nr. 273) (S. 57–72). Augsburg: Wißner.

Rösing, H. (1996). Was ist «populäre Musik»? – Überlegungen in eigener Sache. *Beiträge zur Popularmusikforschung, Bd. 17.* Karben: CODA, 94–110.

Schepping, W. (1988). Lied- und Musikforschung. In Brednich, R. W. (Hg.), *Grundriß der Volkskunde* (S. 399–422). Berlin: Reimer.

Schneider, A. (1976). *Musikwissenschaft und Kulturkreislehre. Zur Methodik und Geschichte der Vergleichenden Musikwissenschaft.* Bonn: Verlag für Systematische Musikwissenschaft.

Steinert, H. (1997). Musikalischer Exotismus nach innen und außen. Über die kulturindustrielle Aneignung des Fremden. *Beiträge zur Popularmusikforschung, Bd. 19 / 20.* Karben: Coda, 152–171.

Stockmann, D. (Hg.). (1992). *Volks- und Popularmusik in Europa* (Neues Handbuch der Musikwissenschaft, Bd. 12). Laaber: Laaber.

Stumpf, C. & Hornbostel, E. M. von (1911). Über die Bedeutung ethnologischer Untersuchungen für die Psychologie und Ästhetik der Tonkunst. *Bericht über den IV. Kongreß der experimentellen Psychologie,* 256–269.

Terhag, J. (1994). «Ich kann Techno beim besten Willen nicht als Musik akzeptieren.» Erwachsene Probleme mit aktueller Popmusik. In Terhag, J. (Hg.), *Populäre Musik und Pädagogik. Grundlagen und Praxismaterialien* (S. 217–226). Oldershausen: Institut für Didaktik populärer Musik.

I
Was ist Musik?

Reinhard Flender
Musik aus der Sicht von Berufsmusikern

1. Einstellungen europäischer Interpreten

Sichtet man das Schrifttum europäischer Musiker vom Beginn der Musikgeschichte bis ins 18. Jahrhundert, so kann man feststellen, daß sich die meisten Musiker fast gar nicht oder nur sporadisch zur Musik geäußert haben. Sogar in den Briefen von Bach, Haydn, Mozart oder Beethoven findet sich kaum ein Wort über Sinn und Bedeutung ihrer Kompositionen. Die Komponisten des 13. bis 18. Jahrhundert waren vor allem Praktiker und philosophierten über ihre Werke äußerst selten. Erst im 19. Jahrhundert hat sich dies grundlegend geändert. Über die Kunst- und Weltanschauung von Goethe hat sich in Deutschland das Bewußtsein herausgebildet, daß sich die abendländische Musik über eine Handwerkskunst hinaus zu einer Offenbarung höherer Welten entwickelt habe. Bettina von Arnim legt Beethoven die berühmten Worte in den Mund: «Sagen Sie ihm [Goethe], er soll meine Symphonien hören, da wird er mir recht geben, daß Musik der einzige unverkörperte Eingang in eine höhere Welt des Wissens ist.» Beethoven konnte sich am Tage darauf offensichtlich nicht mehr erinnern, dies gesagt zu haben. Er meinte: «Hab' ich das gesagt? – nun, dann hab' ich einen Raptus gehabt» (Bettina von Arnim, Brief an Goethe, 1810).

Die philosophischen Spekulationen über Musik, die seit dem 19. Jahrhundert in Deutschland kodifiziert werden, stammen also weniger von den Musikern selbst, sondern sind Interpretationen aus der Perspektive des deutschen Idealismus und verfestigten sich am Ende des 19. Jahrhundert zu einer «Musikreligion». Die meisten großen Interpreten des klassisch-romantischen Repertoires des 20. Jahrhunderts übernehmen diese Glaubenssätze weitgehend unkritisch. Bruno Walter: «Immer erklang mir aus der Musik etwas geheimnisvoll Jenseitiges, das mir tief das Herz bewegte und mit beredter Überzeugungskraft auf einen transzendenten Inhalt hinwies» (1957, S. 17). Wilhelm Furtwängler: «Kunst, Fortsetzung des Schöpfungsaktes der Natur» (1996, S. 31). Der Pianist Edwin Fischer schreibt in seiner Ansprache an junge Musiker: «Ein schöpferischer Mensch aber in seiner besten Stunde ist göttlich»(1953, S. 9). Yehudi Menuhin: «Wenn wir in unserem Inneren aufnehmen, was die Musik uns sagen will, dann wissen wir nicht genau, woher diese Botschaft kommt; wir können nur versuchen, uns dieser Botschaft zu öffnen und in Geist und Seele des Komponisten und seiner Musik einzudringen» (1982, S. 107).

Erst der Schweizer Dirigent Ernest Ansermet modernisiert die gedankliche Basis der Reflexion über Musik und lenkt sie in die Bahnen der phänomenologischen Erkenntnistheorie (Husserl): «Wenn wir untersuchen wollen, was Musik ist, so müssen wir uns unter ihr ein Erlebnis vorstellen, das der Mensch hat, ohne es zu reflektieren [...]. Das Wort Musik, das ich verwende, zeigt lediglich an, daß das Erlebnis, das ich gehabt habe, und die Gegenstände dieses Erlebnisses für mich einen Sinn angenommen haben [...]. Aber das Bewußtsein, das ihm Sinn verliehen hat, bleibt mit seinem Geheimnis im Dunkel des Nichtreflektierten» (1991, S. 11).

Einflußreiche europäische Interpreten der folgenden Generation wie Nikolaus Harnoncourt oder John Eliot Gardiner sind von der großen Sorge um die Authentizität der Interpretationskunst im 20. Jahrhundert geprägt. Bei Harnoncourt tritt anstelle der romantisch-idealistischen Musikauffassung ein nüchterneres Konzept, nämlich die auf musikwissenschaftlicher Forschung basierende historische Aufführungspraxis: «Wenn die Musik vergangener Epochen überhaupt noch in einem tieferen und weitergehenden Sinn für die Gegenwart aktuell ist [...], muß das Verständnis dieser Musik von ihrer eigenen Gesetzmäßigkeit her wieder erlernt werden [...]. Also muß jetzt zum rein Gefühlsmäßigen, zur Intuition, das Wissen kommen» (1982, S. 26, 18).

Neben der Frage nach der authentischen Aufführungspraxis (→ Musikstil und Interpretation) ebbt im Schrifttum der Interpreten die Diskussion darüber nicht ab, ob nicht die Marktmechanismen der Kulturindustrie letztlich zu einer Verflachung des Musikgeschmacks führen (→ Musikvermittlung in der modernen Mediengesellschaft).

«Dirigentenelend! Es sollte eine Kunst sein und ist eine Schaustellung, eine Komödie» (Furtwängler, 1996, S. 34). Sich dem Zeitgeist anzupassen bedeutete für diese Interpreten den Verlust der Aura klassischer Musik. Schallplatteneinspielungen verlangen einen hohen Grad an technischer Präzision und führen letztlich zu einer völlig neuen Ästhetik des musikalischen «Kunstwerks im Zeitalter seiner technischen Reproduzierbarkeit» (Benjamin, 1936). Gegen diese Mechanismen kämpften viele Interpreten der «alten Schule» an. «Die Phantasielosigkeit der Ausführenden sieht überall auf die gleiche Korrektheit und Sauberkeit. Daher sind die Klassiker, deren Anforderungen allerdings außerordentlich sind, so verloren» (Furtwängler, 1996, S. 23). Demgegenüber betont Furtwängler den Erlebnischarakter der Kunst. Das Erlebnis des lebendig gewachsenen Zusammenhanges sei das «eigentliche Kunsterlebnis». «Es ist und muß immer einmalig und neu sein, hat mit dem Notenbild wenig zu tun» (ebenda, 1996, S. 23). Edwin Fischer: «In der heutigen Zeit vollkommener Technik und Mechanik hat ein nur im rein pianistisch-artistischen Sinne gut gespieltes Klavierstück keinen Zweck mehr. Nur innerlich erlebte Kunst, an der Ihre Persönlichkeit schöpferischen Anteil hat, interessiert, wirkt und baut auf» (1953, S. 8).

Sergiu Celibidache, Furtwänglers Nachfolger bei den Berliner Philharmonikern in der Zeit von 1945 bis 1952, entzog sich konsequenterweise radikal dem kommerziellen Zugriff des Schallplattenmarktes. Er widmete sich ausschließlich dem Konzert, das er in einer langen und intensiven Probenarbeit vorbereitete. Sein Credo war: Die Schallplatte ist eine Musikkonserve, die niemals das lebendige Erlebnis eines Live-Konzerts einfangen kann (Fischer, Holland & Rzehulka, 1986). Lediglich zu Dokumentationszwecken ließ er Tonträger zu.

Antipode zur Haltung Celibidaches war Herbert von Karajan. Er funktionierte die Berliner Philharmoniker zu einem der führenden Schallplatten-produzierenden Orchester der Welt um. Die Umsätze von Karajan-Schallplatten erreichten die Umsatzhöhe von denen von Popstars (über 500 Millionen verkaufte LPs). Für Karajan bestand kein Widerspruch zwischen Kultur und Technik. Im Gegenteil, technische Perfektion war für ihn das Gütesiegel hoher Qualität: «Wenn ich mit der perfekten Kraft meines Ferrari auf die Probe gefahren bin, verlange ich zwangsläufig bei meiner Probe von mir dieselbe Perfektion» (zit. nach Haeussermann, 1968, S. 13).

2. Einstellungen amerikanischer Interpreten

Betrachten wir die Aussagen prominenter amerikanischer Interpreten, dann sehen wir hier eine völlig anders geartete Haltung. So wurde die Erfindung der Schallplatte in Amerika von vielen Interpreten enthusiastisch begrüßt, denn sie eröffnete völlig neue Möglichkeiten interpretatorischer Gestaltung. Millionen von Musikliebhabern weltweit konnten nun alle großen Interpreten zu sich nach Hause holen. Glenn Gould war von den neuen Möglichkeiten der Studioaufnahme und des Schnitts so begeistert, daß er sich 1964 entschloß, keine Konzerte mehr zu geben, um sich nur noch den Medien Schallplatte, Radio und Fernsehen widmen zu können: «Im Mittelpunkt der technologischen Debatte steht eine neue Art von Hörer – ein Hörer, der mehr an der musikalischen Erfahrung teilhat. Das Auftreten dieses Phänomens in der Mitte des 20. Jahrhunderts ist die größte Leistung der Schallplattenindustrie. Denn dieser Hörer verhält sich nicht länger passiv analytisch; er ist ein Partner» (1987, S. 151).

Goulds Prophezeihungen vom baldigen Ende des Konzertbetriebs haben sich nicht bewahrheitet. Die Veränderung aber, die den Kunst- und Musikbetrieb betreffen, sind heute kurz vor der Jahrtausendwende offensichtlich: Musik und auch Kunstmusik ist zu einem Bestandteil unseres täglichen Lebens geworden. Das europäische Prinzip «l'art pour l'art» hat viel von seiner Anziehungskraft verloren, das amerikanische Prinzip «give the public what it wants» hat über die Medien international große Verbreitung gefunden. Glenn Gould sah die Auflösung des europäischen Kunstbegriffs kommen. Dies sei nur die logische Konsequenz einer neuen kulturellen Evolutionsphase: «Meiner Ansicht nach wird im Zeitalter der Elektronik die Kunst der Musik zu einem viel brauchbareren Bestandteil unseres Lebens werden, viel weniger nur ein Ornament an ihm sein und es folglich viel tiefgreifender verändern [...]. In der besten aller möglichen Welten bedürfte es der Kunst nicht. Ihr Angebot einer stärkenden, besänftigenden Therapie würde keinen Patienten finden» (1987, S. 160).

Während in Amerika die Notwendigkeit eines kostspieligen hochkarätigen Kulturbetriebs nach europäischem Muster mehr und mehr in Frage gestellt wird, gilt in Europa die sogenannte Ernste Musik (abendländische Kunstmusik) nach wie vor als besonders förderungswürdig. Dies schlägt sich z. B. darin nieder, daß in Europa nicht nur Hunderte von Orchestern und Opernhäusern staatlich subventioniert werden, sondern auch darin, daß alle europäischen Urheberrechtsgesellschaften die Aufführung Ernster Musik höher bewerten als Aufführungen der sogenannten Unterhaltungsmusik. Dieses Verfahren wird von den Amerikanern als undemokratisch angesehen. In Amerika kennt man die grundsätzliche Unterscheidung von «U» und «E» nicht. Deshalb rangiert hier die klassische europäische Kunstmusik gleichberechtigt neben anderen Musikarten, sei es Schlager, Jazz, Rock oder Filmmusik. Leonard Bernstein gab 1966 seinem Enthusiasmus für die Dynamik der Popmusik unverblümt Ausdruck: «Popmusik scheint das einzige Gebiet zu sein, auf dem unerschrockene Lebenskraft, Freude an der Eingebung und ein Strom frischer Luft zu spüren sind. Alles andere wirkt plötzlich altmodisch» (1981, S. 11).

Ein junger amerikanischer Jazzmusiker bringt die amerikanische Position auf den Punkt: «In Europa sprechen sie von ‹absoluter Musik›. Die ganze europäische Selbstüberhebung wird in diesem Ausdruck deutlich. Es müßte doch offensichtlich sein: Das was man in der Sprache der Musikwissenschaft ‹absolute Musik› nennt, ist viel zu europäisch, als daß es je ‹absolut› werden könnte» (zit. nach Berendt, 1983, S. 330). Demgegenüber sieht der amerikanische Jazzpianist Mc Coy Tyner, daß sich in Amerika eine multikulturelle Musiksprache entwickelt, die die musikalischen Erfahrungen vieler Weltkulturen miteinander verbindet: «Ich sehe Verbindungen zwischen all den verschiedenen Musiken. Die Musik der ganzen Welt ist miteinander verbunden» (zit. nach Berendt, 1983, S. 335).

Während die Amerikaner sich nur schwer mit dem traditionellen Kunstbegriff der Europäer anfreunden können, wird die Frage nach der Akzeptanz avantgardistischer Kunstmusik auf beiden Seiten vom Atlantik kontrovers diskutiert. Dabei geht es meist um die Kernfrage, ob die von Schönberg und Ives ins Leben gerufene atonale Musik eine neue Kunstepoche eingeleitet habe oder letztendlich eine Dekadenzerscheinung sei.

Ernest Ansermet und Leonard Bernstein gehören zu den Befürwortern einer gemäßigten freitonalen Musik, die den Gesetzen der Harmonielehre «liberal» verbunden bleibt (→ Abendländische Kompositionslehre). In der atonalen Musik, der sich eine ganze Generation von Komponisten verschrieben hat, sehen sie einen Irrweg: «Es kann nicht purer Zufall sein, daß nach einem halben Jahrhundert gründlichen Experimentierens die besten und beliebtesten Werke in atonaler oder serieller Ausdrucksweise oder in der Zwölftonmusik jene Werke sind, die sich entgegen aller Übermacht einen gewissen Hintergrund der Tonalität bewahrt zu haben scheinen, jene Werke, die am reichsten an tonalen Einflechtungen sind» (Bernstein, 1981, S. 15). Bernstein ist der Ansicht, daß die Phase der Atonalität Ausdruck einer tiefgreifenden Krise abendländischer Kultur ist, und hofft, daß diese Krise durch einen «neuen Begriff von Tonalität» überwunden werden wird.

In Europa ist es Ernest Ansermet, der das kleine Lager der «Anti-Schönbergianer» anführt und theoretisch zu untermauern suchte: «Schönbergs Musik bringt Neuerungen, gewiß – aber sie beraubt zugleich das Musikerlebnis der Erkennbarkeit seines Sinns und der Transzendenz seiner Bedeutungen, die doch erst seinen Wert ausmachen» (1991, S. 556).

Glenn Gould und Pierre Boulez gehören dagegen zu den Protagonisten der Schönberg-Schule. Gould schreibt: «Ganz gleich, wie gering das Interesse an den bedeutsameren Entwicklungen der Musik in unserer Zeit sein mag, ich glaube, es besteht kaum ein Zweifel, daß es einige Gebiete gibt, in denen das Vokabular der Atonalität – wobei ich den Ausdruck jetzt in einem umfassenderen Sinne gebrauche – einen ganz unanfechtbaren Beitrag zum heutigen Leben geleistet hat» (Gould, 1986, S. 181).

Zum Ende des 20. Jahrhunderts scheint die Diskussion um die Neue Musik kaum noch etwas von den Erschütterungen zu kennen, die über 70 Jahre lang die Gemüter erhitzten. Der Glaube an den von Schönberg proklamierten historischen Fortschritt der dodekaphonischen Musik hat sich relativiert. Geblieben ist jedoch der Anspruch, mit der Vielfalt musikalischer Stilrichtungen im 20. Jahrhundert eine substantielle Erweiterung des musikalischen Erlebnis- und Erfahrungsspielraums geschaffen zu haben. Hans Zender, Komponist und Dirigent, schreibt: «Neue Musik eröffnet die Möglichkeit zu einer umfassenderen Selbsterfahrung als vergangene Formen von Kunst, weil letztere immer nur Ausdruck einer begrenzten kulturellen Situation sein konnten […]. Musik kann heute ein Weg zur Erfahrung von Wirklichkeit durch die Reinigung und Neudefinition der Wahrnehmung im Horizont der im musikalischen Kunstwerk erscheinenden universalen Zeit sein» (1991, S. 51 f).

3. Einstellungen von Volksmusikern

Volksmusik ist immer zweckgebundene, funktionale Musik. Sie wird meist von semiprofessionellen Musikern ausgeübt und mit großer Sorgfalt von Generation zu Generation mündlich überliefert (→ Überlieferte Musik). Sie ist eine hochentwickelte Form kollektiver Musikkultur. In den Liedtexten werden meist Themen berührt, die die Probleme des täglichen Lebens betreffen.

Skandinavien gehört zu den europäischen Randgebieten, wo sich volksmusikalische Traditionen bis ins 20. Jahrhundert hinein in mündlicher Überlieferung authentisch erhalten haben. Das Liedrepertoire des schwedischen Bauern und Schmieds Martin Martinsson z. B. überrascht durch den sozialen Realismus, der die Liedtexte prägt. Über arme Nachbarn, die Hunger leiden, macht man sich lustig: «[...] müssen früh aufstehen, die Ähren sind dünn, die Grütze roh, der Löffel kaputt, was einen kaum zu verwundern braucht» (Rauhe & Flender, 1986, S. 57). Der Pfarrer ist verpönt: «Hier bekommst du die Rechnung, du schwarzer Rock, dafür daß du meinen Kindern nicht das Lesen beigebracht hast», besingt Martinsson die Geschichte einer alten Frau, die dem Dorfpfaffen mit ihrem Stock eins auf die Nase gegeben hat.

Und natürlich ist der nie zu stillende Durst der Seeleute und Landarbeiter ein zentrales Thema skandinavischer Volkslieder: «Die Tage kommen, die Tage gehen, nie krieg' ich einen Schluck Branntwein» (Rauhe & Flender, 1986, S. 58). Konflikte mit den kirchlichen Autoritäten waren für schwedische Volksmusiker an der Tagesordnung. Das Aufspielen zum Tanz, das meist mit erheblichem Alkoholkonsum einherging, wurde als sündig eingestuft und geächtet. Es kam zu Diskriminierungen. In Mittelschweden wirkte z. B. von 1843 bis 1926 der schwedische Riksspelman Blinde Janne. Es wird berichtet, daß er vom Pfarrer auf dem Totenbett aufgefordert wurde, sich von seinem sündigen Leben als Spielmann loszusagen (Fong, 1987).

Aber nicht nur im Christentum, sondern auch im Islam wurde die Volksmusik als sittenwidrig bekämpft. Kurt Reinhard berichtet von seinen Forschungsreisen in der Türkei, daß eine gewisse Scheu bestand, Lieder vorzutragen, denn: «Zumindest dem Fremden gegenüber möchte man sich fromm geben, wurde einem doch lange genug gepredigt, daß Musizieren etwas Sündhaftes ist. Untereinander setzt man sich natürlich leichter über das nie einzuhaltende Verbot hinweg» (1984, S. 96; →Die Türkei als Beispiel für islamische Musikkultur).

Volksmusik ist ein Vorläufer der modernen Popularmusik, denn ihr Regulativ ist Angebot und Nachfrage (→Musikvermittlung in der modernen Mediengesellschaft; →Ökonomische Aspekte der Musikvermittlung). Überliefert werden die Melodien und Weisen, die beliebt sind. Und auch der Volksmusik-Sänger, Dichter oder -Spieler arbeitet nach dem

Prinzip, ein attraktives Repertoire anzubieten, wobei er traditionellen Weisen durchaus Eigenes hinzufügen kann. Man begnügt sich nicht mit dem überkommenen Liedgut, sondern schafft auch heute immer wieder Neues (Reinhard, 1984, S. 102). Richtungweisend ist der kollektive Geist volksmusikalischer Musikpraxis. Es wird kein großer Wert auf Individualität gelegt – ein Mitglied der Gruppe soll zum Ausdruck bringen, was alle fühlen (Reck, 1991, S. 248).

Mit der Industrialisierung der Landwirtschaft ist die Volksmusik in Zentraleuropa mit Ausnahme von Bayern und den Alpenregionen weitgehend verschwunden und findet heute als volkstümliche Musik ihren Markt im Rundfunk, auf Platte und im Fernsehen – als Ableger von Unterhaltungsmusik und Schlager. Der soziale Realismus der Volksmusik weicht dann meist sentimentalen Klischees, die sich weniger zur Lebensbewältigung eignen als zur nostalgischen Verklärung einer scheinbar heilen vorindustriellen Welt (Flender & Rauhe, 1985, S. 378 ff; Jost u. a., 1996).

4. Einstellungen außereuropäischer Musiker

Unter der Bezeichnung außereuropäische Musik verbirgt sich nicht weniger als das gesamte Repertoire der Weltmusiken, also so viele Musikarten, wie es Stämme, Völker und Nationen außerhalb Europas gibt. Bisher ist weltweit keine Gesellschaft bekanntgeworden, die nicht Musik macht (→ Universalien). Meist ist diese Musik untrennbar mit den sozialen und religiösen Ritualen der jeweiligen Kultur verbunden. Zu jedem Ritual gehört ein Repertoire korrespondierender Musiken, die durch eine Vielzahl kompliziertester traditioneller Vorschriften (bzw. Tabus) strengstens reguliert sind (→ Kulturbereiche der Welt).

Befragt man indianische oder afrikanische Musiker nach Ursprung, Sinn und Bedeutung der Musik, dann wird die Antwort in ätiologisches Sagengut gekleidet.

So erzählen die Indianer der Großen Tiefebene (Plains-Indianer, wie die Sioux, Cheyenne, Blackfoot und Pawnee), daß sie neue Lieder in Visionen oder von Vögeln, Bären und anderen Tieren gelernt hätten. Black Elk, ein Medizinmann der Oglala Sioux, beschreibt, wie Vögel und andere Tiere zu ihm sprachen, als er ein Junge war, wie sie ihm Teile von Liedern und Stücke von Melodien beibrachten. Später, während einer schweren Krankheit, hatte er eine vielschichtige Vision, in der ihm weise alte Männer, große Himmelspferde, Wind, Gewitter und die vier Himmelrichtungen jene Lieder lehrten, die ihm große Macht gaben und sein Leben erhielten (Reck, 1991, S. 7).

In Zentralafrika berichten die Pygmäen, daß die Waldgeister ihnen gezeigt hätten, wie man eine Bogenlaute herstellt. Sie waren es auch, die sie unterwiesen haben, auf diesen Instrumenten zu spielen. Die Bogenlaute wird dazu benutzt, bei der Jagd Tiere anzulocken, damit sie in die Fallen gehen. Nach Auffassung der Pygmäen sind es auch die Waldgeister, die die Tiere in die Fallen locken, wenn die Bogenlaute gespielt wird (Arom & Thomas, 1974).

Auch die Quellen aus anderen Kulturen weisen auf die gemeinsame und feste Überzeugung hin, daß die Musik nicht von Menschen erfunden worden ist, sondern einen übernatürlichen, transzendentalen Ursprung hat.

Besonders stark ist die Erfahrung von Transzendenz in der Musik hinduistischer und buddhistischer Kulturen. Der weltbekannte indische Sitar-Virtuose Ravi Shankar beschreibt das Wesen indischer Musik wie folgt: «Unsere Tradition lehrt uns, daß der Klang Gott ist – Nada Brahma. Wir betrachten die Musik als eine Art geistiger Disziplin, die das innere Wesen eines Menschen zu göttlichem Frieden und Glückseligkeit erhebt [...]. Das höchste Ziel unserer Musik besteht darin, das Wesen des Universums zu enthüllen»(zit. nach Berendt, 1983, S. 253 f; →Indien).

Nicht zuletzt sind auch für die europäische Musiktradition Ursprungsmythen überliefert: Im Alten Testament werden Yubal und Tubal als Erfinder der Vokal- bzw. Instrumentalmusik genannt. In der griechischen Mythologie gilt Orpheus als Begründer der Musik. Nach dem tragischen frühen Tod seiner Gattin Euridice und dem mißglückten Versuch, sie wieder aus dem Totenreich zurückzuführen, drückt Orpheus seinen Schmerz in einer so bewegenden Musik aus, daß sogar Sisyphus sich auf seinen Felsen niedersetzte, um zuzuhören. Die Furien waren derart überwältigt, daß sie Tränen vergossen.

Es ist sicher kein Zufall, daß der Orpheus-Mythos bei der Entstehung der abendländischen Oper Pate stand: Die Auffassung von Musik als Sprache des Herzens (vgl. L. Bernstein: «Musik nennt uns die Gefühle mit Namen», 1969, S. 28) hat hier ihren geistigen Ursprung.

5. Einstellungen von Pop- und Rockmusikern

Obwohl es im ausgehenden 18. Jahrhundert schon ausgeprägte Formen von Unterhaltungsmusik und sogenannter leichter Musik gab, ist Popmusik seit der Erfindung der Schallplatte und des Radios die jüngste Form einer autonomen Musikkultur. Sie hat sich nach dem weltweiten Erfolg afroamerikanischer Musik in den 50er Jahren zu einem Industriezweig mit großer volkswirtschaftlicher Bedeutung entwickelt.

Popmusiker kommunizieren mit einem Massenpublikum und vermitteln eine begehrte Botschaft (Flender & Rauhe, 1989, S. 7; → Musikalische Lebenswelten). Diese wendet sich seit den 50er Jahren insbesondere an ein jugendliches Publikum und stellt ein wichtiges sozialpsychologisches Regulativ dar, um die in der industrialisierten Gesellschaft durch Schule und Studium erheblich verlängerte transitorische Phase vom Jugendlichen zum Erwachsenen durch selbstgeschaffene «Initiationsrituale» (Flender & Rauhe, 1989, S. 90) einer autonomen Jugendkultur (Willis, 1991) zu gestalten. Die Liedtexte behandeln in den 60er Jahren u.a. den Generationskonflikt, das provokative jugendliche Image (z.B. lange Haare), die Schule und Drogenkonsum. John Lennon: «Sie [unsere Eltern] wissen nicht, daß sie programmiert sind. Zuerst müssen wir ihnen klarmachen, daß sie programmiert sind.» (Übers. d. Hg., nach Rivelli & Levin, 1970, S. 8).

Die Beatles, die Rolling Stones und Bob Dylan gehörten zu den Superstars der 60er und 70er Jahre. Sie wurden von ihren Fans wie Götter verehrt. John Lennon verkündete auf dem Höhepunkt der Beatlemania 1966: «We are more popular than Jesus now» (Brown & Gaines, 1983, S. 183). Auch Bob Dylan wurde von seinen Fans wie Christus verehrt: «Er war wie ein zweiter Christus» (zit. nach Scaduto, 1976, S. 357). Dylan war tief über diese Entwicklung geschockt. Er betonte immer wieder, daß er nichts als ein Musiker sein wolle: «Die Illustrierten haben diesen Schwachsinn verbraten, daß Bob Dylan, die Beatles, die Stones, daß wir alle Anführer sind [...]. Aber wer hätte solche Erwartungen erfüllen können?» (zit. nach Scaduto, 1976, S. 103). Dylan sah sich als legitimen Nachfolger von Elvis Presley, das heißt als modernen Troubadour, der das Lebensgefühl seiner Generation zum Ausdruck bringen konnte.

Bei Elvis Presley war die Botschaft eng mit den amerikanischen Mythen von Freiheit, Ungebundenheit – gepaart mit Selbstironie – gekoppelt. Die Quintessenz seiner Botschaft: «Ein überwältigender Ausbruch echten Gefühls und echter Kraft, verbunden mit einer zarten Weigerung, sich selbst auch nur im geringsten ernst zu nehmen» (Marcus, 1992, S. 203). Bob Dylan ging einen Schritt weiter. In dem Album «Blonde on Blonde» bringt er seine Lebensphilosophie zum Ausdruck: «Der Mensch kann den Sinn des Lebens nicht finden, indem er die äußeren Bedingungen kontrolliert, sich Institutionen schafft, Gesetze und moralische Richtlinien fixiert. Der Mensch muß sich nach innen wenden. Er muß das innere Wesen – ein transzendentes, göttliches Wesen – als den Sinn des Lebens begreifen und annehmen» (Scaduto, 1976, S. 389).

Neben der Selbstfindung war in den 60er Jahren auch das politische Engagement konstituierend für das jugendliche Selbstverständnis, durch eine revolutionäre Gegenkultur eine bessere Welt zu schaffen, als man sie bei den Eltern vorfand: Rockmusik wurde zum Sprachrohr des politischen Protestes, den die Hippiebewegung auf die Formel brachte: «make love not war». Dylan: «Songs wie Master of War waren leicht zu machen. Es gab Tausende und Abertausende, die Songs dieser Art hören wollten. Deshalb schrieb ich sie. Ich war ja fast ständig auf Tourneen, und ich wußte, was das Publikum wollte. Wenn man jede Nacht vor Leuten spielt, weiß man genau, was sie hören wollen» (zit. nach Hoffmann, 1981, S. 57).

Ein weiteres zentrales Thema der amerikanischen Hippiebewegung war außerdem die Bewußtseinsveränderung durch Drogenkonsum. In Anlehnung an die Drogenkultur der Indianer wurde sie als Initiationsritual jugendlicher Subkultur wiederbelebt. Das Studium der Schriften von Carlos Castaneda sowie die psychedelische Droge LSD wurden mit dem extensiven Hören psychodelischer Musik (wie von der Gruppe Greatful Dead) zu neuen Formen der Selbsterfahrung genutzt. So schrieb Timothy Leary, Ex-Harvard-Professor und Wortführer der amerikanischen Hippiebewegung: «Normalerweise hört man isoliert Geräusche – das Klingeln eines Telefons, das Sprechen eines Menschen. Aber wenn man unter LSD steht, sprudeln Tonwellen durch das Ohr. Sie scheinen tief in einen einzudringen und dort zu explodieren [...]. Man hört die Klänge nicht nur, man sieht sie – wie tanzende Partikel, wie sich windende Zahnpastawürste. Wirklich, man sieht die Musik in vielen Farben. Zugleich ist man selbst der Ton, die Note, die Saite der Violine» (Kaiser, 1969, S. 98; →Psychophysiologie der Wirkung von Musik).

Popmusik ist heute längst nicht mehr allein eine Ausdrucksform der jugendlichen Subkultur, sondern ein fester Bestandteil der postmodernen Gesellschaft. Die Fans des Rock 'n' Roll gehören heute der Großelterngeneration an, und trotzdem hat diese Musik nichts von ihrer Attraktivität eingebüßt. Sie ist bleibender Ausdruck ihres Lebensgefühls, das eng mit den Utopien der amerikanischen Gesellschaft verbunden bleibt: «Die Spannung zwischen Gemeinschaft und Selbstvertrauen; zwischen Abstand von und Zuneigung zu seinem Publikum; zwischen der gemeinsamen Erfahrung populärer Kultur und den besonderen Talenten von Künstlern, [...] – diese Dinge sind es, die den Rock 'n' Roll in seiner besten Form zu einer demokratischen Kunst machen – zumindest im amerikanischen Sinne des Wortes Demokratie» (Marcus, 1992, S. 19).

Heute Popmusiker zu sein bedeutet, einer respektierten Berufsgruppe anzugehören. Es handelt sich um eine neue Spielart des modernen Homo oeconomicus. Die alte Schule der idealistischen Rockmusiker sieht diese Entwicklung mit einer gewissen Bitterkeit. Frank Zappa: «Die machen doch alles, solange sie ihr Geld kriegen. Nur darum geht's doch. Geld ist alles in Hollywood, was anderes zählt nicht. Diese Musiker haben keine Probleme damit, im Studio herumzusitzen und monatelang nur ganze Noten zu spielen, um Gesangsspuren zu unterlegen» (1996, S. 72).

6. Zusammenfassung

Vergleicht man die Einstellungen verschiedener Musiker, Völker und Kulturen aus aller Welt, dann ergibt sich als gemeinsamer Nenner, daß viele Musiker ihrer Musik einen transzendentalen Ursprung zuschreiben. Von Bruno Walter bis Ernest Ansermet, von Bob Dylan bis Ravi Shankar betonen sie alle, daß ihre Erfahrung mit Musik auch eine Erfahrung von Transzendenz beinhaltet. Sei es, daß die musikalische Inspiration auf den Musenkuß, auf Götter, Gottheiten oder Geister, auf übersinnliche kosmische Wahrnehmung oder auf die Introspektion eines Selbst zurückgeführt wird, immer geht es um die Erweiterung des Wahrnehmungshorizonts und das Erlebnis, über die Musik in Kontakt mit einem Energiestrom von überwältigender Kraft und Schönheit zu kommen.

Literatur

Ansermet, E. (1991). *Die Grundlagen der Musik im menschlichen Bewußtsein.* München/Mainz: Piper/Schott (Orig. 1961).

Arom, S. & Thomas, J. (1974). *Les mimbo, génies du piégeage, et le monde surnaturel des Ngbaka-Ma'bo.* Paris: Selaf.

Benjamin, W. (1936). *Das Kunstwerk im Zeitalter seiner technischen Reproduzierbarkeit* (Zeitschrift für Sozialforschung, Bd. 1). Nachdruck 1963, Frankfurt/M.: Suhrkamp.

Berendt, J. E. (1983). *Nada Brahma.* Frankfurt/M.: Insel.

Bernstein, L. (1969). *Konzert für junge Leute.* Gütersloh: Bertelsmann (Orig. 1962).

Bernstein, L. (1981). *Musik – die offene Frage.* München: Goldmann (Orig. 1976).

Brown, P. & Gaines, S. (1983). *The love you make – an insider story of the Beatles.* London: Pan.

Fischer, E. (1953). *Ansprache an junge Musiker.* Wiesbaden: Insel.

Fischer, M., Holland, D. & Rzehulka, B. (Hg.). (1986). *Zur Ästhetik der musikalischen Aufführung und ihrer technischen Reproduktion.* München: Kirchheim.

Flender, R. & Rauhe, H. (1985). Schlager und Popularität. In Bruhn, H., Oerter, R. & Rösing, H. (Hg.), *Musikpsychologie. Ein Handbuch in Schlüsselbegriffen* (S. 378–384). München: Urban & Schwarzenberg.

Flender, R. & Rauhe, H. (1989). *Popmusik.* Darmstadt: Wissenschaftliche Buchgesellschaft.

Fong, O. (1987). *Riksspelmannen «Blinde Janne».* Gränna: Stiftelsen Gränna-Museerna.

Furtwängler, W. (1996). *Aufzeichnungen 1924–1954.* Zürich: Atlantis.

Gould, G. (1986/87). *Schriften zur Musik, Bd. 1 und 2.* München: Piper (orig. 1984).

Haeussermann, E. (1968). *Karajan.* Gütersloh: Bertelsmann.

Harnoncourt, N. (1982). *Musik als Klangrede.* Kassel: Bärenreiter.

Hoffmann, R. (1981). *Rock-Story.* Frankfurt/M.: Zweitausendeins.

Jost, E. u.a. (1996). Volkstümliche Musik im Fernsehen. In Rösing, H. (Hg.), *Beiträge zur Popularmusikforschung,* Bd. 17 (S. 36–65). Karben: CODA.

Kaiser, R. U. (1969). *Das Buch der neuen Popmusik.* Düsseldorf: Econ.

Marcus, G. (1992). *Mystery train – Der Traum von Amerika in Liedern der Rockmusik.* Frankfurt/M.: Zweitausendeins.

Menuhin, Y. (1982). *Ich bin fasziniert von allem Menschlichen.* München: Piper.

Rauhe, H. & Flender, R. (1986). *Schlüssel zur Musik.* Düsseldorf: Econ.

Reck, D. (1991). *Musik der Welt.* Frankfurt/M.: Zweitausendeins.

Reinhard, K. (1984). *Musik der Türkei. Bd. 2:* Die Volksmusik. Wilhelmshaven: Heinrichshofen.

Rivelli, P. & Levin, R. (1970). *Giants of Rockmusic.* New York: World Pub.

Scaduto, A. (1976). *Bob Dylan.* Frankfurt/M.: Zweitausendeins.

Walter, B. (1957). *Von der Musik und vom Musizieren.* Frankfurt/M.: Fischer.

Willis, P. (1991). *Jugend-Stile. Zur Ästhetik der gemeinsamen Kultur*. Berlin: Argument.

Zappa, F. (1996). *Frank Zappa in eigenen Worten*. Heidelberg: Palmyra.

Zender, H. (1991). *Happy new ears – Das Abenteuer, Musik zu hören*. Freiburg: Herder.

Annette Kreutziger-Herr und Helmut Rösing

Entstehung des wissenschaftlichen Umgangs mit Musik

1. Einleitung

Vor gut 100 Jahren schrieb Guido Adler: «Alle Völker, bei welchen man von Tonkunst sprechen kann, haben auch eine Tonwissenschaft, wenngleich nicht immer ein ausgebildetes musikwissenschaftliches System. Je höher die erstere, desto ausgebildeter die letztere» (1885, S. 5). Die Forschung des 20. Jahrhunderts hat jedoch deutlich gemacht, daß sich Tonkunst und Tonwissenschaft – also Musikausübung und Musikwissenschaft – nur in den seltensten Fällen ergänzt oder gar gegenseitig bedingt haben.

Während im Hoch- und Spätmittelalter Musiktheorie und -praxis um Jahrzehnte auseinanderklafften und im Barock der musikalische Reflexionsgrad erst langsam stiegt sind es das 19. und beginnende 20. Jahrhundert, in denen Wissenschaftlichkeit zur Grundlage des verstehenden Umgangs mit Musik erhoben wurde. In dieser Zeit werden erste Professuren für Musik bzw. Geschichte und Ästhetik der Musik an Hochschulen und Universitäten eingerichtet (Jaschinski, 1997, Sp. 1802). Es ging darum, nun sogar das «schwerelose» Medium Musik (Busoni, 1954, S. 11) theoretisch, historisch, paläographisch und analytisch, aber auch physikalisch-akustisch und empirisch zu erfassen.

Das Wort Musikwissenschaft tauchte erstmals im Titel einer Schrift des Pädagogen Johann Bernhard Logier auf (System der Musik-Wissenschaft, Berlin 1827) und etablierte sich in den frühen 60er Jahren des 19. Jahrhunderts. Die Gesellschaft für Musikforschung (gegr. 1868) und die Vierteljahrsschrift für Musikwissenschaft (gegr. 1885) legen Zeugnis ab von einer beeindruckenden Entwicklung hin zu wissenschaftlicher Auseinandersetzung mit Musik, zu Methoden der Quellen- und Biographieforschung sowie der Analyse – das heißt zu Methoden, die nach logischen, überprüfbaren Prinzipien geistes- oder naturwissenschaftlicher bzw. idiographischer oder nomothetischer Art ausgerichtet sind (Karbusicky, 1979, S. 17).

Ziel ist die «Aktivierung und Intensivierung des erkennenden Verstehens von Musik» (Eggebrecht, 1996, S. 2). Dieses soll ermöglicht werden, indem an die Stelle eines subjektiven und auf unreflektierten Konventionen beruhenden Rezipierens das zunehmend differenzierende, durch Sachkenntnis geprägte Hören von Musik tritt (Dahlhaus in Dahlhaus & Eggebrecht, 1985, S. 100).

2. Musikkritik und Journalismus

Die Entstehung des wissenschaftlichen Umgangs mit Musik ist parallel zu allen anderen Kunstdisziplinen zu sehen (Literatur, Malerei, Plastik, Geistesgeschichte). Die Anfänge liegen in der Zeit der Aufklärung. Sie gründen in Musikkritik und einem zunehmend historisch-musikgeschichtlich ausgeprägtem Interesse, wie es sich z. B. gegen Ende des 18. Jahrhunderts im Historismus zeigt (Wiora, 1969).

Als der erste Musikkritiker im modernen Sinn (im Überblick: Dean, 1980) gilt Johann Mattheson. Er schuf 1722 das erste deutschsprachige Periodikum, das sich ausschließlich mit Musik beschäftigte: «Critica musica» (1722–1725). In eigenen Texten und in Texten deutscher und ausländischer Autoren setzte man sich vor allem mit Stil- und Geschmacksfragen im Zusammenhang mit der «alten Polyphonie» (z. B. Johann Sebastian Bach) und den neuen melodischen Stilrichtungen (Telemann, Händel) auseinander (Marx, 1982).

Matthesons Beispiel wurde von anderen deutschen Theoretikern nachgeahmt. Obwohl deren Veröffentlichungen nur unregelmäßig erschienen, übten sie einen nicht zu unterschätzenden Einfluß auf die musikalische Atmosphäre und den Geschmack der Zeitgenossen aus, so z. B. «Der getreue Musik-Meister» (1728) von Georg Philipp Telemann, die «Neu eröffnete musikalische Bibliothek» (1736–1754) des Arztes und Historiographen Lorenz Christoph Mizler sowie «Der critische Musicus» (1737–1740) des Bach-Gegners Johann Adolph Scheibe. Interessant sind in diesem Zusammenhang auch die ab 1749 in Berlin erscheinenden Zeitungen des königlichen Lotteriedirektors Friedrich Wilhelm Marpurg («Der kritische Musikus an der Spree»; «Historisch-kritische Beyträge zur Aufnahme der Musik»). In allen diesen Periodika waren die Inhalte gelehrt oder theoretisch, bezogen auf die Musiktraktate von Jean-Philipp Rameau, Joseph Fux, Johann Mattheson, Carl Philipp Emanuel Bach und anderen (vgl. Braun, 1972).

Die stetig wachsende bürgerliche Mittelschicht führte zu weiteren Veränderungen im Stil der Veröffentlichungen: So entsprachen die ab 1766 erscheinenden «Wöchentlichen Nachrichten und Anmerkungen, die Musik betreffend» des Singspielkomponisten Johann Adam Hiller dem Bedarf nach populären, weniger spezialisierten Texten über Musik. Die bürgerliche Mittelschicht des 19. Jahrhunderts übte durch ihre Nachfrage Einfluß auf die künstlerischen Entwicklungen aus. Der Rückgang der Bedeutung von Hof und Kirche kann somit als Ausgangspunkt für die Stärkung des Musikjournalismus und zugleich die Kommerzialisierung der Musik angesehen werden (Kaden, 1993).

In den letzten Jahrzehnten des 18. Jahrhunderts wuchs die Zahl der erscheinenden Musikzeitschriften schnell an. Der Sprachforscher und Musikliebhaber Carl Friedrich Cramer veröffentlichte Zeitschriften in Hamburg (1783–1787) und Kopenhagen (1789), der Organist und Musiktheoretiker Abbé Georg Joseph Vogler in Mannheim (1778–1781) und der für manche als Begründer einer modernen Musikgeschichtsschreibung geltende Musikhistoriker und Musiktheoretiker Johann Nikolaus Forkel in Gotha (1778–1779; siehe z. B. Forkel, 1967).

1798 gründete der Musikkritiker und Redakteur Johann Friedrich Rochlitz in Leipzig die einflußreiche «Allgemeine musikalische Zeitung», die er bis 1818 redaktionell leitete. In dieser Zeitung schrieb ab 1809 E. T. A. Hoffmann seine vielbeachteten Musikkritiken (besonders bemerkenswert die Kritik über die 5. Sinfonie von Beethoven). Hoffmann gilt als prototypisches Beispiel für den «romantischen Musikkritiker»: ein Gelehrter, inspiriert vom Ideal der Verbindung aller schönen Künste (vgl. Stephan, 1971).

In den ersten Jahren des 19. Jahrhunderts wurde eine neue Art der Musikkritik immer populärer. Kritiken über Musik erschienen in Form von Konzertnotizen oder kleineren Artikeln in normalen Tageszeitungen. Johann Friedrich Rellstab z. B. begann für die Berliner «Vossische Zeitung» zu schreiben, sein Sohn Ludwig folgte ihm in dieser Tätigkeit. Auf eine sehr charakteristische Art verband er Musikkritik mit Politik und Militärberichterstattung. Heute erinnert man sich zumeist an ihn wegen seiner Polemiken gegen Robert Schumann. Für kurze Zeit kam er sogar ins Gefängnis, weil er sich über den Starkult um die Primadonna Henriette Sonntag lustig gemacht hatte. Dies zeigt, daß sich das Verhältnis von Öffentlichkeit, freiem Journalismus und obrigkeitsdominierter Zensur überhaupt erst einmal konsolidieren mußte (Schleuning, 1984).

Zum wissenschaftlichen Umgang mit Musik trugen mit besonderem Nachdruck auch die zahlreichen Komponisten-Kritiker bei: z. B. der Berliner Liedkomponist Friedrich Reichardt oder Carl Maria von Weber und natürlich Robert Schumann. Er feierte in seinem ersten Artikel in der «Allgemeinen musikalischen Zeitschrift» Chopin als Genie. 1834 gründete er die bis heute bestehende «Neue Zeitschrift für Musik». Hier erschien 1853 sein oft zitierter Artikel «Neue Bahnen», in dem er prophetisch die Größe des damals noch unbekannten Johannes Brahms beschrieb (s. Stuckenschmidt, 1965).

Der bedeutendste Musikkritiker des 19. Jahrhunderts – und der erste hauptberuflich tätige Musikkritiker – war Eduard Hanslick. Mit seinen Schriften tritt er von 1854 bis 1894 radikal für die klassischen Ideale der Ordnung und formalen Vollkommenheit ein (z. B. 1872: «Gallerie deutscher Tondichter mit biographischem Text»; 1885: «Suite: Aufsätze über Musik und Musiker»). Damit bereitete Hanslick den Boden für eine Musikwissenschaft, die nicht nur nach Systematisierung und Methodik strebte, sondern darüber hinaus versuchte, durch ein wissenschaftliches Instrumentarium Werturteile zu untermauern (Glatt, 1972).

3. Historische Forschung

Im 18. Jahrhundert erschienen epochale enzyklopädische Arbeiten von Denis Diderot und Jean le Rond d'Alembert («Encyclopédie ou dictionnaire raisonné des sciences, des arts et des métiers», Paris 1751–1772) sowie von Jean Jacques Rousseau («Dictionnaire de musique», Genf 1768). Sie bilden die Grundlage für eine zunehmend wissenschaftlich ausgerichtete Musikgeschichtsschreibung (Wessely in Forkel, 1967, S. 1).

1774 veröffentlichte der Theologe und Musikhistoriker Martin Gerbert eine dreibändige Dokumentation zur mittelalterlichen Musik («De cantu et musica»). Zehn Jahre später legte er eine Ausgabe mit Texten von gut 40 mittelalterlichen Musiktraktaten vor («Scriptores ecclesiastici de musica sacra potissimum», 1784). Dazu veröffentlichte zwischen 1864 und 1876 Charles-Edmond-Henri de Coussemaker mehrere Supplementbände. Hier handelt es sich um eine bis auf den heutigen Tag unschätzbare Quellensammlung für die Historische Musikwissenschaft.

Die Arbeit von Gerbert stand in direkter geistiger Verwandtschaft zu den Aktivitäten von Sir John Hawkins und Charles Burney in London.

Der Anwalt, Antiquar und Musikhistoriker Hawkins publizierte 1770 eine Institutionsgeschichte der «Academy of Ancient Music», 1776 eine «General History of the Science and Practice of Music» (Hawkins, 1963) und 1777 einen «Catalogue of the Scarce, Valuable and Curious Collection of Music, Manuscript and Printed, of the Reverend and Learned William Gostling». Burneys musikhistorische Tätigkeit umfaßt neben Einzelstudien, Briefen, Artikeln eine Geschichte über den führenden Opernlibrettisten des 18. Jahrhunderts, Abate Pietro Metastasio. Sein bekanntestes Werk ist zweifellos die vierbändige «General History of Music from the Earliest Ages to the Present Period», erschienen zwischen 1776 und 1791 in London (Burney, 1958). Diese Musikgeschichte mit durchaus literarischen Qualitäten basiert auf Burneys Reisen durch Kontinentaleuropa und seinen Begegnungen mit so gut wie allen führenden Komponisten und Musikhistorikern seiner Zeit.

Erst im 19. Jahrhundert jedoch werden Musikgeschichten mit wissenschaftlichem Anspruch im heutigen Sinn geschrieben. Hier sind vor allem François-Joseph Fétis und Raphael Georg Kiesewetter zu nennen. Fétis, ab 1833 Direktor des Brüsseler Konservatoriums, war ein universell gebildeter musikalischer Gelehrter. Sein Leben lang arbeitete er an einer umfassenden Philosophie der Musik. Er legte fünf Bände einer unvollendet gebliebenen «Histoire générale de la musique» (Fétis, 1869) vor und eine «Biographie universelle des musiciens et bibliographie générale de la musique» (Brüssel 1833–1844), das umfassendste biographische Lexikon seiner Zeit und bis heute eine wesentliche Quelle zur französischen Musik bis etwa 1850. Als Hauptwerk von Kiesewetter (1846) kann die «Geschichte der europäisch-abendländischen oder unserer heutigen Musik» von 1834 gelten. Sie ist einem evolutionären Bild von Musikgeschichte verpflichtet, das ganz in der geistigen Tradition der Aufklärung steht: Musik wird um so wahrer und erhabener, je mehr sie sich dem 19. Jahrhundert nähert.

Erste Musikerbiographien datieren aus der 1. Hälfte des 19. Jahrhunderts. Der Heidelberger Juraprofessor Anton Friedrich Justus Thibaut veröffentlichte 1824 ein für die Rezeption der Musik Palestrinas im 19. Jahrhundert einflußreiches Buch mit dem bezeichnenden Titel «Über die Reinheit der Tonkunst». Zehn Jahre später legte Carl von Winterfeld eine musikhistorische Studie über «Johannes Gabrieli und sein Zeitalter» vor. Die wirklich großen Biographien aber stammen aus der zweiten Hälfte des 19. Jahrhunderts (→ Musikerbiographien).

Parallel dazu wurden Gesamtausgaben und Werkverzeichnisse ediert. Nachdem Samuel Arnold in London bereits ab 1787 die Kompositionen von Georg Friedrich Händel in Partituren herausgegeben hatte, richtete man ab der Mitte des 19. Jahrhunderts Denkmäler-Reihen in immer größerer Zahl ein – nicht zuletzt, um das nationale Musikerbe gebührend zu dokumentieren. Das Bach-Jubiläumsjahr 1850 gab den Anstoß zu der ersten nach neuem Wissenschaftsverständnis historisch-kritischen Gesamtausgabe mit Veröffentlichungen von 1851 bis 1899. Frühe systematisch angelegte Werkverzeichnisse stammen von Ludwig Ritter von Köchel (1862: Mozart) und Gustav Nottebohm (1868: Beethoven; 1874: Schubert; s. Brook, 1972).

4. Naturwissenschaftlich orientierte Forschung

Das 19. Jahrhundert brachte große Fortschritte nicht nur im philosophisch-ästhetischen und geschichtswissenschaftlichen Diskurs. Wichtig für Untersuchungen zur Wahrnehmung und Wirkungsweise von Musik wurden eine Fülle von neuen Kenntnissen im naturwissenschaftlichen Bereich, besonders aus den Disziplinen Medizin (Anatomie, Physiologie), Physik und Akustik (Graf, 1957). So entdeckte Alphonse Corti 1851 die Funktionsweise des Innenohrs (Plattig, 1995), und Georg Ohm formulierte das grundlegende Gesetz von der Zerlegbarkeit komplizierter Schwingungsformen in eine Vielzahl von sinusförmigen Komponenten (Eberlein, 1994). Die mathematische Formel dafür liefert das Fourier-Theorem (Barkowsky, 1996).

Im Jahr 1860 legte Gustav Theodor Fechner sein vielbeachtetes Buch «Elemente der Psychophysik» vor. Vor allem ging es ihm darum, direkte Beziehungen zwischen physikalischen Gesetzmäßigkeiten und ästhetischem Erleben von Musik («Ästhetik von unten») herzustellen. Er befand sich damit in einer durch Empirie geprägten Wissenschaftstradition, die sich bis zu den Schriften von René Descartes zurückverfolgen läßt (z. B. «Compendium musicae», 1618; s. Motte-Haber, 1985, S. 166 u. 416) und den Anstoß für weitere psychophysikalische Grundlagenforschung gab: die qualitative Beschreibung und Skalierung subjektiver Empfindungen in Relation zu physikalisch definierten auditiven Reizen (Stevens & Davis, 1938; Carterette & Friedman, 1978).

Nur drei Jahre später erschien das bis in die Gegenwart hinein grundlegend gebliebene Buch des musikbegeisterten Mediziners, Physiologen und Akustikers Hermann von Helmholtz: «Die Lehre von den Tonempfindungen als physiologische Grundlage für die Theorie der Musik» (1863). Er beschäftigte sich primär mit psychoakustischen Aspekten der Musikwahrnehmung: mit der Beschreibung und experimentellen Bestätigung von physikalischen und physiologischen Vorgängen. So untersuchte er z. B. die Rolle der Obertöne für die Wahrnehmung von musikalischen Klängen, formulierte eine Ortstheorie zur Funktionsweise des Innenohrs und befaßte sich mit den Ursachen (Schwebungen) und Auswirkungen (Dissonanzen) von Rauhigkeitsempfindungen.

Die psychophysikalischen, psychoakustischen und psychophysiologischen Untersuchungen zur Musik ab der zweiten Hälfte des 19. Jahrhunderts bilden die Grundlage für die musikpsychologische Forschung des 20. Jahrhunderts (im Überblick: Bruhn, Oerter & Rösing, 1993): Gestalt- und Ganzheitspsychologie, empirische Forschung und Testpsychologie, kognitive Psychologie und Psychomusikologie (Seifert, 1994). Musik wird hier nicht als notenschriftlich fixiertes Objekt analysiert und interpretiert, sondern als eine Variable in einem von Gesellschaft und Individuum geprägten Feld wechselseitiger Beziehungen. Im musikpsychologischen Diskurs kommt dabei dem Musikhörenden eine Schlüsselrolle zu; in der sozialpsychologischen Forschung (angewandte Musikpsychologie: Rösing & Bruhn, 1997; → Musiktherapie) und Musiksoziologie (Kaden, 1997) darüber hinaus auch dem situativen Kontext, in dem Musik erklingt und gehört wird.

5. Musikethnologische Forschung

Die Beschäftigung mit der Musik fremder Kulturen läßt sich schon in der Antike nachweisen. Im alten China z. B. wurden im Kaiserlichen Musikamt in nachchristlicher Zeit neben der höfischen Musik konfuzianischer Prägung in weiteren Abteilungen auch chinesische Volksmusik und Musik aus dem Ausland betreut bzw. verwaltet (→ Ferner Osten am Beispiel Chinas). Für den antiken Mittelmeerraum war diese Auseinandersetzung durch die politische Situation vorgezeichnet. Wichtige Hinweise von musiktheoretischen Konzeptionen bis hin zu instrumentenkundlichen Details finden sich z. B. in den Schriften von Herodot, Plutarch, Plinius und Pausanias (Graf, 1957, S. 121).

Reiseberichte und Gesamtdarstellungen der Musik außereuropäischer Kulturen erfreuten sich seit der Zeit der Aufklärung zunehmender Beliebtheit (→ Vergleichende Musikpädagogik). Die Auseinandersetzung mit der Musik schriftloser Kulturen erfolgte dagegen eher selten. Eine Ausnahme ist die vierbändige Arbeit des Jesuitenpaters Joseph François Lafiteau über die Irokesen im Gebiet des Erie- und Ontariosees von 1724. Das änderte sich grundlegend nach der Erfindung des Phonographen. 1889 war er so weit verbessert, daß er von Jesse Walter Fewkes zur Feldforschung bei den Passamaquoddy-Indianern in Maine und den Zuni-Indianern in New Mexico verwendet werden konnte (Schneider, 1997b, S. 225).

Wissenschaftlichen Kriterien genügende Standards für Aufnahmeverfahren, Transkription und Analyse mußten allerdings in der Folgezeit erst noch entwickelt werden. Dies geschah, nach der Einrichtung von Phonogrammarchiven in den Hauptstädten Europas um die Jahrhundertwende, vor allem in Berlin und Wien. Unter der Leitung des Philosophen und Musikpsychologen Carl Stumpf waren es insbesondere Otto Abraham, Erich Moritz von Hornbostel und Curt Sachs in Berlin, Robert Lach und Richard Wallaschek in Wien, die wissenschaftliche Kriterien zur Analyse und Interpretation von Feldaufnahmen erarbeiteten. Transkriptionsvorschläge (Abraham & Hornbostel, 1909) und eine Systematik der → Musikinstrumente (Hornbostel & Sachs, 1914) aus dieser frühen Zeit gehören auch heute noch zu den Standardwerken. Eine Vielzahl von strukturbezogenen Analysen der Musik fremder Völker und Länder (z. B. Stumpf, 1901; Lach, 1902; Hornbostel, 1902; weitere Literatur: Graf, 1980) kennzeichnen die durch «Messen und Zählen» (Schneider, 1976, S. 67) geprägten Anfänge der Musikethnologie. Das Anliegen der Vergleichenden Musikwissenschaft bestand demgegenüber mehr in dem Bestreben, Universalien im Sinn von interkulturellen musikalischen Gestaltungs- und Rezeptionskriterien verbindlich zu beschreiben (Brandl & Rösing in Bruhn, Oerter & Rösing, 1993; Schneider, 1997a).

Die zunehmende Differenzierung musikethnologischer und vergleichend-systematischer Forschung hat mittlerweile deutlich werden lassen, wie sehr anthropologisch-biologische Konstanten des Musikmachens und -wahrnehmens durch den jeweiligen soziokulturellen Überbau modelliert und geprägt werden. Der gesellschaftliche und kulturelle Wandel im Zeichen weltweiter Globalisierung wirkt sich nachhaltig auf die Struktur und den Gebrauch von Musik in den verschiedenen Kulturräumen aus (Erlmann, 1991; → Kulturbereiche der Welt). Diesen Wandel zu dokumentieren und interpretieren ist ein wichtiger Aufgabenbereich der aktuellen musikethnologischen Forschung.

6. Zusammenfassung

Im fortschrittsgläubigen 19. Jahrhundert wurde Wissenschaft als ein bestimmendes geistiges Phänomen anerkannt. Das hatte tiefgreifende Folgen auch für das Verhältnis zur Kunst. Dazu äußerte sich der Göttinger Philosophieprofessor Amadeus Wendt schon 1830 auf durchaus kritische Weise: «Zu unserer Zeit hat die Kritik den Schaffenden wie den Genießenden berührt. Diesem mangelt daher häufig der wahre Genuß [...]; jener wird geehrt und gestört in der sorgenlosen Entwicklung seines Talents» (zit. n. Edler, 1982, S. 64).

Daß die Verwissenschaftlichung des Lebens und der Kunst die Stellung der Kunst als primäres Erkenntnisinstrument bedrohe und das Selbstverständnis des Künstlers fundamental in Frage stellen würde, hatte kurz zuvor auch schon Georg Wilhelm Friedrich Hegel in seinen «Berliner Vorlesungen über die Ästhetik» angesprochen. Dennoch plädierte er für eine «Wissenschaft der Kunst», und zwar «nicht zu dem Zwecke, Kunst wieder hervorzurufen, sondern, was die Kunst sei, wissenschaftlich zu erkennen» (1970, S. 24).

Die Komponisten bemühten sich, das zunehmend problematischere Verhältnis von Musik zu den übrigen Bereichen des Lebens nach dem Ende der «Goetheschen Kunstperiode» (s. Mayer, 1963, S. 268 ff) und der musikalischen Klassik mit Beethovens Sinfonien als kompositorischem Prototyp neu zu bestimmen. Ein zentrales Anliegen der musikwissenschaftlichen Forschung bestand dagegen darin, die Geschichte der Musik aufzuarbeiten und Gesetze des musikalischen Gestaltens (Musiktheorie) sowie der Musikwahrnehmung (ästhetisches Erleben) zu ergründen (Riemann, 1901). Damit hatte, wie es Wolfgang R. Griepenkerl (1841, S. 59 f) in seiner Novelle «Das Musikfest oder die Beethovener» in ironisch überspitzter Form beschrieb, die Kunst aufgehört, nur noch Spielerei zu sein: «Es gab eine Zeit, wo das einsame Träumen am murmelnden Bach, langweiliges Turteltaubengeschwätz, und eine im Schweiß des Angesichts herausgequälte Form für wahre Kunst galten. Diese Zeit ist nicht mehr. Jener lächerliche Kunstabsolutismus des Individuums hat seine

Endschaft erreicht. Das große öffentliche Leben [...] ist jetzt die eigentliche Werkstatt des Künstlers.»

Was Griepenkerl in seiner Novelle mit geradezu prophetischem Weitblick andeutete, kennzeichnet die Situation im 20. Jahrhundert. Das zunehmend technologiebestimmte gesellschaftliche Leben hat ebenso zu einer Ausdifferenzierung von Musikstilen und Musikszenen geführt wie zur Ausdifferenzierung des Fachs Musikwissenschaft in Historische und Vergleichend-Systematische Musikwissenschaft, Musikethnologie und Musikpädagogik. Darüber hinaus haben sich die Bereiche der musikalischen Akustik, der Musikpsychologie, der Musiksoziologie sowie der Forschung zur populären Musik und zur Musik in den Massenmedien immer mehr verselbständigt (Rösing, 1993, S. 65; → Musikvermittlung in der modernen Mediengesellschaft). Die von Guido Adler erhoffte gegenseitige Befruchtung der verschiedenen Forschungszweige im Hinblick auf den Forschungsgegenstand Musik liegt in großer Ferne.

Ansätze, die in diese Richtung zielen, sind derzeit allenfalls in den USA auszumachen. Hier werden in der Historischen Musikwissenschaft stärker als bislang üblich kulturelle Kontexte, psychologische und soziologische Fragestellungen sowie ästhetische Überlegungen in die Analyse klassischer Werke einbezogen. Der Leitgedanke lautet: «Wir können uns der Musik nur nähern, wenn wir über sie hinausgehen» (Kramer, 1996, S. 32).

Literatur

Abraham, O. & Hornbostel, E. M. v. (1909). Vorschläge für die Transkription exotischer Melodien. *Sammelbände der Internationalen Musikgesellschaft, 11*, 1–25.

Adler, G. (1885). Umfang, Methode und Ziel der Musikwissenschaft. *Vierteljahresschrift für Musikwissenschaft, 1*, 5–20.

Barkowsky, J. (1996). *Das Fourier-Theorem in musikalischer Akustik und Tonpsychologie.* Frankfurt / M.: Lang.

Braun, W. (1972). *Musikkritik.* Köln: Gerig.

Brook, B. S. (1972). *Thematic catalogues in music. An annotated bibliography.* Hilsdale: Pendragon.

Bruhn, H., Oerter, R. & Rösing, H. (Hg.) (1993). *Musikpsychologie. Ein Handbuch.* Reinbek: Rowohlt (3. Aufl. 1997).

Burney, C. (1958). *General history of music from the earliest ages to the present period* (= Musicological Reprints). Vol. I–IV. Baden-Baden: Heitz.

Busoni, F. (1954). *Entwurf einer neuen Ästhetik der Tonkunst.* Wiesbaden: Insel (Orig. 1907).

Carterette, E. C. & Friedman, M. P. (Hg.) (1978). *Handbook of perception. Vol. IV: Hearing.* New York: Academic Press.

Dahlhaus, C. & Eggebrecht, H. H. (1985). *Was ist Musik?* Wilhelmshaven: Heinrichshofen.

Dean, W. (1980). Criticism. In Sadie, S. (Hg.), *The New Grove Dictionary of music and musicians, Bd. 5* (S. 36–50). London: Macmillan.

Eberlein, R. (1994). Akustik III: Geschichte. In Finscher, L. (Hg.), *MGG Die Musik in Geschichte und Gegenwart,* Sachteil Bd. 1 (Sp. 376–385). Kassel / Stuttgart: Bärenreiter / Metzler.

Edler, A. (1982). Musikkritik und künstlerisches Bewußtsein. In Edler, A. (Hg.), *Robert Schumann und seine Zeit* (S. 63–115). Laaber: Laaber.

Eggebrecht, H. H. (1996). Musikwissenschaft in Lehre und Forschung. In Ehrmann-Herfort, S. (Hg.), *Musikwissenschaft und Berufspraxis* (S. 1–7). Darmstadt: Wissenschaftliche Buchgesellschaft.

Erlmann, V. (Hg.) (1991). *Populäre Musik in Afrika.* Berlin: Reimer.

Fechner, G. T. (1860). *Elemente der Psychophysik, 2* Bde. Leipzig: Breitkopf & Härtel.

Fétis, F.-J. (1869). *Histoire générale de la musique. I-V.* Paris: Didot.

Forkel, J. N. (1967). *Allgemeine Geschichte der Musik, Bd. 1 und Bd. 2.* Leipzig 1788–1801. Herausgegeben und mit Registern versehen von Othmar Wessely (= Die großen Darstellungen der Musikgeschichte in Barock und Aufklärung, Bd. 8). Graz: Akademische Druck- und Verlagsanstalt.

Glatt, D. (1972). *Zur geschichtlichen Bedeutung der Musikästhetik Eduard Hanslicks.* München: Katzbichler.

Graf, W. (1957). Musikethnologie und Vergleichende Musikwissenschaft. *Wiener Völkerkundliche Mitteilungen, 5,* 1–12 (Nachdruck in Födermayr, F., Hg: Walter Graf. Wien-Föhrenau, 1980, S. 121–128).

Graf, W. (1980). *Vergleichende Musikwissenschaft* (Ausgewählte Aufsätze, hg. v. F. Födermayr). Wien-Föhrenau: Stiglmayr.

Griepenkerl, W. R. (1841). *Das Musikfest oder die Beethovener.* Braunschweig: Leibrock.

Hawkins, J. (1969). *General history of the science and practice of music. Bd. I–II.* New York: Dover.

Hegel, G. F. (1970). *Theorie-Werke-Ausgabe, Bd. 13.* Frankfurt / M.: Suhrkamp.

Helmholtz, H. v. (1863). *Die Lehre von den Tonempfindungen.* Braunschweig: Vieweg.

Hornbostel, E. M. v. (1902). Studien über das Tonsystem und die Musik der Japaner. *Sammelbände der Internationalen Musikgesellschaft, 4* (2), 302–360.

Hornbostel, E. M. v. & Sachs, C. (1914). Systematik der Musikinstrumente. *Zeitschrift für Ethnologie, 46,* 553–590.

Jaschinski, A. (1997). Musikwissenschaft: II. Grundriß der Fachgeschichte bis 1945. In Finscher, L. (Hg.), *MGG Die Musik in Geschichte und Gegenwart,* Sachteil Bd. 6 (Sp. 1800–1807). Kassel / Stuttgart: Bärenreiter / Metzler.

Kaden, C. (1993). Jünger der Empfindsamkeit. Populäre Musik in der Tradition der Gefühlskultur des 18. Jahrhunderts. In Rösing, H. (Hg.), *Beiträge zur Popularmusikforschung, 11* (S. 6–20). Baden-Baden: CODA.

Kaden, C. (1997). Musiksoziologie. In Finscher, L. (Hg.), *MGG Die Musik in Geschichte und Gegenwart,* Sachteil Bd. 6 (Sp. 1618–1670). Kassel / Stuttgart: Bärenreiter / Metzler.

Karbusicky, V. (1979). *Systematische Musikwissenschaft.* München: Fink.

Kiesewetter, G. F. (1846). *Geschichte der europäisch-abendländischen oder unsrer heutigen Musik. Darstellung ihres Ursprungs und ihrer stufenweisen Entwicklung; von dem 1. Jahrhundert des Christenthums bis auf unsere Zeit.* Leipzig: Breitkopf & Härtel (2. Aufl.).

Kramer, L. (1996). *Classical music and postmodern knowledge.* Berkeley: University of California Press.

Lach, R. (1902). *Zur Entwicklungsgeschichte der ornamentalen Melopöie.* Prag: Phil. Diss. (unveröff.).

Marx, H. J. (Hg.) (1982). *Johann Mattheson (1681–1764).* Lebensbeschreibung des Hamburger Musikers, Schriftstellers und Diplomaten, nach der «Grundlage einer Ehrenpforte» und den handschriftlichen Nachträgen des Verfassers herausgegeben und kommentiert. Hamburg: Karl Dieter Wagner.

Mayer, H. (1963). *Zur deutschen Klassik und Romantik.* Pfullingen / Stuttgart: Neske.

Motte-Haber, H. de la (1985). *Handbuch der Musikpsychologie.* Laaber: Laaber (2. Aufl. 1996).

Plattig, K.-H. (1995). Gehör II: Periphere Verarbeitung. In Finscher, L. (Hg.), *MGG Die Musik in Geschichte und Gegenwart,* Sachteil Bd. 3 (Sp. 1077–1093). Kassel / Stuttgart: Bärenreiter / Metzler.

Riemann, H. (1901). *Geschichte der Musik seit Beethoven (1800–1900).* Berlin: Spemann.

Rösing, H. (1993). Antworten zum Stand der Systematischen Musikwissenschaft. *Systematische Musikwissenschaft. Zeitschrift für musikalische Grundlagenforschung, 1* (1), 65–68.

Rösing, H. & Bruhn, H. (1997). Musikpsychologie: III. Angewandte Musikpsychologie. In Finscher, L. (Hg.), *MGG Die Musik in Geschichte und Gegenwart,* Sachteil Bd. 6 (Sp. 1575–1593). Kassel / Stuttgart: Bärenreiter / Metzler.

Schleuning, P. (1984). *Das 18. Jahrhundert: Der Bürger erhebt sich.* Reinbek: Rowohlt.

Schneider, A. (1976). *Musikwissenschaft und Kulturkreislehre.* Bonn / Bad Godesberg: Verlag für systematische Musikwissenschaft.

Schneider, A. (1997a). *Tonhöhe, Skala und Klang. Akustische, tonometrische und psychoakustische Studien auf vergleichender Grundlage.* Bonn: Orpheus (Schriftenreihe und zu Grundfragen der Musik Bd. 89).

Schneider, A. (1997b). Von den Indianergesängen zur «Weltmusik»» Zur Entwicklung der amerikanischen ethnomusicology. In Kreutziger-Herr, A. & Strack, M. (Hg.), *Aus der Neuen Welt. Streifzüge durch die amerikanische Musik des 20. Jahrhunderts* (S. 223–243). Hamburg: LIT.

Seifert, U. (1994). Zur Lage der Psychomusikologie. *Systematische Musikwissenschaft. Zeitschrift für musikalische Grundlagenforschung, 2* (2), 353–391.

Stephan, R. (1971). *Über Musik und Musikkritik.* Mainz: Schott.

Stevens, S. S. & Davis, H. (1938). *Hearing. Its psychology and physiology.* New York: Wiley.

Stuckenschmidt, H.-H. (1965). *Glanz und Elend der Musikkritik.* Berlin / Wunsiedel: Hesse.

Stumpf, C. (1901). Tonsystem und Musik der Siamesen. *Beiträge zur Akustik und Musikwissenschaft 2,* Heft 3.

Wiora, W. (Hg.) (1969). *Die Ausbreitung des Historismus über die Musik.* Regensburg: Bosse.

Adolf Nowak
Philosophische und ästhetische Annäherung an die Musik

1. Alte Traditionen der Philosophie

Älter als alle anderen Wissenschaften ist die Philosophie. Aus ihr hervorgehend, haben sie sich in der Neuzeit allmählich ausgegliedert und verselbständigt. Den neuzeitlichen Kunstwissenschaften geht eine Philosophie des Schönen und der Kunst voran, die bis in die Antike zurückreicht. In der Philosophie der Musik gibt es zwei von der Antike bis in die Neuzeit reichende Traditionen. In der einen wurde die Musik in ihrer Verbindung zu Zahl und Naturordnung betrachtet. Sie reicht von den Pythagoreern und Platon über Augustinus und Boethius zu Kepler und Leibniz und wird im 20. Jahrhundert durch die «harmonikale Grundlagenforschung» fortgesetzt (Haase, 1968). In der anderen Tradition geht es um die Verbindung der Musik mit der leiblich-seelischen Erfahrung der Ausübenden und Hörenden, mit Sinnesempfindung, Emotionalität, Leidenschaft und Haltung. Sie reicht von der antiken Ethos- und Affektenlehre, wie sie von Aristoteles (in Auseinandersetzung mit Platon) ausführlich dargestellt wird, über deren mittelalterliche Rezeption zur neuzeitlichen Opernästhetik und zum Ausdrucksbegriff neuerer Musikästhetik und Musikpsychologie.

Musik und Zahl

In der Philosophie des Pythagoras und seiner Schule (6. Jh. v. Chr.) wurde Musik zum Gegenstand eines Denkens, das nach dem Urgrund des Seienden fragte. Ist der Urgrund ein in sich bewegter Stoff (wie das Wasser oder die Luft), oder ist der Urgrund das schlechthin Unbestimmte, Unbegrenzte (das Apeiron)? Die Antwort der Pythagoreer war: Der Urgrund ist die Zahl. Die Zahlen bürgen für das Beständige und Bestimmte, auch und gerade dort, wo alles im Fluß ist: im Wandel der Naturerscheinungen, in den vorübergehenden Klängen. Wie die Verhältnisse der musikalischen Harmonie, so schienen den Pythagoreern, nach dem Bericht des Aristoteles, «überhaupt alle anderen Dinge ihrer ganzen Natur nach den Zahlen zu gleichen» (Aristoteles, Metaphysik, I, 5, 985 b 23 ff.). Auf die Pythagoreer geht die Vorstellung zurück, daß die Himmelskörper bei ihrem Umlauf Klänge hervorbringen, entsprechend den Abständen von der Erde (oder vom «Zentralfeuer»), in Analogie zu den Proportionen der Saitenteilung (Lehre von der Sphärenharmonie, überliefert von Aristoteles, Vom Himmel, II, 9, 290 b 12 ff). Die Pythagoreer haben auch die Seele für eine Harmonie erklärt, die aus den entgegengesetzten Stoffen und Kräften des Leibes entsteht (nach Aristoteles, Von der Seele, I, 4, 407 b 27 ff).

An die Pythagoreische Metaphysik schließt Platon (427–347 v. Chr.) an, wenn er darlegt, was Schönheit sei. Schönes zeigt sich in Qualitäten der Harmonie, als Maßhaftigkeit und Symmetrie (Philebos, 64 e). Harmonie ist ein Grundbegriff der Philosophie pythagoreisch-platonischer Tradition. In «Timaios» wird über die Beziehung von Weltall und Seele gesagt: Wie der Demiurg das anfängliche Chaos durch die Schaffung der Himmelskörper und der «nach Zahlenverhältnissen Kreisläufe beschreibenden Zeit» überwunden hat, so helfen die Musen durch die Elemente musikalischer Zeitgestaltung, Harmonie und Rhythmus, «den in uns entstandenen ungeordneten Umlauf der Seele» zu überwinden, so daß durch die Ordnung der Musik die des Inneren wiedererlangt werden kann (Platon, Timaios, 47 d-e).

Der pythagoreisch-platonischen Tradition folgend, bestimmt Augustinus (389) das Schöne als «aequalitas numerosa», als zahlenmäßige Gleichheit, Entsprechung, Symmetrie, Harmonie. Paradigma des Schönen ist die Musik im Sinne der Einheit von Rhythmus, Melos und Logos (Wort). Augustinus interessiert sich für die Urteilsfähigkeit des Ohres. Das Hören ist «kein Erdulden der Seele», sondern vielmehr «ein Wirken, eine Tätigkeit» («operatio animi»; De musica, VI, 6, 16). Die Aktivität zeigt sich als Unterscheidung in der Wahrnehmung, als Erinnerung und als Tonvorstellung. Sie, die Aktivität, gründet in einem dem Menschen angeborenen Sinn für Proportion und Präzision.

Boethius (um 500 n. Chr.) überliefert die Dreigliederung der Musik in *musica mundana, musica humana* und *musica instrumentalis*. Gemäß der *musica mundana*, der Musik des Weltalls, sind die Bahnen der Gestirne so aufeinander abgestimmt, daß sie sich zu einer Harmonie verbinden, auch wenn wir ihren Klang nicht hören. Die *musica humana* zeigt sich im Zusammenwirken von Seele und Leib und in den Gesetzmäßigkeiten des Organismus. Die *musica instrumentalis* bringt die intelligiblen Strukturen der kosmischen und der menschlichen Natur zum Klingen.

Auf der Grundlage des kopernikanischen Weltbildes und mit Hilfe empirischer Methodik hat Johannes Kepler die Lehre von der Weltharmonie erneuert. In «Harmonices Mundi» (1619) kommt der Verbindung von Musik und Mathematik der höchste Erkenntniswert zu; ein Kapitel handelt davon, «daß in den extremen Bewegungen der Planeten in gewisser Weise die musikalischen Modi oder Tonarten ausgedrückt sind», ein weiteres davon, «daß es Gesamtharmonien aller sechs Planeten gleichsam als gemeinsame vierfache Kontrapunkte gibt» (vgl. auch Kircher, 1650). Wenn Leibniz das Zusammenwirken der Substanzen im All und das Zusammenwirken von Leib und Seele aus der «prästabilierten Harmonie» erklärt, so steht er in der Tradition der *musica mundana* und *humana*. Die berühmte Leibnizsche Definition der Musik lautet: «Musik ist eine geheime arithmetische Übung des unbewußt zählenden Geistes. Denn dieser vollbringt allerhand an schwierigen oder unmerklichen Perzeptionen, die er durch genau unterscheidende Apperzeption nicht zu fassen vermag» (1734, S. 190). Die Konsonanzempfindung kann als Sonderfall der Perzeption angesehen werden. Perzeptionen, deren man sich im Unterschied zu Apperzeptionen nicht bewußt ist, bestehen in einem «vorübergehenden Zustand, der eine Vielheit in der Einheit [...] einbegreift» (Leibniz, 1714, S. 31). Perzeptionen sind also unbewußtes Zählen, und dieses Zählen ist nicht bloße Reihung, sondern ein Synthetisieren, das Erfassen einer Vielheit als Einheit. «Die Musik entzückt uns, obschon ihre Schönheit in nichts anderem als in der Entsprechung von Zahlen und in der uns unbewußten Zählung besteht, welche die Seele an den in gewissen Intervallen zusammentreffenden Schlägen und Schwingungen der tönenden Körper vornimmt» (Leibniz, 1714, S. 23).

Musik und Affekt

Anders stellt sich Musik im Zusammenhang des praktischen Lebens dar: Hier geht es um das Musikmachen, um die Herstellung und Ausübung von Musik, um Funktionen und Wirkungen der Musik in bestimmten Situationen des Lebens. Früh wurde die Bedeutung der Musik für die Affekte erkannt, für deren Nachahmung, Erregung und Beherrschung. Musik wurde im Kontext praktischer Philosophie (Ethik und Pädagogik) verhandelt: Man erwartete von ihr, daß sie einen Ausgleich zwischen Vernunft und Leidenschaften zu erwirken, in der Affektivität die Vernunft zu realisieren helfe (so Platon im «Staat» und Aristoteles in der «Politik»). Platon fordert eine strenge Ausrichtung der Musik auf das

Ethos und möchte daher bestimmte musikalische Mittel (z. B. «klagende» und «weichliche» Tonweisen, Instrumente, die den beliebigen Wechsel der Tonarten ermöglichen) ausschließen. Aristoteles unterscheidet zwischen einem ethisch-pädagogischen und einem ästhetischen Verhältnis zur Musik. Für die Erziehung empfiehlt er ebenfalls nur die «ethischen» Tonweisen und Rhythmen, das heißt solche, die Besonnenheit und Tapferkeit vermitteln; für das Anhören dessen, was andere spielen, kommen aber auch die «aktivierenden» und «berauschenden» Tonweisen in Frage (Aristoteles, Politik, VIII, 7, 1342 a).

Das Herstellen von Dingen, die es in der Natur nicht gibt, die aber für das menschliche Leben nützlich sind, nennt Aristoteles Poesis. Eine besondere Art der Poesis ist die Kunst, die sich als Mimesis zeigt: Kunst, die die menschliche Praxis nachahmt, also das Menschsein in seinen verschiedenen Realisierungen, seinem Gelingen und seinem Scheitern. Durch diese Mimesis ist die Tragödie definiert. Auch Plastiker und Maler ahmen die menschliche Natur nach, die sie in seelischen Haltungen und Bewegungen suchen. Ganz besonders gilt dies für die Musik, in deren Melodien und Rhythmen seelische Bewegungen als klangliche Bewegungen erscheinen und auf die Hörer einwirken: «Während des Hörens wechselt die Stimmung» (Aristoteles, Politik, VIII, 5, 1340 a). Aristoxenos, Schüler des Aristoteles, handelt von den Funktionen der Melodie für die Tragödie, für Liebeslied und Liebesklage, für das Gleichgewicht der Seele (vgl. Abert, 1899, S. 66). In der Macht, Affekte zu evozieren, gleicht die Musik der Rhetorik. Denn dieser geht es nicht nur um die sachliche Beweisführung, sondern auch um emotionale Mittel der Überzeugung.

In der Zeit des Humanismus wurde die Verbindung der Musik zur Rhetorik besonders aktuell. Es entstand eine nach Modellen der Rhetorik aufgebaute Kompositionslehre, die «musica poetica», im Sinne der Aristotelischen Poetik. Der Einfluß dieser musikalischen Rhetorik auf die kompositorische Praxis hinsichtlich Form und Tonsprache ist nicht zu unterschätzen. Früh nahm sie rationalistische Züge an: in der Katalogisierung der musikalisch-rhetorischen Figuren (Burmeister, 1606) und der Affekte (Kircher, 1650). Im 18. Jahrhundert sieht sich Johann Mattheson in aristotelischer Tradition. Einige Schriften veröffentlichte er unter dem Pseudonym Aristoxenus der Jüngere. Melopoeia, die Kunst, eine gute Melodie zu machen, ist «das wesentlichste» in der Musik (Mattheson, 1739, S. 133). Der «vornehmste» Teil der Melodielehre handelt

«von den Leidenschafften oder Gemüths-Neigungen», der «nothwen-
digste» «von den Einschnitten der Klang-Rede» (ebenda, S. 200). Beide
Aspekte – Affektausdruck und Redestruktur – werden ausdrücklich auch
für reine Instrumentalmusik in Anspruch genommen (ebenda, S. 208,
§ 34).

Den Affekten entsprechen Arten leiblicher Bewegung und Haltung
wie Ausbreitung (der «Lebensgeister») bei Freude, Zusammenziehung
bei Traurigkeit, Erhebung bei Hoffnung, Niedersturz bei Verzweiflung.
Entsprechend unterscheidet sich der Bewegungshabitus von Hochmut
und Demut, von Hartnäckigkeit und Nachgiebigkeit, von Zorn, Eifer,
Rache, Wut einerseits und sanftmütigen Regungen andererseits. An
Tänzen ist der Charakter der Bewegung besonders deutlich wahrnehm-
bar, weshalb Mattheson die Tanzmelodik als Paradigma einer Typologie
der Musik nach Affekten beschreibt (1739, S. 224–231). Dem Menuett
wird eine gemäßigte Lustigkeit zugesprochen, der Gavotte eine gestei-
gerte («jauchzende») Freude. Der Marsch signalisiere heroischen Charakter, die Entree, durch punktierte Rhythmen geprägt, sei von erhabe-
nem, majestätischem Wesen. Von den Standardtänzen der Suite zeigt die
Allemande, bei ausgearbeiteter Harmonie, ein zufriedenes, vergnügtes
Gemüt, die Sarabande, der aus Spanien stammende feierliche Tanz, Ehrfurcht und Grandezza, der Courante wird Hoffnung zugeschrieben, bei
der Gigue werden vier Typen unterschieden und auf die Affekte des
Zorns, des Stolzes, der Begierde und der Eile bezogen (ebenda, S. 228,
§ 204).

2. Klassische Ästhetik

Theorie der Schönen Künste

Die Entwicklung der Musik zur eigenständigen Kunst zeigt sich als allmähliche Loslösung von den Funktionen, welchen sie in den genannten
Traditionen zugeordnet war: von der Erkenntnisfunktion und von den
praktischen Funktionen. Eine Bachsche Partita z. B. hat weder die praktische Funktion der Tanzmusik, welcher die Gattung Partita entstammt, zu
erfüllen noch die theoretische Funktion, eine zahlhafte Ordnung zu prä-
sentieren. Sie ist ein Kunstwerk im Sinne der «schönen Künste», die im
18. Jahrhundert von den *artes liberales* (Wissenschaften) und von den

artes mechanicae (Handwerkslehren) getrennt wurden. Als «schöne» dienen sie weder der Wissenschaft noch der Lebenspraxis. Das Schöne, so heißt es später bei Kant, gefällt «ohne Begriff» und «ohne (praktisches) Interesse» (1790, §§ 2 und 6). Um die schönen Künste von wissenschaftlichem Erkennen und von praktischem Interesse abzugrenzen, wird die sinnliche Anschauung, die *aisthesis*, als eigenwertiger Bereich menschlichen Verhaltens deklariert und eine Wissenschaft gefordert und begründet, die diese *aisthesis* untersucht. Diese Wissenschaft nannte Alexander Gottlieb Baumgarten Ästhetik (Überblick zur Geschichte der Musikästhetik: Fubini, 1997; Nowak, 1997). Die große Herausforderung an die Philosophie war offenbar die Autonomisierung der Kunst, die Loslösung auch der Musik von althergebrachten Funktionen und generellen Dispositionen. Es bedurfte einer Theorie des Kunstwerks als eines individuellen Gebildes, das seinen Sinn nicht in Funktionen, Regeln, generellen Strukturen hat, sondern in einer nur ihm eigenen sinnlichen Gestalt, in einem sinnfälligen Zusammenstimmen seiner Gedanken zur Einheit («consensus cogitationum [...] inter se ad unum, qui phaenomenon sit»; Baumgarten, 1750, § 18).

In der klassischen und romantischen Ästhetik wurde die besondere Nähe der Musik zum «reinen» Begriff der Kunst, zur «rein poetischen Welt» betont; hierfür seien zwei berühmte Worte zitiert. Goethe sagt in den «Betrachtungen im Sinne der Wanderer» 1829: «Die Würde der Kunst erscheint bei der Musik vielleicht am eminentesten, weil sie keinen Stoff hat, der abgerechnet werden müßte. Sie ist ganz Form und Gehalt und erhöht und veredelt alles, was sie ausdrückt» (S. 290). Wilhelm Heinrich Wackenroder und Ludwig Tieck haben die besondere Wertschätzung der reinen Instrumentalmusik begründet: «In der Instrumentalmusik aber ist die Kunst unabhängig und frei, sie schreibt sich nur selbst ihre Gesetze vor, sie phantasiert spielend und ohne Zweck, doch erfüllt und erreicht sie den höchsten» (Tieck, in: Wackenroder 1797, S. 196).

Der höchste Zweck ist die Darstellung ästhetischer Ideen im Sinne Kants: «[...] unter einer ästhetischen Idee aber verstehe ich diejenige Vorstellung der Einbildungskraft, die viel zu denken veranlaßt, ohne daß ihr doch ein bestimmter Gedanke, d. i. Begriff, adäquat sein kann, die folglich keine Sprache völlig erreicht und verständlich machen kann» (1790, § 49). Eine Sinfonie z. B. gibt zu denken (zu analysieren und zu interpretieren), ohne daß sie in ihrer Individualität durch Begriffe je ganz erfaßt oder gar ersetzt werden könnte.

Eduard Hanslicks Ästhetik stellt die reine Instrumentalmusik in den Mittelpunkt. Die Berufung auf das Gefühl, welches durch Musik zu erwecken oder darzustellen sei, wird als «unwissenschaftlich» abgelehnt, weil Gefühle nicht als Prinzip taugen. Das Prinzip des Musikalisch-Schönen ist in «den Tönen und ihrer künstlerischen Verbindung» (1854, S. 58) aufzusuchen. Der Grundgedanke lautet: Der Komponist formt das Tonmaterial nach seinen Ideen. Die Ideen sind musikalisch, nicht etwa literarisch oder bildlich vorgegeben. Eine musikalische Idee ist ein entwicklungsfähiger, Ausformung ermöglichender Gedanke (Thema, Motiv). Wird ein Musikwerk in seinen vielfältigen Details auf seinen einheitgebenden Gedanken, auf seine «innere Form» hin gehört, so erschließt sich sein Inhalt: «Der Inhalt der Musik sind tönend bewegte Formen» (ebenda, S. 59).

Geschichtsphilosophie der Kunst

Hegel sieht die Entwicklung der Kunstgattungen in weltgeschichtlichen Zusammenhängen, von denen er die «Kulturfunktion» der Kunst herleitet (vgl. Kuhn, 1931; Nowak, 1971). Die Beziehung der Kunst zur Kultur einer Zeit wird am deutlichsten greifbar als Beziehung zur Religion dieser Zeit. In der klassischen Antike, als man sich die Götter in idealer Leiblichkeit vorstellte, z. B. Aphrodite und Apoll, konnte die Skulptur die führende Kunstform werden, denn sie ermöglichte eine plastisch-leibliche Darstellung der Götterwelt. In einer Zeit dagegen, die vom Bilderverbot geprägt war, nach dem ersten mosaischen Gebot «Du sollst Dir kein Bildnis machen», hat sich die Skulptur nicht entfalten können, wohl aber die Architektur in der Form des Tempelbaus. Denn dieser schafft der Gottheit kein Bildnis, sondern nur eine kunstvolle äußere Umgebung, um symbolisch auf sie hinzuweisen. Deshalb, so Hegel, hat die Architektur im Tempel des alten Israel eine frühe Vollendung erfahren.

Im Christentum nun, betont Hegel, wird Gott als der leidende Mensch vorgestellt. Für die Vorstellung der Leidensgeschichte Christi und derer, die ihm nachfolgen, für die Vorstellung individueller Erfahrung, reicht die Skulptur als typisierende Kunstform nicht mehr aus. Hier bedarf es der Malerei, die den seelischen Ausdruck weiter differenzieren kann, und schließlich der Musik, die eine von anderen Künsten nicht erreichbare Verinnerlichung des seelischen Gehalts ermöglicht.

Musik ist für Hegel die eigentliche Kunstform der christlichen Religion und ihres Zeitalters, wie die Plastik die Kunstform der griechischen und römischen Antike. Der Musik spricht Hegel eine Schlüsselstellung vor allem für die Neuzeit der christlich-abendländischen Kultur zu. Die Erfahrung, die hinter dieser geschichtsphilosophischen Konzeption steht, ist die Bekanntschaft mit Bachs Matthäuspassion, die 1823 von Mendelssohn erstmals wieder aufgeführt worden ist, und mit Musik der Römischen Schule, die Hegel bei Thibaut in Heidelberg kennengelernt hatte, dem Verfasser des Büchleins «Von der Reinheit der Tonkunst». In dieser Musik sieht Hegel die Kulturfunktion für die Zeit des Christentums repräsentiert wie im Apoll von Belvedere für die antike Götterwelt und wie im Tempel und in der Pyramide für den alten Orient und seine bildlose Gottesverehrung.

Hegel hat nicht behaupten wollen, daß sich die Kunstgattungen auf bestimmte Zeitepochen beschränken lassen, sondern nur, daß sie einander in der Führung abwechseln. Mag die Musik bereits im jüdischen Tempelgottesdienst und im attischen Drama eine hervorragende Rolle gespielt haben, so erlangte sie die Seinsweise eigenständiger zyklischer Werkgestalt doch erst im Rahmen des christlichen Gottesdienst, durch die Messe als musikalisches Kunstwerk. Der mögliche Einwand, daß bei einem an der Religionsgeschichte ausgerichteten Konzept die weltliche Kunst vernachlässigt werde, trifft für Hegel nicht zu. Für die vom Christentum geprägte Musik z.B. zeigt er eine geschichtliche Dialektik auf: Der religiöse Ideenkreis evoziert einen affirmativ weltlichen, den Hegel vor allem in der Oper repräsentiert sieht, und dieser wiederum, stets an Wort und Handlung gebunden, evoziert als seinen Gegensatz eine musikalische Gestaltung, die stofflos, frei, rein schöpferisch ist: die reine Instrumentalmusik, die einen von kultischen und sprachgebundenen Vorgaben freien Bedeutungshorizont eröffnet. In dieser Loslösung von substantiellen Bindungen allerdings sieht Hegel das Ende der Kunst herannahen: Absolute Musik mag zwar dem spezialisierten Kenner immer wieder Interessantes bieten, sie verliert aber jenes «allgemeinmenschliche Kunstinteresse».

3. Neuere Philosophie

Psychologie

Der Aufstieg der Naturwissenschaften führte im 19. Jahrhundert zu dem Versuch, die Philosophie auf empirischer Basis zu begründen. Das galt vor allem für die Erkenntnistheorie und für die Ästhetik als die beiden Gebieten, in denen die Sinnesempfindung und Wahrnehmung zum Gegenstand wird, so daß sich Physiologie und Psychologie der Sinnesfunktionen, zumal des Sehens und Hörens, als Grundwissenschaft empfehlen. Hermann von Helmholtz schrieb «Die Lehre von den Tonempfindungen als physiologische Grundlage für die Theorie der Musik» (Braunschweig 1863). Er untersucht das Phänomen der harmonischen Obertöne, dessen Beziehung zu den Unterschieden der Klangfarbe, die Wahrnehmung der Obertöne durch das Ohr, die Störungen des Zusammenklangs (Kombinationstöne und Schwebungen), die Empfindungen von Konsonanz und Dissonanz. Gegenüber diesen «Naturphänomenen» führt die Konstruktion der Tonleitern und Tonarten auf ästhetisches Gebiet, wo «die Differenzen des nationalen und individuellen Geschmacks beginnen» (ebenda, S. 8). Die Empfindungen gelten als die Elemente des Bewußtseins, die durch äußeren Reiz auf die Nerven der Sinne entstehen; die Verknüpfung der Elemente im Bewußtsein ergibt Wahrnehmung.

Ob das in der Wahrnehmung Gegebene als Summe von Elementen erklärbar ist oder nicht vielmehr als einheitliche Qualität erscheint, wurde zu einer zentralen Frage der Psychologie. Carl Stumpf (1883) zeigt, daß der Eindruck einer Konsonanz nicht als Summe von Tonempfindungen gegeben ist, sondern als etwas Einheitliches, Ganzes, als «Verschmelzung» erfahren wird. Der Begriff des Ganzen, der in diesem Zusammenhang eingeführt wird, nimmt zusammen mit dem der Gestalt in der Folgezeit die Funktion eines Grundbegriffs an, der einem neuen Konzept der Psychologie den Namen gab (Ganzheitspsychologie, Gestaltpsychologie). Begründer der Gestaltpsychologie ist Christian von Ehrenfels (1890), der die von ihm entdeckten «Gestaltqualitäten» (Eigenschaften der Gestalt, die an ihren Teilen nicht vorfindbar sind; wechselseitige Abhängigkeit von Teil und Ganzem; Transponierbarkeit der Gestalt) an der Melodie exemplifizierte.

Was Ehrenfels über die Konstitution von Vorstellungen und deren Zusammenhängen für die einzelnen Künste ausführt, könnte als allgemeinästhetische Grundlegung für die später von Riemann (1916) entworfene «Lehre von den Tonvorstellungen» gelesen werden. In den Empfindungs- und Vorstellungselementen sind die Künste verschieden. Sie haben aber ein Gemeinsames in dem, was durch diese Elemente «fundiert» wird, in Relationen, Proportionen und Gestalten. Diese «fundierten Inhalte» sind Gebilde eigener Art mit Qualitäten, die den fundierenden Elementen nicht zukommen; in der Unermeßlichkeit möglicher fundierter Inhalte konstituiert sich der ästhetische Wert (Ehrenfels, 1986, S. 328 f).

Mit dem Begriff Tonvorstellung wollte Hugo Riemann das spezifisch Musikalische von seinen physiologischen und psychologischen Grundlagen abheben. Daß nicht der Ton oder die Tonempfindung, sondern die Tonvorstellung das Alpha und Omega der Tonkunst sei, ist die Grundthese der «Lehre von den Tonvorstellungen». Diese These läßt sich an einem einfachen Beispiel nachvollziehen. Quint und Quart gelten seit alters her nächst der Oktav als konsonant. Auch nach dem Helmholtzschen Kriterium der Schwebungen, die sich aus den Differenzen zwischen den Schwingungen der Obertöne ergeben, und nach dem Stumpfschen Kriterium der Verschmelzung übertreffen sie den Konsonanzcharakter von Terz und Sext. Der Musiker kann jedoch leicht auf Fälle hinweisen, in denen Quint und Quart gegenüber Sext und Terz dissonant erscheinen. Dies ist überall dort der Fall, wo die Quart als Vorhalt der Terz und die Quint als Vorhalt der Sext gehört wird. Daß Quint und Quart als Vorhalte aufgefaßt werden können, ist eben das Moment der Tonvorstellung, das sich aus dem physikalischen Substrat und aus dem Sinneseindruck nicht ableiten läßt. Der Klangeindruck von Quint und Quart wird hier auf eine Vorstellungsform bezogen, in der der Terzklang und seine Umkehrung zur Sext für den schließenden Dreiklang steht, so daß der terzlose Klang als auflösungsbedürftig und insofern dissonant erscheint. Paradigma der Tonvorstellung ist das Phänomen der «Klangvertretung»: die Bedeutung, die ein Ton oder Intervall annimmt, je nachdem, ob es im Sinne dieses oder jenes Klangs aufgefaßt und insofern als dessen Vertreter vorgestellt wird.

Hermeneutik

Nach einer psychologischen Grundlegung der Ästhetik suchte auch der junge Wilhelm Dilthey, indem er von der Seite des Schaffens ausging. Das «Leben», das sich in einer Dichtung ausdrückt, ist in der «affektiven

Gemütsverfassung» des Dichters begründet. Die durch sie gespeisten produktiven Vorgänge sind «Bildungsprozesse», die «nicht nur feste Vorstellungen unterscheiden, ineinssetzen, beziehen [...], sondern Veränderungen in diesen Wahrnehmungen oder Vorstellungen zur Folge haben» (Die Einbildungskraft des Dichters, 1887, in: Dilthey, 1923, Bd. 6, S. 142) und somit zu einer «Metamorphose» des Wirklichen führen.

Im Anschluß an diese Lehre von der affektiven Gemütsverfassung des Dichters hat Hermann Kretzschmar die Erneuerung der musikalischen Affektenlehre gefordert (Kretzschmar, 1911). Sie hätte Musik als semantischen Sinnzusammenhang verstehbar zu machen. Da Kretzschmar die musikalischen Formen nicht als eigenwertige Manifestation menschlichen Geistes, sondern nur als «Mittel des Ausdrucks», ja als «Hülle und Schale» ansieht, kann er – was freilich nicht für die Sensibilität seiner Hermeneutik spricht – auch für heterogene Formungen ein und denselben affektuosen Inhalt behaupten: für Präludium und Fuge C-Dur aus Bachs Wohltemperiertem Klavier, für den 1. Satz der Zweiten Symphonie Beethovens und für Schumanns Aufschwung gleicherweise den «Kampf zwischen Sorge und Hoffnung» (ebenda, S. 286 und 288).

In seinem Aufsatz «Die Entstehung der Hermeneutik» (1900) bezeichnet es Dilthey als deren höchsten Triumph, «die Idee in einer Dichtung» bewußt zu machen. Die Idee ist dem Werk immanent, aus dessen objektiver Organisation zu verstehen, nicht psychologisch als Erlebnis oder Intention des Dichters. Deutlich wendet sich Dilthey in einem späteren Fragment über «Das musikalische Verstehen» gegen den Versuch, im musikalischen Werk nach psychologisch oder biographisch vorgeprägten Inhalten zu suchen: «Da ist keine Zweifachheit von Erlebnis und Musik, keine doppelte Welt, kein Hinübertragen aus der einen in die andere [...]; wer dieses aufsucht, geht einem Irrlicht nach» (1923, Bd. 7, S. 220–222). Im musikalischen Ausdruck handelt es sich um ein Seelisches, das nicht vor, sondern allein in der musikalischen Gestaltung zu erfahren ist.

Arnold Scherings «musikalische Hermeneutik» (1914) schließt an Dilthey an. Die von Schering gesuchte «poetische Idee» ist auf ein individuelles Werk bezogen, im Gegensatz zu dem vielfältig beziehbaren Stimmungsprozeß bei Kretzschmar. Das Verhältnis von musikalischen Gedanken zu literarischen, mit denen ein Komponist sich auseinandersetzte, ist ein legitimes hermeneutisches Problem; doch hat Schering dieses Verhältnis als jenes «Hinübertragen» aufgefaßt – als Parallelität zwischen poetischem und musikalischem Verlauf – im Sinne jener «dop-

pelten Welt», die Dilthey kritisiert. Das Verhältnis muß jeweils konkret
befragt werden: Die poetische Idee kann sich z.B. auf eine thematische
Anregung oder auf eine partielle Beeinflussung des Formprozesses beschränken oder, nach einer Formulierung Hegels, «der allgemeinere
Mittelpunkt» sein, auf den sich musikalische Formulierungen beziehen
lassen, nicht eine dieser parallelen Linie.

Phänomenologie

Die Phänomenologie setzte sich zum Ziel, die Phänomene, das heißt das
dem Bewußtsein Gegebene, aufzuzeigen und zu beschreiben; dabei verfährt sie kritisch: Vorurteile und scheinbar selbstverständliche Voraussetzungen werden in Frage gestellt; Eigenschaften der Phänomene
werden in der Betrachtung variiert, damit die veränderlichen von den
notwendigen Bestimmungen getrennt werden können. Phänomenologie
kann von alltäglicher Erfahrung und von einzelnen exemplarischen Phänomenen ausgehen. Geschichtlich Gewordenes kann auf seine Struktur
und sein «Wesen» durchleuchtet werden. Begründer der Phänomenologie ist Edmund Husserl, der von Musik im Zusammenhang mit dem «inneren Zeitbewußtsein» handelt: Am Vorgang des Hörens einer Melodie
wird die ursprüngliche Erfahrung von Zeit beschrieben (Vorlesungen
zur Phänomenologie des inneren Zeitbewußtseins, entstanden 1905,
herausgegeben von Martin Heidegger 1928).

Bei Nicolai Hartmann führt die Phänomenologie, als möglichst be-
fundgetreue Beschreibung gegebener Sachverhalte, zu einer Theorie von
der Schichtung des Seins (physisches, organisches, seelisches, geistiges
Sein). Auch das Kunstwerk wird als geschichtetes Seiendes vorgestellt.
Unterschieden werden Vordergrundschicht und Hintergrundschichten
eines Werks (Hartmann, 1953). Vordergrund ist bei der Musik das, was
rein akustisch gegeben ist. Dahinter erscheinen Einheiten der Konstruktion, die sich auf das Akustische beziehen, ohne sich aus ihm ableiten zu
lassen: Sie bilden einen in sich differenzierten Hintergrund mit Schichten der harmonischen Disposition, der melodischen Gestalten, der
darauf aufbauenden motivischen und thematischen Beziehungen. An
diesen Einheiten der Konstruktion erscheint als weitere Schicht eine In-
nenseite, die als seelischer Gehalt bezeichnet werden darf: z.B. Bewegungscharaktere und emotionale Qualitäten. Darüber hinaus ergibt sich
ein Ausblick auf übergeordnete Zusammenhänge, auf Epoche und Kultur, aus der das Werk stammt, auf ästhetische Werte, die es realisiert.

Kurt Huber (1954) machte die Ausdrucksaspekte der Musik zum Gegenstand phänomenologischer Beschreibung. Qualitäten, die in die sinnliche Gegebenheit einer Melodie «eingeschmolzen» erscheinen, der Melodie unmittelbar anhaften, sind Gefühlscharaktere und Bewegungscharaktere. Wird eine Melodie oder ein Motiv als Zeichen eines dahinterstehenden Seelischen aufgefaßt, so wird dies Seelische vom Klanglichen unterschieden und als Stimmung erlebt, die sich in der Musik mitteilt (Stimmungskundgabe, Stimmungsdarstellung). Wird der Charakter eines Motivs durch einen geeigneten Kontext auf eine menschliche Psyche übertragen, so ergibt sich der Ausdrucksaspekt der Charakteristik, am markantesten im Leitmotiv. Einen eigenen Bereich der Ausdrucksaspekte bilden sprachliche und quasi-sprachliche Kundgabeformen (Signale und Rufe; Emotive wie Wunsch, Befehl, Aufforderung, Klage; gestischer und mimischer Ausdruck im Operngesang). Beziehen sich die bisher genannten Ausdrucksaspekte auf die Region des Gefühls (Charakter, Stimmung, Kundgabe), so sind auch noch solche Ausdrucksaspekte zu erfassen, die Vorstellungsmäßiges einschließen. Musik kann über ihren Bewegungscharakter auch Bewegungsvorstellungen erwecken, das heißt, äußere Bewegungen können musikalisch nachgezeichnet werden. Tonmalerei ermöglicht musikalische Situationsbilder und die Darstellung von Geschehnissen und Vorgängen (Programmusik). In diesem Zusammenhang nennt Huber das «Sphärenerlebnis», das durch (indirekte) Zitate von funktionaler Musik zustande kommt: Eine Choralweise evoziert die Sphäre der Kirche, ein Bordunbaß und Sicilianorhythmus die Sphäre des Pastoralen, ein Menuett mit bestimmten Verzierungen repräsentiert die Grazie des Rokoko etc.

Roman Ingarden fragt in seinen «Untersuchungen zur Ontologie der Kunst» (1. Fassung 1928; Ingarden, 1962) nach der Existenz des Musikwerks in den Hörerlebnissen, in den Aufführungen und in der Partitur. Erst in der Aufführung und im Hören erlangt das, was in der Partitur durch Zeichen festgelegt ist, klingende Existenz. Zwar gibt es auch ein stummes Lesen der Partitur, doch ist dieses eben auch auf den Klang angewiesen, nämlich auf den mit allen seinen Eigenschaften der Höhe, Dauer, Stärke, Farbe real vorgestellten Klang. Das Musikwerk ist jedoch mit keiner seiner Aufführungen identisch, auch nicht mit einer denkbar «optimalen» Aufführung oder mit der – in Einzelfällen gegebenen – Aufführung durch den Komponisten. Das Musikwerk ist nicht die jeweils reale Aufführung, sondern der in der Aufführung «intendierte» und in unterschiedlichen Aufführungen unterschiedlich «interpretierte» Gegenstand.

Das Musikwerk ist auch nicht mit der Partitur gleichzusetzen. Der Notentext ist ein «schematisches Gebilde». Er enthält Zeichen und Anweisungen, nach welchen es als klingendes und zu hörendes realisiert werden soll. Als schematisches Gebilde impliziert der Notentext eine gewisse Variabilität hinsichtlich der Ausführungsmöglichkeiten seiner Zeichen und Anweisungen (z. B. Dynamik, Agogik, Artikulation). Auch von der Partitur wird das Musikwerk nur «intendiert». Es ist daher kein «realer, individueller Gegenstand», sondern ein «rein intentionaler Gegenstand», «ein schematisches, mit einer Mannigfaltigkeit möglicher konkreter Gestalten behaftetes Gebilde» (Ingarden, 1962, S. 130). Durch die Akte der Aufführung erscheint das Musikwerk in differierenden Realisationen, es scheint sich mit seinen Aufführungen als den Interpretationen seines Textes zu wandeln. «Der geschichtliche Prozeß der angeblichen Wandlung des Musikwerkes selbst *ist in Wirklichkeit der Prozeß des Entdeckens und Aktualisierens immer neuer Möglichkeiten der zu dem Werkschema gehörigen potentiellen Gestalten des Werkes*» (ebenda, S. 134).

Sozialphilosophie

Die Konstruktion von Tonleitern in einer Kultur oder Periode führt, wie Helmholtz betont hat, vom Naturphänomen des Klangs (Quintverwandtschaft, Partialtonreihe) auf ästhetisches Gebiet, auf welchem die Differenzen des nationalen und individuellen Geschmacks beginnen. Hier setzt Max Weber an: In «Die rationalen und soziologischen Grundlagen der Musik» (1921) untersucht er die Rationalisierung des Tonmaterials in verschiedenen geschichtlich-gesellschaftlichen Räumen. Das rationalisierte Tonmaterial hat seine gesellschaftliche Geltung, auch wenn es akustische Unstimmigkeiten einschließt. Die akkordliche Rationalisierung der Musik in der Neuzeit – Harmonik und Modulation betreffend – führt zu den Kompromissen der temperierten Stimmung, da die Teilung der Oktave in zwölf gleiche Halbtöne Mittelwerte erbringt, die kein Intervall mehr ganz rein, dafür alle Intervalle brauchbar erscheinen lassen.

Die Entstehung der chromatischen Alterationen im Abendland geht auf ähnliche Bedürfnisse zurück wie die Folgen von zwei Halb- oder zwei Vierteltönen in der griechischen Antike: zuerst «nach melodiöser Erweichung der Härte der reinen Diatonik», dann – im 16. Jahrhundert – «nach dramatischer Darstellung der Leidenschaften» (Weber, 1921, S. 18). Die Chromatik ist bestimmten Gesellschaften bzw. deren Repräsentanten «antipathisch» (z. B. ältere Tragiker der Griechen, alte Kirche, konfuzianische Musiklehre). In einigen Kulturen werden Intervalle, die kleiner als Halbtöne sind, verwendet, besonders in artifizieller, für Kenner bestimmter Musik; sie werden in der Musiktheorie berechnet (arabische und indische Musik), doch bilden sie nicht die Elemente von Gebrauchstonleitern.

Zu den spezifischen Bedingungen der okzidentalen Musikentwicklung gehört die Erfindung einer Notenschrift mit Liniensystem und Zeitwertbestimmung. Diese Notenschrift, von der Musiktheorie im Mittelalter vorangetrieben, ist eine wesentliche Voraussetzung für die Entwicklung des mehrstimmigen, polyphonen Tonsatzes. Die Klöster und Domkapitel waren «die Träger alles musiktechnischen Rationalismus innerhalb der Kirche» (ebenda, S. 70). Die schriftliche Fixierung ist eine Voraussetzung für ästhetische Autonomie der Musik. Die autonome Musik ist eine Musik für Kenner. Der Kenner ist, wie Hegel bemerkt, am rein Musikalischen interessiert, er sucht das Neue, vergleicht es mit dem Traditionellen. Musik, deren neuartige Formideen und komplexe Zusammenhänge den Kenner ansprechen, läßt das Bedürfnis des Laien nach gewohnten Formen und verständlichem Ausdruck hinter sich zurück (Hegel, 1835, S. 322). Diese Entwicklung ist ein Teil des weiträumigen geschichtlichen Prozesses einer Entfremdung zwischen Kunst und Gesellschaft. In dem Aufsatz «Zur gesellschaftlichen Lage der Musik» 1932 analysiert Adorno den Zustand der «Gesellschafts-Fremdheit» von neuer Musik.

Zu unterscheiden ist zwischen Musik, die sich nach den Erfordernissen des Marktes richtet, und Musik, die sich diesen prinzipiell entzieht. Diese Unterscheidung ist nicht identisch mit der zwischen «ernster» und «leichter» oder «Unterhaltungsmusik» (→ Zweckbestimmung von Musik). Während ein großer Teil der «ernsten» Musik dem Markt dient und die Marktfunktion nur verhüllt, gibt es manche «leichte» Musik, die dem offiziellen Selbstbild der Gesellschaft insofern entgegentritt, als sie Triebbedürfnisse aufdeckt. Dennoch ist es primär die Kunstmusik, die in ihrer zunehmenden Isolation die Brüche und Widersprüche der Gesellschaft nachzeichnet. Adorno unterscheidet in diesem Sinn:

1. Musik, die in Form und Ausdruck die Entfremdung spiegelt – reflektiert – und gerade dadurch zu deren Zuspitzung führt (Schönberg und seine Schule);

2. Musik, die die Entfremdung bloß scheinhaft aufheben kann durch Rückgriff auf vergangene vertrautere Stile (Neoklassizismus, Strawinsky);
3. Musik, die die Entfremdung real überwinden möchte durch Orientierung an der musikalischen Apperzeption der gegenwärtigen Gesellschaft (Weill mit seiner Montage musikalischer Idiome, Eisler mit seiner Kampfmusik für die Arbeiterschaft).

Die Ablösung von der Unmittelbarkeit des Gebrauchs hat Musik als Kunst erst geprägt. Dieser Prozeß der Autonomisierung «hat heute den Menschen die Musik genommen und ihnen bloß deren Schein gelassen»: Surrogate, musikalische Waren, die die Hörer anspruchslos befriedigen und dadurch geistig niederhalten. Die «Gesellschaftsfremdheit» der Musik ist selber gesellschaftlich produziert und «darum nicht innermusikalisch, sondern bloß gesellschaftlich: durch Veränderung der Gesellschaft» zu korrigieren (Adorno, 1932, S. 104).

Wollte Musik von sich aus jene Unmittelbarkeit wiederherstellen, so würde sie nur zur Verhüllung der Lage beitragen. Von Musik ist «Erkenntnischarakter» zu fordern; diesen sieht Adorno vor allem bei Schönberg realisiert. Um eines wahren Ausdrucks willen mußte dieser das Material von den traditionellen Bindungen lösen, die ein Einverständnis von Individuum und Gesellschaft suggerieren. Solche Bindungen sind: Tonalität, Dissonanzauflösung, Symmetrieverhältnisse, akkordische Fundamentierung des Kontrapunkts. Schönbergs «Reinigung des musikalischen Materials» sieht Adorno in Entsprechung zur Sprachkritik bei Karl Kraus und zur Psychoanalyse von Freud. Im individuellen, spezialisierten Problemkreis werden Lösungen gewonnen, «die sich unvermerkt wider die Voraussetzungen des Individualismus kehren»: In Konsequenz zur bürgerlichen Ausdrucksmusik bringt Schönberg eine «vollkommene rationale Durchkonstruktion» hervor, die unvereinbar mit der «gegenwärtigen gesellschaftlichen Verfassung» ist (ebenda, S. 109).

Für den Ausdruck von Not und Leid werden Ausdruckskonventionen gesprengt, so daß aus den Partikeln musikalischen Ausdrucks eine neue Sprache entsteht. In der Musik des «Wozzeck» von Alban Berg schlägt die «wahrhafte Darstellung der individuellen Psyche [...] in die gesellschaftskritische Intention um» (ebenda, S. 114). Bei Webern wird die «Einsamkeit und Entfremdung der Gesellschaft gegenüber» auf die Spitze getrieben durch eine über Schönberg und Berg hinausgehende

Auflösung des musikalischen Materials zum «reinen Laut» (ebenda, S. 115). Die Musik Schönbergs und seiner Schule ist somit diejenige, die die Entfremdung gestaltet und gesellschaftliche Antinomien als historisch produzierte Dissonanz vorstellt. Nicht daß Schönberg dies eigens intendiert hätte; der Erkenntnischarakter folgt aus der Auseinandersetzung mit immanenten Problemen der Materials.

Dagegen steht eine Musik, die die Entfremdung durch tonsprachliche Brücken aufheben soll, durch Rückgriff auf Stile einer Vergangenheit, die diese Entfremdung nicht kannte. Das geschieht im Neoklassizismus und Folklorismus, zumal bei Igor Strawinskij. Im Vergangenen wird das überzeitlich Gültige gesucht; das aktuelle Material wird auf Modelle der Volksmusik, der mittelalterlichen Polyphonie, des barocken Konzertstils angewendet. Die Entfremdung kann so nur im Bild beseitigt werden, in einem «Maskenspiel» der Stile. Im Neoklassizismus Hindemiths erscheint der Rekurs auf alte Formen (barocke Konzertform) und Modelle (Fugentechnik) als die «handwerkliche Biederkeit» des «Musikanten». Die gesellschaftliche Verfassung ist jedoch an keiner Stelle die Schöpfungsordnung, für die die Musik zeugen soll, «sondern eine Klassenordnung, die die Musik im Zeichen ihrer Menschlichkeit verdecken soll» (ebenda, S. 120 f; ausführlich Adorno, 1949).

Schließlich gibt es Versuche, die Entfremdung real zu überwinden durch besondere Berücksichtigung des musikalischen Fassungsvermögens der gegenwärtigen Gesellschaft. Kurt Weill richtet seine Kompositionen nicht nach diesem Fassungsvermögen ein, sondern zeigt dessen gewohnte Idiome im Kontext seines künstlerischen Montageverfahrens, Idiome teils der Formsprache des 19. Jahrhunderts, teil der Konsummusik (s. Geuen, 1997). Weill läßt in der «Dreigroschenoper» und in «Mahagonny» gesellschaftliche Brüche «durch brüchige, sich selbst als scheinhaft setzende Faktur» hervortreten.

Um ein reales Durchbrechen der Entfremdung geht es in der Kampfmusik Hanns Eislers (Csipak, 1975). Den «Studiocharakter» und den «Elfenbeinturm» der bürgerlichen Kunstmusik kritisierend, wandte er sich der Arbeiterschaft zu. Für sie schrieb er eine Gemeinschaftsmusik – singbar, einfach, volkstümlich –, die sich von bürgerlicher Trivialmusik wohl unterscheidet, durch Meidung dominanter Tonalität, durch modale Wendungen, durch irreguläre, den Marschcharakter brechende Metrik. Die technische Fortgeschrittenheit der bürgerlichen Kunstmusik, mit der Eisler als Schüler Schönbergs bestens vertraut war, mußte in dieser

Musik ausgeschlossen werden, so daß zwar die Entfremdung von Komponist und Gesellschaft, nicht aber die von fortschrittlicher Komposition und Gesellschaft durchbrochen werden konnte.

4. Konstituenten des Musikbegriffs aus philosophisch-ästhetischer Sicht

Für einen Geschichte und Gegenwart verbindenden Begriff der Musik ergibt sich aus den dargestellten philosophischen und ästhetischen Traditionen des Denkens folgendes:

Musikalisches ist zunächst vom Akustischen abzugrenzen. Luftschwingungen und Gehörempfindungen sind Resultat mechanischer Vorgänge. Wird dieses Resultat als Element einer Produktion eingesetzt, so wird es zum «Material». Das gilt sowohl für Töne als auch für Geräusche. Bei Tönen wird lediglich ein Teilbereich des Akustischen genutzt, nämlich die periodischen Luftschwingungen nach überwiegend einfachen Proportionen. Töne werden in ihrer Beziehung aufeinander und in einem System dieser Beziehungen «vorgestellt» (Riemann, 1916), wobei konsonante und dissonante Beziehungen unterschieden werden. Im 20. Jahrhundert ist – ausdrücklich durch John Cage (1937) – das Geräusch als Element in die Musik einbezogen worden. An die Stelle des Gegensatzes von Konsonanz und Dissonanz tritt der von Ton und Geräusch. Nun wird auch das Geräusch als Element eines zu konstituierenden Zusammenhangs, einer «Klangorganisation» (Cage), eingesetzt; auszuwählen und zu bestimmen sind Komplexionsgrade zwischen Ton und Geräusch (→ Abendländische Kompositionslehre).

Die Proportionen der Konsonanzen und der metrischen Verhältnisse galten in der pythagoreisch-plantonischen Tradition der Philosophie als Modell für die Theorie von der Zahl als dem zugrundeliegenden Prinzip aller vergänglichen Erscheinungen. Werden Geräusche und irrationale Zeitverhältnisse einbezogen, so ist das mathematische Prinzip nicht suspendiert, sondern aufs neue beansprucht zur Untersuchung und Produktion komplexer Strukturen. Der hierfür eingesetzte Computer kann mathematische Ausformungen vergegenwärtigen, durch die der Komponist sich nicht festlegt, sondern zu Entscheidungen herausfordern läßt (vgl. Brün, 1971).

Klänge und Folgen von Klängen werden in Analogie zum Tonfall von Stimme und Sprache als ausdruckshaft erlebt; der Ausdruck von Stimme und Klang wird in der Tradition von Rhetorik und Musik auf Affekte zurückgeführt. Die Wirksamkeit der Musik als Erregung, Nachahmung und Lenkung der Affekte ist eine Bestimmung von Musik seit der Antike. Von besonderer Aktualität ist diese quasi rhetorische Komponente auch in neuerer Sprachmusik und szenischer Musik (Berio, Kagel, Schnebel).

Musik wurde in einem langen geschichtlichen Prozeß zur autonomen Kunst. Auf die Autonomisierung der Kunst antwortet die von Baumgarten begründete Ästhetik. In deren Zusammenhang wird das Wesentliche der Musik in der von ästhetischen Ideen geprägten Form gesehen. Strittig war, ob diese Ideen rein musikalische sind, wie Hanslick (1854) darlegte, oder ob sie Musik im Sinne von Liszt und Wagner mit Dichtung verbinden. Im 20. Jahrhundert hat die Phänomenologie die Seinsweise des musikalischen Kunstwerks und seiner Gehalte als «rein intentional» bestimmt. Musik ist auf Akte des Verstehens angewiesen. Als Objektivation eines schöpferischen Geistes, der seinerseits bestimmten gesellschaftlichen Konstellationen verpflichtet ist, fordert Musik zur Deutung heraus (Hermeneutik).

Musik ist auch durch ihre Stellung im System der Künste bestimmt. Da sie als Klang und Prozeß wesentlich der Kategorie der Zeit anheimfällt, ist ihre Werkgestalt eine historisch späte Erscheinungsform, die erst in der Neuzeit der abendländischen Kultur zentral und verbindlich geworden ist. Die neue Musik hat die Idee des harmonischen, abgerundeten Werks in Frage gestellt: Der Wahrheit des Ausdrucks in einer gesellschaftlichen Situation der Entfremdung entspricht die problematische, brüchige Gestalt («Erschütterung des Werkes», «Kritik an Schein und Spiel», vgl. Adorno, 1949).

Literatur

Abert, H. (1899). *Die Lehre vom Ethos in der griechischen Musik. Ein Beitrag zur Musikästhetik des klassischen Altertums.* Leipzig: Breitkopf & Härtel.

Adorno, T. W. (1932). Zur gesellschaftlichen Lage der Musik. *Zeitschrift für Sozialforschung, 1,* 103–124 und 356–378.

Adorno, T. W. (1949). *Philosophie der neuen Musik.* Frankfurt / M.: Suhrkamp, 1978.

Aristoteles (384–322 v. Chr.). *Werke in deutscher Übersetzung* (begr. von Ernst Grumach, hg. Hellmut Flashar). Berlin: Akademie-Verlag, 1956 ff (auch Darmstadt: Wissenschaftliche Buchgesellschaft).

Augustinus (389 v. Chr.). *De musica. Patrologiae cursus completus, series latina,* Bd. 33 (übers. von Carl Joachim Perl) (2. Aufl.). Paderborn: Schöningh, 1940.

Baumgarten, A. G. (1750). *Aesthetica.* Frankfurt / O., 1750–58; Nachdruck Hildesheim: Olms, 1986.

Boethius (um 500 n. Chr.). *De institutione musica* (hg. G. Friedlein, Leipzig, 1867; dt. von O. Paul, Leipzig: Leuckart, 1872). Nachdruck Hildesheim: Olms, 1985.

Brün, H. (1971). *Über Musik und zum Computer.* Karlsruhe: Braun.

Burmeister, J. (1606). *Musica poetica.* In Ruhnke, M. (Hg.), *Joachim Burmeister. Ein Beitrag zur Musiklehre um 1600.* Kassel: Bärenreiter, 1955.

Cage, J. (1937). Die Zukunft der Musik – Credo. In Kostelanetz, R. (Hg.), *John Cage.* Köln: DuMont Schauberg, 1973.

Csipak, K. (1975). *Probleme des Volkstümlichen bei Hanns Eisler.* München: Katzbichler.

Dilthey, W. (1923). *Gesammelte Schriften 1923–1970.* Göttingen: Vandenhoeck & Ruprecht.

Ehrenfels, C. v. (1890). Über Gestaltqualitäten. In Weinhandl, F. (Hg.), *Gestalthaftes Sehen* (S. 13–46). Darmstadt: Wissenschaftliche Buchgesellschaft.

Ehrenfels, C. v. (1986). *Ästhetik. Philosophische Schriften Bd. 2* (hg. R. Fabian). München / Wien: Philosophia-Verlag.

Fubini, E. (1997). *Geschichte der Musikästhetik. Von der Antike bis zur Gegenwart* (übers. S. Kienlechner). Stuttgart: Metzler.

Geuen, H. (1997). *Von der Zeitoper zur Broadway Opera. Kurt Weill und die Idee des musikalischen Theaters.* Schliengen: Argus.

Goethe, J. W. (1829). *Betrachtungen im Sinne der Wanderer* (Goethes Werke, Hamb. Ausgabe, Bd. 8, 11. Aufl.). München: Beck, 1982.

Haase, R. (1968). *Beiträge zur harmonikalen Grundlagenforschung.* Wien: Lafite.

Hanslick, E. (1854). *Vom Musikalisch-Schönen. Ein Beitrag zur Revision der Ästhetik der Tonkunst.* Leipzig; 17. Aufl. Wiesbaden: Breitkopf & Härtel, 1971.

Hartmann, N. (1953). *Ästhetik.* Berlin: de Gruyter.

Hegel, G. W. F. (1835). *Ästhetik* (hg. F. Bassenge, 2 Bde.). Frankfurt / M.: Europäische Verlagsanstalt, 1965.

Helmholtz, H. v. (1863). *Die Lehre von den Tonempfindungen als physiologische Grundlage für die Theorie der Musik.* Braunschweig; Nachdruck Darmstadt: Wissenschaftliche Buchgesellschaft, 1968.

Huber, K. (1954). *Musikästhetik.* Ettal: Buch-Kunstverlag.

Husserl, E. (1905). *Vorlesungen zur Phänomenologie des inneren Zeitbewußtseins* (hg. M. Heidegger), Halle: Niemeyer 1928.

Ingarden, R. (1962). *Untersuchungen zur Ontologie der Kunst.* Tübingen: Niemeyer.

Kant, I. (1790). *Kritik der Urteilskraft* (Werke, Bd. 8, hg. E. Weischedel). Darmstadt: Wissenschaftliche Buchgesellschaft, 1975.

Kepler, J. (1619). *Weltharmonik* (übers. M. Caspar, München, 1939). Nachdruck Darmstadt: Wissenschaftliche Buchgesellschaft, 1973.

Kircher, A. (1650). *Musurgia universalis*, 2 Bde. Rom; Nachdruck Hildesheim: Olms, 1970.

Kretzschmar, H. (1911), Geschichte des neuen deutschen Liedes I. Leipzig: Peters.

Kuhn, H. (1931). Die Vollendung der klassischen deutschen Ästhetik durch Hegel. In Kuhn, H. (Hg.), *Schriften zur Ästhetik* (S. 15–144). München: Kösel.

Leibniz, G. W. (1714). *Principes de la nature et de la grace, fondés en raison* (übers. A. Buchenau). Hamburg: Meiner, 1956.

Leibniz, G. W. (1734). Epistolae ad diversos. In Pfrogner, H. (Hg.), *Musik, Geschichte ihrer Deutung* (S. 190 f). Freiburg: Alber, 1954.

Mattheson, J. (1739). *Der vollkommene Capellmeister.* Hamburg; Nachdruck Kassel: Bärenreiter, 1954.

Nowak, A. (1971). *Hegels Musikästhetik.* Regensburg: Bosse.

Nowak, A. (1997). Musikästhetik. In Finscher, L. (Hg.), *MGG Die Musik in Geschichte und Gegenwart.* Sachteil Bd. 6 (Sp. 968–998). Stuttgart / Kassel: Metzler / Bärenreiter.

Platon (427–347 v. Chr.). *Werke in acht Bänden,* griechisch und deutsch (hg. G. Eigler). Darmstadt: Wissenschaftliche Buchgesellschaft, 1990.

Riemann, H. (1916). Ideen zu einer Lehre von den Tonvorstellungen. *Jahrbuch der Musikbibliothek Peters,* Jahrgang 1914 / 15.

Schering, A. (1914). Zur Grundlegung der musikalischen Hermeneutik. *Zeitschrift für Ästhetik und allgemeine Kunstwissenschaft, 9.*

Stumpf, C. (1883 / 90). *Tonpsychologie,* 2 Bde. Leipzig: Hirzel.

Wackenroder, W. H. (1779). *Sämtliche Schriften* (hg. K. O. Conrady). Reinbek: Rowohlt, 1968.

Weber, M. (1921). Die rationalen und soziologischen Grundlagen der Musik. In Weber, M. (Hg.), *Wirtschaft und Gesellschaft 1921–22.* Tübingen: Mohr, 1972.

Veit Erlmann
Musikkultur

1. Einleitung

Nach etwas über 100 Jahren eigenständiger Entwicklung (s. Myers, 1993; Nettl & Bohlman, 1991) steht die Musikwissenschaft am Ende des 20. Jahrhunderts vor einer nie dagewesenen Themenfülle und Methodenvielfalt. Im Zentrum des Interesses steht der Begriff der Musikkultur und damit implizit die Frage nach dem Verhältnis von Musik und Kultur. Die überwiegende Mehrheit der Musikethnologen und eine wachsende Zahl anderer Musikwissenschaftler (z.B. Feldman, 1995; Johnson, 1995) sind sich darüber einig, daß Musikforschung immer auch zu einem wesentlichen Teil Kulturforschung ist – Gegenstand der Untersuchung ist also nicht ausschließlich «die Musik selbst». Dennoch besteht wenig Einigkeit darüber, welcher Begriff von Kultur im Einzelfall anzulegen ist. Denn kaum ein anderer Begriff läßt sich so schwer definieren wie Kultur, und kaum ein anderer Begriff hat im Verlauf der letzten zwei Jahrhunderte so häufige und tiefgreifende Bedeutungsänderungen erfahren (Kroeber & Kluckhohn, 1952; Williams, 1981).

Im folgenden sollen stellvertretend für die Vielzahl von Fragestellungen sieben Kernpunkte und Themenfelder musikalischer Forschung erörtert werden.

2. Identität

War in der frühen Neuzeit der Begriff Kultur nur aus der Differenz zur Natur erklärbar, ist er heute untrennbar mit der Idee *kollektiver Identität* verbunden. Grundlegend war hier die bis auf die deutsche Romantik und den britischen Evolutionismus zurückgehende Vorstellung einer weitgehenden Übereinstimmung von sozialer Organisation und individuellem Bewußtsein. Für Johann Gottfried Herder bezeichnete Kultur einen quasi naturgegebenen Zustand, der die Lebensweise eines Volks als Ganzes charakterisiert. Nationale Identität war der Idealzustand. In von ihm entwickelten Kategorien wie «Volksgeist» und «Volkslied» erblickte Herder einige der Kernbereiche, in denen Kultur und kollektive Identität vollkommene Kongruenz erzielten (dazu Bohlman, 1988).

Herders Theorien fanden in Europa großen Anklang und schlugen sich in der zweiten Hälfte des 19. Jahrhunderts im ganzheitlichen Kulturbegriff der Anthropologie nieder. Die wohl prägnanteste und bis weit ins 20. Jahrhundert hinein gültige Ausformulierung (z. B. Panoff & Perrin, 1975) fanden sie bei Tylor (1871, S. 1): Kultur sei «jenes komplexe Ganze, welches Wissen, Glaube, Kunst, Moral, Recht, Sitte und Brauch und alle anderen Fähigkeiten und Gewohnheiten einschließt, welche der Mensch als Mitglied der Gesellschaft erworben hat».

Die Idee von Identität und Totalität als den wesentlichen Merkmalen von Kultur schwingt mehr oder minder auch heute noch im ethnologischen Verständnis von Kultur mit. In letzter Konsequenz handelt es sich bei dieser Art des ethnographischen Holismus aber um kognitive Konstrukte oder rhetorische Tropen, die ihren Gegenstand nicht über die Korrespondenz mit einer Realität gewinnen, sondern über die Kohärenz innerhalb von ethnographischen Texten (Thornton, 1993).

Bruno Nettl zufolge drückt sich die Deckungsgleichheit von Kultur und kollektiver Identität in vier Modellen aus, die der musikethnologischen Erforschung des Zusammenhangs zwischen Musik und Kultur seit etwa 1950 zugrunde lagen (1983, S. 135–40)

Das erste Modell geht von der Überlegung aus, daß Kultur in eine Reihe von mehr oder minder getrennten Bereichen wie Politik, Religion und Ökonomie aufgeteilt ist, von denen jeder eine besondere Beziehung zur Musik aufweist. Letztendlich beruht dieses Verfahren auf der von Merriam erhobenen Forderung, daß Musikethnologie «the study of music in culture» sei. Im einzelnen bedeutete dies, daß die Musikethnologie einen eigenen Beitrag zu leisten habe, in dem sie «Aspekte der Sozialwissenschaft und der Geisteswissenschaft miteinander verschmilzt» (Merriam, 1964, S. 7). Musikalischer Klang sei «das Ergebnis menschlicher Verhaltensweisen, die von den Werten, Haltungen und Glaubensvorstellungen vom Menschen geformt sind, die eine bestimmte Kultur bilden» (ebenda, S. 6).

Das zweite Modell von Nettl betrachtet Musik als Bestandteil eines organischen Ganzen und beschäftigt sich vorwiegend mit der Frage, welche Funktion dieser Bestandteil im kulturellen Gesamtsystem hat. Dieser Ansatz greift in vereinfachter Form die Thesen der britischen strukturalfunktionalistischen Schule auf, die von Bronislaw Malinowski und Alfred R. Radcliffe-Brown begründet wurde. Eine Vielzahl von Studien läßt sich auf diesen Ansatz zurückführen, in denen ein beträchtlich verfeinertes Gespür für soziale Differenzierung und funktionale Komplexität von Kultur entwickelt wurde (siehe z.B. Mitchell, 1956; Smith, 1957; Ames, 1968; Erlmann, 1980).

Das dritte Modell legt zugrunde, daß es in jeder Kultur eine zentrale Idee gibt, die den Charakter anderer Teilbereiche dieser Kultur wie die Musik bestimmt. Dieses Modell hat in der Musikforschung eher einen diffusen Niederschlag gefunden, obwohl es in der Ethnologie etwa in den Arbeiten von Ruth Benedict und im Kulturökologismus von Marvin Harris konsequent entwickelt wurde. Nettl selbst führt kein konkretes Beispiel aus der musikethnologischen Literatur an, doch ließe sich sein Modell am ehesten noch im französischen Strukturalismus nachweisen (Claude Lévi-Strauss).

Von Lévi-Strauss beeinflußte Musikforscher teilen mit älteren Strömungen die Fixierung auf gesamtheitliche, geschlossene Systeme und den Versuch, diese durch ihnen vermeintlich zugrundeliegende logische Strukturprinzipien zu erklären. Von Dualismen, Symmetrien und binären Strukturen fasziniert, tun sich führende Vertreter dieser Schule wie z.B. Gilbert Rouget oder Jean-Jacques Nattiez schwer damit, die unvermeidliche Ambivalenzen musikalischer und sozialer Praxis in entsprechend flexiblen Modellen abzubilden (vgl. aber auch die Akzentverlagerung in Richtung Hermeneutik in den Arbeiten von Bernard Lortat-Jacob, 1990, zur Musik Sardiniens).

Das vierte Modell vereint in gewisser Hinsicht die drei vorangegangenen Modelle. Es geht von der Hypothese aus, daß die Bezüge zwischen Musik und Kultur in jenem Bereich am engsten sind, in dem sich zentrale Wertvorstellungen mit jener Ebene musikalischer Praxis decken, die Nettl im Anschluß an Alan P. Merriam die «concept»-Ebene nennt. Als Beispiel wäre hier «Tiv song» (Keil, 1979) zu erwähnen, ein Klassiker der afrikanischen Musikforschung, in dem ein «Tiv expressive grid» aus den Kreisen, Winkeln und sonstigen Mustern der Kalebassenverzierungen, Tätowierung, Architektur und Liedstrukturen der Tiv herausgefiltert wird.

Judith und Alton Becker (1981) haben ähnliche Parallelen in der Gamelan-Musik Javas entdeckt. Die sich überkreuzenden Zyklen der verschiedenen gong-Gruppen, so ihre These, decken sich in einer Art gemeinsamer Ikonizität mit verschiedenen in Java simultan angewandten Formen der Zeitrechnung und den komplexen, jeder linearen Erzähl- form sich verweigernden Handlungsstrukturen javanischer Theater- und Schattenspiele.

Interessanterweise verkleinerte sich mit dem modernen ethnologi- schen Kultur- und Identitätsbegriff der Ausschnitt der beschriebenen Realität. Anfänglich wurde der großräumige interkulturelle Vergleich betont – etwa in der von Pater Wilhelm Schmidt und Fritz Graebner un- ter maßgeblicher Beteiligung der Musikethnologen Bernd Ankermann und Erich von Hornbostel begründeten Kulturkreis-Schule (s. Schnei- der, 1976). Später wurde der Schwerpunkt ethnologischer Forschung vollends in Richtung Mikrostrukturen, Subkulturen und Minoritäten verlagert (Slobin, 1993). Selbst im Bereich der musikalischen Strukturen ist eine Bevorzugung von einzelnen Stücken gegenüber großangelegten Vergleichen zu beobachten.

Einer der Realitätsausschnitte, dem Ethnologen und Musikethnologen seit den 80er Jahren besondere Aufmerksamkeit entgegenbrachten, ist das weltweit zu beobachtende Wiedererstarken nationalistischer und ethnischer Bewegungen. Zunächst schien es, als würde die fortschrei- tende Modernisierung der Gesellschaft alte Identitätsmuster und kollek- tive Verbundsysteme überflüssig machen. Sodann stellte sich jedoch heraus, daß in der Art eines Neotribalismus (Maffesoli, 1988) Stam- meszugehörigkeiten konstruiert wurden, die nicht den historischen Rea- litäten entsprechen. Anderson (1996) spricht in diesem Zusammenhang von der «Erfindung der Nation».

Zahlreiche Beispiele aus dem Bereich musikalischer Praxis belegen diese Thesen. Die merengue in der Dominikanischen Republik, eine auf bestimmte ländliche Regionen beschränkte Musikform der Schwarzen, die von der weißen Oberschicht verachtet wurde, entwickelte sich unter US-imperialem Druck zu einem Symbol nationalen Stolzes (Austerlitz, 1993). Andere karibische Musikformen wie z.B. zouk erlangten auf- grund der aufstrebenden Musikindustrie einiger Inselstaaten eine Be- deutung, die über die Ursprungsregion in den kleinen Antillen hinaus- weist (Guilbault, 1993).

Ein wesentlicher Bestandteil des wiederauflebenden Kollektivgefühls ist das Verhältnis zur eigenen Tradition. Wie Hobsbawm und Ranger (1983) argumentieren, entsteht besonders in Krisenzeiten das Bedürfnis, eine «brauchbare Vergangenheit» zu erfinden. Die Erkenntnis, daß Vergangenheit und Tradition das Resultat von Erfindung und Einbildung sein können, macht sich die Musikforschung erst jetzt verstärkt zu eigen.

So ist die Kategorie «Zulu traditional music» in Südafrika eine Folge der Apartheid-Politik: Ethnische Grenzen wurden künstlich gezogen und sollten durch den Hinweis auf angeblich althergebrachte und unwandelbare Traditionen legitimiert werden. Die auf Erhaltung ihrer Privilegien bedachte schwarze Mittelschicht sowie das wachsende Heer der jeder Sicherheit beraubten Arbeitsmigranten nutzte den Rekurs auf die vorkolonialen Symbole und Praktiken jedoch als Strategie in der Auseinandersetzung mit einer ausschließlich auf die Erhaltung weißer Privilegien gerichteten Moderne. Die isicathamiya, die durch Ladysmith Black Mambazo weltberühmt gemachte Chormusik der Zulu-Migranten, ist somit keineswegs Teil einer lebendigen ländlichen Tradition, sondern Ausdruck des Bemühens, zentrale Symbole der Moderne in den Dienst einer antihegemonialen, exklusiven Zulu-Ethnizität zu stellen (Erlmann, 1996 a).

3. Alterität und Differenz

Obwohl holistische Ansätze kaum an Attraktivität für die musikologische Erforschung von kultureller Identität eingebüßt haben, kündigte sich gegen Ende der 70er Jahre ein grundlegender Paradigmenwechsel von einem überwiegend strukturalistisch-funktionalistischen Kulturverständnis hin zu flexibleren poststrukturalen Ansätzen an. Von einer Reihe von Neuerungen in einigen Nachbardisziplinen inspiriert, begann eine kleine Gruppe junger Musikethnologen damit, Merriams Formel auf den Kopf zu stellen und fortan nicht mehr von «music in culture» als dem Objekt musikologischer Forschung zu sprechen, sondern von «music as culture» (Herndon & McLeod, 1981). Im Kern bedeutet diese neue Definition mehr als nur eine Akzentverlagerung. Entscheidend an ihr ist, daß fortan Musik nicht mehr zu Kultur in eine irgendwie geartete Beziehung gebracht wird, Musik und Kultur als mehr oder minder gleichberechtigte Aspekte oder Teilbereiche einer umfassenderen gesellschaftlichen Realität gelten, sondern daß Musik ein Teil von Kultur ist.

Für die Theoriebildung ergeben sich daraus vor allem zwei Konsequenzen. Erstens wird eine Konzeption von Kultur unumgänglich, die der *Dynamik menschlichen Handelns* gerecht wird. Homologien zwischen musikalischer Struktur und Sozialstruktur müssen ebenso vermieden werden wie die analoge Übertragung von aus der Sprache gewonnenen Kommunikationsmodellen auf die Vermittlung musikalischen Sinngehalts. Zweitens kann Identität nicht mehr als gegeben angenommen werden, sondern muß als *Teil eines Prozesses* gesehen werden, der die Andersartigkeit einer Musikkultur (Alterität) und die Unterschiede zwischen den Musikkulturen (Differenz) als wesentliche Merkmale einbezieht.

Von grundlegender Bedeutung für die musikologische Ausarbeitung dieses dialektischen Kulturbegriffs ist die These von Edward Said vom Orientalismus als Schlüsseltopus von Herrschaft (1994; für die Ethnologie vgl. die parallele Arbeit von Fabian, 1983): Das Problem des Orientalismus ebenso wie des Kolonialismus, dem er ideologischen Ausdruck verlieh, besteht Said zufolge weniger darin, den Blick auf den wahren Orient versperrt zu haben, sondern in der Tatsache, daß er die grundlegende Denkstruktur für die «moderne politisch-intellektuelle Kultur» ist und als solche weniger mit dem Orient zu tun hat als vielmehr mit «unserer» Welt. Orientalismus ist die Absicht, eine offenkundig *andersartige* (oder neuartige) Welt zu verstehen, mitunter zu kontrollieren, zu manipulieren und sie sich sogar einzuverleiben.

In letzter Konsequenz wird durch die Saidsche These jeder Art von holistischem Kulturbegriff die Grundlage entzogen. Demnach kann *Differenz* nicht mehr den Unterschied zwischen den Kulturen bezeichnen, sondern nur das Grundprinzip kultureller Dynamik in einem weltumspannenden Kontext. Differenz verweist nicht mehr wie einst auf den Abstand zwischen verschiedenen Kulturen und Systemen und damit letztendlich auf ein übergeordnetes wissenschaftliches (und in letzter Instanz westliches) Referenzsystem, sondern auf das heterogene Zusammenspiel einer Vielzahl von sich überschneidenden und konkurrierenden Diskursen. Auf die Musik bezogen bedeutet dies, daß in sich abgeschlossene Musikkulturen aufhören, der normative Gegenstand musikologischer Forschung zu sein.

Die bei weitem wichtigsten Themenfelder, in denen die Konstruktion von Andersartigkeit *(Alterität)* musikologisch relevant ist, sind neben den bereits erwähnten Formen von ethnischer, rassischer und nationaler Identität die Subkulturen der westlichen Informationsgesellschaften und die Geschlechterverhältnisse. Angeregt von den Arbeiten von Susan McClary und anderen feministischen Musikforscherinnen (Koskoff,

1987; Ziegler & Herndon, 1990), sind in jüngster Zeit einige ethnographische Studien entstanden, die sich vor allem mit der musikalischen Praxis von Frauen außerhalb des Westens befassen (z. B. Danielson, 1991; James, 1994; im Überblick Sarkissian, 1993).

Eine der gewichtigsten Publikationen auf diesem Feld setzt sich nicht mit weiblichen Formen von musikalischer Praxis auseinander, sondern mit Heavy Metal, einer Urdomäne «männlicher» Musik. Das Buch «Running with the devil» (Walser, 1993) unterscheidet sich von früheren Arbeiten über Musik, Sexualität und Geschlechterrollen in einem wesentlichen Punkt. Geschlechtliche Identität wird nicht als biologische Konstante gesehen, die sich in den musikalischen Aufführungsrollen und einer reichen Symbolik widerspiegelt, sondern als Voraussetzung und Ergebnis sozialer Praxis. Musik ist für Walser ein Diskurs, der in einer Übereinkunft von Praxis und Interpretation eingebettet ist und nur insofern als soziale Kommunikationsform existent ist, als er in bestimmten Zusammenhängen auch Bedeutung erlangt. So bietet Heavy Metal in einer Zeit großer Umwälzungen verunsicherten Männern eine Möglichkeit, Identitätsarbeit zu leisten (zur Konstruktion von Männlichkeit in Rockmusik siehe auch Shepherd, 1987).

4. Performanz und Praxis

Die Dynamisierung des Identitätsbegriffs und die damit verbundenen Vorstellungen von Kultur als einem organischen Ganzen gehen auch auf Überlegungen einer Reihe von Forschern in benachbarten Sozial- und Humanwissenschaften zurück, die sich bereits seit den frühen 70er Jahren um die Klärung des Verhältnisses von sozialem Handeln einerseits, von Sprache, Religion und Kunst andererseits bemühten. Unter anderem machten sich Ethnologen wie David Schneider, James Peacock und James Fernandez daran, Kultur als *Inszenierung* und *soziale Praxis* zu begreifen. Für die meisten dieser Forscher stand nicht mehr die Frage nach der sozialen Funktion von Ritualen, Sprache und Kunst im Mittelpunkt, sondern die auch schon bei Max Weber enthaltene Überlegung, daß soziales Handeln einer kulturell geprägten Eigendynamik gehorcht, die von den Akteuren in *performances* ständig neu ausgehandelt wird. Allerdings blieb bei aller Betonung des Spielerischen und Theatralischen auch hier der ganzheitliche Kulturgedanke über weite Strecken erhalten (bei Turner, 1989, sogar in Form der *communitas* als Endzweck alles symbolischen Handelns).

Ungeachtet dessen war an dieser Wendung zum Symbolischen und zur Kommunikation aber vor allem die Erkenntnis entscheidend, daß kulturelle Prozesse und Praktiken nicht nur von Bedeutungen bestimmt werden, sondern in erster Linie auch von den Kontexten, Formen und Genres, in denen Kommunikation stattfindet. Folgerichtig legten diese Forscher in zahlreichen Ethnographien des Sprechens (Bauman & Sherzer, 1974) und anderen nonverbalen Kommunikationsformen den Akzent nicht mehr auf die Kommunikationsinhalte oder die Sprache dieser Formen, sondern auf den Vorgang des Sprechens und der Kommunikation selber, auf Dinge wie Sprechakte, Rahmen, Ereignis und Reflexivität (Bauman & Briggs, 1990).

In der Musikforschung wurden die Thesen Turners, Baumans und anderer mit besonderem Interesse aufgenommen, spielte doch hier das Prozeßhafte, Unfixierte und Improvisierte vor allem auch in der außereuropäischen Musik von jeher eine wichtige Rolle. Die Arbeiten Turners bereiteten den Übergang der Musikethnologie von «der musikalischen Strukturanalyse des Klangdokuments zur Strukturanalyse der musikalischen Verhaltensweise» vor, ein Perspektivwechsel, den Artur Simon als eine von einem guten Dutzend grundlegenden Veränderungen in der Musikethnologie der letzten 100 Jahre bezeichnet (1978, S. 10). So wurde John Blacking, einer der bedeutendsten Vertreter der Musikethnologie der 70er und 80er Jahre, in seinen zahlreichen Veröffentlichungen nicht müde, das Performative in der Musik hervorzuheben und in der Formel von *music as process* im Gegensatz zu *music as product* auf den Nenner zu bringen (1973; s. a. Béhague, 1984). Gleichzeitig bot der neue Ansatz die Möglichkeit, die kulturelle Einbindung von Musik nicht nur im Sinne von strukturellen Homologien oder funktionalen Zuordnungen zu denken, sondern in der Performanz die Gemeinsamkeit von Kultur und Musik an konkreten kulturellen und musikalischen Verhaltensweisen festzumachen.

Parallel zu den Entwicklungen in der Musikethnologie kristallisierte sich auf dem Gebiet der Erforschung der populären Musik ein neues Verständnis von Musik als kultureller Praxis heraus. Von Vertretern des Centre for Contemporary Cultural Studies (Universität Birmingham) wird Kultur als Geflecht von Verhältnissen und Machtstrukturen verstanden, innerhalb dessen Materialien, Texte und Objekte nach Gesetzen zirkulieren, die aus sozialen Praktiken entstanden sind. Diese Gruppe von Musikforschern orientierte sich im wesentlichen am Neomarxismus der frühen Frankfurter Schule und wurde später auch von poststrukturalistischen Theoretikern wie Michel Foucault geprägt. «Worum es geht, das sind keineswegs die einer Kultur immanenten oder historisch darin fixierten Objekte, sondern vielmehr deren jeweiliger Bewegungszustand innerhalb kultureller Verhältnisse» (Hall, 1981, S. 228).

Auf Musik angewendet bedeutet dies, daß z. B. Rockmusik nicht als Spiegel für die Auseinandersetzungen zwischen Machtzentren und subalternen Gruppen angesehen werden kann, sondern selbst zum Schauplatz wird. An der seitdem entstandenen Literatur zur Popmusik (z. B. Thornton, 1996) läßt sich die entscheidende Umorientierung der Forschungsstrategie erkennen: Das festgefahrene Text-Kontext-Verhältnis wird nicht zum Ausgangspunkt der Analyse, sondern zu deren Ergebnis. Musik selber ist der Kontext bzw. das «Medium für die Umsetzung sozialer Erfahrungen in persönlichem Sinn» (Wicke, 1992, S. 27 u. 39).

5. Medialität

Unstrittig dürfte sein, daß die Entwicklung und weltweite Verbreitung der Massenmedien der wichtigste Faktor bei der Veränderung des modernen Kulturbegriffs ist. Vor allem die elektronischen Medien haben an dieser Entwicklung einen entscheidenden Anteil, erschütterten sie doch vielerorts die althergebrachte Deckungsgleichheit von geographischem Ort und sozialer Erfahrung und machten ehemals lokal verankerte Symbolsprachen und Musikstile weltweit verfügbar (→ Musikvermittlung in der modernen Mediengesellschaft). Dennoch zögert die Musikforschung, den durch die Medien bedingten tiefgreifenden Veränderungen in den Wahrnehmungen, Erfahrungen und Identitäten großer Teile der Menschheit, insbesondere in den Ländern der Dritten Welt, nachzuspüren.

Größere Monographien über dieses Thema sind bislang nicht erschienen, wenn man von verdienstvollen Pionierleistungen wie denen von Wallis und Malm (1984) sowie Manuel (1993) einmal absieht. Die massenmediale Durchdringung der Kultur bietet jedoch auch beträchtliche Schwierigkeiten für die Forschung. So ist zwar die Konstruktion «subkultureller» Identitäten durch den Medienkonsum in den Ländern des industriellen Westens bereits seit den 70er Jahren eines der Hauptthemen der Popularmusikforschung. Entsprechend wird die Versuchung spürbar, viele der in diesem Bereich erhärteten Thesen auch auf die Situation in den Ländern der Dritten Welt zu übertragen. Umgekehrt neigen viele Autoren zu einer übereilten Gleichsetzung von lokal produzierter populärer Musik oder von randständigen musikalischen Traditionen mit antihegemonialer Politik an sich (z. B. Rutten, 1990; Robinson u. a., 1991).

Diese Haltung ist in der Musikethnologie, die sich in ihrer Geschichte vor allem immer auch als Hüterin der Tradition verstand, nicht neu. So verwundert es auch nicht, daß in der gerade einsetzenden Medienforschung Afrikas, Asiens und Lateinamerikas die alte Frage einen großen Stellenwert besitzt, inwieweit durch die westlichen Medien Traditionen deformiert oder verdrängt werden könnten. Die Meinungen der Musikforscher dazu gehen weit auseinander: Einige Autoren diagnostizieren eine «nie dagewesene Vielfalt» (Nettl, 1985, S. 3) – andere zeichnen ein eher düsteres Bild von den Auswirkungen westlicher Medienhegemonie (Erlmann, 1996 b; Feld, 1996).

Das bei weitem größte Problem liegt allerdings in der noch unzulänglichen Rezeption der neueren Medientheorie und der zum Teil ungebrochenen Dominanz kommunikationswissenschaftlicher Modelle. So wird in zahlreichen Studien der Medienkonsum in seiner Relevanz als Schnittstelle von Medien und gesellschaftlicher Praxis überbetont – und in der Regel durch quantitative empirische Untersuchungen überhaupt erst als Realität konstituiert. Häufig werden auch die Wirksamkeit und Funktionen der Medien auf einfache, der Komplexität moderner Gesellschaften nicht gerecht werdende Modelle von Sender und Empfänger reduziert und infolgedessen Medienproduktion und Medienkonsum thematisch und theoretisch voneinander abgetrennt.

Andererseits ist es bislang selten gelungen, Medientechnologie und Medientexte als Bestandteile kontextuell geprägter Publikumspraktiken zu betrachten, die im Kern mehrdeutig und insofern interpretationsbedürftig sind (Radway, 1988). Eine Trendwende kündigt sich in den Forschungen von Louise Meintjes (1996) zur Produktion von mbaqanga-Musik in Südafrika an. Aufbauend auf der teilnehmenden Beobachtung der Vorgänge in einem Johannesburger Aufnahmestudio, gelingt es Meintjes zu zeigen, daß die industrielle Produktion und technologische Vermittlung von populärer Musik nicht ausschließlich das Resultat kapitalistischer Verwertungsinteressen sind. Produktion und Vermittlung sind in komplexe und mitunter höchst kontrovers verlaufende Prozesse der Sinngebung und Klangproduktion eingebunden – ihr Ausgang ist offen und mit den kollektiven Erwartungen der Konsumenten und der kulturellen Gesamtkonstellation auf vielfältige Art und Weise verwoben.

Meintjes nimmt also die Forderung ernst, die kulturelle Vermittlung von musikalischer Bedeutung an konkreten, empirisch belegbaren Praktiken, Produkten und Diskursen der Musikindustrie und Massenmedien festzumachen. Zugleich wird die industrielle Produktion von Musik auf eine Weise entmystifiziert, ohne daß a priori Entfremdung und Inauthentizität als der Musikindustrie inhärent unterstellt werden (für ein javanisches Beispiel siehe Anderson Sutton, 1996).

6. Lokalität und Globalität

Der vielerorts erstarkende Nationalismus und Regionalismus ist mit nicht minder bedeutsamen Strömungen der Globalisierung und Kreolisierung verschränkt (Featherstone, 1990). Anders ausgedrückt: Tribalistische Verengung und der Rekurs auf vermeintlich unwandelbare Grundmerkmale ethnischer und lokaler Identität sind die Reaktion auf eine rapide zunehmende Entgrenzung und Vermischung der Identitäten. Die Einsicht, daß angesichts dieser Dynamik ein statischer Begriff von Musikkultur seine Grundlage verlieren muß, beginnt sich erst allmählich durchzusetzen. Ein Blick auf die wichtigsten Einführungstexte und musikethnologischen Lehrbücher der letzten Jahre zeigt, daß ein aus dem 19. Jahrhundert entlehnter Begriff geopolitischer Ordnung der sich stetig verändernden Geographie des späten 20. Jahrhunderts und den problematischen Beziehungen von Ort und Identität nicht mehr gerecht wird. So liegt einer musikalischen Topographie, die die Welt in Bereiche wie die Musik Schwarzafrikas, die Musik des Nahen Ostens, die Musik Japans usw. einteilt, letztendlich ein universalistischer Begriff von räumlicher und kultureller Identität zugrunde, der von der dezentralisierten transnationalen Kultur längst überholt wurde (→ Kulturbereiche der Welt).

Dabei ist kaum zu übersehen, daß ein beträchtlicher Teil der weltweit produzierten Musik im Wortsinn weltweit produziert ist. Die antillische *zouk*-Musik wird nicht nur auf Martinique, sondern auch in Paris und New York produziert. Der ghanaische Highlife wird überwiegend in Toronto und Hamburg aufgenommen, und die Hörerschaften türkischer *arabesk*-Musik leben weder ausschließlich in der Türkei, noch sind sie notwendigerweise nur Türken.

Musik bildet die Verschiebungen in der Makro-Geographie aber nicht nur ab, sie ist selber ein wesentliches Mittel der Bildung räumlichen Bewußtseins. Im Abschnitt «The village as a concert hall: the sonic re-creation of spatial relationships» beschreibt Seeger (1987, S. 65 ff), wie die Sozialstruktur der Suyá in Brasilien ihren Ausdruck in der Anlage des Dorfes findet und wie gleichzeitig Alltagspraxis Räume definiert. So gibt es bestimmte Bereiche, in denen einige Formen von Sprache und Musik zulässig sind, und andere Bereiche, in denen die Lautstärke des Gesprochenen oder Gesungenen eine wichtige Rolle spielt. Raum und Klang sind bei den Suyá eng miteinander verbunden.

Ein weiteres Beispiel dafür, daß Musik territoriale Macht ausübt, ist der sogenannte Liverpool Sound. Wie Cohen (1994) gezeigt hat, assoziieren Merseyside-Bewohner bestimmte Qualitäten der aus der Tradition der Beatles hervorgegangenen örtlichen Musikszene mit ihrer Stadt und grenzen sich damit gegenüber Orten wie Manchester ab. Während Manchester-Bands technologiefixiert sind, bevorzugen Liverpooler Musiker das Akustische, Rohe. Der Manchester-Sound ist kreativ, das Liverpooler Pendant hingegen begrenzt. Lokalität, so Cohen, «kann als politische Strategie innerhalb eines globalen, pluralen Systems angesehen werden» (1994, S. 133).

Daß die rapide fortschreitende Globalisierung von Kultur nicht automatisch auch den Verlust lokaler Identität bedeutet und zu orientierungslosem Nomadismus führt, belegt eine Studie zu Musikvideos bei den Yoruba in Nigeria (Barber & Waterman, 1995). Auf eindrucksvolle Weise wird gezeigt, daß die Globalisierung der Medienlandschaft nicht notgedrungen zu einer Verwässerung traditioneller ästhetischer Formen führen muß. Statt dessen hat importierte Technologie nicht selten die Zähmung europäischer Formen gefördert. Die Entwicklung der modernen Yoruba-Musik durchläuft eine Phase der Ausdehnung, in der sich lokale Idiome über ihr Ursprungsgebiet hinaus verbreiten, gefolgt von einer Phase der Domestizierung, bei der fremde Elemente aus einer Vielzahl von Quellen in lokale Stile und Strategien integriert werden. Das letztendliche Ziel jeder Aufführung ist jedoch die dritte Phase: die Intensivierung der Präsenz, des Images und der Marktchancen lokaler Akteure (ebenda, S. 243).

Die Domestizierung der Außenwelt durch Musik richtet sich nicht selten auch gegen einen als übermächtig empfundenen Staat, der vielerorts kaum mehr ist als ein Vehikel zur Durchsetzung der Interessen einer Minderheit. So achten die Miri im Südsudan gewissenhaft darauf, zu welchen sozialen Anlässen die von Elementen des arabischen Nordens geprägten populären Lieder zulässig sind und zu welchen nicht. Die Bedrohung durch den expandierenden islamischen Zentralstaat und die arabische Sprache wird hier durch eine bewußte Lokalisierung der Musik eingedämmt (Baumann, 1987).

Große Bedeutung innerhalb des hier diskutierten Themenkomplexes kommt auch der Zunahme der verschiedenen Formen von Migration und ihrer Auswirkung auf musikalische Praxis zu. Die (freiwillige oder erzwungene) Mobilität großer Menschenmassen ist eines der bedeutendsten sozialen Phänomene des ausgehenden 20. Jahrhunderts und eine der Hauptursachen für die Verschiebung herkömmlicher Grenzziehungen zwischen Stadt und Land, zwischen Volks- und Sprachgruppen und natürlich auch musikalischen Traditionen. Allerdings zeigt eine wachsende Zahl von Studien auch, daß Arbeitsmigration, Tourismus und Flüchtlingsströme Grenzen nicht nur niederreißen, sondern sie in der Regel durch andere, mehr oder minder undurchlässige Markierungen ersetzen (Turino, 1993).

7. Diskursivität und Textualität

Daß der neuere Kulturbegriff nicht nur das Objekt der Geistes- und Sozialwissenschaft verändert, sondern zugleich einen Funktionswandel von Wissenschaft als Form der Wissensproduktion als solcher widerspiegelt, wird kaum noch bezweifelt. Wissenschaft kann ihr Monopol auf die Erzeugung von Wahrheit nur noch mühsam behaupten. Infolge der Erosion des wissenschaftlichen Objekts ist in zahlreichen Disziplinen eine Demontage des Subjekts zu verzeichnen, die im Falle der Ethnologie die ohnehin fragwürdige Autorität ethnographischer Repräsentation noch weiter ins Wanken bringt.

Entscheidenden Anteil an dieser Entwicklung, zumal in den USA, hatte insbesondere der von Paul Ricœur aus der Hermeneutik übernommene Textbegriff und seine Weiterentwicklung in der Ethnologie durch Clifford Geertz. Ebenso wie ein Schriftsteller einem Text Bedeutung zuweist, schreibt der Mensch seiner Lebenswelt durch seine Handlungen eine Vielzahl von Bedeutungen zu, deren Entschlüsselung und Interpretation wiederum das Handeln anderer Menschen bestimmt. Kultur ist das «selbstgesponnene Bedeutungsgewebe», in das der Mensch verstrickt ist (Geertz, 1983 a, S. 9). Zweck ethnologischer Forschung ist es, Lesarten von den zu Dokumenten geronnenen menschlichen Handlungen bereitzustellen. Obwohl Geertz diesem Gewebe von «Texten» eine gewisse Kohärenz nicht abspricht und er deshalb Kultur mitunter mit Ausdrücken wie «symbolisches System» oder «Bedeutungsstruktur» umschreibt, meidet er eine zu starke Geschlossenheit solcher Sinnzusammenhänge.

Auch sperrt Geertz sich gegen die der Erforschung symbolischer Formen und Praktiken bislang eher abträgliche Aufspaltung und Hierarchisierung von Kultur in primäre Basisbereiche wie Wirtschaft, Recht und Sozialstruktur sowie einen ideologischen oder sonstwie gearteten Überbau von Kunst und Religion. Wenn man seine Definition von Kunst sinngemäß umformuliert, wären musikalische Aufführungen nicht Illustrationen von Vorstellungen, die bereits in Kraft sind, sondern «primäre Dokumente», die einen «bedeutungsvollen Platz in einem Repertoire bereits bestehender anderer, ebenfalls primärer Dokumente suchen» (Geertz, 1983 b, S. 99 f).

Während die interpretative Kulturforschung geertzscher Prägung in der Ethnologie immerhin eine heftige Debatte über die Krise der Repräsentation auslöste (Clifford & Marcus, 1986; Berg & Fuchs, 1993), haben sich Musikwissenschaftler ihr nur zögerlich und auf recht unterschiedliche Art und Weise angenähert. Gemeinsam ist ihnen jedoch die Idee der Mehrdeutigkeit von Kultur und das Bemühen, den Referenz- und «Text»-Charakter von Musik aus konkreten, historisch und sozial bedingten Formen musikalischer Praxis und unter Vermeidung reduktiv-funktionalistischer Modelle abzuleiten (Erlmann, 1996 a).

Eine interessante musikhistorische Variante der französischen Hermeneutik stellt der Versuch von Tomlinson (1993) dar, das magische Welt- und Musikverständnis der angeblich so neuzeitlich-wissenschaftlich orientierten italienischen Renaissance in all ihrer Andersartigkeit wie eine fremde Musikkultur deutend zu «lesen». Vereinzelte Ansätze zu einem Dekonstruktivismus sind in den neueren Arbeiten von Feld (z. B. 1987) erkennbar, in denen der Wahrheitsanspruch und panoptische Blick des Forschers zugunsten der Darstellung von intersubjektivem

Dialog zwischen Angehörigen verschiedener musikalischer Welten preisgegeben wird.

In diesem Zusammenhang erlangt auch die Analyse, von jeher die Hauptdomäne der Musikwissenschaft, eine neue Bedeutung. Statt auf die scheinbar objektive Struktur eines Musikstücks richtet sich das Augenmerk der Forscher jetzt auf die Prozesse und diskursiven Praktiken, die sich in einer bestimmten musikalischen Struktur manifestieren. So ist z. B. die moderne türkische *arabesk*-Musik nicht einfach das Ergebnis einer abstrakten stilgeschichtlichen Entwicklung, deren Logik sich aus der vergleichenden Analyse mit vorherigen Stilen ergibt. Analyse wird hier gleichbedeutend mit der Interpretation eines hochkomplexen Geflechts von Diskursen und musikalischen Praktiken innerhalb eines umfassenden «kulturellen Feldes» (Stokes, 1992). An die kognitive Anthropologie der 70er Jahre anknüpfend, begreift Stokes *halk*, die von den staatlichen Institutionen und den Medien propagierte Volksmusik, und *arabesk*, die Musik der Gegenkultur, der an den Rand gedrängten Migranten der großen Städte, nicht etwa als «verschiedene Arten, Musik aufzuführen oder zu erfahren», sondern als «verschiedene Arten, über Musik zu reden» (1992, S. 50).

8. Korporalität

Metaphern, die die Gesellschaft in Form eines menschlichen Körpers vorstellen, sind nicht erst seit Thomas Hobbes geläufig. Und daß ein Gemeinwesen, obwohl es in der Regel nicht den Grad innerer Kohärenz aufweist wie ein organisches System, dennoch aus Körpern besteht, ist evident. Dennoch nimmt die Erforschung von *Musik als körperlicher Praxis* zur Zeit eher eine untergeordnete Stellung ein.

Erste Ansätze finden sich indes bei Blacking (1992), der sich bereits in den 50er Jahren mit der Frage auseinandersetzte, inwieweit biologische Faktoren Musik als soziale Praxis beeinflussen. Obwohl Blacking jede Art von biologischem Determinismus ablehnte, blendet er die musikologisch relevantere Frage nach der Verschränkung von musikalischer Bedeutung, Korporalität und Kultur weitgehend aus. Einen Schritt weiter gehen hier Arbeiten von Chernoff (1979) und Feld (1982). Beide gehen zwar noch von einem Stil- und Kulturbegriff aus, der Gesellschaftlichkeit als unabdingbare Wesensbedingung musikalischer Praxis einschließt. Gleichzeitig sind sie aber bestrebt, die Verschränkung von sinnhafter Vielschichtigkeit im Sinne der Geertzschen Kulturhermeneutik und der sozialen Einbettung von Musik sozusagen von innen, aus dem affektiven Moment des Erlebens der Musiker heraus aufzuschließen. Stil und groove werden hier zu Stichworten eines Verständnisses von Musik, in dem die kognitiv-symbolische Aneignung der sinnhaften Welt durch körperliche Praxis vermittelt ist und das Musikmachen ein kulturell definiertes Körperverständnis voraussetzt (vgl. auch Keil, 1987).

Eines der wichtigsten Felder für die Erforschung von Korporalität ist naturgemäß der Tanz. So kommen z. B. die Widersprüchlichkeit körperlicher Erfahrung und deren Vermittlung im Tanz und in der «Körnung» von Vokalmusik sehr deutlich in den *isicathamiya*-Chor- und Tanzwettbewerben der Zulu-Wanderarbeiter zum Ausdruck. Auf der einen Seite stellen die betont lockeren Gehbewegungen der Sänger den Versuch dar, die untergeordnete Stellung des instrumentalisierten Körpers in der Welt der Städte und Fließbänder zu feiern; andererseits signalisieren die schreienden, grobkörnigen Stimmen der Sänger und ihre an ländlichen Hochzeitstänzen orientierte Choreographie das Bestreben, den Körper wieder zum Träger von Ordnungsvorstellungen jenseits der Kontrolle der weißen Herren zu machen (Erlmann, 1996 a, S. 179–197).

In ähnlicher Weise thematisiert Jane Cowan die körperliche Konstruktion sozialer Hierarchien und Geschlechterdifferenzen in ihrem Buch «Dance and the body politic in northern Greece» (1990). Cowan findet den vorherrschenden Kulturbegriff zu konsensorientiert und betrachtet die Festigung asymmetrischer Geschlechterverhältnisse durch Tanz und Musik als eine Frage von Dominanz und Unterordnung. Vor allem interessiert sie die Frage, wie solche Strukturen verkörpert und durch bestimmte Formen von Körperlichkeit mit Bedeutung versehen werden. Durch die Untersuchung einer Hochzeitszeremonie, einer abendlichen Tanzveranstaltung und einer privaten Party gelingt es ihr, verschiedene Modi herauszufiltern, durch die eine bestimmte geschlechtsspezifische Ordnung der Dinge beschworen wird. Tanzende und musizierende Körper, so Cowan, sind nicht als Zeichen zu dekodieren, sondern als intersubjektive Prozesse.

Literatur

Ames, D. (1968). Professionals and amateurs: The musicians of Zaria and Obimo. *Africa Arts / Arts d'Afrique, 1* (2), 41–45, 80–87.

Anderson, B. (1996). *Die Erfindung der Nation. Zur Karriere eines erfolgreichen Konzepts.* Frankfurt / M.: Campus (Orig. 1983).

Anderson Sutton, R. (1996). Interpreting electronic sound technology in the contemporary Javanese soundscape. *Ethnomusicology, 40* (2), 249–68.

Austerlitz, P. (1993). Local and international trends in Dominican merengue. *World of Music, 35* (2), 70–89.

Barber, K. & Waterman, C. (1995). Traversing the global and the local: fuji music and praise poetry in the production of contemporary Yoruba popular culture. In Miller, D. (Hg.), *Worlds apart. Modernity through the prism of the local* (S. 240–62). London: Routledge.

Bauman, R. & Sherzer, J. (Hg.) (1974). *Explorations in the ethnography of speaking.* Cambridge: Cambridge University Press.

Bauman, R. & Briggs, Ch. L. (Hg.) (1990). Poetics and performance as critical perspectives on language and social life. *Annual Review of Anthropology, 19,* 59–88.

Baumann, G. (1987). *National integration and local integrity: The Miri of the Nuba mountains in the Sudan.* Oxford: Clarendon Press.

Becker, A. & J. (1981). A musical icon: Power and meaning in Javanese gamelan music. In Steiner, W. (Hg.), *The sign in music and literature.* Austin: University of Texas Press.

Béhague, G. (Hg.) (1984). *Performance practice. Ethnomusicological perspectives.* Westport, CT: Greenwood.

Berg, E. & Fuchs, M. (Hg.). 1993 *Kultur, soziale Praxis, Text. Die Krise der ethnographischen Repräsentation.* Frankfurt / M.: Suhrkamp.

Blacking, J. (1973). *How musical is man?* Seattle: University of Washington Press.

Blacking, J. (1992). The biology of music-making. In Myers, H. (Hg.), *Ethnomusicology. An introduction* (S. 301–314). New York: Norton.

Bohlman, P. (1988). Traditional music and cultural identity. Persistent paradigm in the history of ethnomusicology. *Yearbook for Traditional Music, 20,* 26–42.

Chernoff, J. M. (1979). *African rhythm and African sensibility. Aesthetics and social action in African musical idioms.* Chicago / London: University of Chicago Press.

Clifford, J. & Marcus, G. (Hg.) (1986). *Writing culture. The poetics and politics of ethnography.* Berkeley: University of California Press.

Cohen, S. (1994). Identity, place and the «Liverpool Sound». In Stokes, M. (Hg.), *Ethnicity, identity and music. The musical construction of place* (S. 117–134). Oxford: Berg.

Cowan, J. (1990). *Dance and the body politic in northern Greece.* Princeton, N. J.: Princeton University Press.

Danielson, V. (1991). Artists and entrepreneurs: Female singers in Cairo during the 1920s. In Keddie, N. R. & Baron, B. (Hg.), *Women in Middle Eastern history: Shifting boundaries in sex and gender.* New Haven: Yale University Press.

Erlmann, V. (1980). *Die Macht des Wortes. Preisgesang und Berufsmusiker bei den Fulbe des Diamaré (Nordkamerun).* München: Renner.

Erlmann, V. (1996 a). *Nightsong. Performance, power and practice in South Africa.* Chicago: University of Chicago Press.

Erlmann, V. (1996 b) The aesthetics of the global imagination. Reflections on world music in the 1990s, *Public Culture, 18* (1), 467–487.

Fabian, J. (1983). *Time and the other. How anthropology makes its object.* New York: Columbia University Press.

Featherstone, M. (Hg.) (1990). *Global culture: Nationalism, globalization and modernity.* London / Newbury Park, CA: Sage.

Feld, S. (1982). *Sound and sentiment. Birds, weeping, poetics and song in Kaluli expression.* Philadelphia: University of Pennsylvania Press.

Feld, S. (1987). Dialogic editing: Interpreting how Kaluli read sound and sentiment. *Cultural Anthropology, 2* (2), 190–210.

Feld, S. (1996). Pygmy POP. A genealogy of schizophonic mimesis. *Yearbook for Traditional Music, 28,* 1–35.

Feldman, M. (1995). *City culture and the madrigal at Venice.* Berkeley: University of California Press.

Geertz, C. (1983 a). *Dichte Beschreibung. Bemerkungen zu einer deutenden Theorie der Kultur.* Frankfurt / M.: Suhrkamp.

Geertz, C. (1983 b). *Local knowledge. Further essays in interpretive anthropology.* New York: Basic Books.

Guilbault, J. (1993). *Zouk. World music in the West Indies.* Chicago: University of Chicago Press.

Hall, S. (1981). Notes on deconstructing «The Popular.» In Samuel, R. (Hg.), *People's history and socialist theory* (S. 227–40). London: Routledge.

Herndon, M. & McLeod, N. (1981). *Music as culture.* Darby: Norwood.

Hobsbawm, E. & Ranger, T. (Hg.) (1983) *The invention of tradition.* Cambridge: Cambridge University Press.

James, D. (1994). Basadi ba baeng / visiting women: Female migrant performance from the Northern Transvaal. In Gunner, L. (Hg.), *Politics and performance. Theatre, poetry and song in Southern Africa* (S. 81–110). Johannesburg: Witwatersrand University Press.

Johnson, J. H. (1995). *Listening in Paris: a cultural history.* Berkeley: University of California Press.

Keil, C. (1979). *Tiv song.* Chicago: University of Chicago Press.

Keil, C. (1987). Participatory discrepancies and the power of music. *Cultural Anthropology, 2,* 275–83.

Koskoff, E. (Hg.) (1987). *Women and Music in Cross-Cultural Perspective.* New York: Greenwood Press.

Kroeber, A. L. & Kluckhohn, C. (1952). *Culture: A critical review of concepts and definitions.* Harvard: Papers of the Peabody Museum of American Archaeology and Ethnology, Bd. 47.

Lortat-Jacob, B. (1990). *Chroniques sardes.* Paris: Julliard.

Maffesoli, M. (1988). *Le temps des tribus.* Paris: Méridiens Klincksieck.

Manuel, P. (1993). *Cassette culture. Popular music and technology in North India.* Chicago: University of Chicago Press.

Meintjes, L. (1996). *Mediating difference. Producing mbaqanga music in a South African studio.* Ph. D. University of Texas.

Merriam, A. P. (1964). *The anthropology of music.* Evanston, Ill.: Northwestern University Press.

Merriam, A. P. (1967). *Ethnomusicology of the Flathead Indians.* Chicago: Aldine.

Mitchell, J. C. (1956). *The Kalela dance. Aspects of social relationships among urban Africans in Northern Rhodesia.* Manchester: Manchester University Press (The Rhodes-Livingstone Papers No. 27).

Myers, H. (Hg.) (1993). *Ethnomusicology. Bd. 1:* Historical and regional studies. New York: Norton.

Nattiez, J.-J. (1975). *Fondements d'une sémiologie de la musique.* Paris. Union Generale d'Edition.

Nettl, B. (1983). *The study of ethnomusicology.* Urbana: University of Illinois Press.

Nettl, B. (1985). *The western impact on world music. Change, adaptation, and survival.* New York: Schirmer.

Nettl, B. & Bohlman, P. (Hg.) (1991). *Comparative musicology and anthropology of music. Essays on the history of ethnomusicology.* Chicago: University of Chicago Press.

Panoff, M. & Perrin, M. (1975). *Taschenwörterbuch der Ethnologie.* München: List.

Radway, J. (1988). Reception study: Ethnography and the problems of dispersed audiences and nomadic subjects. *Cultural Studies, 3,* 359–76.

Robinson, D., Campbell, B. et al. (Hg.) (1991). *Music at the margins. Popular music and global cultural diversity.* Newbury Park: Sage.

Rouget, G. (1996). *Un roi africain et sa musique de cour. Chants et danses du palais à Porto-Novo sous le règne de Gbefa (1948–1976).* Paris: CNRS Editions.

Rutten, P. (1990). Local popular music on the national and international markets. *Cultural Studies, 5* (3), 294–305.

Said, E. (1994). *Orientalismus.* Frankfurt / M.: Fischer (Orig. 1978).

Sarkissian, M. (1993). Gender and music. In Myers, H. (Hg.), *Ethnomusicology. An introduction* (S. 329–36). New York: Norton.

Schneider, A. (1976). *Musikwissenschaft und Kulturkreislehre.* Bonn: Verlag für Systematische Musikwissenschaft.

Seeger, A. (1987) *Why Suyá sing.* Cambridge: Cambridge University Press.

Shepherd, J. (1987). Music and male hegemony. In Leppert, R. & McClary, S. (Hg.), *Music and society. The politics of composition, performance and reception* (S. 151–172). Cambridge: Cambridge University Press.

Simon, A. (1978). Probleme, Methoden und Ziele der Ethnomusikologie. *Jahrbuch für musikalische Volks- und Völkerkunde, 9,* 8–52.

Slobin, M. (1993). *Subcultural sounds: Micromusics of the West.* Hanover, NH: Wesleyan University Press.

Smith, M. G. (1957). The social function and meaning of Hausa praise-singing. *Africa, 27* (1), 26–438.

Stokes, M. (1992). *The arabesk debate. Music and musicians in modern Turkey.* Oxford: Clarendon Press.

Thornton, R. (1993). Die Rhetorik des ethnographischen Holismus. In Berg, E. & Fuchs, M. (Hg.), *Kultur, soziale Praxis, Text. Die Krise der ethnographischen Repräsentation* (S. 240–268). Frankfurt / M.: Suhrkamp.

Thornton, S. (1996). *Club cultures: Music, media and subcultural capital.* Hanover: University Press of New England.

Tomlinson, G. (1993). *Music in Renaissance magic. Toward a historiography of others.* Chicago: University of Chicago Press.

Turino, T. (1993). *Moving away from silence. Music of the Peruvian altiplano and the experience of urban migration.* Chicago: University of Chicago Press.

Turner, V. (1989). *Vom Ritual zum Theater.* Frankfurt / M.: Campus.

Tylor, E. B. (1871). *Primitive culture: Researches into the development of mythology, philosophy, language, art, and custom.* London: J. Murray.

Wallis, R. & Malm, K. (1984). *Big sounds from small peoples. The music industry in small countries.* London: Constable.

Walser, R. (1993). *Running with the devil. Power, gender, and madness in Heavy Metal music.* Hanover: Wesleyan University Press.

Wicke, P. (1992). «Populäre Musik» als theoretisches Konzept. *PopScriptum. Beiträge zur populären Musik, 2,* 6–42.

Williams, R. (1981). *Culture.* London: Fontana.

Ziegler, S. & Herndon, M. (Hg.) (1990). *Music, gender, and culture.* Wilhelmshaven: Florian Noetzel.

Franz Födermayr
Universalien der Musik

1. Einleitung

Betrachtet man Musik unter einer universellen Perspektive und nicht
nur auf der Basis einer bestimmten Musikkultur – etwa der europäischen
Kunstmusik, wie das lange Zeit geschah –, so stellt sich die Frage nach
kulturübergreifenden Gemeinsamkeiten (Universalien) der Musik geradezu zwangsläufig. Denn will man bestimmten Aspekten nachgehen,
etwa jenem, wie Musik in der Entwicklungsgeschichte der Menschheit
entstanden ist und sich weiterentwickelt hat, was sie für den Menschen
bedeutet, welche Prinzipien es sind, nach denen sie gestaltet wird u.a.m.,
dann kann die Beschäftigung mit einer bestimmten Musikkultur zwar
Hinweise für die Lösung solcher Aspekte geben, die aus diesem Studium
gezogenen Erkenntnisse und Schlüsse können jedoch hinsichtlich des
allgemeinen menschlichen Phänomens Musik keine Gültigkeit beanspruchen.

So ist denn die Geschichte der Vergleichenden Musikwissenschaft
oder Ethnomusikologie, wie die Disziplin seit der Mitte des 20. Jahrhunderts genannt wird (s. bes. A. Schneider, 1976; Myers, 1993), durch ein
geradezu periodisches Pendeln zwischen einer vorwiegend analytisch-
monographischen, auf einzelne Musikkulturen gerichteten Forschung
und einer synthetischen, die Einzelergebnisse im Hinblick auf das
Gesamtphänomen Musik zusammenfassenden Ausrichtung gekennzeichnet. Dementsprechend verlief auch das Interesse an der Universalienfrage.

Diese spielte in den Anfängen der Vergleichenden Musikwissenschaft,
als die Aufarbeitung allgemeiner, die Musik betreffender Fragen im
Vordergrund stand, eine erhebliche Rolle, trat dann zugunsten der Re-
gionalforschung und infolge der dabei gewonnenen Einsichten in die unbegrenzte Vielfalt musikalischer Erscheinungsformen und Stile und deren spezielle Kulturabhängigkeit zurück, wurde Anfang der 60er und in
den 70er Jahren wieder aufgegriffen, geriet dann in den Hintergrund und
trat in den 80er Jahren erneut in den Blickpunkt des Interesses. Derzeit ist

diese «kitzlige Frage» (Nattiez, 1977, S. 92) wieder weniger vordringlich, da für ihre definitive Beantwortung noch viele Vorarbeiten fehlen. Nichtsdestoweniger macht es Sinn, diese Frage immer wieder zu stellen.

Von Universalien der Musik zu sprechen erfordert zunächst eine gewisse Klärung der Begriffe «Musik» und «Universalie». Da sich gezeigt hat, daß Musik nicht von Kennzeichen der Schallgestalten her zu bestimmen ist, weil es bis zu einem gewissen Grad der soziale Kontext ist, der bestimmt, ob ein gegebener Schall Musik ist oder nicht (Nettl, 1977, S. 3), soll im folgenden der Begriff Musik in Anlehnung an Bruno Nettl (1983, S. 24) operational als übergeordnete Bezeichnung für akustische Ausdrucks- und Kommunikationssysteme des Menschen außerhalb des Bereichs der gesprochenen Sprache verstanden werden. Dabei soll die Verwendung des Worts «System» eine gewisse Abgrenzung der Musik von anderen kommunikativen bzw. Signalcharakter besitzenden Schalläußerungen (einfache Tierlockrufe, Autohupe, Fabriksirene etc.) gewährleisten. Der Begriff Universalie wird nicht unbedingt immer im absoluten Sinn als Eigenschaft verstanden, die alle Musiken aufweisen, sondern – wie das in der bisherigen Diskussion immer wieder zum Ausdruck gebracht worden ist – als Quasi- oder «Nahezu»-Universalie (McAllester, 1971, S. 379). Ein Gegenstandsbereich, ein Phänomen, soll nämlich nicht von den Ausnahmen und den Rand- bzw. Übergangszonen her definiert werden, sondern nach seinem Kerngebiet.

2. Universalie Musik

Eine echte oder absolute Universalie kann in der Tatsache gesehen werden, «daß wir von keiner menschlichen Gesellschaft wissen, die ohne Musik ausgekommen wäre oder auskäme» (Knepler, 1982, S. 52). Musik ist also ein universeller Aspekt menschlichen Verhaltens, und es erscheint demnach gerechtfertigt anzunehmen, daß die vielen Musiken der Erde auch Gemeinsamkeiten haben. Diese wird man aber nicht an der Oberfläche des jeweils real Erklingenden suchen, sondern auf tieferen Ebenen bis hin zu den biologischen Wurzeln sowie im gesamten Komplex des Umgangs von Menschen mit Musik. Denn das Machen und Hören von Musik (Erleben) vollzieht sich im Spannungsfeld von Determinanten, die sich aus der Physis des Menschen ergeben, und solchen, die in seiner Zugehörigkeit zu einer sozialen Gruppe ihre Basis haben (Sozialisation und Enkulturation: Rösing, 1995; → Musikalische Lebenswelten).

Der Freiheitsraum, den diese Faktoren – selbst die biologischen – offenlassen, sollte nicht zu gering veranschlagt werden, zumal auch die in der jeweiligen Persönlichkeit liegenden Bedingungen zu berücksichtigen sind. Wenn im folgenden zwischen biogenen, soziogenen und syntaktischen (logogenen) Universalien unterschieden wird, so geschieht dies mehr aus Gründen der Gliederung der Darstellung als aufgrund wirklicher Grenzen. In gewisser Hinsicht nämlich sind soziogene Merkmale der Musik auch biogene, da der Mensch nicht nur ein Lebewesen mit einer bestimmten biologischen Ausstattung ist, sondern auch, und zwar mit naturgesetzlicher Notwendigkeit, ein Gemeinschaftswesen.

Überdies besteht zwischen den syntaktischen Elementen der Musik eine enge, wahrscheinlich entwicklungsgeschichtlich bedingte Beziehung zu einem anderen Wesensmerkmal der Spezies Mensch, nämlich zur Sprache. Claude Lévi-Strauss (1966, S. 80f) spricht daher von einer «echten Verschmelzung der biologischen und sozialen Ursprünge» menschlichen Verhaltens.

3. Biogene Universalien

Eine wesentliche Voraussetzung für die Musikfähigkeit des Menschen liegt in seiner Ausstattung mit einem Sinnesorgan, das in der Lage ist, Schall aufzunehmen und zu verarbeiten. Diese Feststellung wird weniger trivial, wenn man sich vergegenwärtigt, daß es sich hierbei um ein Organ handelt, das für die Wahrnehmung und Verarbeitung jedweden Schalls, musikalischen wie nichtmusikalischen, innerhalb der Grenzen des menschlichen Hörfeldes geeignet ist. Es werden daher die grundlegenden Prozesse und Strategien, die sich im Laufe der Evolution bei der Bewältigung der Aufgabe herausgebildet haben, aus dem sensorischen Input eine mentale Repräsentation der Realität abzuleiten (Bregman, 1990, S. 3), auch beim Musikmachen, -erinnern und -hören zum Tragen kommen.

Bei dieser grundlegenden Tätigkeit geht es darum, die in einer Schallwelle enthaltenen physikalischen Kennzeichen in adäquate Wahrnehmungseinheiten umzuwandeln und, im Falle eines Schallgemisches, zu entscheiden, was wozu gehört. Es haben sich hierbei mentale Prozesse und Strategien herausgebildet, die sich aufgrund ihrer Komplementarität mit Strukturen der Umwelt bei der Lösung der Aufgabe als besonders erfolgreich erwiesen haben: Strukturierung und Gestalterkennung, Kategorien- und Hierarchienbildung, Erkennen zusammengehöriger sequentieller Abläufe aufgrund bestimmter Ähnlichkeiten der einzelnen Komponenten, Datenselektion etc. (Bruhn, 1995; → Psychophysiologie der Wirkung von Musik). Das Wirken solcher mentaler Prozesse ist auch auf dem Gebiet der Musik zu erkennen und bildet die Basis für verschiedene Universalien.

Bezüglich der Kategorienbildung (Rakowski, 1995) ist festzustellen, daß mit Ausnahme der steil von oben nach unten geführten Kaskaden von Gesängen australischer Eingeborener (Sachs, 1962, S. 48–65) und Grenzformen zwischen Sprache und Musik sonst überall in der Musik (einigermaßen) diskrete Tonhöhenkategorien verwendet werden, die unter dem Gesichtspunkt deutlicher Unterscheidbarkeit aus dem durch das feine Tonhöhenunterscheidungsvermögen des Gehörorgans gegebenen Kontinuum ausgewählt werden. Dabei spielt – ebenfalls als Universalie zu sehen – die qualitative Übereinstimmung von Tönen im Oktavabstand (Oktaväquivalenz) sowie die auf dem schwebungsfreien Zusammenklang basierende harmonische Verwandtschaft (Terhardt, 1972; 1976/77) von Quarte und Quinte eine zusätzliche Rolle.

Daraus erklärt sich, daß weltweit die in Tetrachorden, Pentachorden und Oktaven in hierarchischer Ordnung gruppierten Töne den kognitiven Rahmen für das Machen, Erinnern und Hören von Musik abgeben. Daß sich die meisten Musikkulturen hierbei auf fünf bis sieben konstitutive Töne innerhalb der Oktave beschränken – eine obere Grenze, die allerdings nicht immer erreicht und gelegentlich auch überschritten wird –, ist als weitere Konsequenz des Wirkens gehörimmanenter Charakteristika (begrenzte Informationsverarbeitungskapazität; Miller, 1956) zu werten.

Ebenso stellt die strukturelle Funktion der genannten Intervalle als Kern-, Eck- und Zieltöne in musikalischen Konfigurationen, die über einen gewissen Mindestambitus hinausgehen, eine ebenfalls durch ihre harmonische Verwandtschaft begründete Universalie dar. Kategorienbildung reduziert Mehrdeutigkeit und verhindert eine Überlastung beim Hören, Erinnern und Ausführen von Musik (Dowling & Harwood, 1986, S. 92).

Solche Tonhöhenkategorien besitzen aber eine gewisse Schattierungsbreite, innerhalb der z. B. ein d in C-Dur ein d bleibt, gleichgültig, ob es nun 180, 200 oder 220 Cents oberhalb des c liegt (jeweils 100 Cents entsprechen einem gleichschwebend temperierten Halbton). Der durch die skalenbildenden Töne gegebene kognitive Rahmen ermöglicht somit gleichzeitig den Einsatz von feinen Tonhöhenschattierungen und Mikrointervallen im Dienste der musikalischen Ausdrucksgestaltung. Versuche haben gezeigt, daß der Eindruck «gleiche Tonhöhenkategorie» in den Eindruck «andere Tonhöhenkategorie» dann umspringt, wenn die Distanz ca. einen Halbton beträgt (Burns & Ward, 1982, S. 249). Darin kann ein Hinweis auf den Halbton als universell kleinster Intervallgröße zwischen zwei benachbarten Stufen einer Tonleiter bzw. in der melodischen Aufeinanderfolge von Tönen (ebenda, S. 244) im Sinne der angesprochenen Unterscheidungsdeutlichkeit gesehen werden.

Als weitere Universalie kann das Faktum bewertet werden, daß es kaum äquidistante Skalen gibt. Damit sind Tonskalen gemeint, bei denen das Intervall zwischen benachbarten Tonstufen für jedes Tonpaar gleich ist. In der Regel bestehen zwischen benachbarten Stufen aber unterschiedliche Intervallkategorien, wobei eine gewisse Beschränkung in der Anzahl dieser Kategorien festzustellen ist und die Zusammensetzung einer Tonleiter aus Halb- und Ganztönen (Diatonik) ein psychisches Optimum darzustellen scheint (Sloboda, 1985, S. 254–257). Dieses Prinzip der ungleichen Intervalle ist aber gleichzeitig ein Prinzip der Intervallvielfalt (Dowling & Harwood, 1986, S. 100), und es erleichtert die Herstellung tonaler Bezüge, was zu einer Steigerung der musikalischen Ausdrucks- und Erlebnismöglichkeiten führt.

Es gibt zwar Skalen, die begrifflich aus gleichen Intervallen bestehen. Es handelt sich dabei aber – wie im Fall der europäischen zwölfstufigen chromatischen Skala oder im Fall der äquidistanten Teilung der Oktave in sieben Teile in der Thai-Hofmusik (s. z. B. Morton, 1976, S. 26) – entweder um Materialleitern oder um den Versuch der Musiktheorie, für die in der jeweiligen musikalischen Tradition vorkommenden Intervalle einen kleinsten gemeinsamen Nenner zu finden. Von den Materialleitern wird für ein Musikstück immer nur eine kleinere Stufenanzahl ausgewählt, und zwar so, daß unterschiedliche Intervallkategorien zwischen benachbarten Stufen entstehen. Und bei den musiktheoretischen Konzepten geht es darum, durch Addition des kleinsten gemeinsamen Nenners die eigentlichen melodiekonstitutiven Intervallabstände zu erhalten bzw. die in Ornamenten und Melismen vorkommenden Mikrointervalle in ein System zu bringen. So ist z. B. die Teilung der Oktave in 24 Vierteltöne in der nahöstlichen Musik zu verstehen (siehe z. B. Shiloah, 1994, Sp. 745 f). Analog zu Tonleitern bilden auch metrische Schemata den kognitiven Rahmen für die vor diesem Hintergrund ablaufenden eigentlichen rhythmischen Gestalten und finden in ihrem Bezug zu einem solchen Schema ihre musikalische Bedeutung.

Bei der Analyse der akustischen Umwelt ordnet das Gehör einander deutlich ähnliche Schallkomponenten ein und derselben Schallquelle zu (Bregman, 1990; →Psychophysiologie der Wirkung von Musik). Deshalb werden z. B. frequenzbenachbarte Töne gleicher Klangfarbe in der Wahrnehmung zu einer Gestalt zusammengefaßt. Diesem mentalen Prozeß liegt offensichtlich die quer durch die Kulturen feststellbare Tendenz zugrunde, für die Melodiebildung überwiegend kleine, den Rahmen von drei bis vier Halbtönen nicht überschreitende Intervalle zu verwenden (Dowling & Harwood, 1986, S. 155 f), weil die klangfarbliche und tonräumliche Nähe einer Tonfolge Kohärenz / Zusammenhalt verleiht. Der Eigencharakter der einzelnen Töne einer solchen Tonfolge (Melodie) geht dabei in der Kontur der Gestalt auf, welche die Wiedererkennung erleichtert und darüber hinaus unterschiedliche, jedoch in ihrer Kontur gleiche Tonfolgen als verwandt empfinden läßt.

Dies ist als Konsequenz des sogenannten «chunking»-Mechanismus (Bündelung) zu sehen, welcher einzelne Wahrnehmungselemente zu Einheiten höherer Ordnung zusammenfaßt (s. z. B. Anderson, 1989, S. 93, 101, 134 ff, 228). Damit läßt sich die Ökonomie und Leistungsfähigkeit im Erwerb, in der Speicherung und im Abrufen von Informationen steigern. Die weltweit herrschende Tendenz, musikalischen Schall in abgrenzbare Einheiten – Motive, Phrasen, Perioden, Abschnitte, Sätze – zu gliedern, basiert wahrscheinlich ebenfalls auf dieser grundlegenden mentalen Strategie. Sie macht den in der Zeit ablaufenden Fluß musikalischen Schalls überblickbar und erlaubt es, die in unterschiedlichen zeitlichen Momenten erklingenden Segmente zueinander in Beziehung zu setzen.

Neben der Ausstattung mit einem adäquaten, auf die Verarbeitung akustischer Reize ausgerichteten Sinnesorgan gehört zur Musikfähigkeit des Menschen ferner die Möglichkeit der Schallerzeugung, welche ihm durch sein Stimmorgan und durch «andere zur Schallerzeugung geeignete Körperorgane» (Stockmann, 1982, S. 108) gegeben ist. Darüber hinaus natürlich auch durch die Fähigkeit, Werkzeuge herzustellen und diese zielgerichtet einzusetzen. Beides ist universell und in der Natur der Spezies Mensch begründet:

– der Einsatz der Stimme nicht nur als Sprechorgan, sondern auch für musikalische Zwecke;

– die Verwendung von Körper sowie Schallgeräten – sicherlich zuerst zur Begleitung von Gesang und mit Hilfe von im wesentlichen unbearbeiteten Materialien, später dann aber auch losgelöst in einer eigenständigen Instrumentalmusik.

Gesang ist hierbei als absolute Universalie zu bewerten (→ Musizieren). Eine werkzeugliche Begleitung von Gesängen oder auch nur von Körperschlag ist weit verbreitet (→ Musikinstrumente). Sie konnte nur bei ganz wenigen Stämmen wie den Wedda auf Ceylon und bestimmten patagonischen Stämmen (Sachs, 1940, S. 26) nicht nachgewiesen werden.

Universell ist auch die Verbindung von Musik mit Körperbewegung: von sparsamen bis ausgeprägten Bewegungen beim Singen über Spielbewegungen bei der Betätigung von Musikinstrumenten bis zum Tanz, in dem diese Verbindung ihre stärkste Ausprägung erfährt (→ Überlieferte von Musik).

«Musik, die Sprache der Gefühle» ist ein weit verbreiteter Topos, und in der Tat gehört zu den «entscheidenden Merkmalen» von Musik «ihre Fähigkeit, Emotionen zu wecken, aufzuschaukeln, kathartisch abzureagieren und vielleicht sogar zu lenken» (Knepler, 1982, S. 30). Diese Fähigkeit dürfte, wie Georg Knepler (ebenda, S. 30–52) überzeugend darlegt, schon in einer sehr frühen Phase der Menschheitsentwicklung ausgebildet worden sein. Denn die «Aneignung der Welt» brachte nicht nur die Ausbildung «interner kognitiver Strukturen» mit sich, sondern auch die Ausbildung «interner emotionaler Strukturen, die den neuen psychischen Anforderungen gewachsen waren» (ebenda, S. 36).

Daß Erfahrungen, Erlebnisse, Erkenntnisse nicht nur verstandesmäßig, sondern auch gefühlsmäßig «verdaut» werden müssen, dürfte eine allgemeine Erfahrungstatsache sein. Unter der Notwendigkeit besserer Lebensbeherrschung scheint es dann auf der Grundlage eines akustischen Kommunikationssystems, das sowohl kognitive wie emotive Elemente umfaßte, zu einer Aufspaltung der Entwicklung gekommen zu sein, in deren Verlauf Sprache als alltägliches, vorwiegend kognitiven Prozessen adäquates Verständigungsmittel und Musik als alltägliches, vorwiegend inneren Zuständen und emotiven Prozessen adäquates Einstimmungsmittel entstanden ist (ebenda, S. 121 f, 131). Wiederholt ist darauf hingewiesen worden, daß Musik Erleben erhöht und vertieft, daß sie den Menschen über das Normale hinaushebt und eine Atmosphäre des Besonderen erzeugt (z.B. McAllester, 1971, S. 380). Somit dient Musik dem tief im Menschen verwurzelten Bedürfnis nach Steigerung der Realität (Mühlmann, 1966, S. 38). Das ist im Zusammenhang damit zu sehen, daß «der Mensch sich spezifisch nie unmittelbar zur primären Realität» verhält, «sondern durch das Medium der Symbolwelt» (ebenda, S. 25).

Universell ist schließlich der ästhetische Charakter von Musik. Ausgehend von der Unterscheidung zwischen nützlich und schädlich als biologischem Substrat (Knepler, 1982, S. 36), läßt sich das Wirken dieses Prinzips in der Bewertung von Musik als gut oder schlecht, je nach Erfüllung der ihr zugedachten Aufgabe, bis hin zum reinen Wohlgefallen am kunstvollen Umgang mit den Elementen der Musik verfolgen (→Zweckbestimmung von Musik). Selbst Nachrichtenübermittlung mittels Schlitztrommeln enthält – wie z.B. Marius Schneider (1952) zeigte – durchaus Komponenten kunstvoller (ästhetischer) Überhöhung, indem sie über die rein funktionsbedingten Aspekte hinausgeht: Der Sprechrhythmus wird verziert und variiert, und neben den für die Sprachübermittlung notwendigen Tönen werden auch andere verwendet. Sogar in so einfachen Gebilden wie den einmotivigen Zweitonmelodien der Wedda auf Ceylon zeigt sich in der variierenden Wiederholung ein ästhetischer Gestaltungswille.

4. Syntaktische (logogene) Universalien

Da nach der skizzierten Theorie die Entwicklung von Sprache und Musik nicht im zeitlichen Nacheinander, sondern gleichzeitig erfolgte, ist es nicht verwunderlich, daß Musik etwas von Sprache und Sprache etwas von Musik hat. In Anlehnung an jene Regelsysteme, «die beschreiben, wie aus einem Inventar von Grundelementen (Morphemen, Wörtern, Satzgliedern) alle wohlgeformten Sätze einer Sprache abgeleitet werden können» (Bußmann, 1983, S. 528), spricht man auch in der Musik von einer Syntax oder einer «musikalischen Logik» (z.B. Bruhn, 1988, S. 76 ff). Damit meint man ebenfalls – meist erst durch eine Musiktheorie abgeleitete und verbalisierte – Regeln, die einzelne Töne zu musikalisch sinnvollen Tonfolgen verbinden, sie zu abgegrenzten und in sich gegliederten Musikstücken zusammensetzen, in Mehrstimmigkeit die Beziehung der einzelnen Stimmen zueinander gestalten usf.

Nicht alle syntaktischen Verfahren von Musik sind aber logogen – man kann auch autonome musikalische Regeln feststellen –, und nicht alle sind universell oder auch nur nahezu universell in ihrer Geltung. Jedoch ist die Tatsache, daß jede Musik ein bestimmtes Inventar an Grundelementen als eine Art musikalischer Phonologie besitzt und irgendeiner Art von Syntax gehorcht, universell.

Darüber hinaus können manche Verfahren eine gewisse Universalität beanspruchen. So der Bezug der Töne einer Tonfolge zu einem Zentralton, die Ausbildung von Tonarten oder Modi, die Bildung von Motiven oder charakteristischen Wendungen und Kadenzen, der Einsatz des Prinzips der Wiederholung – wörtlich oder variiert –, die Sicherstellung einer gewissen Redundanz. Auch gleiche Prinzipien in der Gestaltung narrativer (erzählender) Gesänge wie beim Vortrag heiliger Texte sind festzustellen, da sie dem Grunderfordernis der Textverständlichkeit unterliegen.

5. Soziogene Universalien

Der Mensch ist nicht nur ein Lebewesen mit einer bestimmten biologischen Ausstattung, sondern auch ein Gemeinschaftswesen. Seine Leistungen und sein Verhalten sind maßgeblich und unausweichlich durch seine Einbindung in einen bestimmten sozialen Verband und dessen Geschichte geformt. Hinsichtlich der Sprache und andere Aspekte des Lebens steht dies außer Frage.

Musik wird allerdings vielfach als universelle Sprache in dem Sinn bezeichnet, daß sie immer etwas enthält, auf das Menschen auch unterschiedlicher Kulturzugehörigkeit ansprechen. Der Verdacht liegt hier jedoch nahe, daß das Schlagwort auf einer eurozentrischen Einstellung basiert, wonach die Grundprinzipien der europäischen Kunstmusik universell gültig seien und andere Arten von Musik entweder als Vorstufen derselben oder als defekt bezeichnet werden.

Gewiß ist es möglich, Musik fremder Kulturen zu erleben, aber mit Sicherheit wird jeder, der mit dieser Musik nicht vertraut ist, ihre Grammatik nicht kennt, solche Musik mißverstehen – von dem Nichterfassen der ihr von der jeweiligen Gruppe aufgeprägten Bedeutungen gar nicht zu reden (s. Brandl & Rösing in Bruhn, Oerter & Rösing, 1993, S. 58 ff). Neben dem «Hervorbringen (Produzieren) akustischer Gebilde, die auf die Einstimmung anderer Lebewesen gerichtet sind, dem spielerischen Ausprobieren von Anwendungsmöglichkeiten und Wirkungen akustischer Gebilde» ist nämlich auch «das Aufprägen von Bedeutungen auf akustische Gebilde [...] (Semantisierung) zu den Universalien oder Konstanten des Musizierens zu zählen» (Knepler, 1982, S. 70). Da aber eine grundlegende Strategie menschlicher Informationsverarbeitung darin besteht, unbekannten akustischen Schall vor dem Hintergrund der eigenen Hörgewohnheiten zu interpretieren, ist angesichts der «Kulturmodifikabilität gewaltigsten Ausmaßes», welche «zu den Hauptkennzeichen der zoologischen Form homo gehört» (Mühlmann, 1966, S. 45), mit einem gewaltigen Mißverstehenspotential von Musik zu rechnen.

Am ehesten wird man noch idiomatische Musik, deren Erscheinungsform weitgehend durch die Funktion, die sie erfüllen soll, bestimmt ist, adäquat verstehen, sofern in solcher Musik elementare menschliche Verhaltensweisen zum Ausdruck kommen. Aber mit der Überformung von biologischen Verhaltensweisen ist auch in solcher Musik immer zu rechnen (s. Graf, 1980), wie überhaupt die Tragweite kulturbestimmter Verhaltensweisen, auch wenn sie eine biologische Basis haben, nicht hoch genug eingeschätzt werden kann. Dies zeigt z.B. schon die Tatsache, daß die uns so natürlich und instinktiv erscheinende emotionale Geste des Kopfnickens für «Ja» und des Kopfdrehens für «Nein» alles andere als universell ist (La Barre, 1966, S. 264 f). Als soziogene Universalien von Musik können daher nur bestimmte Verwendungszusammenhänge und Funktionen von Musik gewertet werden (s. bes. Merriam, 1964; Suppan, 1984, und die Beiträge von Heister, S. 103 ff, und Rösing, S. 113 ff, in Bruhn, Oerter & Rösing, 1993; →Zweckbestimmung von Musik).

Weltweit ist Musik in im weitesten Sinn religiöse Zusammenhänge eingebunden, sei es in die Kommunikation mit der Welt des Übersinnlichen (mit Geistern, Göttern, personifizierten Objekten und Phänomenen der Natur) oder einfach als Audruck religiöser Gefühle bzw. deren Weckung und Unterstützung. Musik ist mit den Stationen des Lebenskreises verbunden, sie ist Insignie der Macht und Vehikel politischer Doktrinen, sie begleitet bzw. koordiniert Arbeitsbewegungen, ist mit anderen gemeinschaftlichen Verrichtungen verbunden, erfüllt in der Medizin wesentliche bzw. unterstützende Aufgaben. Musik dient der Unterhaltung, nicht immer in einer engeren Bedeutung, sondern häufiger in dem Sinn, daß auch bei funktionell stark gebundener Musik das ästhetische Verhalten mitspielt. Musik eignet sich besonders gut zur symbolischen Darstellung von Dingen, Ideen und Verhalten, ist Ausdruck einer Gruppenmentalität und deren Identität und kann in gewisser Weise den Charakter einer Gemeinschaft zum Ausdruck bringen. Musik stärkt das Zusammengehörigkeitsgefühl sozialer Gruppen und übt durch ihre verschiedenen Funktionen eine kulturstabilisierende Wirkung aus.

Schließlich zeigt sich, daß es in jeder Gemeinschaft Personen gibt, denen in der Arbeitsteilung bevorzugt musikalische Aufgaben zufallen, sei es als einfache Mitglieder der Gemeinschaft aufgrund einer besonderen Disposition oder als einem eigenen Stand zugehörige Musiker mit zahlreichen Abstufungen zwischen diesen beiden Polen (s. Merriam, 1964, S. 123–144).

6. Ausblick

Musik ist zwar ein in strengem Sinn universeller Aspekt menschlichen Verhaltens, die Suche nach Gemeinsamkeiten in der außerordentlichen historischen und regionalen Vielfalt musikalischer Äußerungen führt jedoch bestenfalls zur Feststellung des universellen Wirkens bestimmter Grundprinzipien, welche gewisse Tiefenstrukturen von Musik bestimmen und Verwendungszusammenhänge und Funktionen von Musik erklären können. Wenngleich versucht wurde, in diesem Kapitel einige diesbezügliche Hinweise zu geben, so ergeht es dem Autor doch genauso wie Mantle Hood, der seinen Beitrag zur Universalienfrage 1977 mit der Feststellung schloß, er nehme an, daß der Leser seines fragmentarischen Versuches ebenso unzufrieden mit den Resultaten ist wie der Autor.

Die Physik des Schalls, die Signalverarbeitungscharakteristik des Gehörorgans und grundlegende Verhaltensweisen des Menschen als Mitglied eines sozialen Verbandes sind keine Determinanten im strengen Sinn, sondern ein Grenzen absteckendes Netzwerk interdependenter Faktoren. Sie lassen dem musizierenden Menschen einen großen Freiraum bei der Gestaltung von Musik offen. Darum erscheint es sinnvoller, zunächst die Suche nach den jeweiligen Gründen für die Auswahl bestimmter Grundprinzipien und deren Umsetzung in konkrete musikalische Gebilde in den Vordergrund zu stellen. Die Notwendigkeit, dann die Einzelergebnisse immer wieder synthetisch zusammenzuschauen, wird davon allerdings nicht berührt.

Literatur

Anderson, J. R. (1989). *Kognitive Psychologie*. Heidelberg: Spektrum der Wissenschaft (Orig. 1980).

Bregman, A. S. (1990). *Auditory scene analysis: The perceptual organization of sound*. Cambridge, Ms.: MIT-Press (2. Aufl. 1994).

Bruhn, H. (1988). *Harmonielehre als Grammatik der Musik*. München: Psychologie Verlags Union.

Bruhn, H. (1995). Gehör, Teil V: Musikpsychologische Aspekte. In Finscher, L. (Hg.), *MGG Die Musik in Geschichte und Gegenwart*. Sachteil Bd. 3 (Sp. 1118–1126). Kassel / Stuttgart: Bärenreiter / Metzler.

Bruhn, H., Oerter, R. & Rösing, H. (Hg.) (1993). *Musikpsychologie. Ein Handbuch*. Reinbek: Rowohlt (3. Aufl. 1997).

Burns, E. M. & Ward, W. D. (1982). Intervals, scales, and tuning. In Deutsch, D. (Hg.), *The psychology of music* (S. 241–269). New York: Academic Press.

Bußmann, H. (1983). *Lexikon der Sprachwissenschaft*. Stuttgart: Kröner.

Dowling, W. J. & Harwood, D. L. (1986). *Music cognition*. New York: Academic Press.

Graf, W. (1980). Biologische Wurzeln des Musikerlebens. In Födermayr, F. (Hg.), *Vergleichende Systematische Musikwissenschaft* (S. 224–237). Wien-Föhrenau: Stiglmayr (Orig. 1967).

Hood, M. (1977). Universal attributes of music. *The World of Music, 19* (1 / 2), 63–69.

Knepler, G. (1982). *Geschichte als Weg zum Musikverständnis. Zur Theorie, Methode und Geschichte der Musikgeschichtsschreibung* (2. Aufl.). Leipzig: Reclam.

La Barre, W. (1966). Die kulturelle Grundlage von Emotionen und Gesten. In Mühlmann, W. E. & Müller, E. W. (Hg.), *Kulturanthropologie* (S. 264–285). Köln: Kiepenheuer & Witsch.

Lévi-Strauss, C. (1966). Natur und Kultur. In Mühlmann, W. E. & Müller, E. W. (Hg.), *Kulturanthropologie* (S. 80–107). Köln: Kiepenheuer & Witsch.

McAllester, D. P. (1971). Some thoughts on «universals» in world music. *Ethnomusicology, 15*, 379–380.

Merriam, A. P. (1964). *The anthropology of music*. Evanston, Ill.: Northwestern University Press.

Miller, G. A. (1956). The magical number seven, plus minus two. Some limits on our capacity for processing information. *Psychological Review, 63*, 81–97.

Morton, D. (1976). *The traditional music of Thailand*. Berkeley: University of California Press.

Mühlmann, W. E. (1966). Umrisse einer Kulturanthropologie. In Mühlmann, W. E. & Müller, E. W. (Hg.), *Kulturanthropologie* (S. 15–49). Köln: Kiepenheuer & Witsch.

Myers, H. (Hg.). (1993). *Ethnomusicology. Vol. 2:* Historical and regional studies. New York: Norton.

Nattiez, J. J. (1977). Under what conditions can one speak of the universals of music? *The World of Music, 19* (1/2), 92–105.

Nettl, B. (1977). On the question of universals. *The World of Music, 19* (1/2), 2–7.

Nettl, B. (1983). *The study of ethnomusicology.* Urbana: University of Illinois Press.

Rakowski, A. (1995). Categorial perception in natural language and in music. In Jablonsky, M. & Steszewski, J. (Hg.), *Interdisciplinary studies in musicology* (S. 19–31). Poznan: Poznan Society of the Advancement of the Arts and Sciences.

Rösing, H. (1995). Musikalische Sozialisation. In Helms, S., Schneider, R. & Weber, R. (Hg.), *Kompendium der Musikpädagogik* (S. 349–372). Kassel: Bosse.

Sachs, C. (1940). *The history of musical instruments.* New York: Norton.

Sachs, C. (1962). *The wellsprings of music.* The Hague: Nijhoff.

Schneider, A. (1976). *Musikwissenschaft und Kulturkreislehre. Zur Methodik und Geschichte der Vergleichenden Musikwissenschaft.* Bonn: Verlag für Systematische Musikwissenschaft.

Schneider, M. (1952). Zur Trommelsprache der Duala. *Anthropos, 47,* 235–243.

Shiloah, A. (1994). Arabische Musik. In Finscher, L. (Hg.), *MGG Die Musik in Geschichte und Gegenwart.* Sachteil Bd. 1 (Sp. 686–766). Kassel / Stuttgart: Bärenreiter / Metzler.

Sloboda, J. A. (1985). *The musical mind.* Oxford: Clarendon.

Stockmann, D. (1982). Musik – Sprache – Biokommunikation und das Problem der musikalischen Universalien. *Beiträge zur Musikwissenschaft, 24,* 103–111.

Suppan, W. (1984). *Der musizierende Mensch. Eine Anthropologie der Musik* (Musikpädagogik. Forschung und Lehre, Bd. 10). Mainz: Schott.

Terhardt, E. (1972). Tonhöhenwahrnehmung und harmonisches Empfinden. *Akustik und Schwingungstechnik,* 59–68.

Terhardt, E. (1976/77). Ein akustisch begründetes Konzept der musikalischen Konsonanz. *Acustica, 36,* 121–137.

II
Musik verwenden

Helmut Rösing
Musikgebrauch im täglichen Leben

1. Von der Live- zur Übertragungsmusik

Mit Beginn der technisch vermittelten Übertragungsmusik gegen Ende des 19. Jahrhunderts ist Musik mehr denn je allgegenwärtig geworden. Wie sehr unsere akustische Umwelt schon immer in Abhängigkeit von Gesellschaft und Technik einem ständigen Wandel unterliegt, hat R. Murray Schafer (1977) auf der Grundlage einer Analyse literarischer Texte von der Antike bis zur Gegenwart anschaulich dargestellt. Die Soundscape (Klanglandschaft), in Frühkulturen, Mittelalter und Renaissance zu über 90 Prozent von distinkten Natur- und Menschenlauten bestimmt, wird seit der Industrialisierung in immer stärkerem Maß von Werkzeug-, Maschinen- und Verkehrsgeräusch dominiert. Auf diese Weise verändert sich – insbesondere in urbanen Regionen – die Hi-Fi-Klanglandschaft früherer Jahrhunderte zu einer geräuschdurchsetzten Low-Fi-Klanglandschaft.

Bezogen auf Musik läßt sich eine durchaus vergleichbare Entwicklung nachzeichnen. Zur live aufgeführten Umgangs- bzw. Gebrauchsmusik früherer Zeiten (nicht schriftlich festgehaltene volkstümliche Musik, Militär- und Feldmusik, höfische Unterhaltungs- und Repräsentationsmusik, Sakralmusik) gesellt sich mit der Säkularisierung und dem Erstarken des Bürgertums nach der Französischen Revolution die Darbietungsmusik (Vokal- und Instrumentalmusik für die Aufführung im Konzertsaal; Besseler, 1959). Beiden Musikarten läuft in unserem Jahrhundert – zumindest quantitativ – die Übertragungsmusik den Rang ab (Blaukopf, 1989).

Der Unterschied der Übertragungsmusik zu früheren Musikarten ist vorerst weniger inhaltlich als formal: Zusätzlich zum Urheber (Komponist) und Mittler (Interpret) von Musik schiebt sich als weitere Instanz die technische Übertragungskette zwischen Musik und Hörer. Seit den 50er Jahren unseres Jahrhunderts wird zudem erst noch zaghaft (Musique concrète, tape music, Elektronische Musik), dann aber mit dem Aufkommen von Synthesizer und Musikcomputer Musik in zunehmendem

Umfang synthetisch produziert (Pop und Rock; funktionelle Musik). Allerdings gerät auch diese Musik nach ihrer Fertigstellung ebenso wie die ursprünglich für die Live-Darbietung konzipierte Musik in den Kreislauf der technischen Übertragungskette, mit dem Unterschied gegenüber der Live-Musik, daß sie ohne diese Übertragungskette überhaupt nicht denkbar wäre (→ Musikvermittlung in der modernen Mediengesellschaft).

Als Übertragungsmusik aus ihren unmittelbaren Lebensbezügen in die «massenmediale Wirklichkeit» transformiert (Kleinen, 1983), unterliegt sie weit mehr als je zuvor dem Gesetz der Ware. Ihre durch die Einmaligkeit der Live-Aufführung in einer bestimmten gesellschaftlichen Situation geprägte «Aura» verflüchtigt sich (Benjamin, 1963), und ihre musikalischen Inhalte werden beliebig austauschbar (Autonomieverlust von Musik; s. Krenek, 1938). Musik ist nicht mehr, «wie im feudalen und absolutistischen Fest, und im bürgerlichen Konzert, ein Ausnahmezustand, sondern hat eine Ubiquität erlangt, durch welche sie dem Alltag sich einreiht» (Adorno, 1968, S. 139).

Historisch gesehen sind die Vor- und Nachteile von Übertragungsmusik gegenüber Livemusik seit ihren Anfängen gegen Ende des 19. Jahrhunderts bis in die 80er Jahre unseres Jahrhunderts hinein zunehmend differenzierter und auch kritischer bewertet worden. Der Positionswechsel vom Traum an eine schönere, durch kontinuierliche Musikbeschallung bereicherte Umwelt und die frühe Bewunderung der technisch makellosen Reproduzierbarkeit selbst noch von komplexer Orchestermusik bis hin zur krassen Ablehnung der «Droge Musik» (Rösing, 1991) durch ständige Berieselung des Alltags mit Übertragungsmusik («Vertreibung der Stille», «gnadenloser kollektiver Walkman») lassen sich nicht nur empirisch belegen, sondern auch an literarischen Texten aus verschiedener Zeit verdeutlichen.

Ruft z. B. die über Telefonleitungen rund um die Uhr in die privaten Wohnräume übertragene Musik in dem Zukunftsroman «Ein Rückblick aus dem Jahr 2000 in das Jahr 1887» (1888) des amerikanischen Autors Edward Bellamy noch ungläubiges Erstaunen hervor, so wird knapp 40 Jahre später in dem Roman «Der Zauberberg» (1924, Kapitel «Fülle des Wohllauts») von Thomas Mann die nahezu naturgetreue Abbildung von Orchestermusik durch das Abspielen von Schellack-Platten bewundert. In der Komödie in Romanform «Alte Meister» (1985) dagegen geißelt der österreichische Schriftsteller Thomas Bernhard mit heftigen Worten den nachgerade krankhaften «Musikkonsumatismus» unserer Zeit (s. Rösing, 1995, S. 40–42).

Angebotsexplosion, Ausweitung der Konsumpotentiale, Wegfall von Zugangsbarrieren sind Merkmale einer Gesellschaft, bei der die Erlebnisansprüche von der «Peripherie ins Zentrum der persönlichen Werte» gelangt sind (Schulze, 1992, S. 59), um Genuß (psychophysischer Zustand positiver Valenz), Distinktion (individuelle Erkennungsmarke zur Abgrenzung gegenüber anderen) und eine eigene Lebensphilosophie (persönlicher Stil als Ausdruck bevorzugter Handlungsorientierungen) zu verwirklichen (ebenda, S. 105ff; → Musikalische Lebenswelten). Musik im täglichen Leben ist somit nicht ohne weiteres mit Alltag gleichzusetzen. Ganz im Gegenteil läßt sich die kontinuierliche Musiknutzung überall dort, wo sie selbstbestimmt (Wahl eines Radioprogramms) und nicht fremdverordnet ist (wie z. B. im Kaufhaus), als Versuch verstehen, aus den gängigen Kommunikations- und Interaktionsräumen der Alltagsrealität auszusteigen (Kaiser, 1983).

2. Quantität des Musikkonsums

Im Durchschnitt rezipieren die Bürger der Bundesrepublik Deutschland seit Jahren gut drei Stunden pro Tag Musik über Radio, CD, Schallplatte, Kassette, Fernsehen, Walkman oder Computer. Dabei ist, mit zunehmender Freizeit und größerem Wohlstand, der Zeitanteil für die musikbezogene Mediennutzung vor allem bei Jugendlichen kontinuierlich angestiegen: Jeder zehnte hört täglich mindestens fünf Stunden Musik. In der Freizeitbeschäftigung der 14- bis 19jährigen rangiert Musikhören mit über 95 Prozent auf dem ersten Platz (Heyde, 1992, S. 32).

Vor dem Hintergrund derartiger Zahlen wird deutlich, daß die Produktion und Distribution von Übertragungsmusik weit mehr, als das je zuvor der Fall sein konnte, den kommerziellen Interessen der weltweit agierenden Kulturindustrie unterliegt. In allen Sparten und Stilbereichen, vor allem den Mainstream-Bereichen von Pop, Rock, Jazz, Klassik und volkstümlicher Musik, werden die klingenden Produkte «mehr oder minder planvoll hergestellt, die auf den Konsum durch Massen zugeschnitten sind und in weitem Maß den Konsum von sich aus bestimmen» (Adorno, 1963; vgl. dazu den Überblick über die Situation am Tonträgermarkt von 1980–90 bei Conen, 1995).

Im Gegenzug zu dieser kulturkritischen Sicht gilt es aber auch zu bedenken, daß Musikhören vor dem technischen Zeitalter größtenteils ein Privileg gehobener Stände war. Hier haben Tonträger und technische Übertragungskette fraglos zu einer Demokratisierung der Musiknutzung und auch zur Differenzierung des Angebots beigetragen (Hauser, 1974, S. 658 ff).

Der überwiegende Teil der Musikrezeption und -aneignung (zur Medien- und Musikrezeption als aktivem Aneignungsprozeß s. Winter, 1995) erfolgt nach wie vor über das Radio. Seine Musikprogramme sind z. B. 1990 pro Person im Durchschnitt täglich 162 Minuten eingeschaltet worden. Die Nutzungsdauer von Tonträgermusik lag im gleichen Zeitraum bei nur elf Minuten (Franz & Klingler, 1991). Auch 1995 wurden – trotz verstärkter Medienkonkurrenz – immer noch im Tagesdurchschnitt 120 Minuten Musik über das Radio gehört (Keller & Klingler, 1995). Gemäß einer Statistik vom Bundesverband der Phonographischen Wirtschaft (1996, S. 49) entfielen 56 Prozent des Musikkonsums im Jahr 1995 auf das Radio, 29 Prozent auf Tonträger und elf Prozent auf Fernsehen, Video und Computer. Wenn sich auch in der digitalen, multimedialen und zunehmend interaktiven Medienlandschaft die Grenzen zwischen den verschiedenen Darbietungsmodalitäten verschieben werden (Reetze, 1992), so spricht doch nichts dafür, daß sich die Quantität der Rezeption von Übertragungsmusik in Zukunft verringern wird.

Demgegenüber scheint der Musikkonsum in Live-Situationen heutzutage zahlenmäßig von nur noch untergeordneter Bedeutung zu sein. Der Durchschnittswert für Live-Konzert-Besuche lag ebenso wie für Diskothekenbesuche (auch Techno-Partys) in den letzten Jahren bei lediglich etwa einem Prozent der gesamten Musiknutzung. Dabei fallen natürlich altersabhängige und sozialisationsbedingte Unterschiede besonders deutlich ins Gewicht. So schätzten die 14- bis 29jährigen zu vier Prozent (bezogen auf ihren gesamten Musikkonsum) die Diskotheken als Ort der Musikrezeption besonders hoch ein, während ihr Besuch von Live-Konzerten gegen Null tendierte (Phonographische Wirtschaft 1996; Differenzierung nach Schultypen bei Langenbach, 1994).

Die selbstausgeübte musikalische Tätigkeit am Instrument (einschließlich Homerecording mit Synthesizer und Computer) oder mit der eigenen Stimme (z. B. Chorgesang) hat zwar nicht abgenommen, wie Kulturpessimisten (dazu Klusen, 1980) noch in den 70er Jahren befürchteten. Nach einer anfänglichen Zunahme des Musizierens und einer Öffnung für breite Kreise der Bevölkerung z. B. durch kostengünstigen Unterricht an Musikschulen und kostenlose Instrumentenausleihe an allgemeinbildenden Schulen stagniert die Entwicklung derzeit. Vielfach ist Musizieren wieder zum Privileg einkommensstarker bzw. gehobener Haushalte geworden, da die staatliche Unterstützung ausbleibt.

Umgekehrt proportional zur Quantität verhält sich in der Regel die subjektive Valenz und Bedeutung musikalischen Handelns. Die selbstvollzogene musikalische Tätigkeit als «Aneignung von Wirklichkeit» (Stroh, 1984) rangiert vor dem Konzertereignis und dieses wiederum vor der Übertragungsmusik (Rösing, 1992). Neurophysiologische Untersuchungen (Hirnstrommessungen mit EEG; s. Petsche, 1989) geben hier hinsichtlich des persönlichen Involvements ebenso eindeutige Hinweise wie verschiedene umfangreiche Befragungen zur Symbol-, Entspannungs- und Hintergrundfunktion des Musikhörens von Konzertgängern (Dollase, Rüsenberg & Stollenwerk, 1986, S. 72 ff). Durch eigenes Musikmachen oder den Konzertbesuch können einige Stunden des Tages zu etwas Besonderem, Einmaligem, von der Alltäglichkeit Abgehobenem werden. Übertragungsmusik dagegen ist weit mehr in das tägliche Leben integriert, sie ist zwangsläufig oder auch auf Abruf jederzeit als Hintergrundmusik verfügbar.

3. Übertragungsmusik in Alltagssettings: Funktionen und Wirkungen

Eine erschöpfende Aufzählung der Alltagssettings, in denen Übertragungsmusik erklingen kann, ist kaum zu leisten. Wohl aber lassen sich schwerpunktmäßig private wie öffentliche Orte und Situationen angeben, in denen sie bevorzugt anzutreffen ist:

- zu Hause vom Morgen bis zum Abend bei der Verrichtung von meist weniger geschätzten Arbeiten wie Küche aufräumen, Schularbeiten machen oder auch einfach während der Mahlzeiten;
- auf Reisen mit Auto, Bahn, Schiff und Flugzeug;
- beim Warten in der Arztpraxis, vor der Großkundgebung, im Flugzeugterminal, auf die richtige Telefonverbindung;
- beim Einkauf in Ladenzentren, Supermärkten, Geschäften und Boutiquen;

– am Arbeitsplatz, in Gaststätten, Spielhallen, Fahrstühlen, öffentlichen Toiletten u.a.m. (vgl. Rösing in Bruhn, Oerter & Rösing, 1993, S. 116).

Jede Musik, die erklingt, hat Funktionen und erfüllt Funktionen. Diese haben sich mit dem Wandel von der in soziale Lebensräume fest integrierten Live-Musik zur Übertragungsmusik nachhaltig geändert. (→Zweckbestimmung von Musik). Generell ist zu unterscheiden zwischen den von Urhebern (Komponisten, Musikern, Produzenten) intendierten Funktionen, den von den für die Musikübertragung Verantwortlichen (Programmgestaltern, Kaufhausleitern, Arbeitgebern, Gaststättenbetreibern) avisierten Funktionen und den Funktionen, die der Rezipient von Übertragungsmusik ihr entnimmt bzw. zuordnet, gemäß der Maxime des Konstruktivismus, daß jedes Individuum sich seine Welt selbst zurechtlegt (Schmidt, 1987). Erst wenn die akustischen Strukturen der Musik über Ohr und Nervensystem aufgenommen und im Cortex repräsentiert worden sind (→Psychophysiologie der Wirkung von Musik), existiert Musik als wahrgenommenes bzw. erlebtes Phänomen, und erst dann kann sie vom Rezipienten in einen funktionalen Zusammenhang gebracht werden und Wirkungen ausüben.

Bei Befragungen zu Funktionen von Lautsprechermusik rücken die individuell-psychologischen gegenüber den gesellschaftlich-kommunikativen Aspekten zunehmend in den Vordergrund: Musik zur Stimulation und Aktivierung während der Verrichtung anderer Tätigkeiten («Funktionalität»), zur Einsamkeitsüberbrückung («parasozialer Kontakt») und emotionalen Kompensation («Stimmungskontrolle»), zur Unterhaltung und Entspannung sowie als akustische Hintergrundkulisse zum Übertönen von Stille oder Störgeräuschen (vgl. Eckhardt, 1986; weitere Faktoren im Überblick bei Lehmann, 1994, S. 67 ff). Eine Untersuchung des Österreichischen Rundfunks aus dem Jahr 1986 (Blaukopf, 1989, S. 13) erbrachte die folgenden situations- und stimmungsabhängigen Funktionalisierungen von Übertragungsmusik aus dem Radio (die Angaben beziehen sich pro Statement auf 100 Prozent):

– Musik zum Entspannen (58 %)
– Musik zum Einschlafen (19 %)
– Musik zum Muntermachen am Morgen (49 %)
– Musik gegen Müdigkeit beim Autofahren (22 %)
– Musik während der Arbeit (46 %)
– Musik gegen das Gefühl von Einsamkeit (14 %)

Derartige Ergebnisse (weitere Daten: Rösing, 1992) machen deutlich, daß Personen sich in einer gezielten Verwendung von Musik üben, die sich im Verlauf ihres Lebens festigt und zur Gewohnheit wird. Darüber hinaus geben derartige Daten Anlaß zu der Annahme, daß die Nutzung und Funktionalisierung von Musik im individuell-psychischen Bereich sehr weit streut.

Welche Rolle in diesem Zusammenhang Stil und Struktur der Musik selbst innehaben, läßt sich nur schwer generalisieren. Die Vermutung jedenfalls, daß zwischen bestimmten Musikstücken und ihren Wirkungen beim Rezipienten eine kausale Beziehung besteht, wird schon angesichts der Vieldimensionalität funktionaler Möglichkeiten im musikalischen Handlungsfeld zwischen Urheber, Vermittler und Rezipient fragwürdig (Großmann, 1991). Musikstücke sind eben nicht – wie das gern behauptet wird (z. B. Rueger, 1991) – vergleichbar mit Tabletten, deren Wirkung sich im Sinne einer eindeutigen Reiz-Reaktions-Konfiguration recht genau vorauskalkulieren läßt.

Musikrezeption ist ein Prozeß, der sich als Bedingungssystem gegenseitiger Abhängigkeiten zwischen den Bereichen Musik, Person und Situation beschreiben läßt. Im Zentrum des Rezeptionsprozesses steht die Person. Sie wird geprägt durch Faktoren wie Lebensalter, Geschlecht, Veranlagung (biologische Gen-Ausstattung), Persönlichkeitsstruktur, Vorlieben und Abneigungen. Die Situation läßt sich definieren als aktueller musikalischer Darbietungsraum. Darunter fällt sowohl die Art der technischen Vermittlung von Musik als auch die gegenwärtige Stimmungslage der rezipierenden Person. Bedeutsam ist darüber hinaus natürlich die Beschaffenheit der Musik: Stil und Genre, melodische, harmonische und rhythmische Ebene, Klangfarbe, Tempo, Lautstärke, strukturelle Komplexität. Aus allen diesen Faktoren ergibt sich ein vieldimensionales Netzwerk interdependenter Beziehungen. Es wird zusätzlich modelliert durch eine Fülle von Variablen der allgemeinen und der musikbezogenen Sozialisation wie historische Zeit, gesellschaftliche Wertvorstellungen und musikbezogene Normen, Familienstruktur, ökonomisches und soziales Milieu, Ausbildung, Peergroup-Konfigurationen und Medienlandschaft (Rösing, 1997).

4. Sonderfall Funktionelle Musik

Nahezu jede Übertragungsmusik kann als Musik im Alltagskontext auftreten: populäre, volkstümliche, klassische Musik. Nur die progressive,
avantgarde-orientierte Musik der Gegenwart entzieht sich aufgrund ihrer Neuartigkeit, Ungewohntheit, Fremdheit der Alltagsnutzung, es sei
denn als Klischee für Negatives. Sie läßt sich schwerlich für musikfremde Zwecke operationalisieren, weil sie zum konzentrierten Hinhören und zum Wahrnehmen von Musik als Musik auffordert.

Funktionelle Musik stellt den extremen Gegenpol zu jeder Art von
Avantgardemusik dar. Sie ist speziell für die Darbietung in Kontexten
des täglichen Lebens konzipiert: für die Verwendung in Einkaufszentren
und Supermärkten (z. B. «Onstore-Ladenfunk» via Satellit), für Produktionsstätten, Büroarbeitsplätze, Gaststätten, Hotels, Wartesäle. Dabei
greift man auf grundsätzlich bekannte und vertraute Musik mit denkbar
einfachen Strukturen zurück. Die Rezeption von Funktioneller Musik
verlangt keinerlei Konzentration oder gar kognitive Leistung. Sie ist
einfach da, wie die Raumausstattung, wie künstliches Licht oder ein bestimmtes Tapetenmuster (im Überblick: Fehling, 1976). Es handelt sich
um Musik, die laut Aussage von «Spezialisten für psychologische Anwendung programmierter Musik» im Hintergrund zu bleiben hat und
gerade darum angeblich viel bewirken soll: «Harmonie, emotionale
Wärme, Wohlbefinden, Motivation» (zit. n. Werbeprospekt 1993 der
Muzak-Tochter «Funktionelle Musik» in München; s. auch Lanza,
1995).

Ein Konzept zur Funktionellen Musik, das auch heute noch Gültigkeit
hat, entwarf der Komponist Erik Satie zu Beginn des 20. Jahrhunderts. Er
prägte dafür den Begriff «Musique d'Ameublement»: «Eine Musik, die
Teil der Geräusche der Umgebung ist, die sie einkalkuliert. Ich stelle sie
mir melodiös vor [...]. Sie erzeugt eine Schwingung und hat keinen anderen Zweck; sie erfüllt die gleiche Aufgabe wie Licht und Wärme»(zit.
n. Wehmeyer, 1974, S. 227 f). Vor allem das Klavierstück «Vexations» aus
dem Jahr 1924 gibt eine Vorstellung davon, was Satie vorschwebte: Eine
ruhige, einfach harmonisierte Melodie wird durch 840malige Wiederholung zu einer Art Endlosmusik – die Aufführungsdauer beträgt nahezu
24 Stunden. Die seit 1975 geschaffene «ambient music» von Brian Eno
ist eine Weiterentwicklung des Raumklangkonzepts von Satie. Als Enos
«Music for Airports» (1978) anläßlich der Ausstellung «Klangkunst» im

Flughafen Berlin-Tempelhof zu hören war, gab es neben positiven Stimmen allerdings auch viele Irritationen (Motte-Haber u. a., 1996, S. 54).

Damit wird deutlich, daß sich die von Satie oder Eno komponierte Funktionelle Musik erheblich von jener Musik unterscheidet, die Firmen wie Muzak, 3M, Reditune als komplette Programmfolgen produzieren und zunehmend über Satellit an ihre Kundschaft ausstrahlen. An die Stelle von origineller, dem Charakter nach meditativer Musik rückt hier synthetisch produzierte Musik, die sich ausschließlich an musikalischen Mainstream-Klischees orientiert. Bekanntes und Vertrautes, den aktuellen modischen Trends Angepaßtes wird in neue Arrangements gebracht, in einer Mischung, die Aha-Erlebnisse garantiert, ohne daß eindeutige Zuordnungen zu bestimmten Stilen ohne weiteres möglich sind. Durch den großen Bekanntheitsgrad soll einerseits eine emotional positive Zuwendung zur Musik bewirkt, durch ihre Anonymität andererseits eine zu starke Aufmerksamkeitszuwendung verhindert werden (ausführlich: Rösing, 1985).

Faßt man die in den Prospekten der Anbieter angepriesenen, angeblich «wissenschaftlich belegten» Wirkungen nüchtern zusammen, so bleibt als Hauptziel die Steigerung von Leistung, Produktion und Umsatz bestehen, das heißt die Maximierung von Arbeitskraft und die Verführung zum Konsum. Zu diesem Zweck soll Funktionelle Musik im Hintergrund

– Atmosphäre schaffen, auch dort, wo eigentlich keine ist (Musik als akustisches Ornament mit Gestaltungsfunktion);
– störende (Arbeits-)Geräusche übertönen (Musik zur Lärmabsorption);
– die Abgespannten aktivieren und die Gestreßten beruhigen (Musik zur Verhaltenskonditionierung);
– Nachdenken (z. B. kognitive Kaufblockade) verhindern durch das Verbreiten eines emotional positiven Bezugsrahmens (affektive Funktion von Musik).

Spätestens mit dem Aufkommen des dualen Rundfunksystems in Deutschland (öffentlich-rechtliche und private Sender) haben sich die Grenzen zwischen Funktioneller Musik und der in den unterschiedlichsten Kontexten erklingenden Musik der Radio- und Fernsehprogramme zunehmend verwischt. In medienadäquater Präsentation (nahtlose Überblendungen, Einfügen von Trailern, Stationskennungen und Kurzmoderationen, Soundmodellierung durch Klangfilter und Dynamikangleichung) kann selbst Kunstmusik zur handlichen Alltagsmusik umfunktioniert werden (Beispiel: Klassik-Radio, in Hamburg, München, Berlin und im Kabel in NRW). So wird Übertragungsmusik gleich welchen Stils und welcher Machart immer dann zur Funktionellen Musik im weiter gefaßten Sinn, wenn sie nicht um ihrer selbst willen, sondern zur Erreichung von musikfremden Zwecken und Zielen eingesetzt wird.

5. Empirische Befunde

Die Flut der Studien über die Wirkung von Musik in Alltagssettings ist überwältigend (amerikanische Forschungsergebnisse im Überblick: Abeles & Jin Wong Chung in Hodges, 1996, S. 285–342). Nach Uhrbrock (1961) lassen sich die Untersuchungen in fünf Kategorien aufteilen, wobei die Grenzen jedoch oft fließend und die Zuteilung nicht immer problemlos ist: (1) populäre wissenschaftliche Einzelfallberichte ohne exakte Belege, (2) interessengeleitetes Werbematerial der Hersteller und Vertreiber von Funktioneller Musik, (3) Meinungsumfragen bei Arbeitnehmern, (4) von amtlichen Stellen in Auftrag gegebene Arbeiten und (5) wissenschaftliche Analysen von Labor- und Feldstudien.

Musik am Arbeitsplatz

Zu Funktionen und Wirkungen von Musik am Arbeitsplatz hat Susanne Kunz (1991) die Ergebnisse mit allen ihren Widersprüchen (vor allem: Leistungssteigerung vs. keine Leistungssteigerung) überschaubar zusammengestellt. Insbesondere frühere Forscher (zusammenfassend: Hodges & Haack in Hodges, 1996, S. 515 f) glaubten, Leistungssteigerungen bei monotoner Tätigkeit bis zu 25 Prozent belegen zu können. In vielen Studien nach 1945 (z. B. der grundlegenden Arbeit von Last, 1966) ließen sich derart euphorische Ergebnisse nicht bestätigen. Bei der Verrichtung komplexerer Tätigkeiten kann Musik sogar zu qualitativ schlechteren Arbeitsleistungen und zu erhöhter Fehlerquote führen (Kerr, 1945; Madsen, 1987).

Mehrere Untersuchungen verweisen aber darauf, daß sich die Arbeitszufriedenheit (positivere Einstellung gegenüber der Arbeitssituation z. B. durch das Übertönen störender Arbeitsgeräusche) mit Musik vergrößern läßt, wobei hier offenbar der Vertrautheitsfaktor eine wichtige Rolle spielt (s. Kunz, 1991: In ihrer Vor-Ort-Untersuchung wurde zwar

Muzak abgelehnt, das seit Jahren die Arbeit begleitende 3. Programm des Österreichischen Rundfunks dagegen erwünscht). Daß im Zeitalter zunehmender Individualisierung auch Musik über Kopfhörer bei monotonen Arbeitsabläufen positiv angenommen wird, belegt eine neue Studie von Oldham u a. (1995).

Die empirische Evidenz bezüglich Leistungssteigerung einerseits und Verringerung von «abweichendem Verhalten» am Arbeitsplatz andererseits (Fluktuation, Fehlzeiten, Unfallhäufigkeit) kann insgesamt als eher «dürftig» bezeichnet werden (im Überblick: Rosenstiel in Bruhn, Oerter & Rösing, 1993, S. 163 f). Das ist kaum verwunderlich, wenn man bedenkt, daß nicht nur die Art der Tätigkeit und die allgemeinen Arbeitsbedingungen, sondern auch Stil und Dauer der gespielten Musik, die Persönlichkeitsstruktur der Arbeitenden (Alter, Geschlecht, Musikvorlieben) und ihre aktuelle Stimmungslage entscheidende Variablen im Bedingungssystem der Musikrezeption darstellen.

Gerade weil Musik in unserer Gesellschaft zu einem Alltagsphänomen geworden ist, stößt sie – faßt man die vorliegenden Untersuchungsergebnisse zusammen – durchgehend auf Akzeptanz. Dank ihrer allgemein stimulierenden Wirkung (Musik als «psychoaktivierende Substanz»: Motte-Haber, 1985, S. 218) und ihrem insbesondere durch das Tempo hervorgerufenen «Magneteffekt» (Harrer & Harrer, 1985) sind positive Auswirkungen bezüglich Qualität und Quantität der Arbeitsleistung bei monotonen Tätigkeiten und Nachtschichten durchaus möglich; bei anspruchsvollen, komplexen Tätigkeiten ist Musik dagegen eher als Belastungsfaktor einzustufen.

Auch das Anfertigen von Schulaufgaben gehört in den Arbeitsbereich. Hierbei wird von Kindern und Jugendlichen in zunehmendem Umfang Musik – vor allem die jeweils gerade angesagte Lieblingsmusik – gehört. Eine leistungssteigernde Wirkung zeigte sich in Experimenten nicht (Drewes & Schemion, 1991), obwohl die Versuchspersonen fest daran geglaubt hatten. Nach der Einschätzung von Rosenstiel (in Bruhn, Oerter & Rösing, 1993, S. 166) fungiert Musik bei mental anspruchsvollen Hausaufgaben eher als Ablenkungsreiz mit leistungsminderndem Effekt. Bei Routinearbeiten (z.B. Text abschreiben) schadet sie dagegen nicht und hat zudem noch den positiven Effekt, daß mit ihr erledigt wird, was ohne sie vielleicht unterbliebe. Wie eine Schülerbefragung vom Anfang der 80er Jahre zeigt (Sticht, 1983), weiß das die Mehrheit der Schüler eigentlich auch. Beim Kopfrechnen oder Vokabellernen wird Ruhe bevorzugt, beim Vokabelabschreiben oder Rechnen mit dem Taschen-rechner dagegen Musik.

Musik im Kaufhaus

Bei Musik in Kaufhäusern und Einkaufszentren handelt es sich in der Regel um professionelle Hintergrundmusik (Funktionelle Musik im engeren Sinn), die durch geringe Lautstärke (3 dB über dem Geräusch-pegel) und unaufdringliche instrumentale Verschmelzungsklänge ge-kennzeichnet ist (Rösing, 1985). Die gleichmäßige Beschallung aller Verkaufsräume wird teilweise bewußt durchbrochen. So erklingt z.B. in bestimmten Abteilungen Musik, die speziell auf das Warenangebot und die angesprochene Käuferschicht (z.B. Junge Mode – Dancefloor) abge-stimmt ist. Mit dem akustischen Teppich in Kaufhäusern erhofft man sich eine allgemeine Verbesserung der Atmosphäre, eine Umsatzsteige-rung (Erhöhung der «Impulskaufrate») und eine Optimierung der Kom-munikation zwischen Personal und Kunden. Zugrunde liegt diesen Annahmen die in der Werbepsychologie gängige These der unterschwel-lig-emotionalen Wirkung von kaum bewußt wahrgenommener Musik (Kroeber-Riel, 1988).

Eine Zusammenfassung verschiedener Studien zur Wirkung von Funktioneller Musik in Geschäften bei Rudolph (1993) macht aber deut-lich, wie inhomogen die Befunde in bezug auf Stimmung, Umsatz, Ver-weildauer, Wahrnehmung und Beurteilung sind. Eine Vor-Ort-Untersu-chung von Ehrbar (1985) über den Einsatz von Musik / keine Musik / Geräusch in vier Schweizer Modegeschäften erbrachte ebensowenig Hinweise auf einen Einfluß von Hintergrundmusik auf Kaufverhalten, Verweildauer, Umsatz und Stimmung der Kunden wie eine neue Studie von Rötter und Plößner (1994). Wie die Befragungsergebnisse bei Kun-den und Personal in verschiedenen Abteilungen eines Wiener Kaufhau-ses (Laubach, 1993) zeigen, ist das auch nicht weiter erstaunlich: Nur 50 Prozent der Kunden nahmen die Musik überhaupt bewußt wahr; zudem wurden von ihnen unterschiedliche Musikarten (beruhigend-anregend-gemischt) auf gleiche Weise für gut befunden und der Situation ohne Musik vorgezogen.

So bleibt festzuhalten, daß der Musik in bezug auf das Käuferverhal-ten eine wohl nur marginale Erklärungskraft zukommt. Schließlich wir-ken zusätzlich zur Musik im Hintergrund eine Vielzahl weiterer (und wohl auch wichtigerer) Verhaltensvariablen auf den Kunden ein. Zudem ist die Zeitspanne, in der die Musik ihre Wirkung auf den Kunden entfalten kann, meist kurz bemessen – nicht länger als die Verweildauer selbst. Daß die Hintergrundmusik aber mehrheitlich nicht als störend empfunden wird und zu einer positiven Atmosphäre mit beiträgt (wie gute Beleuchtung, freundliche Farbgebung usw.), wird auch durch Umfrageergebnisse in Bankschalterhallen (Dube, Chebat & Morin, 1995) und Cafeterien (North, 1996) bestätigt, wobei im letztgenannten Fall die Kongruenz von gespielter Übertragungsmusik und persönlichen Musikvorlieben zur positiven Einschätzung der Atmosphäre und zum wiederholten Besuch geführt hat.

Musik in der Werbung

Musik in der Radio-, Film- und Fernsehwerbung ist ein wichtiges Gestaltungsmittel mit tektonischen, syntaktischen, semantischen und mediatisierenden Aufgaben (→ Musikvermittlung in der modernen Mediengesellschaft). Der Intention nach soll sie vor allem (zusammenfassend Helms, 1981; Tauchnitz, 1990) (1) die Aufmerksamkeit auf den Spot lenken (Aktivierung des Rezipienten), (2) die Textaussage bzw. Bildabfolge gliedern (Huron, 1989) und damit die Verarbeitung der sprachlichen und visuellen Reize erleichtern, (3) eine gute Anpassung der Werbung an das jeweilige Programmfeld in Hörfunk und Fernsehen ermöglichen, (4) zur Erhöhung der Lern- und Gedächtnisleistung beitragen (Verankerung von Produkt und Markennamen durch Kennmotive, Jingles, Werbesongs oder Kennmelodien; Steward u.a., 1990) und (5) eine emotionale Gestaltung des Produktimages durch die Verwendung stereotyper musikalischer Ausdrucksmodelle (Rösing, 1975) sowie das Evozieren von musikbezogenen Klischeevorstellungen (Musikstile, Instrumentencharakteristik; s. Wüsthoff, 1978) begünstigen.

Die These von der totalen Manipulation der Verbraucher mit der Hilfe von Musik wird durch die Untersuchungen zur Wirkung von Musik in Werbespots allerdings ebenso widerlegt wie durch die Werbepraxis selbst. Mehrere experimentelle Studien ergaben sogar, daß die Texte von Werbung mit Musik sich eher schlechter einprägen als bei Werbung ohne Musik (Meißner, 1973; Kafitz, 1977; Sewall & Sarel, 1986). Andererseits führte die erhöhte Darbietungshäufigkeit eines Spots mit Musik zu stärkerer Verankerung im Gedächtnis der Rezipienten als Werbung ohne Musik (Anand & Sternthal, 1984). Wichtig ist hierbei offenbar die Art des Involvements der Rezipienten. Bei hohem kognitiven Involvement behindert Musik die Informationsverarbeitung, bei schwachem (und das entspricht der geläufigen Rezeptionssituation von Werbung) hat sie dagegen einen positiven Einfluß (Park & Young, 1986).

Nach den experimentellen Untersuchungen von Tauchnitz (1990) mit dem fingierten Hörfunk-Werbespot «Nallan» bietet Musik zwar die Möglichkeit der «affektiven Botschaftsdifferenzierung», indem sie die Werbebotschaft auf der nonverbalen Ebene kommunikativ anreichert und somit zur «emotionalen Produktpositionierung» genutzt werden kann, sie «allein entscheidet aber nicht über den Erfolg oder Mißerfolg eines Angebots im Markt» (Tauchnitz in Bruhn, Oerter & Rösing, 1993, S. 171 f).

Eine ähnlich detaillierte Arbeit über die Wirkung von Musik in audiovisuellen Werbespots (Vinh, 1994) verweist u. a. auf die Bedeutung der Variable Lebensalter (für ältere Personen scheinen kognitive Inhalte wichtiger zu sein als für jüngere) und der Variable Überraschung (die ungewohnte Kombination eines Produkts mit Musik – z. B. Turnschuhe und Barockmusik – fällt stärker auf und wird besser erinnert als eine gewohnte). Doch wie auch immer Werbespots gestaltet sind – der deutlich zu beobachtende Trend zur Werbemüdigkeit, der sich im Phänomen des Zappens ebenso wie im Weghören und Wegsehen manifestiert, läßt sich damit wohl kaum aufhalten.

Musik beim Autofahren

Die Funktionalisierung von Übertragungsmusik in den unterschiedlichsten Alltagskontexten zählt zu den üblicherweise unreflektierten Selbstverständlichkeiten musikalischen Handelns. So hört z. B. rund 80 Prozent der autofahrenden Bevölkerung in Deutschland Musik beim Fahren, 50 Prozent davon so gut wie immer (Motte-Haber & Rötter, 1990, S. 28 u. 79). Dabei sind die Motive zum Musikhören recht unterschiedlicher Art (Casagrande & Risser, 1992). Welche Funktionen ein Verkehrsteilnehmer in der aktuellen Fahrsituation der Musik zuordnen kann oder will, hängt wesentlich von ihm selbst ab. Im Netzwerk der Variablen, die das musikalische Produkt ebenso umfassen wie die Situation (Ross, 1983), trifft die Person eine Fülle von Entscheidungen (Musikauswahl, Lautstärkeregulierung, Klang; vgl. Rösing in Bruhn & Rösing, 1995, S. 42 f), die von Bedeutung für die Wirkungen sind, welche eine bestimmte Musik auf Fahrer wie Mitfahrer haben kann.

Bei Experimenten am Fahrsimulator zeigte sich allerdings (Motte-Haber & Rötter, 1990), daß man mit Musik nicht unbedingt sicherer fährt. So fiel z. B. die durchschnittliche Anzahl der bei Rot übersehenen Ampeln ohne Musik geringer aus als mit Musik. In kritischen Fahrsituationen nahm die Unfallhäufigkeit bei Fahrten mit Musik sogar um bis zu 15 Prozent gegenüber Fahrten ohne Musik zu. Teilweise günstigere Reaktionszeiten beim Fahren mit Musik werden durch schnelleres Fahrtempo wieder aufgehoben. Klassikhörer kompensieren offensichtlich längere Reaktionszeiten durch vorsichtigeres Fahren. Gemäß einer neuen Studie aus den USA (Turner, Fernandez & Nelson, 1996) verbessert sich die Reaktionszeit unabhängig von der Art der gehörten Musik, wenn sie in einem mittleren Lautstärkebereich von 70 dB(A) liegt.

Ob Musik ein generell taugliches Mittel ist, um Müdigkeit am Lenkrad zu überspielen, muß aber auch diesen Ergebnissen zufolge sehr in Frage gestellt werden: Lautstark gehörte englischsprachige Popmusik z. B. führte zu einer Erhöhung der durchschnittlichen Fehlerquote um das Sechsfache. Für Mitfahrende allerdings können die Funktionen der Musik ganz andere sein als für den Fahrer. Die andere Rolle erlaubt auch eine andere Nutzung der Musik: etwa aufmerksames Zuhören zur Überbrückung von Langeweile, stimmungsbetontes (emotionales) Hören im Halbschlaf oder Koppelung mit den visuellen Reizen der durchfahrenen Gegend – mit dem Eindruck, daß alles wie im Film abläuft, ähnlich wie auch beim Walkman-Hören (Schönhammer, 1988).

Musik und Telefon

Auch beim Telefonieren hat sich Musik in der letzten Zeit immer mehr etablieren können: zunächst beim Anrufbeantworter, dann bei der Telefonwarteschleife. Handelt es sich beim Anrufbeantworter um eine meist sehr persönlich gestaltete akustische Visitenkarte mit musikalischer Umrahmung bzw. Untermalung von Sprache, so wird die Telefonwarteschleife mit Musik von meist größeren Unternehmen im Sinne einer effektiveren Öffentlichkeitsarbeit verwendet. Mit ihr wird dem Anrufer vor allem die Sicherheit vermittelt, noch in der Leitung zu sein.

Die Musik beinhaltet über diese Sachinformation hinaus Aspekte der Selbstoffenbarung des Unternehmen (Mozarts «Kleine Nachtmusik» z. B. könnte für Seriosität und Traditionsverbundenheit stehen), versucht eine positive Beziehung zwischen Anrufer und Unternehmen herzustellen (flotte Popmusik z. B. suggeriert komplikationslose Erledigung von Dienstleistungen) und hat zugleich Appellfunktion (u. a. das Bestreben, die Kommunikationsbereitschaft des Anrufers trotz Wartezeit durch ansprechende Musik aufrechtzuerhalten; s. zu den vier Ebenen der Informationsübermittlung: Schulz v. Thun, 1981). Viele Telefonwarteschleifen wirken allerdings bislang noch zufällig und dilettantisch gestaltet, sie sind außerdem technisch-qualitativ wenig zufriedenstellend. Vielleicht ergibt sich hier ein neuer Arbeitsbereich für Akustikdesigner, ähnlich wie z. B. hinsichtlich der Gestaltung von Wecksignalen bei Uhren (vgl. Werner, 1993, S. 90 f).

6. Theorie musikalischer Wirkungsforschung

Angesichts der Vielzahl von Variablen, die die Wirkungen von Musik beeinflussen können (vgl. dazu die Modelle von Dollase, Rüsenberg & Stollenwerk, 1986; Le Blanc u. a., 1988), dürfte die Ambivalenz der empirisch-experimentellen Befunde zur Wirkungsüberprüfung von Funktioneller Musik kaum überraschen. Behavioristische Modelle mit eindeutig nachweisbarer Reiz-Reaktions-Kausalität greifen zu kurz. Der Prozeß der Musikrezeption ist vieldimensional-komplex. Er läßt sich am besten beschreiben als musikalische Kommunikationshandlung in einem Netzwerk von Variablen. Es umfaßt das musikalische Produkt mit seiner Struktur ebenso wie die rezipierende Person mit ihren verschiedenen Aspekten von Persönlichkeit und die konkrete Situation, in der rezipiert wird. In welcher Gewichtung welche der Variablen den Rezeptionsvorgang beeinflussen, ist im Sinne eines offenen Systems kaum im vorhinein kalkulierbar und schon gar nicht generalisierbar (Taylor, 1996), sondern bestenfalls im nachhinein auf der Grundlage einer detaillierten Einzelfallstudie interpretierbar.

Letztlich läßt sich noch nicht einmal mit Sicherheit voraussagen, ob zur psychischen Entspannung eher ruhige Musik angesagt ist oder aber schnelle, aggressive. Gemäß einer detaillierten Studie von Gembris (1985) scheinen die aktuelle Gestimmtheit der Person (Status der Anspannung, definiert als Streßfaktor), ihr Bedürfnis nach Entspannung und ihre in bezug auf dieses Ziel bislang entwickelten und für gut befundenen Bewältigungsstrategien entscheidend dafür zu sein, welcher Typ von Musik letztlich zur Entspannung taugt (s. Abb.).

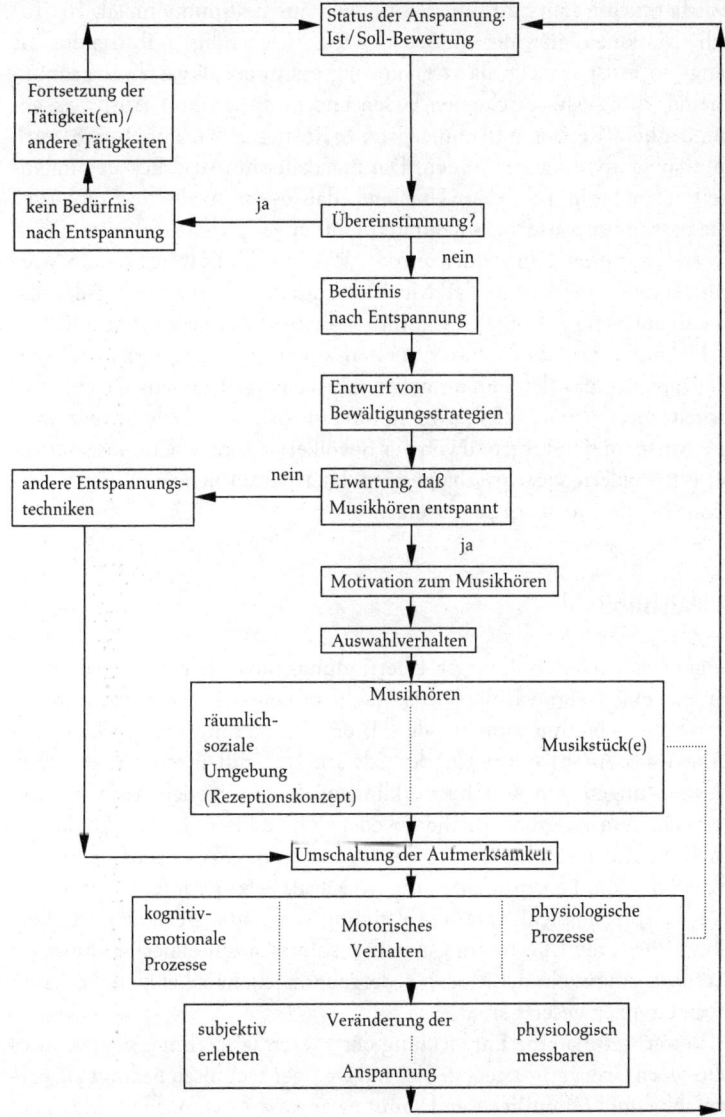

Komponenten der Entspannung durch Musikhören (Verlaufsdiagramm nach Gembris, 1985, S. 116)

Das hat nichts damit zu tun, daß es durchaus bestimmte musikstrukturelle Merkmale gibt, die ein Musikstück als lebendig, agil, freudig, als langsam, ernst, traurig, als hart, laut, aggressiv oder als weich, einschmeichelnd, ruhig usw. erscheinen lassen und in dieser ihrer Ausdrucksgebundenheit (Rösing in Bruhn, Oerter & Rösing, 1993, S. 579–588) auch intersubjektiv erkannt werden. Die musikalische Ausdrucksgebundenheit führt bis hin zu dem Umstand, daß es musikalische Stereotype für bestimmte Ausdrucksqualitäten gibt, etwa zur stimmungsmäßigen Grundierung von Filmsequenzen oder Werbespots. Es wäre aber ein Mißverständnis zu erwarten, daß Musik mit einem bestimmten Ausdrucksgehalt auch eine analoge Gestimmtheit beim Hörer bewirken muß.

Ein auf interindividuelle Verhaltenskonditionierung hin angelegtes Konzept wie das der Funktionellen Musik ist aus diesem Grund zum Scheitern verurteilt. Viel zuwenig untersucht wurde bislang aber, warum Musik im Hintergrund von der Bevölkerungsmehrheit nicht nur toleriert, sondern sogar geschätzt wird. Hier hätten neue empirische Untersuchungen vorrangig anzusetzen.

7. Ausblick

Auch vor dem Zeitalter der Übertragungsmusik hat Musik als Umgangs- und Gebrauchsmusik das tägliche Leben begleitet, modelliert, überhöht – bis hin zum Sonderfall der Darbietungsmusik. Kompositionen des Amerikaners Charles Edward Ives mit ihren collagehaften Verdichtungen von simultan erklingenden verschiedenen «Musiken» (etwa in «Washington's Birthday» oder «Three Places in New England») mögen dafür als Beleg stehen. Die Optimierung von Lebensgefühl, das Schaffen von Lebensqualität durch Musik – zur Unterhaltung, zur Freude an Klanglichkeit, zur Ablenkung von Alltagsrealität – ist allerdings durch die Übertragungsmusik insofern in ein neues Stadium getreten, als nunmehr der Musikwiedergabe an jedem beliebigen Ort kaum noch Grenzen gesetzt sind.

Betrachtet man die Entwicklung der letzten Jahrzehnte, so scheint es aber doch Grenzen zu geben. Sie sind weniger technisch bedingt als personabhängig. Öffentliche und somit zwangsweise verordnete Musikbeschallung (wie z.B. seit 1996 auf dem Hauptbahnhof in Frankfurt am Main) wird zunehmend kritischer beurteilt, individuelle Musiknutzung der eigenen Bedürfnislage immer souveräner angepaßt (bereits 25 Prozent der sechs- bis siebenjährigen Kinder wählen sich ihr Programm im Radio selbst: Klingler, 1994, S. 17). Entgegen früher geäußerten Befürchtungen z. B. hat sich der Walkman keineswegs als musikalische Droge für eine Massengesellschaft der Individualisten etablieren können. Er wird im Gegenteil – nachdem der Reiz des Neuen sich verflüchtigt hat – sehr bewußt, und das heißt: situationsangepaßt und bedürfniskonform verwendet. Langzeituntersuchungen haben noch nicht einmal klären können, ob das Gerät nun tatsächlich einen Risikofaktor für das Gehör darstellt oder nicht (Hellbrück & Schick, 1989).

Die elektronischen und digitalen Medien werden die musikalische Alltagslandschaft der nächsten Jahre und Jahrzehnte durch Multimedialität, Interaktivität und Virtualität weiter verändern (Enders, 1993); die Vielfalt der individuell orientierten Musiknutzung auch für musikfremde Alltagssettings wird z. B. durch digitales Radio und Fernsehen «on demand» zunehmen. Das hat allerdings kaum etwas zu tun mit der wiederholt geäußerten Hoffnung auf eine musikalisch-akustische Ästhetisierung der Umwelt. Der «gute Geschmack» einiger weniger läßt sich zu Zeiten demokratischer Verhaltens- und Handlungsstrukturen nicht der Mehrheit jener aufzwingen, die ganz andere Musik hören wollen. Die Einschaltquoten-orientierten Radio- und Fersehprogramme machen das auf markante Weise deutlich.

Musikalische Geschmacks- und Meinungsbildung droht in einer Gesellschaft, in der musikalische Ausbildung nicht zum Grundbestand von schulischer und außerschulischer Erziehung gehört, zunehmend in die Abhängigkeit kommerzieller Interessen zu geraten. Doch wenn es auch immer ein Anliegen kommerzieller Produktverwertung ist, Bedürfnisse selbst dort zu stimulieren, wo es eigentlich keine gibt, so bleibt eine offene Frage, bis zu welchem Ausmaß sich die Verbraucher ihre musikbezogenen Bedürfnisse von außen, das heißt fremdbestimmt aufzwingen lassen. Hier zumindest ist Hoffnung angesagt. Denn der ungehemmte Konsum von Musik führt zu ihrer Entwertung: Affektiv-emotionale, assoziativ-imaginative, kognitiv-strukturelle, motorisch-mitfühlende und vor allem selbstkonzeptbezogene Aspekte (→ Musikalische Lebenswelten) verblassen beim Nebenbeihören zunehmend. Wer immer diese Erfahrung gemacht hat, wird mit dem Kulturgut Musik bewußter und zielgerichteter umgehen als zuvor und den Konsum eher begrenzen, statt ihn auszuweiten.

Literatur

Adorno, T. W. (1963). Résumé über Kulturindustrie. In: Adorno, T. W. (Hg.), *Ohne Leitbild. Parva Aesthetica* (S. 60–70). Frankfurt/M.: Suhrkamp.

Adorno, T. W. (1968). *Einleitung in die Musiksoziologie.* Erw. Aufl. Reinbek: Rowohlt (1. Aufl. 1962).

Anand, P. & Sternthal, B. (1984). *The persuasive impact of music in advertising* (Working paper). Chicago, Ill.: Northwestern University.

Babisch, W. & Ising, H. (1994). Musikhörgewohnheiten bei Jugendlichen. *Zeitschrift für Lärmbekämpfung, 41* (4), 91–97.

Benjamin, W. (1963). *Das Kunstwerk im Zeitalter seiner technischen Reproduzierbarkeit. Drei Studien zur Kunstsoziologie.* Frankfurt/M.: Suhrkamp (Erstveröff. 1936).

Besseler, H. (1959). *Das musikalische Hören der Neuzeit.* Berlin (Bericht über die Verhandlungen der sächsischen Akademie der Wissenschaften zu Leipzig. Philologisch-historische Klasse Bd. 104, Heft 6).

Blaukopf, K. (1989). *Beethovens Erben in der Mediamorphose. Kultur- und Medienpolitik für die elektronische Ära.* Heiden: Niggli.

Bruhn, H., Oerter, R. & Rösing, H. (Hg.) (1993). *Musikpsychologie. Ein Handbuch.* Reinbek: Rowohlt (3. Aufl. 1997).

Bruhn, H. u. Rösing, H. (Hg.) (1995). *Musikpsychologie in der Schule.* Augsburg: Wißner.

Casagrande, R. & Risser, R. (1992). Musikhören im Privat-PKW. In: Lipp, W. (Hg.), *Gesellschaft und Musik. Wege zur Musiksoziologie* (S. 369–383). Berlin: Duncker & Humblot.

Conen, M. (1995). *Tonträgermarketing. Marktdynamik und Anpassungsmanagement.* Wiesbaden: DUV.

Dollase, R., Rüsenberg, M. & Stollenwerk, H. J. (1986). *Demoskopie im Konzertsaal.* Mainz: Schott.

Drewes, R. & Schemion, G. (1991). Lernen bei Musik: Hilfe oder Störung? *Jahrbuch der deutschen Gesellschaft für Musikpsychologie, 8,* 46–66.

Dube, L., Chebat, J.-L. & Morin, S. (1995). The effects of background music on consumers desire to affiliate in buyer-seller interactions. *Psychology and Marketing, 12* (4), 305–319.

Eckhardt, J. (1986). Musik im Hörfunk: für wen? Ausgewählte Ergebnisse einer Untersuchung des Westdeutschen Rundfunks. In: Hoffmann-Riem, W. & Teichert, W. (Hg.), *Musik in den Medien.* Baden-Baden: Nomos.

Ehrbar, R. (1985). *Musik im Verkauf: Klang oder Geräuscheffekt?* Zürich: ETH (Dipl.-Arbeit).

Enders, B. (Hg.) (1993). *Neue Musiktechnologie. Vorträge und Berichte vom KlangArt-Kongreß 1991 Osnabrück.* Mainz: Schott.

Fehling, R. (1976). *Manipulation durch Musik.* München: Raith.

Franz, G. & Klingler, W. (1991). Hörfunk zu Beginn der 90er Jahre. Trends und Analysen. *Media Perspektiven, 8,* 537–552.

Gembris, H. (1985). *Musikhören und Entspannung.* Hamburg: Wagner.

Großmann, R. (1991). *Musik als «Kommunikation». Zur Theorie musikalischer Kommunikationshandlungen.* Braunschweig: Vieweg.

Harrer, G. & Harrer, H. (1985). Physiologische Auswirkungen der Musikrezeption. In: Bruhn, H., Oerter, R. & Rösing, H. (Hg.), *Musikpsychologie. Ein Handbuch in Schlüsselbegriffen* (S. 78–87). München: Urban & Schwarzenberg.

Hauser, A. (1974). *Soziologie der Kunst.* München: Beck.

Hellbrück, J. & Schick, A. (1989). *Zehn Jahre Walkman. Grund zum Feiern oder Anlaß zur Sorge?* Oldenburg: Berichte aus dem Institut zur Erforschung von Mensch-Umwelt-Beziehungen Nr. 9.

Helms, S. (1981). *Musik in der Werbung.* Wiesbaden: Breitkopf & Härtel.

Heyde, P. M. (Hg.) (1992). *Jugend-Marktreport. Die Jugend als Verbraucher in verschiedenen Märkten.* Hamburg: Bauer.

Hodges, D. A. (Hg.) (1996). *Handbook of music psychology* (2. Aufl.). San Antonio: IMR Press.

Huron, D. (1989). Music in advertising: An analytic paradigm. *The Musical Quarterly, 73,* 557–574.

Kafitz, W. (1977). *Der Einfluß der musikalischen Stimulierung auf die Werbewirkung – eine experimentelle Untersuchung.* Saarbrücken: Universität (Diss.).

Kaiser, H.-J. (1983). Zum Verhältnis von Alltagswelt und jugendlichem Musikkonsum. *Musikpädagogische Forschung, 4,* 35–55.

Keller, M. & Klingler, W. (1995). Hörfunk behauptet sich im Wettbewerb. Media Analyse 1995. *Media Perspektiven, 11,* 522–534.

Kerr, W. (1945). Experiments on the effect of music on factory production. *Applied Psychological Monography, 5.*

Kleinen, G. (1983). *Massenmusik. Die befragten Macher.* Wolfenbüttel: Möseler.

Klingler, W. (1994). Was Kinder hören. Eine Analyse der Hörfunk- und Tonträgernutzung von 6- bis 13jährigen. *Media Perspektiven, 1,* 14–20.

Klusen, E. (1980). *Elektronische Medien und musikalische Laienaktivität.* Köln: Gerig.

Krenek, E. (1938). Bemerkungen zur Rundfunkmusik. *Zeitschrift für Sozialforschung, 3.* Nachdruck in Prokop, D. (Hg.), *Kritische Kommunikationsforschung* (S. 47–65). München: Hanser, 1973.

Kroeber-Riel, W. (1988). *Strategie und Technik der Werbung: verhaltenswissenschaftliche Ansätze.* Stuttgart: Kohlhammer.

Kunz, S. (1991). *Musik am Arbeitsplatz.* Wien: Doblinger.

Langenbach, C. (1994). *Musikverhalten und Persönlichkeit 16- bis 18jähriger Schüler.* Frankfurt/M.: Lang.

Lanza, J. (1995). *Elevator music. A surreal history of Muzak.* London: Quartett.

Last, G. (1966). *Musik in der Fertigung.* Berlin: Beuth.

Laubach, K. (1993). *Hintergrund-Musik in einem Wiener Warenhaus.* Wien: Universität (Diss.).

Le Blanc, A. u.a. (1988). Tempo preferences of different aged music listeners. *Journal of Research in Music Education, 36,* 156–168.

Lehmann, A. C. (1994). *Habituelle und situative Rezeptionsweisen beim Musik-hören*. Frankfurt / M.: Lang.

Luce, R. D. (1993). *Sound and hearing. A conceptual introduction*. Hillsdale, NJ: Erlbaum.

Madsen, C. K. (1987). Background music: Competition for focus of attention. In: Madsen, C. K. & Prickett, P. (Hg.), *Applications of research in music behavior* (S. 315–325). Tuscaloosa: University of Alabama.

Meißner, R. (1973). *Die Funktion der Musik in der Rundfunk- und Fernsehwerbung*. Berlin: Technische Universität (wiss. Hausarbeit).

Motte-Haber, H. de la (1985). *Handbuch der Musikpsychologie*. Laaber: Laaber (2. Aufl. 1996).

Motte-Haber, H. de la & Akademie der Künste Berlin (Hg.) (1996). *Klangkunst*. München: Prestel.

Motte-Haber, H. de la & Rötter, G. (Hg.) (1990). *Musikhören beim Autofahren*. Frankfurt / M.: Lang.

North, A. C. (1996). The effects of music on responses in a dining area. *Journal of Environmental Psychology, 16* (1), 55–64.

Oldham, G. R. u.a. (1995). Listen while you work? Quasi-experimental relations between personal stereo headset use and employee work responses. *Journal of Applied Psychology, 80*, 547–564.

Park, C. W. & Young, S. M. (1986). Consumer response to television commercials: The impact of involvement and background music. *Journal of Marketing Research, 23*, 11–24.

Petsche, H. (Hg.) (1989). *Musik – Gehirn – Spiel. Beiträge zum 4. Herbert v. Karajan-Symposium*. Basel: Birkhäuser.

Phonographische Wirtschaft, Bundesverband (Hg.) (1996). *Jahrbuch 1996*. Starnberg: Keller.

Radocy, R. E. & Boyle, J. D. (1988). *Psychological foundations of musical behavior*. Springfield: Charles C. Thomas.

Reetze, J. (1992). *Die Realität der Medien. Die Synthese von Film, Musik, audiovisueller Kunst und elektronischen Informationsmedien oder: Der Beginn der Illusionsgesellschaft*. Stuttgart: Metzler.

Rösing, H. (1975). Funktion und Bedeutung von Musik in der Werbung. *Archiv für Musikwissenschaft, 32*, 139–155.

Rösing, H. (1985). Funktionelle Musik. Fragen zur Begriffsbestimmung und Wirkungsweise. *Musicologica Austriaca, 3*, 85–99.

Rösing, H. (Hg.) (1991). *Musik als Droge? Zu Theorie und Praxis bewußtseinsverändernder Wirkungen von Musik*. Mainz: Villa Musica.

Rösing, H. (1992). Musik als Lebenshilfe? Funktionen und Alltagskontexte. In: Lipp, W. (Hg.), *Gesellschaft und Musik. Wege zur Musiksoziologie* (S. 311–331). Berlin: Duncker & Humblot.

Rösing, H. (1997). Musikalische Sozialisation und Musikpädagogik. In: Scheidegger, J. & Eiholzer, H. (Hg.), *Persönlichkeitsentfaltung durch Musikerziehung*. Luzern: Musikedition Nepomuk.

Rötter, G. & Plößner, C. (1994). Über die Wirkung von Kaufhausmusik. *Jahrbuch der Deutschen Gesellschaft für Musikpsychologie, 11*, 154–164.

Ross, P. (1983). Grundlagen einer musikalischen Rezeptionsforschung. In: Rösing, H. (Hg.), *Rezeptionsforschung in der Musikwissenschaft* (S. 377–418). Darmstadt: Wissenschaftliche Buchgesellschaft.

Rudolph, A. (1993). *Akustik-Design.* Frankfurt/M.: Lang.

Rueger, C. (1991). *Die musikalische Hausapotheke für jedwede Lebens- und Stimmungslage von A bis Z.* Genf: Ariston.

Schafer, R. M. (1977). *The tuning of the world.* Toronto: McClelland/Steward (dt.: *Klang und Krach. Eine Kulturgeschichte des Hörens.* Frankfurt/M.: Athenäum, 1988).

Schmidt, S. J. (Hg.) (1987). *Der Diskurs des Radikalen Konstruktivismus.* Frankfurt/M.: Suhrkamp.

Schönhammer, R. (1988). *Der Walkman.* München: Kirchheim.

Schulz v. Thun, F. (1981). *Miteinander reden* (2 Bde.). Reinbek: Rowohlt.

Schulze, G. (1992). *Die Erlebnisgesellschaft. Kultursoziologie der Gegenwart.* Frankfurt/M.: Campus.

Sewall, M. A. & Sarel, D. (1986). Characteristics of radio commercials and their recall effectiveness. *Journal of Marketing, 50*, 52–60.

Steward, D. W., Farmer, K. M. & Stannard, C. J. (1990). Music as a recognition cue in advertising tracking studies. *Journal of Advertising Research, 30* (4), 39–48.

Sticht, I. (1983). *Lerngewohnheiten: Lernen bei Musik und bei Ruhe.* Wien: Universität (Phil. Diss.).

Stroh, W. M. (1984). *Leben Ja! Zur Psychologie musikalischer Tätigkeit. Musik in Kellern, auf Plätzen und vor Natodraht.* Stuttgart: Marohl.

Tauchnitz, J. (1990). *Werbung mit Musik.* Heidelberg: Physica.

Taylor, G. (1996). *Cultural Selection. Why some achievements survive the test of time – and others don't.* New York: Basic Books.

Turner, M. L., Fernandez, J. E. & Nelson, K. (1996). The effect of music amplitude on the reaction of unexpected visual events. *Journal of General Psychology, 123* (1), 51–62.

Uhrbrock, R. (1961). Music on the job: Its influence on worker morale and production. *Personal Psychology, 14*, 9–38.

Vinh, A.-L. (1994). *Die Wirkungen von Musik in der Fernsehwerbung.* Hallstadt: Rosch (Diss. Hochschule St. Gallen, CH).

Wehmeyer, G. (1974). *Erik Satie.* Regensburg: Bosse.

Werner, H. U. (1993). *Soundscapes. Akustische Landschaften. Eine klangökologische Spurensuche.* Basel: The Soundscape Newsletter Edition.

Winter, R. (1995). *Der produktive Zuschauer. Medienaneignung als kultureller und ästhetischer Prozeß.* München: Quintessenz.

Wüsthoff, K. (1978). *Die Rolle der Musik in der Film-, Funk- und Fernsehwerbung.* Berlin: Merseburger.

Helmut Rösing
Musikalische Lebenswelten

1. Musik und Gesellschaft

Zu jeder Zeit hat Musik für die kulturelle Evolution der Menschheit wichtige gesellschaftskonstituierende und -begleitende Funktionen gehabt (Suppan, 1984). Ohne Frage handelt es sich um ein Medium, mit dem Menschen ihre Erfahrungen, Erlebnisse, sozialen Beziehungen ausdrücken und anderen mitteilen können (Sloboda, 1985, S. 267; Sheperd, 1991). Wo immer Musik erklingt, ist sie Bestandteil einer kommunikativen Handlung (Karbusicky, 1986) und darüber hinaus Ausdruck von Kultur – im umfassenden Sinn verstanden als der von Menschen geprägte Teil unserer Umwelt (Herskovits, 1948; → Musikkultur).

Gemäß der Figurationstheorie von Norbert Elias (1976) geben affektive, soziale, ökonomische und räumliche Bedingungen innerhalb gesellschaftlicher Systeme menschlichem und also auch musikalischem Handeln eine Zielsetzung. Zugleich stecken sie den Rahmen für individuelle Wahrnehmungs-, Empfindungs- und Verhaltensstrukturen ab. Bezogen auf die Produktion und Rezeption von Musik bedeutet das konkret, daß die verschiedenen Musikstile z. B. des 20. Jahrhunderts abhängig sind von bestimmten Verhaltensregeln («affektive Figuration»: ästhetische Verinnerlichung bei Kunstmusik vs. körperbetonte Wahrnehmung von Rock und Pop), Bewertungsnormen («soziale Figuration»: Wertehierarchie vom Kunstwerk zur Trivialmusik), materiellen Bedingungen («ökonomische Figuration»: musikalische Produktionsbedingungen, technische Übertragungskette, Warencharakter von Musik) und räumlichen Gegebenheiten (Opernhaus, Konzertsaal; Diskothek, Jazzclub, Openair-Festival). Kurz gesagt: Musik und Gesellschaft bilden eine Einheit, Musik ist das «klingende Alphabet der Gesellschaft» (Eagle, 1996, S. 37; vgl. dazu die Musikanalysen bei Rummenhöller, 1978).

2. Lebenswelten – soziologisch gesehen

Jede Gesellschaft wird getragen von einer Vielzahl einzelner Personen. Diese definieren sich als Individuen auch durch die Musik, die sie hören. Vor allem die Lieblingsmusik stellt eine Art Visitenkarte dar, ist hörbarer Ausdruck ihres Selbstkonzepts (Individualität: Oerter & Montada, 1995, S. 346 ff) und gibt Hinweise auf bevorzugte Lebensstile, Gruppenzugehörigkeiten, Affinitäten zu bestimmten Wertvorstellungen, Normen, Konventionen und auf unreflektierte Selbstverständlichkeiten.

Umfangreiche Untersuchungen zur Korrelation von Lebenswelten (gesellschaftliche Dimension), Lebensstilen (individuelle Dimension) und verwendeten Kulturgütern wie z.B. Musik verdanken wir kultursoziologischer Forschung. In Amerika wurde dazu eine erste empirische Studie bereits Ende des vorigen Jahrhunderts vorgelegt (Veblen, 1986).

Als besonders wertvoll haben sich die Arbeiten des französischen Soziologen Pierre Bourdieu (1984) erwiesen. Lebensstil, kultureller Habitus und musikalisches Bewußtsein sind nach den Ergebnissen umfangreicher Befragungen zwangsläufiges Ergebnis der jeweiligen Klassenzugehörigkeit. Die Funktion des Habitus bestehe darin, sich von anderen Klassen abzugrenzen (Distinktion). Durch den Habitus erfolge die Aneignung von klassenspezifischen Kulturgütern und Verhaltensformen, und durch ihn bestimmten sich allgemeiner und musikalischer Geschmack. Der Geschmack wiederum bewirke, daß «man hat, was man mag, weil man mag, was man hat». Für diesen Teufelskreis von Klassenzugehörigkeit, Lebensstil, Habitus und Geschmack als wichtigen Lebensweltdimensionen benennt Bourdieu drei Geschmacksebenen:

* Den *legitimen Geschmack*. Sein Auftreten wächst mit steigender Bildung. Er steht für Kunstwerke, die innerhalb der vorherrschenden Ästhetik höchste Wertschätzung genießen, also z.B. die Musik der «großen Drei» (Dollase, Rüsenberg & Stollenwerk, 1986, S. 76 f) des Abendlandes: Bach, Mozart, Beethoven.
* Den *mittleren Geschmack*. Er ist bei Angehörigen der mittleren Klassen (etabliertes und neues Kleinbürgertum) zu finden, die sich von der unteren Klasse abgrenzen wollen. Bevorzugt werden hier «abgesunkene Werke» der legitimen Kultur, also z.B. populäre Bearbeitungen von klassischer Musik und Oper, aber auch Operette, Jazz, Folklore und gehobene Unterhaltungsmusik (Gershwin: «Rhapsody in Blue»; Bernstein: «Westside Story»).

- Den *populären Geschmack*. Er wird als Kennzeichen der unteren Klasse (vor allem der Arbeiter und Angestellten in niedrigen Positionen) interpretiert. Die Abwesenheit von Luxusgütern aus Geldmangel wird durch billigen Ersatz kompensiert, im Bereich der Musik durch – angeblich – passiven Konsum von populären Massenprodukten wie Schlager und Mainstream-Pop.

Das dieser Interpretation zugrundeliegende horizontale Schichtenmodell kann der realen gesellschaftlichen Situation in den 70er / 80er Jahren allerdings kaum noch gerecht werden, auch nicht der differenzierten Angebotspalette der verschiedensten musikalischen Stile, Formen, Gattungen über Tonträger und Radio bzw. Fernsehen. Das postindustrielle Kulturmuster sei (vgl. Lewis, 1978) dadurch gekennzeichnet, daß Geschmackskulturen nicht mehr horizontal zur sozialen Schichtung verlaufen, sondern vertikal durch alle Bevölkerungsgruppen (s. Abb.).

3. Drei alltagsästhetische Schemata

Geschmackskulturen als Indikator bestimmter Lebenswelten und Lebensstile (zur Definition der Begriffe: Kleinen, 1989) sind sicherlich nicht – wie Bourdieu noch annahm – nahezu ausschließlich von der Sozialisationsvariablen des gesellschaftlichen Milieus abhängig. Vielmehr ist für die allgemeine wie musikalische Geschmacks- und Meinungsbildung ein vieldimensionales System von person- und gesellschaftsbezogenen Variablen verantwortlich. Zudem geht man davon aus, daß sich jedes Individuum gemäß seinen Anlagen (Genotyp) in einem Prozeß aktiver Aneignung aus den Umweltangeboten auswählt, was für seine Entwicklung, für seine Konstruktion von Lebenswelt und für seine Konstruktion eines Persönlichkeits- und Selbstkonzepts bedeutsam ist (Oerter in Bruhn, Oerter & Rösing, 1993, S. 258). Innere Realität (Genotyp) und äußere Realität (Umwelt) stehen in einem «interaktiven Passungsverhältnis» (Scarr & McCartney, 1983), das heißt, sie bedingen sich gegenseitig. Die Folge davon ist, daß sich direkte Korrelationen zwischen sozialen Schichten und Vorlieben für bestimmte Musikstile allenfalls in Grenzen aufzeigen lassen können.

Repräsentative Befragungen aus den 80er Jahren (z. B. Allensbach, 1980; Eckhardt, 1986) machen deutlich, daß so unterschiedlichen Variablen wie Lebensalter, Ausbildung und sozialem Milieu gemeinsam eine

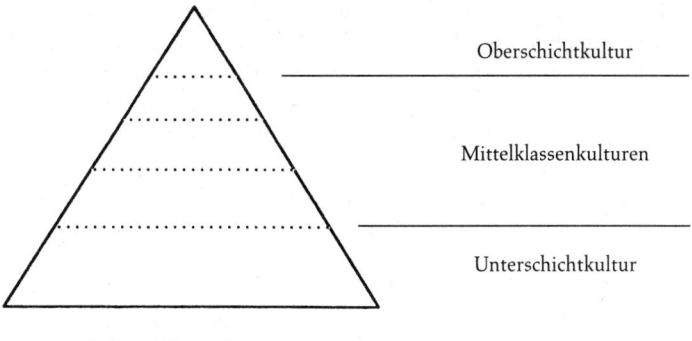

Oberschichtkultur

Mittelklassenkulturen

Unterschichtkultur

Industrielles Kulturmuster

Vertikale Anordnung
verschiedener
Geschmackskulturen

Postindustrielles Kulturmuster

Soziale Kultur und Strukturmuster: industrielles (horizontal geschichtetes) und post-industrielles (vertikal geprägtes) Kulturmuster (nach Dollase, Rüsenberg & Stollen-werk, 1986, S. 157) starke Erklärungskraft für die Ausprägung musikalischer Vorlieben zukommt, nicht einer Variablen allein. In diesem Sinn verweist die soziale Konstruktion alltagsästhetischer Schemata im Deutschland der 80er Jahre, wie sie Gerhard Schulze (1992) anhand umfangreichen empirischen Materials vorgenommen hat, trotz starker vertikaler Trends darauf, daß horizontale Schichtungen nach wie vor existieren.

Hinter einer «immer chaotischer wirkenden Oberfläche von ständig neuen Erlebnisangeboten verbergen sich alltagsästhetische Interpretationsmuster und Gruppenbildungen, die sich nur langsam wandeln» (Schulze, 1992, S. 69). So korreliert zum Beispiel das Ausmaß der Bevorzugung von Trivialmusik (Deutscher Schlager, Volkslied, leichte U-Musik, bayerische Volks- und Blasmusik) mit höherem, das Ausmaß der Bevorzugung von Pop, Rock und Folk mit niedrigerem Lebensalter. Die Präferenz für Rock, Pop und Folk nimmt mit dem Bildungsgrad zu, die Präferenz für abendländische Kunstmusik ist deutlich an einen höheren Bildungsgrad gebunden – ganz im Gegensatz zur Präferenz für Trivialmusik (s. Schulze, 1992, S. 630 ff; s. Tab.)

Sehr ausführlich beschreibt Schulze drei alltagsästhetische Schemata, die für bestimmte Lebenswelten und Auffassungen stehen und sich direkt mit Musik in Verbindung bringen lassen: das Hochkulturschema, das Trivialschema und das Spannungsschema. Jedes Schema wird definiert durch die Kategorien Genuß, Distinktion und Lebensphilosophie.

Genuß meint den «psychophysischen Zustand positiver Valenz» (S. 105), mit anderen Worten: das Erlebnis des Angenehmen, weil die emotionale, körperlich-motorische und kognitive Ebene der Wahrnehmung sich im Einklang befinden. Unter Distinktion wird die «soziale Erkennungsmarke» (S. 108) verstanden. Sie führt zur Unterscheidung eines Individuums von den anderen Individuen und macht klar, was man nicht ist oder sein will. Mit der Kategorie Lebensphilosophie ist der persönliche Stil angesprochen. Er enthält durch die Beziehung zu handlungsleitenden Wertvorstellungen und Wissensmustern ein Moment des Bekenntnishaften (bezogen auf Musik z. B. die persönliche CD-Sammlung oder der Besuch bestimmter musikalischer «Events»).

Das *Hochkulturschema* ist im Verlauf des 20. Jahrhunderts zunehmend mit «kunstgeschichtlicher Masse» (S. 142 ff) angereichert worden.Musikalisch beinhaltet es die Vorliebe für Oper, klassische Musik (Mozart, Beethoven) und gemäßigte Moderne (Bartók, Hindemith). Es ist u. a. geprägt von geistiger Sublimierung, ästhetischem Genuß und einer

		Jüngere Personen (bis 40 J.)		Ältere Personen (über 40 J.)		
		Bildungsgrad		Bildungsgrad		
		unterer	mittlerer u. gehobener	unterer	mittlerer	gehobener
1. Harmoniemilieu	Trivialmusik	43	14	84	54	34
	Bay. Volksmusik	42	21	83	54	43
	Deutsche Schlager	60	27	79	55	28
	Blasmusik	33	14	77	51	32
2. Niveaumilieu	Konz. Klass. Musik	30	55	25	63	81
	E-Musik	13	30	21	56	60
	Oper	17	40	28	52	60
3. Selbstverwirk-lichungsmilieus	Folkmusik	59	83	35	39	46
	Blues	62	74	38	48	51
	Jazz-Festival	9	24	2	3	15
4. Jüngere Milieus	Oldies	88	85	50	56	51
	Pop/Rock	74	87	27	35	36
	Soul	59	66	24	36	30
	Reggae	55	58	11	15	9

Die Bedeutung von Lebensalter und Bildungsgrad für spezifische soziale Milieus im Bezug zu Musikpräferenzen (Zusammenstellung nach Schulze, 1992, S. 639–645; Angaben in Prozent

Zurücknahme des Körpers. Der hierarchische Charakter des Hochkultur-schemas löst sich in den letzten Jahren immer mehr auf. Die Popularisie-rung von hochkulturtypischen Inhalten, wie dies z. B. im Klassik-Radio (u. a. Hamburg und München) geschieht, führt zum Verlust ihrer Exklu-sivität.

Das *Trivialschema* (S. 150 ff) läßt sich als «Kultur der schönen Illu-sion» umschreiben. Nicht-Dazugehörendes wird – aus Angst vor Unbe-kanntem, Konfliktbeladenem, Neuem – ausgegrenzt, Fremdes oder indi-viduell Geprägtes abgelehnt. Dem Körper wird eine durchaus aktivere Rolle zugebilligt als beim Hochkulturschema. Die bevorzugte volkstümliche Musik (dazu im Detail: Jost u. a., 1996) lädt zu gleichmäßig-behäbigen Bewegungen ein («Schunkeln, Stampfen, Mitklatschen»)..

Das *Spannungsschema* (S. 153 ff) wird als historisch jüngstes Schema bezeichnet. Es steht im Bezug zu so unterschiedlichen Musikstilen wie Jazz, Rock, Oldies (Beatles, Rolling Stones), Blues, Soul, Folk (Bob Dylan), Reggae und aktueller Popmusik (Madonna, Prince, Techno: vgl. den Kölner Techno-Spartensender Evo Sonic). Ihnen gemeinsam ist jedoch, daß sie dem afroamerikanischen Musikidiom (Rösing in Bruhn, Oerter & Rösing, 1993, S. 81 f) mehr oder weniger nahestehen. Typisch sind die Artikulation von Dynamik, eine expressive Körperlichkeit (Schütz, 1993) und das Ausagieren von Spannung. Zu den Feindbildern gehören alle sogenannten Spießer und Langweiler. Zentrales Anliegen ist die Selbstverwirklichung.

4. Beschreibung musikalischer Lebenswelten

Frühe empirische Arbeiten zur Beschreibung musikalischer Lebenswelten datieren aus den 60er und 70er Jahren. Sie stammen vor allem von Musikpädagogen, die sich – angesichts grundlegender Veränderungen des alltäglichen Musiklebens durch die zunehmende Dominanz von Pop und Rock und die verstärkte Nutzung technischer Musikmedien – mit Musikgeschmack und Hörverhalten Jugendlicher auseinanderzusetzen beginnen (→ Musikgebrauch im täglichen Leben).

Friedrich Klausmeier (1963) legte die ersten empirisch abgesicherten Daten zum soziomusikalischen Verhalten Jugendlicher vor. Wichtig war die Erkenntnis, daß die Musik der Jugendlichen in der Rock 'n' Roll-Ära immer weniger deckungsgleich mit der Musik der älteren Generationen ist, die meist auch im Musikunterricht vermittelt wird.

Fünf Jahre später öffnet Dieter Baacke (1968) den Blick für ein gesellschaftsbezogenes Musikverständnis und beschreibt Beatmusik als wichtigen Beitrag zur Gestaltung von Lebensstilen und Selbstkonzepten der jungen Generation.

1974 erscheint die repräsentative Szene-Analyse «Rock-People oder Die befragte Szene» (Dollase, Rüsenberg & Stollenwerk, 1974), gefolgt von sozialpsychologischen Untersuchungen über das Jazzpublikum (dies., 1978). 1986 schließlich wird eine vergleichende Interpretation des Verhaltens der Besucher von 13 unterschiedlichen Konzerten aus dem Klassik-, Opern-, Avantgardemusik-, Jazz-, Liedermacher-, Rock-, Pop- und Volksmusikbereich veröffentlicht (Dollase, Rüsenberg & Stollenwerk, 1978, 1986). Auf der Grundlage ihres Fragebogens führte Fritz Schmücker (1993) eine weitere Studie durch.

Über das Live-Musik-Erlebnis jugendlicher Rockkonzertbesucher hat Roland Hafen 1992 eine Dissertation vorgelegt. Mit der Lebenswelt von Techno-Partygängern befaßte sich ausführlich Ferdinand Mitterlehner (1996).

Einige der durch Musik und Mode gekennzeichneten «symbolischen Räume», in denen aktuelle Lebensstile realisiert werden, hat auch Klaus-Ernst Behne jüngst zu beschreiben versucht. Im Rahmen einer seit 1991 laufenden Längsschnittstudie zur Entwicklung des Musikerlebens im Jugendalter befragte er 150 Jugendliche über ihre Szenezugehörigkeiten und Musikvorlieben. 55,3 Prozent der Jugendlichen reagierten positiv auf vier oder mehr von insgesamt 13 genannten Szenen. Behne bezeichnet diese Szenen als Freiräume für Probehandeln und konstatiert ein wenig zynisch: «Jugendszenen können als Entwürfe verstanden werden, wie man sich als einzelner in dem geplanten Theaterstück erfülltes Leben, das im Erlebnispark Bundesrepublik Deutschland gegeben werden soll, selbst darstellen will» (Behne, 1996, S. 4).

5. Musikalische Lebenswelten Jugendlicher

Die Interdependenzen zwischen Jugend, Jugendkulturen, Gesellschaft und sozialem Wandel sind sicherlich weit diffiziler, als es so manche empirische Befunde glauben machen wollen (dazu ausführlich: SPoKK, 1997). Jugendkulturen und – als wichtiger Teilbereich davon – musikalische Jugendkulturen nehmen die «Rolle musikalischer Produktivkräfte» ein und können nachhaltig zur «Identitätsfindung der Individuen» beitragen (Müller-Bachmann, 1995, S. 2). Dieses geschieht in einem vieldimensionalen Raum individueller und gesellschaftsabhängiger Faktoren. Vier Steckbriefe über musikalische Lebenswelten Jugendlicher sollen dazu konkretes Anschauungsmaterial liefern.

Punk
Punk als musikalischer Stil und als Lebensauffassung war nicht erst Ende 1975, mit den *Sex Pistols* und ihrer Debüt-Single «Anarchy in the U. K.»

plötzlich da. Vorläufer sind Pubrock, Pop-art-Bewegung, *Velvet Underground* im New York der Endsechziger und im besonderen eine Gruppe wie *Iggy Pop and the Stooges*, die erklärten Großväter der Endsiebziger-Punkgeneration. Das Entstehen von Punk ist ohne Blick auf die politisch-gesellschaftliche Situation der 60er/70er Jahre ebensowenig nachzuvollziehen wie ohne Blick auf jugendliche Vorläufer-Gruppierungen: die Rocker, Hippies, New Waver und Popper. Gleiches gilt für die musikalische Weiterentwicklung zum Hardcore der zweiten Punkgeneration (Budde, 1997).

In der Anfangsphase bestand eine größere Affinität zwischen Punk- und Skinhead-Szene, bis hin zu einer kurzen Allianz Anfang 1980. Punks teilten damals mit Skins die Vorliebe für eine aggressive, schnelle, betont rauh und «häßlich» gehaltene Musik («musikalischer Abfall», provokative Abkehr von kommerziellem Sinfonic- und Art-Rock), außerdem die Vorliebe für Fußball, Alkohol, Arbeitsstiefel und Tätowierungen. Punks unterscheiden sich aber von Skins nicht nur bezüglich kunstvoll gestylter Haartracht, sondern vor allem hinsichtlich der linksorientierten politischen Ausrichtung, der Ablehnung jeglicher Form von Starkult und Führertum sowie der generell größeren Toleranz gegenüber anderen (s. McCain, 1996). Der Sozialwissenschaftler Thomas Lau (1992) beschreibt sie als linksanarchistische Antithese zu den Skins. Er sieht – auf der Suche nach Vorläufern – u.a. Parallelen zwischen Punk und Narren: Dem Außenseiterstatus steht eine gewisse gesellschaftliche Akzeptanz gegenüber. Beide werden fortgejagt und gesucht Narren zur Unterhaltung aller Schichten, Punks zumindest dann, wenn es gilt, unkonventionelle Verhaltens- und Darstellungsformen in ein gewinnbringendes Outfit zu kleiden.

Die Musik gibt sich, nach Megasound, Collage-Künsten und psychedelischen Klangtrips der Stargruppen, betont einfach, ist am Rock 'n' Roll und Blues ausgerichtet, publikumsnah, Message-orientiert und kurz (Single-Format). Als entscheidendes Merkmal kann man neben der betonten Reduktion des musikalischen Materials die Distortion (Verzerrung) des gesamten Sounds bezeichnen. Musikalisch wie anschauungsmäßig läßt sich Punk als eine alternative Lebensform bezeichnen: Der «Punk steckt im Kopf».

In einem Interview in «Die Zeit» (Nr. 34 v. 19. 8. 1994, S. 7) formuliert das Ole, 22 Jahre, so: «Also, für mich wäre es wichtig, daß alle Leute mitreden können und die Freiheit haben, Sachen zu entscheiden, auch an den Arbeitsstellen. Daß es halt nicht so ist wie sonst immer: Da ist der Direktor, und da ist der Meister und der Vorarbeiter. Man könnte das jetzt vielleicht pauschal so als ‹politischen Anarchismus› oder ‹Syndikalismus› bezeichnen. [...]. Kein Klassensystem eben. Jeder macht, wozu er lustig ist, und kann sich verwirklichen.»

Trotz des starken Bestrebens nach alternativer Selbstverwirklichung ist Punk eine gemeinschaftliche Lebensform. Sie wird allerdings, wie Musik und Outfit zeigen, geprägt durch viel Kreativität, jugendspezifische Organisationsformen (Fanzines, Indis; →Musikvermittlung in der modernen Mediengesellschaft) und betont unorthodoxes Verhalten.

Skins

Die Ursprünge der Skinhead-Szene liegen in England. Hier tauchten Ende der 60er Jahre in den Arbeiterstädten die ersten Skins auf (Farin & Seidel-Pielen, 1993). Sie kamen aus den unteren Schichten der Arbeiterklasse, deren Situation sich zu dieser Zeit drastisch verschlechtert hatte. Das Gefühl, eine völlig unterprivilegierte Randgruppe zu sein, erzeugte unter den männlichen Jugendlichen ein starkes Bedürfnis nach Gruppensolidarität und Männlichkeitsdarstellung. Frustration und Unzufriedenheit äußerten sich durch aggressives Verhalten vor allem gegenüber anderen Randgruppen wie Homosexuellen und Ausländern. Das kollektive männliche Selbstbild der Skinheads ist verbunden mit dem Ideal von physischer Härte in Konfliktsituationen. Als lokale Bezugspunkte dienen Straße, Kneipe, Fußballfeld, Orte, die territorial von den einzelnen Skingangs abgesteckt und gegenüber Eindringlingen gewaltsam verteidigt werden (Annas & Christoph, 1993). Dieter Baacke (1993, S. 26) charakterisiert die Einstellung der Skinheads als eine «Law and order-Gesinnung». Sie ist damit letztlich der Punk-Gesinnung diametral entgegengesetzt. Aus Selbstverwirklichung wird Selbstunterwerfung unter ein männerbündisches, hierarchisch strukturiertes Reglement.

Ende der 60er Jahre orientierten sich die Skins zunächst an der Reggae-Musik. Seit Anfang der 80er Jahre umschreiben Skins ihre Musik in Abgrenzung von dem jamaikanischen Reggae als «White Skinpower» bzw. Oi-Musik. Der Begriff «Oi» ist von dem Spruch «Strength thru joi» (Kraft durch Freude) abgeleitet (Funk-Hennigs, 1994). Die schwierige soziale Lage vieler Jugendlicher, die auf der Verliererseite unserer Leistungs- und Konsumgesellschaft stehen, hat dazu geführt, daß die Zahl rechtsradikaler Skins stark zugenommen hat, laut Verfassungsschutzbericht von 500 im Jahr 1990 auf 6400 im Jahr 1992. Die Zielvorstellungen rechtsradikaler Skins lassen sich charakterisieren durch irrationale Verbundenheit mit dem Vaterland, Blut-und-Ehre-Symbolik, Rassismus, Germanenkult, Gewaltverherrlichung und Ausländerhaß (Funk-Hennigs & Jäger, 1995).

Die musikalische Seite der Songs ist – anders als beim Punk – noch zu Beginn der 90er Jahre kaum differenziert und schon gar nicht professionell. Anknüpfungspunkte bieten weniger rockstilistische Merkmale als vielmehr einfachster Refraingesang mit einem Vorsänger als Einheizer von Parolen. Es handelt sich weniger um eine Anhör- als um eine Mitsingmusik in der Gruppe. Wolfgang Leuschner vom Frankfurter Sigmund-Freud-Institut spricht in diesem Zusammenhang von «psychologischer Bewaffnung»: Alkoholorgien und Haßlieder fungieren als Auslöser für Gewalttaten, weil tabuisierte Handlungen zunächst verbal, gedanklich und eingebettet in männerbündische Gruppenrituale vollzogen werden. Oi-Musik ist insofern, wie jede gezielt eingesetzte Kriegsmusik (z. B. die Soldatenlieder der Nazizeit), ein bewußt genutztes Mittel zum Tabubruch, allerdings nur im Kontext der gruppensolidarisierenden Verhaltensrituale. Denn Musik allein, ohne Texte und spezifische Präsentationsformen, wäre dazu sicher nicht in der Lage.

HipHop / Rap

Im Gegensatz zu den zwei bisher vorgestellten musikalischen Lebenswelten Jugendlicher handelt es sich bei HipHop bzw. (vom schnellen Sprechen abgeleitet) Rap um eine primär afroamerikanische Musikform. Das heißt, der Blues als entscheidende Konstante afroamerikanischer Musik des 20. Jahrhunderts ist hier, überformt durch den kreativen Umgang mit den technischen Medien der Musikvermittlung, Grundelement der musikalischen Botschaft. Es geht um die Darstellung erlebter Geschichte, die Darstellung gesellschaftspolitischer Realität in den Schwarzenghettos der USA (vgl. Toop, 1992).

Musikalisches Recycling, die Mischung aus vorhandenen Schallplattenproduktionen durch Überlagern und Mixen von Tonspuren (Dubbing), Einfügen von Vokaleffekten und Parolen (Toasting) und das Aufbauen eines mitreißenden Grundbeats, indem ein kurzer Musikausschnitt ständig wiederholt wird (Scratching) – das sind die soundmäßigen Elemente des HipHop (im Überblick: Jones, 1994). Seine Anfänge liegen in den Discos der Bronx von New York City. Was hier noch auf

Lustgewinn und Spaß abzielte, wurde zunehmend zum Medium aggressiver und explosiver Botschaften umfunktioniert. Der Rapper bzw. «Master of Ceremonies» mit seiner Crew streute in die Musik immer längere gereimte Sprachteile ein. Inhaltlich ging es zunächst um die Selbstdarstellung und Selbstverherrlichung mit Wettbewerbscharakter, ferner um Informationen über das, was zur Zeit gerade im Block passierte, dann zunehmend um Situationsbeschreibungen des alltäglichen Lebens der Black Community in den Ghettos: Kriminalität, Bandenbrutalität, Drogensucht, soziale Entwurzelung, Aggression gegenüber weißen Unterdrückern.

Als Chronisten einer Welt des Elends und Botschafter einer grenzenlosen Wut (Pratt, 1994) hatten und haben HipHopper weltweiten Erfolg. Das aber offenbar nicht allein wegen der verbal übermittelten Inhalte, sondern auch wegen der rhythmisch unter die Haut gehenden Musik und wegen der neuen Tänze wie Breakdance, Electric Boogie oder Frozen («Eis») mit ihren gestischen Kämpfen (The Dozen's), die auf schwarzafrikanische Kulthandlungen zurückzuführen sind. Denn die Texte sind für Außenstehende nur rudimentär verständlich, weil in ihnen Black American English verwendet wird (zusammenfassend: Hoffmann, 1994).

Angesichts dieser nur Insidern zugänglichen Sprachebene könnte man meinen, daß die Popularität von HipHop bei weißen Jugendlichen der Wohlstandsgeneration schlichtweg auf einem Miß- oder Unverständnis beruht. Sofern es sich um seine modisch-kommerziellen, inhaltlich entkernten Varianten handelt, ganz sicherlich. Nicht aber bei authentischem HipHop. Sein aufsässiger und rebellischer Inhalt prägt den mitreißenden rhythmischen Duktus der Musik ebenso wie den Tonfall der Wortkaskaden. Hier kann sich, auf ganz andere Weise als bei rechtsradikalen Skin-Gruppierungen, eine Jugend wiederfinden, die gegen bestehende Werte, Normen, Hierarchien aufbegehrt, weil mit ihnen Krieg, sozialer Ungerechtigkeit, Umweltzerstörung u. a. m. ganz offensichtlich nicht beizukommen ist (Floyd, 1995).

Daß aber – aller Kritik zum Trotz – auch Spaß und Lustgewinn dazugehören, weil Realität symbolisch überhöht, artifiziell gestaltet und damit überhaupt erträglich gemacht wird, dürfte allenfalls Puristen schokkieren.

Techno

Wie HipHop ist auch Techno in der Diskotheken-Szene entstanden, in den «House-Clubs» von Chicago und New York. Es handelt sich hier aber um eine vollkommen synthetische, mit Drumcomputern, Synthesizern, Samplern produzierte und am Computer abgemischte Instrumentalmusik (Weisbeck & Pesch, 1995). Grundlage ist der starr durchgehende 4/4 Beat. Er wird von anderen, am Drumcomputer erstellten rhythmischen Figuren weiter strukturiert und zu einem Grundpattern zusammengefaßt, das dann in beliebiger Wiederholung erklingt, nur selten durch Break (ein- oder zweitaktige Pause) bzw. Bridge (Überleitung zu neuem Pattern) variiert. Über die in 8- oder 16-Taktperioden gegliederten Patterns werden weitere Spuren mit synthetisch erstellten Sounds gelegt. Sie sollen Spannung erzeugen und steigern, und zwar über längere Zeiträume hinweg. Die Grundsounds des Techno sind industrienah und künstlich, scharf und vor allem impulsstark. Der Produktionsausstoß ist – seit dem Ende der 80er Jahre – immens, die Vielfalt der verschiedenen Stilfacetten mit ihren von Klangtüftlern neu kreierten Sounds nahezu unvorstellbar (Jerrentrup, 1993; Anz & Walder, 1995).

Im Techno gibt es keine Musikerstars. Komponistennamen finden sich oft nur in verschlüsselter Form auf den Tonträgern, Interpreten werden kaum erwähnt. Eine besondere Rolle kommt jedoch den Diskjockeys zu (vgl. die Party-Queen Marusha), die sich oft wechselnde Pseudonyme zulegen (Poschardt, 1995, S. 311 ff). Das fördert den In-Charakter dieser recht eigentlich hochkommerzialisierten Szene. Techno oder Tekkno ist nicht unbedingt Musik zum Anhören, sondern zum Mitmachen. Sie wird auf Techno-Discos, -Partys oder -Raves gespielt, extrem laut und nonstop über Stunden hinweg, mit kontinuierlicher Beschleunigung des Tempos von 120 bis weit über 180 bpm. Die Folge ist ein Mitzieheffekt, dem sich kein Teilnehmer widersetzen kann. Dazu kommt als gleichwertige Komponente die Light-Show, ein Laserstrahlen-Spektakel, das analog zur Musik von einem aufwendigen Lichtmischpult aus gesteuert wird.

Die Techno-Partygänger selbst halten sich durchweg für ziemlich revolutionär (Henkel & Wolff, 1996). Das Revolutionäre sei «diese Tanzekstase». Es gebe eine Notwendigkeit für Techno, um eine entscheidende Körperbefreiung zu erfahren, ein ekstatisches Tanzen bis hin zur Erschöpfung: «Technotanzen ist wie Joggen, es macht dich fix und fertig, aber du kannst nicht aufhören» (Breuer, 1994, S. 13 f). Flankiert wird die

Körperbefreiung durch bestimmte Kleidung (z.B. aus der Arbeitswelt), durch das Gruppenzugehörigkeitsgefühl aller Teilnehmenden und die erlebnisintensivierende Einnahme von Rauschmitteln (von Sekt bis zur Ecstasy-Droge). Das alles führt dann zu dem Gefühl: «Dir geht's einfach gut und die anderen sind deine Freunde – du könntest die ganze Welt umarmen».

Die Interpretation als Eskapismus (psychischer Rückzug aus einer belastenden Umweltsituation) liegt nahe: Das Ausklinken aus dem mehr oder weniger verhaßten, stupiden, bedrohlichen Alltag für mindestens eine lange Nacht, das Ausklinken aus den materiellen Selbstverständlichkeiten unserer Wohlstandsgesellschaft in ein kryptorituelles Umfeld, das allerdings selbst ausschließlich technikbedingt und wohlstandserzeugt ist (Gerlach, 1995). Dennoch stellt dieses Umfeld einen Freiraum dar. Er scheint vor allem definiert zu sein durch Ablehnung und Unverständnis («Kulturschock») seitens der Erwachsenenwelt.

6. Historischer Rückblick

Spätestens mit Beginn des 20. Jahrhunderts haben sich Jugendliche ihre «Gegenwärtigkeit» mit großer Intensität ausgestaltet, unter anderem mit und durch Musik (im Überblick: Bucher & Pohl, 1986; Baacke, 1998). Erinnert sei an die bürgerliche Musikbewegung um 1900, an die unterschiedlichen Gruppierungen des Wandervogels mit spezifischem Liedrepertoire und an die Entdeckung des musikalischen Laientums. Die damalige Jugendmusikbewegung wandte sich ausdrücklich gegen den artifiziellen Konzertbetrieb. Statt dessen suchte man gemeinschaftliche Formen des Musikerlebens (Abel-Struth, 1987). Es ging um das Selbermachen, das Selbstsingen und -spielen.

In den 20er Jahren entstanden Musikergilden mit Fritz Jöde als Obmann. Hier war man bestrebt, die Jugendmusikbewegung und die Ideen der Jugendbewegung mit volkspädagogischen Zielen zu verbinden: Jugend- und Volksmusikschulen, Singwochen und Volksmusikpflege führten einerseits zur Enteignung dieser Jugendkultur durch Pädagogisierung, andererseits in den 30er Jahren zur ideologischen Vereinnahmung durch den Nationalsozialismus.

Seit der Industrialisierung der Musikproduktion durch den Tonträger Schallplatte und deren Distribution über das Radio begann ein bestimmter, hochgradig standardisierter Typ von populärer Musik («Tin-Pan-Alley» in New York) die Welt zu erobern. Stars wie Doris Day, Bing Crosby oder Frank Sinatra sorgten für die Verbreitung von internationalen Schlagern. Sie waren gekennzeichnet durch einfache, emotionsgeladene Sprache (Hauptthema: Liebe), durch gefällige Melodien mit Ohrwurmqualität (optimal zum Nachsingen) und durch klangvolle Arrangements mit Streichersound und «Background Vocals». Diese Musik wurde von der Mehrheit der Jugendlichen ebenso gehört wie von ihren Eltern (Flender & Rauhe, 1989, S. 19–31).

Erst in den 50er Jahren entstand eine wirklich spezifische Tonträger-Musik für Jugendliche. 1954 nahm Bill Haley mit seinen Comets den Song «Rock around the clock» von Johnny Daes in einer Coverversion auf. Durch den Film «Blackboard Jungle» («Saat der Gewalt») wurde er zu einem Hit. Man kann das als Geburtsstunde des Rock 'n' Roll bezeichnen, einer musikalischen Adaption des schwarzen, rhythmisch betonten Rhythm and Blues durch weiße Unterhaltungsmusiker (Jerrentrup, 1981; Friedländer, 1996).

Rock 'n' Roll wurde als Aufruf zur Rebellion der Jugendlichen gegenüber den Erwachsenen verstanden. Seine Verbreitung durch die Diskjokkeys der Radiostationen, durch Film und Fernsehen (dazu Rodenberg, 1997) führte zur Vereinnahmung dieser körperbetonten, Emotionen entfachenden und sexuelle Tabus aufbrechenden Musik durch jugendliche Gruppen wie Teenager, Halbstarke, Teddy-Boys. Das Radio blieb, wenn derartige Musik erklang, nicht mehr länger Familienmedium, und der Rock 'n' Roll-Tanz war der älteren Generation ohnehin schon aus rein physischen Gründen verwehrt. Chuck Berry, Buddy Holly, Little Richard, Jerry Lee Lewis, Elvis Presley sind einige der wichtigsten, von der Unterhaltungsindustrie konsequent aufgebauten Protagonisten dieser vor allem über Lautsprecher dröhnenden, elektro-akustischen Jugendmusik (vgl. Hermansen, 1990; Longhurst, 1995).

Zur eigenen Produktion oder Reproduktion von Musik durch die Jugendlichen kam es dabei allerdings kaum. Das geschah erst in den 60er Jahren. Rock in den USA und Beat in England markieren die Eckpunkte einer durch musikalische Eigentätigkeit und massenkulturelle Vorgabe geprägten Entwicklung. Der Differenzierung der Jugendlichen in verschiedene Gruppen, Kulturen und Subkulturen wie Skinheads, Mods, Gammler, Hippies, Beatniks usw. entspricht eine zunehmende Differenzierung des Rock 'n' Roll in Beat, Folk und Hardrock. Die 70er und 80er

Jahre bringen eine weitere Auffächerung oder, wenn man so will, Aufsplitterung: Punk, Hardcore, Heavy und Black Metal, Reggae, Disco, New Wave und NDW, Underground, Rap und HipHop, Fusion, Crossover, House Music, Techno ... (im Überblick: Shuker, 1994; Hamm, 1995).

Die Fülle der Stile und Substile entzieht sich mittlerweile jedem ernsthaften Klassifizierungsversuch. Gemeinsam aber ist allen diesen Musikstilen, daß sie weit mehr sind als nur Musik: nämlich eine Verbindung von Kleidung und Körperausstattung, Gesten und Ausdruckshaltungen, von Räumen und deren Inszenierung («open air»/Insider-Schuppen). Mit Rock und Pop werden die Treffs der jungen Leute zu einem Ereignis. Die Musik konstituiert neue Gruppierungen und Stile, dringt ein in den Alltag von Jugendlichen mit dem Anspruch, ihn zu überhöhen durch die Symbolwelt der Klänge (Diederichsen, Hebdige & Marx, 1983; Frith, 1996): Sie ist «Bewährungshelfer in Sachen Identität und Gesellschaftsintegration» (Hafen, 1992, S. 211; vgl. auch Müller, 1994).

7. Musikalische Lebenswelten Erwachsener

Eine besonders nachhaltige und langfristige Prägung des Musikgeschmacks vollzieht sich – unbeschadet von eher kurzfristigen und situationsabhängigen Musikpräferenzen – im Alter zwischen 16 und 25 Jahren. Teilweise mit dem Abschluß der regulären Schulzeit (Hauptschule) und dem Übergang in die berufliche Ausbildung (Lehrling), teilweise erst mit dem Abitur und dem Beginn eines Studiums erfolgt eine dauerhafte Fixierung individualisierter Musikvorlieben (Bruhn, 1995, S. 32).

In verschiedenen Studien ist nachgewiesen worden, daß Musikgeschmack und Musikpräferenzen aus dieser Lebensspanne meist bis in das hohe Alter hinein bestimmend bleiben (im Überblick: Kunz, 1996). Lebensalter, Zeit- und Generationseffekt spielen auf markante Weise zusammen. Das läßt sich z.B. den Daten aus einer Hörerbefragung für den WDR aus dem Jahr 1984 deutlich entnehmen (Eckhardt, 1986). Entsprechend den jeweils zeittypischen Musiktrends verschiebt sich der Schwerpunkt von der Vorliebe für aktuelle Musikproduktionen der Jugendlichen von heute über Rock 'n' Roll-Präferenzen, Vorlieben für deutschen Schlager, für Tanzmusik und Wiener Walzer sowie Blasmusik und volkstümliche Musik zu Personengruppen mit derzeit immer höherem Lebensalter.

Alter	14–19 Jahre	20–29 Jahre	30–39 Jahre	40–49 Jahre	50–59 Jahre	60–69 Jahre
Aktuelle Musikproduktion	70	63	62	52	30	3
Rock 'n' Roll	54	55	64	46	10	4
Deutscher Schlager	28	31	44	50	44	37
Tanzmusik	7	21	31	50	49	40
Blasmusik	4	11	15	43	47	60
Volkstümliche Musik	3	4	15	41	50	74
In dieser Zeitspanne waren die Versuchspersonen jeweils 16 Jahre alt:	1981–84	1971–80	1961–70	1951–60	1941–50	1936–40

Zustimmung für bestimmte Musikstile, aufgeschlüsselt nach Altersgruppen (nach Bruhn, 1995, S. 33; Angaben in Prozent)

Besonders aufschlußreich sind neben diesen Daten auch Statements von Konzertbesuchern unterschiedlichen Alters über ihr Musikerleben im Konzert. Sie machen deutlich, daß Musik vor allem von älteren Personen in verschiedenen Konzertsituationen sehr souverän und auch recht unterschiedlich genutzt bzw. funktionalisiert wird (Rösing, 1994). Dabei kommen durchaus verschiedene Techniken der psychischen und physischen Entspannung oder Anspannung zur Anwendung. Die freie Wahl einer bestimmten Konzertsituation, erwünschte bzw. erwartete Verhaltensmuster und die in der konkreten Konzertsituation realisierten Verhaltensweisen sind Teil einer Handlung, die durch die Persönlichkeit eines jeden Teilnehmers modelliert wird. Persönlichkeit muß dabei als Summe eines Selbstkonzepts verstanden werden, daß durch Faktoren wie Lebensstil, Weltanschauung, Wertesysteme, politische Orientierung, Freizeitaktivitäten, Vorlieben und Abneigungen definiert wird.

8. Funktionen von Musik im Lebensweltbezug

Der Soziologe Max Weber (1921) unterschied zwischen vier grundlegenden, als idealtypisch zu verstehenden Funktionen: zwischen zweckratio-
nalen (politisch, wirtschaftlich, erzieherisch ausgerichtet), traditionellen
(rituell, geschichtsorientiert), wertbezogenen (gute/schlechte Musik)
und emotionalen Funktionen (psychische Resonanz, Projektion bzw.
Abreaktion von Gefühlen). Der Anthropologe Alan P. Merriam (1964)
benannte zehn Hauptfunktionen: emotionaler Ausdruck – ästhetischer
Genuß – Unterhaltung – Kommunikation – symbolische Repräsentation
– physische Reaktion – soziale Normierung – rituelle oder institutio-
nelle Überhöhung – kulturelle Stabilität und Kontinuität – Integration
in gesellschaftliche Gruppenprozesse (ausführlich Hodges & Haack in
Hodges, 1996, S. 486 ff).

Die Verwirklichung derartiger Funktionen scheint weniger von der
Musik selbst und ihren spezifischen Strukturen abhängig zu sein als von
dem gesamten sozioökonomischen und -kulturellen sowie von dem aktuellen situativen Kontext (→ Musikkultur; Figurationstheorie von
Elias, 1976), in dem eine musikalische Kommunikationshandlung stattfindet. Die hier genannten primär sozialen, gesellschaftlich-kommunikativen Funktionen beruhen vornehmlich auf Aneignungs- und Verge-
genständlichungsstrategien von Musik durch Objektivierung im Sinn
gesellschaftlicher Normen und Traditionen (Oerter in Bruhn, Oerter &
Rösing, 1993, S. 255 ff). Die mehr individuell-psychisch ausgerichteten
Funktionen (emotionale Komponente) sind demgegenüber durch subjektive Aneignung im Hinblick auf die eigene psychische Bedürfnislage
gekennzeichnet.

Bewußte und auf individuelle Bedürfnisse zugeschnittene Funktiona
lisierungen von Musik sind ein typisches Kennzeichen unserer durch
Übertragungsmusik geprägten Gegenwart (→ Musikgebrauch im täglichen Leben). Ganz allgemein wird mit musikbezogenen Handlungen,
vor allem mit dem Bekenntnis zu musikalisch bevorzugten Stilen (Lieblingsmusik), ein Segment von personbezogener Lebensweltkonstruktion
realisiert und für Außenstehende nachvollziehbar dokumentiert. Es ist
darum nicht verwunderlich, daß mit standardisierten Methoden der Da-
tenerhebung und mit der Datenauswertung nach quantitativ-statisti-
schen Verfahren durchaus signifikante Beziehungen zwischen einzelnen
Lebenswelt-Teilbereichen, Persönlichkeitsstrukturen und musikalischen

Handlungen (Konzertbesuch, Tonträgerkauf, Musikpräferenzen) ermittelt werden konnten (u. a. Schulten, 1990; Müller, 1990; Langenbach, 1994; Lehmann, 1994). Aus diesem Grund auch spielt z. B. Musik bei der Partnerschaftssuche in gut 30 Prozent aller Heiratsanzeigen eine wichtige Rolle (Gembris, 1995).

Einzelfallstudien auf der Grundlage von nichtgelenkten Befragungen (Kleinen, 1994) oder narrativen Interviews (Kunz, 1996) zeigen aber auch, daß zwischen Ergebnissen, die mit quantitativen Methoden, und Ergebnissen, die mit qualitativen Methoden gewonnen wurden, durchaus Differenzen bestehen können. Individuelle Werdegänge, Identitätssuche und -findung, Lebensweltkonstruktion und Lebensstilrealisation sind in der Regel viel komplexer, als es die quantitativ belegten Trends erst einmal vermuten lassen.

9. Ausblick

Ohne Frage stehen verschiedene musikalische Lebenswelten und -stile für unterschiedliche Funktionen, Motivationen, Bedürfnisse, Wünsche, Zielvorstellungen. Viele von ihnen signalisieren zudem – besonders bei Jugendlichen und in mehr oder weniger radikaler Form – Unzufriedenheit mit der Alltagsrealität. Welche symbolische Gegenwelt nun allerdings aufgebaut wird und welchen Platz man sich selbst darin einräumt, ist höchst unterschiedlich: Eskapismus, Genußsucht, Rebellion oder Gewaltverherrlichung sind nur einige von vielen möglichen Merkmalen, die stellvertretend durch die Musik und deren kontextuelle Beschriftungen (Darbietungsort, Interpreten, Songtexte) ihren Ausdruck finden. Eigentlich immer aber besteht die entscheidende Funktion der Musik darin, ein Gruppen- und Zusammengehörigkeitsgefühl durch einen gemeinsamen Klangraum zu schaffen, mit dem man sich von den «anderen» abgrenzen kann (vgl. im Hinblick auf die Independent-Szene Gruber, 1995).

Musikalische Lebenswelten stellen grundsätzlich eine Reaktion auf gesellschaftliche Phänomene dar und sind zugleich Bestandteil gesellschaftlicher Realität. Darum ist es für jeden, der mehr erfahren will über die Gesellschaft, in der er lebt, wichtig, die aktuellen und auch die vergangenen musikalischen Lebenswelten sowie Lebensstile zur Kenntnis zu nehmen und sich möglichst vorurteilsfrei mit ihnen auseinanderzusetzen. Das allerdings ist leichter gesagt als getan. Gerade in den 80er Jahren läßt sich eine Differenzierung und Abspaltung einzelner musikalischer Lebenswelten bis hin zum «Sektierertum» konstatieren (dafür typisch ist z. B. die Zeitschrift «Spex» mit einer Berichterstattung, die meist nur «Eingeweihten» verständlich ist). Die größte Gemeinsamkeit scheint sich nur noch auf die Feststellung zu beziehen, daß alles möglich, erlaubt und auch gefordert ist, sofern man «in» sein will. Die Suche nach Freiheit und individueller Selbstbestimmung kann damit zum Fetisch werden, der in sein Gegenteil umzuschlagen droht (vgl. Ferchhoff, 1990).

Literatur

Abel-Struth, S. (Hg.) (1987). *Jugendbewegungen und Musikpädagogik.* Mainz: Schott.

Allensbach (1980). *Die Deutschen und die Musik. Eine Umfrage für den STERN.* Allensbach: Institut für Demoskopie.

Annas, M. & Christoph, R. (Hg.) (1993). *Neue Soundtracks für den Volksempfänger. Nazirock, Jugendkultur und Rechter Main Stream.* Berlin: Edition ID Archiv.

Anz, P. & Walder, P. (Hg.) (1995). *Techno.* Zürich: Ricco Bilger.

Baacke, D. (1968). *Beat – die sprachlose Opposition.* München: Juventa.

Baacke, D. (1993). *Jugend und Jugendkulturen.* Weinheim: Juventa.

Baacke, D. (Hg.) (1998). *Handbuch Jugend und Musik.* Opladen: Leske & Budrich.

Behne, K.-E. (1996). Das Szene-Jahrhundert. Jugendszenen und Musikgeschmack. *Musik und Bildung, 28* (4), 4–8.

Bourdieu, P. (1984). *Die feinen Unterschiede. Kritik der gesellschaftlichen Urteilskraft.* Frankfurt / M.: Suhrkamp.

Breuer, H. (1994). *Techno – Tekkno – Textasy. Ein Reisezug durch Techno.* Berlin: Breuer.

Bruhn, H. (1995). Jugendliche im Musikunterricht. In: Akademie für Lehrerbildung, Dillingen, Bruhn, H. & Rösing, H. (Hg.), *Musikpsychologie in der Schule* (S. 29–38). Augsburg: Wißner.

Bruhn, H., Oerter, R. & Rösing, H. (Hg.) (1993). *Musikpsychologie. Ein Handbuch.* Reinbek: Rowohlt (3. Aufl. 1997).

Bucher, W. & Pohl, K. (Hg.) (1986). *Schock und Schöpfung. Jugendästhetik im 20. Jahrhundert.* Darmstadt: Luchterhand.

Budde, D. (1997). *Take three chords ... Punkrock und die Entwicklung zum American Hardrock* (Schriften zur Popularmusik 2). Karben: CODA.

Diederichsen, D., Hebdige, D. & Marx, D.-O. (1983). *Schocker, Stile und Moden der Subkultur.* Reinbek: Rowohlt.

Dollase, R., Rüsenberg, M. & Stollenwerk, H. J. (1974). *Rock-People oder Die befragte Szene.* Frankfurt / M.: Fischer.

Dollase, R., Rüsenberg, M. & Stollenwerk, H. J. (1978). *Das Jazzkonzertpublikum.* Mainz: Schott.

Dollase, R., Rüsenberg, M. & Stollenwerk, H. J. (1986). *Demoskopie im Konzertsaal.* Mainz: Schott.

Eagle, C. T. Jr. (1996). An introductory perspective on music psychology. In: Hodges, D. A. (Hg.), *Handbook of music psychology* (S. 1–28). San Antonio: IMR Press.

Eckhardt, J. (1986). Musik im Hörfunk: für wen? In: Hoffmann-Riem, W. & Teichert, W. (Hg.), *Musik in den Medien* (S. 158–176). Baden-Baden: Nomos.

Elias, N. (1976). *Über den Prozeß der Zivilisation. Sozialgenetische und psychogenetische Untersuchungen.* Frankfurt / M.: Suhrkamp.

Farin, K. & Seidel-Pielen, E. (1993). *Skinheads.* München: Piper.

Ferchhoff, W. (1990). *Jugendkulturen im 20. Jahrhundert. Von den sozial-milieuspezifischen Jugendsubkulturen zu den individualitätsbezogenen Jugendkulturen.* Frankfurt / M.: Lang.

Flender, R. & Rauhe, H. (1989). *Popmusik. Geschichte, Funktion, Wirkung und Ästhetik.* Darmstadt: Wissenschaftliche Buchgesellschaft.

Floyd, S. A. Jr. (1995). *The power of black music.* New York: University Press.

Friedländer, P. (1996). *Rock and Roll. A social history.* Oxford: Westview.

Frith, S. (1996). *Performing rites. On the values of popular music.* Cambridge: Harvard University Press.

Funk-Hennigs, E. (1994). Über die Rolle der Musik in der Alltagskultur der Skinheads. In: Rösing, H. (Hg.), *Beiträge zur Popularmusikforschung 13* (S. 46–78). Baden-Baden: CODA.

Funk-Hennigs, E. & Jäger, J. (1995). *Rassismus, Musik und Gewalt.* Münster: LIT.

Gembris, H. (1995). Musikalische Interessen und Aktivitäten im Erwachsenenalter. Psychosoziale Funktionen in zwischenmenschlichen Beziehungen. In: Gembris, H., Kraemer, R. D. & Maas, G. (Hg.), *Musikpädagogische Forschung 1994* (S. 123–133). Augsburg: Wißner.

Gerlach, T. (1995). Verzückung der Glückssucher. *Universitas, 59,* 546–559.

Gruber, S. (1995). *Das Konsumentenverhalten bei Independent-Tonträgern. Eine empirische Untersuchung der Käuferschaft von «unpopulärer Popularmusik».* Frankfurt / M.: Lang.

Hafen, R. (1992). Hedonismus und Rockmusik. Eine empirische Studie zum Live-Erlebnis Jugendlicher. In: Gembris, H., Kraemer, R. D. & Maas, G. (Hg.), *Musikpädagogische Forschungsberichte* (S. 200–252). Augsburg: Wißner.

Hamm, C. (1995). *Putting popular music in its place.* London: Routledge.

Henkel, O. & Wolff, C. (1996). *Underground Berlin: Techno und HipHop zwischen Mythos und Ausverkauf.* Berlin: FAB.

Hermansen, K. (1990). *Zum Einfluß der Kulturindustrie auf das Bewußtsein Jugendlicher.* Pfaffenweiler: Centaurus.

Herskovits, M. J. (1948). *Man and his works: The science of cultural anthropology.* New York: Knopf.

Hodges, D. A. (Hg.) (1996). *Handbook of music psychology* (2. Aufl.). San Antonio: IMR Press.

Hoffmann, B. (1994). Zur Tradition poetischer Strukturen in Blues- und Rapmusik. In: Rösing, H. (Hg.), *Beiträge zur Popularmusikforschung 14* (S. 34–46). Baden-Baden: CODA.

Jerrentrup, A. (1981). *Entwicklung der Rockmusik von den Anfängen bis zum Beat.* Regensburg: Bosse.

Jerrentrup, A. (1993). TECHNO – vom Reiz einer reizlosen Musik. In: Rösing, H. (Hg.), *Beiträge zur Popularmusikforschung 12* (S. 46–84). Baden-Baden: CODA.

Jones, K. M. (1994). *Say it loud. The story of Rap Music.* New York: Da Capo.

Jost, E. u. a. (1996). Volkstümliche Musik im Fernsehen. In: Rösing, H. (Hg.), *Beiträge zur Popularmusikforschung 17* (S. 30–65). Karben: CODA.

Karbusicky, V. (1986). *Grundriß der musikalischen Semantik.* Darmstadt: Wissenschaftliche Buchgesellschaft.

Klausmeier, F. (1963). *Jugend und Musik im technischen Zeitalter.* Bonn: Bouvier.

Kleinen, G. (1989). Musikalische Lebensstile und Selbstverwirklichung. In: Schneider, R. (Hg.), *Musikalische Lebenswelten* (S. 37–64). Regensburg: Bosse.

Kleinen, G. (1994). *Die psychologische Wirklichkeit der Musik. Wahrnehmung und Deutung im Alltag.* Kassel: Bosse.

Kunz, A. (1996). *Aspekte der Entwicklung des persönlichen Musikgeschmacks.* Universität Hamburg: Musikwissenschaftliches Institut (mschr. Magisterarbeit).

Langenbach, C. (1994). *Musikverhalten und Persönlichkeit 16- bis 18jähriger Schüler.* Frankfurt / M.: Lang.

Lau, T. (1992). *Die heiligen Narren. Punk 1976–1986.* Berlin: de Gruyter.

Lehmann, A. C. (1994). *Habituelle und situative Rezeptionsweisen beim Musikhören.* Frankfurt / M.: Lang.

Lewis, G. H. (1978). The sociology of popular culture. *Current Sociology, 26* (3), 3–28.

Longhurst, D. (1995). *Popular music and society.* London: Blackwell.

McCain, G. (1996). *Please kill me. The uncensored oral history of Punk.* New York: Grove / Atlantic.

Merriam, A. P. (1964). *Anthropology of music.* Evanston: North Western University Press.

Mitterlehner, F. (1996). «Let's fly together». Zur Untersuchung veränderter Bewußtseinszustände während einer Techno-Party. In: Rösing, H. (Hg.), *Beiträge zur Popularmusikforschung 18* (S. 23–35). Karben: CODA.

Müller, R. (1990). *Soziale Bedingungen der Umgehensweisen Jugendlicher mit Musik.* Essen: Blaue Eule.

Müller, R. (1994). Selbstsozialisation. Eine Theorie lebenslangen musikalischen Lernens. *Jahrbuch der Deutschen Gesellschaft für Musikpsychologie, 11,* 63–75.

Müller-Bachmann, E. (1995). *Die Ausbildung ausgewählter Jugendkulturen in Deutschland von 1980 bis 1995*. Sozialer Wandel und (Ent-)Politisierungstendenzen. Kiel: Philosoph. Fakultät (Magisterarbeit, mschr.).

Oerter, R. & Montada, L. (Hg.) (1995). *Entwicklungspsychologie* (3. Aufl.). Weinheim: Beltz / Psychologie Verlags Union.

Poschardt, U. (1995). *DJ-Culture*. Hamburg: Rogner & Bernhard.

Pratt, R. (1994). *Rhythm and resistance. Political uses of american popular music*. Washington: Smithsonian Inst.

Rodenberg, H.-P. (1997). Dirty dancing – Kult für die Massen? Vom Tanzfilm zum Musikvideo. In: Rösing, H. (Hg.), *Beiträge zur Popularmusikforschung 19 / 20* (S. 174–183). Karben: CODA.

Rösing, H. (1994). Konzertbesucher und musikalisches Bewußtsein. *Systematische Musikwissenschaft. Zeitschrift für musikalische Grundlagenforschung II, 1*, 195–211.

Rummenhöller, P. (1978). *Einführung in die Musiksoziologie*. Wilhelmshaven: Heinrichshofen.

Scarr, S. & McCartney, K. (1983). How people make their own environments: A theory of genotype-environment effects. *Child Development, 54*, 424–435.

Schmücker, F. (1993). *Das Jazzkonzertpublikum – Profil einer kulturellen Minderheit*. Münster: LIT Münster.

Schütz, V. (1993). «Das Glück ist körperlich». Überlegungen zur Genese, Form und Funktion von Rocktanz. In: Rösing, H. (Hg), *Spektakel / Happening / Performance. Rockmusik als Gesamtkunstwerk* (S. 41–51). Mainz: Stiftung Villa Musica.

Schulten, M. L. (1990). *Musikpräferenz und Musikpädagogik*. Frankfurt / M.: Lang.

Schulze, G. (1992). *Die Erlebnisgesellschaft. Kultursoziologie der Gegenwart*. Frankfurt / M.: Campus.

Sheperd, J. (1991). *Music as a social text*. Cambridge: Polity Press.

Shuker, R. (1994). *Understanding popular music*. London: Routledge.

Sloboda, J. (1985). *The musical mind: The cognitive psychology of music*. New York: Claredon Press.

SPoKK (Hg.) (1997). Kursbuch Jugendkultur. Stile, Szenen und Identitäten vor der Jahrtausendwende. Mannheim: Bollmann.

Suppan, W. (1984). *Der musizierende Mensch. Eine Anthropologie der Musik*. Mainz: Schott.

Toop, D. (1992). *Rap Attack. African Jive bis Global HipHop*. St. Andrä-Wördern: Hannibal.

Veblen, T. (1986). *Theorie der feinen Leute. Eine ökonomische Untersuchung der Institutionen*. Frankfurt / M.: Fischer (amerik. Erstausgabe 1899).

Weber, M. (1921). *Die rationalen und soziologischen Grundlagen der Musik*. München: Drei Masken.

Weisbeck, M. & Pesch, M. (1995). *Techno-Style. Musik, Graphics, Mode und Party-Kultur der Techno-Bewegung*. Zürich: Olms.

Herbert Bruhn
Musiktherapie

1. Was ist Musiktherapie?

Es hat sich als außerordentlich schwierig erwiesen, den Begriff Musiktherapie so zu bestimmen, daß die Definition allgemein akzeptiert wird (zu den Versuchen s. Strobel & Huppmann, 1978, S. 14f; Ruud & W. Mahns, 1992, S. 18ff; Decker-Voigt & Bruhn in Bruhn, Oerter & Rösing, 1993, S. 405ff). Grundsätzlich sollte man davon ausgehen, daß jeder Einsatz von Musik, der zu einer Verbesserung des körperlichen und seelischen Befindens führt, als Musiktherapie anzusehen ist.

Musiktherapie deckt ein sehr weites Tätigkeitsgebiet ab, das im Spannungsfeld zwischen Psychotherapie, Pädagogik und Medizin liegt (Tischler, 1983, S. 93). Man kann aufgrund ihrer Zielorientierung vier Richtungen unterscheiden: erlebniszentrierte, konfliktzentrierte, übungszentrierte Musiktherapie und therapeutisches Musizieren (vgl. Mahns & Mahns, 1996).

Erlebniszentrierte Musiktherapie soll den Klienten neue Erfahrungen ermöglichen: Insbesondere in der Arbeit mit Schwerstbehinderten ist deutlich geworden, daß mit musikalischen Mitteln eine Kommunikation eingeleitet werden kann, die mit sprachlichen Mitteln nicht möglich ist. Über diese Kommunikation wird die Umwelt neu erfahren: Neugier kann geweckt werden, das Gefühl von Geborgenheit kann vermittelt werden – als neue Erfahrung im Umgang mit anderen Menschen wird den Behinderten eine Erleichterung für den Alltag verschafft (Furman, 1988). Erlebniszentrierte Musiktherapie fördert Vertrauen, Selbstsicherheit, Selbstbewußtsein und Selbstwertgefühl. Gerade bei Körperbehinderten kann man mit Musiktherapie zu einem besonders effektiven Entspannungsverfahren gelangen (Mederacke, 1993).

Konfliktzentrierte Musiktherapie ist eine Form der Psychotherapie (Smeijsters, 1994). Mittels Musiktherapie werden die Gefühle und Befindlichkeiten der Klienten erkundet und schließlich bewußtgemacht. In der anschließenden Arbeit verändert der Musiktherapeut gemeinsam mit dem Klienten die Umstände, die dazu geführt haben, daß Musiktherapie notwendig wurde. Konfliktzentrierte Musiktherapie ist immer an eines der psychotherapeutischen Paradigmen geknüpft (s. Abschnitt 4).

Übungszentrierte Musiktherapie kommt insbesondere im Rahmen der Sonderpädagogik zum Einsatz: Musik kann als Übungsinstrument eingesetzt werden, wenn mit Liedern und rhythmisiertem Text Inhalte gelernt werden sollen (W. Mahns, 1996). Musik und Musizieren helfen, Übungswiederholungen aufrechtzuerhalten und dadurch Verhalten selbst von Schwerst- und Geistigbehinderten zu formen (*shaping*; Madsen, 1981, S. 36 ff). In der Arbeit mit Blinden läßt sich die Orientierung im Raum üben (Decker-Voigt, 1994). Bei Schwerhörigkeit helfen musikalische Interventionen, die Reste der Sinneswahrnehmung weiter zu schulen (Gfeller & Darrow, 1987; Gfeller & Bauman, 1988). Ebenfalls übend wird Musiktherapie in der Rehabilitation nach Unfällen oder Schlaganfällen eingesetzt: Beim Musizieren können geschädigte oder sogenannte stille Nervenverbindungen aktiviert werden (Brüser, 1993).

Therapeutisches Musizieren ist überwiegend als Freizeitangebot anzusehen. Diese Arbeit ist ihrem Ursprung nach musikpädagogisch. Wird jedoch mit Behinderten (Probst, 1991), Verhaltensauffälligen (B. Mahns, 1997), sozial Verwahrlosten oder Drogenabhängigen (Kapteina & Hörtreiter, 1993; Seiffert, 1994) musiziert, so ist aufgrund der besonderen Anforderungen eine musiktherapeutische Qualifikation unverzichtbar.

In den meisten Arbeitsbereichen von Musiktherapeuten verschränken sich die vier Zielrichtungen. Im Umgang mit autistischen Kindern fällt die erste Kontaktaufnahme z.B. in den Bereich der erlebniszentrierten Musiktherapie: Zunächst wird lediglich eine emotionale Basis für die weitere Arbeit gesucht. Bei der Musiktherapie schafft der Therapeut eine Balance zwischen Distanz- und Nähebedürfnis von Autisten, die ein positives Erleben der Therapiesituation ermöglicht (vgl. dazu Schumacher, 1994). Im weiteren Verlauf treten übungszentrierte Aspekte (Üben lautlicher Äußerungen oder sozialer Kontaktaufnahme) und konfliktzentrierte Aspekte (Abbau von psychischen Belastungen) in den Vordergrund.

In der Zusammenarbeit mit Medizinern finden sich ebenfalls Anwendungen aller vier Zielrichtungen: Veränderung des Erlebens bei der Vorbereitung und Durchführung von Operationen (im Überblick Spintge in Bruhn, Oerter & Rösing, 1993, S. 397 ff), übender Einsatz in Rehabilitationsmaßnahmen (Gadomski & Jochims, 1986) und Einsatz als Psychotherapie in der Psychosomatik (Burkhardt, 1991).

Aktuell entwickelt sich der Einsatz von Musiktherapie in der Alten arbeit, der bereits seit den 80er Jahren im Gespräch ist (vgl. Lorenzetti & Piatti, 1984). Im allgemeinen wird Musiktherapie in Altersheimen an geboten, um die Erlebnisfähigkeit aufrechtzuerhalten und den Heim aufenthalt angenehmer zu gestalten. Ausgehend vom therapeutischen Musizieren und gemeinschaftlichen Singen (Rauhe, 1993) wird Musik psychotherapie in die Versorgung alter Menschen einbezogen (Muthe sius, 1997). Die Arbeit schließt auch die anderen Familienmitglieder ein (Slivka & Magill, 1986; Decuir, 1991) und begleitet die Klienten zum Teil bis in den Tod (Munro, 1986; Lobner, 1989; Schroeder-Sheker, 1993).

2. Der Musikbegriff in der Musiktherapie

Prinzipiell geht man in der Musiktherapie davon aus, daß jedes akusti sche Schallereignis musikfähig ist. Dies entspricht der modernen Ein stellung einer Musikwissenschaft, die nicht nur auf die westlich-euro päischen Formen der Kunstmusik zentriert ist (Eggebrecht (1985) in Dahlhaus & Eggebrecht, 1985, S. 78).

Musik wird in der Therapie als Kommunikationsgegenstand oder als Mittel zur Kommunikation verwendet und dient dazu, den emotionalen Gehalt von Interaktionen darzustellen (vgl. Ruud & W. Mahns, 1992, S. 129 ff). Gelegentlich wird das Musikhören in der Therapie verwendet (z. B. Schwabe, 1979). Meist steht jedoch die freie Improvisation im Zen trum der Musiktherapie (vgl. Bruscia, 1987; Weymann, S. 133 ff, und Kapteina in Decker-Voigt, Knill & Weymann, 1996, S. 137 ff). Das Mu sizieren dient den folgenden Funktionen (nach Baukus & Thies, 1993, S. 37):
- Öffnen des Zugangs zum Unbewußten;
- Regulieren von psychischen und physischen Spannungszuständen;
- als Sprachersatz der Vorbereitung einer verbalen Kommunikation;
- emotionalen Aktivierung;
- Auslösen von kreativen Handlungsweisen;
- Angebot eines sozialen Übungsfelds;
- Erfolgserlebnissen zur Ich-Stärkung.

Die gehörte oder auch hergestellte Musik wird zum «Beziehungsob jekt» (Schwabe, 1979, S. 71). Über die Musik kommuniziert der Klient mit dem Therapeuten, mit den anderen Gruppenmitgliedern, mit Familienmitgliedern, mit sich selbst, mit dem Problem und mit seinen eigenen Gefühlen. Musik erhält in der Musiktherapie eine Sprachfunktion, ohne in ihrem Ausdruck dieselbe Präzision zur erreichen wie Sprache. Der Ausdruck von Emotionen mittels Musik (Rösing in Bruhn, Oerter & Rösing, 1993, S. 579–588) ist jedoch weniger angstbesetzt, da die Klienten nicht befürchten müssen, ihre Aussage könne «falsch ausgedrückt» sein und komme deshalb falsch an.

3. Musikinstrumente

Als Musikinstrumente lassen sich grundsätzlich alle Materialien verwenden, die irgendwie zum Klingen gebracht werden können: Umweltmaterialien, Gegenstände des täglichen Lebens und leicht spielbare Musikinstrumente. Während der Therapiezeit selbsthergestellte Musikinstrumente werden gern eingesetzt, da sie für den Klienten einen hohen Identifikationswert besitzen (Trüstedt, 1991).

Am weitesten verbreitet sind allerdings die Orff-Instrumente (Orff, 1990) sowie südamerikanische, afrikanische und mitteleuropäische Schlaginstrumente. Einige Therapeuten konzentrieren sich in ihrer Arbeit auf eine Instrumentenfamilie (Gongs: Petzold, 1987; Oehlmann, 1990; Trommeln: Meyberg, 1989). Eine besondere Rolle spielt in den letzten Jahren das Didjeridu, ein trompetenartiges Holzinstrument der australischen Ureinwohner (Strobel, 1992).

Das Klavier wird in der Musiktherapie in sehr unterschiedlichem Zusammenhang eingesetzt (vgl. die Artikel in Band 13 der «Musiktherapeutischen Umschau» von 1992). Für die musiktherapeutische Improvisation bietet es sich eher nicht an, da es aufgrund seiner klaren dur-molltonalen Bestimmtheit die freie Kreativität der Klienten behindern könnte. In der Therapie nach Nordoff und Robbins (1986) wird jedoch das Klavier zum zentralen Instrument für den Therapeuten.

In manchen Behindertenbereichen ist es notwendig, daß Musikinstrumente den eingeschränkten Handlungsfähigkeiten angepaßt werden (Clark & Chadwick, 1982; Probst, 1991). Die menschliche Stimme hat in der Musiktherapie bisher eine geringe Bedeutung, obwohl Singen eine nachhaltige Hilfe zur Lebensbewältigung sein kann (Adamek, 1996). Vermutlich liegt dies daran, daß stimmliche Improvisationen ein hohes Maß an Vertrautheit und Nähe schaffen (Hanschmann, 1990), was bei

Klienten angstbesetzt sein kann. Rittner (1990) plädiert für einen verstärkten Einsatz der Stimme in der Musiktherapie.

4. Beziehung zur Psychotherapie

Je nach ihrer Zielrichtung ist Musiktherapie mehr oder weniger eng mit psychotherapeutischen Denkmodellen verbunden (Paradigmata; vgl. W. Mahns in Decker-Voigt, Knill & Weymann, 1996, S. 73 ff). Diese Verbindung ist weniger eng, wenn Musiktherapie lediglich als Heilhilfsberuf verstanden wird, wie dies in den 50er Jahren üblich war und offensichtlich noch heute gelegentlich praktiziert wird (vgl. Willms, 1979). Bereits beim therapeutischen Musizieren sind jedoch fundierte Kenntnisse psychotherapeutischer Methoden und Praktiken notwendig, obwohl das Musizieren im Vordergrund steht.

Übungszentrierte, erlebniszentrierte und konfliktzentrierte Musiktherapie sind überhaupt nicht denkbar, ohne daß der Therapeut ein Menschenbild entwickelt hat, das modellhaft sein eigenes musiktherapeutisches Handeln bestimmt (Decker-Voigt, Eschen & W. Mahns, 1988). Die Modelle für musiktherapeutisches Handeln lassen sich auf die Medizin, die Lerntheorie, die Tiefenpsychologie und humanistisch-existentielle Psychotherapieformen beziehen.

In der *Medizin* wird eine Störung im Erleben der Menschen aus Unregelmäßigkeiten im physiologischen Bereich erklärt. Musik wird wie eine Art von Medikament eingesetzt, das den Körperkreislauf manipuliert. Dies hat sich in verschiedenen Bereichen als sehr wirkungsvoll erwiesen (Schmerztherapie, Operationsvorbereitung, Rehabilitation, Neurologie; vgl. Pratt & Spintge, 1996).

Am Denkmodell der *Lerntheoretiker* (Behaviorimus) ist das verhaltenstheoretische Vorgehen in der Musiktherapie orientiert (vgl. Smeijsters, 1994, S. 93 ff). Jegliches Verhalten des Menschen wird als erlernt angesehen. Wenn ein bestimmtes Verhalten stört oder zu Krankheiten führt, so muß es umgelernt werden. Musiktherapie als Verhaltensregulativ (W. Mahns, 1997) beinhaltet die Gefahr, lediglich auf Symptome einzugehen, ohne krankmachende Ursachen beseitigen zu können (W. Mahns in Decker-Voigt, Knill & Weymann, 1996, S. 76). In der übungszentrierten Musiktherapie haben die Methoden der Verhaltenstherapie jedoch große Bedeutung (z. B. Lernen durch Verstärkung, systematische Desensibilisierung, Shaping von Verhalten durch schrittweise Annäherung an ein erwünschtes Ziel (Madsen, 1981; Krout, 1987; Furman, 1988; Wilson, 1996).

Tiefenpsychologisch orientierte Musiktherapie ist am psychodynamischen Modell der Psychoanalyse orieniert. Im Zentrum der Arbeit steht ein Konflikt. Den Klienten soll der Sinn einer Erkrankung und damit ihr möglicher Ursprung erfahrbar gemacht werden (W. Mahns in Decker-Voigt, Knill & Weymann, 1996, S. 76). Mit der tiefenpsychologisch orientierten Musiktherapie verbindet sich insbesondere das richtungweisende Werk von Mary Priestley (1983).

Kennzeichnend für *humanistisch-existentielle* Psychotherapieformen ist die Einstellung, daß ein Klient in Problemsituationen selbst am besten weiß, wie ihm geholfen werden könnte. So versteht sich der Therapeut auch eher als Helfer bei der Arbeit, Probleme und Lösungswege bewußtzumachen. Der Therapieprozeß soll Kräfte für das psychische Wachstum freisetzen, damit die Konflikte im Hier und Jetzt gelöst werden können (Ruud & W. Mahns, 1992, S. 102 f). Neben einer Vielzahl oft esoterisch anmutender Therapierichtungen haben sich die Gestalttherapie (vgl. Perls, Hefferline & Goodman, 1991) und die Gesprächstherapie (Rogers, 1973) etabliert.

Die konfliktzentrierte Musiktherapie ist in Deutschland sowohl von der tiefenpsychologischen als auch von der humanistisch-existentiellen Psychotherapie geprägt. Die Arbeiten von Johannes Eschen (1980), Gertrud Loos (1985), Mechthild Langenberg (1988), Wolfgang Mahns (1990), Hans-Helmut Decker-Voigt (1991) und Beate Mahns (1997) zeigen eine deutlich tiefenpsychologische Ausrichtung. Die Bearbeitung von Konflikten erfordert die Auseinandersetzung mit der Vergangenheit der Klienten. Abwehrmechanismen verhindern jedoch den bewußten Zugang zu den Ursprüngen der Konflikte, da sie angstbesetzt sind. Die Musik oder der musizierende Therapeut erhält die Funktion des «intermediären Objekts», dem die angstbesetzten Probleme übertragen werden können. So werden die Konflikte indirekt einer Bearbeitung zugänglich.

Zwei musiktherapeutische Schulen in Deutschland sind auf das gestalttherapeutische Paradigma zurückzuführen: die Morphologische Musiktherapie (vgl. Weymann in Decker-Voigt, Knill & Weymann, 1996, S. 220 ff) und die Integrative Musiktherapie (vgl. Frohne-Hagemann ebenda, S. 150 ff). Während sich die Morphologische Musiktherapie überwiegend auf die theoretischen Ausführungen von W. Salber (z. B. 1986) stützt, sind bei der Integrativen Musiktherapie die Prinzipien der Gestalttherapie in der Beschreibung von Therapieprozessen deutlicher zu erkennen. Konfliktzentriert und aufdeckend arbeitet die Integrative Musiktherapie bei neurotischen Erkrankungen. Bei frühen psychischen Schädigungen wird Musiktherapie als «Nachsozialisation» zur Entwicklung von Grundvertrauen eingesetzt. Entfaltung der Persönlichkeit und des Erlebens gehören zu den «übenden» Angeboten. Als sozialpsychologische Dimension wird das Erkennen von Metaperspektiven gefördert und dadurch kulturelles und politisches Engagement entwickelt (Frohne-Hagemann, 1990).

Die Schöpferische Musiktherapie nach Nordoff und Robbins (1986) zählen E. Ruud und W. Mahns (1992, S. 109 f) ebenfalls zur humanistisch orientierten Therapie, da der therapeutische Prozeß als Wachstumsprozeß begriffen wird. Dies trifft jedoch nur teilweise zu, da Musik in der Schöpferischen Musiktherapie eine Sprachfunktion hat: Ähnlich dem medizinischen Modell sollen Klang und Struktur der Musik einen heilenden Einfluß ausüben, wenn sie künstlerisch richtig eingesetzt wird.

Ein guter Überblick über Denkmodelle der Musiktherapie mit weiterführenden Literaturhinweisen findet sich bei Smeijsters (in Decker-Voigt, Knill & Weymann, 1996, S. 207 f).

5. Methoden

Unabhängig von der Diskussion über die Zuordnung von Musiktherapierichtungen zu Denkmodellen der Psychotherapie hat sich in den letzten Jahrzehnten ein kleines Methodeninventar herausgebildet.

Im Zentrum musiktherapeutischer Arbeit steht unzweifelhaft die *Improvisation* (Makowitzki, 1995), die in den 70er Jahren die zunächst rezeptiven Konzepte der Musiktherapie verdrängte. Die musiktherapeutische Improvisation hat zwei Ursprünge: Zum einen ist sie von der Musikpädagogik beeinflußt, wo man das Improvisieren als Reaktion auf die Entwicklung der experimentellen Kunstmusik bzw. des Jazz in den Musikunterricht übernahm (vgl. Friedemann, 1973). Zum anderen dokumentiert sich der Einfluß der Rudolf Steiner-Bewegung auf die Entwicklung der Musiktherapie in Deutschland (vgl. Knierim, 1976). Schon in den Anfängen anthroposophischer Musiktherapie in den 30er Jahren dominierte das Musizieren. Der Einsatz von Musizieren als Therapie in den anthroposophischen Kliniken (z. B. seit 1971 in der Filderklinik bei Stuttgart) muß noch heute als bahnbrechend angesehen werden.

In der aktuellen Musiktherapie dient die Improvisation vielen Zielen: Von der ersten Kontaktaufnahme zwischen Klient und Therapeut über die Kommunikation zwischen den Teilnehmern eines Therapiesettings bis hin zum Abreagieren von Aggression oder Trauer (Katharsis) läßt sich die Improvisation in jedem Denkmodell geeignet einsetzen. Eine Begrenzung des Improvisierens auf die Vermittlung von emotionalen Zuständen ist nicht sinnvoll, da im gemeinsamen Musizieren auch Sachverhalte über soziale Beziehungen oder Handlungsalternativen vermittelt werden.

Das *Hören von Musik* als Therapie (rezeptive Musiktherapie) ist in den letzten Jahren immer weiter in den Hintergrund gerückt. Dennoch ist es weiterhin als wichtige Methode der Musiktherapie anzusehen (Schwabe, 1979). Lediglich die früher übliche Trennung zwischen rezeptiver und aktiver Musiktherapie ist aufgehoben: Eine aktive Musiktherapie ist ohne gegenseitiges Zuhören nicht möglich. Und die Rezeption von Musik ist immer auch als aktive Handlung (Zuhören, Hinhören, Weghören) anzusehen. Somit verschränken sich aktive und rezeptive Musiktherapie.

Die *Musikauswahl* oder die Wahl der richtigen Form einer Improvisation ist ein besonders schwieriges Gebiet der Ausbildung von Musiktherapeuten. Im allgemeinen gilt es, den Klienten mit den Musik dort zu berühren, wo er sich gefühlsmäßig befindet (Iso-Prinzip; Benenzon, 1981). Von hier aus kann versucht werden, die Erlebnisses des Klienten zu beeinflussen und auf eine andere Ebene zu heben (Level-Prinzip; Smeijsters, 1994, S. 166).

Während der Improvisation können verschiedene Methoden dazu beitragen, den Inhalt bewußtzumachen (im Überblick Bruscia, 1987): Der Therapeut versucht, den Gefühlsgehalt einer Improvisation nachzumachen *(imitating)* oder gleichzeitig mit dem Klienten zu spielen *(synchronizing).* Er kann ein Motiv des Klienten übernehmen und weiterentwickeln *(incorporating),* sich dem Klienten in der Spielart anpassen *(pacing)* oder ihm seine Stimmung auf eine angemessene Art widerspiegeln *(reflecting).*

Sind die Themen der musiktherapeutischen Arbeit – die zu behandelnden Probleme – in der ersten Phase *(exploration)* erkannt worden, so eignen sich aus der Psychoanalyse abgeleitete Methoden (vgl. Priestley, 1983): In einem musikalischen Rollenspiel werden z. B. zwei Seiten eines als ambivalent empfundenen Gefühls ausgespielt, indem Therapeut und Klient jeweils abwechselnd eine Position einnehmen *(splitting)*. Manchmal ist es sinnvoll, einen wichtigen (z. b. überwältigenden) Gefühlsausdruck länger zu halten, damit der Klient ihn bewußt erlebt *(holding)*. Ist eine Aussage besonders wichtig, so wird in der Improvisation die Aufmerksamkeit darauf gerichtet *(focussing)*.

Oft wird Musiktherapie auch mit einem weiteren Medium verbunden: Die handwerkliche Tätigkeit wie die Herstellung eigener Musikinstrumente ist bereits erwähnt worden. Die Verbindung zu anderen Formen künstlerischer Tätigkeit (Gestalttherapie, Maltherapie) ist üblich (vgl. Kapteina & Hörtreiter, 1993).

Auch ist es sinnvoll, weitere, überhaupt nicht auf Musik bezogene Spiele in die Therapie einzubeziehen – insbesondere in der erlebniszentrierten Musiktherapie bei der Arbeit mit schwerstbehinderten Kindern, in denen es nicht um die Lösung von Konflikten, sondern um eine unspezifische Verbesserung des Lebensgefühls durch einen angenehm verlebten Zeitraum geht.

6. Ursprünge der Musiktherapie

Die Formen der übungszentrierten, erlebniszentrierten und konfliktzentrierten Musiktherapie haben eine mehr als 2000 Jahre alte Geschichte, aus der heraus sich die immer wieder kontrovers geführten Diskussionen unter Musiktherapeuten erklären lassen. Im wesentlichen kann man drei Phasen der Entwicklung von Musiktherapie erkennen, deren theoretische Grundlagen bis in unsere Zeit hinein Einfluß auf die musiktherapeutische Praxis haben (im Überblick Rösing, 1994).

Auf den philosophischen Theorien der pythagoreischen Schule basiert die Vorstellung von *Musik als Abbild kosmischer Ordnung*: Körper und Seele funktionieren ebenso wie die Musik als geordnetes Ganzes. Wie die Klänge von wohlklingender Musik physikalischen Gesetzmäßigkeiten gehorchen, so funktionieren Körper und Seele aufgrund physikalischer Gesetzmäßigkeiten. Die Gesetzmäßigkeiten von Musik, Körper und Seele wurden als analog zueinander angesehen, weshalb eine wechselseitige Beeinflussung möglich erschien. Aldridge (1989, S. 96) erklärt die besondere Wirkung von Musik aus dem isomorphen Funktionieren von Musik und biologischen Funktionen des Körpers. In der Morphologischen Musiktherapie soll in ähnlicher Weise das «Behandlungswerk» nach psychoästhetischen Prinzipien gehandhabt werden, die eine angebliche Übereinstimmung zwischen physischer und psychischer Welt anzeigen (Tüpker in Decker-Voigt, Knill & Weymann, 1996, S. 219).

Aus dem späten Mittelalter bzw. der Renaissance stammt die Vorstellung, daß Musik ähnlich einem Medikament eingesetzt werden könne. Die Entdeckung des Blutkreislaufs und der Wirkung von Chemikalien auf den Körper (Paracelsus) führte zu der Vorstellung, daß man Psyche und Körper bei ausreichendem Wissen beliebig manipulieren könne (Iatrochemie). Diese scheinbare Erkenntnis wurde auch auf die Musik übertragen (Iatromusik; Literatur bei Harrer, 1982). Die philosophische Grundlage bildete die strikte Trennung von Leib und Seele im Cartesianismus (René Descartes, um 1600).

Aus der Schule der Philosophen Platon und (später) Aristoteles stammt die Annahme, daß Musik auf wenig erklärbare Art *magisch-mythische Macht* auf die Psyche ausübt, die zu erzieherischen Zwecken eingesetzt werden könne (vgl. Rösing & Phleps in Bruhn, Oerter & Rösing, 1993, S. 368 ff). Diese von W. Mahns (1997) *affektuos* genannte Musikauffassung findet sich auf der ganzen Welt. Im antiken China bereits sprach man der Musik Einfluß auf die menschlichen Gemütsbewegungen zu (Oesch, 1984, S. 90). Bei Naturvölkern ist der Glaube an Musik als Mittel zur Ekstase (Schamanismus und Besessenheitsriten) oder als Mittel zur Beruhigung (Meditation, Trance) weit verbreitet (vgl. Brandl in Bruhn, Oerter & Rösing, 1993, S. 607).

Kulturübergreifend finden sich folgende Übereinstimmungen beim Einsatz von Musik als therapeutischem Mittel: (1) Die ganze soziale Gemeinschaft – nicht nur der Kranke – wird in den Therapieprozeß einbezogen; (2) die Krankheitsbehandlung gliedert sich in die drei Phasen Vorbereitung, Behandlung und Nachbereitung; (3) als Instrumente spielen Trommeln ein zentrale Rolle (Timmermann, 1994; Timmermann in Decker-Voigt, Knill & Weymann, 1996, S. 89).

7. Ausblick

Die moderne Geschichte der Musiktherapie beginnt nach dem Zweiten Weltkrieg. Bereits 1950 schlossen sich amerikanische Therapeuten zur National Association for Music Therapy (NAMT) zusammen. Die Deutsche Gesellschaft für Musiktherapie (DGMT) wurde 1978 gegründet.

Von den in Abschnitt 6 angeführten historischen Wurzeln haben sich die Musiktherapeuten vielfach immer noch nicht gelöst. Die Vorstellung von einer Isomorphie zwischen Musik und physikalischer Welt ist nach wie vor verbreitet, obwohl deutlich ist, daß die kognitiven Strukturen von Musik nicht mit physikalischen Gesetzmäßigkeiten erklärt werden können: Musik entsteht als psychisches Phänomen im Bewußtsein des Menschen und unterliegt somit anderen als rein physikalischen Gesetzmäßigkeiten (→ Psychophysiologie der Wirkung von Musik). Auch die Vorstellungen der Iatromusik, das heißt der Wirkung von Musik als Medikament, sind nicht auszurotten. Musik entfaltet keine vorauskalkulierbare physikalische Wirkung. Erst als wahrgenommenes Ereignis kann sie zu Therapieeffekten führen. Diese Effekte stehen in Wechselwirkung mit Entwicklung, Lerngeschichte und Therapieumfeld (→ Musikalische Lebenswelten).

Aus den Widersprüchen zwischen theoretischen Annahmen und der therapeutischen Praxis heraus entstehen gerade in der deutschen Musiktherapie-Szene viele Streitigkeiten. Obwohl Musiktherapie im allgemeinen in der Bevölkerung auf hohe Akzeptanz trifft, fügt man auf diese Weise ihrem Ansehen Schaden zu. Hinzu kommt, daß die musiktherapeutische Forschung in den Kinderschuhen steckt. In Deutschland beginnt in den letzten Jahren gerade erst die Suche nach angemessenen Forschungsmethoden (vgl. Bolay, 1996; Langenberg, Aigen & Frommer, 1996; Rogers, 1996). In den USA gibt es seit geraumer Zeit zumindest ernstzunehmende Forschungsergebnisse aus dem Bereich der übungs- und erlebniszentrierten Musiktherapie (insbesondere an der Schule; vgl. Wilson, 1996). Fragen qualitativer und quantitativer Forschungsmethoden sind hier bereits breit diskutiert worden (Aldridge, 1993 a und b).

Literatur

Adamek, K. (1996). *Singen als Lebenshilfe. Zu Empirie und Theorie der Alltags-bewältigung. Plädoyer für eine «erneuerte Kultur des Singens»*. Münster: Waxmann.

Aldridge, D. (1989). A phenomenological comparison of the organization of music and the self. *The Arts in Psychotherapy, 16,* 91–97.

Aldridge, D. (1993a). Music therapy research I: A review of the medical research literature within a general context of music therapy research. *The Arts in Psychotherapy, 20,* 11–35.

Aldridge, D. (1993b). Music therapy research II: Research methods suitable for music therapy. *The Arts in Psychotherapy, 20,* 117–131.

Baukus, P. & Thies, J. (1993). *Aktuelle Tendenzen in der Kunsttherapie.* Stuttgart: Fischer.

Benenzon, R. O. (1981). *Music therapy manual.* Springfield, Ill.: Thomas.

Bolay, H. V. (Hg.) (1996). *Grundlagen zur Musiktherapieforschung.* Stuttgart: Fischer.

Brüser, E. (1993). Auf das Training kommt es an. Die Plastizität des Gehirns ermöglicht bei richtiger Behandlung nach einem Schlaganfall oft weitge-hende Rehabilitation. *Süddeutsche Zeitung, 9. Dezember 1993.*

Bruhn, H., Oerter, R. & Rösing, H. (Hg.) (1993). *Musikpsychologie. Ein Hand-buch.* Reinbek: Rowohlt (3. Aufl. 1997).

Bruscia, K. E. (1987). *Improvisational models of music therapy.* Springfield, Ill.: Thomas.

Burkhardt, R. (1991). Musiktherapie in der Psychosomatik. *Medizin – Mensch – Gesellschaft, 16,* 99–104.

Clark, C. & Chadwick, D. (1982). *Guide to the selection of musical instruments with respect to physical ability and disability.* St. Louis, Ill.: MMB Music.

Decker-Voigt, H. H. (1991). *Aus der Seele gespielt.* München: Goldmann.

Decker-Voigt, H. H. (1994). Musiktherapeutische Hilfen für die Begleitung von Blinden und Sehbehinderten. *Musiktherapeutische Umschau, 15,* 135–142.

Decker-Voigt, H. H., Eschen, J. T. & Mahns, W. (Hg.) (1988). *Musik und Kom-munikation. Hamburger Jahrbuch zur Musiktherapie und intermodalen Medientherapie,* Bd. 2. Lilienthal / Bremen: Eres.

Decker-Voigt, H. H., Knill, P. J. & Weymann, E. (Hg.) (1996). *Lexikon Musikthe-rapie.* Göttingen: Hogrefe.

Decuir, A. (1991). Trends in music and family therapy. *The Arts in Psychothe-rapy, 18,* 195–199.

Eggebrecht, H. H. (1985). Was ist Musik? In Dahlhaus, C. & Eggebrecht, H. H. (Hg.), *Was ist Musik?* (S. 187–208). Wilhelmshaven: Heinrichshofen.

Eschen, J. T. (1980). Zur Praxis der Einzel-Musiktherapie. *Musiktherapeutische Umschau, 1* (2), 141–150.

Friedemann, L. (1973). *Einstiege in neue Klangbereiche durch Gruppenimprovi-sation.* Wien: Universal.

Frohne-Hagemann, I. (Hg.) (1990). *Klinische Musiktherapie als integrative Psychotherapie*. Paderborn: Jungfermann.

Furman, C. E. (Hg.) (1988). *Effectiveness of music therapy procedures: Documentation of research and clinical practice*. Washington D. C.: National Association for Music Therapy.

Gadomski, M. & Jochims, S. (1986). Musiktherapie bei schweren Schädel-Hirn-Traumen. *Musiktherapeutische Umschau, 7,* 103–110.

Gfeller, K. & Bauman, A. A. (1988). Assessment procedures for music therapy with hearing impaired children: Language development. *Journal of Music Therapy, 25,* (4), 192–205.

Gfeller, K. & Darrow, A. A. (1987). Music as a remedial tool in the language education of hearing-impaired children. *The Arts in Psychotherapy, 14,* 229–235.

Hanschmann, G. (1990). Die Stimme in der Behandlung Alkoholabhängiger. *Musiktherapeutische Umschau, 11,* 147–149.

Harrer, G. (Hg.) (1982). *Grundlagen der Musiktherapie und Musikpsychologie*. Stuttgart: Fischer (Orig. 1975).

Kapteina, H. & Hörtreiter, H. (1993). *Musik und Malen in der therapeutischen Arbeit mit Suchtkranken*. Stuttgart: Fischer.

Knierim, J. (1976). Musiktherapie. In Blume, F. (Hg.), *MGG Die Musik in Geschichte und Gegenwart, Bd. 16* (Sp. 1342–1350). Kassel: Bärenreiter.

Krout, R. M. (1987). *Music therapy clinical training manual*. St. Louis, Ill.: MMB.

Langenberg, M. (1988). *Von Handeln zum Be-Handeln. Darstellung besonderer Merkmale der musiktherapeutischen Behandlungssituation im Zusammenhang mit der freien Improvisation*. Stuttgart: Fischer.

Langenberg, M., Aigen, K. & Frommer, J. (Hg.) (1996). *Qualitative music therapy research*. Gilsum NH: Barcelona Publishers.

Lobner, P. C. (1989). Ein Sterberitual. *Personzentriert, 1,* 23–47.

Loos, G. (1985). *Spielräume. Musiktherapie mit einer Magersüchtigen und anderen frühgestörten Patienten*. Stuttgart: Fischer.

Lorenzetti, L. M. & Piatti, M. (Hg.) (1984). *Musica adulti terza età* (quaderni di musica applicata n. 6). Assisi: Pro Civitate Christiana.

Madsen, C. (1981). *Music therapy. A behavioral guide for the mentally retarded*. Lawrence, Kansas: National Association for Music Therapy.

Mahns, B. (1997). *Musiktherapie bei verhaltensauffälligen Kindern*. Stuttgart: Fischer.

Mahns, W. (1990). Die musiktherapeutische Behandlung eines achtjährigen mutistischen Kindes. In Frohne, I. (Hg.), *Musik und Gestalt* (S. 335–361). Paderborn: Jungfermann.

Mahns, W. (1996). Sonderpädagogik. In Decker-Voigt, H. H., Knill, P. J. & Weymann, E. (Hg.), *Lexikon Musiktherapie* (S. 342–346). Göttingen: Hogrefe.

Mahns, W. (1997). Musiktherapie. In Finscher, L. (Hg.), *MGG Die Musik in Geschichte und Gegenwart*. Sachteil Bd. 6 (Sp. 1735–1750). Stuttgart/Kassel: Metzler/Bärenreiter.

Mahns, W. & Mahns, B. (1996). *Konzeptentwurf Musiktherapie, Psychotherapie und Beratung*. Rendsburg: Institut für Musiktherapie.

Makowitzki, R. (1995). «Über mein Spiel kann ich nichts sagen, denn ich spüre nichts». Möglichkeiten der Modifikation musiktherapeutischer «Standard-regeln». *Musiktherapeutische Umschau, 16*, 126–147.

Mederacke, I. (1993). Regulatives Wahrnehmungstraining mit Musik – Praxis mit körperbehinderten Kindern. In Decker-Voigt, H. H., Eschen, J. T. & Mahns, W. (Hg.), *Kindermusiktherapie (Hamburger Jahrbuch zur Musiktherapie und intermodalen Medientherapie)* (S. 97–110). Lilienthal / Bremen: Eres.

Meyberg, W. (1989). *Trommelnderweise. Trommeln in Therapie und Selbsterfahrung*. Hemmoor: Großer Bär.

Munro, S. (1986). *Musiktherapie bei Sterbenden*. Stuttgart: Fischer.

Muthesius, D. (1997). Musiktherapeutische Beiträge zu einem veränderten psychosozialen Versorgungsbedarf alter, erkrankter Menschen. *Musiktherapeutische Umschau, 18*, 79–93.

Nordoff, P. & Robbins, C. (1986). *Schöpferische Musiktherapie*. Stuttgart: Fischer.

Oehlmann, J. (1990). Zum Gebrauch von Gongs und Tamtams als therapeutische Instrumente. *Musiktherapeutische Umschau, 11*, 224–236.

Oesch, H. (1984). *Außereuropäische Musik, Teil 1*. (Neues Handbuch der Musikwissenschaft, Bd. 8). Laaber: Laaber.

Orff, G. (1990). *Schlüsselbegriffe der Orff-Musiktherapie*. München / Weinheim: Psychologie Verlags Union.

Perls, F. S., Hefferline, R. F. & Goodman, P. (1991). *Gestalttherapie*. Bd. 1 *Grundlagen*, Bd. 2 *Praxis*. München: dtv (Orig. englisch 1951).

Petzold, H. (1987). Gong-Singen, Gong-Bilder und Resonanzbewegung als «Sound Healing». Intermediale Prozesse in der Integrativen Therapie. *Integrative Therapie, 13* (2–3), 194–233.

Pratt, R. R. & Spintge, R. (1996). *Music medicine (Bd. 2)*. St. Louis, Ill.: MMB Music.

Priestley, M. (1983). *Analytische Musiktherapie*. Stuttgart / Kassel: Fischer / Bärenreiter.

Probst, W. (1991). *Instrumentalspiel mit Behinderten – Ein Modellversuch und seine Folgen*. Mainz: Schott.

Rauhe, H. (1993). Musik in der Seniorenkulturarbeit – Neue Perspektiven für ältere Menschen. *Musikforum (Referate und Informationen des Deutschen Musikrates), 29* (78), 13–23.

Rittner, S. (1990). Zur Rolle der Vokalimprovisation in der Musiktherapie. *Musiktherapeutische Umschau, 11*, 104–119.

Rösing, H. (1994). Musik zur Heilung: Geschichte und Gegenwart der Musiktherapie. *naturamed, 9* (7), 29–37.

Rogers, C. (1973). *Entwicklung der Persönlichkeit*. Stuttgart: Klett-Cotta.

Rogers, P. J. (1996). Musiktherapieforschung aus europäischer Perspektive. *Musiktherapeutische Umschau, 17*, 39–50.

Ruud, E. & Mahns, W. (1992). *Meta-Musiktherapie. Wege zu einer Theorie der Musiktherapie.* Stuttgart: Fischer.

Salber, W. (1986). *Seelenrevolution. Kosmische Geschichte des Seelischen und der Psychologie.* Bonn: Bouvier.

Schroeder-Sheker, T. (1993). Music for the dying: A personal account of the new field of music thanatology: History, theories, and clinical narratives. *Advances, 9* (1), 36–48.

Schumacher, K. (1994). *Musiktherapie mit autistischen Kindern. Musik-, Bewegungs- und Sprachspiele zur Integration gestörter Sinneswahrnehmung.* Stuttgart / Kassel: Fischer / Bärenreiter.

Schwabe, C. (1979). *Regulative Musiktherapie.* Leipzig: Thieme (3. Auf. 1989).

Seiffert, M. (1994). Und, ohne, gegen, statt … Zum Verhältnis von Rockmusik und Drogen. Suchtprävention am Beispiel «Laß 1000 Steine rollen» in Hamburg. In Deutsche Hauptstelle gegen die Suchtgefahren (Hg.), *Suchtprävention (Schriftenreihe zum Problem der Suchtgefahren, Bd. 36)* (S. 136–148). Freiburg: Lambertus.

Slivka, H. H. & Magill, L. (1986). The conjoint use of social work and music therapy in working with children of cancer patients. *Music Therapy, 6A* (1), 30–40.

Smeijsters, H. (1994). *Musiktherapie als Psychotherapie. Grundlagen – Ansätze – Methoden.* Stuttgart: Fischer.

Strobel, W. (1992). Das Didjeridu und seine Rolle in der Musiktherapie. *Musiktherapeutische Umschau, 12,* 279–297.

Strobel, W. & Huppmann, G. (1978). *Musiktherapie. Grundlagen, Formen, Möglichkeiten.* Göttingen: Hogrefe (3. Aufl. 1997).

Timmermann, T. (1994). *Die Musik des Menschen. Gesundheit und Entfaltung durch eine menschennahe Kultur.* München: Piper.

Tischler, B. (1983). *Musik bei neurosegefährdeten Schülern.* Regensburg: Bosse.

Trüstedt, D. (1991). Instrumentenbau. In Herrlen-Pelzer, S., Sponholz, G. & Baitsch, H. (Hg.), *Musik in Prävention und Therapie* (S. 175–186). Ulm: Vaas.

Willms, H. (1979). Musiktherapie – Behandlungsmethode oder Arbeit im therapeutischen Vorfeld. *Musik und Medizin, 12,* 39–47.

Wilson, B. L. (Hg.) (1996). *Models of music therapy interventions in school settings: From institution to inclusion.* Silver Spring: National Association for Music Therapy.

Herbert Bruhn
Psychophysiologie der Wirkung von Musik

1. Einleitung

Musik wird in vielfältiger Art und Weise im täglichen und festlichen Leben von den Menschen verwendet – vor allem auch, weil sie eine große emotionale Wirkung ausübt. Die Fähigkeit, Musik zu erleben, scheint speziell dem Menschen zu eigen zu sein. Höhere Tiere können zwar ebenfalls hören, Töne und Tonfolgen erinnern (Hulse, Tacheuchi & Braaten, 1992) und musikalische Stilrichtungen unterscheiden lernen (Hulse, 1990, S. 139f). Sie sind aber nicht in der Lage, Zusammenhänge zwischen Tönen herzustellen, die zum Erleben eines Musikstücks führen. Die immer wieder berichteten Wirkungen von Musikstücken auf Tiere (z.B. die erhöhte Milchproduktion beim Hören klassischer Musik) wurden in wissenschaftlichen Untersuchungen bisher nicht bestätigt.

Vielfach ist bereits vermutet worden, daß die Entwicklung von musikalischen Fähigkeiten den Menschen im Verlauf der Phylogenese höhere Überlebenschancen geboten haben könnten. Die meisten der Autoren, die sich damit beschäftigt haben (im Überblick Hodges, 1996, S. 42f), sehen diese darwinistische Erklärung allerdings als nicht hinreichend an, obwohl die Wirkung von akustischen Reizen auf den menschlichen Organismus sehr beeindruckend ist:

- Keine andere Sinneswahrnehmung führt so schnell zu einer Aufmerksamkeits- und Orientierungsreaktion wie gehörter Schall (Wallin, 1991).
- Die musikalischen Elemente von Sprache (Tonhöhe, Melodieverlauf) vermitteln den emotionalen Ausdruck: Sie schaffen die erste Bindung zwischen Mutter und Kind (Hodges, 1996, S. 46ff) und fördern die Eindeutigkeit der sozialen Kommunikation (Rösing & Roederer, 1985).
- Das gemeinsame Musizieren unterstützt die soziale Organisation der Menschen durch seine gemeinschaftsfördernde Kraft (Hodges, 1996, S. 52f).

- Probleme bei der Wahrnehmung und beim Einhalten von Rhythmen deuten oft auf gravierende psychische Störungen hin (Steinberg in Bruhn, Oerter & Rösing, 1993, S. 395).

Musik spiegelt vermutlich die allgemeinen Fähigkeiten des menschlichen Organismus zur Verarbeitung von Umweltreizen wider (Peery, Peery & Draper, 1987, S. 3). Aus den Strukturen von Musik lassen sich übergreifende Prinzipien der menschlichen Wahrnehmung und des menschlichen Denkens ableiten, die sich nicht auf Musik oder Sprache beschränken. Dies zeigt sich bei der Untersuchung der Wirkungen von Musik.

2. Leistungen des Gehörs

Der Hörapparat ist in der Lage, Frequenzen von ungefähr 16 Hz bis 16000 Hz in Nervensignale umzuwandeln (Abb. 1). Der für Musik verwendete Bereich ist sehr viel kleiner: Das Klavier als eines der Instrumente mit sehr großem Tonumfang verwendet die Frequenzen von ca. 22,5 bis 4300 Hz. Der sprachrelevante Bereich ist noch schmaler.

Die Frequenzauflösung ist unterschiedlich genau: Im Bereich um die 50 Hz gelten drei Hertz als kleinste wahrnehmbare Distanz, bei 5000 Hz ungefähr 20 Hz (Carterette & Friedman, 1978, S. 291). Ausgebildete Musikspezialisten können jedoch meist Tonhöhenunterschiede von weniger als einem Hertz identifizieren. Dennoch haben sich auf der ganzen Welt überwiegend Tonsysteme entwickelt, die den Bereich einer Oktave in fünf bis sieben Hauptstufen unterteilen. Ein Halbtonschritt als kleines Intervall umfaßt im mittleren Stimmungsbereich ungefähr 30 Hz – selbst diese weit auseinanderliegenden Stufen werden beim Musizieren im allgemeinen wenig genau getroffen. Fricke (1988) zeigt, daß professionelle Chöre und Orchester Töne mit einer Klangbreite von je einem Viertelton nach oben und nach unten produzieren.

Das Gehör ist sehr empfindlich für die Dynamik von Schallereignissen. Die leisesten Ereignisse sind jedoch musikalisch nicht verwertbar – im lauten Bereich ist das Gehör so empfindlich, daß es schnell zu Schäden kommt, wenn eine Geräusch länger andauert: Ein Automotor im Leerlauf (ca. 90 dB) kann nach einer Stunde bereits dauerhafte Schäden verursacht haben (Spreng in Bruhn, Oerter & Rösing, 1993, S. 658).

Beeindruckend sind die Fähigkeiten des Hörapparats, zeitliche Unter-

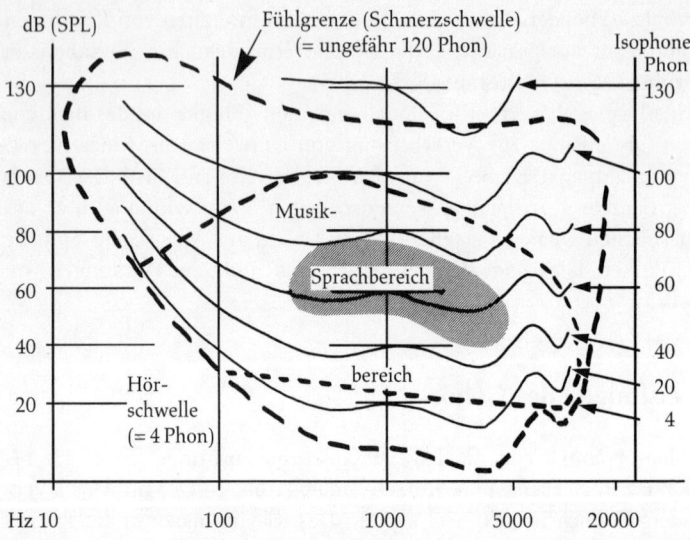

Abbildung 1: Frequenz- und Dynamikauflösung des menschlichen Ohrs, nach DIN 45630. Die geschwungenen Linien (Isophone) kennzeichnen die Ebenen gleich empfundener Lautheit in Phon. Bei 1000 Hz entsprechen die Phon-Werte der physikalischen Messung in Dezibel. Grau unterlegt ist der für die Sprache relevante Bereich.

schiede aufzulösen: Bei der Richtungswahrnehmung zeigt es sich, daß Laufzeitunterschiede zwischen den Schallwellen am linken und rechten Ohr von 24 Mikrosekunden (Millionstelsekunden) bei einer Dauer des Reizes von acht Millisekunden identifiziert werden. Erklingt der Reiz länger, so kann die Zeitauflösung sogar auf fünf Mikrosekunden sinken (Carterette & Friedman, 1978, S. 421; mit einem Breitbandrauschen von 16 bis 5000 Hz gemessen).

Weder Musik noch Sprache schöpfen die differenzierten Fähigkeiten des Gehörs auch nur annähernd aus. Phylogenetisch ist die Aufgabe des Gehörs sicher eher die Identifikation von Geräuschen: Es ist von Vorteil für das Überleben, wenn Geräusche und Klänge sehr schnell auf ihre Gefährlichkeit hin beurteilt werden können und zu angemessenem Verhalten führen (Flucht, Angriff). Aus diesem Grund ist das Gehör als überlebenswichtiges Organ auch besonders gut vor Verletzungen geschützt:

• Das Gehör ist im härtesten Knochen des Kopfes eingebettet.
• Das Außenohr, der Gehörgang, das Trommelfell und die Knöchelkette

im Mittelohr (Abb. 2) verändern die eingehenden Schallsignale so, daß sprachrelevante Laute und Knistergeräusche besser, alle anderen Klänge dagegen schlechter übertragen werden (vgl. Plattig, 1995, Sp. 1091).

- Zwei kleine Muskeln im Mittelohr sind in der Lage, reflektorisch die Schalldruckübertragung über Trommelfell und Knöchelkette an den Schalldruckpegel anzupassen (Plattig, 1995, Sp. 1081).

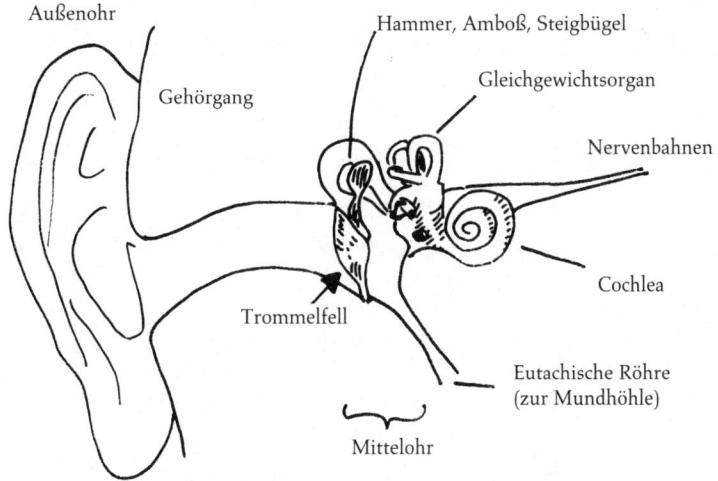

Außenohr
Hammer, Amboß, Steigbügel
Gehörgang
Gleichgewichtsorgan
Nervenbahnen
Cochlea
Trommelfell
Eutachische Röhre
(zur Mundhöhle)
Mittelohr

Abbildung 2: Aufbau des Hörapparats – das Außenohr bewirkt überwiegend eine Dämpfung nicht relevanter Frequenzen unter 20 Hz und über 16000 Hz. Die Knöchelkette im Mittelohr verkleinert die durch den Schall verursachten Vibrationen und überträgt eine 22fach erhöhte Kraft auf das Flüssigkeitssystem des Innenohrs (vgl. Plattig, 1995, Sp. 1078 ff).

Obwohl die Umweltreize sehr differenziert aufgenommen werden können, sind die Wahrnehmungsbereiche von Sprache und Musik in weite Kategorien gegliedert: in die Vokale und Konsonanten der Sprache, die Tonhöhenstufen im Tonsystem, die Notenlängen im Rhythmussystem und die Gattungen von Klangerzeugern (→ Musikinstrumente). Hierbei handelt es sich um sozial gesteuerte Lernvorgänge, die jeweils

nach den Anforderungen eines Kulturbereichs unterschiedlich ausgeprägt sind.

Es wird deutlich, daß die physikalischen Signale der Umwelt bereits
auf einer sehr frühen Ebene deutliche Umwandlungen erfahren. Der Dirigent Sergiu Celibidache sprach von einer «doppelten Wirklichkeit»:
Die physikalische Wirklichkeit ist mit physikalischen Meßinstrumenten
erfaßbar. Erst durch die Umwandlung im Gehör und im Nervensystem
wird sie als psychische Wirklichkeit erfahrbar. Die Welt der physikalischen Klangphänomene bietet die Grundlage für die Entstehung von
Musik. Wirklich entsteht sie jedoch erst im Bewußtsein des Menschen.

3. Vorbewußte Wirkungen

Die Umsetzung der Schallwellen in Nervensignale erfolgt im Innenohr
in der Cochlea, einem spiralförmigen Gebilde mit drei Kammern: Die in
der Cochlea vorhandene Lymphflüssigkeit gerät durch den Druck der
Knöchelkette in Bewegung und erregt indirekt die Hörnerven (Abb. 2;
zur genauen Funktion s. Plattig, 1995). Das Innenohr ist mit dem Gleichgewichtsorgan verbunden. Man nimmt darum an, das Hören sei ursprünglich einmal aus dem Gleichgewichtssinn entstanden.

Die Cochlea ist durch zwei Nervensysteme mit dem Cortex verbunden. Die afferenten Nervenbahnen leiten die vorverarbeiteten Signale
an die höheren Hirnebenen. Die efferenten Nervenbahnen kommen
von den höheren Hirnebenen und verändern die Arbeit der afferenten
Bahnen. Aufgabe des efferenten Systems scheint die Steuerung der
Höraufmerksamkeit zu sein. Es sorgt für einen Schallschutz und wählt
bestimmte Reize aus, indem es die Übertragungsbereiche moduliert
(Hellbrück, 1993, S. 102; Lipscomb & Hodges in Hodges, 1996, S. 88).
Auch im weiteren Verlauf der vorbewußten Verarbeitung übt das effe-
rente Nervensystem einen großen Einfluß aus. Nachgeordnete Hirnareale verändern die Bearbeitung von Nervensignalen von oben her
(top-down). Es wird vermutet, daß sich hier der Einfluß von Wahrneh-
mungserwartungen zeigt (Unyk, 1990, S. 237 f; Narmour, 1991): Bereits gelernte Schemata werden verwendet und beschleunigen die Er-
kennung von neu eingehenden Informationen.

Die unterste Ebene der Informationsverarbeitung ist dem bewußten
Erleben nicht zugänglich und dennoch eine der wesentlichen Grundlagen

für die Hörwahrnehmung und somit für das Musikerleben. Bregman (1990) zeigt anhand von empirischen Arbeiten, daß auf dieser primären Ebene der Informationsverarbeitung die akustischen Ereignisse rezipiert und vorstrukturiert werden. Wie in einem sich selbst organisierenden System erlernt das Individuum Verarbeitungsschemata, die eine Figur-Grund-Unterscheidung im Sinne der Gestalttheoretiker ermöglichen (zur Theorie s. Metzger, 1976; musikbezogene Arbeiten s. Deutsch, 1994). Relevante Klänge werden vom Klanghintergrund und von Störgeräuschen getrennt, zusammengehörige Klänge als Einheiten weitergeleitet. Ohne Kontrolle durch das Bewußtsein schließen sich die akustischen Informationen zu Schemata zusammen. Bereits auf dieser untersten Ebene wird somit die Informationsvielfalt im phänomenologischen Sinn reduziert und die Verarbeitung beschleunigt.

Lernen und Reifen des Organismus ohne Einwirkung des Bewußtseins ist möglich, weil die Umwelt Regelmäßigkeiten zeigt, die auf akustische Phänomene hinweisen:

• Klänge, die keine Beziehung zueinander haben, beginnen oder enden praktisch nie genau zum selben Zeitpunkt (Bregman, 1993, S. 17 ff).

• Wenn Klänge von derselben Klangquelle stammen, tendieren sie dazu, ihre Eigenschaften fließend und langsam zu verändern (ebenda, S. 18 f).

• Die regelmäßigen Vibrationen von klingenden Körpern geben Anlaß zu einem akustischen Muster, in dem die Frequenzanteile ganzzahlige Mehrfache einer Grundfrequenz sind (ebenda, S. 27 f).

• Wenn Veränderungen in einem akustischen Phänomen vor sich gehen, so sind alle Teilkomponenten davon betroffen, und zwar gleichzeitig und in einer ähnlichen Art und Weise (ebenda, S. 28 f).

Diese Regelmäßigkeiten ermöglichen es, Eigenschaften zusammenzufassen und akustische Objekte zu identifizieren. Terhardt (1982) vermutete, daß die grundlegenden Intervalle Oktave und Quinte auf der vorbewußten Verarbeitungsebene aus den Klängen von Sprechstimmen abstrahiert und frühzeitig erlernt werden. Bharucha und Mencl (1996) bestätigten in Computersimulationen, daß das Gehör sich das Oktavsystem vorbewußt aneignen kann. Dies würde erklären, warum trotz unterschiedlichster Tonsysteme Oktave und Quinte in allen Musikkulturen der Welt verwendet werden. Tatsächlich findet man auf einer sehr frühen, nicht bewußtseinsfähigen Ebene der neuronalen Verarbeitung einzelne Nerven, die typisch auf einfache Intervalle reagieren (s. Abb. 3:

zwischen dem Olivenkomplex und dem Colliculus inferior; Ehret & Merzenich, 1985).

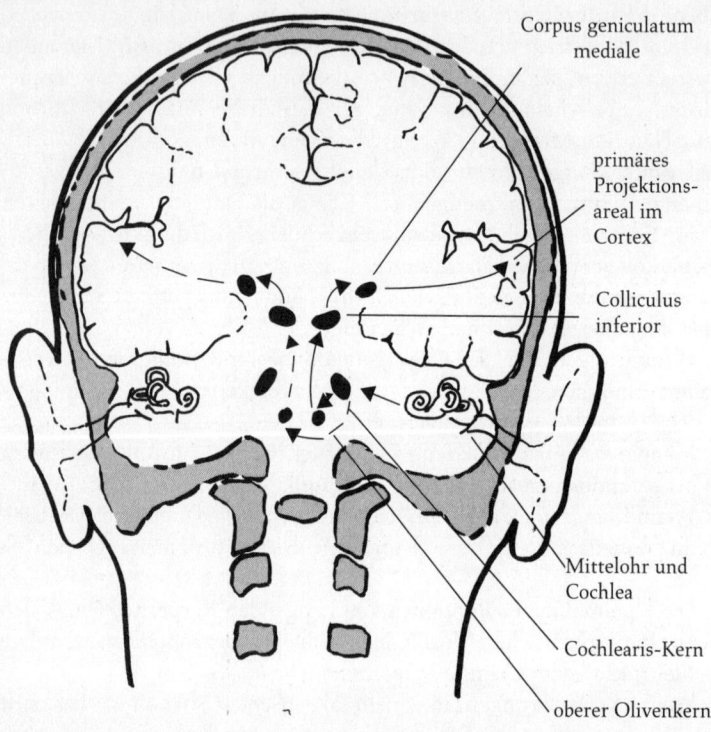

Corpus geniculatum mediale

primäres Projektionsareal im Cortex

Colliculus inferior

Mittelohr und Cochlea

Cochlearis-Kern

oberer Olivenkern

Abbildung 3: Afferentes Nervensystem, für die Bahnen des rechten Ohrs vereinfach dargestellt

Alles deutet darauf hin, daß die vorbewußte Verarbeitung zum Ziel hat, Invarianzen in der akustischen Umwelt zu erkennen (Neisser, 1985) und als Kategorien und Schemata an die höheren Hirnebenen weiterzuleiten. Zu diesem Zweck bleiben die Umweltreize bis zu mehreren Sekunden in einer Art Kurzzeitspeicher (Berz, 1995) im Nervensystem erhalten, wie aus Experimenten zur Verdeckung von akustischen Reizen abgeleitet werden konnte (Carterette & Friedman, 1978, S. 317). Man fühlt sich an den Begriff der «Präsenzzeit» von Wundt erinnert (1911; s. dazu Beck in

Bruhn, Oerter & Rösing, 1993, S. 464), einer Art von phänomenologischer Gleichzeitigkeit, innerhalb deren Wahrnehmungsinhalte zu einer Gestalt zusammengefaßt werden (Bruhn, 1994, S. 137 f).

Die vorverarbeiteten Informationen werden nicht nur im auditiven Bereich weitergeleitet. Vom Colliculus inferior bestehen zum Beispiel Verbindungen zum Kleinhirn, die reflektorische Reaktionen wie erschrecktes Aufspringen auslösen oder die Schutzmuskeln im Innenohr aktivieren. Hier wird auch die räumliche Lokalisation eines Schallereignisses vorgenommen (Altenmüller, 1995, Sp. 1095). Im Corpus geniculatum besteht eine Verbindung zu den Sehnerven, die vermutlich ebenfalls zur räumlichen Orientierung beiträgt. Auf derselben Ebene werden auditive Informationen zu Thalamus und Hypothalamus geleitet, die über endokrine Reaktionen den Körper beeinflussen.

Besonders bemerkenswert sind jüngste Versuche, schwerkranken Parkinson-Patienten durch Rhythmisierung des Thalamus wieder zum Gehen zu verhelfen: Die Rhythmisierung erfolgt durch direkte Stimulierung mittels eingepflanzter Elektroden (Robert Moringlane an der Universität des Saarlandes) oder über Rockmusik, die mit einem Walkman gehört wird (Thaut u.a., 1996). Vielleicht ist dies ein weiterer Hinweis auf eine Form von neuronalem Zeitgeber (Pöppel, 1988), der bei den Patienten nur noch unter zusätzlicher Stimulation funktioniert.

4. Bewußtseinsfähige Wirkungen

Manche Wirkungen von Musik können sowohl unbewußt als auch bewußt erlebt bzw. nachvollzogen werden. Meist handelt es sich bei den Verarbeitungsprozeduren in diesem Bereich um gut gelernte Vorgänge, die nicht bewußtseinspflichtig sind und somit automatisiert ablaufen können. Prozesse dieser Ebene laufen häufig parallel zueinander ab: Man kann hören und gleichzeitig sehen. Man kann eine Melodie hören und sich gleichzeitig auf die Nebenstimmen konzentrieren. Man kann Musik hören, über ein Problem nachdenken und dennoch auf ein ungewöhnliches Geräusch aufmerksam werden. Keiner der Verarbeitungsprozesse muß bewußt verfolgt werden, kann aber jederzeit bewußtgemacht werden (dazu Scheerer, 1993, S. 154 f). Pribram (1991) definiert drei Aspekte bewußtseinsfähiger Verarbeitungsschritte, die er jeweils bestimmten Cortex-Arealen zuschreibt.

Identifikation von Gegenständen

Im primären auditorischen Projektionsareal gelangen die vorverarbeiteten Nervensignale in den Cortex (Abb. 4). Im sekundären Projektionsareal werden die Umweltschemata und Umweltattribute zueinander in Beziehung gesetzt, so daß eine Vorstellung von einem Wahrnehmungsgegenstand entsteht (comprehension; Pribram, 1991, S. 165 ff). Aus Einzeltönen werden Melodien, Harmonien und musikalische Formen. Im übergeordneten Sinn entstehen Musikstücke als Gestalten (Narmour, 1990), es werden Prototypen von musikalischen Ereignissen (Gjerdingen, 1991; Kötter, 1992) entwickelt und Modelle von Strukturen aufgebaut (Stoffer in Bruhn, Oerter & Rösing, 1993, S. 466 ff). Eine eindrucksvolle Beschreibung des Aufbaus von hierarchischen Schemata bei Musikern und Laien gibt Deliège (1996).

Bewertung von Wahrnehmungen

Ist ein Gegenstand identifiziert worden, so wird als nächstes beurteilt, ob dieser Gegenstand bekannt ist. Dies geschieht nach Pribram (1991, S. 199 ff) im Amygdala-System, von dem man annimmt, daß es eine wesentliche Rolle beim Langzeitgedächtnis spielt.

Im Amygdala-System laufen die Wahrnehmungsinformationen aus den verschiedenen Sinnesorganen zusammen. Von hier aus besteht auch die wichtige Verbindung zum limbyschen System, in dem die emotionale Bewertung erfolgt. Die emotionale Bewertung, der Gefühlsausdruck von Musik wird also nicht nur von den verarbeiteten akustischen Reizen bestimmt, sondern vom Miteinander aller Sinneseindrücke und den dadurch wachgerufenen Erinnerungen. So erweist sich, daß die Beurteilung der Interpretation eines Klavierstücks oder eines Liedes selbst dann vom gezeigten Interpreten abhängig ist, wenn die Tonaufnahme absolut identisch ist (Bullerjahn & Lehmann, 1989). Selbst Musikexperten konnten durch einen einleitenden Text über den angeblichen Dirigenten zu sehr unterschiedlichen Aussagen über drei identische Bruckner-Aufnahmen veranlaßt werden (Rösing, 1995). Prestigesuggestion erhöht den Wert einer Interpretation (Rittelmeyer, 1971).

Die Emotion einer Musikwahrnehmung wird in diesem Verarbeitungsabschnitt zu einer zusätzlichen Qualität der wahrgenommenen Gestalt (Bruhn in Bruhn, Oerter & Rösing, 1993, S. 447). Der Emotionsgehalt ist ebenso Teil des Erlebens wie die objektiven Informationen der Töne, des Aussehens der Musiker oder der Gestaltung des Konzertsaals.

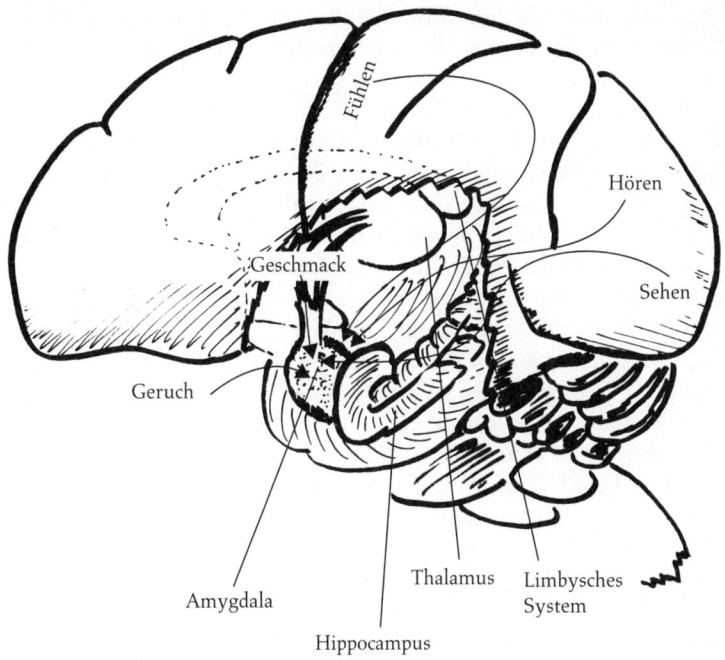

Abbildung 4: Der Cortex, von der linken Seite gesehen. Die im Text genannten Verarbeitungsareale und ihre vermuteten funktionalen Verbindungen sind eingezeichnet (nach Mishkin & Appenzeller, 1990).

Musik wird Teil eines mentalen Modells, das die Befindlichkeit eines Menschen beschreibt. Der Aufbau des Modells ist von den Vorkenntnissen des Musizierenden oder des Musikhörers und den zur Verfügung stehenden Verarbeitungsprozeduren abhängig. Außerdem wirkt das gesamte Setting (die räumliche und soziale Umgebung) auf das emotionale und kognitive Erleben (vertiefend s. Gembris, 1985, S. 115 ff).

So ist es nicht verwunderlich, daß Musiktherapie in den letzten Jahren zunehmend zu einer sozialen Interaktionsform entwickelt wurde (→ Musiktherapie). Im Musizieren und Improvisieren werden alle momentanen Gefühle und Gedanken wirksam. Das ermöglicht eine Kommunikation über nicht verbalisierte Inhalte. Musik kann die Erfahrung von Gefühlen intensivieren (McKinney, 1990). Die Anwendung von

Musik als medikamentenartigem Mittel zur Veränderung von Befindlichkeiten wird höchstens noch von unwissenschaftlichen Buchautoren propagiert (z. B. Rueger, 1992).

Wahrnehmung von Bedeutsamkeit – Notwendigkeit von Veränderungen

Der dritte bewußtseinfähige, aber nicht bewußtseinspflichtige Verarbeitungsabschnitt ist nicht so einfach plausibel zu machen. Pribram (1991, S. 221 ff) nennt ihn «irrelevance and innovation». Im regelmäßigen Informationsaustausch zwischen Amygdala, Hippocampus und präfrontalem Cortex wird untersucht, ob eine verarbeitete Information bereits bekannt ist, ob etwas neu gespeichert oder ob eine bereits gespeicherte Gedächtnisspur verändert werden muß (Wallin, 1991, S. 301).

Die Notwendigkeit der Veränderung bezieht Pribram nicht nur auf Gedächtnisspuren, sondern auch auf ablaufende Handlungen, die nach den Theorien von Gibson (1982) dieselbe Repräsentationsform wie Erinnerungen haben. Eingehende Hörreize können zum einen zur Bestätigung einer bisherigen Handlung z. B. beim Musizieren führen. Wenn das Hörerlebnis jedoch den vorher aktivierten Schemata nicht mehr entspricht, müssen Konsequenzen gezogen werden: Unsauberheiten verlangen nach einer Korrektur der Intonation, eine mißlungene Koloratur wird erneut geübt, falsche Einsätze in der Kammermusik führen zum Abbruch des Musizierens.

Auf dieser Hirnebene ist der auditive Bereich nicht mehr getrennt von den anderen Bereichen der Wahrnehmungsverarbeitung. Sowohl Input als auch Output der neuronalen Weiterverarbeitung sind sinnesunspezifisch (Mishkin & Appenzeller, 1990). Das Hörgedächtnis wird somit zum unlösbaren Bestandteil einer Gesamtfunktion Gedächtnis, deren Sinn allein in der Orientierung des Menschen in der Umwelt zu suchen ist.

So wird plausibel, warum oft zwangsläufig mit dem Hören von bestimmten Musikstücken Lebenszusammenhänge oder Einzelereignisse erinnert werden. Auch das Phänomen der Synästhesie, bei dem musikalische Details (Töne, Akkorde, Klänge usw.) mit Farben oder Formen verbunden werden, erscheint in diesem Modell wenig aufsehenerregend. Synästhesie scheint im Gegenteil eine phylogenetisch wie ontogenetisch frühere Form der Wahrnehmung zu sein, die erst nach langen Lernprozessen zu sinnesspezifischen Wahrnehmungen führte (vgl. dazu Cuddy & Rösing in Bruhn, Oerter & Rösing, 1993, S. 499)

5. Bewußtseinspflichtige Prozesse

So beeindruckend es ist, daß Musik auch vorbewußt Wirkungen hat, so ist aber auch deutlich, daß manche Wirkungen nur bewußt ablaufen. Zum Beispiel kann die Aufmerksamkeit bewußt auf Details der Musik gerichtet werden. Dies wird in wissenschaftlichen oder pädagogischen Studiengängen oft gelehrt. Die Befürchtung, daß dadurch der ästhetische Genuß von Musik geringer würde, hat sich als unberechtigt herausgestellt (Rötter, 1987). Keineswegs ist aber das analytische Hören (im Sinne des Experten; s. Adorno 1962, S. 15 ff) höher zu bewerten als das ganzheitliche Empfinden. In bestimmten Situationen muß die Aufmerksamkeit bewußt auf etwas gerichtet werden – so in der Orchesterprobe, wenn der Dirigent Einzelheiten der Interpretation herausarbeiten möchte oder Fehler korrigieren muß. Die Aufmerksamkeit wird oft von unbewußten Vorgängen geweckt und dann im Prozeß der *Wahrnehmung von Bedeutsamkeit* (s. voriger Abschnitt) auf das Ereignis gerichtet.

Die Verbalisierung von Wirkungen setzt ein bewußtes Erleben von Musik voraus. Durch die Richtung der Aufmerksamkeit und die Verbalisierung werden allerdings auch Ereignisse aus dem Bewußtsein ausgeblendet. Die bewußtseinspflichtige Wahrnehmung ist selektiv. Diese bewußte Auswahl von Wahrnehmungsereignissen unterscheidet sich wesentlich von der selektiven Verarbeitung in unbewußten Bereichen (Hirsh & Watson, 1996, S. 478). Die unbewußte Selektion ist von vielfältigen früh gelernten Prozessen abhängig, die nicht gesteuert werden können. Die Richtung der Aufmerksamkeit ist bewußt gesteuert – die sich daraus ergebende Wahrnehmung / Erkenntnis kann von Moment zu Moment zu anderen Ergebnissen führen.

Bewußtseinspflichtig sind alle Handlungen und Zielsetzungen, die nicht durch eine regelmäßige Wiederkehr bereits automatisiert werden konnten. Immer dann, wenn eine erneute Koordination zwischen Wahrnehmungs- und Handlungseinheiten notwendig ist und wenn irgend etwas vom Organismus als neu und berücksichtigenswert erkannt wurde, muß bewußt eingegriffen werden in den Regelkreis des menschlichen Verhaltens.

Physiologisch ist der Bereich, der für die bewußtseinspflichtigen Prozesse zuständig zu sein scheint, der präfrontale Cortex (Pribram, 1991, S. 230 ff). Bei erhöhter Aufmerksamkeit verringert sich hier der Anteil der Alpha-Wellen, der Entspannung andeutet. Der Anteil der Theta-Wellen wird größer – ein Zeichen für Konzentration (Petsche u. a., 1993). Hier befindet sich auch das motorische Sprachzentrum. Bei Vögeln scheint dieser Bereich das Singen zu steuern (bei Kanarienvögeln festgestellt: Nottebohm, 1989).

6. Spezialisierung der Hemisphären des Cortex

Oft wird behauptet, daß die Hälften des Gehirns bei der Verarbeitung von Informationen unterschiedliche Funktionen haben. Sprache als rationaler Anteil der akustischen Kommunikation wird meist dem bewegungsdominanten Teil zugeschrieben – bei den meisten Menschen die rechte Hand / Körperhälfte, die vom linken motorischen und sensorischen Cortex kontrolliert wird. Für Musik als emotionalem Anteil der Kommunikation soll dagegen die entgegengesetzte (rechte) Hirnhälfte zuständig sein. In bestimmten pädagogischen Kreisen wird argumentiert, daß man besonders hohe Lernleistungen im rationalen Bereich erreichen könne, wenn man mit musikalischen Mitteln eine ganzheitliche Aktivierung des ansonsten linkslastig arbeitenden Gehirns erreichen würde.

Aus vorherigen Überlegungen ist sicher bereits deutlich geworden, daß dies so nicht stimmen kann, da das Gehirn bei jeder akustischen Wahrnehmung ganzheitlich aktiviert wird. Das Gehirn funktioniert nur als Ganzes – eine kleine Störung in irgendeinem Bereich des Gehirns hat meist bereits gravierende Funktionsausfälle zur Folge. Die eben angeführten Aussagen zur Hemisphärendominanz sind unzulässige Verallgemeinerungen einer naiven Zuordnung von Sprache zu Ratio und Musik zu Emotion (Bruhn, 1989).

Allerdings zeigte sich, daß die Hirnhälften minimale Verarbeitungsvorteile für bestimmte Sorten von Umweltreizen besitzen: Rhythmen, kurze Silben und Konsonanten können um wenige Millisekunden schneller identifiziert werden, wenn sie am rechten Ohr vorgespielt werden. Das rechte Ohr ist mit etwas überwiegendem Anteil mit der linken, sprachdominanten Hirnhälfte verbunden. Klänge, Vokale oder Melodien können dagegen mit dem linken Ohr geringfügig schneller identifiziert werden (im Überblick Zatorre, 1984; Bruhn, 1989; Fassbender, 1993). Die früher immer wieder postulierte Linksdominanz der Sprache ist vielleicht einfach darauf zurückzuführen, daß man den Aspekt der Konsonanten, die zugegebenermaßen für die Verständlichkeit von Sprache eine große Rolle spielen, überbetont hat.

Die Unterschiede in den EEG-Wirkungen beim Hören von Musik zwischen Musikern und Laien (Petsche u.a., 1989) sind mit ziemlicher Sicherheit darauf zurückzuführen, daß Musiker ihre Aufmerksamkeit auf andere Aspekte der Musik richten und deshalb auch andere Hirnareale aktivieren. Dies ist ebenso wie die hirnphysiologischen Unterschiede (z.B. eine ausgeprägtere Verbindung zwischen den Hirnhälften bei Musikern; vgl. Schlaug u.a., 1995) auf unterschiedliche Lernvorgänge in der Entwicklung zurückzuführen.

Bemerkenswert sind jedoch Untersuchungen zu den frontalen Cortexbereichen: Aus Krankenberichten ist zu entnehmen, daß Unfallopfern mit Verletzungen des linken frontalen Bereichs zu Katastrophenreaktionen neigen – sie sind verzweifelt und depressiv (Code, 1986). Die Verletzung des rechten frontalen Bereichs führt eher zu apatischen oder aber zu euphorisierten Gemütszuständen. Die Vermutung liegt nahe, daß die Hirnhälften bestimmte Typen von Emotionen kontrollieren: rechts euphorische Reaktionen und links dysphorische Reaktionen. Fällt eine Hirnhälfte durch Verletzung aus, so dominieren die Emotionen der jeweils anderen Hirnhälfte (Springer & Deutsch, 1987, S. 125 ff). Über mögliche Schlußfolgerungen zur Beziehung zwischen den Verarbeitungsvorteilen der Hirnhälften für Rhythmen bzw. Klänge / Melodien und der Funktion des frontalen Cortex zur Kontrolle von Emotionen ist bisher nicht geforscht worden.

7. Musik und Drogen

Über die Veränderung der Wirkung von Musik unter Drogen ist in den 70er Jahren viel geschrieben worden (Shapiro, 1989). Tatsächlich scheint das Musikerlebnis subjektiv intensiver zu werden. Dies ist physiologisch darauf zurückzuführen, daß die Wirkstoffe der Drogen im Nervensystem die Positionen der Neurotransmitter blockieren, die die Aufgabe haben, Signale von einem Nerven zum anderen weiterzuleiten. So handelt es sich tatsächlich nicht um eine Erweiterung des Bewußtseins bei der Musikwahrnehmung, sondern um eine Einengung, da die blockierten Nervenbahnen nicht mehr ausreichend auf Umweltreize reagieren und an ihren Eigenaktivitäten ersticken. Dies zeigt sich auch nach außen: Während der Drogenkonsument die Welt und die Musik lebendiger erlebt, wirkt er selbst verlangsamt.

In einer Untersuchung von besonders kreativen Erwachsenen, die Drogen zu sich nehmen, zeigte sich, daß es dabei keinen grundsätzlichen Unterschied gibt, ob Kokain, Alkohol, Narkotika, Halluzinogene oder Tranquilizer genommen werden (Kerr u.a., 1991). Viele der untersuchten Erwachsenen beschrieben, daß anfänglich der Gebrauch von Drogen nützlich schien, auf lange Zeit jedoch als zerstörerisch empfunden wurde.

Teilweise wird das Musikhören selbst schon als eine Art von Droge angesehen (vgl. auch Rösing, 1991). Dies trifft die naiven Vorstellungen über die Wirkung von Musik in der →Musiktherapie. Die Acid House Music postuliert eine solche Wirkung schon im Namen: Die Musik stellt die Säure (acid) der Droge selbst dar. In Untersuchungen zeigte sich, daß die veränderten Bewußtseinzustände in Acid-House-Konzerten tatsächlich schon durch die Art der Musik und nicht durch die konsumierten Drogen entstehen (Lyttle & Montagne, 1992). Eine Erklärung dafür könnte sein, daß die Bewegung zum Rhythmus der Musik die Ausschüttung körpereigener Morphine veranlaßt.

Dieser Effekt von Rockmusik wird gelegentlich auch in der Musiktherapie mit drogenabhängigen oder sozial gefährdeten Jugendlichen eingesetzt (Kapteina & Hörtreiter, 1993). Musikhören und Musikmachen werden somit zu einer Art von Ersatzdroge.

8. Ausblick

Zusammenfassend läßt sich feststellen, daß Musik in der psychophysiologischen Verarbeitung nicht als vereinzelter Wahrnehmungsgegenstand betrachtet werden kann. Die Wirkung, die von der Musik allein auszugehen scheint, entsteht im Zusammenspiel mit allen anderen Wahrnehmungsbereichen, mit den bisherigen Erfahrungen des Menschen, mit der wahrgenommenen Umwelt und mit den überdauernden und kurzfristig erlebten emotionalen Zuständen. Die wissenschaftliche Forschung trägt diesem Umstand immer noch nicht genügend Rechnung.

In der *Psychophysik* werden quasinaturwissenschaftliche Beziehungen zwischen physikalischem Reiz und neuronaler Reaktion gesucht, ohne zu berücksichtigen, daß diese vorbewußten Reaktionen in enger Verbindung zu bewußtseinsfähigen Vorgängen stehen.

Der überwiegende Teil der *kognitiven Psychologen* beschäftigt sich mit dem Aspekt der Identifikation von Gegenständen und mit ihren strukturellen Beziehungen untereinander. Viele von ihnen scheinen sich nicht im klaren darüber zu sein, daß es sich hierbei um eine ganz enge Vernetzung von vorbewußten Kategorisierungsvorgängen mit bewußtseinsfähigen Strukturierungen handelt.

In der *Emotionspsychologie* wird außer acht gelassen, daß Kognition und Emotion lediglich zwei Aspekte ein und derselben Sache sind. Beleg dafür ist die enge Verknüpfung der Hirnareale, die nach bisherigen Erkenntnissen für Gedächtnis und Emotion zuständig sind.

Schließlich kommen die Verarbeitungseinheiten hinzu, die Wahrnehmungsinformationen auf ihre Bedeutsamkeit für einzuleitende Handlungen hin verarbeiten: Musikwahrnehmung ist eng an bewußtseinsfähige Motive und *Motivationen* geknüpft.

In Forschungsvorhaben sollte vor Beginn geklärt werden, ob es sich um vorbewußte, bewußtseinsfähige oder bewußtseinspflichtige Prozesse handelt, die man untersuchen will. Daraus erst läßt sich ableiten, welche Forschungsmethode angemessen ist und welche interpretatorischen Probleme zu erwarten sind. Die insgesamt unbefriedigende Lage der Wirkungsforschung von Musik ist sicher darauf zurückzuführen, daß die Verarbeitungsebenen und ihre Interaktionen nicht hinlänglich beachtet werden.

Fatal wäre es, weiterhin eindimensional nach kausalen Wirkungen von Musikhören und Musizieren zu forschen. Dies würde ein Verharren in den Fehlern der 60er und 70er Jahre bedeuten (vgl. dazu Harrer, 1982). Musik ist Teil der Lebenswelt und beinhaltet das soziale, kulturelle, biologische und akustische Erleben eines Menschen (→ Musikalische Lebenswelten). Je nach Richtung des Bewußtseins wird die Wirkung von Musik subjektiv einem Teil dieser Lebenswelt zugeschrieben werden.

Literatur

Adorno, T. W. (1962). *Einleitung in die Musiksoziologie.* Frankfurt/M.: Suhrkamp (2. erw. Aufl. Rowohlt, 1968).

Altenmüller, E. (1995). Gehör. Teil III: Zentrale Verarbeitung. In Finscher, L. (Hg.), *MGG Die Musik in Geschichte und Gegenwart.* Sachteil Bd. 3 (Sp. 1093–1104). Kassel/Stuttgart: Bärenreiter/Metzler.

Berz, W. A. (1995). Working memory in music: A theoretical model. *Music Perception, 12,* 353–364.

Bharucha, J. J. & Mencl, W. E. (1996). Two issues in auditory cognition. *Psychological Science, 7* (3), 142–149.

Bregman, A. S. (1990). *Auditory scene analysis: The perceptual organization of sound.* Cambridge, Ms.: MIT-Press.

Bregman, A. S. (1993). Auditory scene analysis: Hearing in complex environments. In McAdams, S. & Bigand, E. (Hg.), *Thinking in sound. The cognitive psychology of human audition* (S. 10–36). Oxford: Claredon Press.

Bruhn, H. (1989). Musik, Emotion und Sprache. Unterschiedliche Aspekte der neuronalen Informationsverarbeitung im Gehirn? *Psychologie in Erziehung und Unterricht, 36,* 91–101.

Bruhn, H. (1994). *Wahrnehmung von Musik. Eine Allgemeine Musiklehre aus der Sicht von Psychologie und Musikgeschichte* (Arbeiten zu Musikpsychologie und Musikpädagogik). Kiel: Christian-Albrechts-Universität.

Bruhn, H. (1995). Gehör. Teil V: Musikpsychologische Aspekte. In Finscher, L. (Hg.), *MGG Die Musik in Geschichte und Gegenwart.* Sachteil Bd. 3 (Sp. 1118–1126). Kassel / Stuttgart: Bärenreiter / Metzler.

Bruhn, H., Oerter, R. & Rösing, H. (Hg.). (1993). *Musikpsychologie. Ein Handbuch.* Reinbek: Rowohlt (3. Aufl. 1997).

Bullerjohn, C. & Lehmann, A. (1989). «Videotraining für Sänger» – zur audiovisuellen Rezeption von Jazz- und Klassikgesang im Fernsehen. *Musikpsychologie. Jahrbuch der Deutschen Gesellschaft für Musikpsychologie, Bd. 6* (S. 61–85). Wilhelmshaven: Noetzel.

Carterette, E. C. & Friedman, M. P. (Hg.) (1978). *Handbook of perception. Hearing* (Bd. IV). New York: Academic Press.

Celibidache, S. (1985). *Über musikalische Phänomenologie* (Vortrag vom 21. Juni 1985). Universität München: Institut für Musikwissenschaft.

Code, C. (1986). Catastrophic reaction and anosognosia in anterior-posterior and left-right models of the cerebral control of emotion. *Psychological Research, 48,* 53–55.

Deliège, I. (1996). Cue abstraction as a component of categorisation processes in music listening. *Psychology of Music, 24,* 131–156.

Deutsch, D. (1994). Die Wahrnehmung auditiver Muster. In Prinz, W. & Bridgeman, B. (Hg.), *Wahrnehmung, Bd. 1*: Kognition. Enzyklopädie der Psychologie (S. 339–389). Göttingen: Hogrefe.

Ehret, G. & Merzenich, M. M. (1985). Auditory midbrain responses parallel. Spectral integration phenomena. *Science, 227,* 1245–1247.

Fassbender, C. (1993). *Auditory grouping and segregation processes in infancy.* Norderstedt: Kaste.

Fricke, J. (1988). Klangbreite und Tonempfindung. Bedingungen kategorialer Wahrnehmung aufgrund experimenteller Untersuchung der Intonation. *Musikpsychologie. Jahrbuch der Deutschen Gesellschaft für Musikpsychologie, Bd. 5* (S. 67–87).

Gembris, H. (1985). *Musikhören und Entspannung.* Hamburg: Wagner.

Gibson, J. J. (1982). *Wahrnehmung und Umwelt.* München: Urban & Schwarzenberg (Orig. 1979).

Gjerdingen, R. O. (1991). Defining a prototypical utterance. *Psychomusicology, 10*, 127–139.

Harrer, G. (1982). Das «Musikerlebnis» im Griff des naturwissenschaftlichen Experiments. In Harrer, G. (Hg.), *Grundlagen der Musiktherapie und Musikpsychologie* (S. 3–54) (2. Aufl.). Stuttgart: Fischer (Orig. 1975).

Hellbrück, J. (1993). *Hören.* Göttingen: Hogrefe.

Hirsh, I. J. & Watson, C. S. (1996). Auditory psychophysics and perception. *Annual Review of Psychology, 47*, 461–484.

Hodges, D. A. (Hg.). (1996). *Handbook of music psychology* (2. Aufl.). University of Texas, San Antonio: IMR Press.

Hulse, S. H. (1990). Comparative psychology and music perception. In Wilson, F. R. & Roehmann, F. L. (Hg.), *Music and child development* (S. 139–156). St. Louis, Ms.: MMB Music.

Hulse, S. H., Takeuchi, A. H. & Braaten, R. F. (1992). Perceptual invariances in the comparative psychology of music. *Music Perception, 10* (2), 151–184.

Kapteina, H. & Hörtreiter, H. (1993). *Musik und Malen in der therapeutischen Arbeit mit Suchtkranken.* Stuttgart: Fischer.

Kerr, B., Shaffer, J., Chambers, C. & Hallowell, K. (1991). Substance use of creatively talented adults. *Journal of Creative Behavior, 25* (2), 145–153.

Kötter, E. (1992). Zur Prototypenbildung bei der Abstrahierung melodischen Materials. *Musikpsychologie. Jahrbuch der Deutschen Gesellschaft für Musikpsychologie, 9*, 55–64.

Lyttle, T. & Montagne, M. (1992). Drugs, music, and ideology: A social pharmacological interpretation of the Acid House movement. *International Journal of the Addictions, 27* (10), 1159–1177.

McKinney, C. H. (1990). The effect of music in imagery. *Journal of Music Therapy, 27* (1), 34–46.

Metzger, W. (1976). *Gesetze des Sehens.* Frankfurt: Kramer (1. Aufl. 1953).

Mishkin, M. & Appenzeller, T. (1990). Die Anatomie des Gedächtnisses. In Singer, W. (Hg.), *Gehirn und Kognition* (S. 94–104). Heidelberg: Spektrum der Wissenschaft (Orig. 1987).

Narmour, E. (1990). *The analysis and cognition of basic melodic structures.* Chicago: University of Chicago Press.

Narmour, E. (1991). The top-down and bottom-up systems of musical implication: Building on Meyer's theory of emotional syntax. *Music Perception, 9* (1), 1–26.

Neisser, U. (1985). The role of invariant structures in the control of movement. In Frese, M. & Sabini, J. (Hg.), *Goal directed behavior: The concept of action in psychology* (S. 97–109). Hillsdale NJ: Erlbaum.

Nottebohm, F. (1989). Vom Vogelgesang zur Bildung neuer Nervenzellen. *Spektrum der Wissenschaften, 4*, April, 112–117.

Peery, J. C., Peery, I. W. & Draper, T. W. (Hg.) (1987). *Music and child development*. Heidelberg: Springer.

Petsche, H., Lindner, K., Rappelsberger, P. & Gruber, G. (1989). Die Bedeutung des EEG für die Musikpsychologie. In Petsche, H. (Hg.), *Musik – Gehirn – Spiel* (S. 111–134). Basel: Birkhäuser.

Petsche, H., Richter, P., Stein, A. v., Etlinger, S. C. & Filz, O. (1993). EEG coherence and musical thinking. *Music Perception, 11*, 117–151.

Plattig, K. H. (1995). II. Periphere Verarbeitung. In Finscher, L. (Hg.), *MGG Die Musik in Geschichte und Gegenwart*. Sachteil Bd. 3, Gehör (Sp. 1077–1093). Kassel / Stuttgart: Bärenreiter / Metzler.

Pöppel, E. (1988). Gehirnzeit und Musikempfinden. In Götze, H. & Simon, W. (Hg.), *Wo Sprache aufhört. Herbert von Karajan zum 5. April 1988* (S. 31–49). Berlin / Heidelberg: Springer.

Pribram, K. H. (1991). *Brain and perception. Holonomy and structure in figural processing*. Hillsdale, NJ: Erlbaum.

Rittelmeyer, C. (1971). Zur Auswirkung der Prestigesuggestion auf die Beurteilung der neuen Musik. *Musik und Bildung, 3*, 72–74.

Rösing, H. (Hg.) (1991). *Musik als Droge? Zu Theorie und Praxis bewußtseinsverändernder Wirkungen von Musik* (Parlando 1). Mainz: Villa Musica.

Rösing, H. (1995). Musikalische Meinungsbildung. In Bruhn, H. & Rösing, H. (Hg.), *Musikpsychologie in der Schule (Akademie für Lehrerfortbildung Dillingen, Akademiebericht Nr. 273)* (S. 57–72). Augsburg: Wißner.

Rösing, H. & Roederer, J. C. (1985). Musik in der Entwicklung der Menschheit. In Bruhn, H., Oerter, R. & Rösing, H. (Hg.), *Musikpsychologie. Ein Handbuch in Schlüsselbegriffen* (S. 351–359). München: Urban & Schwarzenberg.

Rötter, G. (1987). *Die Beeinflußbarkeit emotionalen Erlebens von Musik durch analytisches Hören*. Frankfurt / M.: Lang.

Rueger, C. (1992). *Die musikalische Hausapotheke*. München: Ariston.

Scheerer, E. (1993). Mentale Repräsentation in interdisziplinärer Perspektive. *Zeitschrift für Psychologie, 201*, 136–166.

Shapiro, H. (1989). Drugs & Rock 'n' Roll. Wien: Hannibal.

Schlaug, G., Jaencke, L., Huang, Y., Staiger, J. F. & Steinmetz, H. (1995). Increased corpus callosum size in musicians. *Neuropsychologia, 33*, 1047–1055.

Springer, S. P. & Deutsch, G. (1987). *Linkes – Rechtes Gehirn: Funktionelle Asymmetrien*. Heidelberg: Spektrum der Wissenschaft.

Terhardt, E. (1982). Die psychoakustischen Grundlagen der musikalischen Akkordgrundtöne und deren algorithmische Bestimmung. In Dahlhaus, C. & Krause, M. (Hg.), *Tiefenstruktur der Musik. Festschrift für Fritz Winckel* (S. 23–50). Berlin: Technische Universität.

Thaut, M. H., McIntosh, G. C., Rice, R. R., Miller, R. A., Rathburn, J. & Brault, J. M. (1996). Rhythmic auditory stimulation in gait training for Parkinson's disease patients. *Movement Disorders, 11* (2), 193–200.

Unyk, A. M. (1990). An information-processing analysis of expectancy in music cognition. *Psychomusicology, 9*, 229–240.

Wallin, N. L. (1991). *Biomusicology: Neurophysiological, neuropsychological, and evolutionary perspectives on the origins and purposes of music.* New York: Pendragon.

Zatorre, R. J. (1984). Musical perception and cerebral function: A critical review. *Music Perception, 2,* 196–221.

III
Musik herstellen

Helmut Rösing

Wechselwirkungen zwischen der Herstellung und Aufführung von Musik

1. Musikproduktion und Musikaufführung als Teilbereiche musikalischer Kommunikationshandlungen

Das Herstellen von Musik vollzieht sich keineswegs – wie Künstlerverklärung im Zeitalter der Romantik glauben machen wollte – im Freiraum «genialischer Inspiration» (Rösing, 1996). Jede musikalische Produktionshandlung (Komposition, Improvisation, Aufführung) ist folglich darauf ausgerichtet, einen Transfer von Botschaften (kommunikationstheoretisch: Nachricht) emotionaler, assoziativer, symbolischer, kognitiver Art zwischen Sender und Empfänger zu leisten. Dieser als «musikalische Kommunikation» bezeichnete Vorgang (Großmann, 1991; Fukač, 1994) vollzieht sich in einem Bedingungssystem gegenseitiger Abhängigkeiten und Wechselwirkungen. Es wird u. a. nachhaltig beeinflußt durch die zur Verfügung stehenden Möglichkeiten der Aufführung und der klanglichen Realisation.

Jede klangliche Realisation kann in diesem Sinn als Ergebnis eines Prozesses gelten, bei dem für den Komponisten bzw. Musiker nicht allein die Erwartungen und Kenntnisse (musikbezogener Erfahrungshorizont) einer Hörerschaft als Zielgruppe musikalischer Kommunikation entscheidend sind, sondern ebenso die situativen und technischen Voraussetzungen von musikalischen Vermittlungshandlungen: der Aufführungsraum (freies Feld, Kirche, Konzertsaal, Tonstudio) und das Instrumentarium (eigene Stimme, akustische sowie elektronische Musikinstrumente, technische Übertragungsmedien; → Musikvermittlung in der modernen Mediengesellschaft). Der russische Komponist und Musiktheoretiker Joseph Schillinger hat die Wechselwirkungen, die sich aus diesem Sachverhalt ergeben, 1931 in einem Artikel für die Zeitschrift «Modern Music» auf die folgende Weise prägnant umschrieben: «Das Gedeihen der musikalischen Kunst wird zu jeder Zeit vom technischen Fortschritt bestimmt, der mit ihm einhergeht. Weder der Komponist noch der Interpret kann die Grenzen der Instrumente seiner Zeit überschreiten. Andererseits stimulieren technische Entwicklungen die

Schöpfung gewisser Formen von Komposition und Aufführung» (zit. n. Wilson in Rösing, 1997, S. 92).

2. Musik in mündlichen Kulturen

Unabhängig von der Frage nach den →Zweckbestimmungen von Musik kann man davon ausgehen, daß das körpereigene Instrumentarium (Stimme, Händeklatschen, Füßestampfen) als primäres Medium des Musikmachens diente (Stockmann, 1982, S. 108; →Musikinstrumente). Zur Nachrichtenübermittlung über weite Distanzen z. B. war der Jodler (Wechsel zwischen Brust- und Kopfstimme) ein geeignetes Mittel, zur Erhöhung von Klangvolumen chorischer Gesang. Mit der zusätzlichen Verwendung von Musikinstrumenten erfolgte zudem nachweislich schon in prähistorischer Zeit eine Außenverlagerung der Musikproduktion. Im Sinn einer direkten Wechselwirkung zwischen Arbeit und Musik war es naheliegend, das jeweils gebräuchliche Arbeitsgerät zum Musikmachen zu verwenden: Tongefäße als Schlaginstrumente, Steingerätschaften als Gegenschläger, den Jagdbogen als Musikbogen, Getreidestampfer als Rhythmusgeber. Zugleich wurden aber offenbar auch aus den Materialien, die zur Herstellung von Werkzeug dienten, eigene Musikinstrumente angefertigt: Pfeifen und Flöten aus Knochen oder Holz, Trommeln aus Kalebassen und Tierfellen, Trompeten aus Schneckengehäusen, Muscheln oder Tierhörnern (Reck, 1991). Damit konnten das Repertoire an Klangfarben und das Klangvolumen von Musik erheblich erweitert werden. Je nach Musizieranlaß, situativen Gegebenheiten, aktuellem Kontext wurden – auf der Grundlage bereits vorhandener Traditionen – Musikinstrumente zur Bereicherung des körpereigenen Instrumentariums oder auch allein (z. B. Schwirrholz: Stimme eines Geistes; vgl. Laade, 1975) eingesetzt.

Bis zum Beginn der Notation war kontinuierliche mündliche Überlieferung Garant für Traditionsbewahrung. Musiziert wurde nach im Gedächtnis gespeicherten melodischen, rhythmischen, formalen und klanglichen Mustern, wobei Variantenbildung und Improvisation in Anpassung an die aktuelle Situation des Musikmachens durchaus üblich war. Es ging um die Regelung (z. B. Hirtenmusik: Kaden, 1977) bzw. Überhöhung sozialer Aufgaben im Sinn einer Metasprache (Kult, Ritus) und um den hörbaren Ausdruck interindividueller psychischer Befindlichkeiten (Zärtlichkeitsbekundung: Wiegenlieder; Ausdruck von Freude, Trauer, Wut usw.: «pathogene» Musik, vgl. Sachs, 1968; zu sozialen Funktionen: Ramseyer, 1970; Rösing & Roederer, 1985, S. 356 f; Stockmann & Sevåg in Stockmann, 1992, S. 49–144). Solange sich dabei eine Differenzierung des Alltagslebens in unterschiedliche Teilbereiche nicht derart ausgeprägt hat wie in der westlichen Zivilisation, war eine Trennung in aktiv agierende «Spezialisten» (ausübende Musiker, Komponisten) und mehr oder weniger kenntnisreiche Konsumenten (Zuhörer) eher unüblich. In nicht so stark arbeitsteilig strukturierten Gesellschaften hat Musik immer noch weit mehr als in westlichen Ländern den Charakter des ganzheitlichen Ereignisses und ist nicht primär eine Darbietung (→Kulturbereiche der Welt). Rudimente dieser Ganzheitlichkeit lassen sich in bestimmten Verhaltensritualen beim Konzertbesuch bis auf den heutigen Tag erkennen (Applaus: Heister, 1984; Systematisierung: Rösing & Barber-Kersovan, 1993).

3. Verschriftlichung von Musik

Mit der Entwicklung eines Notationssystems in mehreren Stufen vom 9. bis 14. Jahrhundert (Neumen, modale Notation, Mensuralnotation; Griffschrift: Tabulatur) vollzog sich in der abendländischen Musik ein für ihre Herstellung und Aufführung entscheidender Wandel (zur Musikgeschichte im Überblick: Wörner, 1975; Dietel, 1994). Die Verlagerung von mündlicher Überlieferung zu schriftlicher Fixierung stellt einen folgenreichen Eingriff in den musikalischen Schaffensvorgang dar. Denn ihrem Wesen nach steht Komposition (lat. componere = zusammensetzen) als das «durchdachte, vorbereitet, ausgearbeitet Geschaffene und als solches Niedergeschriebene primär im Gegensatz zur Improvisation» (Cahn, 1996, S. 507; →Improvisation). Notenschrift wird in der gehobenen Musik des Abendlandes immer mehr zu einer Voraussetzung für die Aktivierung von musikalischer Produktivkraft. Sie ermöglicht die «Entfaltung der Komposition als einer mehrfach reflektierten, von memorialer Tradierung [Überlieferung aus dem Gedächtnis] abgehobenen Form musikalischen Produzierens» (Kaden, 1984, S. 334; vgl. auch 1993, S. 64 ff). Vor allem Mehrstimmigkeit auf der Grundlage rational begründeter Kompositionslehren (Musiktheorie: z. B. Guido v. Arezzo, 11. Jahrhundert, «Guidonische Hand») avancierte spätestens ab dem

14. Jahrhundert gegenüber einstimmiger Musik «zum Inbegriff von Musik mit artifiziellem Anspruch» (Dahlhaus in Dahlhaus & Eggebrecht, 1985, S. 45). Die Folge davon war eine zunehmende Spezialisierung und Arbeitsteilung. Durch ihre Verschriftlichung gelangte die gehobene Musik der Kirchen, Klöster und Höfe aus dem Kreislauf von mündlicher Überlieferung und (improvisatorischer) situationsgebundener Variantenbildung zu völlig veränderten «Zirkulationsbedingungen».

Die primäre Funktion von Notation besteht darin, «die klingende Erscheinungsform der Musik zu visualisieren und zu fixieren, um auf diese Weise die Grundlage für ihre Reproduktion zu schaffen» (Brandstätter, 1990, S. 167). Das musikalische Produkt wird zum vielfach reproduzierbaren Werk (Nicolaus Listenius, 1537: «opus perfectum et absolutum»), wobei zumindest bis zur musikalischen Klassik (Mozart, Beethoven) die Personalunion von Komponist, Interpret und Dirigent üblich ist. Der Hörer aber wird zum still genießenden Rezipienten von Musikstücken, die wegen ihres Werkcharakters und wegen ihrer strukturellen Komplexität keinen direkten Mitvollzug (z. B. Tanz, Mitsingen, Mitklatschen) mehr erlauben (→ Musikstil und Interpretation).

4. Komposition am Instrument

In Verbindung mit der Notation von Musik begann auch der Aufstieg der Orgel (organum = Werkzeug) zu einem ernstzunehmenden Musikinstrument (Hammerstein, 1986, S. 87). Ihre Bedeutung für die Komposition wuchs – ebenso wie die der weiteren Tasten- bzw. Klavierinstrumente (Clavichord, Cembalo, Hammerklavier) – in dem Maß, wie die Mechanik verfeinert und damit die Spielmöglichkeiten erweitert wurden (zur Geschichte des Orgelbaus: Frotscher, 1968). Die Tasteninstrumente erlaubten mehr noch als die Saiteninstrumente (Laute, Gitarre) das Zerlegen der «Welt der Töne in Einzeltöne», die man dann wieder zu einem klingenden Ganzen zusammenfügen konnte. Schriftlich ausgearbeitete Komposition als «abstrakt-synthetischer Vorgang» wurde zunehmend ein Ergebnis rationalen Denkens (Rauhe in Batel, 1986, S. 8).

Zur üblicherweise bis ins Barockzeitalter hinein primär für Gesangsstimmen komponierten Musik und zur Praxis des Intavolierens (Übertragens) der mehrstimmigen Vokalsätze für Saiten- und Tasteninstrumente kam im 16. Jahrhundert die originäre Komposition von Stücken für

Tasteninstrumente (Edler, 1997). Dabei wurde die vertikale Organisation von gleichzeitig erklingenden Tönen (Akkorden, Harmoniefolgen) gegenüber dem horizontalen Verlauf von mehreren gleichberechtigten Stimmen immer wichtiger. Die Entwicklung führte vom Filigrangeflecht mittelalterlicher Mehrstimmigkeit zu Verschmelzungsklängen, wie sie Michael Praetorius (1619, S. 152 ff) am Beispiel von «Stimmwerken» zur klanglichen Binnendifferenzierung mehrchöriger Musik in großen Räumen (z. B. Giovanni Gabrieli in der Markuskirche zu Venedig) anschaulich beschrieben hat, und weiter zur barocken Monodie: Über dem Fundament des Basses mit seinen Akkordtönen (Generalbaß, vgl. Jean Philippe Rameau, 1722) erhob sich eine führende Oberstimme.

Unterstützt wird die akkordbezogene Fundierung von Komposition und Aufführung zudem durch den Übergang von verschiedenen Stimmungen für Tasteninstrumente (z. B. mitteltönige Stimmung) zur temperierten Stimmung (Andreas Werckmeister, 1695; im Überblick: Kelletat, 1981/2). Entscheidend war die kaum merkliche Verringerung des Intervalls der Quinte von 702 auf 700 Cents (100 Cents = Halbtonschritt). Damit konnte das pythagoreische Komma eliminiert werden: die deutlich hörbare, durch unangenehme Schwebungen gekennzeichnete Differenz beim Zusammenklang der 12. Quinte mit der 7. Oktave. Die temperierte Stimmung erlaubt das freie Modulieren durch die Tonarten und das Transponieren von einer Tonart in eine andere, ohne daß die Akkorde durch eine Wolfsquinte (Dissonanz durch Schwebungen) beeinträchtigt werden (Bruhn, 1994, S. 53 f).

Die Folgen einer derartigen tonalen Standardisierung für die Produktion und Darbietung von Musik liegen auf der Hand: Temperierte Stimmung und Satztechnik bedingen sich wechselseitig. Für Musiker vom Rang eines Georg Friedrich Händel oder Johann Sebastian Bach steht folglich das Tasteninstrument im Zentrum kompositorischen Handelns. Musikalische Vorstellungen und klangliche Realisation vollziehen sich am Instrument. Bach erfindet seine kühnen harmonischen Fortschreitungen «experimentierend auf der Klaviatur» (Rauhe in Batel, 1986, S. 10), und Beethoven entwickelt am Klavier (32 Klaviersonaten) jene Klänge und Formen, die er dann auf seine Sinfonien überträgt. Diese Tradition des Komponierens am Klavier (Brahms) bzw. an der Orgel (Bruckner) wird auch im 19. Jahrhundert weiter fortgesetzt.

5. Bauliche Entwicklung der Instrumente des klassisch-romantischen Orchesters und Raumakustik

Wechselwirkungen zwischen allgemeiner technischer Entwicklung, Instrumentenbau und Raumakustik prägen die musikalische Situation im 19. Jahrhundert auf nachhaltige Weise. Die Blasinstrumente des klassischen und romantischen Orchesters werden durch Ventile (Horn, Trompete, Ventilposaune) bzw. die Verfeinerung der Klappenmechanik (Böhm-System) den Erfordernissen einer chromatischen Spielweise angepaßt (im Überblick: Dickreiter, 1987). Schon in den 20er Jahren des 19. Jahrhunderts konstruiert Paul Erard die Repetitionsmechanik für das Klavier. Sie erlaubt eine rasche Anschlagsfolge und ist Voraussetzung für virtuoses Klavierspiel. Im Jahr 1840 stellt der belgische Instrumentenbauer Adolphe Sax das in der Tonerzeugung der Klarinette gleichende Saxophon vor. Es kann sich vor allem in der Tanz- und Unterhaltungsmusik sehr schnell als wichtiges Musikinstrument etablieren (geschichtliche Daten: Wörner, 1975).

Mit der schwerpunktmäßigen Verlagerung der Aufführung gehobener Musik von Kirche und Hof in die Opernhäuser und großen bürgerlichen Konzertsäle des 19. Jahrhunderts geht eine weitere Standardisierung und Vereinheitlichung musikalischer Gattungen, Satztechniken (→ Abendländische Kompositionslehre) und Besetzungen einher. Nach dem Trend zur solistischen Darbietung im musikalischen Barock (vokal: Oper, Kantate; instrumental: Solokonzert) gerät jetzt sinfonische Musik zunehmend in den Mittelpunkt des Interesses (zur Musiktheorie und Ästhetik: Dahlhaus, 1980). Hier löst kontinuierlicher Lautstärkewechsel (Crescendo-Decrescendo: Mannheimer Walze) die zuvor beliebte Terrassendynamik (Tutti / Soli) endgültig ab (→ Musikstil und Interpretation). Vorbereitet wurde diese Entwicklung durch das Fortepiano, das sich seit der Frühklassik als führendes Hammerklavierinstrument gegenüber den Kielinstrumenten (Cembali) durchzusetzen begann und im 19. Jahrhundert in Kreisen des gehobenen Bürgertums zu einem regelrechten Klavierfieber führte (Überblick zu Bauweise und Klavierwerkstätten: Dolge, 1972).

Mit der instrumentenbaulichen Entwicklung einher geht die Errichtung immer größerer Opernhäuser und Konzertsäle (z. B. Musikvereinssaal Wien 1870; Concertgebouw Amsterdam 1887). War die Akustik eines barocken Kuppelsaals durch lange Nachhallzeit und geringe Dämpfung gut geeignet für das Musizieren in kleineren Ensembles mit eher klangschwachen Instrumenten (Blockflöte, Gambe, Cembalo), so geht es nun darum, daß große Orchesterformationen vor einer großen Zuhörerschaft sinfonische Klangfülle entfalten. Als wichtiges Kriterium für gute Raumakustik gelten eine nicht zu lange Nachhallzeit (ca. 1,5 bis 2,0 Sekunden) und möglichst gute Schalldiffusität (gleichmäßige Verbreitung aller Schallkomponenten über den Raum), um klangliche Präsenz auch bei rhythmisch stark gegliederten Passagen und bei polyphoner Satzweise sicherzustellen (vgl. Meyer, 1995, S. 159 ff).

Die Komponisten reagieren im allgemeinen schnell auf die neuen klanglichen Möglichkeiten eines erweiterten Musikinstrumentariums und berücksichtigen dieses in ihren neuen Werken (im Überblick: Pape, 1971). Zudem erfolgt eine ständige Anpassung an den Musikmarkt (Kapner, 1987, S. 55 ff), an aktuelle Aufführungsanlässe und -orte: die intimen Salons, die großen Konzertsäle und prunkvollen Opernhäuser oder die neuen Operettenbühnen. Die Ausdifferenzierung in verschiedene Musikstile mit jeweils eigenen ästhetischen Ansprüchen, die endgültige Trennung der Musikrichtungen in artifizielle Kunstmusik (absolute Musik) für die gehobene bürgerliche Bildungsschicht, in volkstümliche Gebrauchsmusik für die Bevölkerung auf dem Land und in Unterhaltungsmusik für ein überwiegend städtisches Publikum (Walzer, Operette, Potpourri, Caféhaus-Musik) schreitet voran (vgl. Hauser, 1974, S. 478 ff).

Vor allem virtuose Musik, gefühlsbetonte Charakterstücke und Programmusik, aber auch mehrstimmige Vokalkompositionen für Laienchöre kommen dem Wunsch nach Unterhaltung und nach eigener Musikbetätigung entgegen. Das Virtuosentum hat seine Hochblüte: Niccolò Paganini und Franz Liszt reisen quer durch Europa und ziehen das Publikum in ihren Bann. Karikaturen über das Klavierspiel von Franz Liszt z. B. belegen, wie sehr bei dieser Art von Startum der Kult des Magischen oder gar Dämonischen dominiert: der technikbeherrschende Musiker als souveräner Erschaffer klanglicher Welten.

6. Elektrifizierung der Musik

Nach der Umwälzung des Musikbegriffs im Abendland durch Notation, der grundlegenden Rolle des Klaviers als instrumentalem Prototyp für akkordbezogene, abstrakt-rationale Kompositionsweise und nach der

Porträtgalerie eines Konzerts mit Franz Liszt von János Jankós 1873 (nach Laszlo Mateka 1967, S. 188)

Verbürgerlichung des Konzertbetriebs im 19. Jahrhundert kommt der Elektrifizierung für die Musik des 20. Jahrhunderts eine durchaus «revolutionäre Bedeutung» zu (Mayer, 1989, S. 29). Nicht nur hat Elektrifizierung die Speicherung von Musik auf Tonträger und deren beliebige Reproduzierbarkeit unabhängig von aufführenden Musikern überall dort möglich gemacht, wo die entsprechenden apparativen Voraussetzungen bestehen (→ Musikgebrauch im täglichen Leben). Durch den Prozeß der Elektrifizierung konnten auch neue elektroakustische und elektronische Musikinstrumente entwickelt bzw. die Klänge der bestehenden mechanisch-akustischen Instrumente durch Mikrophon oder Tonabnehmer verstärkt und verändert werden.

Den Anfang bildeten mechanisch-elektrische Systeme zur Erzeugung elektrischer Schwingungen, die über Lautsprecher hörbar gemacht werden. Bei der Wurlitzer-Orgel z. B. handelt es sich um Zungenschwingungen, die auf elektromagnetischem Weg umgewandelt werden, bei der Hammond-Orgel um Schwingungen, die von einer rotierenden magnetischen Zahnscheibe hervorgerufen werden (Dickreiter, 1987, S. 171 f). Der Elektrotechniker Friedrich Trautwein entwickelte in den 20er Jahren das vollelektronische Trautonium, bei dem die Klänge durch einen Kippschwingungsgenerator erzeugt werden (zur Konstruktion und zu den Vorläufertypen: Prieberg, 1956, S. 78 ff; bekanntestes Beispiel sind die von Oskar Sala am Trautonium realisierten Vogellaute zu dem Film «Die Vögel», 1963, von Alfred Hitchcock).

Ein Instrument, das viel Aufsehen erregte, aber musikalisch vorerst von nur geringer Bedeutung war, ist das von dem Russen Leo Theremin 1921 erstmals der Öffentlichkeit vorgestellte «Aetherophon» (ausführlich Glinsky, 1992). Die Schwingungen von zwei Hochfrequenz-Generatoren führen zu einem hörbaren Differenzton. Wird die Frequenz eines der Generatoren im elektrostatischen Feld durch Handbewegungen moduliert, so ändert sich die Tonhöhe des Differenztons. Die Beach Boys haben das Instrument in ihrem Millionenhit «Good Vibrations» (1966) verwendet. Für die kompositorische Kunstmusikpraxis weit wichtiger (Arthur Honegger, Olivier Messiaen) waren die «Ondes martenot» (1928) des französischen Erfinders Maurice Martenot, die ebenfalls auf der Basis von zwei Hochfrequenz-Generatoren arbeiten (Überblick über das weitere elektronische Instrumentarium dieser Zeit: Ungeheuer, 1995).

Das Prinzip der elektrischen Abnahme von akustisch hergestellten

Tönen führte vor allem bei der Gitarre zu einer instrumentenbaulichen Neuentwicklung: zur E-Gitarre und zur E-Baßgitarre («E-Baß») in Solid-Body-Form, d.h. ohne schwingungsfähigen Resonanzkörper (Enders, 1985 a, S. 59). In Verbindung mit einer Vielzahl von zwischengeschalteten Effektgeräten (Chorus, Delay, Distorsion, Equalizer, Hall, Phaser, Wah-Wah-Pedal) wurden auf diesen Instrumenten in Jazz und Rock völlig neue Spielweisen entwickelt (E-Gitarre: Jimi Hendrix, E-Baß: Jaco Pastorius). Die Elektrifizierung des Musikinstrumentariums (E-Drumset, E-Piano, Mikrophonabnahme der Klänge von Blasinstrumenten) und die Raumbeschallung über Mischpult und Lautsprecherboxen (Public-Adress-Anlagen) hat in der populären Musik letztlich zur Emanzipation der Musikdarbietung von raumakustischen Gegebenheiten geführt. Um so wichtiger allerdings ist die Präsentation auf der Bühne (Outfit, Körpersprache, Light-Show) geworden.

Um die Wende zum 20. Jahrhundert erfolgte in musikalischen Avantgardekreisen die Auflösung der Tonalität, und darüber hinaus wurde das Geräusch als musikfähiges Material entdeckt (Futuristen: Konstruktion von «Geräuschtönern»; s. Wilson, 1984). Führende Musiker empfanden die mechanisch-akustische Begrenztheit des traditionellen Musikinstrumentariums als hinderlich. Dazu schrieb der in Berlin unterrichtende Komponist Ferruccio Busoni in seinem «Entwurf einer neuen Ästhetik der Tonkunst» (1907; zit. n. 1954, S. 43 f): «So eng geworden ist unser Tonkreis, so stereotyp seine Ausdrucksform, daß es zur Zeit nicht ein bekanntes Motiv gibt, auf das nicht ein anderes bekanntes Motiv paßte [...]. Plötzlich, eines Tages, schien es mir klargeworden: daß die Entfaltung der Tonkunst an unseren Musikinstrumenten scheitert [...]. Nach welcher Richtung führt der nächst Schritt? Ich meine, zum abstrakten Klange, zur hindernislosen Technik, zur tonlichen Unbegrenztheit [Drittel- und Vierteltöne].»

Die von Busoni vorausgeahnten Neuerungen vollzogen sich allerdings nicht so sehr auf der Grundlage neuer elektronischer Musikinstrumente (dazu ausführlich Prieberg, 1960), sondern ab den 40er Jahren auf der Grundlage von Kommunikations- und Rundfunktechnik. Im Jahr 1948 stellte der Toningenieur Pierre Schaeffer als Radiokonzert im Pariser Hörfunk Teile seiner «Geräuschstudien» vor. Verschiedenartige – zunächst noch auf Schallplatte, später dann auf Magnetophonband gespeicherte – Klangmaterialien, akustische Fundstücke der Soundscape, Sprache und Musik, wurden durch dynamische und klangliche Transformation am Regiepult und durch Erzeugung künstlicher Ostinatotechniken (z. B. geschlossene Schallplattenrillen, Bandschleifen) zusammenmontiert («Etüde über Blechgeschirr» u. a. m.; Schaeffer, 1974).

Kann man diese Art der Klangmontage als Sampling mit den seinerzeit zur Verfügung stehenden technischen Hilfsmitteln bezeichnen, so schlug man im elektronischen Studio des WDR einen völlig anderen Weg der Musikproduktion ein (Ungeheuer, 1992): die reine Klangsynthese durch den Aufbau der Schallereignisse von oszillatorerzeugten Sinustönen bzw. kurzzeitigen Impulsen (Kaegi, 1967) als Ausgangsmaterial. Mit diesem additiven Verfahren ließ sich der Kompositionsprozeß bis in die Mikrostruktur des klingenden Materials vorantreiben (z. B. «Etüde über Tongemische» von Herbert Eimert, 1954; «Studie II» von Karlheinz Stockhausen einschließlich Realisationspartitur von 1956). Die für die populäre Musik ab den 60er Jahren gebauten Synthesizer – zunächst monophon (Moog-Synthesizer 1964), dann polyphon – mit ihren verschiedenen Modulen zur Klangerzeugung, Klangverarbeitung und Klangsteuerung (Enders, 1985 a, S. 119) basieren im wesentlichen auf dieser Produktionstechnik der additiven Synthese.

7. Digitalisierung der Musikproduktion

Die Verwendung des Prozeßrechners als «Komponiermaschine» und Sounderzeuger beginnt in den 50er Jahren. Sie führt zu einer weiteren einschneidenden Veränderung der Herstellungs- und Aufführungsmöglichkeiten von Musik. Nach der Erstellung von Programmen zur Imitation bekannter Musikstile (Lejaren A. Hiller: «Illiac-Suite», 1954) erarbeitete vor allem Gottfried Michael Koenig zunächst am elektronischen Studio in Köln, dann am neugegründeten «Institut für Sonologie» der Universität Utrecht die Software für eine «Funktion» betitelte Serie von Stücken. Sie verdanken ihre Entstehung und Hörbarmachung formal definierten und auf bestimmte Ausgangsbefehle hin variabel reagierenden Algorithmen (z. B. «Funktion Blau», 1969; s. Koenig, 1993).

Herkömmliche Konzertsäle sind für die Präsentation derart genuiner Lautsprechermusik ohne zusätzliche szenisch-visuelle Komponente nur wenig geeignet. Nach der Koppelung von rein elektronischen mit rein instrumentalen Partien in einem Musikstück (z. B. «Déserts» von Edgar Varèse, 1954) haben sich aus diesem Grund recht bald verschiedene Formen der Live-Elektronik durchgesetzt: Musiker bedienen die elektronischen Geräte während der Aufführung und interagieren untereinander und mit dem Publikum, oder die Musiker reagieren am Instrument bzw. mit ihrer Stimme auf vorgefertigte, von Band eingespielte Klänge, oder aber sie beeinflussen mit ihren Aktionen die Art und Verlaufsform von computergenerierten Schall- und Bildfolgen (vgl. Kupper, 1994).

Mittlerweile gehören die digitalen Medien zum Arbeitsalltag der westlichen Industriegesellschaften. Sie sind nicht nur dabei, gesellschaftliche Strukturen grundlegend zu verändern (Beck, 1986), sondern auch die Produktion, Darbietung und Rezeption von Musik. Digitales Sampling, elektronische Klangsynthese und MIDI-Steuerung erlauben im professionellen Tonstudio wie im kostengünstigen Heimstudio die schnelle Umsetzung von vorgestellten in hörbare und am Bildschirm sichtbar gemachte Klänge. Das Potential der Speicherung und Transformation von vorhandenen Schallereignissen und die Neuerzeugung von bislang «Unerhörtem» ist praktisch grenzenlos (Ackermann, 1991; vgl. z.B. das zur Klangerzeugung entwickelte Programm C-Sound). Sprach der Komponist Pierre Boulez 1955 noch davon, daß man sich «an der Grenze des Fruchtlandes» befinde, so konnte der Avantgarderock-Gitarrist Fred Frith 1989 bereits den (so ein Filmtitel) «Step across the border» konstatieren (im Überblick: Rösing in Rösing, 1997).

Die ungeahnten klanglichen Möglichkeiten werden allerdings nur recht begrenzt für ästhetische Experimente genutzt. Sie dienen vornehmlich der «Wirkungsoptimierung kommerzieller Produkte» (Großmann, 1991, S. 154). Technosound-Tüftler, Weltmusik-Collagisten und programmierende Musiker bzw. musikalisch interessierte Programmierer setzen mit gut handhabbaren, in Großserien produzierten digitalen Geräten (Noll, 1994) zwar fort, was im Bereich der E-Musik-Avantgarde der 40er bis 70er Jahre für eine verschwindend kleine Zuhörerschaft entwickelt worden war. Sie haben dabei aber meistens die massenmediale Verbreitung und multimediale Vermarktung (Tonträger, Musikvideo, Diskothek) im Sinn. So verdankte z.B. die 1994/5 neue und von den Medien hochgelobte Stilrichtung «Jungle» als Synthese von gesampleten HipHop- und programmierten Techno-Versatzstücken ihre Entstehung nahezu ausschließlich den Möglichkeiten digitaler Produktionstechniken. Quantisierte und geloopte Grundbeats, Intervallfolgen, Hüllkurvenmodulationen usw. werden am Bildschirm erarbeitet und über MIDI-Steuerung in hörbare Sounds umgesetzt. Dabei spielt die visuelle

Komponente – ganz anders allerdings als bei herkömmlicher Notation – wieder eine wichtige Rolle. Darum ist es kein Zufall, daß einige der führenden Jungle-Produzenten wie z. B. Clifford Price (genannt «Goldie») aus der Londoner Graffiti-Szene stammen (Fast, 1996).

Multimedia (Koppelung von Ton, Bild, Bildabläufen, Sprache), Interaktivität (Eingriffsmöglichkeiten des Nutzers in das Produkt, vgl. die CD-ROMs «Xplorer» und «Eve» von Peter Gabriel), künstliche Intelligenz und Simulation virtueller Räume bzw. Situationen (Cyberspace; virtuelle Wiedervereinigung mit verstorbenen Rockidolen wie John Lennon oder Freddy Mercury) sind dabei, die traditionelle Aufführungspraxis durch ausübende Musiker überflüssig zu machen. Das musikalische Produkt gelangt offline (z. B. via CD-I) oder online (z. B. via Internet) direkt zum Hörer, und dieser ist angehalten, zum Mitgestalter von musikalischen Inhalten und Programmfolgen zu werden (→ Musikvermittlung in der modernen Mediengesellschaft). Ob diese technische Entwicklung dazu führt, daß auch der Tonträger (CD, Kassette) bald seinen hohen Stellenwert in der Gesellschaft einbüßt, bleibt abzuwarten (Teske in Rösing, 1997).

Wie die Grenzverwischung zwischen der Herstellung und Aufführung von Musik mit digitalen Mitteln durchaus kreativ genutzt werden kann, hat u. a. der amerikanische Avantgardemusiker und Sampling-Spezialist Bob Ostertag mit seinem Stück «Say no more» von 1993 gezeigt. Er bat drei Jazzmusiker unabhängig voneinander um Soloimprovisationen. Die musikalischen Monologe zerlegte er mit einem digitalen Schnittsystem in kleinste Partikel und formte daraus die Trioeinspielung einer virtuellen Gruppe. Dieser Einspielung folgte kurze Zeit später eine zweite Variante: «Say no more in person». Die drei Jazzmusiker versuchen hier ganz real zumindest einen Abglanz von jener künstlichen Klangwelt einzufangen, die Bob Ostertag zuvor geschaffen hatte.

8. Ausblick

Der Druck auf die Live-Aufführung von Musik hat durch die technischen Medien, durch die klangliche und spieltechnische Perfektion der im Tonstudio produzierten Musik in den letzten Jahrzehnten erheblich zugenommen. Das betrifft die möglichst lupenreine Darbietung von sinfonischer Musik ähnlich wie die auf Promotiontour befindliche Rock-

oder Pop-Formation. Da ihre Leistungen an der Qualität von Studiopro-
duktionen gemessen werden, hat sich im Popmusik-Bereich das Play-
back-Verfahren bei Live-Auftritten zunehmend durchgesetzt: Zwar
steht der Star auf der Bühne, seinen Gesang oder sein Instrumentenspiel
stellt er aber nur noch nach. Um diesem Perfektionszwang zu entgehen
und die glatte Sound-Oberfläche nicht zum entscheidenden musikalischen Inhalt werden zu lassen, ist in Avantgarde-Musikkreisen die
«Fehlbedienung» des elektronischen Geräts mit ungewissem Ausgang
ebenso angesagt (Wilson in Rösing, 1997) wie die Entwicklung neuer,
unorthodoxer Spielweisen auf den traditionellen Musikinstrumenten
(am Beispiel der Oboe detailliert beschrieben bei Hoppe, 1992).

Die Wechselwirkungen zwischen neuen Techniken, Musikinstrumentarium, Komposition und Aufführungsgegebenheiten sind groß. Sie führen zu ständigen Veränderungen der musikalischen Produktion und zu
immer wieder sich ändernden Aufführungsbedingungen. Sie sind aber
keineswegs zwangsläufig Garant dafür, daß die Qualität der musikalischen Produkte in dem Maß zunimmt, wie technische Innovation den
Kompositionsprozeß prägt. In diesem Sinn hatte der Avantgarde-Kom-
ponist Edgar Varèse (zit. n. 1959, S. 66) bereits 1916 vor einer Überschät-
zung neuer Techniken gewarnt: «Was den Komponisten betrifft, der mit
elektronischen Mitteln arbeiten will, so werden (trotz des revolutionären
Anscheins) seine Probleme von Grund auf dieselben bleiben, natürlich
mit Ausnahme derjenigen, die die neue Technik stellt.»

Varèse hat recht behalten, soweit es sich nicht um die Produktion
kurzlebiger Musikstereotype für den schnellen Verbrauch handelt
(Funktionelle Musik, Mainstream-Pop), sondern um Musik, die Kraft
ihrer Struktur (vom «Evergreen» bis zum neue Erlebnisräume öffnen-
den «Soundwall») Botschaften vermittelt, die gesellschaftlich-kommu-
nikative und individuell-psychische Relevanz haben. Im Bedingungssystem musikalischer Produktionshandlungen kann es nicht angehen, daß
ein Aspekt gegenüber allen anderen zu sehr dominiert. So müssen z.B.
technische Innovation, musikalische Struktur und Ausdrucksqualitäten
zu einer überzeugenden Einheit verschmelzen. Denn nach wie vor ist
Musik ein Medium, zu dem – als anthropologische Konstante – das Bedürfnis nach ganzheitlichen und ritualisierten musikalischen Gemein-
schaftserlebnissen im Rahmen sozialer Interaktion gehört (→ Musikalische Lebenswelten).

Literatur

Ackermann, P. (1991). *Computer und Musik. Eine Einführung in die digitale Klang- und Musikverarbeitung.* Wien: Springer.

Baines, A. (Hg.) (1961). *Musical instruments through the ages.* London: Faber & Faber.

Batel, G. (1986). *Handbuch der Tasteninstrumente und ihrer Musik.* Braunschweig: Arbeitskreis für Klavierkunde.

Beck, U. (1986). *Risikogesellschaft. Auf dem Weg in eine andere Moderne.* Frankfurt / M.: Suhrkamp.

Boulez, P. (1955). *An der Grenze des Fruchtlandes.* In: Die Reihe I (S. 47–56). Wien: Universal-Edition.

Brandstätter, U. (1990): *Musik im Spiegel der Sprache.* Stuttgart: Metzler.

Bruhn, H. (1994). *Wahrnehmung von Musik. Eine allgemeine Musiklehre aus der Sicht von Psychologie und Musikgeschichte.* Kiel: Erziehungswissenschaftliche Fakultät der Universität.

Busoni, F. (1907). *Entwurf einer neuen Ästhetik der Tonkunst.* Leipzig (Neudruck Wiesbaden 1954: Insel).

Cahn, P. (1996). Komposition. In Finscher, L. (Hg.), *MGG Die Musik in Geschichte und Gegenwart.* Sachteil Bd. 5 (Sp. 505–540). Kassel / Stuttgart: Bärenreiter / Metzler.

Dahlhaus, C. (1980). *Die Musik des 19. Jahrhunderts.* Wiesbaden: Athenaion (Neues Handbuch der Musikwissenschaft Bd. 6).

Dahlhaus, C. & Eggebrecht, H. H. (1985). *Was ist Musik?* Wilhelmshaven: Heinrichshofen.

Dickreiter, M. (1987). *Musikinstrumente.* München: dtv.

Dietel, G. (1994). *Musikgeschichte in Daten.* München / Kassel: dtv / Bärenreiter.

Dolge, A. (1972). *Pianos and their makers.* New York: Dover.

Edler, A. (1997). *Gattungen der Musik für Tasteninstrumente. Teil I: Von den Anfängen bis 1750.* Laaber: Laaber.

Enders, B. (1985a). *Lexikon Musikelektronik.* München / Mainz: Goldmann / Schott.

Enders, B. (1985b). *Die Klangwelt des Musiksynthesizers.* München: Franzis.

Fast, F. (1996). *Die Jungle Musikszene in England. Analyse eines innovativen Musikstils der 90er Jahre.* Universität Hamburg: Musikwissenschaftliches Institut (Magisterarbeit, mschr.).

Frotscher, G. (1968). *Orgeln.* Karlsruhe: Braun.

Fukač, J. (1994). *Das Begriffssystem der musikalischen Kommunikation.* Wien: Böhlau.

Glinsky, A. V. (1992). *The Theremin in the emergence of electronic music.* New York: University of New York Press (Diss.).

Großmann, R. (1991). *Musik als «Kommunikation». Zur Theorie musikalischer Kommunikationshandlungen.* Braunschweig: Vieweg.

Hammerstein, R. (1986). *Macht und Klang. Tönende Automaten als Realität und Fiktion in der alten und mittelalterlichen Welt.* Bern: Francke.

Hauser, A. (1974). *Soziologie der Kunst.* München: Beck.

Heister, H.-W. (1984). Geldloses Geschenk und archaisches Zeremoniell. Der Konzertbeifall als Honorar- und Aktivitätsform. *International Review of the Aesthetics and Sociology of Music, 15,* 91–128.

Hoppe, G. C. (1992). *Die instrumentale Revolution. Entwicklung, Anwendung und Ästhetik neuer Spieltechniken für Rohrblattinstrumente* (2 Teile). Frankfurt/M.: Lang.

Kaden, C. (1977). *Hirtensignale – Musikalische Syntax und kommunikative Praxis.* Leipzig: VEB Deutscher Verlag für Musik.

Kaden, C. (1984). *Musiksoziologie.* Berlin: Verlag Neue Musik.

Kaden, C. (1993). *Des Lebens wilder Kreis: Musik im Zivilisationsprozeß.* Kassel: Bärenreiter.

Kaegi, W. (1967). *Was ist elektronische Musik?* Zürich: Orell Füssli.

Kapner, G. (1987). *Studien zur Kunstsoziologie. Versuch eines sozialhistorischen Systems der Entwicklung europäischer Kunst.* Wien: Böhlau.

Kelletat, H. (1981/2). *Zur musikalischen Temperatur. I: Johann Sebastian Bach und seine Zeit; II: Wiener Klassik.* Kassel: Merseburger.

Koenig, G. M. (1993). *Ästhetische Praxis. Texte zur Musik,* Bd. 3: 1968–1991 (hg. von W. Frobenius u.a.). Saarbrücken: Pfau.

Kupper, H. (1994). *Computer und Musik. Mathematische Grundlagen und technische Möglichkeiten.* Mannheim: BI-Wissenschafts-Verlag.

Laade, W. (1975). *Musik der Götter, Geister und Menschen.* Baden-Baden: Valentin Koerner.

Laszlo, Z. u. Mateka, B. (1967). *Franz Liszt: Sein Leben in Bildern.* Kassel: Bärenreiter.

Mayer, G. (1989). Zum Verhältnis von politischer und musikalischer Avantgarde. In Riethmüller, A. (Hg.), *Revolution in der Musik. Avantgarde von 1200 bis 2000* (S. 28–46). Kassel: Bärenreiter.

Meyer, J. (1995). *Akustik und musikalische Aufführungspraxis* (3. Aufl.). Frankfurt/M.: Bochinsky.

Noll, J. (1994). *Multimedia, MIDI und Musik: Die Welt der digitalen Klänge.* Frankfurt/M.: Fischer.

Pape, W. (1971). *Instrumentenhandbuch Streich-, Zupf-, Blas- und Schlaginstrumente in Tabellenform.* Köln: Gerig.

Praetorius, M. (1619). *Syntagma Musicum III: Termini Musici.* Wolfenbüttel (Neuausgabe Kassel: Bärenreiter 1958).

Prieberg, F. K. (1956). *Musik des technischen Zeitalters.* Zürich: Atlantis.

Prieberg, F. K. (1960). *Musica ex machina. Über das Verhältnis von Musik und Technik.* Berlin: Ullstein.

Rameau, J. P. (1722). *Traité du l'harmonie. Reduite à ses principes naturels.* Paris: Ballard.

Ramseyer, U. (1970). *Soziale Bezüge des Musizierens in Naturvolkkulturen.* Bern: Francke.

Reck, D. (1991). *Musik der Welt*. Frankfurt / M.: Rogner & Bernhard (Orig. 1977).

Rösing, H. (1996). Komposition: E. Psychologische Aspekte. In Finscher, L. (Hg.), *MGG Die Musik in Geschichte und Gegenwart*. Sachteil Bd. 5 (Sp. 543–551). Stuttgart / Kassel: Metzler / Bärenreiter.

Rösing, H. (Hg.) (1997). *«Step across the border». Neue massenmediale Kontexte – neue Musikformen*. Beiträge zur Popularmusikforschung 19 / 20. Karben: CODA.

Rösing, H. & Barber-Kersovan, A. (1993). Konzertbezogene Verhaltensrituale. In Bruhn, H., Oerter, R. & Rösing, H. (Hg.), *Musikpsychologie. Ein Handbuch* (S. 136–147). Reinbek: Rowohlt (3. Aufl. 1997).

Rösing, H. & Roederer, J. G. (1985). Musik in der Entwicklung der Menschheit. In Bruhn, H., Oerter, R. & Rösing, H. (Hg.), *Musikpsychologie. Ein Handbuch in Schlüsselbegriffen* (S. 351–358). München: Urban & Schwarzenberg.

Sachs, C. (1968). *Die Musik der alten Welt in Ost und West*. Berlin: Akademie Verlag (am. Ausg. The rise of music in the ancient world east and west. New York 1943).

Schaeffer, P. (1974). *Musique concrète. Von den Pariser Anfängen um 1948 bis zur elektronischen Musik heute*. Stuttgart: Klett.

Stockmann, D. (1982). Musik, Sprache, Biokommunikation und das Problem der musikalischen Universalien. *Beiträge zur Musikwissenschaft, 24,* 103–111.

Stockmann, D. (Hg.) (1992). *Volks- und Popularmusik in Europa*. Laaber: Laaber (Neues Handbuch der Musikwissenschaft Bd. 12).

Ungeheuer, E. (1992). *Wie die elektronische Musik «erfunden» wurde*. Mainz: Schott.

Ungeheuer, E. (1995). Elektroakustische Musik. In Finscher, L. (Hg.), *Die Musik in Geschichte und Gegenwart*. Sachteil Bd. 2 (Sp. 1717–1749). Stuttgart / Kassel: Metzler / Bärenreiter.

Varèse, E. (1959). Erinnerungen und Gedanken. In *Darmstädter Beiträge zur Neuen Musik 2* (S. 65–71). Mainz: Schott.

Wilson, P. N. (1984). *Empirische Untersuchungen zur Wahrnehmung von Geräuschstrukturen*. Hamburg: Wagner.

Wörner, K. H. (1975). *Geschichte der Musik* (6. Aufl.). Göttingen: Vandenhoeck & Ruprecht.

Hanns-Werner Heister
Zweckbestimmung von Musik

1. Begriffsklärung

Der Begriff Zweckbestimmung ist doppeldeutig. Er umfaßt zum einen die von den Produzenten (Komponisten, Musikern) beabsichtigten und in dem jeweiligen Musikstück objektivierten Zwecksetzungen. Er meint aber auch die sich tatsächlich ergebenden Zwecke des gesamten Musikprozesses von der Produktion über die Vermittlung bis hin zur Rezeption (s. Heister, 1984 und 1992 a).

Grundlage und Ausgangspunkt von Zweckbestimmungen sind Bedürfnisse. Sie umfassen die psychisch-sozialen Motivationen zum Musikmachen (Komponieren) ebenso wie zum Musikhören (Rezipieren). Bedürfnisse stehen in einem direkten Wechselverhältnis mit beabsichtigten und verwirklichten Zwecken bzw. Funktionen von Musik (s. bes. Eggebrecht, 1973, und im Überblick Radocy & Boyle, 1988, S. 23 ff). Sie verwirklichen sich in gesellschaftlich-kommunikativen sowie individuell-psychischen Wirkungen (Rösing in Bruhn, Oerter & Rösing, 1993, S. 77 ff) und werden z. B. in Musiktherapie oder Werbung gezielt zum Erreichen von musikfremden Zwecken genutzt (→ Musiktherapie, → Musikgebrauch im täglichen Leben).

Die Vielgliedrigkeit des in übergreifende soziale Strukturen eingebetteten Musikprozesses führt dazu, daß häufig große Diskrepanzen zwischen jenen Zwecken bestehen, die beabsichtigt sind, und denen, die sich beim Hören der Musik tatsächlich einstellen. Funktionsverlust, Funktionswandel, Funktionsnivellierung (Rösing, 1978) können z. B. ein Ergebnis der technischen Übertragungskette, konkret: des Herauslösens von bestimmter Musik aus ihrem originären Darbietungskontext sein (Mediamorphose, Blaukopf, 1989). Es kann sich dabei aber auch, wie etwa zur NS-Zeit, um eine gezielte politische Umfunktionierung handeln (Heister & Klein, 1984).

Allerdings läßt sich Musik weder beliebig funktionalisieren noch umfunktionalisieren. Musikalische Struktur (Gestalt) und semantische Konnotationen (Gehalt) setzen hier Grenzen. Diese sind jedoch meist

mehr soziokulturell und Epochen-geprägt als allgemeingültig und zeit-
übergreifend (→ Universalien der Musik).

Heute steht, vor allem als Übertragungsmusik, eine historisch bislang unerreichte Vielfalt von Musik zur Verfügung (→ Musikgebrauch
im täglichen Leben). Dieses große Potential hat aber tendenziell Schein-
charakter. Es verweist auf ein sozial und psychologisch recht abstrak-
tes Vorhandensein einer Warenfülle, die eher propagandistisch für
«Marktwirtschaft» steht, als daß sie die soziale und kulturelle Realität
beschreibt. Denn tatsächlich hindern soziale Lage (z.B. Zeit- und Geldmangel), aktuelle wie historisch vermittelte Traditionen und kulturelle
Voraussetzungen (z.B. Bildungsprivileg, Gruppenzugehörigkeit) weite
Bevölkerungskreise daran, dieses fraglos große Potential auch wirklich
zu nutzen (vgl. Dollase, Rüsenberg & Stollenwerk, 1986, S. 157 ff). Eine
Folge davon ist die Einengung musikalischer Zweckbestimmungen auf
der Rezipientenseite. Sie vermag der Fülle und Mehrdimensionalität von
beabsichtigten Zwecken auf der Komponistenseite und den weiteren
Modifikationen im Prozeß nichtmedialer wie medialer Vermittlung häufig kaum noch gerecht zu werden (vgl. Heister, 1992 b).

2. Einverständnis und Einspruch

Eine grundlegende Zweckbestimmung von Musik als Teil des Ästhetischen ist die der Versöhnung mit der Natur und der Menschen mit sich
selbst (Childe, 1959). Da der Mensch diese welthistorische Selbsterzeu-
gung nicht mit umfassender Bewußtheit vollziehen kann, treten ihm
Teilmomente dieser seiner eigenen Tat als fremde Macht gegenüber – der
Prometheus-Mythos z.B. (in bezug auf Beethoven: Floros, 1978) spiegelt
etwas davon wider.

Die Zweckbestimmungen von Musik sind eingespannt in Polaritäten,
die sich verschieden formulieren lassen. Zum einen als Reproduktion der
Realität und Kompensation der «Mängel der unmittelbaren Realität»
(Hegel, 1842), das heißt als das Erzeugen von Einverständnis und als Artikulation von Einspruch (Heister in Bruhn, Oerter & Rösing, 1993, S.
103–112). Zum anderen im Zusammenwirken von Katharsis (Wirkung
mit Effekten wie psychische und soziale Entlastung), Mimesis (verändernde «Nachahmung» der Realität) und Poiesis (künstlerisches Herstellen und Tun), das heißt als Darstellung von Welt, wie sie ist bzw. wie sie

sein könnte oder sollte (Knepler, 1988). Musik fungiert in einer weiteren Facette dieser Polarität als Teilmoment der Ästhetik von Herrschaft bzw. von Widerstand.

Funktionsbereiche und übergreifende Zweckbestimmungen wie Musik im Dienst von Herrschaft schließen zahlreiche einzelne Funktionen ein: etwa die der Beeindruckung und Überwältigung, der Ablenkung, der Mobilisierung für fremdbestimmte Interessen. Kriegs- und Militärmusik als Prototyp von Herrschaftsmusik soll eigene Angst bewältigen helfen und bei den anderen Angst erzeugen. Beides ist paradox verschränkt, wenn z.B. römische Soldaten 356 v. Chr. Spottlieder auf ihre eigene Angst singen (Wille, 1977, S. 74).

Musik als Teilmoment der Ästhetik von Herrschaft und von Widerstand kann eingespannt sein in sehr verschiedene, sich teilweise überschneidende und teilweise widersprechende Funktionskreise (zum Begriff: Heister, 1984), etwa in der Diskothek in Verbindung mit der Zirkulation diverser Waren wie Tabak, Cola, Alkohol und anderen Drogen. In der Gegenwart existiert so einerseits der wohl am reichsten entfaltete Fächer an Funktionen (vgl. Musik zu Freizeit und Vergnügen, in der Medienindustrie, Jugendkultur usw.). Andererseits (aber eher selten) verschwinden auch Zweckbestimmungen: so z.B. die einst unabdingbare Funktion von Musik noch im Spätabsolutismus bei Rechtsakten wie Hinrichtungen (Bowles, 1977, S. 144–147) oder Ketzerverbrennungen.

3. Musik als Kommunikation und Menschenlob

Ob es eine historisch-evolutionäre Logik in der Entwicklung von Zweckbestimmungen gibt und ob künftig noch grundsätzlich neue zu erwarten sind, muß dahingestellt bleiben (s. Suppan, 1984). Bestimmte elementare Bedürfnisse wie das nach zwischenmenschlicher und objektbezogener Kommunikation, nach Bestätigung des Ich und des Kollektivs jedenfalls gehören zu den Konstanten musikalischer Zweckbestimmungen. Allerdings werden sie immer wieder auf unterschiedliche Weise verwirklicht und verändert.

Musik als Ausdruck und Instrument zwischenmenschlicher Kommunikation, als Menschenlob, umfaßt bereits im Prozeß der Anthropogenese (Menschwerdung) die Bestätigung und Betätigung des Kollektivs sowie die Bestätigung der Individualität bzw. Dualität – z.B. bei erotischer Werbung. Für Frühstufen kann ein Vorrang des Kollektivs, der Beteiligung von allen angenommen werden. Dabei ist die musikalische Tätigkeit in übergreifende Zusammenhänge der mimetischen Zeremonie (vgl. Knepler, 1977) eingebunden. Dies ist die weltdarstellende und ursprüngliche, noch von allen in einer Gruppe praktizierte Einheit der späteren Künste. Integriert sind dabei neben den erwähnten Zwecken wie Versöhnung und dialektischer Bewährung der Identität – u. a. durch Verwandlung und Übergänge in den Zustand des Traums, der Ekstase, der Trance (vgl. Rouget, 1985) – auch alltagsnähere Zweckbestimmungen wie Vergnügen oder Geselligkeit. Selbst weltweit verbreitete Phänomene wie Wiegenlied oder Arbeitsmusik (ursprünglich immer selbstgemacht; vgl. Fehling, 1976) gehören hierzu.

4. Musik als Magie, Gottes- und Herrscherlob

Erst auf einer dem Menschenlob nachgeordneten Entwicklungsstufe wird Musik ein Teilmoment magischer, imaginär-realer Techniken. Magie folgt einer im Kern nüchternen, fast technischen Auffassung: einer «Wenn-dann-Logik» oder, schon religiöser gefaßt, einem Prinzip des «Ich gebe, damit du gibst» im Verhältnis zu personifizierten übernatürlichen Mächten (dazu Malinowski, 1973). Stets ist dabei, im Verbund der mimetischen Zeremonie, Musik notwendig – für die Erzeugung von Trance und überhaupt für alle Formen eines veränderten Bewußtseinszustandes (Brandl in Bruhn, Oerter & Rösing, 1993, S. 599–610). Angestrebt sind ein imaginärer Zwang über das Übernatürliche und Naturbeherrschung.

Magische Reste haben bis in die Moderne hinein überlebt, etwa in der Formel, eine Musik «beschwöre» etwas – den Satan, den Frieden usw. (vgl. «Rückwärtsbotschaften»: Rösing in Bruhn, Oerter & Rösing, 1993, S. 492–499). Ebenfalls bedeutsam ist die Rolle des Magischen in der musiktherapeutischen Verwendung von Musik, die im rationellen psychologischen Kern (etwa körperliche Entspannungswirkung) nicht vollkommen aufgeht (→ Musiktherapie). Magische Vorstellungen haben und erhalten überdies eine kosmologische Dimension, klassisch etwa im Universismus Chinas (s. Needham, 1979, → Ferner Osten am Beispiel Chinas) und anderer früher Hochkulturen. Hier werden imaginäre Bezüge zwischen allem hergestellt, was den Makro- und Mikrokosmos der Welt in der Vorstellung von Menschen ausmacht. Musik ist dabei stets

Ausdruck wie Instrument dieses Denkens, das im Bild der Sphärenharmonie eine besonders schöne Gestalt gefunden hat (vgl. Stroh, 1994, S. 171).

Musik im Dienst der Religion schließt an die magische Funktion an. Praktiken wie Opfer oder Gebet, denen Musik als unentbehrliches Teilsystem zugehört, folgen der Logik der Magie. Während der (oder die) vorgestellten Gottes-Subjekte ein höheres Maß an Eigenständigkeit erhalten, die nach außen projiziert wird, verliert die in den Dienst genommene Musik an Eigenständigkeit. Erstmals entstehen durch Zwecksetzungen fühlbare (und beabsichtigte) Beschränkungen der Entfaltung des Ästhetisch-Musikalischen – bis hin zum kunstfeindlichen Asketismus, der sich nicht selten in altisraelischer, altindischer und selbstverständlich wiederholt in christlicher Kultur zeigt.

Schon wegen der zeitlich wie räumlich großen Verbreitung von religiös motivierter Musik fallen hier viele einzelne Zweckbestimmungen zusammen – bis hin zu einem «irdischen Vergnügen in Gott» (so der Barockdichter Barthold Heinrich Brockes). Symptomatisch auch ist die Zuordnung von zehn der insgesamt 20 Wirkungen und Zwecken «edler Musik» auf religiöse Bestimmungen bei Johannes Tinctoris (Complexus viginti effectuum nobilis artis musicae, 1473; s. Laubenthal & Sachs, 1989).

Musik als Herrscherlob ist in der Regel dem Gotteslob im Sinn der wechselseitigen Stützung von «Thron und Altar» verschwistert, auch wenn weltliche und geistliche Macht seit Anbeginn (z. B. schon beim Interessenkonflikt von Schamane und Häuptling) um ungeteilte Macht kämpfen.

Hier ist kein Asketismus angesagt, sondern Pracht, herrischer Gestus, Monumentalität (s. Rösing in Bruhn, Oerter & Rösing, 1993, S. 580 ff; Heister, 1998), aber auch subtilere Mittel wie Komplexität und Glanz zur Abgrenzung und Distanzierung nach «unten». Die Zwecksetzungen oszillieren zwischen Gewalt und Manipulation, Unterwerfung und Zustimmung (vgl. Prieberg, 1991). Diese traditionale Machtästhetik wird durch die moderne Waren- bzw. Profitästhetik ergänzt und in ihrem Wirkungskreis erweitert. Gegen das niederschmetternde, laute Getön der Pauken und Trompeten samt Nationalhymnen läßt sich z. B. mit der Internationale ansingen. Gegen die schmeichelnden, fast unmerklichen Sirenentöne der Hintergrund- und Reklamemusik ist Protest weitaus schwieriger (s. Adorno, 1968, S. 38 ff).

5. Musik als Sozialkritik, Sozialisationsinstanz und Instrument der Politik

Unmittelbar das Gegenteil und Gegenbild von Musik im Dienst der etablierten Macht ist die Bestimmtheit von Musik als Parodie und Sozialkritik. Statt monumental und massiv ist sie kleinformatig und operativ, statt staatstragend wirkt sie «zersetzend» (vgl. Juhasz, 1994). Aber längst vor solcher Konfrontation von Staat und Staatsbürgern, von oben und unten, steht Musik im Zusammenhang sozialer Auseinandersetzungen. Schon auf urgesellschaftlicher Stufe, etwa in Stammeskulturen wie denen der Inuit (Eskimo), ist es üblich, Konflikte in Wettkämpfen auszutragen. Statt handfester Schlägerei als Argument werden so lange von den Streitenden schlagfertig Spottlieder im Wechselgesang vorgetragen, bis sich die Zuhörer eine Meinung haben bilden können (Ramseyer, 1970, S. 20f). Das kann so weit führen, daß der musikalische Sieger unabhängig vom zugrundeliegenden Sachverhalt als der magisch-ästhetisch legitimierte Sieger erscheint (s. Simon, 1993).

In diesen Funktionszusammenhang gehört auch die Verwendung von Musik als Mittel zur sozialen Abgrenzung gegenüber Machthabern oder auch dem Mainstream, plebejisch akzentuiert etwa in Strömungen der fahrenden Musiker, der Bohemiens und der Punker (→ Musikalische Lebenswelten). Allerdings ist das nur die eine Seite. Denn als Sozialisationsinstanz in Dienst genommen wird Musik von oben wie unten, vom Konfuzianismus über die Ethos-Lehre im Sinn der Polis-Ideale der griechisch-römischen Antike bis hin zur Pädagogik traditioneller Bildungseinrichtungen und zur Antipädagogik moderner Medien (Überblick: Abel-Struth, 1985).

Ein wichtiger Spezialfall der Funktion von Musik im Zusammenhang sozialer Auseinandersetzungen ist die auf gesellschaftliche Veränderung, auf Kampf um Macht in Staat und Politik zielende Zweckbestimmung – also der weite Funktionskreis von Musik als Ausdruck und Mittel der Politik. Gattungen wie die Kampflieder der Arbeiterbewegung knüpfen hier an die erwähnten Zweckbestimmungen des Wettkampfs mit Wechselgesängen an (z.B. Agitprop, s. Funk-Hennigs, 1995). Von den Zwecken her, die mit der Beschaffenheit der Musik selber vermittelt werden, ergibt sich ein breites Spektrum zwischen konformistischer und oppositioneller, rechter und linker Zwecksetzung.

Heute gilt unpolitische Musik als Normalfall (zur Problematik s. Riethmüller, 1988). Folglich wird die politische Dimension eigentlich aller Musik meistens übersehen bzw. verdrängt (Bermbach, 1997). Spezifisch und bewußt auf Politisches zielende Musik erscheint als Ausnahme und wird gern auf «Kleinkunst» zwischen Arbeiterlied und Protestsong beschränkt. Doch auch große Gattungen wie etwa die Motette des 14. und 15. Jahrhunderts (bis hin zur «Staatsmotette»), Kantaten seit dem frühen 18. Jahrhundert, Oratorien u. a. m. waren teilweise politische Musik (Überblick: Heister, 1997).

6. Musik als Spiel und Eigenlob

Die Bestimmung von Musik als Spiel und als Lehrmittel geht weit über nur «musikpädagogische Musik» hinaus. In ihr entfaltet sich seit jeher die Lust am Produzieren als spezifischer Selbstverwirklichung (Klausmeier, 1978), vom experimentierenden Hantieren der Kinder mit Klängen und Wörtern bis hin zum «Kunstbuch» vom Typ der Bachschen «Kunst der Fuge». Dieses Tätigsein betont die Poiesis-Dimension von Musik. Und eben dieses Machen rühmte auch Karl Marx als Modell nichtentfremdeter Arbeit mit ihrer Einheit von Ernst, Anstrengung und Freude. Als Antizipation nichtentfremdeter Arbeit in einem Bereich außerhalb der materiellen Produktion hat Musik ein utopisches Potential. Sie ist zwar nicht «Selbstzweck», aber doch selber auch Zweck: lustvolle, spielerische Betätigung menschlicher Wesenskräfte und damit zugleich Teilmoment der umfassenden Zweckbestimmung der Selbstverwirklichung (Marx, 1867 / 90; → Musizieren).

Jene Poiesis kann sich aber auch verselbständigen im Eigenlob der Musik, in Musik als Selbstausdruck, L'art pour l'art, «Selbstzweck». Hier zeigt sich die elitäre Kehrseite der Medaille, die im Spiel durchaus auch populäre Aspekte hat. Das genuine «An alle» verkehrt sich in «Für keinen».

Daß auf diese Weise Musik zu etwas wird, das zu nichts taugt – allenfalls zum Protest gegen allgemeine Käuflichkeit und Verwertbarkeit –, ist freilich eine weitgehend vergebliche Hoffnung. Gerade solche «absolute», im Extremfall auch noch von der Rezeption losgelöste Musik dient liberalistischer Ideologie als Ausweis einer pluralistischen Großzügigkeit, die schön ihren sozialdarwinistischen Pferdefuß überdeckt. Das populistische Gegenstück dazu lautet: Die Kunst wird weitermarschieren, auch wenn die Welt in Scherben fällt. Zweckbestimmungen wie Ablenkung oder Übertünchung von gesellschaftlichen Gegensätzen (vgl. Adorno, 1968, S. 52), zugleich spezifische Ausformungen der Versöhnungsfunktion, schließen sich hier an.

7. Musik als Vergnügen

Als Vergnügen und zur Unterhaltung wird Musik der Tendenz nach subjektzentriert aufgefaßt. Dabei handelt es sich um eine ambivalente Errungenschaft der Neuzeit (zur historischen Genese: Kaden, 1993 b). Diese Umakzentuierung, manchmal fast Umpolung der Kommunikationsfunktion von Musik (vgl. Carvalho, 1993) hängt, auf vermittelte Weise, mit dem Fetischcharakter der Ware zusammen: Selbstgemachte Verhältnisse zwischen Menschen erscheinen als fremde Macht, als Verhältnisse zwischen den Dingen (Wolf, 1985). Die Kritik an dieser die heutige Epoche entscheidend prägenden Verkehrungsstruktur (vgl. aber auch schon «Ohrenvergnügender und Gemütsergötzender Tafel-Confect» von Valentin Rathgeber, 1733–1746) sollte jedoch hauptsächlich der Epoche selbst und weniger ihren mittelbaren musikkulturellen Folgen (Kaden, 1993 a) gelten. Denn Formen wie Oper oder, deutlicher noch, Konzert (Heister, 1983) stellen bei aller Ambivalenz auch Errungenschaften für die spezifisch ästhetische Aneignung dar, von denen noch die Musik der Schlagerfestivals oder Rockshows zehrt.

Überdies spielen in der Ontogenese, der Entwicklung des Individuums, neben den ursprünglichen intersubjektiven Beziehungen (Säugling – Mutter / Vater) immer zugleich auch Objektbeziehungen mit, aus denen, als Teil für das Ganze, durchaus Lust zu beziehen ist. Kommunikation um der Musik willen dürfte ähnlich genußvoll sein wie Musik um der Kommunikation willen – die sich in jüngster Zeit jedoch immer häufiger der Inhaltsleere von Talk-Shows nähert. Wenig amüsant ist in diesem Zusammenhang die nicht seltene Zweckbestimmung von Musik als Verhinderung von Kommunikation. Mit dieser Zweckbestimmung wurde sie schon von den Kirchenvätern gegen das Plaudern während des Gottesdienstes eingesetzt. Ein amüsantes Gegenbeispiel ist das Duett zum Beginn des Singspiels «Entführung aus dem Serail» von Wolfgang Amadeus Mozart. Hier singt Osmin, statt auf Belmontes Dialog-Frage zu antworten, so lange ungerührt weiter, bis endlich auch Belmonte sich auf die Ebene des Singens statt Sprechens begibt.

8. Musik als Beruf und Geschäft

In Musik als Beruf und Geschäft (→Ökonomische Aspekte der Musikvermittlung) verselbständigt sich eine grundlegende Motivation professionellen Musizierens. Arthur Schopenhauer benannte sie mit der nach Art einer Windrose verschieden konfigurierten Doppelung (etwa: Ruhm-Ruhm-Brot). Sigmund Freud führte sie auf libidinöse Strebungen bzw. deren Umwege zurück, bei denen Ruhm wie Geld als Selbstzweck nichts taugen. Zunächst aber spricht nichts dagegen, daß die Schöpfer mit ihrer Arbeit ihren Lebensunterhalt verdienen (aktuelle Daten im Überblick: Jacoby, 1997). Dies ist ein Merkmal professioneller Musikproduktion, deren Anfänge mindestens bis in die frühen Hochkulturen zurückdatieren, möglicherweise sogar noch weiter in die neolithischen Bauerngesellschaften. Ihr paläolithischer Prototyp ist der Schamane.

Vieles spricht aber dagegen, wenn diese Zweckbestimmung sich in den Vordergrund drängt und der Professionalismus sich in blanken Kommerzialismus verwandelt. Dieser war und ist primäre Sache der Verwerter, latent sogar ihr eigentlicher Daseinszweck (→Musikvermittlung in der modernen Mediengesellschaft). Schließlich kann die Zweckbestimmung vollends umkippen: Musik als alleiniges Mittel zur Bereicherung der Musikerinnen und Musiker ist so schlecht wie ebendieser Zweck der reinen Bereicherung.

9. Ausblick: gute und schlechte Zwecke

Grundsätzlich sind die Zwecke selber und nicht nur die musikalischen Mittel bzw. Musik als Mittel auf ihre Qualität hin zu befragen. Das Werturteil über Musik ist auch abhängig von der Beschaffenheit der konkreten Zwecksetzung (z. B. Musik für Freiheit oder Herrschaft) und der musikalischen Objektivierung. Dabei sollte die historische Dimension ebenfalls berücksichtigt werden: Den Herrn der himmlischen Heerscharen zu preisen hatte z. B. im Feudalismus weitaus größere historische Legitimität als seit der Epoche des Imperialismus und Kolo-

nialismus. Ein Pluralismus, der Maßstäbe nicht allein von einer vorzugsweise europäisch dominierten Tradition und Bildung bezieht, ist als re-
lativer Universalismus im Recht. Nicht allerdings als absoluter Relativis-
mus: Der Verzicht auf das Werturteil über die Zwecke (in der Tradition
von Max Weber; dazu Braun, 1992) überantwortet den Musikprozeß und
die ihn umgreifenden Zweckbestimmungen dem Irrationalismus und
der Beliebigkeit.

Der Zweck heiligt auch in Sachen Musik nicht die Mittel. Sehr eindimensional ist die Meinung, daß ein positiver Wert schon in der Erfüllung
irgendeines Zwecks überhaupt bestünde. Denn selbstverständlich gibt es
in dem Funktionsfächer auch negative Zwecke: Zu unterscheiden ist also
erst einmal zwischen guten und schlechten oder neutralen Zwecken. Die
Bewertung hängt ohne Zweifel ab von übergeordneten Bezugssystemen.
Vielleicht sollte man sich als obersten allgemeinen und allgemeingülti-
gen positiven Zweck der Musik auf ihre «Humanisierungsfunktion»
(Naumann, 1973) einigen. Das Vergnügen am einfachen Nonsens-
Schlager der 20er Jahre wäre in diese übergreifende Zweckbestimmung
ebenso eingeschlossen wie das Vergnügen an der subtilen mehrtexti-
gen isorhythmischen Motette des 14. Jahrhunderts (→ Musikstil und
Interpretation).

Ausgeschlossen sind dagegen Zweckbestimmungen wie Manipulation, für die z. B. eine Musikart wie die eigens vorfabrizierte Hintergrundmusik «Muzak» vorzüglich taugt. Ausgeschlossen aus dem
Spektrum positiv zu wertender Funktionen wäre, so gesehen, ferner
Musik, die Rassismus fördert – grob über Texte, subtil und schwerer
dingfest zu machen über Aneignungs- und Enteignungsstrategien
(vgl. dazu Rösing, 1997) –, oder überhaupt Musik, mit der die Unteren
zu Unterwerfung aufgerufen werden. Solche Musik steht der individuellen wie universellen Entwicklung menschlicher Fähigkeiten im Weg,
sie ist inhuman. Musik, die derartige Zwecke optimal erfüllt, kann gerade deshalb nicht gut sein, sondern immer nur so schlecht wie ihre
Zweckbestimmung.

Literatur

Abel-Struth, S. (1985). *Grundriß der Musikpädagogik*. Mainz: Schott.
Adorno, T. W. (1968). *Einleitung in die Musiksoziologie*. Reinbek: Rowohlt.
Bermbach, U. (1997). *Wo Macht ganz auf Verbrechen ruht. Politik und Gesell-
schaft in der Oper*. Hamburg: Europäische Verlagsanstalt.

Blaukopf, K. (1989). *Beethovens Erben in der Mediamorphose. Kultur- und Medienpolitik für die elektronische Ära.* Heiden: Niggli.

Bowles, E. A. (1977). *Musikleben im 15. Jahrhundert* (Musikgeschichte in Bildern, Bd. III, Lfg. 8). Leipzig: VEB Deutscher Verlag für Musik.

Braun, C. (1992). *Max Webers «Musiksoziologie».* Laaber: Laaber.

Bruhn, H., Oerter, R. & Rösing, H. (Hg.) (1993). *Musikpsychologie. Ein Handbuch.* Reinbek: Rowohlt (3. Aufl. 1997).

Carvalho, M. V. de (1993). Belcanto-Kultur und Aufklärung: Blick auf eine widersprüchliche Beziehung im Lichte der Opernrezeption. In Heister, H.-W., Heister-Grech, K. & Scheit, G. (Hg.), *Zwischen Aufklärung & Kulturindustrie. Festschrift für Georg Knepler zum 85. Geburtstag,* Bd. 2 (S. 11–42). Hamburg: von Bockel.

Childe, G. V. (1959). *Der Mensch schafft sich selbst.* Dresden: Verlag der Kunst (engl. 1936).

Dollase, R., Rüsenberg, M. & Stollenwerk, H. J. (1986). *Demoskopie im Konzertsaal.* Mainz: Schott.

Eggebrecht, H. H. (1973). Funktionale Musik. *Arch. für Musikw., 30,* 1–25.

Fehling, R. (1976). *Manipulation durch Musik. Das Beispiel «Funktionelle Musik».* München: Raith.

Floros, C. (1978). *Beethovens Eroica und Prometheus-Musik.* Wilhelmshaven: Heinrichshofen.

Funk-Hennigs, E. (1995). Die Agitpropbewegung als Teil der Arbeiterkultur der Weimarer Republik. In Rösing, H. (Hg.), *Beiträge zur Popularmusikforschung 15 / 16* (S. 82–117). Baden-Baden: CODA.

Hegel, G. W. F. (1842). *Ästhetik. Neue Ausgabe von F. Bassenge,* 2 Bde. Berlin / Weimar: 1965 (2. Aufl.).

Heister, H.-W. (1983). *Das Konzert. Theorie einer Kulturform.* Wilhelmshaven: Heinrichshofen.

Heister, H.-W. (1984). Musik als Ausdruck und Konstruktion. In *Kindler-Enzyklopädie «Der Mensch»,* Bd. VI (S. 598–619). München: Kindler.

Heister, H.-W. (1992 a). Hermeneutik und Soziologie. In *Hermeneutik im musikwissenschaftlichen Kontext. Internationales Symposium Salzburg* (Schriften zur musikalischen Hermeneutik, Bd. 4, S. 65–70). Laaber: Laaber.

Heister, H.-W. (1992 b). Music in concert and music in the background: Two poles of musical realization. In *Companion to Contemporary Musical Thought,* Bd. 1 (S. 46–71). London / New York: Routledge.

Heister, H.-W. (1997). Politische Musik. In Finscher, L. (Hg.), *MGG Die Musik in Geschichte und Gegenwart.* Sachteil Bd. 7 (Sp. 1661–1682). Kassel / Stuttgart: Bärenreiter / Metzler.

Heister, H.-W. (1998). Macht der Musik – Musik der Macht. Musikhistorische und musikästhetische Überlegungen. In *Verfemte Musik. Kolloquium des Dresdner Zentrums für zeitgenössische Musik* (im Druck).

Heister, H.-W. & Klein, H.-G. (1984). *Musik und Musikpolitik im faschistischen Deutschland.* Frankfurt / M.: Fischer.

Jacoby, R. (Hg.) (1997). *Musikszene Deutschland. Konzertwesen – Kulturpolitik – Wirtschaft – Berufe.* Kassel: Bärenreiter.

Juhasz, C. (1994). *Kritische Lieder und Politrock in Österreich.* Frankfurt / M.: Lang.

Kaden, C. (1993 a). *Des Lebens wilder Kreis. Musik im Zivilisationsprozeß.* Kassel: Bärenreiter.

Kaden, C. (1993 b). «Jünger der Empfindsamkeit». Populäre Musik in der Tradition der Gefühlskultur des 18. Jahrhunderts. In Rösing, H. (Hg.), *Beiträge zur Popularmusikforschung 11* (S. 6–20). Baden-Baden: CODA.

Klausmeier, F. (1978). *Die Lust, sich musikalisch auszudrücken.* Reinbek: Rowohlt.

Knepler, G. (1977). *Geschichte als Weg zum Musikverständnis. Zur Theorie, Methode und Geschichte der Musikgeschichtsschreibung.* Leipzig: Reclam (2. Aufl. 1982).

Knepler, G. (1988). Ästhetik und Menschwerdung. *Weimarer Beiträge, 34* (3), 365–400.

Laubenthal, A. & Sachs, K.-J. (1989). Theorie und Praxis. In Finscher, L. (Hg.), *Die Musik des 15. und 16. Jahrhunderts* (Neues Handbuch der Musikwissenschaft, Bd. 3.1, S. 129–192). Laaber: Laaber.

Malinowski, B. (1973). *Magie, Wissenschaft und Religion.* Frankfurt / M.: Fischer (2. Aufl. 1983).

Marx, K. (1867 / 90). *Das Kapital. Kritik der politischen Ökonomie. Neuausgabe Marx-Engels Werke Bd. 23.* Berlin: Dietz 1966.

Naumann, M. u. a. (Hg.) (1973). *Gesellschaft, Literatur, Lesen. Literaturrezeption in theoretischer Sicht.* Berlin: Aufbau.

Needham, J. (1979). *Wissenschaftlicher Universalismus. Über Bedeutung und Besonderheit der chinesischen Wissenschaft.* Frankfurt / M.: Suhrkamp.

Prieberg, F. K. (1991). *Musik und Macht.* Frankfurt / M.: Fischer.

Radocy, R. E. & Boyle, J. D. (1988). *Psychological foundations of musical behavior.* Springfield, Ill.: Thomas (2. Aufl.).

Ramseyer, U. (1970). *Soziale Bezüge des Musizierens in Naturvolkkulturen.* Bern: Francke.

Riethmüller, A. (1988). Zur Politik der unpolitischen Musik. In *Funkkolleg Musikgeschichte: Europäische Musik vom 12.–20. Jahrhundert,* Studienbegleitbrief 11 (S. 11–41). Weinheim / Mainz: Beltz / Schott.

Rösing, H. (1978). Thesen zur Funktionsnivellierung massenmedial dargebotener Musik. In Rösing, H. (Hg.), *Musik und Massenmedien* (S. 95–104). München: Katzbichler.

Rösing, H. (1997). Interkulturelle Musikaneignung – Verfälschung, Bereicherung oder Fortschritt? In Heister, H.-W. (Hg.), *Musik / Revolution. Festschrift zum 90. Geburtstag von Georg Knepler,* Bd. 3 (S. 203–230). Hamburg: von Bockel.

Rouget, G. (1985). *Music and trance. A theory of relations between music and possession.* Chicago: University Press.

Simon, A. (Hg.) (1993). *Inuit Iglugik (Canada)*. Einführungstext zur CD 19 der Museum Collection Berlin (Abt. Musikethnologie, Museum für Völkerkunde Berlin – Staatl. Museen Preußischer Kulturbesitz).

Stroh, W. M. (1994). *Handbuch der New Age Musik*. Regensburg: Con Brio.

Suppan, W. (1984). *Der musizierende Mensch. Eine Anthropologie der Musik*. Mainz: Schott.

Wille, G. (1977). *Einführung in das römische Musikleben*. Darmstadt: Wissenschaftliche Buchgesellschaft.

Wolf, D. (1985). *Ware und Geld. Der dialektische Widerspruch im «Kapital»*. Hamburg: VSA.

Alica Elscheková
Überlieferte Musik

1. Musik als Klangphänomen und seine Überlieferung

Musik ist sowohl ein Klangereignis als auch ein psychisches Phänomen. Dementsprechend wird zwischen ihrer klingenden, schriftlichen und psychischen Existenzform unterschieden (Elschek, 1994, S. 10–13). Aus dem physikalischen Klang entsteht Musik in der inneren Vorstellung und wird im Gedächtnis gespeichert (→ Psychophysiologie der Wirkung von Musik).

Die Fähigkeit des menschlichen Gehirns zur dauerhaften Speicherung von Musik ist von entscheidender Bedeutung für die Kontinuität einer Musikkultur (Deutsch, 1977). Musik überlebt aufgrund von Rezeptionsmustern, die durch Abhören, Kontrollieren und Wiederholen die Gestaltung von Musik als klanglichem Phänomen ermöglichen (s. Tab.).

Musik kann weitgehend in der Vorstellung wachgerufen werden und in einem inneren Hörprozeß ablaufen. Das musikalische Hörverständnis und Hörerlebnis sind einem kulturellen und historischen Wandel unterworfen (dazu Besseler, 1959; → Musikstil und Interpretation). Musik ist nicht einfach ein physikalischer Vorgang, sondern muß als «Klangerfüllung» verstanden werden: Musik ist ein dynamisches, in Zeit und Raum ablaufendes kunstästhetisches, psychophysiologisches und soziokulturelles Ereignis. Ihr System, ihre Kriterien, Normen und Inhalte sind je nach Kultur, Gattung, Individuum differenziert, je nachdem welche Aufgaben und Funktionen der Musik in der Verankerung im Leben zugeordnet sind (→ Zweckbestimmung von Musik).

Das innere Hören, das Hören in der Vorstellung, hat auch eine philosophische Dimension: Baumann (1992 a, S. 28) beschreibt anhand von Quellen aus dem 9./10. Jahrhundert, wie die Gesänge des Gregorianischen Chorals in der göttlichen Erleuchtung gehört, dann vorgesungen und aufgeschrieben wurden. Das innere Hören wird mit transzendentalen Weltvorstellungen verbunden und ermöglicht den Kontakt zum Übernatürlichen, Überirdischen.

Die musikalische Realität, die klangliche Umsetzung der in der Vor-

	Phänomen	Prozeß	Funktion
I.	klanglich-musikalische Vorstellung, entstanden aus der Verarbeitung sensorischer und emotionaler Vorgänge als Reflexion außer- und innermusikalischer Vorgänge	subjektiver Reflexionsprozeß	Neuschaffen
II.	Bildung abgeschlossener Einheiten nach syntaktisch klanglichen Vorstellungen	Objektivierung der musikalischen Gestalten	Zwischenspeicherung
III.	Wiederholung: als innerer Klangablauf als äußerer Klangablauf	Einlernen und Selbstkontrolle Aufführung	Speicherung Neugestaltung im Verlauf der Interpretation
IV.	Aufnahme und Verfestigung der Klangform	Integration in das Nervensystem	Speicherung
V.	Wiederholen, Kontrollieren, Abhören	Selbstidentifikation mit der Klanggestalt und ihrem semantisch-ästhetischen Inhalt	Neuerkennung

Der Prozeß von Entstehung, Speicherung, Überlieferung und Interpretation in mündlich überlieferten Musiktraditionen

stellung vorhandenen Musik, entsteht mittels musikalischer Interpretation. Dies geschieht unter Verwendung von Musikinstrumenten oder der Stimme – und heute zusätzlich immer stärker über elektronische Medien. Medien können sowohl als Mittel zur Aufführung als auch zur Dokumentation dienen und somit als «Gedächtnis» unserer Zeit angesehen werden (Baumann, 1992 b).

Im Laufe der Menschheitsgeschichte ist die primäre Existenz von Musik aber weitgehend durch das Gedächtnis und den klingenden Musikprozeß abgesichert worden. Die meisten Musikkulturen der Welt verzichten auf die Notenaufzeichnungen vollständig. Auch die europäische Volksmusik, die euro-amerikanische Pop- und Rockmusik und der Jazz verwenden sie lediglich als ergänzende und vortragsorientierte Stütze. Nur die abendländische Kunstmusik basiert auf detaillierten schriftlichen Festlegungen.

2. Epik und ihre mündliche Tradition

Die Überlieferung der großen antiken epischen Dichtungen, die musikalisch aufgeführt wurden, sind beeindruckende Beispiele der Merkfähigkeit des Gedächtnisses. Wie diese Epen früher aufgeführt wurden, ist heute kaum rekonstruierbar. Man kann aber Vergleiche anstellen mit den serbischen und kroatischen Heldenliedern, die in den 30er Jahren aufgenommen wurden, um homerische Epentraditionen auf dem Balkan zu studieren (vgl. Bartók, 1967; Lord, 1960). Die Heldenlieder umfaßten 12 000 bis 13 000 Verse, die zu einer instrumentalen Begleitung gesungen wurden (Wünsch, 1934, 1937). Ähnlich große Dichtungen sind in den russischen Bylinen (vgl. dazu Stockmann & Strohbach, 1967) sowie in der ukrainischen Dumy (Kolessa, 1929) gefunden worden. Zur selben Gattung gehören Runen-Weisen der Finnen (Louhivuori, Kaipaine & Toiviainen, 1996), mit denen auch die isländische Rimur-Epik verwandt ist (Helgason, 1980; Nielsen, 1982).

In einer nahezu unvorstellbaren Gedächtnisleistung sind es festgeformte, textmelodische Modelle, die während der Aufführung in immer neuen Formen und Versionen rekonstruiert und umgestaltet werden. Der Überlieferungsprozeß ist gleichzeitig ein permanenter Wandlungsprozeß der Musik. Keine Wiederholung ist ganz genau. Die Edda-Singtradition fordert immer wieder eine neue, wettbewerbsartige Neugestaltung. Die Nachgestaltung fester Modelle und ihre improvisatorische Ergänzung in der Vortragsstruktur sind Gegenstand mehrerer Überblickswerke, in denen das Kernproblem der historischen mündlichen Liedtradition in Europa untersucht wird (Schneider, 1993; Stockmann & Erler, 1994; D. Stockmann, 1992, S. 97).

Die aus der europäischen Frühgeschichte stammenden Liedgattungen haben ihre Wurzeln zum Teil auch in Mittelasien und auf dem afrikanischen Kontinent. Nikiprowietzky (1962) z.B. beschreibt die mündlich überlieferte, narrative Musiktradition der Griots (Senegal): «Als Geschichtenerzähler und Geschlechterkundige sind sie die Chronisten eines Landes, das die Schrift verschmäht hat. Als Musiker gehören sie zu allen Festen und Feierlichkeiten.» Die Ausübung dieser mündlich geprägten Traditionen ist an einen engen Kreis von ausgewählten Klans gebunden.

3. Bewahrer der mündlichen Musiktradition

Die Weitergabe von Kultur- und Musikphänomenen in mündlichen Überlieferungsformen geht vorwiegend in professionellen Musikerkreisen vor sich. Sie beruht auf der intensiven Beziehung zwischen Schüler und Lehrer – der Schüler weilt jahrelang im Hause des Meisters, in der «Schule» (→ Vergleichende Musikpädagogik). Beim genauen Erlernen der religiösen Musik im Islam ist dies sogar verpflichtend: bei der Koran-Rezitation (quir'a), dem Gebetsruf (adan) und auch bei den freieren Formen der geistlichen mawrid-Lieder und anderen Gattungen. Gerade im liturgischen und religiösen Bereich wird Wert auf wortwörtlich genaue Wiedergabe und Weiterführung der Tradition gelegt. Individuelle und subjektive Elemente sollen minimiert werden.

Auch Tanzmusik spielt in der Weiterführung alter Traditionen eine bevorzugte Rolle. So wurden z.B. bei den Roma instrumentale, tänzerische und musikalische Traditionen über Jahrhunderte überliefert. Die Zurna- und Klarinettenspieler in der Türkei und auf dem Balkan, in Griechenland, Makedonien, Kosovo und Albanien wachsen im Umkreis von sozial Unterprivilegierten und in Roma-Familien auf (Reinhard, 1966, S. 28). Ähnlich enge Familienbindungen finden sich auch bei den Roma-Tsiganes, den Geigern und Geigenensembles in der rumänischen Walachei (Aubert, 1990). Eine vergleichbare Tradition entstand im späten Mittelalter in Moldawien, in der Slowakei und vom 18. Jahrhundert an in Ungarn und weiteren mittel- und südosteuropäischen Ländern. Allerdings wurden die bestehenden musikalischen Traditionen dem jeweiligen kulturellen Kontext, den verwendeten Musikinstrumenten, Tanztraditionen und musikstilistischen Mitteln und Funktionen angepaßt. Die Familie spielt auch beim Gitarren-, Tanz- und Musikvortrag des Flamenco der Gitanos (Andalusien) eine unverzichtbare Rolle.

Gesangstraditionen im europäischen Volksliedbereich entwickeln sich vor allem aus der Beziehung zwischen Mutter und Tochter oder Großeltern und Enkelkindern – überhaupt in der musikalischen Praxis der ganzen Familie, durch welche das Liedrepertoire weitergegeben, gepflegt und erhalten bleibt. Gute Sänger oder Sängerinnen, kurz: Musikerpersönlichkeiten sind häufig Träger der gesamten Lied- und Musiktradition in einer Gemeinschaft. Die mündlichen Singtraditionen beschränken sich nicht nur auf die anspruchsvollen epischen, narrativen Liedgattungen (s. o.). Sie beziehen sich gleichermaßen auf das Repertoire von Hunderten und Tausenden von Weisen und Versen aus der alltäglichen Volksmusiküberlieferung.

Besonders bekannt sind die Untersuchungen von Béla Bartók über die Volksmusiktraditionen in Ungarn, Rumänien, der Slowakei und angrenzenden Gebieten. Über die individuelle Melodiebildung und den Umfang des Repertoires der einzelnen Volksmusikregionen – insbesondere des früheren ungarischen Vielvölkerstaates – schrieb er im Jahr 1911: «In diesem Land scheinen die Slowaken die reichsten an Volksliedern zu sein. Fast in jedem Dorf kennen sie andere Lieder» (1955, S. 230). Im allgemeinen konnte er 150 bis 200 Melodien von einer einzigen Person aufzeichnen (1970, S. 105). In der mittelslowakischen Ortschaft Poniky kannte eine einzige Sängerin (Zuzana Spisiakova) sogar 507 Lieder, die Bartók komplett in der Sammlung der slowakischen Volkslieder veröffentlicht hat (1959/1970). Das umfangreiche Volksliedrepertoire hat sich bis zum Ende des 20. Jahrhunderts erhalten, wie eine Untersuchung von Kovácová (1985) nachweisen konnte.

4. Kunst, Klang, Musik

Im Unterschied zur Literatur oder zur bildenden Kunst lebt Musik nur in ihrer klingenden Form vollwertig (Wuertenberger, 1979). Für Literatur, Drama und Poesie ist die Schrift ein legitimes Aufzeichnungsmedium, denn sie beruht auf dem Wort, auf Silben- und Sprachkonstruktionen und auf den ihnen entsprechenden symbolischen Zeichensystemen. Sprache besteht nicht nur aus dem Zuhören, sondern auch aus dem Ablesen, obwohl der Sprachklang ein wesentliches Mittel ihrer kommunikativen Funktion ist. Deshalb wird von der Bedeutung einer «allgemeinen und einer individuellen Sprachmusikalität» gesprochen, die durch Klang, Tonfall, Rhythmus und Tempo gekennzeichnet ist (Hübner, 1994, S. 28).

Für einen Maler, Graphiker oder Bildhauer liegt die einzige Präsentationsform im Material des Kunstwerks. Diese Präsentationsform ist in sich geschlossen und vollendet. Es handelt sich um eine immer wieder betrachtbare Form, mit der sich der Rezipient kunstästhetisch auseinandersetzen kann. Die Gestaltungsform ändert sich nicht, wohl aber ändern sich das Verständnis und die Interpretation, da die Menschen sich in jeder Zeit mit einer neuen Sichtweise dem Kunstwerk nähern.

Für Musik, die nur im Gedächtnis vorliegt oder nur unvollkommen schriftlich festgehalten wurde, ist ihre innere Dynamik, ihre permanente Veränderbarkeit und die aktualisierende Anpassungsfähigkeit die Grundlage ihrer Existenz. Musik ist primär Klanggestaltung, unabhängig davon, ob es schon ein fertiges Werkmuster im Gedächtnis gibt oder dieses erst im Vortrag neu konzipiert wird (→ Improvisation). Folglich besitzt die mündliche Überlieferung für die Musik eine Bedeutung, die weit über die Bedeutung für sprachliche oder bildnerische Kunst hinausgeht.

In Indien liegen viele mündlich überlieferte Musikstücke auch in schriftlicher Form vor. Es ist jedoch bekannt, daß keines dieser Musikstücke jemals von seinem Komponisten aufgeschrieben wurde (vgl. dazu Kuckertz, 1993, S. 157). Für die bedeutendsten Komponisten aus dem frühen 19. Jahrhundert (Tyagaraja, Muttusvami Diksitar und Syama Sastri; → Indien) verwundert dies nicht, da erst zum Ende des 19. Jahrhunderts mit der Aufzeichnung vollständiger Gesänge begonnen wurde. Aber auch die Komponisten des 20. Jahrhunderts haben ihre neu geschaffenen Gesänge lieber gleich auswendig gelernt und ihren Schülern klingend weitergegeben.

Schriftliche bzw. vollschriftlich abgesicherte Musiktraditionen gibt es nur selten. Kaum eine Musikkultur ist so stark von der schriftlichen Erfassung der Musikstücke dominiert wie die abendländische Kunstmusik. Betrachtet man jedoch die gesamte Breite der europäischen Musik, so stellt man fest, daß die Funktions- und Gattungsbereiche in unterschiedlichem Ausmaß von Schriftlichkeit und Mündlichkeit bestimmt sind (→ Kulturbereiche der Welt). Aus diesem Grund werden auch differenzierende Begriffe wie z. B. «teilschriftlich» verwendet (Elschek, 1985 a). Dies bezieht sich auf die Volksmusik, die funktionsgeprägte und stildifferente Pop-, Unterhaltungs- und Umgangsmusik, auf tribale Musik

(z. B. die Stammesmusik der Samen in Lappland) und auf die diversen Formen der Musik von europäischen Minderheiten (dazu Hemetek & Lubej, 1996, S. 17). Aber auch die Kunstmusik ist gelegentlich auf mündliche Überlieferung angewiesen: Die Ausführung von Generalbaß und Diminution im 17. Jahrhundert, die Kadenz im Solokonzert des 18. Jahrhunderts (→ Musikstil und Interpretation) und verschiedene Formen der Kunstmusik aus den 50er bis 70er Jahren sind als teilschriftlich anzusehen.

Der Aspekt der Mündlichkeit erhält im 20. Jahrhundert durch die modernen Medien eine andere Bedeutung (→ Musikvermittlung in der modernen Mediengesellschaft). Man beginnt, zwischen einer primären und einer sekundären Mündlichkeit (orality; Ong, 1982, S. 11) zu unterscheiden. Kulturen mit primärer Mündlichkeit blieben vollständig vor schriftlichen und gedruckten Techniken bewahrt. Sekundäre Mündlichkeit entspricht einer Kultur, die von Telefon, Funk und Fernsehen sowie anderen elektronischen Medien geprägt ist. Primär schriftlose Musikkulturen haben entwicklungsgeschichtlich oder wissenschaftlich auf die materielle Fixierung ihrer Kultur verzichtet. Bei sekundärer Mündlichkeit steht mit den Hochtechnologie-Medien ein Ersatz für die Schriftlichkeit zur Verfügung. In ihrer Genauigkeit übertreffen die neuen Medien Notentexte bei weitem.

Schrift ist für die Musik nur ein Hilfsmittel (→ Verschriftlichung von Musik). Das Wesentliche ist in der Praxis, in der lebendigen Überlieferung der Musik enthalten. Sie erst bringt den Charakter einer Musik zum Ausdruck: die Gedächtnisüberlieferung festgeformter Modelle und Klangvorstellungen sowie ihre lebendige Ausführung im entsprechenden kultursozialen Kontext (für die Aufführungspraxis → Musikstil und Interpretation; für das Musiklernen → Musizieren).

5. Mechanismen und Stützen der Überlieferung

Musik hat eine höchst abstrakte syntaktisch-semantische Klangstruktur. Sie besitzt nur wenige Beziehungen zu anderen Klangwelten (Hübner, 1994, S. 26). Zum Zweck der Charakterisierung ihrer eigenen Struktur werden auch biologische Kommunikationsformen eingesetzt wie Vogelgesang, Sprachintonation oder Bewegungsabläufe. Diese Modellvorstellungen bestimmen jedoch nicht das Wesen der Musik (vgl. die Aus-

drucksmodelle bei Rösing, 1993, S. 579–588). Sie können aber als mne-
motechische Hilfen (Erinnerungshilfen) bei der Musiküberlieferung genutzt werden.

Auch die Verbindung der Musik mit anderen Kunstgattungen (Synkretismus) ist der Musiküberlieferung förderlich. Insbesondere dort, wo
sich konkrete Beziehungen in Form eines Strukturparallelismus auswir-
ken (für Sprache und Musik → Psychophysiologie der Wirkung von Musik), trägt die Verbindung zur Verfestigung der Überlieferungsformen bei.

In der Vokalmusik hat der Text eine wesentliche gedächtnisstützende
Funktion. Text- und Motivwiederholungen sind im allgemeinen aufeinander bezogen (Braun, 1990, S. 158 ff). Sprach- und Wortintonation
können Melodiekonturen und Akzentgruppen bestimmen – dies sind
Prinzipien, die z. B. in den Vokalwerken von Leos Janacek oder den Büh-
nenwerken von Richard Strauss auch in die schriftlich fixierten Werke
eingegangen sind.

Buchstaben und Silbenstrukturen werden als unsemantische Elemente in Musiknotationen verwendet und können beim Lernen als
rhythmisch-metrische Modelle und für die Vermittlung von Tonhöhen-
vorstellungen genutzt werden (Tonsilben, → Vergleichende Musikpädagogik). Insbesondere in der indischen und nepalesischen Musik ist es
üblich, musikalische Strukturen auf der tabla (Trommel) zu memorisie-
ren. Zuvor werden diese Strukturen aber anhand von nichtsemanti-
schen, jedoch klangspezifischen Tonsilben erlernt (Kippen & Bel, 1989;
Elschek, 1993, Nr. 3). Es handelt sich dabei um eine Art gesprochener
Darstellung von rhythmisch-metrischen und musikalischen Modellen,
eine Art vokaler Notation bzw. Lernhilfe, die onomatopoetische (lautma-
lerische) Silben verwendet (z. B. dha, ge, na, tira, kita, dhee, tit u. a.).

Eine besonders wichtige Kunstgattung ist der Tanz, in welchem der
Bewegungsablauf weitgehend mit der rhythmisch-metrischen Struktur
der Musik koordiniert ist. Bewegungsmotive kommen rhythmischen
Musikformeln gleich, denen sich die Musik voll anpaßt. Als Beispiel dafür können die ostslowakischen Kreistänze dienen. Sie werden von einer
Vorsängerin eingeleitet, die eine Anfangstextzeile und das Melodie-Er-
kennungsmotiv vorgibt. Dieses Motiv wird von den tanzenden Sängerinnen wiederholt. Dadurch sind Tempo und metrisch-rhythmische
Struktur vorgegeben. In ein und demselben Stilbereich kann nun sowohl
der Text als auch die Melodie gewechselt werden – die Vorsängerin oder
auch eine andere Sängerin leitet den Übergang ein.

Die Singtraditionen sind weitgehend durch Lebenszusammenhänge, durch die Funktion des Liedrepertoires bestimmt. Vor dem Winteraustragen oder Sommereinbringen, ebenso wie zu den Maiumzügen, Johannesgesängen und den zahlreichen vorweihnachtlichen und weihnachtlichen Brauchtumsgelegenheiten, kommen Kinder und Mädchen einige Tage zusammen, um das notwendige Repertoire aufzufrischen und zu wiederholen. Ältere Kinder und Frauen führen die jüngeren dabei in die Bräuche ein, indem sie die Lieder vorsingen.

Solche Lernphasen gehen auch einer Hochzeit im Ostslawischen voraus. Die Familie und der Brautführer wiederholen die Verse und lassen sich dabei von älteren Freunden und Familienmitgliedern beraten. Das bezieht sich auf die zeremoniellen Lieder bei der Verabschiedung der Braut vom Elternhaus und von der Familie, die Lieder in der Kirche, beim Abnehmen des Jungfernkranzes und beim Brauttanz (Elscheková, 1996).

Auch die gemeinsame Arbeit erweist sich als Lerngelegenheit: Erntelied-Traditionen, Wiesen- und Waldlieder werden in Mittel- und Osteuropa zum Teil bis heute praktiziert. Die monatelange Arbeit der Hirten im Hochgebirge in den Karpaten, auf dem Balkan, in den Alpen und in den Pyrenäen begünstigt die Überlieferung von Liedern, Instrumentalspiel, Hirtentänzen und auch der Instrumentenherstellung. Hier wird die Tradition überwiegend von kleinen abgeschiedenen Gruppen (vier bis fünf Männer) gepflegt.

Für Frauen und Mädchen war in früheren Jahren die Spinnstube der Ort, wo sie sich in den Wintermonaten trafen und während der Arbeit erzählten und gemeinsam sangen. Neben dem individuellen Kontakt in der Familie bot die dörfliche Gemeinschaft mit ihren Arbeitsabläufen Gelegenheit zur Traditionspflege (D. Stockmann, 1992, S. 49).

Vom 19. Jahrhundert an wurden diese primären Singgelegenheiten aufgrund sozioökonomischer Veränderungen verdrängt. An ihre Stelle traten bewußtere Formen der Traditionsförderung, die im 20. Jahrhundert zu organisierten Einrichtungen in den Dorfgemeinschaften wurden. Es entstanden Vereine, Chöre, Singkreise, Kinder-, Schul- und Folkloregruppen ebenso wie Festivals, Wettbewerbe und Seminarveranstaltungen zur Überlieferung alter Musiktraditionen. Insbesondere seit den 80er Jahren ist ein Wiederaufleben traditioneller Volkskulturen zu verzeichnen. Diesen Prozeß bezeichnen Deutsch & Walcher (1994, S. 12, 150 und 176 ff) als «Rückkehr des Volkes». Die Aktivität dieser Volksmusikpflege hat dazu geführt, daß aus den ursprünglich mündlich überlieferten Kulturen jetzt teilschriftliche Kulturen geworden sind (Veigl, 1991; Härtel, 1994).

Weitere Lern- und Überlieferungsstrategien bilden die physiologischen Faktoren der Bewegungsstrukturen. Das bezieht sich besonders auf das Tempo, dessen Vortrag und Ablauf von einer Art biologischem Puls, einer inneren Uhr des Menschen, geregelt wird. An diesem Puls orientieren sich die unterschiedlichen Tanztypen. Die Nuancen sind kaum durch feste Notationen und Vorschriften regelbar, sondern nur aufgrund musikalischer Erfahrung zu unterscheiden. Im Jazz ist es das Swing-Element, im Rock der Groove, dessen Timing kaum notierbar oder normierbar ist. Dasselbe läßt sich am in Europa bevorzugten Dreier-Rhythmus verdeutlichen: Menuett, Ländler und Walzer unterscheiden sich in der metrischen Struktur deutlich voneinander und lassen sich nur durch musikalische Erfahrung adäquat darstellen. Insbesondere der Walzer verzerrt die Längen der drei Takteinheiten: Alle drei Pulseinheiten sind unterschiedlich lang, die erste stark verkürzt, die zweite dafür etwas länger (Gabrielsson, 1986, S. 150).

Die Beziehung zwischen Tanz und Musik wird in der Überlieferung von Singtänzen (Sollich, 1992, S. 203) wichtig, zu denen auch die a cappella vorgetragenen mittel- und osteuropäischen Kreistänze der Frauen gehören. Im deutschsprachigen Raum spielen Tanzballaden eine wichtige historische Rolle. In den Tanzballaden auf den Färöer-Inseln (zwischen Island und Dänemark) hat sich diese europäische Tradition bis heute gehalten. Eide (1965, S. 1) betont, daß möglicherweise der Singtanz auf Färö die Erhaltung der gälischen Sprache ermöglicht hat, da sie in den Tanzballaden immer wieder geübt und gelernt werden konnte.

6. Feste Formen und ihre Variabilität

Grundlage mündlich überlieferter Volkslieder sind im allgemeinen Hunderte und Tausende von Varianten, die den Gesamtorganismus der jeweiligen Musiktradition ausmachen. Da bei mündlicher Überlieferung von Musik eine endgültige Form als Idealtypus fehlt, können mehrere Faktoren zu Veränderungen der Musik führen:

• Das individuelle und auch das kollektive (gesellschaftliche) Gedächtnis vermag Lieder nur in beschränktem Umfang festzuhalten. Dies beeinflußt rhythmische und melodische Elemente, Texte sowie Bewegungs- und Formabläufe.

- Während des Vortrags können sich individuelle Versionen und Varianten bilden. Dieser Freiraum prägt die Lebendigkeit mündlich vermittelter Musik. In begrenztem Maß gilt dies auch für die abendländische Kunstmusik (Danuser, 1992, S. 2).
- Es erfolgt eine Differenzierung nach Regionen, da die Sänger die Lieder an ihre Dialekte anpassen.
- Auch der Wunsch nach Mehrstimmigkeit kann die Musik verändern. Doris Stockmann (1992, S. 145) hebt die Vielfalt mündlicher Mehrstimmigkeitsformen in Mitteleuropa hervor. Aber ebenso in Afrika, in der Tang-Periode in China und in Georgien und Rußland sind differenzierte Formen der schriftlosen Mehrstimmigkeit nachgewiesen.
- Zu Abweichungen tragen außerdem der Wille zur Anpassung an Singsituationen und die Anforderung der Gemeinschaft an einen dynamischen und überzeugenden Vortrag bei. Diese Veränderungen prägen zusätzlich zur Musikstruktur auch die Bedeutungsebene der Lieder und ihrer Musik.

Es wäre jedoch falsch anzunehmen, daß in der mündlichen Überlieferung Musik uneingeschränkt frei veränderbar ist. Verschiedene Elemente sind immer determiniert. Das örtliche und regionale Repertoire beruht auf tonalen Präferenzen, die die Melodiegestaltung und den formalen Verlauf bestimmen. Rhythmische Modelle und Schemata sind fest vorgegeben, da sie die Grundlage des Gesamtstils bestimmen. Feste Elemente jeder mündlichen Überlieferung stellen auch die poetische Thematik und die Aussage dar. Nur im Rahmen dieser Konstanten können sich Varianten oder Mikroveränderungen bilden, die die Einheitlichkeit eines regionalen oder nationalen Stils beeinflussen.

In der Untersuchung der Variantenbildung mündlicher Überlieferung sind im 20. Jahrhundert verschiedene Analyse- und Klassifikationssysteme enstanden (Wiora, 1951; Elschek, 1969; D. Stockmann & Steszewski, 1973). Mittlerweile ist Computerhilfe notwendig, um die vielfältigen Formen überhaupt erfassen zu können. Interessant ist hierbei u. a. die Beziehung zwischen stabilen und veränderbaren Elementen in einem Musikstil.

Heiducken-Tanz und Varianten im Violinvortrag (nach Elschek, 1965, S. 54–57). Die erste Zeile stammt aus einer Sammlung von 1782, die nächsten beiden Zeilen aus

7. Zur Grundlage instrumentaler Tradition

Unter mündlicher Überlieferung behandelt man meistens den Gesang und den Erhalt eines Liedrepertoires (Vorsingen, Mitsingen und Zuhören). In der Instrumentalmusik sind die Tradierungstechniken an Zeigen, Nachahmen und Nachspielen gebunden. Die spielphysiologischen Abläufe, Spielfloskeln und ihre Realisation (E. Stockmann, 1979) sind Verhaltens- und Bewegungsmodelle, die das Instrumentalspiel und auch seine Speicherung im Gedächtnis des Spielers beeinflussen. Im allgemeinen erfordert das Instrumentalspiel ein höheres Maß an Spezialisierung und Professionalität (→ Musizieren). Man muß darum meist mit weniger Interpreten auskommen als beim Singen. Andererseits ist das Instrumentalrepertoire vielgestaltiger und musikalisch differenzierter.

einer Sammlung von 1730. Die mit a bis d bezeichneten Varianten wurden in den Jahren 1960 bis 1962 in der Mittelslowakei aufgenommen.

Jedes Musikinstrument verlangt eine besondere Art der Spielweise, eine andere musikalische Modellbildung und ein eigenständiges Repertoire, je nach seiner Funktion, dem musikalischen Einsatz und den Fähigkeiten des Spielers (Elschek, 1985 b). Dies ist nicht nur in europäischen traditionellen Musikkulturen der Fall, sondern auf allen Kontinenten. Überall werden bestimmte Musikinstrumententypen und Spielweisen bevorzugt: Bei den Indianern haben Flöten eine Sonderstellung, in Indien Saiteninstrumente, in China festgestimmte Schlaginstrumente (Stein- und Glockenspiele), in Afrika Xylophone. Oft werden die Instrumente regional mit speziellen Techniken gespielt, so die Geige bei irischen Musikern (Deutsch & Haid, 1975) oder der Dudelsack in Schottland, Italien und auch in der Slowakei (Garaj, 1995).

Werden Instrumente nicht nur solistisch, sondern auch in Ensembles eingesetzt, so ist eine größere Koordination notwendig. Dies bezieht sich auf die Anwendung von Merktechniken, standardisierten Ornamentenfloskeln, Formschemata und harmonischen Modellen. Hierfür entwickelten sich auch in an sich schriftlosen Musikkulturen Musikantenblätter und -heftchen, die bis zu einer schemenhaften vagen Notation von Musik reichen (z. B. Aufzeichnen einer Melodiekontur). In Mitteleuropa finden sich vor allem Geigenhefte (Kresanek, 1967; Muntag, 1974). Meist handelt es sich um Repertoire-Merkhilfen, wie sie auch bei Volkssängern verwendet werden (dort für die Aufzeichnung der Texte). Solche Behelfsheftchen erscheinen ab dem 18. Jahrhundert, ohne den ursprünglich mündlichen Charakter der Überlieferung zu beeinträchtigen. Sie sind weder das Resultat eines Kompositionsverfahrens, noch sind sie Vorlagen für den Interpreten.

Das Notenbeispiel der Abbildung auf Seite 232 / 233 zeigt, wie es um die Beziehung von tatsächlich erklingender Volksmusik zur Aufzeichnung steht. Die oberen drei Zeilen enthalten Aufzeichnungen aus dem 18. Jahrhundert. Die unteren vier Zeilen zeigen die Aufzeichnungen aus den Jahren 1960 bis 1962. Alle entsprechen sie demselben formalen, harmonischen, kadenzierenden Melodiemodell, dessen motivischer Inhalt jeweils stark umgestaltet wurde.

8. Zusammenfassung

Die mündliche Überlieferung schuf eigene gesetzmäßige Traditionen in der Gestaltung, kognitiven Fixierung und Weitergabe von Musik. Die vokalen Formen beruhen ebenso auf Zusammenhängen zwischen Text und Musik wie auf funktionalen Beziehungen, die Kunstform-übergreifend gesehen werden (synkretischer Charakter; s. D. Stockmann, 1992, S. 145 ff). Instrumentalmusik entwickelte sich viel autonomer, musikalisch eigenständiger als Gesang – mit lockeren Bindungen an die kommunikative Signalgebung, an Bewegungsabläufe und Tanztraditionen. Das erlaubte einen weiten Entfaltungsspielraum (D. Stockmann, 1992, S. 279 ff).

Die mündliche Überlieferung ist auf das Wesentliche einer Musiktradition ausgerichtet. Sie umfaßt Stilnormen und Stilkanons, die es ermöglichen, Neues zu schaffen, zugleich aber die Traditionen in einem lebendigen Anpassungs- und Umwandlungsprozeß über Generationen und Zeiträume von Jahrhunderten zu erhalten und weiterzuvermitteln. Diese ständige Variabilität bzw. Variantenbildung ist nicht auf Unzulänglichkeiten des menschlichen Gedächtnisses zurückzuführen, sondern als provozierender Aktivierungsprozeß des Musikgestaltens zu interpretieren.

Literatur

Aubert, L. (1990). *Roumanie: Musique des tsiganes de Valachie. Les lautari de clejani* (CD mit Kommentar). Paris: Occora.

Bartók, B. (1955). *Levelei* (Briefe, Bd. III). Budapest: Zenemükiado.

Bartók, B. (1959 / 1970). *Slowakische Volkslieder* (2 Bde.). Bratislawa: Slowakische Akademie der Wissenschaften.

Bartók, B. (1967). A Perry fele jugoszlav nepzene-gyüjtemeny. In Bartók, B. (Hg.), *Osszegyüjtött irasai* (S. 494–497). Budapest: Zenemükiado (Orig. 1942).

Bartók, B. (1970). Slowakische Volkslieder. In *Documenta Bartokiana 4* (S. 494–497). Budapest: Zenemükiado.

Baumann, M. P. (1992 a). Zur Tradition des inneren Hörens als Vision der inneren Stimme. In Ballmer, C. & Gartmann, T. (Hg.), *Tradition und Innovation in der Musik. Festschrift für Ernst Lichtenhahn zum 60. Geburtstag* (S. 21–37). Wien: Amadeus.

Baumann, M. P. (Hg.) (1992 b). *World music. Musics of the world. Aspects of documentation, mass media and acculturation.* Wilhelmshaven: Noetzel.

Besseler, H. (1959). *Das musikalische Hören der Neuzeit* (Berichte über die Verhandlungen der sächsischen Akademie der Wissenschaften zu Leipzig). Berlin: Akademie-Verlag.

Braun, H. (1990). *Probleme der Volksmusikforschung* (Studien zur Volksliedforschung Bd. 5). Frankfurt / M.: Lang.

Danuser, H. (Hg.) (1992). *Musikalische Interpretation. Neues Handbuch der Musikwissenschaft,* Bd. 11. Laaber: Laaber.

Deutsch, D. (1977). Memory and attention in music. In Critchley, M. & Henderson, R. A. (Hg.), *Music and the brain.* London: Heinemann.

Deutsch, W. & Haid, G. (Hg.) (1975). *Die Geige in der europäischen Volksmusik.* Wien: Schendl.

Deutsch, W. & Walcher, M. (Hg.) (1994). *Sommerakademie Volkskultur 1993.* Dokumentation. Wien: Österreichisches Volksliedwerk.

Eide, P. (1965). *Der färöische Volkstanz* (Schallplatte und Kommentar). Torshavn: Torsgard.

Elschek, O. (1965). Problems of variation in 18th century slovak folk music manuscripts. *Studia musicologica, 7,* 47–59.

Elschek, O. (Hg.) (1969). *Methoden der Klassifikation von Volksweisen.* Bratislava: Verlag der Slowakischen Akademie der Wissenschaften.

Elschek, O. (1985 a). Die historische Erforschung mündlich, teilschriftlich und schriftlich überlieferter traditioneller Musikkulturen. *Beiträge zur Musikwissenschaft, 27* (2), 103–109.

Elschek, O. (1985 b). Die ethnischen Besonderheiten der slowakischen instrumentalen Volksmusik (Stilschichten und Stiltypen). *Ethnologica, Slavica, 14* (1992). Bratislava: Slovenske pedagogicke nakladatel'stvo, S. 13–55.

Elschek, O. (1993). *Musik der Seidenstraße und Trommler der Welt* (Video und Kommentarheft). Berlin / Bratislava: Internationales Institut für traditionelle Musik / ASCO.

Elschek, O. (1994). Aktuelle Fragen der musikalischen Grundlagenforschung (I). *Systematische Musikwissenschaft, 2* (1), 7–61.

Elscheková, A. (1996). Slowakische Hochzeitslieder in ihrer funktionellen und strukturellen Schichtung. *Studia Musicologica Academiae Scientiarum Hungaricae, 37* (2–4), 150–190.

Gabrielsson, A. (1986). Some recent trends in music psychology. *Musicologica Austriaca, 6,* 137–155.

Garaj, B. (1995). *Gajdy a gajdosska tradicia na Slovensku (Bagpipe and bagpipers tradition in Slovakia).* Bratislava: Ustav hudobnej vedy SAV ASCO.

Härtel, H. (Hg.) (1994). *Ländliche Kulturformen – ein Phänomen in der Stadt.* Graz: Weilhaupt.

Helgason, H. (1980). *Das Heldenlied auf Island.* Graz: Akademische Druck- und Verlagsanstalt.

Hemetek, U. & Lubej, E. (Hg.) (1996). *Echo der Vielfalt. Traditionelle Musik von Minderheiten / ethnischen Gruppen.* Wien: Böhlau.

Hübner, K. (1994). *Die zweite Schöpfung: Das Wirkliche in Kunst und Musik.* München: Beck.

Kippen, J. & Bel, B. (1989). The identification and modelling of a percussion «language» and the emergence of music concepts in a machine-learning experimental set-up. *Computers and the Humanities, 23* (3), 100–214.

Kolessa, F. M. (1929). *Ukrainske narodne dumy.* Lvov: Dumka.

Kovácová, J. (1985). Pozoruhodna nositel'ka piesnovej tradicie v oblasti Trencina – Maria Zajacova (Eine bemerkenswerte Trägerin der Musiktradition in der Trencin-Region). *Musicologica Slovaca, 10,* 104–135.

Kresanek, J. (1967). *Melodiarum Annae Szirmay-Keczer.* Bratislava: Opus.

Kuckertz, J. (1993). Mündlichkeit und Schriftlichkeit in der nicht-abendländischen Musik. In Habla, B. (Hg.), *Festschrift zum 60. Geburtstag von Wolfgang Suppan* (S. 155–165). Tutzing: Schneider.

Lord, A. B. (1960). *The singers of tales.* Cambridge: University Press.

Louhivuori, J., Kaipaine, M. & Toiviainen, P. (1996). A self-organizing map that recognizes and generates rune-song melodies. *Systematische Musikwissenschaft, 4* (1–2), 110–125.

Muntag, E. (Hg.) (1974). *Zbierka piesni a tancov z roku 1730* (Die Sammlung von Liedern und Tänzen aus dem Jahre 1730). Martin: Osveta.

Nielsen, S. (1982). *Stability in musical improvisation.* København: Kragen.

Nikiprowietzky, T. (1962). *Les griots du Senegal et leurs instruments*. Paris: Radiodiffusion outremer Ocora.

Ong, W. J. (1982). *Orality and literacy: The technologies of the world*. London: Methuen.

Reinhard, K. (1966). Türkische Musik. In Blume, F. (Hg.), *MGG Die Musik in Geschichte und Gegenwart*. Bd. 13 (Sp. 953–968). Kassel: Bärenreiter.

Rösing, H. (1993). Musikalische Ausdrucksmodelle. In Bruhn, H., Oerter, R. & Rösing, H. (Hg.), *Musikpsychologie. Ein Handbuch* (S. 579–588). Reinbek: Rowohlt (3. Aufl. 1997).

Schneider, A. (1993). Zu einigen Aspekten historischer Volksmusikforschung unter besonderer Berücksichtigung «narrativer» Gattungen. In Habla, B. (Hg.), *Festschrift zum 60. Geburtstag von Wolfgang Suppan* (S. 129–153). Tutzing: Schneider.

Sollich, E. (1992). Traditioneller Singtanz heute. In Bröcker, M. (Hg.), *Tanz und Tanzmusik – Überlieferung und Gegenwart* (S. 203–207). Bamberg: Universitätsbibliothek.

Stockmann, D. (Hg.) (1992). *Volks- und Popularmusik in Europa* (Neues Handbuch der Musikwissenschaft, Bd. 12). Laaber: Laaber.

Stockmann, D. & Erler, A. (Hg.) (1994). *Historische Volksmusikforschung*. Göttingen: Edition Re.

Stockmann, D. & Steszewski, J. (Hg.) (1973). *Analyse und Klassifikation von Volksmelodien*. Krakow: Polskie wydawnyctwo muzyczne.

Stockmann, E. (Hg.) (1979). *Studia instrumentorum musicae popularis*. Stockholm: Musikmuseet.

Stockmann, E. & Strohbach, H. (Hg.) (1967). *Sowjetische Volkslied- und Volksmusikforschung*. Stockholm: Musikmuseet.

Veigl, A. (Hg.) (1991). *Tradition und Innovation in der Volksmusikpflege*. Mödling: Internationale Organisation für Volkskunst in Österreich.

Wiora, W. (1951). *Europäischer Volksgesang. Gemeinsame Formen in charakteristischen Abwandlungen* (Das Musikwerk 4). Köln: Volk.

Wünsch, W. (1934). *Die Geigentechnik der südslawischen Guslaren*. Brünn: Prag/Leipzig: Veröff. des Musikwiss. Inst. der deutschen Universität..

Wünsch, W. (1937). *Heldensänger in Südosteuropa*. Berlin/Leipzig: Institut für Lautenforschung, Universität Berlin.

Wuertenberger, F. S. (1979). *Malerei und Musik. Die Geschichte des Verhaltens zweier Künste zueinander, dargestellt nach den Quellen im Zeitraum von Leonardo da Vinci bis John Cage*. Frankfurt/M.: Fischer/Suhrkamp.

Tiago de Oliveira Pinto
Improvisation

1. Begriffsklärung

Kaum ein Begriff der Musiktheorie dürfte eine so breite, geradezu universale Anwendbarkeit und zugleich eine derart gegensätzliche Auslegung erfahren haben wie der Begriff Improvisation. Als wichtiges Moment künstlerischer Kreativität sind Musik und Improvisation eng miteinander verknüpft.

Improvisation ist grundsätzlich eine Handlung, die in wesentlichen Aspekten für Musiker und Hörer gleichermaßen unerwartet erscheint (zur Bedeutung des Handlungsbegriffs für die Improvisation s. Andreas, 1993).

Der Begriff Improvisation tauchte in der abendländischen Musikgeschichte auf, als durch Notation eine Unterscheidung zwischen der Aufführung eines vorgegebenen Musikstücks nach Noten und der Aufführung von Musik ohne Noten erfolgte. Das geschah in mehreren Etappen ab dem Mittelalter (9. Jahrhundert; → Verschriftlichung von Musik). Improvisation unterscheidet sich von einer in Notenschrift festgehaltenen Komposition dadurch, daß mindestens ein primärer musikalischer Parameter (z. B. Rhythmus, Motivfolge, Form) nicht vorgegeben ist. Die Spannung zwischen der Objektivität feststehender Modelle bzw. Systeme und der Subjektivität spontanen Produzierens macht das Wesen der Improvisation aus.

Jeder Akt des musikalischen «Zusammenstellens», also des Komponierens, stellt einen zum Teil von Improvisation geprägten Prozeß dar. Anders als im westlichen Kulturbereich ist musikalische Komposition – vor allem in orientalischen Kulturen – nicht unbedingt von einer verbindlichen, nicht mehr frei auslegbaren Verschriftlichung der Musik abhängig (→ Überlieferte Musik).

Dieser Definition von Improvisation und ihrer Beziehung zum Kompositionsvorgang stand in der Musikwissenschaft lange Zeit die Vorstellung gegenüber, Improvisation sei vornehmlich mit schriftlosen Kulturen in Verbindung zu bringen: Jede mündlich überlieferte Musik müsse in irgendeiner Form improvisiert sein. Improvisation allein als eine musikalische Darbietung aus dem Stegreif zu verstehen, wie es in manchen älteren Lexika steht (im Überblick Ferand, 1957), greift jedoch zu kurz und wird insbesondere den orientalischen oder den auf mündlicher Überlieferung basierenden Musiktraditionen keinesfalls gerecht. Eine strikte Trennung zwischen Komposition und Improvisation kann rasch die falsche Vorstellung hervorrufen, bei Improvisation handle es sich lediglich um ein «Handwerk», bei Komposition hingegen um das wahre «Kunstwerk».

In neueren Arbeiten (zusammenfassend Hiley u. a. 1996) wird zunehmend die große konzeptuelle Bandbreite der Improvisation berücksichtigt. In verschiedenen Kulturen untersucht man inzwischen Improvisationen mit entsprechend unterschiedlichen Ansätzen und Analysemethoden. Dabei stellt sich die Forderung, Improvisation analog zu Komposition als eigenständige Form musikalischer Produktion zu betrachten.

Jede musikalische Produktionshandlung zeichnet sich durch «das abenteuerliche Vordringen in noch unbekannte Bereiche des Geistes [aus], die durch Klänge erkundet werden» (Luban-Plozza u. a., 1988). Der musikalischen Improvisation haftet so etwas Spielmäßiges in dem Sinn an, daß jede Manifestation von Kultur zunächst im Spiel entsteht. Als formbildendes Element tritt dieses Spiel später in den einzelnen Kulturerscheinungen ganz in den Hintergrund (Huizinga, 1956): Es wird zum Regelspiel (Oerter, 1993). So konnte sich eine ab dem 19. Jahrhundert bis in kleinste Details festgehaltene musikalische Komposition, z. B. eine Sinfonie, erst im Lauf von Entwicklungen nach und nach festigen, die auch aus improvisierten, das heißt aus dem Stegreif geformten bzw. «gespielten» Prozessen entstanden sind.

Mit der sich zunehmend verfeinernden notenschriftlichen Fixierung von Musik und mit einer immer größer werdenden Anzahl von notierten Ausführungsvorschriften wurde die Fähigkeit zur Improvisation verringert und die Improvisation aus dem Musikleben des Abendlandes mehr und mehr verdrängt. Ganz anders liegt der Sachverhalt in orientalischen Musikkulturen. Hier kollidierten eine Vielzahl von komplexen Regeln und verbindlichen Vorschriften keineswegs mit einer primär improvisierenden Musizierpraxis. Im Gegenteil, die Besonderheiten und Gesetzmäßigkeiten dieser Musikkulturen werden in ihrer Komplexität dem Hörer gerade durch die improvisierende Musizierpraxis nähergebracht. Anders als in der westlichen Musiktradition kann musikalisches Handeln hier nicht durchweg in einen reproduktiven Bereich (Interpretation) und einen produktiven Bereich (Improvisieren und Komponieren) getrennt werden.

2. Improvisation und Interpretation

Die unterschiedlichen musikalischen Handlungen von Improvisation und Interpretation ergänzen sich in manchen Musikkulturen: Das produktive Moment der Improvisation kann sich mit der reproduktiv agierenden Interpretation von Musik decken. In der arabischen Musik wird das vorherrschende Moment der augenblicklichen Verklanglichung eines musikalischen Werks häufig von der Wechselbeziehung zwischen Hörerschaft und Musiker beeinflußt. Bekannt ist hierfür die als *tarab* bezeichnete Form des gesungenen Vortrags literarischer Texte mit Instrumentalbegleitung, wie man sie in Städten wie Kairo, Beirut oder Damaskus antrifft. Deren berühmteste Vertreterin war die ägyptische Sängerin und Komponistin Umm Kulthum (1903–1975; vgl. Braune, 1994).

Hohe Kunstfertigkeit und Bildung in der arabischen Musiktradition und Literatur werden beim *tarab* nicht nur von den vortragenden Künstlern, sondern auch von den Zuhörern verlangt. Die Vortragenden müssen viel Gefühl *(ihsas)* und Emotionskraft zeigen, um sich und die Hörer in einen ekstatischen Zustand *(saltana)* zu versetzen. Solo-Improvisationen oder kurze Instrumentalvorspiele vor dem eigentlichen *tarab*-Vortrag dienen dazu, in den entsprechenden Modus *(maqam)* einzustimmen. Wesentlich für die *tarab*-Veranstaltung ist im Anschluß an die Einstimmung die kreative Kommunikation zwischen Vortragendem und Zuhörerschaft: ein Wechselverhältnis, das dem Zuhörer genauso große aktive Bedeutung einräumt wie dem Sänger. Es wird ausdrücklich gefordert, die Atmosphäre («ambience») müsse stimmen, sonst könne keine Kunst – und ekstatische Zustände sind hier Bestandteil der Kunst – entstehen. Innerhalb dieses kommunikativen Prozesses (ecstatic feedback model: Racy, 1991, S. 17) erhält Musik eine ganzheitliche Dimension, wie sie in der abendländischen Musikgeschichte nur selten anzutreffen ist.

Innerhalb einer *tarab*-Veranstaltung wird ein weites Kontinuum von kompositorisch-improvisatorischer Aktivität verwirklicht. Es reicht von der augenblicklichen Komposition eines neuen Werks bis hin zur freien

Interpretation bereits bestehender Kompositionen. Die Übergänge sind fließend und werden von zwei Formen der Improvisation abgedeckt: von einer «modal» ausgerichteten Improvisation und einer «interpretativen» Improvisation (Racy, 1991, S. 18).

Mit modaler Improvisation ist die augenblickliche Realisation eines bestimmten Modus (*maqam*: auf- und absteigende Folge von Tonschritten) gemeint, ein Prozeß, der in sämtlichen Formen traditioneller arabischer Musik und analog auch im persischen Kulturraum *(dastgah)* und in der indischen Musik (*raga-s*; s. Danielou, 1968) begegnet. Modale Improvisation ist an die Gesetzmäßigkeiten des *maqam* gebunden. Dennoch verbleiben dem Musiker große Freiheiten in der Neuschöpfung musikalischer Stücke. Diese können sich u.a. auf die Ausdehnung des Vortrags, auf die Zusammensetzung der verschiedenen Formteile oder auf Modulationen in benachbarte *maqamen* beziehen. Im Gegensatz hierzu ist die interpretative Improvisation durch die Neu-Interpretation, Veränderung oder Ausarbeitung bereits bestehender Kompositionen gekennzeichnet.

Der gesamte musikalische Prozeß im *tarab* verlangt dem Vortragenden Aufgaben eines Komponisten und eines Interpreten ab. Mit beidem verbinden sich dann in jeweils situationsabhängiger und musikerspezifischer Ausprägung die differenzierten Elemente der Improvisation.

Der künstlerisch-musikalischen Auslegung traditioneller Modalstrukturen sind immer gewisse Grenzen gesetzt. Jeder *maqam*, jeder *raga* muß nach strengen Regeln ausgeführt werden, nicht zuletzt, um vom Publikum erkannt werden zu können. In der türkisch-osmanischen Kunstmusik ist der Zwang zum Wiedererkennen vor allem beim Gebrauch von *maqamen* (mehreren Modi) grundlegende Bedingung. In den Geist des *maqam* wird zum Beginn von einem Konzertzyklus *(fasil)* mit einer Improvisation, einem *taqsim* (Teilung) eingeführt (Reinhard, 1984). Ein *taqsim* kann auch zwischen einzelne Musikteile eingeschoben werden. Es zeichnet sich dadurch aus, daß es metrisch frei ist und im «*parlando*-Stil» abläuft. Damit bildet es ein Gegengewicht zu allen Formen, die durch ein Metrum *(usul)* geregelt sind. Habib H. Touma definiert das arabische *taqsim* «als die instrumental improvisierte Darstellung eines maqam, in der dem Tonräumlichen eine feste, dem Zeitlichen eine freie Organisation zugrunde liegt» (Touma, 1968, S. 97).

In der türkischen Volksmusik gibt es eine spezielle Gattung, die *uzun hava* (lange Melodie), die stets metrisch frei verläuft und damit ebenfalls in das Improvisatorische hineinreicht. Die Improvisationslust wird noch durch die Forderung verstärkt, zahlreiche Ornamente in den Melodieverlauf einzubauen. Bedingung ist aber auch hier, daß das Grundmodell des *maqam* unverändert erkennbar bleibt. Seit es Tonträger mit Aufnahmen von *taqsim* namhafter türkischer Musiker gibt, werden immer öfter solche Aufnahmen nur noch nachgespielt. Ab ihrem «zweiten Dasein» (Wiora, 1950) verschwindet in dieser Musik jegliche Improvisation: Das verfestigte musikalische Repertoire wird lediglich reproduziert.

3. Musik und Sprache

Wie bei der Sprache muß man sich den musikalischen Vortrag – insbesondere den improvisierten musikalischen Vortrag – in verschiedenen Abstufungen vorstellen. Von der bloßen Lautmalerei über die Formulierung einzelner Worte, über Sätze mit inhaltlichem Sinn bis hin zu epischen Formen in festem Versmaß gibt es eine große Bandbreite an Möglichkeiten individueller Entfaltung.

Es ist bezeichnend, daß ältere Definitionen von Improvisation immer eine Parallele zur Poesie und zu Gesetzmäßigkeiten beim Versmaß herstellen. So definierte Hans Christian Koch zu Beginn des 19. Jahrhunderts Improvisation als «die Geschicklichkeit eines Tonsetzers, über ein ihm noch unbekanntes Gedicht sogleich aus dem Stegreife eine Komposition zu verfertigen und solche sogleich singend unter der Begleitung eines Instruments vorzutragen» (Koch, 1802, S. 773).

Texte singend und über bestimmte Versmaße improvisierend vorzutragen ist die Kunst der Barden und Bänkelsänger, der mittelalterlichen Troubadours, der spanischen und hispanoamerikanischen *pajadores*, der portugiesischen und brasilianischen *repentistas* oder der türkischen *asik* (→ Türkei). Sinngemäß kann der türkische Begriff *asik* (auch *ozan*) als «Liedermacher» oder als «Dichtersänger» übersetzt werden. Beim improvisierten Vortrag eines *asik* sind sowohl Text als auch Melodieverlauf wichtig, da das eine das andere bedingt und unterstützt. Asik Seref, ein berühmter Dichtersänger aus Kars (Türkei), beschreibt das Entstehen von Text und Musik im improvisierten Vortrag sehr anschaulich folgendermaßen: «Der Gesang muß das Gedicht interpretieren, und die Form und die Reime dieses Gedichtes sollten seinen Inhalt unterstützen [...]. Wenn ich mein eigenes Lied mache, arbeite ich an der Melodie, indem ich *saz* [die türkische Langhalslaute] spiele und gleichzeitig den Text dazu erfinde. So unterlege ich während des *saz*-Spiels den Text der Melodie» (Reinhard & Oliveira Pinto, 1989, S. 121).

Wenn zwei *asik* einen musikalischen Wettkampf ausführen, dann kommt es sowohl im Text als auch im melodischen Verlauf zu Improvisationen. Zu Beginn des Wettkampfs wird von dem Veranstalter oder einer hochgestellten Persönlichkeit ein *ayak* (Fuß, Gedichtzeile) vorgegeben, über den beide Sänger musikalisch und dichterisch improvisieren müssen. Ein typischer *ayak* lautet: «Du sollst nicht mit Worten berühren, du sollst die *saz* berühren.» Der erste Sänger wählt einen für den Inhalt und die Form geeigneten *maqam* und improvisiert die erste vierzeilige Strophe. Der zweite Sänger hat dann die Form, die Silben-, die Zeilenzahl und den gewählten *maqam* – der jedoch individuell ausgeführt werden darf – beizubehalten. Der Endreim *(redif)* muß sich in der letzten Zeile aller Strophen wiederholen. In derartigen dichterisch-musikalischen Wettkämpfen steht immer der improvisierte Text im Vordergrund. Durch gewisse improvisierte Gesänge kann es dabei sogar zu Feindseligkeiten im Publikum kommen, insbesondere dann, wenn religiöse oder politische Themen angesprochen sind (Reinhard & Oliveira Pinto, 1989, S. 60; vgl. ähnliche Wettkämpfe auch bei den Basken: Aulestia, 1990).

4. Struktur und Klang

Der Suche nach musikalischen Strukturen geht die Fragestellung voran, welche Gesetzmäßigkeiten der erklingenden Musik zugrunde liegen, also welchen Ordnungsprinzipien sie gehorcht. Zunächst hat die Suche nach den kleinsten klassifizierbaren Systemeinheiten zu erfolgen. Innerhalb einer musikalischen Kultur stehen diese kleinsten Elemente üblicherweise in einer relativ beständigen Verbindung zueinander und bilden eine innere Ordnung. Diese innere Ordnung der musikalischen Struktur zu erkennen ist Voraussetzung für die Bewertung eines jeden improvisatorischen Ansatzes in der Musik: «Struktur ist ein aus voneinander unabhängigen Faktoren gebildetes Ganzes. Jeder dieser Faktoren hängt von den anderen ab und kann, was er ist, nur durch seine Beziehung mit ihnen sein» (Lalande, 1983, S. 1031).

Die Einzelsysteme, deren Beziehungen zueinander durch Transformationen erfaßbar werden, sind jeweils graduelle Modifikationen einer Metastruktur, deren qualitative Veränderung nicht möglich ist. Besonders gut wird dies bei primär rhythmischer Musik deutlich, etwa dem Repertoire der Bata-Trommelensembles der Yoruba in Benin und Nigeria. Diese Ensembles verfügen über unterschiedliche Trommeln, von denen jede einen festen musikalischen Part erfüllt. Kompositionen wie «Ako» des Trommelensembles aus Pobe (Benin) bestehen aus periodischen und in ihrer Struktur wiederholten Folgen eines bestimmten musikalischen Pattern (Branda-Lacerda, 1988, S. 73). Auf der Metastruktur-Ebene findet keine Veränderung statt, das Repertoire ist fest. Die Verkettung der einzelnen rhythmischen Muster entsteht im kreativen, das heißt auch bis zu einem gewissen Grad improvisierten Spiel innerhalb der Normen des Ensemblespiels (Transkription von «Ako»: Branda-Lacerda, 1988, S. 158 ff).

Bei festen musikalischen Strukturen wie Formeln, Patterns, Motiven usw., die zusammengestellt ein übergeordnetes Ganzes bilden, lassen sich deutlich die Grenzen zwischen Improvisation und Vorgegebenem, zwischen Unerwartetem und Voraussehbarem erkunden. Als Beispiel hierfür ist das Repertoire des afrobrasilianischen Musikbogens *berimbau* besonders geeignet. Die Klangerzeugung des Musikbogens *berimbau* besteht – neben einer Vielzahl anderer Klangelemente – in der geregelten Folge zweier unterschiedlicher Tonstufen; *toque* meint die verschiedenen rhythmisch-melodischen Muster, die der Hörer beim Spiel des Musikbogens selbst kategorisiert. Berücksichtigt wird die vertikale wie auch die horizontale Komponente zur Definition des *toque de berimbau*. Die Länge eines rhythmischen Musters erstreckt sich über eine regelmäßige Folge von Elementarpulsen als kleinsten meßbaren Zeiteinheiten. Sie werden zyklisch wiederholt, vielfach unter Einschluß von Variantenbildung. Ein wichtiges akustisches Merkmal des *berimbau*-Spiels ist die gesteuerte Folge von unterschiedlichen Obertonspektren, die durch das Aufsetzen und Abheben des offenen Resonators gegen den Bauch des Spielers verursacht werden. Neben dem Erfassen von einer rhythmischen und einer melodischen Komponente des *toque* ist es zudem noch wichtig, eine innere Strukturierung zu erkennen: Sie bewirkt den spezifischen Charakter eines jeden *toque*.

Selbst wenn die Vorstellung strukturierter *toques* – unterscheidbar aufgrund musikalischer Merkmale – in manchen Fällen schwer nachzuvollziehen sein mag, so läßt sich aber doch eine definierbare Gestalt, ein

Grundgerüst, bei den meisten Patterns erkennen. Dem in afrikanischer Musikterminologie herkömmlichen Pattern-Begriff (größte zeitliche Wiederholungssequenz: Koetting, 1970, S. 121) entspricht auch beim *toque*, daß es sich um Einheiten handelt, die zwar im musikalischen Kontext ständig wiederholt werden, aber doch auch schon für sich allein genommen ein «strukturiertes Ganzes» darstellen. Mehrfach wurde in Arbeiten zur afrikanischen Musik darauf hingewiesen, «daß immer dort ein Ganzes wahrgenommen wird (z.B. eine bestimmte Schlagformel oder eine inhärente Melodie), wo die ein Pattern konstituierenden Elemente einander zugeordnet sind» (Kubik, 1983, S. 330).

Selbstverständlich setzen sich *toques* aus noch kleineren Partikeln zusammen, nämlich aus acht kleinsten Zeitwerten (Elementarpulsen). Für die Musik ist dies jedoch weniger relevant, denn das «musikalische Denken» der Spieler operiert allein mit den Bausteinen und nicht mit Bruchstücken davon. Mit anderen Worten: Die Musiker «denken» in *toques*. Ähnlich verhält es sich in vielen afrikanischen Kulturen (Nketia, 1963; → Schwarzafrika).

Ist ein *toque* ein «strukturiertes Ganzes», eine Einheit, so kann man – auf einer anderen Ebene – dies auch für das gesamte Musikstück behaupten. *Toques* bilden kleine und größere Gruppen sowie selbständige Abschnitte bis hin zum abgeschlossenen Stück. Sie sind also die Bausteine einer Musik, die nach bestimmten Regeln zusammengefaßt werden. Bei Berücksichtigung dieser Regeln besteht für den Musiker aber auch die Möglichkeit, einen individuellen Weg für das Zusammenfügen der einzelnen Bausteine zu finden. So ist letztlich jedes Musikstück – trotz eindeutiger Repertoirezuordnung – einzigartig. Improvisation vollzieht sich im Spannungsfeld von festen Regeln und regelerweiternder Ausführung (dazu Simon, 1984).

5. Analyse eines *berimbau*-Solos

Das mit einfachen graphischen Symbolen festgehaltene Stück, das von dem Musiker Evilásio de Andrade aus Santo Amaro im Bundesstaat Bahia, Brasilien, gespielt und als «improviso» bezeichnet wurde, ist dreiteilig angelegt. Das Stück verdeutlicht im kleinen, was sich beim Kampfspiel *capoeira*, zu dem das Repertoire des Musikbogens erklingt, in längeren Zeiträumen abspielt. Der erste Teil (Abschnitt A) geht bis zum

Ende der Zeile 15, der Mittelteil (Abschnitt B) von Zeile 16 bis ein-schließlich Zeile 25 und der Schlußteil (Abschnitt A') von Zeile 26 bis zum Ende. Dieser letzte Teil kann als eine Art Wiederaufnahme von (A) begriffen werden. Zwischen der Beschleunigung des Tempos und den verschiedenen *toques* gibt es einen Zusammenhang, der bewußt gestaltet zu sein scheint. Bestimmte *toques* werden in schnellerem, andere in langsamerem Tempo gespielt.

Im Verlauf des Stücks kommt dieses Moment folgendermaßen zum Ausdruck: Abschnitt (A) beginnt mit *toque Angola*, wobei der Beat gleich M. M. 136, also ca. eine halbe Sekunde lang ist. Im Abschnitt (B) *(toque Iúna)* wird das Tempo wesentlich schneller, ein Beat gleich M. M. 236. Am Schluß dieses Abschnitts (Zeile 25) erreicht das Stück mit M. M. 260 das schnellste Tempo. Eine plötzliche Pause, ein regelrechtes Ab-brechen von zwei Sekunden Länge, schließt diesen Teil abrupt ab. Die Repetition (Abschnitt A') beginnt wieder in mäßigerem Tempo (ein Beat gleich M. M. 128) mit der *toque Angola*, entspricht also dem Charakter des Beginns (Abschnitt A). Während die Abschnitte (A) und (A') vom *Angola* bestimmt sind, bezieht sich Abschnitt (B) auf den *Iúna*. Kurz vor Beginn von (B) gibt es jedoch ein deutliches Übergangsmoment, bei dem die *toque Angola* sozusagen von «irregulären» *toques* durchsetzt wird (Zeile 12 bis 15).

Das *berimbau*-Solo schließt mit einer Schlußformel ab, die den Vie-rer-Beat durchbricht, indem eine stark zweizeitig betonte Folge einsetzt. Im Zusammenspiel mit Perkussionsinstrumenten ist es diese metrische Reduktion, die – zugleich mit einer Tempoverlangsamung – den Schluß des Stücks ankündigt (s. Abb.).

Dieses *berimbau*-Stück steht für ein spezifisches, in Bahia existie-rendes musikalisches Wissen, das implizite und von den Musikern beherrschte Gedächtnisinhalte kennzeichnet, die eine eigene Sprachlich-keit und kognitive Repräsentation erfahren (vgl. dazu Stoffer, 1993). In-nerhalb dieses mentalen Raums hat auch das Konzept der *improviso* seinen festen Ort. Die Analyse des *berimbau*-Stücks vermag jedoch die kognitive Ebene nicht wiederzugeben und stellt lediglich die Übersetz-ung einiger formaler Inhalte der Musik in die allgemeine (westliche) Wissenschaftssprache dar. Exemplarisch läßt sich aber immerhin zeigen, wie musikalische Strukturen und Kleinstrukturen konzipiert und im Rahmen einer augenblicklich erklingenden Komposition kognitiv umge-setzt werden, die sowohl Interpretation wie Improvisation beinhaltet.

```
M.M. =

136  [1]   o.●....● o.●....● o.●o●o.● o.●o●o.● o.●....● o.o.o.o.
           o.●....● o●oooooo o.●....● ooooooo●o o.●....o ●..●o..●
           o.●....● o.●o●o.● o.●o●o.● o.●....● o.oo●...
           o.●....● o.●o●o.● o.●o●.o● o.●o●o.● o.●....● o.o.●..●
170  [5]   o.●.●...● o.●.●...● o.●o●..● o...●..● o.●o●...o o.●●●●.●
           o.●o●.●. o.o.●.●● o.●o●o.● o.●o●.o● o.●o●..o o.o.o.oo.o
           o.o.oo.o o.oo●... o.●o●o.● o.●o●..● o.o.oo.o o.o.●..●
           o.●o●o.● o.●o●.o● o.●o●o.● o.oo●..● o.o.oo.o o.o.●..●
           o.o.●●.● o.o.●..● o.●o●... o...●..● o.●.o..o o.●o●...
200  [10]  o...●●... o...●●... o...●.●● o.●o●... o.oo●.●● o.ooo●...
           o.●o●.o● o.●o●.o● o.●o●.o● o.●o●... o.o.oo.o o.o.oo.o
           o.oo●..o o...●.o● o.●o●... o...●.... o...●.... o...●...
           o.●o●... o.oo●.o● o.o.●... o.o.●.●● o.●o●... o...●...
           o.oo●... o.o.o.o. o.o.●... o...ooo. o.o.oo.o o.o.oo.o
230  [15]  o.o.●... o.oooo.o o.o.●... o.●.●...
           ●.●●o... ●.●●o... ●.●●●.●● ●.●●o... ●.●.●.●● ●.●.o...
           ●...●..● ●...●..● ●...●..● ●.●●o... ●.●●●.●● ●.●●o...
           ●.●.●.●● ●.●.●.o. ●...●..● ●...●..● ●.●.o... ●.●●o...
           ●.●.●.●● ●.●.o... ●...●..● ●...●..● ●.●●o... ●.●●o...
250  [20]  ●.●.o... ●...●..● ●.●.o... ●.●.●.●● ●.●.o... ●.●.●.●●
           ●...o... ●.●●o... ●.●●o... ●.●.o.●o ●.●.o... ●...●..●
           ●...●..● ●...●..● ●...●..● ●.●●o... ●.●●●.●● ●.●●o...
           ●...●... ●...●... ●.●●o...
           ●.o.o... ●.o.o... ●.o.o... ●.o.o... ●.ooo... ●.o.o...
260  [25]  ●...o... ●.ooo... ●.o.o... ●.●.o... ●...o...

128        o.●....● o.●....● o.●o●o.● o.●o●o.● o.●....● o.●o●o.●
           o.●....● o.o.o.o. o.●....● o.●o●o.● o.●....● o.●o●o.●
165        o.●o●.o● o.●o●o.● o.●..... o.o.o.o. o.●..... o.●o●o.●
           o.●....● o.●o●o.● o.●o●.o● o.●o●o.● o.●..... o.o.oo.o
     [30]  o.●..... o.●o●o.● o.●..... o.o..o.o o.●..... o.●o●...
180        o.●..... o.●o●o.● o.●..... o.o.oo.o o.●..... o.●o●o.●
           o.●o●.o● o.●o●o.● o.●..... o.o.oo.o o.●..... o.●o●...
200        o.●..... o.●o●o.● o.●..... o.o.oo.. ●.o.●.o. ●.o.
```

Berimbau-Solo, schematische Darstellung des Ablaufs (s. Text)

Die Analyse des Solo-Stücks für *berimbau* macht deutlich, wie eng die sogenannte *improviso*, das improvisierte Stück, den inhärenten Gesetzmäßigkeiten des Repertoires folgt und der von den Musikern verwendete Begriff *improviso* keineswegs willkürliches oder gar völlig unvorhergesehenes Spiel meint. Zum wichtigen Verhältnis von Tradition und individueller Kreativität des Musikers lassen sich zusammenfassend folgende Feststellungen machen, die für alle Musikkulturen mit oraler Tradition gelten:

- Ein *mestre de berimbau* ist der Musiker, der von einem *mestre* gelernt hat und darüber hinaus neue Dimensionen aufgrund eigener Kreativität und technischen Könnens erreichen konnte.
- Der Grad und die Art der Veränderung und / oder Erneuerung der ursprünglichen musikalischen Modelle wird immer auch durch die Erwartungshaltung, Gewohnheit und Beurteilung seitens der Zuhörer mitbestimmt. Daher werden Veränderungen, die eine gewisse Spanne der kulturell bestimmten Toleranz überschreiten, nur selten akzeptiert.
- Das Wechselverhältnis zwischen Tradition und Individualität bestimmt grundlegend das musikalische Repertoire und seine Entwicklung. Dies ist der Kern einer kulturgebundenen musikalischen Improvisation.

6. Religiöser Kontext und musikalische Strukturen

Religiöse Gesänge lassen im allgemeinen wenig Spielraum für Improvisation. Es ist bezeichnend, daß die Neumen-Schrift, eine der ersten Musiknotationen Europas, aus dem Bestreben hervorging, das Repertoire der Meßliturgie, also religiöse Gesänge (Gregorianischer Choral) festzuhalten. Auf der Grundlage von feststehenden liturgischen Texten bis hin zu magischen Formeln, die Bestandteil der meisten Religionen und sakralen Riten sind, konnten sich bestimmte Musikrepertoires über lange Zeiträume und selbst über geographisch entlegene Gebiete erhalten. Reine Improvisation bleibt bei religiöser Musik der meisten Gesellschaften eine Ausnahme. Improvisation beschränkt sich in der Regel auf improvisierte Einzelelemente, wie beim jüdischen Kantoralgesang (Sendrey, 1970, S. 127 ff).

Eine von außermusikalischen Zwängen gesteuerte Improvisation findet sich des öfteren in religiösen Riten, bei denen eingeweihte Gemeindemitglieder eine Gottheit oder ein spirituelles Wesen im Trancezustand verkörpern. Bei derartigen, für zahlreiche afrikanische und afroamerikanische Kulturen charakteristischen Religionen spielt Musik eine zentrale Rolle. Durch sie wird die sakrale Zeit strukturiert: Sie weckt konkrete Assoziationen zu mythischen und religiösen Überlieferungen, sie preist die spirituelle Sphäre und stellt gleichzeitig die Verbindung zu ihr her, indem sie zu gegebenem Zeitpunkt die religiöse Trance stimuliert (Rouget, 1985).

In der afrobrasilianischen *candomblé*-Religion (vgl. Oliveira Pinto, 1992) obliegt dem leitenden Musiker (in der Regel Spieler der großen Faßtrommel *rum*) die Aufgabe, auf die Reaktionen der in der Gemeinde anwesenden spirituellen Wesen präzise musikalisch einzugehen. Neben der Aufschlagglocke *(agogo)* besteht das Instrumentalensemble des *candomblé* aus drei unterschiedlich großen Faßtrommeln. Die Stellung der größten Faßtrommel ist aufgrund ihrer musikalischen Funktion und ihres Zusammenwirkens mit dem Tanz von besonderer Bedeutung. Während auf den beiden kleineren Trommeln *lé* und *rumpi* immer ein festes, oft identisches Pattern mit nur geringem Raum für Ausgestaltung gespielt wird, markiert der *rum* dazu zunächst das rhythmische Thema, um es dann musikalisch zu variieren und in der Improvisation komplexe timbre-melodische und rhythmische Phrasen zu entwickeln. Dem Spieler der großen Trommel gelingt es durch diese Improvisation, mit gewissen Schlägen und Klangeffekten die eingeweihten Tänzer zu stimulieren und so die Geistwesen musikalisch zu «rufen». Wenn – durch die Musik motiviert – die spirituellen Mächte unter den Menschen weilen, ist der Tanz elementarer Ausdruck der Gegenwart einer Gottheit *(orixá)*. Auch Musik kann zu einem Ausdrucksmittel spiritueller Mächte werden, und zwar dann, wenn die Aktionen der Musiker direkt vom Willen des anwesenden *orixá* gelenkt werden. Dies geschieht häufig und verlangt vom leitenden Musiker die besondere Fähigkeit, «spirituelle Anliegen» in der Improvisation zu verstehen und entsprechend auf sie einzugehen. Musikalisch Unerwartetes geschieht in diesem religiösen Kontext komplementär zum Unvorhergesehen (vgl. Tommaseo, 1973), das sich während der Manifestation einer spirituellen Sphäre (Trance) einstellt.

7. Improvisation und technische Entwicklung

Improvisation kann in der modernen westlichen Welt als Befreiung vom einzwängenden Alltag gelten und so zur maximalen Expressivität einer stark ichbezogenen Musik werden, die sich in einigen Free-Jazz-Formationen bis hin zum Nebeneinander von unabhängig voneinander spielenden Musikern entwickelt hat (Jost, 1975). Das Gegenteil hierzu ist in der klassisch-romantischen Kammermusik z. B. beim Streichquartett zu finden, wo jeder Spieler genauestens auf den anderen ohne die Möglichkeit einer vom Notentext abweichenden Interpretation eingehen muß.

Im Gefolge einer Verweigerung von gängigen Pop- und Free-Jazz-Kriterien formierten sich in zahlreichen europäischen und amerikanischen Metropolen in den letzten Jahren sogenannte improvisierende Bands wie z.B. das «Manialdi Quartett» oder «Stock, Hausen & Walkman». Im Gegensatz zur angeblich «unlockeren Kracharbeit, die die beherrschenden Free-Jazz-Qualitäten waren» (Gebhardt, 1997), entwickelte sich ab Mitte der 90er Jahre ein Stil, der eine Synthese von Unterhaltung und Wohlklang durch Improvisation darstellt. Die Berliner Konzertreihe «Echtzeitmusik» (ab 1997) brachte diese neue «Impro-Szene» hervor. Echtzeitmusik heißt, daß Stücke in der Zeit entstehen, in der sie gespielt werden – durchaus ungewöhnlich in westlicher Musikkultur, dafür aber gängig in orientalischen Kulturen. Neben klaren, einfachen Beats basiert diese improvisierte Popmusik mit unterhaltsamem Sound (vgl. Schneider, 1987) auf endlos wiederholten Floskeln bzw. harmonischen Fortschreitungen.

Die Berliner Gruppe «Paloma» hat sich offen vom «improvisierenden Ich» verabschiedet und stellt sich, so das Bandmitglied Hanno Leichtmann, hinter die Musik: «Wir versuchen nicht, unser Subjekt in der Musik auszudrücken.» Durch das Spiel ständig sich wiederholender Formeln (Loops) wird ein hypnotischer Zustand erreicht. Dieser Zustand führt dazu, «daß ich stellenweise neben mir stehe» (Leichtmann zit. in Gebhardt, 1997, S. 32). Dieses hypnotische und tanzbezogene Prinzip ist auch in vielen nichteuropäischen Kulturen anzutreffen.

Die «Verobjektivierung» des improvisierten Parts, der den Musiker in die Position eines außenstehenden Beobachters bringt, entspricht im außereuropäischen Bereich dem Phänomen der religiösen Handlung, bei der dem Musiker die Rolle zusteht, durch sein Spiel die Verkörperung eines spirituellen Wesens durch bestimmte Musikstrukturen sowie Tanzfolgen festzuhalten: Der Musiker wird zum Schamanen und Zeremonienmeister. So eröffnet sich bei «Instant-Pop» – anders als bei fertigen Techno-Klängen – die Möglichkeit, daß die Musiker auf ihr im Zustand der Hypnose tanzendes Publikum musikalisch eingehen und reagieren (vgl. diesbezüglich zur Rolle des DJs: Poschardt, 1995). Verwirklicht wird dadurch im modernen Kontext ein geradezu archaisches Prinzip des Wechselspiels zwischen Musikern und Tänzern, das schon von alters her auf allen fünf Kontinenten anzutreffen ist (Beispiele für Europa: Linke, 1991). Diese letzte, gewissermaßen geistige Dimension verleiht der Improvisation einen zentralen, ja universalen Stellenwert, der sich in sämtlichen Musikkulturen wiederfindet.

Literatur

Andreas, R. (1993). Improvisation. In Bruhn, H., Oerter, R. & Rösing, H. (Hg.), *Musikpsychologie. Ein Handbuch* (S. 506–514). Reinbek: Rowohlt (3. Aufl. 1997).

Aulestia, G. (1990). *Bertsolarismo.* Bilbao: Bizkaiko Foru Aldundia.

Branda-Lacerda, M. (1988). *Kultische Trommelmusik der Yoruba in der Volksrepublik Benin.* Hamburg: Wagner.

Braune, G. (1994). *Umm Kultum: Ein Zeitalter der Musik in Ägypten.* Frankfurt / M.: Lang.

Danielou, A. (1968). *The raga-s of the northern Indian music.* London: Barie & Rockliff the Cresset.

Ferand, E. T. (1957). Improvisation. In Blume, F. (Hg.), *MGG Musik in Geschichte und Gegenwart.* Bd. 6 (Sp. 1093–1135). Kassel: Bärenreiter.

Gebhardt, U. (1997). Schluß mit dem Getröte: Berlins junge Improvisatoren lernen zu unterhalten. *Zitty, 10,* 32–33.

Hiley, D. u. a. (1996). Improvisation. In: Finscher, L. (Hg.) MGG Musik in Geschichte und Gegenwart, Sachteil Bd. 4 (Sp. 538–611). Kassel / Stuttgart: Bärenreiter / Metzler.

Huizinga, J. (1956). *Homo ludens.* Reinbek: Rowohlt.

Jost, E. (1975). *Free Jazz. Stilkritische Untersuchungen zum Jazz der 60er Jahre.* Mainz: Schott.

Koch, H. C. (1802). *Musikalisches Lexikon.* Frankfurt / M. (Nachdr. Hildesheim: Olms 1964).

Koetting, J. (1970). Analysis and notation of West African drum ensemble music. *Ethnomusicology, 1* (3), 115–146.

Kubik, G. (1983). Kognitive Grundlagen afrikanischer Musik. In Simon, A. (Hg.), *Musik in Afrika* (S. 327–400). Berlin: Reimer.

Lalande, A. (1983). *Vocabulaire technique et critique de la philosophie.* Paris: Quadrige.

Linke, N. (1991). Musik von Johann Strauß / Vater und Josef Strauß. Walzertanzen als Droge? In Röcing, H. (Hg.), *Musik als Droge? Zur Theorie und Praxis bewußtseinsverändernder Wirkungen von Musik* (S. 31–37) Mainz: Stiftung Villa Musica.

Luban-Plozza, B., Delli Ponti, M. & Dickhaut, H. H. (1988). *Musik und Psyche: Hören mit der Seele.* Basel: Birkhäuser.

Nketia, J. K. (1963). *Drumming in Akan communities of Ghana.* Edinburgh: University of Ghana,Thomas Nelson & Sons, Ltd.

Oerter, R. (1993). *Psychologie des Spiels.* München: Quintessenz.

Oliveira Pinto, T. de (1992). La musique dans le rite et la musique comme rite dans le candomblé Brésilien. *Cahiers des Musiques Traditionelles, 5,* 53–70.

Poschardt, U. (1995). *DJ-Culture.* Hamburg: Rogner & Bernhard.

Racy, A. J. (1991). Creativity and ambience: An ecstatic feedback model from Arab music. *The World of Music, 33* (3), 7–28.

Reinhard, K. & U. (1984). *Musik der Türkei* (2 Bde.). Wilhelmshaven: Heinrichs-hofen.

Reinhard U. & Oliveira Pinto, T. de (1989). *Sänger und Poeten mit der Laute. Türkische Asik und Ozan.* Berlin: Reimer.

Rouget, G. (1985). *Music and trance. A theory of relations between music and possession.* Chicago: University of Chicago Press.

Schneider, A. (1987). Musik, Sound, Sprache, Schrift: Transkription und Nota-tion in der Vergleichenden Musikwissenschaft und Musikethnologie. *Zeit-schrift für Semiotik, 9* (3–4), 317–343.

Sendrey, A. (1970). *Musik in Alt-Israel.* Leipzig: Deutscher Verlag für Musik.

Simon, A. (1984). Zur Improvisation in Musikkulturen mit mündlicher Tradi-tion. *Musica, 1,* 37–45.

Stoffer, T. H. (1993). Strukturmodelle. In Bruhn, H., Oerter, R. & Rösing, H. (Hg.), *Musikpsychologie. Ein Handbuch* (S. 466–478). Reinbek: Rowohlt (3. Aufl. 1997).

Tommaseo, N. (1973). *Dizionario dei sinonimi della lingua italiana.* Florenz: Val-lecchi.

Touma, H. H. (1968). *Der Maqam Bayati im arabischen Taqsim.* Hamburg: Wag-ner.

Wiora, W. (1950). *Das echte Volkslied.* Heidelberg: Müller-Thiergarten.

Oskár Elschek
Verschriftlichung von Musik

1. Die Bedeutung der musikalischen Schrift

Im Prozeß der Verschriftlichung von Musik offenbart sich die Suche nach Möglichkeiten, das musikalische Gedächtnis zu erweitern, die mündliche Überlieferung zu ergänzen und den Fortbestand musikalischer Werke sicherzustellen. Notenschriften werden erst wichtig, wenn Kulturgüter gesammelt und kanonisiert werden sollen, ohne daß etwas in Vergessenheit gerät.

Wiora (1953, S. 159) begrenzte die tonschriftliche Überlieferung noch «weltgeschichtlich auf das Abendland, soziologisch auf eine zunächst nur kleine Bildungsschicht Notenkundiger und im Mikrokosmos des Musikstücks auf einen abstrakten Ausschnitt». Inzwischen hat die Forschung nachgewiesen, daß in bedeutenden Gattungen außereuropäischer Hochkulturen Notenschrift eine wichtige Überlieferungsfunktion besitzt (Kaufmann, 1967; Tokumaru & Yamaguti, 1986). Den Weg zur konsequenten Verschriftlichung ihrer Musik haben allerdings die wenigsten Musikkulturen beschritten.

Kaum Anzeichen einer Verschriftlichung finden sich in der Musik von Stammesgemeinschaften (tribale Musik), wie sie z. B. in den Regionen südlich der Sahara und in den Musikkulturen Ozeaniens oder Amerikas anzutreffen sind. In allen Formen von Volksmusik werden allenfalls Merkhilfen verwendet – in den außereuropäischen ebenso wie in den europäischen (→ Überlieferte Musik). Ansätze und Tendenzen zu einer teilschriftlichen oder zumindest gerüstartigen Aufzeichnung von Musik entwickelten sich in den Hochkulturen des Orients und in den ost- und südostasiatischen Kulturregionen (s. unten).

In Europa aber war man in zunehmendem Maß an einer genauen Fixierung aller musikalischen Gattungen interessiert. Dienten die Notationsformen zunächst nur der Bewahrung ritueller und zeremonieller Gesänge (Wiora, 1953, S. 26 f), so entwickelte sich ab dem 9. Jahrhundert das Interesse, die vokale Mehrstimmigkeit festzuhalten. Wenig später wurden Notationssysteme für Instrumente erfunden.

Während die ersten Notationen für den Gesang eher umrißartige
Stützfunktion hatten (Dittmer u.a., 1961, Sp. 1596f), wurde Musik für
Instrumente bald höchst präzise notiert. Selbst in den sehr alten Notationen finden sich Spielanweisungen, Angaben von Grifftechniken,
tabulaturartige Graphiken und Notationssymbole (ebenda, Sp.
1641–1657; Apel, 1970, S. 20). Dies hing wohl damit zusammen, daß die
überlieferten Aufführungsregeln des Mittelalters eine spontane vokale
Mehrstimmigkeit relativ gut ermöglichten. Das gemeinsame Musizieren
der Sänger mit Instrumentalisten mußte jedoch genauer festgelegt werden (Fellerer, 1980, S. 180). Interessanterweise überwiegen auch in außereuropäischer Musik Notationssysteme, die speziell für Instrumente
entworfen worden sind (Kaufmann, 1967; Elschek, 1992, S. 368ff).

2. Musik und Graphik

Es gibt die Möglichkeit, Musikstücke vom Anfang bis zum Ende verbal
zu beschreiben, wie dies z.B. im 7. bis 10. Jahrhundert im chinesischen
Buch der «Veredelten Orchidee» vorgenommen wurde. Aus der Sprache
abgeleitete Zeichen können eine Vielzahl von musikalischen Ereignissen
beschreiben:

• In der sogenannten Cheironomie werden Zeichen für die Bewegung
  der Musik verwendet.
• Mit Wörtern (→Indien), Silben (Solmisation; →Vergleichende Musikpädagogik) oder Buchstaben können die Tonhöhen gekennzeichnet
  werden.
• Zahlen dienten in der Antike und in allen außereuropäischen Musikkulturen als Maß für Tonraum und Zeitbestimmung.

Im allgemeinen werden die sprachlichen und sonstigen Hinweise
mit graphischen Zeichen kombiniert. Symbolisch stehen sie für Tonhö-
hen- oder Tempoangaben. Graphische Notationen reichen von der Nach-
bildung der Melodieverlaufsformen durch Neumen bis hin zu den
Klanggraphiken der abendländischen Kunstmusik aus den 50er bis 70er
Jahren. Manche Musikkulturen haben hierbei diastematische Systeme
entwickelt: Die Tonhöhenveränderungen werden im graphischen Bild als
Entfernungen dargestellt.

Notenschriften haben eine innere Logik und Semantik, die ohne einen
Bezug zu den ihnen zugrundeliegenden musiktheoretischen Systemen

nicht entschlüsselbar ist (Kurkela, 1986). Oft beziehen sich Konventionen der Notation nur auf einzelne Quellen, Komponisten, Schulen oder Traditionen. Dies wird nicht erst in der abendländischen Kunstmusik der Mitte des 20. Jahrhunderts deutlich, als jede Partitur mit einer umfangreichen Zeichenerklärung des Komponisten begann. Auch die Zeichensetzungen z. B. des Gregorianischen Chorals sind deutungsbedürftig, wie die Arbeiten des Solesmenser Mönchs E. Cardine und seines Schülers Göschl zeigen (s. Göschl, 1980; → Musikstil und Interpretation). Notierte Quellen müssen generell auf den Text und ihre Bedeutung hinterfragt werden (Feder, 1987). Dies hat sich in Europa zu einem wichtigen Forschungsgebiet entwickelt (→ Quellenforschung; s. a. Hortschansky, 1989).

Notationen sind keine eindeutigen Umsetzungen von Klängen. Sie können sich durch ihre schriftliche Symbolik dem Klang nur annähern. Wirklich präzise lassen sich Klänge allenfalls nach einem mathematisch-physikalischen Umsetzungsprozeß mittels Fourier-Analyse am Computer darstellen (→ Analyse). Diese Art der Verschriftlichung zerlegt jedoch die Musik in nicht mehr zusammenhängende Detailinformationen.

Die audiovisuellen Medien haben die klanglich-optischen und graphisch-bewegungsbestimmten Vorstellungen von Schriftlichkeit deutlich verändert (Hurte, 1982; Behne, 1988; Schneider, 1995). Durch die Computerdarstellungen hat sich die kognitive Struktur von Hör- und Erlebnisprozessen seit den 80er Jahren deutlich verändert (Howell, West & Cross, 1991; Marsden & Pople, 1992). Die Umsetzung klingender Phänomene in lesbare Notenschrift (Hewlett & Selfridge-Field, 1985 ff) hat inzwischen eine Perfektion angenommen, daß man analog zur sekundären Mündlichkeit (→ Überlieferte Musik) von einer sekundären Schriftlichkeit sprechen kann.

3. Entwicklung der Notation im Abendland

Bereits der frühchristliche Gesang wurde mit Akzent- und Lektionszeichen versehen, um den Interpreten Hinweise für die Intonations- und Zeitstruktur zu geben (Johner, 1953). Von diesen Neumen (Wink, Hinweis), die aus der altgriechischen Musik abgeleitet waren, ist die Verschriftlichung von Musik im Abendland ausgegangen (→ Wechselwirkungen zwischen der Herstellung und Aufführung von Musik). Aus den

Neumen entwickelten sich regional unterschiedliche Formen der Choralnotation.

Ungefähr im 9. Jahrhundert wurden die Neumen erstmals in ein System von Linien eingebunden, so daß das Auf und Ab der Melodie und der Abstand zu einer zweiten Stimme sichtbar gemacht werden konnte (Übergang von der adiastematischen zur diastematischen Notation). Erster Beleg für diese Form der Notation sind die verschiedenen Kopien der Musica Enchiriadis (s. Eggebrecht u.a., 1984). Zunächst wurden die zu singenden Silben in die Notenzeilen geschrieben. Später wurden die Silben durch Notenköpfe ersetzt, die vermutlich aus der Choralnotation übernommen worden waren.

Im Verlauf des 13. Jahrhunderts entwickelte sich eine neue Form der Rhythmusnotation, die später zur Mensuralnotation wurde (→ Musikstil und Interpretation; → Epochendefinitionen und Geschichtsschreibung). Im Gegensatz zur älteren Form der Angabe von rhythmischen Modi konnte jetzt innerhalb eines musikalischen Abschnitts der Rhythmus gewechselt und präzise aufgeschrieben werden.

Die heute übliche Form abendländischer Notation ist im Prinzip im 15. bis 16. Jahrhundert abgeschlossen worden. Eine wesentliche Erweiterung erfuhr sie lediglich durch die Einführung der Taktstriche als Orientierungsmittel bei komplexen mehrstimmigen Sätzen (Dittmer u.a., 1961, Sp. 1656).

Interessant ist, daß sich die Form der Partitur, in der alle gleichzeitig auszuführenden Stimmen übereinander notiert werden, erst um 1600 herauskristallisierte. Bis zu diesem Zeitpunkt wurden alle Musikstücke nur als Einzelstimmen hergestellt und vervielfältigt. Manchmal waren alle Stimmen in einem Buch vereint – dann wurden die Stimmen in unterschiedliche Ecken jeder aufzuschlagenden Seite gedruckt. Manchmal wurden Notenbücher sogar so hergestellt, daß die Mitwirkenden rund um das flach auf dem Tisch liegende Werk herumsitzen konnten, jeder vor seinem Part. Erst die Komplexität der Musik zwang die Komponisten dazu, eine Ausgabe herzustellen, nach der die Richtigkeit der Aufführung schnell von einem zentralen Mitwirkenden kontrolliert werden konnte.

Erst das 20. Jahrhundert brachte grundlegende Änderungen in der Notation, als in der sogenannten Experimentellen Neuen Musik graphische Elemente für musikalische Ereignisse erfunden und eingesetzt wurden (Abb. 1). Insbesondere die improvisierten Abschnitte und die Abschnitte, die zufällige Ton- und Klangkombinationen beinhalten sollten (Aleatorik), erforderten neue Zeichen, die von Komposition zu Komposition sehr individuell variieren.

Nachdem die serielle Musik und die Zwölftonmusik an Bedeutung verloren hatten, entwickelte sich der Begriff der relativen Tonhöhe, bei der es nicht mehr auf die Intervalle, sondern «auf Dichteverhältnisse, Verteilung der Lagen und Verschiebungen im Aufbau der vertikalen Komplexe» ankam (György Ligeti, zit. nach Meyer-Denkmann, 1972, S. 165). Die graphische Gestalt wurde bei manchen Komponisten (z. B. bei den Musikgraphiken von John Cage) zu einer relativ autonomen Ausdrucksform, die die klangliche Ausführung mehr inspirieren, als ihr eine genaue Vorschrift auferlegen sollte (Karkoschka, 1966).

Auch die populären Musikstile des Abendlandes im 20. Jahrhundert lösten sich unter dem Einfluß der afro-amerikanischen Musik von tradierten Notationssystemen. Meist begnügten sie sich im Sinne einer schriftlosen Kultur mit einem lead sheet, auf dem lediglich das harmonische Gerüst mit einem Buchstaben-Zahlensystem (changes) aufgezeichnet war. Für die Gitarren wurde die Form der Tabulatur wieder aktiviert, die es seit dem frühen Mittelalter gibt: In Tabulaturen werden keine abstrakten Töne angegeben, sondern die Folgen von Griffen für bestimmte Instrumente (Dittmer u.a., 1961, Sp. 1642 ff; Apel, 1970). In erster Linie wurden sie für Zupfinstrumente (Laute, Gitarre) entwickelt. Es gab jedoch im Mittelalter auch Orgeltabulaturen (Dittmer u.a., Sp. 1651 f). In der populären Musik wird oft die abendländische Notenschrift für die Melodiestimme mit Tabulaturen für die Akkorde verbunden.

Obwohl die populären Musikrichtungen im allgemeinen als mündlich bzw. medial (über Tonträger) tradiert angesehen werden müssen, stehen nichtsdestoweniger zahlreiche Notentexte und Quellen zur Verfügung. Sie sollen der Verbreitung von Musikstücken, Liedern und Formen dienen und stehen als Studienmaterial zur Verfügung (Harer, 1989).

4. Notation in außereuropäischen Hochkulturen

Auch in verschiedenen außereuropäischen Musikkulturen sind Formen der Musiknotation zu finden. In östlichen Musikkulturen finden sich Akzent- und Intonationszeichen, die den europäischen Neumen ähnlich sind (u. a. Tibet, Japan, Syrien; Ellingson, 1979, 1986). Weitgehend uner-

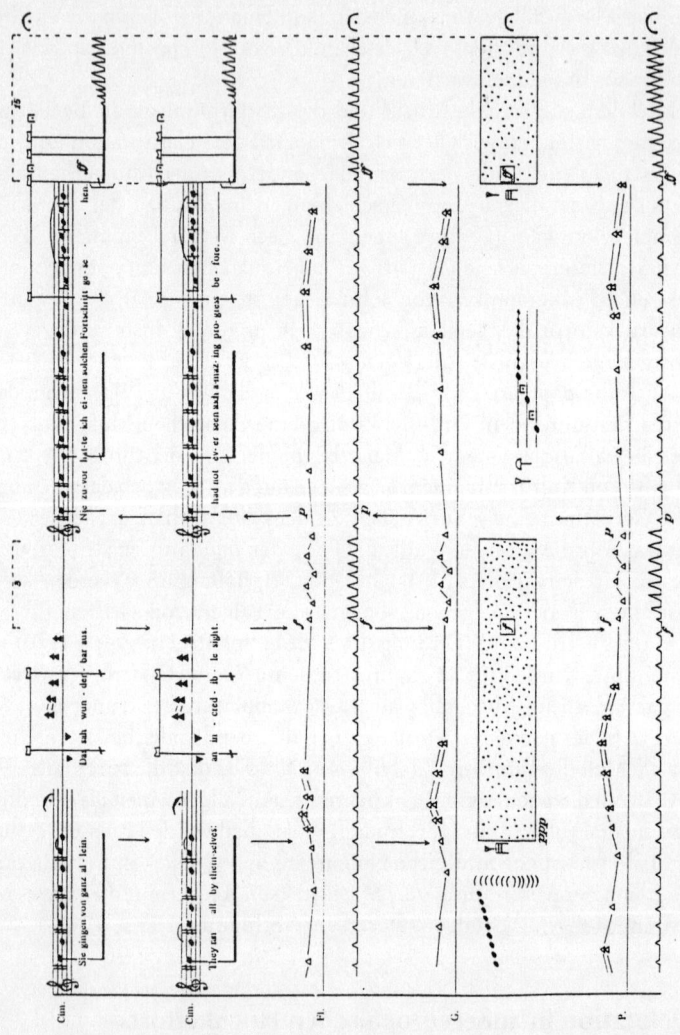

Abb. 1: Ausschnitt aus der Partitur zum Cimarron von Hans Werner Henze – hier werden traditionelle Noten mit selbsterfundenen graphischen Symbolen vermischt (Abdruck mit Genehmigung des Schott-Verlags).

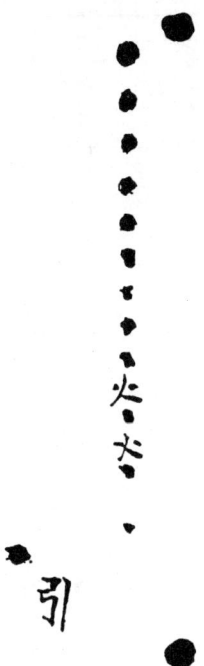

Abb. 2: Notation des Vorspiels zur Komposition eines «Erdbebens» aus dem 8. bis 9. Jahrhundert (nach Harich-Schneider, 1973, S. 119). Deutlich erkennbar ist, wie nach dem grollenden Decrescendo das Beben mit zwei Schlägen abgeschlossen wird.

forscht sind Rhythmusnotationen der arabischen Musizierpraxis, die Ähnlichkeit mit der modalen Rhythmik in Mitteleuropa besitzen (Perkuhn, 1976, S. 118).

Für die buddhistischen liturgischen Gesange gibt es in Tibet, Nepal, China und anderen fernöstlichen Ländern verschiedene Notationsformen. Sie können lediglich als Gedächtnishilfe dienen oder aber auch in der Art von Neumen Akzentstrukturen und Intonation festlegen. Abbildung 2 zeigt das frühe Beispiel einer graphischen Notation, die ein Erdbeben beschreibt (Harich-Schneider, 1973, S. 119). Vom kaiserlichen Hof in Japan ist ein Notationssystem für die Mundorgel sho bekannt (ebenda, S. 127 f), die im gagaku-Orchester verwendet wurde.

Der Typus einer neumenartigen Notation für Melodiekonturen ist im Yu-Yin-Fa-Shi-Manuskript aus der Song-Zeit in China (960–1127) enthalten (Abb. 3). Diese Notation wurde für taoistische Ritualmusik ver-

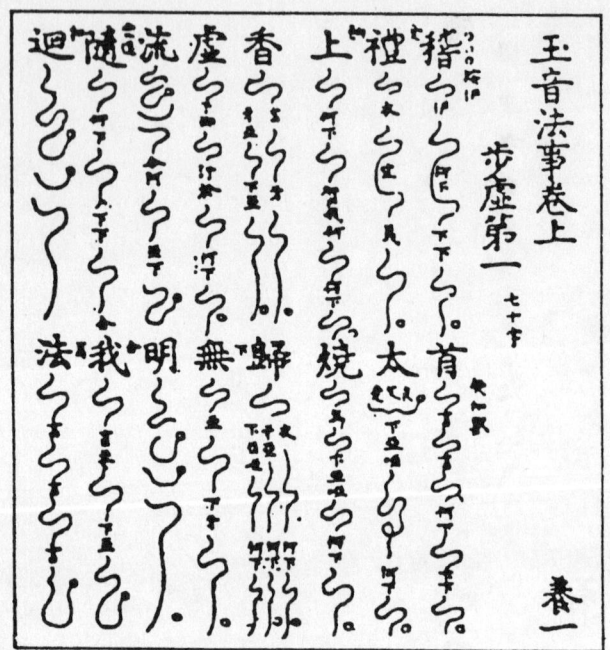

Abb. 3: Melodiekonturen-Notation aus Yu-Yin-Fa-Shi, China (nach Tsao, 1989, S. 2)

wendet. Sie fand ihre Weiterentwicklung in der Gong-chi-Notation (Tsao, 1989, S. 2), die eine genauere Angabe der Tonhöhe anstrebte. Die Umschrift in moderne abendländische Notation ist leider bisher nicht überzeugend gelungen.

In der Entwicklung einer Notenschrift spiegelt sich immer auch die Veränderung einer Musikkultur wider. Ein neu entstandenes Notenschriftsystem eröffnet den Komponisten stilistische Gestaltungs- und Ausdrucksmöglichkeiten für die weitere Entfaltung ihrer Musik. In Kulturen mit einem weit verbreiteten Schriftsystem stehen Musik und Notationsform in einem kontinuierlichen Wechselspiel (→ Wechselwirkungen zwischen der Herstellung und Aufführung von Musik).

5. Notenschrift und Komposition

In vielen Kulturen wurde Musik nicht unmittelbar, sondern erst nach einer längeren Zeitspanne mündlicher Überlieferung aufgezeichnet. Die Schriftform des sogenannten Gregorianischen Chorals entstand erst ungefähr 200 Jahre, nachdem die Sammlung der liturgischen Gesänge abgeschlossen worden war. Auch die Quellen der weltlichen Liedkunst des Mittelalters (Troubadours und Trouvères) sind erst etwa 150 Jahre nach der Entstehung der Musik aufgezeichnet worden – gewissermaßen als Aufarbeitung des Kunstschaffens im historischen Überblick für nachfolgende Generationen (→ Musikstil und Interpretation). Nur ein Bruchteil der mittelalterlichen Improvisationskunst mehrstimmiger Musik, der Orgelstücke und der weltlichen Tanzmusik jedoch wurde schriftlich festgehalten – und dies oft erst im Verlauf des 16. Jahrhunderts.

Im späten Mittelalter entwickelte sich die direkte Beziehung zwischen Notenschrift und Komposition. Damit eröffnete sich eine neue Dimension. Musikalische Ideen wurden unmittelbar aufgezeichnet und permanent auf die Übereinstimmung mit musiktheoretischen und kompositorischen Regeln hin überprüft. Musik wurde schriftlich konstruiert, da die Vielstimmigkeit der vokalen und instrumentalen Musik nicht mehr über das musikalische Gedächtnis kontrolliert und überliefert werden konnte (→ Wechselwirkungen zwischen Herstellung und Aufführung von Musik).

Ein Sonderfall in der abendländischen Musikgeschichte war sicher Wolfgang Amadeus Mozart, der seine Kompositionen vollständig im Musikgedächtnis anfertigen konnte. Der Prozeß der Verschriftlichung entsprach bei ihm lediglich einem Abschreiben aus dem Gedächtnis. Am Beispiel von Ludwig van Beethoven kann man den Prozeß der Verschriftlichung gut erkennen: Anhand der zahlreichen Skizzen, Entwürfe und Notenbücher läßt sich die Entstehung eines Werks sehr gut rekonstruieren. Um die richtige Gestalt eines musikalischen Werks hat Beethoven lange gerungen (Graf, 1910, S. 186; Johnson, Tyson & Winter, 1985).

Der Vorgang der Komposition wird ab dem späten Mittelalter zum Nachvollzug einer rationalen Kompositionslehre, deren integraler Bestandteil die Notationslehre war (s. Eggebrecht u. a., 1984; → Abendländische Kompositionslehre). Ohne sie wären die großen Werke der abendländischen Kunstmusik nicht denkbar.

Die Intellektualisierung des kompositorischen Prozesses zeigt sich aber auch in den Spitzfindigkeiten von kunstvollen Notendarstellungen, wie sie von den Niederländern im 15. Jahrhundert gepflegt wurden (Wolff, 1956, S. 85). Bemerkenswert sind zudem die polyphon verschlüsselten Rätselkanons, bei denen herausgefunden werden muß, in welchem Intervall und bei welchem Ton der jeweils nächste Musikeinsatz zu erfolgen hat, damit die Aufführung harmonisch klingt (bei Johann Sebastian Bach z. B. im «Musikalischen Opfer»).

Die Kompositionsweise der Konstruktion auf dem Papier wurde im 20. Jahrhundert in der Zwölftonmusik und den seriellen Kompositionen weiter verfeinert. Hier offenbart sich allerdings die Gefahr des schriftlichen Komponierens: An die Stelle klanglicher Vorstellungen treten abstrahierende Schreibpraktiken und Konventionen, die die Musikrezeption unangemessen erschweren. Das komponierte Musikstück wird nicht mehr aus dem Klang heraus geschaffen, sondern auf der Basis rationaler Konstruktion.

6. Notenschrift und Aufführungspraxis

Jahrzehntelang hat sich die Musikgeschichtsforschung auf den Notentext als ihren zentralen Gegenstand konzentriert. Folge waren die vielen sogenannten Urtext-Ausgaben seit den 50er Jahren des 20. Jahrhunderts – Ausgaben von vielgespielten abendländischen Kompositionen, die nach den erreichbaren Manuskripten, Abschriften und frühen Drucken auf Veränderungen hin durchgesehen wurden.

Erst allmählich rang man sich vom rein textlichen zu einem interpretativen Verständnis durch (Göllner, 1980). Diese Veränderung in der Einstellung abendländischer Musikforscher ist vor allem der Hinwendung zu Musik aus der Zeit vor 1600 zu verdanken (in England bereits seit den ersten Jahrzehnten des 20. Jahrhunderts). Man erkannte, daß der Notentext allein nicht aussagekräftig für die Musik ist. Tiefere Einsicht ist lediglich aus dem Zusammenspiel historischer, soziokultureller, musiktheoretischer und aufführungstechnischer Details heraus zu erwarten (Danuser, 1992, S. 73 f).

Die neuen Erkenntnisse über das Leben einer Musiktradition verunsicherten abendländische Musikforscher, die sich am konstitutiv vorausgesetzten «Werkcharakter» (Wiora, 1983) ihrer Musik orientierten, wie er sich im 19. Jahrhundert herausgebildet hatte. Eine Folge der neuen Er-

kenntnisse war die Wiederentdeckung von Generalbaßpraxis, Verzie-
rungstechnik, Kadenzimprovisation und Veränderbarkeit der Besetzungen
der Musik des 17. Jahrhunderts, die noch in den 50er Jahren puristisch dem
Notentext folgend aufgeführt wurde (→ Musikstil und Interpretation).

Die Musikschrift ist ein statisches Hilfsmittel, mit dem Klang und
Bewegung über Generationen hinaus erhalten werden können (Elschek,
1992, S. 373). Das Wesen eines Musikwerks ist jedoch nicht in seiner verschriftlichten Form konstitutiv gegeben, sondern erst in der Umwandlung der Schrift in eine klangliche Realisation. Die notierte Form ist der
Ausgangspunkt – das Musikwerk ist ein «intentionaler Gegenstand», der
durch die Vorstellungskraft der Musiker und Sänger zum Klingen gebracht werden muß (Feder, 1987, S. 14).

7. Transkription von Musik

Die folgende Tabelle zeigt, daß es verschiedene Umsetzungsmöglichkei-
ten eines musikbezogenen Ausgangsmaterials in eine andere Form gibt.
Der Begriff Transkription bezieht sich auf die Umsetzung einer klanglichen Form in eine schriftliche. Oft wird auch die Umsetzung von fremden oder historischen Schriften in moderne abendländische Notation
Transkription genannt. Dies fällt jedoch in das Aufgabengebiet der Mu-
sikpaläographie (dazu Kaufmann, 1967; Tokumaru & Yamaguti, 1986;
Feder, 1987).

	Ausgangs-material	Umsetzungs-resultat	Disziplin	Form der Umsetzung
(1)	Schrift	Schrift	Musik-paläographie	Umschrift
(2)	Schrift	Klang	Musik-interpretation	Interpretation
(3)	Klang	Schrift	Musik-transkription	Notenaufzeich-nung
(4)	Klang	Aufzeichnung	Elektroakustik	Klangaufzeich-nung
(5)	Klang	Graphik	Psychoakustik	Klanggraphik

Formen der Umsetzung musikalischen Materials in eine andere Form

Ein spezielles Anwendungsgebiet der Transkription von musikalischen Äußerungen findet sich in der Entwicklungspsychologie. Um den Aufbau von kognitiven Strukturen angemessen dokumentieren zu können, werden die Singversuche von Kindern in Notation transkribiert (vgl. Oerter, 1971, S. 355 f; Hargreaves, 1986; Bamberger, 1991). Dies ist nicht einfach, da Kinder die Grundprinzipien der Tonalität, auf denen das moderne abendländische Notensystem beruht, meist nur unvollkommen beherrschen (→ Entwicklung grundlegender Fähigkeiten).

Im allgemeinen versteht man unter Transkription den Nachvollzug einer mündlichen Überlieferung mittels moderner Notation. Die Transkription ist zum Kernstück ethnomusikologischer Forschung geworden (Schneider, 1987; Stockmann, 1992, S. 14 u. 43). Ein breites Spektrum von Musikkulturen ist im 20. Jahrhundert erstmals schriftlich erfaßt worden. Ernst Moritz von Hornbostel hat die moderne abendländische Notation für die Aufzeichnung außereuropäischer Musik- und Klangphänomene um eine Fülle von Sonderzeichen erweitert. Dabei geht es nicht nur um die einfache Transformation des Klangs in einen Notentext, sondern auch um die Aufdeckung von Normen des jeweils geltenden Tonsystems, der rhythmischen Strukturmodelle, der tektonischen Elemente sowie der Phänomene von Harmonie und Mehrstimmigkeit. Zur weiteren Präzisierung der Notenaufzeichnungen werden darüber hinaus Messungen und Klanganalysen durchgeführt (Elschek, 1996).

Transkriptionen der Ethnomusikologie sind das Resultat eines detaillierten Studiums der entsprechenden Musikstile. Sie reflektieren nicht nur die Musik selbst, sondern beziehen auch Variablen der Interpretation und der Aufführungszusammenhänge ein. Der Wert dieser Aufzeichnungen liegt im Studium der Musik, da die Notationen im allgemeinen nicht als Vorlage für spätere Interpretationen dienen sollen. Sie bleiben außerdem immer subjektive Reflexionen von individuellen Interpretationen, Momentaufnahmen von Einzelereignissen. In besonderem Maß trifft dies auf die Transkription außereuropäischer Musik zu, da hier selten mehr als singuläre Aufführungen in die Forschung einbezogen werden können (s. Abb. 4).

Anders ist dies bei Aufzeichnungen der europäischen Volksmusik. Sie werden im Zuge der Wiederbelebung alter Traditionen und der Musikpflege auch als Sing- und Spielvorlagen verwendet. Die originär mündliche Überlieferung verliert dadurch jedoch keineswegs an Bedeutung.

Abb. 4: Wiegenlied von Pygmäen der Babenzele-Gruppe (Transkription Elscheková, 1987, S. 74). Im für die Pygmäen typischen Stil wird das Lied mit einer großräumigen sprunghaften Jodeltechnik vorgetragen. Asemantische Silben dienen der Optimierung der Klangbildung.

8. Ausblick

Über zwei Jahrtausende hat sich die abendländische Musik langsam von einer rein mündlichen zu einer selektiv verschriftlichten Musikkultur verändert. Im 20. Jahrhundert entstand daraus in wesentlichen Gattungen der populären Musik, der Volksmusik und der Kunstmusik eine global audiovisuelle, multimediale und computergeprägte Musiktradition. In Zukunft werden die elektronischen Medien die Weitergabe, Dokumentation, Rezeption und Interpretation von Musik in beträchtlichem Umfang bestimmen. Auch das Musikschaffen wird nicht unberührt davon bleiben (→Musikvermittlung in der modernen Mediengesellschaft).

Die Schriftlichkeit von Musik wird weiterhin eine große Bedeutung behalten. Vermutlich wird es jedoch zur Norm werden, Notenvorlagen durch andere Medien der Speicherung von Musik zu ergänzen.

Literatur

Apel, W. (1970). *Die Notation der polyphonen Musik 900–1600*. Leipzig: VEB Breitkopf & Härtel.

Bamberger, J. (1991). *The mind behind the musical ear. How children develop musical intelligence*. Cambridge, Ma.: Harvard University Press.

Behne, K. E. (Hg.) (1988). *Film – Musik – Video, oder: die Konkurrenz von Auge und Ohr*. Regensburg: Bosse.

Danuser, H. (Hg.) (1992). *Musikalische Interpretation*. Neues Handbuch der Musikwissenschaft, Bd. 11. Laaber: Laaber.

Dittmer, L., Lipphardt, W., Riedel, F. W., Ruhnke, M. & Stephan, R. (1961). Notation. In Blume, F. (Hg.), *MGG Musik in Geschichte und Gegenwart*. Bd. 9 (Sp. 1595–1667). Kassel: Bärenreiter.

Eggebrecht, H. H., Gallo, F. A., Haas, M. & Sachs, K. J. (Hg.) (1984). *Die mittelalterliche Lehre von der Mehrstimmigkeit*. Darmstadt: Wissenschaftliche Buchgesellschaft.

Ellingson, T. (1979). *The mandala of sound: Concepts and sound structure in Tibetian ritual music*. Ann Arbor: University Microfilms.

Ellingson, T. (1986). Buddhist musical notation. In Tokumaru, Y. & Yamaguti, O. (Hg.), *The oral and literate in music* (S. 301–341). Tokyo: Academia Music.

Elschek, O. (1992). *Musikforschung der Gegenwart* (2 Bde.). Wien: Stieglmayer.

Elschek, O. (1996). Research on stylistic areas of Slovak intrumental folk music. *The World of Music, 38* (3), 51–69.

Elscheková, A. (1987). Traditionelle afrikanische Mehrstimmigkeit. In Stockmann, E. (Hg.), *Musikkulturen in Afrika* (S. 62–81). Berlin: Neue Musik.

Feder, G. (1987). *Musikphilologie. Eine Einführung in die musikalische Textkritik, Hermeneutik und Editionstechnik.* Darmstadt: Wissenschaftliche Buchgesellschaft.

Fellerer, K. G. (1980). Werk – Edition – Interpretation. In Bente, M. (Hg.), *Musik, Edition, Interpretation* (S. 180–192). München: Henle.

Göllner, T. (Hg.) (1980). *Notenschrift und Aufführung.* Tutzing: Schneider.

Göschl, J. B. (1980). *Semiologische Untersuchungen zum Phänomen der gregorianischen Liqueszenz.* Forschung zur älteren Musikgeschichte, Bd. 3. Wien: Verband der wissenschaftlichen Gesellschaft Österreichs.

Graf, M. (1910). *Die innere Werkstatt des Musikers.* Stuttgart: o.V.

Harer, I. (1989). *Ragtime. Versuch einer Typologie.* Tutzing: Schneider.

Hargreaves, D. J. (1986). *The developmental psychology of music.* Cambridge: Cambridge University Press.

Harich-Schneider, E. (1973). *A history of Japanese music.* London: Oxford University Press.

Hewlett, W. P. & Selfridge-Field, E. (Hg.) (1985–95). *Directory of computer assisted research in musicology. Computing in musicology.* Menlo Park, Ca.: Center for Computer Assisted Research in the Humanities (11 Bde.).

Hortschansky, K. (Hg.) (1989). *Zeichen und Struktur in der Musik der Renaissance.* Kassel: Bärenreiter.

Howell, P., West, R. & Cross, I. (Hg.) (1991). *Representing musical structure.* New York: Academic Press.

Hurte, M. (1982). *Musik, Bild, Bewegung. Theorie und Praxis auditiv-visueller Konvergenzen.* Bonn: Verlag für Systematische Musikwissenschaft.

Johner, P. D. (1953). *Wort und Ton im Choral.* Leipzig: VEB Breitkopf & Härtel.

Johnson, D., Tyson, A. & Winter, R. (1985). *The Beethoven sketchbooks. History, reconstruction, inventory.* Berkeley: University of California Press.

Karkoschka, E. (1966). *Das Schriftbild der neuen Musik.* Celle: Moeck.

Kaufmann, W. (1967). *Musical notations of the Orient.* Blomington, Indiana: University Press.

Kurkela, K. (1986). *Note and tone. A semantic analysis of conventional music notation.* Helsinki: Suomen Musiikkitieteellinen Seura.

Marsden, A. & Pople, A. (Hg.) (1992). *Computer representations and models in music.* New York: Academic Press.

Meyer-Denkmann, G. (1972). *Struktur und Praxis Neuer Musik im Unterricht.* Wien: Universal Edition.

Oerter, R. (1971). *Psychologie des Denkens.* Donauwörth: Auer.

Perkuhn, E. (1976). *Die Theorien zum arabischen Einfluß auf die europäische Musik des Mittelalters.* Walldorf / Hessen: Verlag für Orientkunde.

Schneider, A. (1987). Sound, Sprache und Schrift: Transkription und Notation in der Vergleichenden Musikwissenschaft und Musikethnologie. *Zeitschrift für Semiotik, 9,* 317–343.

Schneider, A. (1995). Musik sehen – Musik hören. Über die Komplementarität von Auge und Ohr. In Floros, C. u.a. (Hg.), *Theorie der Musik. Analyse und Deutung.* Hamburger Jahrbuch für Musikwissenschaft, Bd. 13 (S. 123–150). Laaber: Laaber.

Stockmann, D. (Hg.) (1992). *Volks- und Popularmusik in Europa.* Neues Handbuch der Musikwissenschaft, Bd. 12. Laaber: Laaber.

Tokumaru, Y. & Yamaguti, O. (Hg.) (1986). *The oral and literate in music.* Tokyo: Academia Music.

Tsao Pen-Yeh. (1989). *Taoist ritual music of the yu-kan pen-hui (Feeding the hungry ghost festival) in a Hong Kong taoist temple.* Hong Kong: Hai Feng.

Wiora, W. (1953). *Schrift und Tradition als Quellen der Musikgeschichte* (Kongreßbericht, S. 159–175). Bamberg: Universität.

Wiora, W. (1983). *Das musikalische Kunstwerk.* Tutzing: Schneider.

Wolff,. C. (1956). *Die Musik der alten Niederländer.* Leipzig: VEB Breitkopf & Härtel.

Wolf Frobenius
Abendländische Kompositionslehre

1. Zum Begriff Kompositionslehre

Kompositionslehre ist durch zwei Besonderheiten der abendländischen Musik geprägt: durch deren Rationalität und Theoriefähigkeit und durch die Ausbildung der Kategorie Werk (Überblick bei Rösing, 1993, S. 74–86). Die Rationalität der Musik wurde zunächst durch die Erforschung der Konsonanzproportionen und durch die Tonartenkonstruktionen sowie durch eine entsprechende Auffassung der Rhythmik gefördert, die Theoriefähigkeit durch eine hochdifferenzierte Terminologie bestätigt. Die Kategorie «musikalisches Werk» ist eine Folgeerscheinung der schriftlichen Planung von Musik, die als Errungenschaft der Notre-Dame-Epoche (um 1200) gilt (→ Verschriftlichung von Musik). Ausdrücklich auf Kompositionen wird der Werkbegriff seit dem 16. Jahrhundert angewendet (opus perfectum et absolutum).

Der Komposition im engeren Sinn, deren Ergebnisse schriftlich geplant werden, steht die Komposition im weiteren Sinn gegenüber, die auch ohne schriftliche Arbeit zu einem individuell gestalteten, wiederholbaren Musikstück führen kann (→ Überlieferte Musik). Einen Gegenbegriff zu Komposition im weiteren wie im engeren Sinn bildet die → Improvisation, die strenggenommen dem Augenblick der Entstehung verhaftet bleibt und nicht wiederholt werden kann. Komposition im weiteren Sinn gibt es in so gut wie allen Kulturen, Komposition im engeren Sinn gilt als Errungenschaft der westlichen Kultur.

Das jeweilige Regelsystem für Komposition ist in Kompositionslehren (Kontrapunkt-, Harmonie-, Rhythmus-, Melodie-, Instrumentationslehren) festgelegt und theoretisch formuliert. Prägend wirken aber weiterhin die mündliche Überlieferung von Regeln und als mustergültig anerkannte Meisterwerke. Die Kompositionslehre besteht zunächst im Kontrapunkt, seit dem 15. Jahrhundert auch in Instrumentalmusiklehren (fundamentum), seit etwa 1730 in der Generalbaßlehre, aus der dann die Harmonielehre hervorgeht. Im 19. Jahrhundert setzt sich die Kompositionslehre zusammen aus

- der Harmonielehre (mit Melodielehre, Satzbau und kleineren Formen),
- dem Kontrapunkt (mit Kanon und Fuge) und
- der Formen- und Instrumentationslehre (zusammengesetzte Formen, Stilarten, Gattungen, Orchestersatz, Ensemblesatz).

Nach Hugo Riemann (1889) und Stephan Krehl (1902) umfaßt die Kompositionslehre im weiteren Sinn die gesamte Lehre des musikalischen Satzes (Elementarmusik-, Melodie-, Rhythmus-, Harmonielehre, Kontrapunkt mit Kanon und Fuge, Formenlehre). Im engeren Sinn ist sie mit der Formenlehre identisch. Im 20. Jahrhundert büßt die Kompositionslehre ihren normativen Anspruch ein und weicht vielfach einer historisch-deskriptiven *Satzlehre*. Diese verbindet einerseits Harmonielehre und Kontrapunkt und berücksichtigt auch weitere Gesichtspunkte wie Rhythmik, Metrik, Melodie- und Formbildung sowie Prinzipien neuerer Musik. Andererseits führt sie im Unterschied zur Kompositionslehre nicht bis zur Komposition, sondern lehrt durch Finden und Übermitteln von Regeln sowie durch Satzübungen die für eine Satzart typischen Erscheinungen zu verstehen und zu beurteilen.

2. Kontrapunkt

Der Kontrapunkt (seit dem 14. Jahrhundert; → Epochendefinitionen und Geschichtsschreibung) ist ursprünglich ein Note-gegen-Note-Satz aus Konsonanzen. Unterschieden werden perfekte Konsonanzen (Einklang, Quinte, Oktave) und imperfekte (Terzen und Sexten). Die Regeln sehen generell Gegenbewegung der Stimmen und Klangwechsel unter Sekundanschluß in wenigstens einer Stimme vor. Sie verbieten Parallelführung der Stimmen in einer perfekten, nicht aber in einer imperfekten Konsonanz.

Die Klangzeilen beginnen und schließen mit einer perfekten Konsonanz, wobei der vorletzte Klang imperfekt sein muß. Dabei schreitet die gegebene Stimme (Tenor) eine Sekunde abwärts (Tenorklausel) und die Zusatzstimme (Discantus) eine Sekunde aufwärts (Diskantklausel). Von den in dieses Satzgerüst einzuhängenden Stimmen fällt die tiefere (Contratenor bassus) eine Quint oder steigt eine Quart (Baßklausel), während die höhere (Contratenor altus) auf ihrem Ton verharrt (Altklausel). Erst im 16. Jahrhundert wird der charakteristische Terzfall des Altes üblich.

Zugleich erscheint mehr und mehr die Baßklausel als Träger des ab-
schließenden Harmonieschrittes, der schließlich zum eigentlichen Konstruktionselement der Kadenz wird (s. später).

Werden die Dissonanzen anfangs nur als Abspaltungen von der als
harmonisch geltenden Note betrachtet, so differenziert Johannes Tinctoris (1477) für den Kontrapunkt in gemischten Werten (Figuralgesang)
zwischen verschiedenen Fällen: Die Synkopendissonanz ist vorzuberei-
ten, die Durchgangsdissonanz in Ganztonschritten zu erreichen und
weiterzuführen. Wechseltondissonanzen sollen auf kürzeste Zeitwerte
beschränkt bleiben. Die bis dahin gültigen Konsonanzfolgeregeln ersetzt
Tinctoris weitgehend durch Stimmführungsregeln.

So wird der Kontrapunkt zum Prinzip der Kombination melodisch und
rhythmisch selbständiger Stimmen im Rahmen geregelter Zusammenklänge und Klangfortschreitungen. Gelehrt werden vor allem freie, nicht
an einen Cantus firmus gebundene Komposition, Kanon, Imitation, dop-
pelter Kontrapunkt, Mehrchörigkeit sowie die Rolle des Soggettos, die
Ausprägung des Modus sowie Textaussprache und -ausdruck. Besonders
bemerkenswert ist die Technik der Imitation, der Übernahme von musikalischem Material durch später einsetzende Stimmen eines mehrstimmigen Satzes. Im durchimitierenden Stil des 16. Jahrhunderts erhält
jedes Textglied ein eigenes Soggetto, das während der Dauer eines Ab-
schnittes (meist durch ein Textglied bestimmt) in allen Stimmen durch-
imitiert wird. Diese abschnittsweise Durch-Imitation greift im späteren
16. Jahrhundert auch auf die Instrumentalmusik über und führt zur
Form des Imitations-Ricercars und zur Gattung der Fuge. Seit der Wiener Klassik tritt die Imitation als form- und gattungsprägender Stil zurück, wird jedoch maßgebend für die Kunst der thematischen Arbeit.

Im 16. bis 17. Jahrhundert fördert die freiere Dissonanzbehandlung des
Madrigals und der Monodie sowie der Generalbaß ein Denken in fertigen Akkorden, das zur Harmonielehre führt. Schon im 18. Jahrhundert
erscheint der Kontrapunkt zunehmend als veralteter Stil (vgl. Scheibe,
1737–40). Erst die dissonanzenreiche und stark modulierende spätro-
mantische Harmonik führt bei regelmäßiger Dissonanzbehandlung wieder zu einer Aktualisierung des Kontrapunkts (Brahms, Bruckner). Seit
Beginn des 20. Jahrhunderts dient der Kontrapunkt zunehmend als Mittel zur linearen Bindung der Töne und motiviert so Klänge und Klangfolgen.

3. Harmonielehre

Ist der Kontrapunkt wesentlich ein Konzept horizontaler Stimmenerfindung (Melodie), so die Harmonielehre Konzept einer simultanen Mehrstimmigkeit. Die Klänge sind nicht mehr sekundäres Ergebnis von mehreren selbständig agierenden Stimmen, sondern Erscheinungsformen von Dreiklängen auf bestimmten Stufen der verwendeten Tonleiter.

Die Harmonielehre behandelt die Akkorde und ihre Verbindung. An Akkorden stehen der Dreiklang (Dur, Moll, vermindert, übermäßig), der Septakkord (Dominantseptakkord, verminderter Septakkord, sonstige) sowie Nonen-, Undezimen- und Tredezimenakkord in ihrer Grundform und in ihren Umkehrungen zur Verfügung. Dissonant (und daher nicht schlußkräftig) sind die zweite Umkehrung des Dreiklangs (Quartsextakkord), der verminderte und der übermäßige Dreiklang, der Sept-, Nonen-, Undezimen- und Tredezimenakkord. Neben diesen Akkorddissonanzen gibt es nach wie vor Stimmführungsdissonanzen, die sich zum Teil allerdings zu Akkorddissonanzen verfestigen: liegende Stimme, Antizipation, Vorhalt, Durchgang und Wechsel- oder Drehnote.

Die Lehre von der Akkordverbindung ist gespalten. Nach der Fundamenttheorie (Simon Sechter, 1853/54; Ernst Kurth, 1913) beruht jede Akkordverbindung auf einem offenen oder verborgenen Quintschritt des Fundaments. Vollziehen die Akkordgrundtöne einen Terzschritt, so erfolgt damit zugleich, wenn auch nur latent, ein Quintschritt des Fundaments in gleicher Richtung, der die eigentliche Funktion des Akkords bewirkt. Der aufsteigende Ganztonschritt I-II der Akkordgrundtöne geht mit einem verborgenen Quintfall VI^7-II des Fundaments einher; der fallende Ganztonschritt II-I oder VI-V gilt als Fragment des Nonenakkords V^9(-I) bzw. II^9(-V).

Hängt in der Fundamenttheorie die harmonische Funktion der einzelnen Tonartstufen von der jeweiligen Akkordverbindung ab, so steht sie für die Funktionstheorie (Hugo Riemann, z.B. 1889) als Beziehung zum tonalen Zentrum von vornherein fest. Hauptfunktionen sind Tonika (I), Dominante (beruhend auf dem Quintschritt V-I) und Subdominante (beruhend auf dem Quintschritt I-IV). Die Folge Tonika-Subdominante-Dominante-Tonika prägt die Tonart aus. Nebenfunktionen sind die Parallelen von Tonika (in Dur 6., in Moll 3. Stufe), Subdominante (in Dur 2., in Moll 6. Stufe) und Dominante (in Dur 3., in Moll 7. Stufe). In Durtonarten kann der Dreiklang der 3. Stufe auch die Tonika vertreten, wenn die Quinte im musikalischen Zusammenhang als erstarrter Vorhalt zu dem Grundton der Tonika erscheint (Leittonwechselklang). Die 7. Stufe gilt als unvollständiger Dominantseptakkord.

Fundament- und Funktionstheorie können gleichermaßen als einseitige Zuspitzungen der Theorie von Jean Philippe Rameau (1722) gelten. Obwohl sich die entscheidenden Schritte in der Entwicklung der Harmonielehre über einen langen Zeitraum verteilen, erscheint Rameau als der eigentliche Schöpfer der Theorie der tonalen Harmonik. Wesentliche Stationen der Entwicklung waren (vgl. Dahlhaus, 1967 a):

- die Auffassung des Dur- und Molldreiklangs als unmittelbar gegebener Einheit (Gioseffo Zarlino 1558);
- die Deutung des Sext- und Quartsextakkords als Umkehrungen des Grunddreiklangs (Johann Lippius, 1612; Thomas Campian, 1613);
- die Bestimmung des Verhältnisses zwischen Harmonien als das ihrer Grundtöne, die Erkenntnis des Quintschritts als Normalverbindung zweier Harmonien und eigentliches Konstruktionselement der Kadenz, das in Spannung steht zur Einheit des tonalen Zentrums, und die Erkenntnis und Benennung der Akkordfunktionen Tonika, Dominante und Subdominante als Gerüst oder Substanz einer durch Akkorde dargestellten Tonart (Rameau, 1726);
- das Theorem der Terzenschichtung (derselbe);
- die Unterscheidung zwischen «wesentlichen» (I, IV, V) und «zufälligen» (II, III, VI) Akkordstufen (Heinrich Christoph Koch, 1811);
- und die Reduktion der «zufälligen» Akkorde, die als Scheinkonsonanzen bzw. Auffassungsdissonanzen erklärt werden (Riemann 1893).

4. Formenlehre

Die Formenlehre mit der systematischen Darstellung von Gliederungstypen musikalischer Werke, der Gruppierung thematischer und nicht-thematischer Teile und der Disposition der Tonarten entsteht im 18. Jahrhundert, als durch die Verselbständigung der Instrumentalmusik die Form zum Problem wird. Sie wird als Interpunktion begriffen: Form entsteht durch Abstufung der Endigungsformeln (vgl. Heinrich Christoph Koch, 1793; dazu auch Dahlhaus, 1978).

Für Adolf Bernhard Marx (1839) ist der Urgegensatz von Ruhe-Bewegung-Ruhe das Grundprinzip von Form; es manifestiert sich in der Drei-

teiligkeit von Exposition, Durchführung und Reprise. Haupt- und Sei-
tensatz kontrastieren und ergänzen sich zugleich. Die Formen von der
dreiteiligen Liedform über fünf verschiedenartige Rondoformen (s.
Marx, 1837–47) bis hin zur Sonatensatzform gehen durch fortschreitende funktionale Differenzierung und Subordination der Teile gene-
tisch auseinander hervor. Demgegenüber unterscheidet Hugo Riemann
(1889) «eigentlich den Aufbau konstituierende, entwickelnde Partien
und Einschaltungen».

Weitere Modelle für die Formerklärung bilden:
- das Drama – so bei Anton Reicha (1826) und Carl Czerny (1837), die
  die Sonatensatzform mit den dramentheoretischen Begriffen Exposition, Développement (noeud, intrigue) und Dénouement darstellen;
- die Architektur – so bei Vincent d'Indy (1905), der die Symmetrie z.B.
  von Exposition und Reprise in der Sonatensatzform hervorhebt, und
- der Organismus – so bei Ebenezer Prout (1895), demzufolge Musik or-
  ganisch wächst, und zwar durch motivisch-thematische wie tektonische Prozesse.

Stellt schon August Halm (1913) Fuge und Sonate als zwei Kulturen
der Musik einander gegenüber, so ist heute im Anschluß an die Unterscheidung von *processus* und *structura* in der mittelalterlichen Musik
grob schematisierend festzustellen, daß der Komponist in zwei Richtungen arbeiten kann: Entweder er geht von einer gegebenen Kohärenz aus
und bemüht sich um Divergenz; oder er muß in einem Material, das von
sich aus Divergenz bietet, Kohärenz schaffen (Reckow, 1986). Bei geschlossenen Formen wie liedartigen Stücken oder Sonatensätzen muß
man sich um Divergenz bemühen – bei den mittelalterlichen Cantus-fir-
mus-Kompositionen (Notre-Dame-Choralbearbeitung, Motette, Meß-
sätze), in den Formen der Polyphonie (Kanon, Imitation, Fuge usw.), in
der musikalischen Prosa und in der seriellen Musik um Kohärenz.

5. Erweiterte Tonalität

Die Geschichte der Komposition im 20. Jahrhundert vollzieht sich im
groben Überblick in den folgenden Schritten:
- Erweiterte Tonalität,
- Atonalität,
- Zwölftontechnik,

- Serialismus,
- Aleatorik,
- Elektronische Musik / Musique concrète und
- Programmierte Musik.

Diese Systematik entspricht jedoch keineswegs einer zeitlichen Abfolge. So gibt es in der abendländischen Kunstmusik bei Strawinsky, Bartók oder Hindemith Werke, die sich mit einem erweiterten Tonalitätsbegriff den überlieferten Normen der tonalen Harmonik entziehen (Dahlhaus, 1967 b), während andere Komponisten bereits atonal komponieren. Zwei Phasen der Restauration sind zwischen den innovativen Phasen 1905 bis 1930 und 1950 bis 1965 zu erkennen.

Auch muß der Begriff der erweiterten Tonalität differenziert werden: Im weiteren Sinn gebraucht, umfaßt er alle Phänomene zwischen reiner (Dur-Moll-)Tonalität und reiner Atonalität; im engeren und strengen Sinn läßt er sich nur auf Konzeptionen anwenden, die die neue Klanglichkeit schlüssig als Walten einer Tonalität darstellen – wie bislang wohl nur Paul Hindemiths Unterweisung im Tonsatz (1937, s. unten). Zwischen reiner Tonalität und reiner Atonalität finden sich Modifikationen der Tonalität. Hierzu zählen Alterationen, Überterzung oder das Hinzufügen einer Sekunde an einen Dreiklangton (Ajoutierung), besondere Skalen oder Bi- und Polytonalität, das Schwanken zwischen zwei oder mehr Tonarten. Von bloß scheinbarer Tonalität oder verschmutzter Atonalität könnte man bei Resten tonaler Klanglichkeit in einer ansonsten atonalen Musik sprechen.

Die besonderen Skalen, durch die die Tonalität eingeschränkt sein kann, werden teils auf das Distanzprinzip zurückgeführt (wie die Ganztonleiter und andere äquidistante Oktavunterteilungen, aber auch die Skalen aus alternierenden Intervallen wie Messiaens *modes*), teils auf die Obertonreihe wie die akustische Tonalität, die auch als mährische Tonart bekannt ist und vor allem bei Skrjabin eine Rolle spielt (Gárdonyi & Nordhoff, 1990).

Tatsächlich im strengen Sinn erweitert ist die Tonalität bei Paul Hindemith (1937 / 39). Denn er gibt Terzaufbau, Umkehrbarkeit, Alteration und Mehrdeutigkeit der Akkorde auf; er arbeitet also nicht mehr mit terzgeschichteten Drei-, Vier-, Fünf- und Sechsklängen des diatonischen Systems und ihren Umkehrungen, sondern mit allen möglichen Zusammenklängen des chromatischen Systems. Zwischen deren Baß- und Grundton wird allerdings weiterhin unterschieden. Es gibt keine Tonart, kein Tongeschlecht und kein diatonisches System mehr, sondern nur noch ein tonales Zentrum. Hindemith kennt keine harmoniefremden Töne (Stimmführungsdissonanzen) mehr, löst Dissonanzen nicht auf (ausgenommen den Tritonus) und kennt keine verminderten und übermäßigen Intervalle außer dem Tritonus, der entweder eine übermäßige Quarte oder eine verminderte Quinte ist. Die Akkorde werden hinsichtlich ihres Konsonanzgrades, ihrer Grundtondeutlichkeit und hinsichtlich ihrer Selbständigkeit / Auflösungsbedürftigkeit klassifiziert (s. Tab.).

Konsonanzgrad	Grundtondeutlichkeit	Auflösungsbedürftigkeit
ohne Sekunden und Septimen	Grundton im Baß	Akkord selbständig: Akkord ohne Tritonus
nur mit kleiner Septime und / oder großer Sekunde	Grundton liegt in Mittel- bzw. Oberstimmen	Akkord auflösungsbedürftig: Akkord mit Tritonus
mit großer Sept und / oder kleiner Sexte	Grundton unbestimmbar	

Die Harmonik reguliert sich durch das Gefälle der Konsonanzgrade und den Gang der Grundtöne, in dem sich die Tonalität ausprägt. Bei Klängen mit Tritonus ist dieser beim Fortschreiten in einen Klang ohne Tritonus aufzulösen: Der Tritonuston mit dem günstigsten Verhältnis zum Akkordgrundton soll mit einem möglichst kleinen Intervallschritt (Sekunde oder Einklang) in den Grundton des folgenden Akkords führen.

6. Atonalität

Die Atonalität wird von Arnold Schönberg (1911, S. 459 ff, und 1957, S. 193) mit der Emanzipation der Dissonanz, das heißt ihrer Gleichstellung mit der Konsonanz begründet (Dahlhaus, 1968). Anders als Hindemith verbindet Schönberg allerdings mit der Ablehnung des Zwangs zur Auflösung von Dissonanzen auch den Verzicht auf ein tonales Zentrum. Durch die Gleichstellung der Dissonanzen mit den Konsonanzen werden die Unterschiede im Konsonanzgrad der Zusammenklänge keineswegs geleugnet. Schönberg will jedoch anders als Hindemith das Gefälle der

Konsonanzgrade nicht als gültiges formbildendes Element anerkennen. Die freie Atonalität ist noch stärker als die erweiterte Tonalität durch die ständige Präsenz aller zwölf Töne sowie die chromatische Stimmführung gekennzeichnet. Als spezifisch atonale Klangfortschreitung sind die Komplementärharmonik, in der die Töne aufeinanderfolgender Akkorde sich zum chromatischen Total ergänzen, und die Zentralklangtechnik beschrieben worden.

Von freier Atonalität ist die Rede, wenn die Beziehung der Töne und Klänge untereinander in jedem Werk auf eine neue, nicht wiederholte Weise hergestellt wird. Gebundene Atonalität dagegen entsteht durch die von Schönberg erfundene Zwölftontechnik, die wieder größere Stücke sowie Rückgriffe auf traditionelle Techniken und Formen ermöglicht, oder in der Seriellen Musik (vgl. Eggebrecht, 1967).

7. Reihentechnik: Zwölftontechnik und Serialismus

Grundlage und Ausgangspunkt der Zwölftontechnik ist die «Reihe», ein frei gewähltes melodisches Gebilde, das alle zwölf Töne der temperierten Skala je einmal enthält, wobei nur die Tonqualitäten (sozusagen die Tonnamen), nicht aber deren Oktavlage festgelegt werden (vertiefend s. Stephan, 1957; Meyers Taschenlexikon Musik, 1984, Artikel Zwölftontechnik). Die Reihe soll alle zwölf Töne enthalten, um der Musik einen möglichst großen Stufenreichtum zu sichern. Innerhalb der Reihe ist aber sowohl größtmögliche Abwechslung der Intervalle als auch starke Bevorzugung bestimmter Intervalle möglich. Als Grenzfälle erscheinen sogenannte Allintervallreihen – das sind Reihen, die alle möglichen Intervalle von der kleinen Sekunde bis zur großen Septime aufweisen – und (musikalisch gesehen wertlos) die chromatische Skala, die lediglich aus kleinen Sekundschritten besteht.

Die Reihe kann in vier verschiedenen Erscheinungsweisen auftreten: in ihrer Original- oder Grundgestalt, in der Umkehrung, im Krebs oder im Krebs der Umkehrung. Da jede Erscheinungsform der Reihe elfmal transponierbar ist (nämlich auf allen zwölf Tonstufen erscheinen kann), stehen einer Reihenkomposition insgesamt 48 Reihengestalten zur Verfügung. Durchweg wird jedoch nur ein kleiner Teil dieser Reihengestalten für eine Komposition herangezogen.

Die Funktion einer Reihe besteht darin, innerhalb einer Komposition

Zusammenhang und Einheitlichkeit zu stiften. Deshalb werden sämtliche Tonkonstellationen (seien es Themen, Motive oder Klänge) aus einer Reihe bzw. deren unterschiedlichen Erscheinungsformen oder Transpositionen abgeleitet. Aus der Reihe gehen also nicht nur die horizontalen Melodielinien hervor, sondern auch die vertikalen Klangbildungen.

Die kombinatorischen Möglichkeiten der Zwölftontechnik sind nahezu unbegrenzt, darum läßt sich ein allgemein verbindliches System von Regeln kaum aufstellen. Die Regeln ergeben sich jeweils aus der Besonderheit der Komposition. Komposition und Reihe stehen in einem wechselseitigen Abhängigkeitsverhältnis: So wie die Komposition aus der Reihe hervorgeht, so bestimmt die Idee der Komposition das Gefüge der Reihe. Die Grundreihe hat die Funktion eines Motivs (Schönberg, 1957).

Zusätzlich zu den Tonqualitäten werden in der Seriellen Musik weitere Eigenschaften (Parameter) des Tons wie Dauer, Lautstärke, Klangfarbe, Oktavlage einer eigenen festen Reihenfolge unterworfen. Später wird dieses Prinzip sogar auf Tongruppen oder musikalische Einheiten wie Gruppendauer, Tonumfang, Tönemenge und Dichte übertragen. Werden so die Parameter des Einzeltones (Tonpunktes) behandelt, spricht man mit Stockhausen von *punktueller Musik*, bei serieller Regelung von Tongruppenparametern von *Gruppenkomposition*.

Der frühe Serialismus der punktuellen Musik krankt nach Koenig (1991, S. 48 f) an Schwierigkeiten, die die Chiffrierung der Reihe kaum zu überdecken vermag. Denn die Reihe bildet die Stufenverhältnisse in den einzelnen Parametern unterschiedlich genau ab: sehr genau bei Tonhöhe und Dauer, nur vergleichbar bei der Lautstärke, überhaupt nicht bei numerierten Instrumenten. Deshalb sollte zwischen Proportionsreihe, Vergleichsreihen und Nummernfolgen unterschieden werden. Auch werden Dauerproportionen grundsätzlich anders aufgefaßt als Frequenzproportionen, weil sie nicht unmittelbar wie diese, sondern (wie jegliche Zeit) nur unter Mitwirkung der Erinnerung erfahren werden können (Koenig, 1991, S. 178). Schließlich führen die Permutationen dazu, die Reihe(nfolge) als Werkzeug der Formbildung zu entkräften und die Reihe zu bloßem Material zu nivellieren (ebenda, S. 49 f).

Dennoch wird am Reihenprinzip (an der Ausstufung und gesonderten Regulierung jedes Parameters) festgehalten, freilich unter ständiger Erweiterung des Parameterbegriffs und seiner Anwendung auch auf Formkategorien. Dabei tritt zunehmend das gegenseitige Verhältnis der Parameter ins Blickfeld (parametrisches Konzept). So können sie im Parameter *Veränderungsgrad* zusammenwirken und unterliegen nur der Bedingung, daß sich ihr Stufenintervall mit denen der anderen Parameter zum jeweils geforderten Veränderungsgrad addiert. Oder es wird eine Parameterhierarchie zwischen Haupt- und Unterparametern bzw. zwischen Haupt- und Nebenparametern etabliert. Zum Beispiel könnten die Stufen eines Hauptparameters *Ähnlichkeitsgrad* in einem der Unterparameter Frequenzabstand, Teiltonzahl und Bandbreite realisiert werden, wobei die Wahl des Unterparameters seriell zu regeln wäre. Demselben Hauptparameter Ähnlichkeitsgrad, der eher Material ist, könnte ein mehr formaler Nebenparameter *Kontinuitätsgrad* zugesellt werden, der in seinen Unterparametern Pausendauer, Maß der Überschneidung und Lautstärkeverhältnis realisiert.

8. Aleatorik

Aleatorik bezeichnet seit 1957 eine Kompositionsweise, bei der die Teile einer Komposition in bestimmter Weise vertauscht werden können und/oder in ihrer Ausführung variabel sind (Karlheinz Stockhausen, Klavierstück XI, 1956; Pierre Boulez, 3. Klaviersonate, 1957), häufig auch die gänzlich mittels Zufallsoperationen hergestellte experimentelle Musik von John Cage und die musikalische Graphik (Frobenius, 1976). Will Cage «die Töne zu sich selbst kommen lassen, anstatt sie für den Ausdruck von Gefühlen, Ideen oder Ordnungsvorstellungen auszubeuten», so erstreben Stockhausen, Boulez und Koenig die offene (mehrdeutige) Form; Hermann Heiß und Franco Evangelisti wiederum wollen die Aleatorik in die reine Gruppenimprovisation überführen.

Aleatorik wurde vielfach als dialektischer Umschlag von der totalen Determination ins entgegengesetzte Extrem (Indetermination) oder als praktische Konsequenz aus dem Umstand betrachtet, daß schon die totale Determination der historisch ihr vorausgehenden seriellen Musik zu unvorhersehbaren Ergebnissen führte (Ligeti, 1960). Gottfried Michael Koenig (1992, S. 300–315) begreift sie, da das Maß der Zufälligkeit durch Wiederholungsverbote oder -gebote bestimmt werden kann, als Extremfall des Serialismus. Ihm zufolge ist der Zufall nicht von außen und als etwas Systemfremdes in den Serialismus eingedrungen; vielmehr war er zwar anfangs unbeachtet, doch nie gänzlich ausgeschlossen und hat die Entwicklung des Serialismus insofern ständig erweitert.

In welchem Maß auch immer eine Komposition determiniert sein mag, sie kennt doch Momente, in denen es mehrere gleichberechtigte Fortschreitungsmöglichkeiten gibt, zwischen denen (vom System her gesehen) der Zufall entscheidet. Neben solchen sozusagen systemimmanenten Ambiguitäten gibt es aber auch Freiheiten, die geradezu systemkonstitutiv sind – z. B. bei der Realisierung von Veränderungsgraden, die als Stufen eines Strukturparameters nicht zuletzt durch die Freiheit seiner Unterparameter deutlich werden.

Erweist sich die Aleatorik so als bloße Erweiterung des Serialismus, so kann auch umgekehrt der Serialismus als Spezialfall der Aleatorik betrachtet werden (was grundlegend für Koenigs *programmierte Musik* ist). Denn faßt man die Aleatorik als Zufall, der durch Wiederholungsver- und -gebote eingeschränkt ist (das Wiederholungsverbot besagt, nach wie vielen anderen Elementen ein Element erst wiederkehren darf, das Wiederholungsgebot, wie oft es in ununterbrochener Folge auftreten muß), so erscheint die seriell determinierte Entscheidung nur als Spezialfall der aleatorischen. Unterliegt (nach Koenig, 1992, S. 357–379) die Reihe der seriellen Komposition (im engeren Sinn) der systematischen Permutation, die an prinzipielle Bedingungen wie Vollständigkeit und Unwiederholbarkeit der Elemente gebunden ist, so die Datenliste der aleatorischen Komposition einer aleatorischen Permutation, für die diese Bedingungen nicht bestehen.

System-Komposition, für die der Serialimus exemplarisch ist, wie auch Zufalls-Komposition können in dreierlei Weise gebraucht werden: als Blickpunkt, als Folie und als Indikator. Im Blickpunkt stehend, liefert das System das Erwartete und der Zufall das Unerwartete; als Folie dient das System dem Zufall und der Zufall dem System; und als Indikator markiert das System die Gesetzlichkeit und der Zufall seinen Spielraum.

Exponieren System-Kompositionen «ihren Regelcharakter meistens so weit, daß der hörende Komponist die einzelnen Strukturen als die Stufen eines Strukturparameters empfindet», so provozieren Zufalls-Kompositionen die «Beobachtung engster Nachbarschaften, die auf ihre je eigene Weise aufeinander reagieren» (d. h., sich dis- und assoziieren im Lauf der Durchführung und schließlich in ein endgültiges Verhältnis zueinander treten). Sind System-Komposition und Zufalls-Komposition schon an sich in je eigener Weise eingeschränkt – die System-Komposition durch die Mehrdimensionalität ihrer Strukturen und die Zufalls-Komposition bereits durch geringste Ansätze zur Formbildung –, so unterliegen sie darüber hinaus auch gleichermaßen der unwillkürlichen Transformation durch den Hörer, die das System in seiner Wirkung schwächt und den Zufall als System von Beziehungen erscheinen läßt. (Dieser unwillkürlichen Transformation durch den Hörer tragen Konzeptionen Rechnung, die die Form als Leerschema für die vom Hörer wahrgenommenen Beziehungen gestalten.)

Als ein konkretes Beispiel für die Gestaltungsmöglichkeiten der Aleatorik sei der Rhythmus betrachtet. Dieser kann periodisch oder aperiodisch sein. Wie bei der Periodizität gibt es auch verschiedene Grade der Aperiodizität. Parameter der Aperiodizität sind nach Koenig (1991, S. 233) (1) die Zahl der Werte, (2) ihre Proportionen (Intervalle) und (3) das Verhältnis zwischen kleinstem und größtem Wert (Ambitus). Mit den Werten dieser Parameter steigt der Grad der Aperiodizität, wobei aber Wechselwirkungen zu beachten sind: Eine große Zahl von Werten verkleinert ihre Intervalle; große Intervalle erfordern einen entsprechenden Ambitus usw.

9. Elektronische Musik

Die Pariser Schule um Pierre Schaeffer ließ Musik auf elektronische Weise entstehen, indem sie reales Klangmaterial wie Straßengeräusche, Wassertropfen, Vogelgezwitscher usw. verwendete und dann nach musikalischen Klangeigenschaften mittels Collagetechnik zur *musique concrète* zusammensetzte.

Im Gegensatz dazu vertrat die Kölner Schule (Herbert Eimert, Karlheinz Stockhausen, Gottfried Michael Koenig) ursprünglich die Ansicht, daß elektronisches Material abstrakt sein und nach strukturellen Gesichtspunkten zusammengesetzt werden müsse. Elektronische Musik habe ausschließlich auf elektrischem Weg zu entstehen. Als Klangquellen dienten elektrische Generatoren für periodische und aperiodische Schwingungsformen (Sinuston, weißes Rauschen, Impuls). Durch Filterung, Transposition, Verhallung, Modulation und Zerhackung wurde dieses Material umgewandelt.

Elektronische Musik entstand keineswegs aus dem Wunsch, das Konzertpublikum mit neuen Klänge zu schockieren. Es sollten vielmehr Klänge geschaffen werden, die mit traditionellen Instrumenten nicht herbeigeführt werden konnten (Koenig, 1992, S. 395). Zunächst versuchte man, verschiedene Klangfarben in Form einer Skala anzuordnen gleich den Skalen der Tonhöhen, Dauern und Lautstärken. Später verstand man die Klangfarbe als das Zusammentreffen solcher Einzelwerte – nicht als ablösbare Eigenschaft, sondern als Ergebnis. Das Bildungsgesetz der Klänge sollte auf das engste mit dem Bildungsgesetz der Form zusammenhängen, die das ganze Stück ausmacht (Koenig, 1991, S. 51). Die Frequenzproportionen der Teiltonstrukturen wurden seriell determiniert; die Klangfarbe sollte «als Resultierende aus einer abstrakten Matrix» erscheinen, der elektronische Klang kein weiterer Instrumentalklang sein, sondern «zu seiner eigenen Negation komponiert» werden (ebenda, S. 176).

Als die neuen elektronischen Klangfarben dennoch Instrumentalcharakter aufwiesen, nämlich individuiert und stationär waren und die Konstruktion verdeckten, aus der sie resultierten, wurde ein inwendig strukturierter, variabler Klang gefordert, in dem ein ganzer musikalischer Ablauf präsent wird, so daß ein ganzes Stück als Klang erscheinen kann. Ziel war die in Konturen gesetzte, bewegte Farbe; melodische, harmonische und rhythmische Verläufe sollten übergehen in einen Farbfluß (Koenig, 1991, S. 294, und 1992, S. 78).

Die Lösung des Problems, zu der Koenig bei der Auseinandersetzung mit Stockhausens Zeittheorie gelangte, bestand in der «mikrozeitlichen Auflösung des Klangverlaufs» (Dibelius, 1966, S. 170). Der Klangverlauf wurde als Anordnung von Amplitudenwerten in der Zeit bestimmt: «Einer bestimmten Anordnung von Zeit- und Amplitudenwerten entspricht eine bestimmte Dauer, eine bestimmte Klangfarbe, eine bestimmte rhythmische und dynamische Artikulation»; und diese Anordnung war nach den gleichen Prinzipien zu komponieren wie die Makrostruktur, so daß Zeitstrukturen als Klang hörbar würden und der Klang Resultat eines Kompositionsprozesses wäre (Koenig, 1991, S. 278, und 1993, S. 10 f).

Während Koenig an dieser ursprünglichen Konzeption der elektronischen Musik festhielt, wurde von anderen (z. B. von Stockhausen) alles als Klangmaterial zugelassen, was sich auf Tonband aufnehmen ließ: Sprache, Geräusche, Nationalhymnen, Vogelgesänge, Fabriklärm usw. Das entscheidende Kriterium der elektronischen Musik war nun nicht mehr das reine Material, sondern die elektronische Verarbeitungsweise des Materials. Die Kompositionsweise traf sich hierin mit den Methoden der Musique concrète.

Besondere Bedeutung erlangte bald elektronische Musik innerhalb nichtelektronischer Vokal- und Instrumentalmusik. Von Tonbandgeräten wird semantisch eindeutigeres musikalisches Material zugespielt und hierdurch die Aussage von Kompositionen verdeutlicht. Ähnliche Kompositionsverfahren wurden auch in der über Schallplatte verbreiteten Unterhaltungs- und Rockmusik üblich, je mehr die Beat- und Popmusik sich an Studioproduktionsweisen orientierte (bei den Beatles ab etwa Mitte der 60er Jahre).

Bei der ab ca. 1965 bevorzugten *Live-Elektronik* wird die elektronische Klangerzeugung mit instrumentalen Klängen bei der Aufführung verknüpft. Dies geschieht z.B. dadurch, daß konkretes Klangmaterial mit durch Generatoren erzeugten Sinustönen verschmolzen wird. Oder man nimmt instrumental erzeugte Klänge über Mikrophon auf und verteilt sie bei entsprechender Lautsprecheraufstellung im Raum. Das Prinzip der Spannungssteuerung, das Ende der 60er Jahre mit dem Synthesizer Eingang in die Live-Elektronik fand, ermöglicht die live-elektronische Realisation auch komplexerer Schwingungsformen sowie die Verkoppelung und direkte Steuerung einzelner Klangquellen untereinander in ihren verschiedenen Parametern. Seit Anfang der 80er Jahre werden auch Computer für live-elektronische Steuerungs- und Transformationsprozesse benutzt (zur Vertiefung s. Humpert, 1987; Darstellung in Anlehnung an Meyers Taschenlexikon Musik, 1984, Artikel Elektronische Musik und Live-Elektronik; aktuelle Entwicklung in Knolle, 1995).

10. Lehrbücher

Die Inhalte der abendländischen Kompositionslehre sind heute dem Fach Musiktheorie zugeordnet, das treffender als musikalische Satzlehre zu bezeichnen wäre. Üblicherweise werden die Inhalte nicht in der historischen Reihenfolge ihrer Genese gelehrt, sondern gemäß ihrer Bedeutung für das 19. Jahrhundert, als sich das Lehrfach Musiktheorie konstituierte. Meist folgen nacheinander die allgemeine Musiklehre als Propädeutik, die Harmonielehre, der Kontrapunkt und die Formenlehre. Rhythmus- und Melodielehre werden nicht gesondert unterrichtet.

Allgemeine oder *elementare Musiklehren* sollen den Laien in die musiktheoretischen Grundlagen einführen. Bis vor kurzen waren die Lehrbücher weithin dem Physikalismus verpflichtet, orientierten sich am Prinzip der Partialtonreihe und betrachteten nur physikalische Gegebenheiten wie Intervalle, Quintenzirkel u. ä. als Grundlagen. Bei Clemens Kühn (1981) wird jedoch auch die Geschichtlichkeit der musikalischen Phänomene, das Wesen des Kunstwerks oder der Sinn von Formen behandelt.

Die *Harmonielehren* herkömmlicher Art lehren weithin einen stilistisch heterogenen und anonym scheinenden, möglichst systematisch oder gar «naturgesetzlich» begründeten strengen Satz, der in dieser Weise zu keiner Zeit praktiziert wurde. Dies gilt im Grunde auch für das am weitesten verbreitete Werk von Wilhelm Mahler (1931). Seine aus der Arbeit von Hugo Riemann abgeleiteten Funktionsbezeichnungen haben sich aber allgemein durchgesetzt und müssen schon deshalb berücksichtigt werden. Demgegenüber differenziert Diether de la Motte (1985) zwischen den verschiedenen Stadien der Harmonik: vom homophonen Satz des frühen 17. Jahrhunderts über die Bach-Zeit, die Klassik, Schubert, Schumann, Wagner, Liszt, die Oper, Debussy bis zur Neuen Musik (Schönberg, Webern, Hindemith und Messiaen). De la Motte macht sinnfällig, «daß Klänge und Klangfolgen im Laufe der musikgeschichtlichen Entwicklung immer weniger anonymes, jedem zur Verfügung stehendes *Material* bleiben und immer mehr Gegenstand individueller Erfindung werden» (1985, S. 11; → Analyse).

Obwohl seit 1600 immer wieder versucht wird, die *Kontrapunktlehre* dem jeweils herrschenden Stil anzupassen (z. B. Bernhard, um 1648/49; Kirnberger, 1771; Hindemith, 1937; Krenek, 1952; Pepping, 1943–56), wird im Unterricht überwiegend der Palestrinastil als Beispiel herangezogen, dessen Regelhaftigkeit und Strenge als beispielhaft gilt. Von seinen Kodifikationen war gewiß die von Johann Joseph Fux (1725) die erfolgreichste, wenn auch Knud Jeppesens Lehrbuch (1930) Palestrinas Stil sehr viel genauer trifft. Anders als diese verzichtet Diether de la Motte (1981) auf den dort grundlegenden Cantus-firmus-Satz und die etüdenhaften Gattungen des Kontrapunkts und lehrt vielmehr drei verschiedene Kontrapunkt-Sprachen: die Sprache Josquins, die Sprache von Johann Sebastian Bach (bei der er bereits die Kenntnis der Harmonielehre voraussetzt) und die Sprache der Neuen Musik. Er strebt somit eine ähnliche historische Differenzierung an wie in seiner Harmonielehre.

Die meisten *Formenlehren* wollen ihre Benutzer mit den gängigsten Formschemata vertraut machen, damit sie diese in der Musik wiedererkennen. Dabei wird nicht selten versucht, die Formen systematisch voneinander abzuleiten, wodurch sie als geradezu naturnotwendig erscheinen können. Seltener wird dem Leser klargemacht, daß es nicht nur darum gehen kann, die Formschemata zu erkennen, sondern auch darum, ihren jeweiligen Sinn im konkreten Fall der musiksprachlichen Bedingungen zu erfassen. So verbindet etwa Clemens Kühn (1987) formale, historische, stilistische und gattungstypische Aspekte in einem weitgespannten historischen Rahmen, der von der Gregorianik bis zur Musik der Gegenwart reicht.

Es ist nur konsequent, wenn andere Autoren (wie schon Erwin Ratz, 1951) die Formenlehre in die →Analyse überführen. Genannt seien Diether de la Mottes «Musikalische Analyse» (1968) – ein Buch, das nicht zuletzt durch die darin enthaltenen kritischen Anmerkungen von Carl Dahlhaus bemerkenswert ist – sowie seine Melodielehre (1993).

Es liegt auf der Hand, daß alle diese Lehrbücher, selbst wenn sie das 20. Jahrhundert berücksichtigen, primär der historischen Kompositionslehre gewidmet sind. Ähnlich entwickelte und Allgemeingültigkeit beanspruchende Lehrbücher für die Musik nach 1950 gibt es nicht und kann es wohl auch nicht geben. Immerhin können einige Texte von Gottfried Michael Koenig dank ihrem didaktischen Zweck einen gewissen Ersatz bieten, so die Bilthovener Vorlesungen aus den Jahren 1961 bis 1964 und seine Beiträge von 1969 und 1970/75 (s. Koenig, 1991 ff). Sie weisen ein ungewöhnliches Maß an kompositorischer Reflexion auf und zeugen auch hierdurch von ihrer zentralen Stellung in der abendländischen Tradition.

Literatur

Bernhard, C. (um 1648/49). Tractatus compositionis augmentatus. In Müller-Blattau, J. (Hg.) (1926), *Die Kompositionslehre Heinrich Schützens in der Fassung seines Schülers Christoph Bernhard*. Leipzig (2. Aufl. 1963 Kassel: Bärenreiter).

Campian, T. (1613). *A new way of making foure parts in counter-point*. London: Printed by T. S. for Browne.

Czerny, C. (1837). *Vollständige theoretisch-praktische Kompositionslehre*. Wien: Universal.

Dahlhaus, C. (1967a). Harmonielehre; Formenlehre; Tonalität. In Eggebrecht, H. H. (Hg.), *Riemann Musiklexikon Sachteil*. Mainz: Schott.

Dahlhaus, C. (1967 b). *Untersuchungen über die Entstehung der harmonischen Tonalität* (Saarbrücker Studien zur Musikwissenschaft, Bd. 2). Kassel: Bärenreiter.

Dahlhaus, C. (1968). Emanzipation der Dissonanz. In Burde, W. (Hg.), *Aspekte der Neuen Musik* (Staatliches Institut für Musikforschung Preußischer Kulturbesitz) (S. 30–37). Kassel: Bärenreiter.

Dahlhaus, C. (1978). Der rhetorische Formbegriff H. Chr. Kochs und die Theorie der Sonatenform. *Archiv für Musikwissenschaft, 35,* 155–177.

Dibelius, U. (1966). *Moderne Musik 1945–1965.* München: Piper.

Eggebrecht, H. H. (1967). Atonalität. In Eggebrecht, H. H. (Hg.), *Riemann Musiklexikon Sachteil.* Mainz: Schott.

Frobenius, W. (1976). Aleatorisch, Aleatorik. In Eggebrecht, H. H. (Hg.), *Handwörterbuch der musikalischen Terminologie.* Wiesbaden: Steiner.

Fux, J. J. (1725). *Gradus ad Parnassum.* Wien: Van Ghelen, dt. (mit Anm.) von L. C. Mizler (1742). Leipzig: Mizler.

Gárdonyi, Z. & Nordhoff, H. (1990). *Harmonik.* Wolfenbüttel: Möseler.

Halm, A. (1913). *Von zwei Kulturen der Musik.* München: G. Müller.

Hindemith, P. (1937 / 1939). *Unterweisung im Tonsatz.* 2 Bde. Mainz: Schott.

Humpert, H. U. (1987). *Elektronische Musik. Geschichte – Technik – Kompositionen.* Mainz: Schott.

d'Indy, V. (1903–1905). *Cours de composition musicale.* 4 Bde. Paris: Durand.

Jeppesen, K. (1930). *Kontrapunkt, Lehrbuch der klassischen Vokalpolyphonie,* (dän.) Kopenhagen: Levin & Munksgaard (dt. 1935, Leipzig: Breitkopf & Härtel).

Kirnberger, J. P. (1771–79). *Die Kunst des reinen Satzes in der Musik.* Teil 1 (1771) Berlin: Voss, 1774 Berlin / Königsberg: Decker / Hartung, Teil 2 (1776) ebd., Teil 1 und 2 (1793) Wien: Typographische Gesellschaft.

Knolle, N. (1995). *Neue Technologien im Musikunterricht.* Habil. schr. Universität Oldenburg.

Koch, H. C. (1782, 1787–1793). *Versuch einer Anleitung zur Composition.* Bd. 1 Rudolstadt: Löwe & Schirach, Bd. 2–3 Leipzig: Böhme.

Koch, H. C. (1811). *Handbuch bey dem Studium der Harmonie.* Leipzig: Hartknoch.

Koenig, G. M. (1991 ff). *Ästhetische Praxis. Texte zur Musik.* Bd. 1 (1991) 1954–1961; Bd. 2 (1992) 1962–1967; Bd. 3 (1993) 1968–1969; Bd. 4 (in Vorb.) Supplement I, Protokoll und Briefe; Bd. 5 (in Vorb.) Nachträge. (Quellentexte zur Musik im 20. Jahrhundert). Saarbrücken: Pfau.

Krehl, S. (1902). *Musikalische Formenlehre (Kompositionslehre).* 2 Teile. Leipzig: Göschen.

Krenek, E. (1952). *Zwölfton-Kontrapunkt-Studien.* Mainz: Schott (Orig. 1940).

Kühn, C. (1981). *Musiklehre.* Laaber: Laaber.

Kühn, C. (1987). *Formenlehre der Musik.* München / Kassel: dtv / Bärenreiter.

Kurth, E. (1913). *Die Voraussetzungen der theoretischen Harmonik und der tonalen Darstellungssysteme.* Bern: Haupt.

Ligeti, G. (1960). Wandlungen der musikalischen Form. In *die reihe*. Bd. 7 (S. 5–17) Wien: Universal Edition.

Lippius, J. (1612). *Synopsis musicae novae*. Straßburg: Ledertz. typis Kieffer.

Mahler, W. (1931). *Beitrag zur durmolltonalen Harmonielehre*. Bd. 1 (6. Aufl. 1967). München: Leuckart.

Marx, A. B. (1837–1847). *Die Lehre von der musikalischen Komposition*. 4 Bde. Leipzig: Breitkopf & Härtel.

Meyers Taschenlexikon Musik (1984), Hg. von Eggebrecht, H. H. 3 Bde. Mannheim: Bibliographisches Institut.

Motte, D. de la (1968). *Musikalische Analyse. Text- und Notenteil*. Kassel: Bärenreiter.

Motte, D. de la (1981). *Kontrapunkt*. München / Kassel: dtv / Bärenreiter.

Motte, D. de la (1985). *Harmonielehre* (1. Aufl. 1976). München / Kassel: dtv / Bärenreiter.

Motte, D. de la (1993). *Melodie. Ein Lese- und Arbeitsbuch*. München / Kassel: dtv / Bärenreiter.

Pepping, E. (1943–57). *Der polyphone Satz*. 2 Bde. Berlin: Göschen.

Prout, E. (1895). *Applied Forms*. London: Augener.

Rameau, J. P. (1722). *Traité de l'harmonie réduite à ses principes naturels*. Paris: Ballard.

Rameau, J. P. (1726). *Nouveau système de musique théorique*. Paris: Ballard.

Ratz, E. (1951). *Einführung in die musikalische Formenlehre*. Wien: Österreichischer Bundesverlag für Unterricht, Wissenschaft und Kunst.

Reckow, F. (1986). Processus und structura. Über Gattungstradition und Formverständnis im Mittelalter. *Musiktheorie, 1*, 115–143.

Reicha, A. (1824–1826). *Traité de haute composition musicale*. 2 Bde. Paris: Costallat, dt. von Carl Czerny zusammen mit *Cours de composition* als «Vollständiges Lehrbuch der musikalischen Komposition», 4 Bde, 1834 Wien: Diabelli.

Riemann, H. (1889). *Handbuch der Kompositionslehre*. 2 Bde. Berlin: Hesse.

Riemann, H. (1893). *Vereinfachte Harmonielehre oder die Lehre von den tonalen Funktionen der Akkorde*. London / New York: Augener / Schirmer.

Rösing, H. (1993). Sonderfall Abendland. In Bruhn, H., Oerter, R. & Rösing, H. (Hg.), *Musikpsychologie. Ein Handbuch*. Reinbek: Rowohlt (3. Aufl. 1997).

Scheibe, J. A. (1737–40). *Der critische Musicus*. Hamburg: Wiering.

Schönberg, A. (1911). *Harmonielehre*. Wien: Universal Edition.

Schönberg, A. (1957). *Die formbildenden Tendenzen der Harmonie*. Mainz: Schott (Orig. engl. 1954, zit. nach der revid. Vers. 1969).

Sechter, S. (1853–1854). *Die Grundsätze der musikalischen Komposition*. 3 Bde. Leipzig: Breitkopf & Härtel.

Stephan, R. (1957). Zwölftontechnik. In Stephan, R. (Hg.), *Fischer Lexikon Musik*. Frankfurt / M.: Fischer.

Tinctoris, J. (1477). Liber de arte contrapunctus. In Coussemaker, E. de (Hg.), *Scriptorum de musica medii aevi nova series*. Bd. 4, (S. 76–153). Paris:

Durand, 1869. Nachdr. in Seay, A. (Hg.), Johannis Tinctoris Opera theoretica (Corpus Scriptorum de musica 22, Bd. 2, S. 11–157). Rom: American Institute of Musicology, 1975–1978.

Zarlino, G. (1558). *Istitutioni harmoniche.* Venedig: Francesco de i Franceschi Senese.

Helmut Rösing
Interkultureller Musikaustausch

1. Materialerweiterung durch Musikaustausch

Die Musikkulturen der Welt haben sich über die Jahrtausende immer wieder gegenseitig beeinflußt und befruchtet (→Kulturbereiche der Welt). Auch für die Entwicklung der abendländischen Kunstmusik waren fremde Musikkulturen von großer Bedeutung. Wurde fremde Musik jedoch früher in erster Linie als exotisches Zitat in den eigenen Musikstil übernommen, so ist sie heute oft in den unterschiedlichsten Formen und Mischungen zur musikalischen Hauptsache selbst geworden. Dies ist durch die elektronischen und digitalen Medien zu erklären, die es ermöglichen, jede Musikart zu jeder beliebigen Zeit an jedem beliebigen Ort erklingen zu lassen (→Musikvermittlung in der modernen Mediengesellschaft).

Die Fülle an Assoziationen und Konnotationen, ausgelöst durch die Vielfalt der musikalisch unterschiedlichsten semantischen Versatzstücke, die im Zeitkontinuum eines Musikstücks erklingen mögen, muß als kreativer Umgang mit all dem weltweit zur Verfügung stehenden musikalischen Material begriffen und als echte Bereicherung verstanden werden. Die bislang letzte und weltmusikalisch-ganzheitlichste Aneignungswelle fremder Musiken ist – nach vielen Vorstufen im Verlauf unserer Musikgeschichte – von Komponisten der zeitgenössischen E-Musik sowie vom Jazz als neuem Musikidiom des 20. Jahrhunderts ausgegangen und hat dann die sogenannten populären Musikrichtungen (Rock, Pop und New-Age-Musik) erreicht (vgl. Rösing, 1997). Eine zweite Form der Bereicherung (nach der ersten auf der musikalischen Materialebene) folgte hier, wie in der neuzeitlichen Industriegesellschaft nicht anders zu erwarten, auf dem Fuß: die materielle Bereicherung durch kommerzielle Verwertung in einem Ausmaß, von dem z.B. ein Beethoven als einer der ersten freischaffenden Komponisten allenfalls hatte träumen können.

Auch bei dieser bisher letzten weltmusikalischen Aneignungswelle handelt es sich um eine Integration von Materialien in musikalische, mentale und funktionale Zusammenhänge, die den originären Traditionen widersprechen. Auf die ethnischen Traditionen, auf gesellschaftsbedingte und -geprägte Funktionen und auf geschichtliche Abläufe bezogen, handelt es sich somit um ständige Verfälschung. Nur vereinzelt ist der Einbezug von Fremdartigem in vertraute Schemata oder die Akzeptanz des musikalisch Fremden dazu angetan, Intoleranz gegenüber anderen Kulturen und Vorstellungswelten – konkret: Ausländerfeindlichkeit – abzubauen. Tatsächlich ist festzustellen, daß konträr zur Entwicklung von Weltmusik bei breiten Bevölkerungskreisen ein Trend zu volkstümelnder Musik und volkstümlichem Schlager zu verzeichnen ist. Dieser Trend weist eher auf Abgrenzung und zunehmende Intoleranz hin (Heister, 1994).

2. Von der Gregorianik bis zum Beginn des 20. Jahrhunderts

Die weltweite Wanderung von Melodien, Melodietypen, Rhythmen, Zusammenklängen, formalen Strukturen und Musikinstrumenten gehörte immer schon zu den Selbstverständlichkeiten musikalischer Praxis. Das gilt für die Antike (Mesopotamien, Ägypten, Alt-Israel, Indien, China, Griechenland) ebenso wie für das christliche Abendland. Als z.B. Papst Gregor I. gegen Ende des 6. Jahrhunderts eine Vereinheitlichung der regional unterschiedlichen Liturgien unter der Führung Roms durchsetzte, wurde aus einer Mischung von römischen, spanischen, gallikanischen, keltischen, byzantinischen, syrischen und koptischen Elementen der später so genannte Gregorianische Choral (Hiley, 1993).

Mit Beginn der Notation von Musik (ab dem 9. Jahrhundert) ergab sich weit mehr noch als zuvor beim Zusammenwachsen mündlicher Traditionen die Möglichkeit der intersozialen Aneignung. Das geschah z.B. bei den Tropen und Sequenzen als Ergänzungen zum Choral und in den mehrstimmigen Organa zu Notre Dame in Paris: Hier wurden kirchliche und weltliche Traditionen zusammengeführt (Knepler, 1982, S. 204).

An wenigen Beispielen sollen weitere Einflüsse auf die abendländische Musikentwicklung verdeutlicht werden: Vom 11. bis 13. Jahrhundert waren es die Troubadours, Trouvères und Minnesänger, die von den Kreuzzügen neues Musikmaterial nach Mitteleuropa brachten. Im 14. und 15. Jahrhundert waren es Spielleute bei ihren Fahrten zwischen Ost und West (als einer der letzten vermutlich Oswald von Wolkenstein, 1377–1445). Bald nach 1600 zeigt sich in der frühen italienischen Oper eine große Vorliebe für musikalisch Fremdartiges aller Art (z. B. bei der «wilden Moresca» mit östlichen Musikelementen und farbiger Szenerie).

Die barocke Suite ist ein klingendes Panorama der verschiedensten Tänze und nationalen Stile (zum italienischen und französischen Stil s. Schleuning, 1984, S. 296 ff). In der barocken Oper erfreuten sich u. a. «Chinoiserien» größter Beliebtheit, in denen das Groteske und Bizarre betont wird (z. B. «L'Eroe Cinese» von Johann Adolf Hasse oder «Le Cinesi» von Christoph Willibald Gluck nach einem Libretto von Petro Metastasio).

Auch heute noch populär sind viele Adaptionen der Militärmusik der Janitscharen (alla turca; Jäger, 1996; → Türkei) und der Tanzmusik der Zigeuner in musikalischer Frühklassik und Klassik. Nach der weitverbreiteten Orientsehnsucht der Romantiker schließlich entdeckten die Komponisten des ausgehenden 19. und beginnenden 20. Jahrhunderts die spanische (Maurice Ravel), dann die ungarische Folklore (Béla Bartók), den Jazz (Igor Strawinsky) und letztlich die ganze Welt als Reservoir neuer Klänge für die Kunst- wie Unterhaltungsmusik.

Besonders bemerkenswert ist die Entstehung des Jazz, eines der wichtigsten Musikstile des 20. Jahrhunderts. Als Sklaven bzw. als billige Arbeitskräfte hatten die Afrikaner in Nordamerika keine Möglichkeit, ihre eigenen musikalischen Traditionen unverändert fortzuführen (Jost, 1989). Die Traditionen wurden gezielt unterbunden – z. B. durch die rigiden Gesetze der «black codes», nach denen Trommeln verboten war, weil die Schwarzen damit möglicherweise für die Weißen unkontrollierbare Botschaften übermitteln konnten. Kulturell entwurzelt und ökonomisch unterdrückt, gab es für die schwarze Bevölkerung nur die Möglichkeit der Anpassung und Uminterpretation (Jones, 1975). So wurden Elemente europäischer Gebrauchs-, Volks-, Militär- und Kirchenmusik übernommen und umgeformt.

Musikalischer Prototyp dieser Integration in das eigene Musikidiom war und ist neben Gospel und Spiritual der Blues (Dauer, 1985; Hoffmann, 1994). In seiner städtischen Variante (klassischer Blues) hat er die unterschiedlichen Stile des Jazz nachhaltig mitgeprägt (Heister, 1983), in der ländlichen Variante (vokaler Blues) die Rock- und Popmusik vom Rhythm and Blues über Rock 'n' Roll, Beat, Hard Rock, Disco bis hin zu

Rap und HipHop (Hoffmann, 1997). Dazu kam auf der Suche nach kultureller und spiritueller Identität ab den 40er Jahren eine betonte Öffnung gegenüber anderen «ethnischen Musikstilen» (Haiti, Westafrika, Karibik, Latein- und Südamerika) sowie gegenüber der Musik des Islams, Indiens und Japans (im Überblick Solothurnmann, 1988).

Zwangsakkulturation wie bei der afroamerikanischen Musik ist mittlerweile kein entscheidender Auslöser mehr für die Übernahme fremder Stileigenheiten. Es lassen sich jedoch andere Gründe für interkulturelle Musikaneignung nennen:

• Skepsis gegenüber der eigenen Kultur und ihren Krisenerscheinungen. Sie drückt sich aus in einem Konzept, das durch die Übernahme von Musik aus anderen, als besser empfundenen Kulturen (Religionen, Lebensstilen) bestimmt wird. Darum eignen sich z.B. westliche Musiker außereuropäische Stile und Mentalitäten durch jahrelanges Studium im Ursprungsland oder mittlerweile auch – gemäß dem ethnologischen Konzept der «biculturality» (Schneider, 1997, S. 237) – im eigenen Land an.

• Emigration in Zeiten großer politischer Unruhen und ökonomischer Unausgeglichenheiten (Nord-Süd- bzw. West-Ost-Gefälle) führten und führen immer wieder zu kulturellem Austausch (z.B. beim Südkoreaner Isang Yun, der nach seiner Emigration in Berlin lebte und komponierte, oder bei den vielen Musikern, die aus Kuba bzw. den lateinamerikanischen Ländern nach Nordamerika ausgewandert sind). Darüber hinaus jedoch kann ein Musiker schon aufgrund seiner Abstammung (Mischling) in mehr als nur einer Musikkultur zu Hause sein und sich darum unterschiedlicher musikalischer Traditionen und Idiome bedienen.

• Abgesehen von diesen inhaltlich sowie situations- und personbedingten Begründungszusammenhängen, ist aber auch ein mehr außengeleiteter Gesichtspunkt nicht gering einzuschätzen: das Eingehen auf modische Trends und Publikumswünsche in Verbindung mit kommerziellen Interessen. Ab dem 17. Jahrhundert war es die Oper, die mit Fremdartigem in den Produktionen dem Verlangen des Publikums nach Exotismen und Spektakel entgegenkam. Selbst Mozarts «Die Entführung aus dem Serail» beugt sich diesbezüglich dem Populären. Und Beethovens Bearbeitung der Schottischen Weisen (WoO 108 und 152–157) verdankt sich weder dem Wunsch nach Aufwertung authentischer Volksmusik noch der Suche nach musikalisch Neuem, Unverbrauchtem, sondern allein der Hoffnung auf ein besonders gutes Geschäft durch diese Hit-verdächtigen Lieder (Dorfmüller, 1993). Diese an die Popularität des Exotischen gekoppelte Motivation ist – vor allem in Bereichen der Popular- und Unterhaltungsmusik – eine nachweislich starke Triebkraft bis auf den heutigen Tag geblieben: Musikalische Materialerweiterung und materielle Bereicherung können hier nahezu deckungsgleich sein.

3. Kunstmusik des 20. Jahrhunderts

Um nachvollziehen und verstehen zu können, auf welche Weise in der aktuellen populären Musik «Fusion» und «Crossover» gehandhabt und unter dem Etikett von Weltmusik vertrieben werden, ist es sinnvoll, sich zunächst die verschiedenen Formen der Aneignung fremden Musikmaterials in der Kunstmusik des 20. Jahrhunderts (im Überblick: Danuser, 1984) zu vergegenwärtigen. Denn hier ist alles das an Möglichkeiten ausgelotet worden, was mittlerweile in den verschiedenen Richtungen von Rock, Pop, New-Age-Musik und Jazzrock gängige Praxis ist.

Zum einen werden Elemente aus anderen Stilrichtungen der abendländischen Gebrauchs- und Kunstmusik selbst übernommen. Dabei kann es sich um einen Streifzug durch die Musikgeschichte (vor allem bisher wenig beachtete Stationen) handeln. Ebenso werden musikalische Versatzstücke aus zeitgleich existierenden, nicht dem Hochkulturbereich zuzurechnenden Teil- und Subkulturen übernommen. Als Verfahren bieten sich die Zitat-, Collage- und / oder Montagetechnik an. Beispiele dafür sind die «Holidays Symphony» von Charles Edward Ives, die Klavierminiaturen «Sports et Divertissements» von Erik Satie oder Kompositionen nach dem Prinzip der Kugelgestalt der Zeit von Bernd Alois Zimmermann.

Darüber hinaus werden natürlich ebenso gern und häufig Elemente aus Musiken fremder Kulturen verwendet. Dazu zählt z. B. die Adaption früher Jazzformen (Dixieland, Swing, auch Ragtime) durch Komponisten wie Darius Milhaud, Igor Strawinsky, Hanns Eisler oder Ernst Krenek (Hoffmann, 1985), aber auch die Auseinandersetzung mit musikalischen Konstruktionsprinzipien und religiös-weltanschaulichem Gedankengut aus Indien und dem fernen Osten, z. B. bei Olivier Messiaen, John Cage, Karlheinz Stockhausen oder Peter Michael Hamel (Hamel, 1980).

Die Übernahme selbst kann unter kompositorisch recht verschiedenartigen Gesichtspunkten erfolgen:

* Es geht um die Integration des fremden Materials in den eigenen Musikstil. Das Fremde fungiert primär als exotische Zutat, als musikalische Würze. In der bereits erwähnten Oper werden Exotismen gern zur Verdichtung und akustischen Illustration von Lokalkolorit oder Milieu herangezogen. Dies geschieht etwa in Puccinis Oper «Madame Butterfly» oder in Strawinskys Oper «Le Rossignol».

* Anliegen ist die Imitation eines anderen Stils mit den eigenen musikalischen Mitteln. So rekonstruierte Olivier Messiaen in dem «Gagaku» überschriebenen 4. Stück aus seinen Sept Haïkaï von 1962 den Klang des japanischen Palastorchesters fast wörtlich. Die schwirrenden Akkordklänge der Mundorgel sho etwa sind von acht Violinen dargestellt. Es wird ohne Vibrato und am Steg gespielt. Der Bogen soll – unter «perfektester Mißachtung» sanktionierter Spieltechniken – kratzen, und keiner der acht Akkordtöne darf sich dominant vom Gesamtklang abheben (Partitur, Spielanweisung).

* Rhythmische, melodische und / oder klangliche Elemente der anderen Musik dienen als Inspirationsquelle und als Legitimation für die Veränderung tradierter Kompositionsregeln. Im Mittelpunkt steht die Weiterentwicklung des eigenen Stils. Hier sind u.a. zu nennen: Claude Debussy mit seinen leittonlosen Schwebeklängen, Leoš Janáček mit seinen dem Sprachrhythmus abgehörten Motiven oder Béla Bartók mit seiner an ungarischer Folklore orientierten Musikidiomatik.

* Die Beschäftigung mit Musik und Kulturen fremder Völker führt über die Schaffung eines neuen Kompositionsstils zur Neudefinition des Kompositionsbegriffs und zur Neubestimmung musikalischer Funktions- und Handlungszusammenhänge. Hier sei vor allem auf John Cage verwiesen. Seine «Music of Changes» (1951) etwa konkretisiert sich durch Münzwürfe auf den 64 Feldern des Schachbretts nach dem altchinesischen Orakel-und Weisheitsbuch I-Ging (Buch der Wandlungen); die Partitur zu «Altas Eclipticalis» (1961 / 2) orientiert sich an Zufallsaktionen mit Sternkarten. Diese Verfahrensweisen sind durch zenbuddhistisches Gedankengut inspiriert: Das Anheimgeben kompositorischer Prozesse an den Zufall ist die einzige Möglichkeit, um sich der Ordnung der Dinge selbst zu überlassen (Helms, 1978).

- Eine Auflösung des tradierten abendländischen Kompositionsbegriffs läßt sich auch auf nahezu umgekehrtem Weg erreichen: durch die Montage bzw. das Sampling der verschiedensten Partikel von Musik anderer Zeiten, Stile, Kulturen; in der extremsten Form bis hin zum Verzicht auf eigene Kreativität, wie das Hermann Hesse in seinem Roman «Das Glasperlenspiel» beschrieben hat. Musikalische Zitate fungieren hierbei als Mittel der Semantisierung, so bei Bernd Alois Zimmermann, der mit seinem «pluralistischen Konzept» Botschaften der Jahrhunderte in seinen Kompositionen verschmilzt (Floros, 1989, S. 172). Und auf ganz andere Weise in «Hymnen für elektronische und konkrete Klänge» (1966/67) von Karlheinz Stockhausen, der in vier «Regionen» musikalisch Disparates unter dem Gestus einer weltumfassenden Solidarisierung und gemäß dem Motto von der Einheit in der Vielfalt zusammenzuzwingen trachtet (Blumenröder, 1993).
- Eine Art von Grenzfall schließlich stellt die kompositorische Auseinandersetzung mit fremden Musiken im fiktiven Raum der eigenen Vorstellung dar. So notiert György Ligeti zum 2. Satz (vivacissimo) seines Horntrios von 1982: Es handelt sich hier um einen «schnellen polymetrischen Tanz, inspiriert durch Volksmusiken von nicht-existierenden Völkern, als ob der Balkan irgendwo zwischen Afrika und der Karibik liegen würde» (Notenausgabe 1984). In der Tat läßt das rhythmische Grundpattern mit seiner 3+3+2-Abfolge keinen Rückschluß über die Herkunft zu. Für Ligeti ist die Frage nach der Herkunft auch gar nicht relevant (Floros, 1996).

Daß derartige Strategien kompositorischer Aneignung ebenso wie das Konzept einer Weltmusik ganz allgemein (dazu: Berendt, 1988; Wilson, 1990) von verschiedenen Komponisten höchst unterschiedlich beurteilt werden können, sei am Beispiel von zwei extremen Positionen zumindest angedeutet. So schreibt Karlheinz Stockhausen im Jahr 1970: «Der krasse Dualismus zwischen ‹alt› und ‹neu›, ‹traditionell› und ‹modern›, ‹primitiver Musik› und ‹Kunst-Musik› – ja auch ‹asiatischer› und ‹europäischer› Musik ist aufgelöst worden […]. [Dies] wird sich als eines der wichtigsten Ereignisse herausstellen: der Beginn einer wirklichen ‹Symbiose› europäischer, asiatischer, afrikanischer und südamerikanischer Musik» (zit. nach Hamel, 1980, S. 34f).

Stockhausens Meinung basiert auf der Vision von einer Weltmusik. Das verbindet ihn mit Beethoven, der seine 9. Sinfonie allerdings zu einer Zeit schrieb, als Europa bereits die ganze Welt bedeutete (Rummenhöller, 1978, S. 201 ff).

Der italienische Komponist Luigi Nono war da ganz anderer Meinung: Bei der Begegnung mit der Kultur des Orients und Indiens (wie bei den Komponisten Debussy, Messiaen oder auch Stockhausen) handelt es sich seiner Ansicht nach um eine Aneignung «nach einem typisch eurozentristischen Konzept, nicht um eine Erweiterung der europäischen Kultur durch parallele Analysen anderer Kulturen der ganzen Welt, die eine andere Geschichte, andere soziale Strukturen und Funktionen haben» (zit. nach Stenzl, 1975, S. 263). Diese Ansicht teilen die meisten Vertreter kulturanthropologischer und (musik)ethnologischer Forschung.

4. Beispiele aus Rock, Pop und Jazz

Die unterschiedlichen kompositorischen Strategien der Aneignung von Musik anderer Zeiten, Stilrichtungen und Kulturen in der europäischen Kunstmusik sind idealtypisch gemeint. Sie stellen einen Klassifikationsversuch dar, den es am jeweils gegebenen konkreten Fall weiter zu differenzieren gilt. Außer Frage steht jedoch, daß eine Übertragung der zuvor genannten Aneignungsstrategien auf die verschiedenen Stilbereiche der sogenannten populären Musik unseres Jahrhunderts (zum Begriff Rösing, 1996) mühelos gelingt.

Exotische Zutat

Ein vielfältiges und typisches Panorama musikalischer Exotismen und Kuriositäten in der Tanz- und Unterhaltungsmusik zu Beginn des 20. Jahrhunderts ist auf der aus Beständen des Deutschen Rundfunk-Archivs (DRA) in Frankfurt am Main von Günther Schneider herausgegebenen Sammlung «Aus der Jugendzeit der Schallplatte» (Ariola 28230/32XU, 1977) zu finden: «Türkische Scharwache» und «Japanischer Laternentanz» (mit der unvermeidlichen Pentatonik), «Negerwiegenlied» mit Fernweh stimulierender Spiritual-Melodik und «Affenliebe» mit Urwald-Idyll im Two-Step-Tanzrhythmus, «Negerständchen» nach einer Ragtime-Melodie von Scott Joplin und «Joaquino» als Beispiel einer frühen Tango-Adaption aus Argentinien. Das fremde Musikmaterial wird hier generell den aus Operette, Revue, Tanzmusik vertrauten populären Stilstereotypen so behutsam hinzugefügt wie das Salz der Suppe.

Ein derartiger klischee-orientierter Umgang mit fremden Musikstilen ist für weite Bereiche der Popmusik bis auf den heutigen Tag kennzeichnend geblieben (vgl. z.b. den Überblick über afrikanische Musikelemente auf dem deutschen Pop-Musikmarkt bei Wolff, 1996). Das Fremde wird nur insoweit «serviert», wie es nicht zu ernsthafter Auseinandersetzung mit einer anderen Kultur auffordert, sondern sich dem «Heimischen» (Steinert, 1997) einfügt. Frank Farians *Boney-M.*-Hit «Rivers of Babylon» ist dafür ein markantes Beispiel: Der Rastafari-Song im jamaikanischen Reggae-Stil wurde in das gängige Disco-Korsett der 70er Jahre gezwängt.

Nicht ganz so extrem verfährt die englische Rockgruppe Queen mit ihrem Song «Mustapha» auf der LP «Jazz» (1978). In der Introduktion wird der Gebetsruf eines Muezzins imitiert, bevor es dann im vertrauten Poprock-Stil weitergeht. Die Anklänge an arabisch-islamische Gesangspraxis werden zwar durch die Songthematik nahegelegt. Die musikalische Annäherung aber trägt die wohlvertrauten Züge einer exotischen Überhöhung, eines in das rockmusikalische Idiom integrierten Halbzitats.

Die Grazer Austrorock-Gruppe Broadlahn (so der Name einer Alm in der Obersteiermark) schließlich vermischt auf ihrer gleichnamigen CD von 1990 Jodler und Volksmusik mit Rock und Ethnojazz, z.B. in dem Stück «Abdullah Ibrahim in der Steiermark – Schwarzsteiermark grüßt Schwarzafrika». Das Doppelt-Exotische nimmt parodistische Züge an, wird zugleich aber auch eingebunden in das populäre Stereotyp volkstümelnder Musik zum Schunkeln.

Stilimitation

Der Reiz bei diesem eher selten praktizierten Verfahren liegt neben der Virtuosität demonstrierenden Darbietungskomponente auf einem Aha-Effekt: Mit einem völlig anderen als dem originalen Instrumentarium kann z.B. Instrumentalmusik fremder Kulturen nahezu perfekt nachgeahmt werden, sofern man nur entsprechend originelle Spieltechniken zu entwickeln in der Lage ist. Auf diese Weise bringt die englische Band 23 Skidoo aus dem Umfeld von Post-Punk und New Wave auf ihrem 1984 erschienenen Album «Urban Gamelan» eine in formaler, struktureller und klanglicher Hinsicht überzeugende Imitation von indonesischem Gamelan. Die Musiker verwenden anstelle von originalen Gamelan-In-

strumenten (Metallophone, Gongs und Gongspiele) Glas- und Gasfla-
schen, kleine Fässer und verschiedenste Schlaginstrumente. Die genaue
Kenntnis von Strukturen und Realisierungspraktiken der Gamelan-Musik (Mantle Hood, 1980 / 88) führt dazu, daß die Einspielung über weite
Strecken wie authentisches Gamelan klingt.

Weiterentwicklung des eigenen Stils

Für die Rockmusik sind insbesondere The Beatles mit ihren durch indische Musik beeinflußten Songs der späten experimentellen Phase in der
zweiten Hälfte der 60er Jahre zu nennen: «Norwegian Wood» (mit Sitar)
oder «Within You Without You» vom «Sgt. Pepper's»-Album (s. Hertsgaard, 1995), aber natürlich auch eine Gruppe wie Santana, die lateinamerikanische Percussionrhythmen schon recht früh in die Rockmusik
eingebracht hat – heute eine Selbstverständlichkeit in Rock, Jazzrock,
HipHop sowie den verschiedensten Fusion- und Crossover-Stilen.

Im Jazz (im Überblick Collier, 1978) übernahm z. B. schon Dizzi Gilles-
pie mit dem Titel «A Night in Tunesia» (1942) afro-islamische Musikelemente in den Bebop, Miles Davis und Gil Evans dagegen brachten mit
«Sketches in Spain» (1960) Elemente der iberischen Volksmusik mit mo-
dalem Jazz in Verbindung. John Coltrane (Putschögl, 1993) integrierte
Bestandteile von afro-arabischer und indischer Musik in seinen Free-
Jazz-orientierten Improvisationsstil (z. B. LP «A Love Supreme», 1964),
der Pianist Keith Jarret erhielt wichtige Anregungen von der zeremoniellen Musik nordamerikanischer Indianer (u. a. «Flame» auf der LP
«Mysteries», 1976), und der Gitarrenvirtuose John McLaughlin ließ sich
– angeregt auch von dem indischen Sitar-Spieler Ravi Shankar – eine
akustische Gitarre mit zusätzlichen Resonanzsaiten bauen, um damit
dem obertonreichen indischen Klangideal näher zu kommen. Die
Gruppe Naked City um den Avantgardemusiker und Saxophonisten
John Zorn schließlich ist hörbarer Beleg dafür, wie souverän über die
verschiedensten weltmusikalischen Stile verfügt werden kann und wie
sich diese Stile gleichwohl in ein eigenes musikalisches Konzept einbin-
den lassen.

Direkt aus dem Sektor der World-Music stammt die australische Band
SPK um den Musiker-Psychologen Graeme Revell. Deren Stück «Aloca-
sia Metallica» des Albums «Zamia Lehmanni» (1986) beginnt mit Klängen, die balinesischer Gamelan-Musik abgehört sind. Im Verlauf des
Stücks aber wird die authentisch wirkende Melodie (in der pentato-

nischen Leiter «pewayangan») zunehmend von geräuschstarken «Industrial»-Klängen überlagert und gleichsam weggeschwemmt. Für den Film «The Crow» (1994) ist Revell noch einen Schritt weiter gegangen. Hier hat er eine Musik geschaffen, die zum Teil auf exotischen Instrumenten gespielt wird und eine Mischung aus traditionell-orchestralen, experimentell-elektronischen, jazzverwandten und ethnischen Musikrichtungen darstellt.

Neubestimmung von musikalischen Funktions- und Handlungszusammenhängen

Häufig mündet die Weiterentwicklung des eigenen Stils durch interkulturelle Musikaneignung geradezu zwangsläufig in eine Neudefinition von Komposition. Stilistische Grenzbereiche sind hier vor allem in der von afrikanischen Rhythmuspatterns, indischer und indonesischer Musik sowie von Jazz und europäischer Avantgardemusik beeinflußten Minimal Music ausgelotet worden (Philip Glass, La Monte Young, Steve Reich, Terrey Riley). Im Jazz kam es bereits in den 60er Jahren zur Kombination mit anderen improvisierten Musikstilen, so zwischen dem Schlagzeuger Buddy Rich und indischen Tabla- und Mrdanga-Spielern (LP «Rich à la Rakha», 1968). Darüber hinaus erfreute sich die «unidiomatische» Spielweise von Musikinstrumenten aus anderen Kulturen zunehmender Beliebtheit (z. B. Don Cherry; vgl. Solothurnmann, 1988, S. 284). Auch im Jungle, einer im Londoner Untergrund von ausländischen Einwohnern auf der Grundlage von Reggae, HipHop und Techno entstandenen Fusion-Variante, läßt sich eine Neubestimmung musikalischer Funktionszusammenhänge im Spannungsfeld von elektronischer und digitaler Technik, Kommerz und verschiedenen musikalischen Traditionen (Jamaika, Indien, Westafrika, Nordamerika) konstatieren: der Versuch einer musikalischen Kommunikation und Identitätsfindung verschiedener ethnischer Gruppierungen, die auf engstem Raum zusammenleben.

Sampling und Montage

Willem Breukers Raubzüge durch das Warenhaus der Jazzmusik dürften ebenso in diese Rubrik gehören wie viele der Montagen aus vorgefertigter Musik in HipHop, Rap und instrumentalem Techno oder die aus verschiedenen afrikanischen und arabischen Musikproduktionen im Sampling-Verfahren zusammengestellten Sounds auf der CD «International

Times» (1994) von *Transglobal Underground*. Diese Art einer interkulturell ausgerichteten Materialerweiterung ist häufig weit mehr als allein unverbindliches, der spektatorischen Lust entgegenkommendes
buntes Sammelsurium. So wird die Musik anderer Kulturen durchaus
auch als Mittel des Kontrasts und zur Verdeutlichung von Mißständen in
der westlichen Zivilisation zitiert, z. B. von der kalifornischen Gruppe
Grotus. Auf dem Album «Slow Motion Apocalypse» (1986) sind neben
Fetzen aus Radio- und Fernsehmusik Samples von indischer populärer
Musik zu hören. Diese stehen in betontem Gegensatz zu den schroffen
Klängen von Gitarren und Schlagzeug. Das Coverbild bietet dazu einen
möglichen Interpretationsansatz: Vor dem Hintergrund einer industrie-
verseuchten Landschaft bewegen sich farbenfrohe indische Tänzerinnen.

Generell kann man sagen, daß die Welt des ungehemmten Samplings
die soziokulturelle Situation der Gegenwart unverblümt abbildet. Der
Entfremdung von regional gewachsenen, gesellschaftlich begründeten
musikalischen Traditionen entspricht ihre beliebige Verfügbarkeit als
Oberflächenreiz.

Fremde Musik im fiktiven Raum der eigenen Vorstellung

Hier sei vor allem auf den New Yorker Musiker Elliot Sharp verwiesen,
in dessen Instrumentalmusik (CD «Larynx», 1987) verschiedene
Aspekte von Weltmusik, fraktaler Geometrie (Fibonacci-Reihe) und
Akustik ineinanderfließen. Der im Hinblick auf konkrete musikalische
Anleihen fiktive Charakter dieser nach strengen Regeln erarbeiteten und
dennoch chaotisch klingenden Weltmusik wird u. a. durch neuerfundene
Musikinstrumente verstärkt, auf denen Spieltechniken aus indischer
und afrikanischer Musik realisiert werden sollen. Der Ungar Laszlo Hor-
tobagyi dagegen, der sich jahrelang mit indischer Musik und mittelalterlicher Polyrhythmik befaßt hat, schafft sich seine magisch-fiktiven musikalischen Klangwelten rein technologisch durch digital-synthetische
Klangerzeugung (CD «The Transglobal and Magic Sounds», 1996).

5. Weltmusik heute und früher

Der immer beliebigere, ungebremstere Umgang mit musikalischen Versatzstücken aus aller Welt kann als typisches Merkmal einer postmodernen Gesellschaft gedeutet werden, die dabei ist, ihre eigene kulturelle

Identität aufzugeben (zur Postmoderne in der Musik: Kolleritsch, 1993). Er läßt sich aber auch als Öffnung, als Verabschiedung von einer eurozentristischen, im 19. Jahrhundert besonders stark ausgeprägten Geisteshaltung interpretieren. Vor allem jedoch handelt es sich um einen lukrativen Markt. Mit Weltmusik (dazu Berendt, 1990) wird das Bedürfnis großer Bevölkerungsschichten nach immer wieder neuen, reizvollen, fremdartigen Klängen zufriedengestellt. Kein Wunder also, daß seit längerem Ethnobeat, Transglobal Underground, World Dance Jazz usw. boomen: Kein ernstzunehmendes CD-Geschäft, kein ernstzunehmender Tonträger-Katalog ohne Weltmusik-Rubrik. Ob es sich bei den angebotenen Produkten um authentische Klänge von Musik fremder Kulturen, um Bearbeitungen, Collagen, Simultanmontagen, Fragmente von «Exotischem» oder sogar um Neukompositionen im Stil fremder Musiken handelt, scheint häufig kaum noch von Bedeutung zu sein; Hauptsache, die bunte Vielfalt eines weltumspannenden musikalischen Warenangebots steht zur Verfügung (im Überblick: Stroh, 1994, S. 312–344). Es sieht so aus, als sei die Welt kleiner geworden dank globaler Computervernetzung, Informationsübermittlung und Speicherungstechnik, aber natürlich auch als Folge neuer Verkehrsmittel und eines noch nie zuvor dagewesenen Massentourismus.

Der Topos von Musik als einer weltumspannenden Sprache prägt die Rock- und Popmusik, spätestens seit David Byrne und Brian Eno 1981 das Album «My Life in the Bush of Ghosts» herausgebracht haben – mit weltweit gesampleten Sounds und Sprachfetzen, unterlegt von im Studio produzierten Rhythmustracks und Gitarrenläufen. Und natürlich nach dem Erfolg von «Graceland», einer Platte, die Paul Simon 1986 gemeinsam mit Musikern aus Südafrika produzierte, ferner, nachdem Peter Gabriel sein «Real World Label» eingerichtet hat, über das z. B. Yousson N'Dour aus Dakar im Senegal zum «ersten legitimen Superstar von Weltmusik» (so ein CD-Kommentar) wurde.

Was so modern anmutet und an die elektrischen bzw. elektronischen Medien gebunden zu sein scheint, hat in Wirklichkeit aber eine lange Vorgeschichte (s. Abschnitt 2). Kulturelle Beziehungen zwischen Orient und Okzident sind vom Aufkommen der antiken Hochkulturen bis in unsere Zeit vielfach belegt und untersucht worden (Sachs, 1943). Geradezu zwangsläufig ergab sich kultureller Austausch zu Zeiten von Völkerwanderungen.

Von möglichen Beschwerlichkeiten allerdings, unter denen kultureller

Austausch sich vor dem elektrischen Zeitalter vollzog, sofern es um Authentizität des musikalischen Materials fremder Kulturen ging, mag die Exkursion des französischen Komponisten Félicien David 1833 mit Kamel und Klavier ins «Heilige Land» einen anschaulichen Eindruck vermitteln. Als David endlich in der Wüste auf einen Beduinenstamm traf und ihre Gesänge am Klavier nachzuspielen versuchte (was angesichts der temperierten Stimmung ohnehin nicht glücken konnte), glaubten die Beduinen, in dem Kasten sei ein böser Geist versteckt, und zertrümmerten das Instrument.

Die sinfonische Ode «Le Désert», die David nach seiner Rückkehr in Paris komponierte und dort im Dezember 1844 uraufführte, wurde gleichwohl zu einem Erfolg und eroberte sich die Konzertsäle in Europa und Nordamerika. Wie sehr die Zuhörerschaft vom Element des Exotischen beeindruckt war, geht aus dem Bericht zur Uraufführung von dem Kritiker und Literaten Théophile Gautier hervor: «[...] die Begeisterung steigerte sich während der gesamten Dauer der orientalischen Sinfonie [...]. Die ‹Arabische Fantasie› und der ‹Tanz der Mädchen› brachte das gesamte Publikum auf die Beine [...]. Die ‹Hymne an die Nacht› ist eine der wunderbarsten Melodien, die dem menschlichen Ohr je zu hören geschenkt ward; im Moment ist ganz Paris voller Menschen, die mit mehr oder weniger falscher Stimme [...] die einen nicht wieder loslassende Melodie summen» (zit. nach Gradenwitz, 1977, S. 24).

6. Wissenschaftliche Annäherung und Einschätzung

Eine derart langwierige und arbeitsintensive Prozedur zum Kennenlernen von fremder Musik wie bei David ist heutzutage kaum noch nachvollziehbar, und ihre kompositorische Verwertung mit der Hilfe von Tonträgern, Sampler und Synthesizer weit weniger beschwerlich als früher. Vor dem technischen Zeitalter war diese Form von interkulturellem Musikaustausch primär gebunden an langwierige Reisen von Künstlern, Musikern und Musikergruppen oder an mehr oder weniger wagemutige Expeditionen von Kaufleuten und Forschern. Zu den unverzichtbaren Voraussetzungen gehörten ein gutes Gehör und eine möglichst unvoreingenommene, verständnisvolle Betrachtungsweise. Ein gutes Beispiel hierfür bietet der Südseeforscher Georg Forster, der James Cook auf seiner Weltumsegelung von 1772 bis 1775 begleitet hatte. In seinen Reisenotizen schrieb er zur Musik fremder Kulturen: «Es ist sonderbar, daß, da der Geschmack an Musik unter allen Völkern der Erde so allgemein verbreitet ist, dennoch die Begriffe von Harmonie und Wohlklang bei verschiedenen Nationen so verschieden sein können» (1963, S. 128).

In den frühen Musikgeschichten des ausgehenden 18. und des 19. Jahrhunderts (→Entstehung des wissenschaftlichen Umgangs mit Musik) erfolgt die Auseinandersetzung mit der Musik der damals sogenannten Naturvölker bei weitem nicht so umsichtig. In seiner «Allgemeinen Geschichte der Musik» von 1788 äußert sich der Bach-Biograph und Musiktheoretiker Johann Nikolaus Forkel folgendermaßen über die mündlich überlieferte Musik fremder Kulturen: Es herrsche hier ein großes Wohlgefallen am Geräusch lärmender Instrumente. Da sei nur «Empfindung ohne Geist» und «Rhythmus ohne musikalischen Zusammenhang». Funktionalität allerdings wird ihr konzediert: «So schlecht nun übrigens diese rohe barbarische Musik an sich selbst ist, so dient sie doch ungebildeten Völkern zum Nutzen, zur Ergötzung und Unterhaltung auf mancherlei Art. Sie brauchen sie, mit Tanz verbunden, nicht nur zu häuslichen und gesellschaftlichen Ergötzlichkeiten, sondern auch bei gottesdienstlichen Festen und ihren Kriegen.» Dennoch sei sie bei allen diesen verschiedenen Anlässen «immer bloß betäubendes und erschütterndes Geräusch, welches sie [die Wilden] um so mehr lieben, je weniger ihr Geist beschäftigt oder einer Beschäftigung fähig ist» (Forkel, 1788, S. 5 f).

Gut 60 Jahre später bezieht der Wiener Kritikerpapst und Universitätsprofessor Eduard Hanslick eine noch rigorosere Position. Mit dem Argument, das «unfaßliche Geheul der Südseebewohner» sei überhaupt keine Musik, geht er gar nicht erst auf die Musik der «Naturvölker» ein (Hanslick, 1854, S. 44). Auch in der «Geschichte der Musik» des angesehenen Musikwissenschaftlers August Wilhelm Ambros aus dem Jahr 1862 wird diese Auffassung vertreten. «Modulierte Töne» würden den «einfältigen Naturvölkern» dazu dienen, «einer augenblicklichen Gemüthsstimmung Luft zu machen». Die Musik der Völker auf der untersten Kulturstufe sei weiter nichts als ein «unaufhörliches Herunterschreien einer kürzeren Melodiephrase», ein «einschläferndes Gesumme ohne eine Spur von Melodie oder eine Art von Takt», kurz: ein «völlig roher Zustand» (Ambros, 1862, S. 7 ff).

Ganz in dieses Bild paßt die an eurozentristischer Selbstgefälligkeit wohl kaum zu überbietende Persiflage fremdkultureller Musik durch den französischen Komponisten Hector Berlioz. Er ist der Ansicht, daß «die Chinesen und die Inder [...] noch in der tiefsten Barbarei stecken und in einer geradezu kindlichen Unwissenheit befangen sind [...], und die Orientalen von Musik da reden, wo wir höchstens von Katzenmusik sprechen» (1851, zit. nach Gradenwitz, 1977, S. 12).

Diese Einschätzung von Berlioz ist um so bemerkenswerter, als damals bereits mehrere wichtige Monographien zur Musik außereuropäischer Hochkulturen vorlagen, z.B. über chinesische Musik von dem Jesuitenpater Jean Joseph Marie Amiot («De la Musique Chinois», Paris, 1780), über indische Musik von englischen Indienfahrern (vor allem William Jones, «On the Musical Modes of the Hindus», Calcutta, 1792) und über arabische Musik von Juan Andres (Venedig, 1787) bzw. im 19. Jahrhundert von Raphael Georg Kiesewetter (Leipzig, 1842).

Aber auch Begeisterung und Faszination für fremde Musikstile sind nicht unbedingt Garant für ein tiefergehendes Verständnis. Nachdem Claude Debussy auf einer Weltausstellung in Paris Musiker aus Java gehört hatte, schrieb er 1913 in der Revue musicale: «Die javanische Musik indessen pflegt einen Kontrapunkt, neben dem die Kunst von Palestrina nur ein Kinderspiel ist. Und wenn man, frei von europäischen Vorurteilen, den Reiz ihres Schlagwerks hört, muß man unbedingt feststellen, daß das bei uns nur barbarischer Zirkuslärm ist.» Über indonesisches Gamelan sagt diese Passage wenig aus, viel aber über Debussys eigenen, durch Ganztonleitern und schwebende Melodik geprägten Musikstil.

Seit dem Ende des 19. Jahrhunderts bemühten sich Musikethnologie und Vergleichende Musikwissenschaft um eine zunehmend differenziertere Sichtweise der Musik fremder Kulturen. Die vielen Feld- und Dokumentaraufnahmen von Musik der verschiedensten Erdteile, die ab Beginn unseres Jahrhunderts in den Phonogrammarchiven und völkerkundlichen Museen der europäischen Zentren wie Paris, Wien, Berlin und in den durch unterschiedliche Musikkulturen geprägten Vereinigten Staaten am Smithsonian Institute in Washington gesammelt und archiviert wurden, belegen die neue Auffassung ebenso wie der ab Mitte des 20. Jahrhunderts mit Nachdruck vertretene kulturanthropologische Ansatz (Merriam, 1964). Demnach können selbst ähnliche musikalische Einzelphänomene in den einzelnen Kulturen durchaus verschiedene Ursprünge und Bedeutungen haben.

So hat sich für jede Kultur gemäß ihrem soziokulturellen Umfeld eine eigenständige Musikgeschichte herausgebildet. Zwar baut Musik grundsätzlich auf den biologisch-physiologischen Grundlagen der menschlichen Wahrnehmung auf. Entscheidend aber sind – wie schon die frühen großen vergleichenden Arbeiten zur außereuropäischen Musik von Curt Sachs (1943) und Walter Wiora (1961) nahelegen – letztlich jene gesellschaftlichen und kulturellen Prozesse, die zu verschiedenen Weltbildern, Wertesystemen und Lebensformen im Verlauf von Jahrhunderten geführt haben. Sie bestimmen nicht nur musikalisches Handeln, sie entscheiden auch darüber, welche musikbezogenen Konzepte innerhalb einer Kultur entstehen und fortgeführt werden. Die jeweiligen kulturgeprägten musikalischen Konstruktionsprinzipien sind ein nicht austauschbarer, klingender Ausdruck dieser Konzepte (bezüglich oraler Musiktraditionen afrikanischer Provenienz s. z. B. Sidran, 1985).

Um fremde Musik angemessen zu erfassen, bedarf es folglich eines intensiven Trainings zur Decodierung eigener und Neukonditionierung fremder Hörweisen (Blacking, 1973; → Musikkultur). Spontane Einfühlung oder Selbsterfahrung führt in der Regel zu Mißverständnissen und Fehlreaktionen. Der Topos von Musik als einer völkerübergreifenden und -verbindenden Sprache erweist sich als Irrglaube (Brandl & Rösing in Bruhn, Oerter & Rösing, 1993, S. 57–74). Strategien einer spontanen Aneignung von fremdartiger Musik und deren emotionale, assoziative, kognitive Integration in vertraute musikalische Hörmuster und Erfahrungsinventare führen meist in die Irre, vergleicht man die wahrgenommenen mit den intendierten musikalischen Botschaften (Rösing, 1997, S. 210).

7. Rezeptionsperspektive und Ausblick

Man kann die zuvor beschriebenen kompositorischen Strategien im Umgang mit «fremden Musiken» negativ beurteilen (zum musikalischen «Tourismussyndrom» s. Steinert, 1997). Das aber wird der Rezeptionsperspektive als wesentlicher Bewertungsinstanz einer jeden musikalischen Aneignung durch Hören nicht gerecht. Musikaneignung im Rezeptionsprozeß vollzieht sich generell zwischen den Polen fremd und vertraut. Vertraut ist vor allem Musik aus dem eigenen Kulturbereich. Je nach Sozialisation und musikbezogenem Werdegang gibt es aber bereits hier viele Musikstile und -richtungen, die innerhalb bestimmter Rezipientengruppen ziemlich unbekannt sind, so für die Mehrheit der Bevölkerung zeitgenössische Kunstmusik, für ältere Personen aktuelle Richtungen von Rock und Pop, für Haupt- und Realschüler Klassische Musik (im erweiterten Sinn des Begriffs; →Epochendefinitionen und Geschichtsschreibung).

Die Reduzierung der Befremdlichkeit von Musikstilen der eigenen Kultur ist ein Ergebnis von Bildung. Zunehmende musikalische Bildung definiert sich u. a. in der Aneignung von immer mehr Musikrichtungen: Der Vertrautheitsgrad wächst proportional zum Interesse an ihnen. Aber auch in bestimmten populären Erscheinungsformen (Gorecki, 5. Sinfonie) oder Bearbeitungen (Hilliard Ensemble und Jan Garbarek: Vision – The Music of Hildegard von Bingen) gelangen zunächst fremd anmutende Musikstile in den Hörhorizont neuer Rezipientenschichten. Sie bewirken eine Erweiterung des musikalischen Erfahrungsinventars und damit des persongebundenen Musikkonzepts – unbeschadet der Tatsache, daß es sich hier aus Expertensicht meist nur um musikalische Oberflächenelemente eines bestimmten Stils, also um Klischees handelt.

Fremdes gewinnt einen zunehmenden Vertrautheitsgrad durch die Integration in bereits vorgeprägte Skripte, Schemata, Prototypen. Diese Art von Assimilation erfolgt nicht primär nach kulturgeschichtlich relevanten und wissenschaftlich aufgearbeiteten Kriterien, sondern im Hinblick auf die subjektive Valenz: In erster Linie geht es um die – legitime – Befriedigung individuell-psychischer Funktionen beim Musikhören. Dabei wird die Integration von zunächst fremd anmutender Musik in den eigenen Erfahrungsraum – also die Aneignung des musikalisch Fremden im psychologischen Sinn – in der Regel als Bereicherung empfunden.

Auf identische Weise, nach den gleichen Aneignungsstrategien werden auch Versatzstücke aus Musiken fremder Kulturen oder diese Musiken in ihrer Gesamtheit wahrnehmungsmäßig verarbeitet. In vielen Fällen scheint hier die Rezeptionshürde sogar deutlich geringer zu sein als z. B. bei den sogenannten Avantgarde-Musikrichtungen der eigenen Kultur. Das erklärt sich daraus, daß bei vornehmlich mündlich tradierter außereuropäischer Musik die strukturelle Komplexität in der Regel geringer ist als bei schriftlich fixierter abendländischer Kunstmusik (→Überlieferte Musik).

Lediglich angedeutet sei abschließend, daß musikalischer Austausch natürlich keineswegs nur auf einer Einbahnstraße in Richtung Westen erfolgt. In dem Maß, in dem westlich-kapitalistische Strukturen andere gesellschaftliche und politische Systeme zu prägen beginnen und musikproduzierende Konzerne ihre populäre Musik rund um die Welt schicken (z. B. MTV Asia), erfolgt auch eine Beeinflussung und Veränderung außereuropäischer Musikkulturen (s. u. a. Erlmann, 1991; Steen, 1996). Im besten Fall handelt es sich dabei um einen Prozeß der gegenseitigen Annäherung, wie das Eberhard Schoener am Beispiel der Produktion «Bali Agung» (1984) in der Residenz von Prinz Agung Raka berichtet hat: Er sei nicht mit seiner elektronischen Ausrüstung nach Bali gefahren, um dortige Musik zu adaptieren, sondern um gemeinsam mit den Musikern der Residenz neue musikalische Erfahrungen zu machen. Die Folge davon könnte – so die Einschätzung von Wolfgang Martin Stroh (1994, S. 341 f) – eine «sehr kreative» Weiterentwicklung von traditioneller Gamelan-Musik nach «heutigem Weltstandard» sein (weitere Beispiele s. Manuel, 1988).

Insgesamt signalisiert der derzeitige Hang zur multi- bzw. interkulturellen Musikaneignung Veränderungen, die keineswegs nur Musik und Musikverständnis betreffen, sondern in Zusammenhang zu sehen sind mit grundlegenden strukturellen Veränderungen unserer durch Internet sowie Datenautobahnen weltweit miteinander vernetzten Industrie- und Technikgesellschaft. Vor diesem Szenario einer beispiellosen Aneignung – um nicht zu sagen: Ausplünderung – der ganzen Welt mutet es fast anachronistisch an, wenn im aktuellen Musikstil Jungle des Londoner Underground Weltmusik sich einem offenbar ganz anderen Phänomen verdankt: dem (musikalischen) Zusammenschluß ethnischer Minderheiten aufgrund eines starken Außendrucks – nämlich der Diskriminierung dieser Minderheiten durch die Mehrheit. Hier verschmelzen unterschiedliche musikalische Identitäten in einer Notsituation zu einer neuen kulturellen Identität. Das bedeutet, wenn schon nicht Fortschritt, so doch zumindest Bereicherung so lange, wie sie nicht umschlägt in kommerzielle Verdinglichung.

Literatur

Ambros, A. W. (1862). *Geschichte der Musik I*. Breslau: Leuckart.

Berendt, J.-E. (1988). Über Weltmusik. In *That's Jazz. Der Sound des 20. Jahrhunderts* (S. 269–274). Darmstadt: Institut Mathildenhöhe (Ausstellungskatalog).

Berendt, J.-E. (1990). *Nada Brahma. Die Welt ist Klang* (Neuausgabe). Reinbek: Rowohlt.

Blacking, J. (1973). *How musical is man?* Seattle: University of Washington Press.

Blumenröder, C. v. (1993). *Die Grundlegung der Musik Karlheinz Stockhausens*. Stuttgart: Steiner.

Bruhn, H., Oerter, R. & Rösing, H. (Hg.) (1993). *Musikpsychologie. Ein Handbuch*. Reinbek: Rowohlt (3. Aufl. 1997).

Collier, J. L. (1978). *The making of jazz. A comprehensive history*. Herts: Granada.

Danuser, H. (1984). *Die Musik des 20. Jahrhunderts* (Neues Handbuch der Musikwissenschaft Bd. 7). Laaber: Laaber.

Dauer, A. M. (1985). *Blues aus 100 Jahren*. Frankfurt / M.: Fischer.

Dorfmüller, K. (1993). Beethovens «Volksliederjagd». In S. Hörner & B. Schmid (Hg.), *Festschrift Horst Leuchtmann* (S. 107 – 125). Tutzing: Schneider.

Erlmann, V. (1991). *Populäre Musik in Afrika*. Berlin: Reimers.

Floros, C. (1989). *Musik als Botschaft*. Wiesbaden: Breitkopf & Härtel.

Floros, C. (1996). *György Ligeti – Jenseits von Avantgarde und Postmoderne*. Wien: Lafite.

Forkel, J. N. (1788). *Allgemeine Geschichte der Musik, Band 1*. Leipzig: Schwikkert.

Forster, G. (1963). *Weltumseglung mit Kapitän Cook* (hg. v. H. E. Rübesamen). München: Bruckmann.

Gradenwitz, P. (1977). *Musik zwischen Orient und Okzident. Eine Kulturgeschichte der Wechselbeziehungen*. Wilhelmshaven: Heinrichshofen.

Hamel, P. M. (1980). *Durch Musik zum Selbst*. München / Kassel: dtv / Bärenreiter.

Hanslick, E. (1854). *Vom Musikalisch Schönen. Ein Beitrag zur Revision der Ästhetik der Tonkunst*. Leipzig: Breitkopf & Härtel (hist.-krit. Ausgabe Mainz: Schott 1990).

Heister, H.-W. (1983). *Jazz*. Kassel: Bärenreiter.

Heister, H.-W. (1994). «Volkstümliche Musik» zwischen Kommerz, Brauchtum und Politik. In Rösing, H. (Hg.), *Beiträge zur Popularmusikforschung 13* (S. 25 – 45). Baden-Baden: CODA.

Helms, H. G. (1978). John Cage. In Metzger, H.-K. & Riehn, R. (Hg.), *John Cage Sonderband* (S. 18 – 40). München: Text + Kritik.

Hertsgaard, M. (1995). *The Beatles. Die Geschichte ihrer Musik*. München: Hanser.

Hiley, D. (1993). *Western Plainchant. A Handbook*. Oxford: University Press.

Hoffmann, B. (1985). *Unter afrikanischem Himmel. Die Rezeption afro-amerikanischer Musik in deutschsprachigen Musik- und Rundfunkzeitschriften 1900–1945*. Köln: mschr. (Diss. päd.).

Hoffmann, B. (1994). Blues. In Finscher, L. (Hg.), *MGG Die Musik in Geschichte und Gegenwart*. Sachteil Bd. 1 (Sp. 1600–1635). Kassel / Stuttgart: Bärenreiter / Metzler.

Hoffmann, B. (1997). I'm so black and blue oder «Welche Farbe hat mein Heftpflaster?» Zur Wertung der Hautfarbe in der afro-amerikanischen Gesellschaft. *Musik und Unterricht*, 9, 43 – 49.

Hood, M. (1980–88). *The evolution of Javanese gamelan,* 3 Bde. Wilhelmshaven: Heinrichshofen / Noetzel.

Jäger, R. M. (1996). Janitscharenmusik. In Finscher, L. (Hg.), *MGG Die Musik in Geschichte und Gegenwart.* Sachteil Bd. 4 (Sp. 1315–1329). Kassel / Stuttgart: Bärenreiter / Metzler.

Jones, L. R. [Baraka, A.] (1975). *Blues People. Schwarze und ihre Musik im weißen Amerika.* Darmstadt: Melzer.

Jost, E. (1989). *Sozialgeschichte des Jazz.* Hofheim: Wolke (2. Aufl.).

Knepler, G. (1982). *Geschichte als Weg zum Musikverständnis.* Leipzig: Reclam (2. Aufl.).

Kolleritsch, O. (Hg.) (1993). *Wiederaneignung und Neubestimmung. Der Fall «Postmoderne» in der Musik.* Graz: Universal-Edition.

Manuel, P. (1988). *Popular music of the non-western world.* Oxford: University Press.

Merriam, A. P. (1964). *The anthropology of music.* Evanston: North Western University Press.

Putschögl, G. (1993). *John Coltrane und die afroamerikanische Oraltradition.* Graz: Akademische Druck- und Verlagsanstalt.

Rösing, H. (1996). Was ist «Populäre Musik»? In Rösing, H. (Hg.), *Beiträge zur Popularmusikforschung 17* (S. 94–110). Karben: CODA.

Rösing, H. (1997). Interkulturelle Musikaneignung – Verfälschung, Bereicherung oder Fortschritt? In Heister, H.-W. (Hg.), *Musik / Revolution. Georg Knepler zum 90. Geburtstag,* Bd. 3 (S. 203–230). Hamburg: Bockel.

Rummenhöller, P. (1978). *Eine Einführung in die Musiksoziologie.* Wilhelmshaven: Heinrichshofen.

Sachs, C. (1943). *The rise of music in the ancient world east and west.* New York (dt. *Die Musik der alten Welt in Ost und West.* Berlin: Akademie-Verlag 1968).

Schleuning, P. (1984). *Das 18. Jahrhundert: Der Bürger erhebt sich.* Reinbek: Rowohlt.

Schneider, A. (1997). Von den Indianergesängen zur «Weltmusik». Zur Entwicklung der amerikanischen «ethnomusicology». In Kreutziger-Herr, A. & Strack, M. (Hg.), *Aus der Neuen Welt. Streifzüge durch die amerikanische Musik des 20. Jahrhunderts* (S. 223–243). Hamburg: LIT.

Sidran, B. (1985). *Black talk – schwarze Musik: Die andere Kultur im weißen Amerika.* Hofheim: Wolke (Orig. 1971).

Solothurnmann, J. (1988). Jazz und ethnische Musik – Anknüpfungspunkte und Entwicklungen. In *That's Jazz. Der Sound des 20. Jahrhunderts* (S. 277–288). Darmstadt: Institut Mathildenhöhe (Ausstellungskatalog).

Steen, A. (1996). *Der lange Marsch des Rock 'n' Roll. Pop- und Rockmusik in der Volksrepublik China.* Münster: LIT Münster.

Steinert, H. (1997). Musikalischer Exotismus nach innen und außen. Über die kulturindustrielle Aneignung des Fremden. In Rösing, H. (Hg.), *Beiträge zur Popularmusikforschung 19 / 20* (S. 152–171). Karben: CODA.

Stenzl, J. (1975). *Luigi Nono. Texte – Studien zu seiner Musik.* Zürich: Atlantis.

Stroh, W. M. (1994). *Handbuch New Age Musik.* Regensburg: Con Brio.

Wilson, P. N. (1990). Die Ratio des Irrationalismus. In Jost, E. (Hg.), *Musik der 80er Jahre* (S. 62–77). Mainz: Schott.

Wiora, W. (1961). *Die vier Weltalter der Musik.* Stuttgart: Kohlhammer (2. Aufl. 1988).

Wolff, K. (1996). *Trommeln und Teutonen. Afrikanische Musik auf dem deutschen Pop-Musikmarkt.* (Schriften zur Popularmusikforschung 1). Karben: CODA.

IV
Musik lernen und vermitteln

Herbert Bruhn und Rolf Oerter
Entwicklung grundlegender Fähigkeiten

1. Einleitung

Obwohl die Entwicklung musikalischer Fähigkeiten immer mit größtem Interesse beobachtet wurde, ist die wissenschaftliche Forschung relativ jung: Die ersten systematischen Untersuchungen wurden in der 2. Hälfte des 19. Jahrhunderts in der Form von Tagebüchern über die kindliche Entwicklung durchgeführt. So finden sich Erkenntnisse über Regelhaftigkeiten der musikalischen Entwicklung in den Beschreibungen von Theodor Billroth (1895), Wilhelm Preyer (1901) und dem Ehepaar William und Clara Stern (1914), die auch für die allgemeine Entwicklungspsychologie zu den ersten wissenschaftlichen Belegen zählen (im Überblick Shuter, 1968). Dies ist darauf zurückzuführen, daß sich erst im 18. Jahrhundert die Vorstellung durchsetzen konnte, daß die Kindheit gegenüber dem Erwachsenenalter eine besondere Phase ist, die sich durch die langsame Entwicklung der körperlichen und psychischen Fähigkeiten und durch dadurch bedingte besondere Bedürfnisse auszeichnet. Man kann von einer «Entdeckung der Kindheit» sprechen, die maßgeblich durch Philosophen und Pädagogen wie Jean-Jacques Rosseau (1712–1778) und Johann Heinrich Pestalozzi (1746–1827) bestimmt wurde (vertiefend Reinert, 1982). Die biographische Methode ist auch heute noch ein valides Forschungsmittel für Bereiche, in denen wenig Erkenntnisse vorliegen (z. B. musikalische Altersforschung, → Musik therapie, → Musizieren).

Die erste Einbettung empirischer Befunde in eine Theorie versuchte Heinz Werner (1917): Er glaubte, daß die Lieder und Improvisationen von Kindern überwiegend von der kleinen abfallenden Terz bestimmt seien. Daraus leitete er ab, daß die kleine Terz die Urform der Melodik in der Entwicklung des Menschen (Ontogenese) sei. Dies sah er außerdem aus der Sicht der Vergleichenden Musikwissenschaft kulturübergreifend bestätigt. Heute weiß man, daß die kleine Terz nicht bestimmender für die musikalische Entwicklung ist als andere Intervalle (Moog, 1968). Es ist vielmehr so, daß erwachsene Hörer in den meisten Fällen die kindlichen Gesänge «zurechthören» (Bruhn, 1994, S. 66; vgl. auch Kurth, 1931, S. 156 ff), das heißt unsaubere Intervalle großzügig unter der Kategorie «kleine Terz» zusammenfassen.

Die Beschreibung der musikalischen Entwicklung basiert heutzutage auf Daten empirischer Untersuchungen der unterschiedlichen Parameter der Musik (Klang, Rhythmus, Melodie / Tonhöhe, Mehrstimmigkeit und Form). Welche Fähigkeiten erworben werden, hängt von der Musik des Kulturbereichs ab. Es gibt keine allgemein verbindliche musikalische Weltsprache (→ Universalien der Musik). Jeder lernt die Musik seiner Kulturgruppe, die durch eine Reihe von Regeln, Prozeduren, Axiomen – eine Art musikalischer Grammatik – als Stil gebildet wird (Serafine, 1986, S. 321). In den → Kulturbereichen der Welt haben sich diese Parameter der Musik in jeweils regionaler Differenziertheit entwickelt. Die Abfolge der Entwicklungsschritte scheint jedoch interkulturell gültig zu bleiben.

2. Frühe Entwicklung

Als Beginn der musikalischen Entwicklung muß man den Beginn des Hörens überhaupt ansehen, da alle mit Klang verbundenen Erfahrungen die Basis für musikalische Erfahrungen bilden. Tabelle 1 zeigt, daß der Fötus im Mutterleib sehr früh zu hören beginnt.

Die ersten Reaktionen in der 24. bis 28. Schwangerschaftswoche sind noch relativ undifferenziert und reflexhaft: Das Ungeborene zuckt bei einem lauten Knall oder beginnt, sich bei lauter Musik heftiger zu bewegen. Differenzierte Reaktionsmuster sind in der 37. bis 40. Woche zu registrieren (im Überblick Fassbender in Bruhn, Oerter & Rösing, 1993, S. 270 f).

Ab der 32. Woche können vermutlich bereits Komponenten der mütterlichen Sprache wahrgenommen und nach der Geburt wiedererkannt werden (Papoušek, 1994, S. 145). In den letzten Schwangerschaftswochen kann sogar eine kleine Tonfolge oder ein Musikklang gelernt werden: Eine kurze Tonfolge, die in den letzten Schwangerschaftsmonaten mit Entspannungsübungen der Mutter verbunden wurde, führte zu einer Aufmerksamkeitsreaktion der Neugeborenen (Augen öffnen) und konnte überzufällig oft das Schreien beenden (Papoušek, 1994, S. 272). Neugeborene im Alter von sechs Wochen, die in der 38. Schwangerschaftswoche regelmäßig einer bestimmten Musik ausgesetzt wurden,

3. Monat	alle Windungen der Cochlea ausgeformt, die drei Kammern der Spirale beginnen sich zu bilden	keine Reaktionen des Fötus auf Klang von außen
4. Monat	die drei Kammern der Spirale sind fertig entwickelt	
5. Monat	die inneren Haarzellen (die Sensoren) sind ausgereift	
6. Monat	die Cochlea hat die endgültige Größe ausgebildet; die Tektorialmembran wächst nach und nach über die inneren Haarzellen	Reaktion der Haarzellen auf mittlere Frequenzen, manchmal bereits erste Schreckreaktionen auf laute Schallereignisse
7. Monat	akustisch evozierte Potentiale können im Stammhirn gemessen werden – die Knöchelkette im Innenohr wächst langsam	konsistente Reaktionen auf lauten Schall mit Herzfrequenzerhöhung und Schreckreaktion
8. Monat	reife Nervenbahnen zum Cortex stehen zur Verfügung – die Charakteristika der erwachsenen Cochlea sind erreicht	Reaktionen auf Schall um die 90 dB
9. Monat	Beginn der Verfestigung der Gehörknöchelchen (ca. mit dem 2. Lebensjahr abgeschlossen)	Reaktionen auch auf leisere Sprachstimuli (z. B. unterschiedliche Silben)

Tab. 1: Entwicklung des Hörorgans und seiner Funktion, Zeiten nach Bredberg (in Trehub & Schneider, 1985, S. 3 ff) und Eggermont (ebenda, S. 21 ff)

ließen aufgrund ihres Verhaltens sogar den Schluß zu, daß sie das damals gespielte Musikstück wiedererkannten. (Wilkin, 1996).

Nach der Geburt reagieren Neugeborene nur auf ungefähr ein Drittel aller Schallereignisse (Michel, 1968, S. 86 ff). Die weiche Gehörknöchelkette bewirkt eine Dämpfung der Höreindrücke um 25 bis 30 dB (mit 18 Monaten noch ca. 15 bis 20 dB: Trehub & Schneider, 1985, S. 110).

Die Reaktionen von Säuglingen auf ihre akustische Umwelt sind dennoch sehr differenziert: Stimmen, musikalische Klänge und Geräusche in der Umgebung des Kindes führen gegenüber Stille generell zu einer Beruhigung des Neugeborenen. Die Mutterstimme veranlaßt Kinder meist zu großen Bewegungen, die intensiv sind und oft ausgeführt werden. Stimmen fremder Frauen führen zu Plappern (talk, babble) und

Gurren (cooing). Musik bewirkt dagegen meist eine fixierende Reaktion – offensichtlich werden die Kinder aufmerksam und hören zu (im Überblick Standley & Madsen, 1990).

Der erste Schrei des Neugeborenen ist der Beginn der Kommunikation mit der Umwelt – gleichzeitig aber auch der Beginn musikalischer Äußerungen. Aus den ersten drei Grundqualitäten der Lautäußerungen (Wohlbefinden, Hunger, Unmut) entwickelt sich schnell eine große Vielfalt an möglichen Klängen: Vokalartige Laute nehmen zugunsten von kombinierten silbenartigen Lauten zu. Emotionale und explorative Laute werden häufiger (Papoušek, 1994, S. 56 ff). Gegen Ende des ersten Lebensjahrs lassen sich Singversuche durch das Experimentieren mit der Stimme eindeutig von den Anfängen der Sprache unterscheiden.

Diese Ausdrucksfähigkeit mittels Modulation der Stimm-Melodie entwickelt sich langsam: Im Alter von zwei Monaten sind nur ca. 30 Prozent der Artikulationen melodisch moduliert, mit etwas mehr als einem Jahr dann 80 Prozent (Papoušek, 1994, S. 61 ff). Sind die Stimm-Melodien zunächst überwiegend abfallend (Struktur von Aussagesätzen), lernen die Kinder ab dem fünften bis sechsten Monat auch aufsteigende Lautäußerungen (Fragesätze) nachzuahmen (Fox, 1990).

Die stimmlichen Entwicklungen werden durch Grundmuster im sprachlichen Verhalten des Mutter angeregt: Die Mutter macht dem Kind Klänge vor, das Kind ahmt diese Klänge nach. Dabei verwendet die Mutter einfache Strukturen (motherese, Ammensprache). Diese Strukturen scheinen interkulturell übereinzustimmen: Die Grundtonhöhe ist meist deutlich höher als die normale Sprache, die Konturen werden übertrieben (im Überblick Shute, 1987). Aufsteigende Konturen führen zu einer größeren Aufmerksamkeit bei den Kindern (Sullivan & Horowitz, 1983), abfallende Konturen werden zur Beruhigung der Kinder verwendet (Papoušek, 1994). Amerikanische Mütter verwenden dabei dieselben Tonhöhenkonturen für die Ansprache an die Kinder wie chinesische Mütter (Papoušek & Papoušek, 1991). Lediglich über Mütter aus Guatemala wird berichtet, daß sie monoton und schnell auf ihre Kinder einreden (nach Shute, 1987, S. 190).

Die weltumfassende Ähnlichkeit der Kommunikation zwischen Mutter und Kind führt wahrscheinlich auch zu den kulturübergreifend ähnlichen Strukturen in Wiegenliedern (Unyk u. a., 1992) und Kinderliedern (Trehub & Unyk, 1991, S. 77 ff; Trehub, Unyk & Trainor, 1993). Der

Schluß liegt nahe, daß sich in der Form der Wiegenlieder biologische Anlagen der Kommunikation – gewissermaßen Prototypen des emotionalen Ausdrucks – dokumentieren (Papoušek, 1985; Rösing in Bruhn, Oerter & Rösing, 1993, S. 579–588).

Das Singen ist im ersten Lebensjahr deutlich von den eingeschränkten motorischen Möglichkeiten bestimmt: Der Atem kann noch nicht ausreichend kontrolliert werden, so daß das Ausprobieren der Stimme von abrupten Registerwechseln begleitet wird. Zwischen drei und sechs Monaten läßt sich jedoch bereits das Nachahmen von Tonhöhen erlernen: Kessen, Levine & Wendrich (1979) haben gezeigt, daß Kleinkinder nach einer Woche Training einen von der Mutter vorgesungenen Ton überzufällig genau treffen. Mit zehn Monaten wird der vorher kontinuierliche Singstrom willentlich gegliedert (Papoušek, 1994). Wenig später lassen sich auch rudimentäre Lieder feststellen. Moog (1968) registrierte bei Kindern im Alter von zwölf Monaten spontan auftretende Lall-Gesänge oder Mitlallen beim Singen der Bezugspersonen.

Die Fähigkeiten zur Unterscheidung von akustischen Ereignissen sind sehr viel früher entwickelt. Bei Untersuchungen einer kleinen Gruppe von ein bis fünf Tage alten Neugeborenen konnten bereits Intervalle bis zu einer kleinen Terz erkannt werden (Bridger, 1961). Mit drei Monaten ist die Frequenzauflösung des Gehörs in den wichtigen Sprachbereichen (500 bis 1000 Hz) nahezu ebenso differenziert wie bei Erwachsenen. Nur hohe Töne (bei 4000 Hz) können die Kleinkinder noch deutlich schlechter auseinanderhalten (Spetner & Olsho, 1990, S. 650).

Ebenfalls mit drei Monaten gelingt die Unterscheidung von Dreiton-Motiven (Demany & Almand, 1984), mit sechs Monaten bereits die Unterscheidung von Sechston-Motiven. Die Veränderung der Kontur (das Auf und Ab) der Melodie scheint für den Wahrnehmungsvorgang eine große Rolle zu spielen.

Beeindruckend sind die Fähigkeiten in der Unterscheidung von Rhythmen: Schon im Alter von zwei Monaten können bereits grobe Unterschiede im Rhythmus erkannt werden (Trehub & Schneider, 1985, S. 190). Im Alter von sieben bis acht Monaten werden dann Verzögerungen eines Tones in einer Melodie von nur 100 Millisekunden wahrgenommen (Trehub, Endman & Thorpe, 1990). Im selben Alter können auch Klangfarben unabhängig von Grundtonhöhe, Lautstärke oder Tondauer erkannt werden (ebenda).

Die Anpassung an die westlich-europäische Dur-Tonalität scheint zwischen dem sechsten und zwölften Monat bereits so weit fortgeschritten zu sein, daß Tonveränderungen in Melodien besser erkannt werden, wenn sie die Tonart verlassen (Trainor & Trehub, 1992), und Akkorde besser wiedererkannt werden, wenn sie in Tonarten gespielt werden, die im Quintenzirkel nahe beieinanderliegen (Trainor & Trehub, 1993; hier Dur-Dreiklänge und übermäßige Dreiklänge). Man kann vermuten, daß physiologische Mechanismen im Gehör die Tonspektren analysieren und im Verlauf der Zeit Intervalle als feste Parameter, als zusammenhängendes System speichern (Terhardt, 1982, S. 33).

Verblüffend – und sicher weiterer Bestätigung bedürftig – sind Experimente, in denen bei sechs Monate alten Kindern eine Sensibilität für die Phrasenstruktur westlich-europäischer Musik nachgewiesen wird. Jusczyk & Krumhansl (1993) zerlegten ein Menuett von Wolfgang Amadeus Mozart in zwei- und viertaktige Phrasenabschnitte und spielten sie viereinhalb Monate alten Kleinkindern in unterschiedlichen Zusammensetzungen vor. Die Originalversion wurde signifikant länger beachtet als die neu hergestellten Versionen.

3. Singen und Tonalitätswahrnehmung

Die frühe Kindheit wird im allgemeinen mit dem Spracherwerb als abgeschlossen angesehen. Der Spracherwerb signalisiert eine neue Stufe der kognitiven Entwicklung, da er die dauerhafte psychische Repräsentation von Wahrnehmungsobjekten voraussetzt: Die Kinder haben erkannt, daß bestimmte Lautfolgen immer wieder auftreten und im Zusammenhang mit einem bestimmten Objekt oder einer Handlung verwendet werden. Bestimmte Repräsentationen bleiben invariant, auch wenn sich die Umweltgegebenheiten geringfügig verändern (vgl. dazu Gibson, 1982, S. 94 ff).

Dies ist nicht nur der Zeitpunkt erster sprachlicher Äußerungen, sondern auch der Zeitpunkt, zu dem Kinder selbständig Melodien oder Melodieabschnitte reproduzieren. Meist beginnen diese ersten Singversuche mit eineinhalb Jahren (Moog, 1967, S. 255 ff). Kurze Phrasen werden gesungen und oft wiederholt (Dowling, 1984) – analog zum Sprechen wird eine Art von Übungswiederholung praktiziert. Prototypisch für diese Zeit ist auch das Improvisieren von Melodien zu bereits gelernten Wörtern oder Texten. Ausgangspunkt der Improvisationen ist dabei die klangliche, lautliche Form des Textes (Moog, 1967, S. 263), also der musikalische Aspekt, oder Mitteilungen und Wünsche (ebenda, S. 311). So werden mit zwei Jahren viele Lautmalereien und Fantasiewörter ausprobiert und erkennbar bekannte Melodien übernommen (Hargreaves, 1986, S. 69). Meist sind die Melodien noch wenig genau gesungen – oft werden nicht zusammengehörige Teile von unterschiedlichen Liedern neu zusammengefügt (Potpourri; s. Dowling, 1984, S. 150 f).

Ab wann die Tonhöhen eines Liedes genau getroffen werden, ist sehr unterschiedlich. In den historischen Studien (nach Shuter, 1968, S. 62 f) variiert die Altersangabe von eineinhalb bis fünf Jahren. Mit zwei Jahren sind die Tonhöhenkonturen bei manchen Kindern so deutlich, daß man Tonarten erkennen und falsch gesungene Töne heraushören kann. Oft führt jedoch ein einzelner falscher Ton dazu, daß die Melodie vollständig verändert weitergesungen wird (Moog, 1967, S. 309). Diese zweite Stufe der Singentwicklung (nach Welch, Sergeant & White, 1996) ist dadurch gekennnzeichnet, daß wesentliche Elemente der Musikkultur wie die allgemeine Kontur und tonartgebundene Phrasen bereits verinnerlicht, also als invariant im Sinne der Entwicklungstheorie gelernt wurden.

Dennoch wird die Verbindung zwischen Melodie und Text noch nicht so genau genommen: Wenn der Text gleich bleibt und die Melodie stark verändert wird, so sind Kinder im Alter zwischen fünf und sechs Jahren im Gegensatz zu Erwachsenen davon überzeugt, daß es sich um dasselbe Lied handelt (Morrongiello & Roes, 1990).

Bei ausreichender Förderung ist mit Schuleintritt (sechs Jahren) zu erwarten, daß Kinder Tonhöhen und Intervalle relativ sauber singen (Stufe 3 nach Welch, Sergeant & White, 1996). Normal ist auch in diesem Alter noch, daß die Kinder mit dem Einatmen in eine neue Tonart wechseln. Im Alter zwischen drei und fünf Jahren wechseln Kinder sogar dreimal und häufiger innerhalb eines einzigen Liedes (im Überblick Bruhn, Oerter & Rösing, 1993, S. 284 ff). Die Tonhöhenkategorien sind in dieser Zeit als Invarianten gelernt, nicht jedoch der absolute, länger andauernde Bezug auf ein tonales Zentrum, einen Grundton.

Dies entwickelt sich erst im Alter von sechs bis sieben Jahren: In diesem Alter werden Abweichungen in einer Melodie besser erkannt, wenn der Zusammenhang tonal ist – die erlernte Invarianz einer Tonalität erleichtert das Erkennen von Veränderungen (Morrongiello & Roes, 1990). Im Alter von vier Jahren spielt der tonale Zusammenhang noch keine Rolle, so daß eher dissonante Akkorde bevorzugt werden (s. Abb. 1).

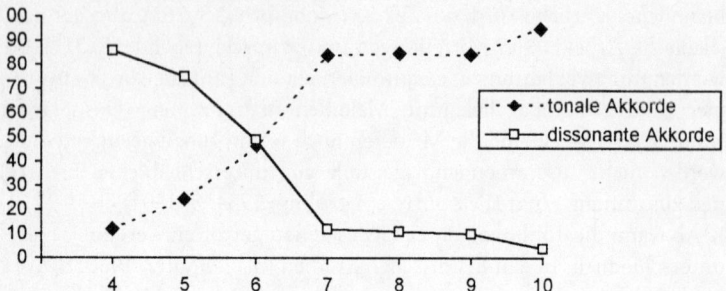

Abb. 1: Während siebenjährige Kinder eindeutig Akkorde bevorzugen, die aus aufein-andergeschichteten Terzen bestehen (gestrichelte Linie), hören Vierjährige besonders gern dissonante Akkorde (durchgezogene Linie; Zenatti, 1976, S. 180; vgl. dazu auch Minkenberg, 1991).

Dies bestätigt sich, wenn Kinder die Begleitung für eine Melodie beurteilen sollen: Im Kindergarten finden es nur 32 Prozent der Kinder besser, daß eine G-Dur-Melodie mit Akkorden von G-Dur statt von F-Dur begleitet wird. Erst in der 3. Schulklasse überwiegt mit 76 Prozent der Anteil der Kinder, die eine harmonische Begleitung bevorzugen (Höchel, 1966).

In der ersten Schulzeit halten Kinder eine Melodie für beendet, wenn sie aufhört – egal auf welchem Ton oder mit welchem Begleitakkord (Imberty, 1981, S. 116). Die Funktion von Dominante und Tonika als Halb- oder Ganzschluß eines Stücks wird mit acht bis zehn Jahren erkannt. Cuddy & Badertscher (1987, S. 616) betonen, wie wichtig die musikalischen Erfahrungen sind: Musik-unerfahrene Collegestudenten zeigen in der Beurteilung von Abschlußakkorden für eine Melodie ein ähnliches Verhalten wie gerade eingeschulte Kinder.

Insgesamt sind Kinder auf die Oberstimme zentriert. Erst wenn sich das Tonalitätsgefühl gefestigt hat, sind sie auch in der Lage, mehrstimmig zu singen (weitere Details zur Tonalitätsentwicklung s. Shuter-Dyson in Bruhn, Oerter & Rösing, 1993, S. 299–304).

4. Störungen der Singentwicklung

Wenn Kinder im frühen Schulalter noch nicht sauber singen können, werden sie als Brummer (engl. monotones oder poor pitch singers) abqualifiziert und oft vom gemeinsamen Singen ausgeschlossen. Bei Jungen treten diese Singprobleme häufiger auf als bei Mädchen: Im Alter von sieben Jahren ist die Relation 27 zu elf Prozent, im Alter von 18 Jahren immer noch sieben bis acht zu zwei Prozent (Bentley, 1968).

Man unterscheidet vier Kategorien von Brummern:

- *Unsauber-Sänger*, die Rhythmus, Tonhöhenkontur, Tonabstände und im allgemeinen auch ein tonales Zentrum als musikalische Invarianten erlernt haben. Sie sind jedoch nicht in der Lage, die Intervalle tatsächlich jedes Mal sauber zu singen.
- *Transponierer*, die die Melodie ziemlich richtig, aber in einer anderen, tieferen Tonart mitsingen. Transponierer haben das tonale Zentrum noch nicht als invariant gelernt.
- *Monotonsänger* brummen die Melodie in der Tiefe, auf Sprechstimmenhöhe, mit sehr geringer oder fehlender Konturmodulation. Sie haben den Rhythmus meist als invariant erkannt, selten jedoch die Konturinvarianzen.
- *Falschsänger* singen gleichzeitig mit den anderen Kindern eine andere Melodie mit falschen Intervallen und falschen Konturen. Sie haben meist das System von Tonhöhenkontur, Intervall und tonalem Zentrum erkannt, wenden es jedoch nicht auf ein erlerntes Lied an oder haben das Lied nicht richtig gelernt.

Üblicherweise wird das Liedrepertoire in der Schule zu hoch gesungen, so daß Kinder mit einer durchschnittlichen Singerfahrung sich aus Befangenheit in eine tiefe Brummlage retten. Unerfahrene Sänger haben selten mehr als eine Oktave Stimmumfang zum Singen zur Verfügung (in der Regel vom a bis zum a'; genaue Angaben bei Shuter-Dyson, 1982, S. 115 ff) und erreichen die Tonhöhen der gedruckten Liedersammlungen meist nicht.

Die Ursachen für eine stimmliche Fehlentwicklung können aus einem Modell zur Verarbeitung akustischer Ereignisse abgeleitet werden (s. Bruhn, 1991): Wenn mit Brummern gesungen werden soll, darf nicht außer acht gelassen werden, daß eine physiologische Schädigung gegeben sein könnte (Ohr, Atem, Stimme). Meist liegen die Probleme jedoch im kognitiven Bereich: Mangelnde Differenzierung und Kategorisierung auf höherer Ebene, ein unausgebildetes Tongedächtnis, soziale Faktoren wie mangelnde Motivation, schlechte Erfahrungen im Elternhaus, falsche Lehrererwartungen können der Grund dafür sein, daß die musikspezifischen Invarianzen nicht erlernt wurden. Intelligenz und Sozialstatus der Eltern sowie emotionale Hemmungen zu singen spielen ebenfalls eine Rolle (empirische Literatur s. im Überblick bei Bruhn, 1991).

In der Schule werden im Singen unerfahrene Kinder selten gefördert, obwohl sogar noch im Erwachsenenalter eine Verbesserung der Singfähigkeiten möglich wäre (Mitchel, 1991). In der Schule erfährt das Kind normative Tendenzen, die die natürliche Neigung zum Singen unterdrücken. Oerter (1995) spricht von einem Einbruch des kreativen Verhaltens und macht den gesellschaftlichen Wandel unserer Zeit dafür verantwortlich: Obwohl Singen als menschliche →Universalie anzusehen ist, wird es durch die hohen Ansprüche an die Qualität der Musik, die einseitige Ausrichtung auf das Musikhören und die Eingrenzung des Singens und Musikmachens auf wenige kulturökologische Nischen behindert.

5. Rhythmus

Musikmachen und Musikhören sind mit Bewegungen verbunden: Bereits eineinhalb Jahre alte Kinder stampfen, wippen und hopsen (durch Krümmen und Strecken der Wirbelsäule) zur Musik und gehen im Kreis oder drehen sich (Moog, 1967, S. 247 f).

Die Bewegungen zu Musik erfolgen bei kleineren Kindern meist spontan. Mit Ende des sechsten Lebensjahrs nimmt das plötzlich ab (Moog, 1978, S. 108 ff). Belaiew-Exemplarsky (1926) schreibt, daß Kinder in diesem Alter zwar den Wunsch äußern, sich zu Musik zu bewegen, das aber dann nicht mehr tun. Die Schulsituation führt zu Hemmungen in der Reaktion auf Musik (s. auch Müller, 1993).

Das differenzierte Nachmachen oder Mitmachen von Rhythmen entwickelt sich vor Beginn der Schulzeit in kleinen Schritten. Langsame Rhythmen erweisen sich als schwierig: Als optimaler Bereich für rhythmisches Klatschen wurde von Christianson (1953) ein relativ schnelles Tempo zwischen 112 und 136 Schlägen pro Minute ermittelt. Das hängt möglicherweise mit der Fallgeschwindigkeit des entspannten Arms zusammen.

Das Mitmachen von Rhythmen ist generell schwerer als das zeitlich verschobene Nachmachen (im Überblick Shuter-Dyson, 1982, S. 60 f und S. 92 f). Große motorische Bewegungen sind schwerer als kleinere: Mit vier Jahren kann ein Kind meist Schläge mit einem Rhythmusstab zu einem Tonband synchronisieren. Das Mitmarschieren im vorgegebenen Rhythmus gelingt aber selbst in kleineren Gruppen von Kindern nicht (im Überblick Shuter-Dyson, 1982, S. 61; Davidson & Colley in Peery, Peery & Draper, 1987, S. 109).

Am einfachsten ist es, wenn ein Kind seinen eigenen Rhythmus finden und durchhalten darf. Hier können selbst komplexe Rhythmen sehr früh realisiert werden (Shuter, 1968, S. 76).

Ein wesentlicher Grund für die langsame Entwicklung rhythmischer Fähigkeiten ist die physiologische Reifung, die ungefähr bis zum sechsten Lebensjahr dauert: Die Anzahl der Nervenbahnen verringert sich, und die Anzahl der Synapsen (Verbindungen zwischen den Nervenbahnen) erhöht sich. Besonders die Verringerung der Nervenbahnen ist von größter Bedeutung. Mit der Geburt sind die Muskeln mit parallelen, zueinander konkurrierenden Nerven versehen. Dies erklärt die ruckhaften, oft ungeschickten Bewegungen von kleinen Kindern: Erst durch den fortwährenden Gebrauch setzen sich die stärksten und funktionell am besten angepaßten Nerven durch – die anderen degenerieren (Singer, 1991, S. 102).

Daß Kinder trotz der motorischen Probleme Fähigkeiten zum Musikmachen entwickeln können, hängt damit zusammen, daß die Bewegungen zielorientiert eingeleitet und ausgeführt werden (Bruhn, Oerter & Rösing, 1993, S. 295 f). Grundsätzlich beinhaltet jede Bewegung, auch die geschickten Bewegungen geübter Musiker, ein Zufallselement in der zeitlichen Ausführung (Clarke, 1985, S. 210). Die Bewegung wird jedoch während der Ausführung kontrolliert, da das Ziel die Anpassung an eine wahrgenommene Umwelt ist (Newell, 1991, S. 225). Wenn ein Ziel (z. B. eine musikalische Intonation) als invariant erkannt worden ist, so werden kognitive und motorische Prozesse ausprobiert und eingeübt, die trotz der Zufallsschwankung in der Ausführung dazu führen, daß das erwünschte Ziel erreicht wird. Eine physiologische Störung in der Ausführung einer kleinen Bewegung wird durch die Reafferenzkontrolle (Illert in Bruhn, Oerter & Rösing, 1993, S. 641 f) auf einer vorbewußten Ebene bereits wieder ausgeglichen, wenn für das Erreichen des Ziels ausreichend differenzierte Prozesse geübt und erlernt wurden.

Je differenzierter die Zielinvarianzen (z.B. Rhythmuspräzision) gelernt wurden, desto genauer wird das motorische Zielverhalten geübt: Dabei hat das Vormachen von Bewegungen nachweislich einen geringen Lerneffekt (Newell, 1991, S. 226). Das Kind muß das Bewegungsziel (z.B. saubere Geigenintonation) als Erfordernis einer Situation ansehen (affordance im Sinne von Gibson, 1982, S. 137 ff). Erst durch den gemeinsamen Bezug auf ein angesteuertes Ziel ist die Rückmeldung über eine motorische Leistung durch das Vormachen von Bewegungen sinnvoll (Imitationslernen: Bandura, 1986).

Wie eng die Wahrnehmung von Rhythmen mit der Ausführung von Rhythmen in Beziehung steht, zeigt sich aus einer unveröffentlichten Arbeit von Moog (1978, zit. nach Abel-Struth & Groeben, 1979, S. 79): Bewegungseinschränkungen seit frühester Kindheit stehen in enger Beziehung zu einer reduzierten Wahrnehmungsfähigkeit für Rhythmen. Dieses Ergebnis ist unabhängig vom Intelligenzgrad der behinderten Kinder.

Das Niveau der kognitiven Repräsentation von wahrgenommenen Rhythmen läßt sich aus Kinderzeichnungen ableiten: Läßt man Kinder vorgespielte Rhythmen in einer selbsterfundenen Notation aufzeichnen, so erkennt man, welche Aspekte des Rhythmus die Kinder bereits als invariant erkannt haben (Abb. 2).

Zunächst zeichnen die Kinder nur abstrakte Figuren oder die Hände, die den Rhythmus machen. Dann erkennen sie die Zahl der Schallereignisse (präfigural), gruppieren sie (figural) und geben schließlich die zeitliche Ordnung an (metrisch). Die figurale Ebene wird zwischen dem 6. und 8. Lebensjahr erreicht. Sie bleibt lange die herausragende Form der Darstellung (Upitis in Peery, Peery & Draper, 1987, S. 57 f). Das bedeutet jedoch nicht, daß die Kinder keine metrische Vorstellung haben (Smith, Cuddy & Upitis, 1994). Die Repräsentationen sind aber implizit und noch nicht verbalisierbar.

6. Zusammenfassung

Zusammenfassend kann man sagen, daß sich die Differenzierungsfähigkeiten für musikalische (bzw. allgemeiner: akustische) Ereignisse sehr früh entwickeln. Das hängt sicher mit der Entwicklung der Sprache zusammen, die komplexe Verarbeitungsstrategien erfordert. Die Musik-

Abb. 2: Entwicklungsstufen der Repräsentation von Rhythmen, aus Kinderbildern abgeleitet (Peery, Peery & Draper, 1987, S. 54 ff und 80 ff)

kultur, in der die Kinder aufwachsen, spielt eine wesentliche Rolle. Kulturabhängige Schemata der Melodiestruktur erleichtern die Wahrnehmung von Musik (Indien: Castellano, Bharucha & Krumhansl, 1984; Japan: Ogawa, Kimura & Mito, 1996). Die Funktion, die die Musik in der sozialen Gemeinschaft einnimmt, bestimmt die musikalischen Fähigkeiten der Individuen. In westlich-europäischen Musikkulturen wird die Entwicklung oft durch die hohe Arbeitsteilung verhindert: Musikmachen ist im allgemeinen an Berufsmusiker delegiert. Die übliche Beschäftigung mit Musik ist hier deshalb das passive Musikhören.

Literatur

Abel-Struth, S. & Groeben, U. (1979). *Musikalische Hörfähigkeiten des Kindes.* Mainz: Schott.

Bandura, A. (1986). *Social foundations of thought and action.* Englewood Cliffs, NJ: Prentice-Hall.

Belaiew-Exemplarsky, S. (1926). Das musikalische Empfinden im Vorschulalter. *Zeitschrift für angewandte Psychologie, 27,* 177–216.

Bentley, A. (1968). *Monotones* (Music education research papers, no. 1). London: Novello.

Bridger, W. H. (1961). Sensory habituation and discrimination in the human neonate. *American Journal of Psychiatry, 117,* 991–996.

Bruhn, H. (1991). «Hör auf zu singen – Du bist ja ein Brummer!». In Kraemer, R. D. (Hg.), *Musikpädagogik. Unterricht – Forschung – Ausbildung* (S. 49–63). Mainz: Schott.

Bruhn, H. (1994). *Wahrnehmung von Musik. Eine Allgemeine Musiklehre aus der Sicht von Psychologie und Musikgeschichte.* Kiel: Christian-Albrechts-Universität.

Bruhn, H., Oerter, R. & Rösing, H. (Hg.) (1993). *Musikpsychologie. Ein Handbuch.* Reinbek: Rowohlt (3. Aufl. 1997).

Castellano, M. A., Bharucha, J. J. & Krumhansl, C. L. (1984). Tonal hierarchies in the music of North India. *Journal of Experimental Psychology: General, 113,* 394–412.

Christianson, H. (1953). *Bodily rhythmic movements of young children in relation to rhythm in music* (2. Aufl.). New York: Bureau of Publications, Teachers College, Columbia University.

Clarke, E. (1985). Structure and expression in rhythmic performance. In Howell, P., Cross, I. & West, R. (Hg.), *Musical structure and cognition* (S. 209–236). London: Academic Press.

Cuddy, L. L. & Badertscher, B. (1987). Recovery of the tonal hierarchy: Some comparisons across age and levels of musical experience. *Perception & Psychophysics, 41,* 609–620.

Demany, L. & Armand, F. (1984). The perceptual reality of tone chroma in early infancy. *Journal of the Acoustical Society of America, 76,* 57–66.

Dowling, W. J. (1984). Development of musical schemata in children's spontaneous singing. In Crozier, W. R. & Chapman, A. J. (Hg.), *Cognitive processes in the perception of art* (S. 145–221). North-Holland: Elsevier.

Fox, D. B. (1990). An analysis of the pitch characteristics of infant vocalizations. *Psychomusicology. Special Issue: Music Child Development, 9* (1), 21–30.

Gibson, J. J. (1982). *Wahrnehmung und Umwelt.* München: Urban & Schwarzenberg (Orig. 1979).

Hargreaves, D. J. (1986). *The developmental psychology of music.* Cambridge: Cambridge University Press.

Höchel, L. (1966). Untersuchungen über die harmonische Hörfähigkeit des Kindes in den ersten drei Schuljahren. *Wissenschaftliche Zeitschrift der Hum-*

boldt-Universität. Gesellschafts- und sprachwissenschaftliche Reihe, 15 (3), 351–354.

Imberty, M. (1981). Tonal acculturation and perceptual structuring of musical time in children. In Royal Swedish Academy of Music (Hg.), *Basic musical functions and musical ability (publ. no. 32,* S. 107–130). Stockholm: Royal Swedish Academy of Music.

Jusczyk, P. W. & Krumhansl, C. L. (1993). Pitch and rhythmic patterns affecting infants' sensitivity to musical phrase structure. *Journal of Experimental Psychology: Human Perception and Performance, 19* (3), 627–640.

Kessen, W., Levine, J. & Wendrich, K. A. (1979). The imitation of pitch in infants. *Infant Behavior & Development, 2,* 93–99.

Kurth, E. (1931). *Musikpsychologie.* Berlin: Hesse.

Michel, P. (1968). *Psychologische Grundlagen der Musikerziehung* (Handbuch der Musikerziehung). Leizig: VEB Breitkopf & Härtel.

Minkenberg, H. (1991). *Das Musikerleben von Kindern im Alter von fünf bis zehn Jahren. Eine Längsschnittuntersuchung als Basis für die Erforschung von abweichender Musikrezeption.* Frankfurt / M.: Lang.

Mitchel, P. A. (1991). Research note. Adult non-singers: The beginning stages of learning to sing. *Psychology of Music, 19,* 74–76.

Moog, H. (1967). *Beginn und erste Entwicklung des Musikerlebens im Kindesalter.* Ratingen: Henn.

Moog, H. (1968). *Das Musikerleben des vorschulpflichtigen Kindes.* Mainz: Schott.

Moog, H. (1978). Transfereffekte des Musizierens auf sprachliche Leistungen, Lesen und Rechtschreiben, ausgewiesen bei Sprach- und Lernbehinderten. *Musik und Bildung, 10,* 385–391.

Morrongiello, B. A. & Roes, C. L. (1990). Children's memory for new songs: Integration or independent storage of words and tunes? *Journal of Experimental Child Psychology, 50,* 25–38.

Müller, R. (1993). Tanzen als soziales Lernen im Musikunterricht. *Grundschule, 9,* 14–16.

Newell, K. M. (1991). Motor skill acquisition. *Annual Review of Psychology, 42,* 213–237.

Oerter, R. (1995). Warum hören Kinder auf zu singen? Folgen einer einseitigen Enkulturation. *European String Teachers Association ESTA Nachrichten, 34,* 22–46.

Ogawa, Y., Kimura, T. & Mito, H. (1996). Modification of musical schema for japanese melody: A study of comprehensible and memorable melody. *Council for Research in Music Education, Bulletin No. 127,* 136–141.

Papoušek, H. (1985). *Biologische Wurzeln der ersten Kommunikation im menschlichen Leben.* Herrenalb: Tron, S. 33–47.

Papoušek, M. (1994). *Vom Schrei zum ersten Wort.* Bern: Huber.

Papoušek, M. & Papoušek, H. (1991). The meaning of melodies in motherese in tone and stress language. *Infant Behavior and Development, 14,* 415–440.

Peery, J. C., Peery, I. W. & Draper, T. W. (Hg.) (1987). *Music and child development*. Heidelberg: Springer.

Reinert, G. (1982). Grundzüge einer Geschichte der Human-Entwicklungspsychologie. In Balmer, K. (Hg.), *Entwicklungslinien zur wissenschaftlichen Psychologie* (Psychologie des 20. Jahrhunderts, Bd. 2) (S. 178–212). Weinheim: Beltz.

Serafine, M. L. (1986). Music. In Dillon, R. F. & Sternberg, R. J. (Hg.), *Cognition and Instruction* (S. 299–341). New York: Academic Press.

Shute, H. B. (1987). Vocal pitch in motherese. *Educational Psychology, 7* (3), 187–205.

Shuter, R. (1968). *The psychology of musical ability*. London: Methuen.

Shuter-Dyson, R. (1982). *Psychologie musikalischen Verhaltens*. Mainz: Schott.

Singer, W. (1991). Die Entwicklung kognitiver Strukturen – ein selbstreferentieller Lernprozeß. In Schmidt, S. J. (Hg.), *Gedächtnis. Probleme und Perspektiven der interdisziplinären Gedächtnisforschung* (S. 96–126). Frankfurt / M.: Suhrkamp.

Smith, K. C., Cuddy, L. L. & Upitis, R. (1994). Figural and metric understanding of rhythm. *Psychology of Music, 22*, 117–135.

Spetner, N. B. & Olsho, L. W. (1990). Auditory frequency resolution. *Child Development, 61*, 632–652.

Standley, J. M. & Madsen, C. K. (1990). Comparison of infant preferences and responses to auditory stimuli: Music, mother, and other female voices. *Journal of Music Therapy, 27,* (2), 54–97.

Sullivan, J. W. & Horowitz, F. D. (1983). The effect of intonation on infant attention: The role of the rising intonation contour. *Child Language, 10*, 521–534.

Terhardt, E. (1982). Die psychoakustischen Grundlagen der musikalischen Akkordgrundtöne und deren algorithmische Bestimmung. In Dahlhaus, C. & Krause, M. (Hg.), *Tiefenstruktur der Musik. Festschrift für Fritz Winckel* (S. 23–50). Berlin: Technische Universität.

Trainor, L. J. & Trehub, S. E. (1992). A comparison of infants' and adults' sensitivity to western musical structure. *Journal of Experimental Psychology: Human Perception and Performance, 18* (2), 394–402.

Trainor, L. J. & Trehub, S. E. (1993). Musical context effects in infants and adults: Key distance. *Journal of Experimental Psychology: Human Perception and Performance, 19* (3), 615–626.

Trehub, S. E., Endman, M. W. & Thorpe, L. A. (1990). Infant's perception of timbre: Classification of complex tone by spectral structure. *Journal of Experimental Child Psychology, 49*, 300–313.

Trehub, S. E. & Schneider, B. (Hg.) (1985). *Auditory development in infancy*. New York: Plenum.

Trehub, S. E. & Trainor, L. J. (1992). Rules of listening in infancy. In Ears, G. (Hg.), *The development of attention: Research and theory* (S. 87–119). Amsterdam: Elsevier.

Trehub, S. E. & Unyk, A. M. (1991). Music prototypes in developmental perspective. *Psychomusicology, 10,* 73–87.

Trehub, S. E., Unyk, A. M. & Trainor, L. J. (1993). Maternal singing in cross-cultural perspective. *Infant Behavior and Development, 16,* 285–295.

Unyk, A. M., Trehub, S. E., Trainor, L. J. & Schellenberg, E. G. (1992). Lullabies and simplicity: A cross-cultural perspective. *Psychology of Music, 20,* 15–28.

Welch, G. F., Sergeant, D. C. & White, P. J. (1996). The singing competencies of five-year-old developing singers. *Council for Research in Music Education, Bulletin No. 127,* 155–162.

Werner, H. (1917). *Die melodische Erfindung im frühen Kindesalter.* Wien: o.V.

Wilkin, P. E. (1996). A comparison of fetal and newborn responses to music and sound stimuli with and without daily exposure to a specific piece of music. *Council for Research in Music Education, Bulletin No. 127,* 163–169.

Zenatti, A. (1976). Influence des quelques variables socio-culturelles sur le developpement musical de l'enfant. *Psychologie Française, 21,* (3), 185–190.

Rolf Oerter und Herbert Bruhn
Musizieren

1. Anthropologische Grundlagen

Musizieren kann als ebenso grundlegend für die Kennzeichnung des Menschen angesehen werden wie die Sprache (→ Universalien der Musik). Der Vergleich von musikalischem Gestalten mit der Sprache ist aus dreierlei Gründen gerechtfertigt:

- Musik ist an Regeln gebunden, die kulturell festgelegt sind und vom Musizierenden entweder bereits beherrscht oder im Laufe der Entwicklung sukzessive übernommen werden.
- Musik ist wie Sprechen eine Folge von akustischen Ereignissen, denen eine kulturell mehr oder minder stark determinierte Bedeutung zukommt.
- Musik ist wie Sprache ein Kommunikationsmittel. Daher dient Musizieren der Herstellung eines gemeinsamen Gruppenerlebens und Wir-Gefühls.

Allerdings ist das, was man als Musik bezeichnet, recht verschieden in den unterschiedlichen Kulturen. So gibt es bewegungsorientierte Spielmuster, die in der betreffenden Kultur wichtiger als die bei uns üblichen Hörmuster sind (Brandl in Bruhn, Oerter & Rösing, 1993, S. 599 ff). In anderen Kulturen folgen Melodien streng dem Sprachduktus, da die Bedeutung von Aussagen von den Tonhöhen abhängig ist (→ Ferner Osten am Beispiel Chinas). Manchmal wird selbst reine Instrumentalmusik als Sprache verstanden, wenn Duktus und Rhythmus mit einem Sprechtext übereinstimmen (→ Schwarzafrika). Struktur, Ausdrucksgehalt und Funktion von Musik können letztlich nur verstanden werden, wenn man lernt, in den Konzepten der betreffenden Kultur wahrzunehmen und zu denken. So ist die westlich-europäische Kunstmusik eine herausgelöste (dekontextualisierte) Form des Handelns, während Musik in afrikanischen Kulturen den Bestandteil eines ganzheitlichen Erlebnis- und Handlungszusammenhangs darstellt (Kubik, 1977; → Vergleichende Musikpädagogik).

Weitere Belege für eine kulturanthropologische Begründung der Mu-

sik finden sich in der individuellen → Entwicklung grundlegender Fähigkeiten: Kinder verstehen Musik nicht nur frühzeitig, sondern stellen
auch selbst Musik her. Dies deutet darauf hin, daß Musizieren und Musikhören sich als genetisches Programm entfalten, also zu den biologischen Grundanlagen gehören. Bereits von Anfang an läßt sich das
Organon-Modell für Sprache von Bühler (1934) auf das Musizieren anwenden: Der Säugling und das Kleinkind drücken durch Singen bzw.
musikalische Lautproduktion Befindlichkeiten aus (Ausdrucksfunktion),
wollen eine Reaktion bei der Bezugsperson erreichen (z. B. Aufmerksamkeit erregen; Appellfunktion) und stellen – auch wenn sie es noch nicht
beabsichtigen – bereits musikalische Strukturen her, die durch Schemata
einfachster Art, aber auch durch das Prinzip der Wiederholung und Variation Aspekte der objektiven Struktur von Musik abbilden (Darstel-
lungsfunktion). Musikmachen bzw. seine biologisch geprägte Grundlage
ist vermutlich phylogenetisch älter und somit weniger «präzise» und semantisch festgelegt als Sprache (vgl. dazu auch Suppan, 1984).

Die biologische und anthropologische Basis musikalischen Aus-
drucksverhaltens muß deshalb besonders hervorgehoben werden, weil es
in unserer Kultur mit fortlaufender Entwicklung sukzessive zugunsten
des bloßen Hörens und Rezipierens von Musik in den Hintergrund tritt.
Dies ist also keineswegs ein «natürliches» Phänomen, sondern eine auf-
fällige Erscheinung. Nur vor diesem Hintergrund kann die Entwicklung
des Musizierens in westlich-europäischen Ländern richtig verstanden
werden.

2. Enkulturation und Sozialisation

Enkulturation ist der Prozeß, durch den das Individuum Mitglied der
Kultur wird. Nach Herskovits (1948) ist Kultur der vom Menschen gemachte Anteil der Umwelt. Für die → Musikkultur sind neben den erlernten Bedeutungen und den von einer Gesellschaft getragenen Verhal-
tensmustern und Wertüberzeugungen auch objektivierte Gegenstände
wie Musikinstrumente, Gebäude oder Tonträger von Bedeutung (Camillieri, 1985). Rienäcker (1984) prägte dafür den Begriff der Musikverhältnisse (→ Epochendefinitionen und Geschichtsschreibung). *Enkulturation* bedeutet somit den Aufbau von Fähigkeiten, die das Individuum in
die Lage versetzen, (a) auf der Basis des tonalen Systems bzw. der tonalen

Systeme, die die Kultur bereithält, Musik zu produzieren und (b) gegebenenfalls vor dem Hintergrund bisherigen Wissens und Könnens die vorhandenen tonalen Systeme zu erweitern oder durch neue Systeme zu ergänzen.

Sozialisation ist demgegenüber der eher bewußte Prozeß der Einflußnahme auf die nachfolgende Generation mit dem Ziel, ein erwünschtes Repertoire an Werten und Verhaltensweisen aufzubauen. Im Bereich des Musizierens sind solche erwünschten Verhaltensweisen, z. B. die, Singen zu lernen, ein Instrument zu spielen oder in einem Chor bzw. Orchester mitzuwirken (→ Musikalische Lebenswelten; vgl. auch Rösing, 1997).

Für das Verständnis des Hineinwachsens in die Kultur ist der kulturhistorische Ansatz besonders wertvoll (Wygotski, 1987): Das Individuum eignet sich als aktiver Gestalter seiner Entwicklung in der sozialen Interaktion die kulturellen Inhalte seiner Gesellschaft an, indem es sie nachkonstruiert (→ Musikkultur). Alle höheren Funktionen treten dabei zweimal in Szene, einmal als kollektive, soziale Tätigkeit (interpsychische Funktion), das zweite Mal als individuelle Tätigkeit, als intrapsychische Funktion. Musizieren stellt zunächst eine kollektive Tätigkeit dar (gemeinsames Musizieren), die dann in immer differenzierterer Form vom Individuum allein ausgeübt werden kann.

Der Übergang von der interpsychischen zur intrapsychischen Tätigkeit ereignet sich aber nicht nur einmal in der Entwicklung, sondern immer wieder: beispielsweise im ersten Lebensjahr in der vorsprachlichen Kommunikation zwischen Bezugsperson und Kind, bei der die sprachliche Prosodie (das Sprachmelos) vollkommen im Vordergrund steht; dann als gemeinsames Singen oder als Wechselsingen, bei dem das Kind imitatorisch Figuren übernimmt und die Bezugsperson ihrerseits Melodiekonturen des Kindes imitiert; später als Instrumentallernen, bei dem die Rolle der Lehrperson von ausschlaggebender Bedeutung ist. Musikalisches Handeln beginnt als interaktive Tätigkeit und muß immer wieder neu eingeleitet werden.

Für die Entwicklung des Musizierens ist schließlich ein weiterer Begriff des theoretischen Ansatzes von Wygotski (1978) wichtig, die Zone nächster Entwicklung (→ Entwicklung grundlegender Fähigkeiten). Lernen kann nicht beliebig eingeleitet werden, sondern muß oberhalb des aktuellen Entwicklungsniveaus auf der Ebene ansetzen, auf der das Individuum eine musikalische Aufgabe mit Hilfe der sozialen Partner gerade bewältigen kann. Dies beinhaltet keineswegs ein didaktisch-systematisches Vorgehen. Im Vorschulalter beispielsweise lernen Kinder ohnedies eher beiläufig (inzidentelles Lernen, s. Oerter, 1997) und greifen aus der zum Teil komplexen Interaktion das heraus, was ihrem Verständnis und Können entspricht.

Musikalische Enkulturation kann daher zu erstaunlichen Ergebnissen führen. In der Ansang-Kultur (Nigeria) können fünfjährige Kinder komplizierte Rhythmen trommeln und verfügen über ein Repertoire von Hunderten von Liedern, die sie bereits richtig singen (nach Rogers, 1990). In unserer Kultur treffen wir vereinzelt auf ein hohes Können bei Kindern unter sechs bzw. unter zehn Jahren. So ist es durchaus möglich, daß drei- bis vierjährige Kinder die Anfänge von komplizierten Kunstliedern richtig singen. Bei systematischem Instrumentalunterricht können Kinder unter zehn Jahren schon virtuose Fertigkeiten erwerben. Durch Musizieren entsteht darüber hinaus gesellschaftliches Wissen (Eagle in Hodges, 1996, S. 1–28): Wissen über das Miteinander, wie es über Wiegenlieder, religiöse Musik, populäre und kommerzielle Musik, Volksmusik und Kunstmusik vermittelt wird. Durch Musizieren lernt man gewissermaßen etwas vom «Alphabet der Gesellschaft» (Hodges, 1996, S. 39).

Mit Rogoff (1991) und Resnick (1987) läßt sich der Enkulturationsprozeß auch als «guided participation», als geleitete Teilhabe kennzeichnen. Das Kind wird durch die Führung von Experten in die kulturelle Gemeinschaft eingeführt und entwickelt sich allmählich und schrittweise zum Vollmitglied dieser Expertengemeinschaft. Beim aktiven Musizieren gilt dies natürlich analog: Das musizierende Kind, das sukzessive ein höheres Können erwirbt, wird Mitglied der Expertengemeinschaft der Musiker. Je höher es in seinen Fähigkeiten gelangt, desto mehr wird es ein gleichberechtigtes Mitglied bzw. sogar ein führendes Mitglied dieser Gruppe.

3. Vorschulalter

Die Entwicklung des Musizierens in der westlich-abendländischen Kultur wird stark durch Vorurteile bezüglich der musikalischen Begabung geprägt. In einer Untersuchung von Graml & Reckziegel (1982) äußerten 70 Prozent einer befragten Elterngruppe, daß sie durchschnittlich musikalisch seien. Aber weniger als 10 Prozent spielten regelmäßig ein Musikinstrument. Im Gegensatz zum Verständnis für Musik (Musik hören, Musik rezipieren) wird gewöhnlich angenommen, daß aktives Musizieren eine Sache von besonderer musikalischer Begabung sei, die nicht alle Menschen besitzen.

Tatsächlich aber finden wir im Vorschulalter aktives Musizieren bei praktisch allen Kindern im Singen und singenden Improvisieren, in rhythmischen Produktionen (Schlagen auf klingende Gegenstände wie Töpfe, Glockenspiele, Xylophone) und in Bewegungsäußerungen wie dem Tanzen zur Musik. Vor Schuleintritt ist Musizieren weitgehend ein Element kindlichen Spiels. Während spontanes Tanzen fast ausschließlich durch rhythmisch und melodisch leicht eingängige Musik ausgelöst wird und rhythmisches Schlagen regelkreisartig als sekundäre oder tertiäre Kreisreaktion (Baldwin, 1909; Piaget, 1936) abläuft, hat Singen, vor allem improvisatorisches Singen, eine Vielfalt von Funktionen in der Spielhandlung. Fast immer tritt es beiläufig, handlungsbegleitend auf und steht nicht selbst im Mittelpunkt der Aufmerksamkeit. So findet man handlungsbegleitendes Singen und Improvisieren, das dem Inhalt nach nichts mit der Spielhandlung zu tun hat, ebenso wie handlungsbegleitendes Singen, das die Handlung kommentiert, und singend geäußerte Wünsche, die während der Spielhandlung auftreten (Moog, 1967).

Gesangsimprovisationen in Spielhandlungen und Arbeitshandlungen bilden unter dem Aspekt des Tätigkeitsbegriffs von Leontjew (1982) eine sinnstiftende Ebene menschlichen Handelns. Das Spiel ist keineswegs nur eine lustgewinnende Handlung. Im Erwachsenenalter erleichtert Singen und Musizieren die Arbeitshandlungen. Bei Kindern dient das Singen dem Aufbau und der Unterstützung von Spielhandlungen und somit der damit verbundenen Lebensbewältigung (vgl. Oerter, 1993). So thematisiert ein fünfjähriger Junge in seinen Gesangsimprovisationen eine ambivalente Gefühlshaltung gegenüber Schlangen und Geisterbahnen, die, im Lied vereint, eine Anhäufung des Horrors bedeuten; zugleich aber wird durch die Gesangsproduktion sichergestellt, daß kein Unheil geschieht (weitere Beispiele s. Oerter & Aufschläger, 1998).

Auf der Handlungsebene selbst ist improvisatorisches Singen Funktionsspiel, Konstruktionsspiel und Regelspiele in einem. Als Funktionsspiel (sensumotorisches Spiel) vermittelt es analoge Erfahrungen wie Bewegungsspiele, vor allem die zirkuläre Wechselwirkung von selbstproduzierten Stimuli und gesangsmotorischen Impulsen. Mit dem Konstruktionsspiel teilt improvisatorisches Singen die Gestaltungstendenz, hier als die Formung akustischer Ereignisse in eine strukturierte zeitliche Sequenz. Wie aus der Gedächtnispsychologie zu erwarten ist, werden Melodie-Versatzstücke aneinandergereiht (Hargreaves, 1986, Oerter & Aufschläger, 1998) – der Rückgriff auf Coda-Elemente bei zwei-(A-B-A-C-) oder dreiteiligen Formen (A-B-A), wie sie Davidson, McKernon und Gardner (1981) oder Dowling (1984) gefunden haben, stellt wesentlich höhere Anforderungen an den Arbeitsspeicher als das Aufgreifen neuer Melodien. Sie treten deshalb im Alter zwischen drei und sechs Jahren eher selten auf.

Die Tätigkeitsebene des Musizierens sowie seine Bedeutung für den Enkulturationsprozeß zeigt sich auch in der Beziehung von Kinderliedern, Kindertänzen und Kinderspielen zur Erwachsenenwelt (Tab. 1). Die Bedeutung der Lied- und Tanztypen zu Schadenfreude und zu Partnerwahl sind bereits in älteren Arbeiten dokumentiert (z.B. vor 100 Jahren bei F. W. Böhme). Heutzutage scheint den Kindern die ironische Nachahmung am wichtigsten zu sein (Segler, 1992, S. 103). Dies könnte als eine dem Witz vergleichbare Verarbeitungsform gegenüber der Übermacht der Erwachsenen und der erlebten Machtlosigkeit des Kindes interpretiert werden (Oerter, 1993).

	Tanz- und Liedtypus	Anzahl	Prozent
1	ironische Nachahmung	489	35,3 %
2	Schadenfreude	416	30,0 %
3	Partnerwahl	307	22,1 %
4	Zufall	105	7,6 %
5	Geburt – Tod	36	2,6 %
6	Werbung um andere, Streit	34	2,4 %
	untersuchte Beispiele	1387	100,0 %

Tab. 1: Segler (1992, S. 301) untersuchte 1387 Kinderlieder und -tänze und fand sechs Typen, die in Europa über die Nationalitätengrenzen hinweg konstant blieben.

Schließlich ist improvisatorisches Singen auch Regelspiel, wobei von der eigentlichen Form des Regelspiels erst dann gesprochen werden kann, wenn Kinder musikalische Regeln so einhalten, daß ein Zusammenspiel möglich ist. Andererseits sind Regeln bereits wirksam, sobald sich die ersten musikalischen Äußerungen zu strukturieren beginnen.

Die spontane musikalische Aktivität bricht gewöhnlich im Grundschulalter ab, ein Phänomen, daß in anderen traditionellen, insbesondere schriftlosen Kulturen nicht auftritt. Fortan bleibt aktives Musizieren nur den Kindern vorbehalten, die ein Instrument lernen (vgl. Oerter, 1995).

4. Entwicklung des Instrumentallernens

Nach Untersuchungen von Sloboda und Howe (1991) werden Kinder zum Instrumentalunterricht gebracht, weil sie es selbst wünschen (etwa $1/3$), weil die Eltern es wünschen, um die Bildung des Kindes zu erweitern (ebenfalls $1/3$), oder weil beide Seiten es wünschen. Das Engagement beim Musiklernen läßt sich aus den Erkenntnissen der Forschung zur Leistungsmotivation erklären: Es wird von der Erfolgserwartung und dem subjektiven Wert der Aufgabe bestimmt (Erwartungs- mal Wert-Modell; Heckhausen, 1980). Der Erfolg wird von hochmotivierten Musikstudenten eher der Anstrengung und von weniger motivierten eher der Begabung zugeschrieben. Außerdem gibt es eine positive Beziehung zwischen Einstellungen, Selbstachtung und der musikalischen Erfahrung in der Schule. Die gemeinschaftlichen musikalischen Aktivitäten verbessern das Schulklima (im Überblick Thomas, 1992; zum Schulklima auch Hortien, 1995). Nach Brand (1986) haben die folgenden Faktoren der Familiensituation den größten Einfluß auf die Motivation zum Musizieren:

– Die Eltern singen zusammen mit dem Kind;
– sie helfen dem Kind, Lieder zu lernen;
– sie geben dem Kind Kinderschallplatten und Spielsachen, mit denen man Musik machen kann;
– sie machen zusammen mit dem Kind Musik.

Kinder, die vom Elternhaus keine Unterstützung für das Musizieren erhalten, brechen den Unterricht trotz Unterstützung seitens der Schule früher ab als die anderen (Freeman, zit. nach Shuter-Dyson, 1982). Darüber hinaus besteht ein deutlicher Zusammenhang zwischen der musikalischen Leistung des Kindes, dem sozioökonomischen Status der Familie und dem Intelligenzquotienten des Kindes (Sergeant & Thatcher, zit. nach Shuter-Dyson, 1982). Außerdem spielt das Anspruchsniveau eine große Rolle: So erreichten japanische Kinder ein deutlich höheres Leistungsniveau als amerikanische Kinder, obwohl die amerikanischen

Mütter im Klavierunterricht viel fordernder als die Japanerinnen waren und sich sehr für den Unterricht ihrer Kinder engagierten. Power (1990) erklärt dies damit, daß sich amerikanische Mütter früher als die japanischen Mütter mit einem mäßigen Leistungsstand zufriedengeben.

Die Einstellung des Vaters zur Musik hat einen besonders großen Einfluß auf die musikalische Entwicklung der Kinder (zu vier- bis sechsjährigen s. Doxey & Wright, 1990; vgl. auch Vogl, 1993). Seine Ermutigungen und seine Einstellung zur Musik beeinflussen das Kind deutlich, obwohl es meist die Mutter ist, die die musikalische Umgebung prägt (d. h. das Kind zum Instrumentalunterricht bringt und das Üben überwacht; vgl. Bastian, 1991). Nach Zdsinske (1996, S. 42) wächst der Einfluß der Eltern auf Motivation und Einstellung zum aktiven Musizieren mit dem Alter an. Der Einfluß besteht in späteren Jahren typischerweise aus aufmerksamem, interessiertem Zuhören (Davidson u. a., 1996). Ein negativer Einfluß des Elternhauses auf den Instrumentalunterricht und die musikalische Entwicklung kann nach Phillips (1976) durch Schule und Lehrer nicht ausgeglichen werden.

Während immerhin noch eine beträchtliche Anzahl von Kindern ein Musikinstrument erlernt, bleiben nur wenige beim Instrument. Die meisten geben es im Jugendalter gänzlich auf (ca. 60 % nach den Zahlen des Verbandes der Musikschulen VDM). Zweifellos besteht hier ein Zusammenhang mit der psychischen Entwicklung: Jugendliche erkennen die Diskrepanz zwischen ihren Fähigkeiten und den objektiven Anforderungen der Musikkultur. Das Ziel, Musik zu machen, wird zunehmend als mühevoll und schwierig angesehen (vgl. Bruhn, 1997). Dies drückt sich bereits in Kinderzeichnungen aus (Kleinen & Schmitt, 1991). Die Kinder zeichnen sich oft sehr weit entfernt vom Musikinstrument und drücken damit wohl aus, daß Musizieren für sie nur schwer erreichbar ist. Manchmal sind sie auf den Bildern sehr klein gegenüber dem Musikinstrument – die Kinder teilen vermutlich mit, wie schwer es ihnen fällt, ein Musikinstrument zu beherrschen. Andererseits zeigt sich in den zeichnerischen Darstellungen, daß Musik eine Möglichkeit ist, soziale Anerkennung zu gewinnen, denn die Kinder malen sich aus, wie sie auf einer Bühne stehen und musizieren oder singen.

In diesem Zusammenhang muß auch auf die Schichtspezifität bzw. den subkulturellen Einfluß bezüglich der Wahl des Instruments eingegangen werden. Die gesellschaftliche Struktur in einer Subpopulation (Klasse, Schicht) führt zu bestimmten Haltungen und Werteinstellun-

gen (Habitus, s. Bourdieu, 1982; vgl. Bontinck in Bruhn, Oerter & Rösing, 1993, S. 86 ff) und diese wiederum zur Praxis der Reproduktion.
Der Habitus in der Musik, also die Wahrnehmung und Präferenz musikalischer Strukturen, legt auch die Präferenz bestimmter Instrumente
nahe, so daß im einen Fall Instrumente der klassischen Musik wie Geige,
Klavier, Flöte oder Holzblasinstrumente, im anderen Fall eher Schiffer-
klavier oder Ziehharmonika, Okarina und neuerdings elektronische
Tasteninstrumente gewählt werden. Schließlich gibt es auch lokale Musikkulturen wie die bayerische Volksmusik, die die Wahl der typischen
Instrumente Gitarre, Zither, Hackbrett usw. nahelegt (→ Musikalische
Lebenswelten).

5. Musizieren im Erwachsenenalter und Alter

Nach Abschluß der Ausbildung hören viele Erwachsene auf zu musizieren, da sie sich Familie und Berufsleben widmen müssen. Frauen finden
zur Musik oft dann zurück, wenn entweder ihre Kinder anfangen, Musik
zu machen, oder ihre Kinder so selbständig werden, daß Freizeit entsteht, die dem früheren Hobby gewidmet werden kann. Dies ergibt sich
auch aus der Altersverteilung von Chören (Abb. 1).

Männer finden im allgemeinen später den Weg in Chöre. Dies hängt
möglicherweise damit zusammen, daß erst Anfang der Vierziger deutlich wird, ob die Berufskarriere einen weiteren Aufstieg zuläßt oder ob
man den Höhepunkt seiner Laufbahn erreicht hat.

Die Wiederaufnahme des Musizierens an einem Instrument oder gar
das Neuerlernen eines Instruments ist eher selten. Erwachsene beginnen
mit dem Unterricht, weil sie den Reiz eines neuen Tätigkeitsfeldes ver-
spüren (Adler, 1995, S. 350). Nach kurzer Zeit wird ihnen aber klar, daß
sie nicht in absehbarer Lernzeit die objektiven Maßstäbe der Musikkultur erfüllen können, und geben den Unterricht wieder auf. Nur wenige
instrumentaldidaktische Ansätze berücksichtigen, daß Erwachsene im
Gegensatz zu Kindern zum unperfekten Ausprobieren ermuntert werden müssen, und bahnen den Zugang zum ersten Musizieren über Im-
provisationsübungen (für das Klavier z. B. die Schulen von Wiede-
mann).

Auch ältere Menschen können ein Musikinstrument neu erlernen, da
sich im Alter trotz nachlassender Hörfähigkeiten kein nennenswerter

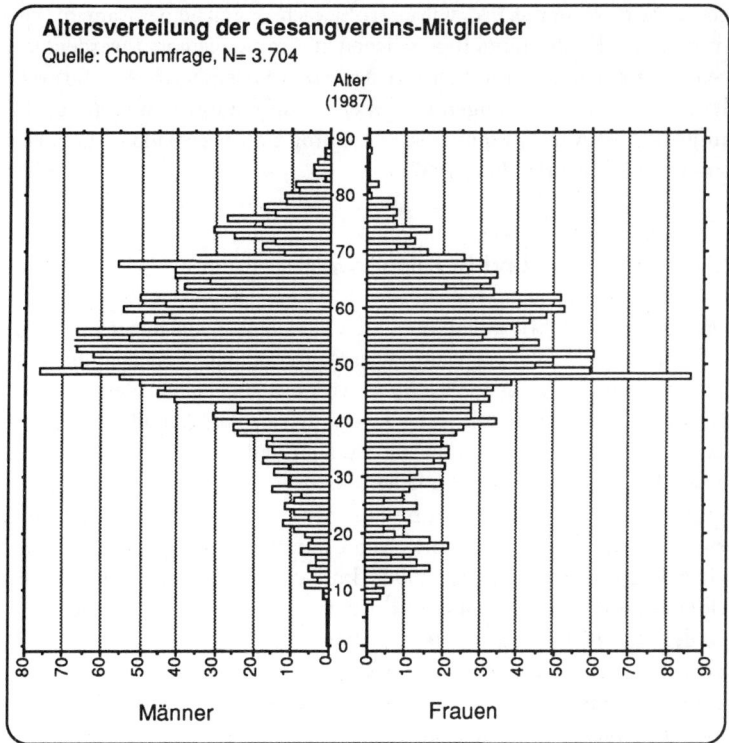

Altersverteilung der Gesangvereins-Mitglieder
Quelle: Chorumfrage, N= 3.704

Alter
(1987)

Männer   Frauen

Abb. 1: Die Altersverteilung von Chören im Raum Baden-Württemberg (Troge, 1993, S. 21). Erst in bestimmten Lebensphasen entsteht der Wunsch, im Chor mitzusingen – bei Frauen etwas früher als bei Männern.

Abfall in der Rezeption von Musik zeigt. Es ist jedoch mit längeren Lernzeiten zu rechnen, da ältere Menschen größere Schwierigkeiten in der Bewegungskoordination haben und neues Lernmaterial schlechter aufnehmen (Darrough & Boswell, 1992). Hinzu kommen falsche Annahmen über das eigene Können wie auch mangelndes Wissen über Gedächtnisleistungen (Metagedächtnis: Weinert & Knopf, 1990).

Programme zur Förderung von älteren Erwachsenen sind meist recht erfolgreich, wenn sie sich direkt auf die Zielgruppe konzentrieren (Loschner & Hensel, 1989; Darrough & Boswell, 1992). Auch generationsübergreifende Programme, in denen ältere Erwachsene zu gemeinsamem Musizieren mit Kindern und Jugendlichen zusammengebracht werden, haben sich als erfolgversprechend erwiesen (zur Ensemblearbeit s. Boswell, 1992). Gemeinsames Singen wird meist positiv aufgenommen, obwohl aufgrund von Alterungsprozessen der Stimme die verwendbare Literatur eingeschränkt ist (Hollien, 1987).

6. Hochbegabte und Berufsmusiker

Die vorliegenden Ergebnisse über die Entwicklung von Berufsmusikern und Hochbegabten räumen mit zwei typischen Klischees auf, die auch jetzt noch im pädagogischen Alltag wirksam sind. Zum einen werden Hochbegabte im Regelfall nicht frühzeitig, also als Wunderkinder erkannt. Noch im Jugendalter bleibt oft unklar und nicht vorhersagbar, wer unter den jungen Musikern und Musikerinnen zu Höchstleistungen gelangen wird. Zum zweiten stimmt es nicht, daß Hochbegabte das hohe künstlerische Niveau mit geringerem Übungsaufwand erreichen als weniger Begabte (Sloboda u. a., 1996). Im Gegenteil erweist sich, daß der Übungsaufwand von hochbegabten Instrumentalisten deutlich höher ist als der von anderen, auch guten Spielern. Eine Studie des Berliner Max-Planck-Instituts (Abb. 2) zeigte, daß mit Beginn des Musikstudiums den 10 000 Übungsstunden der Besten ca. 8000 Stunden ebenfalls guter, aber nicht überragender Geiger gegenüberstanden.

Die Entwicklung zum Berufsmusiker erfolgt in mehreren Phasen (vgl. Bloom, 1985; Ericsson, Krampe & Tesch-Römer, 1993; Harnischmacher, 1995). Die erste Phase beinhaltet die Einführung in die Aktivität in einem Gebiet, etwa die Einführung in ein Musikinstrument. In der zweiten Phase kommt es zu einer Verlängerung der Übezeiten und zu einem Fähigkeitsschub. Verstärkt beginnt sich eine soziale Bezugsnorm im Leistungsvergleich herauszubilden, so daß sich spezielle Musikförderschulen für Hochbegabte als sinnvoll erweisen (Sloboda in Bruhn, Oerter & Rösing, 1993, S. 565 ff). Schließlich werden nach und nach Komponenten der Arbeit übernommen (vgl. Tab. 2, S. 342). Man beobachtet die Internalisierung musikalischer Ziele sowie die endgültige Entscheidung für eine musikalische Berufslaufbahn (Sosniak, 1990).

Manturzewska (1990) faßt die Entwicklung bis zum Abschluß der Schule in zwei Stufen zusammen und definiert über die Lebensspanne

Stunden

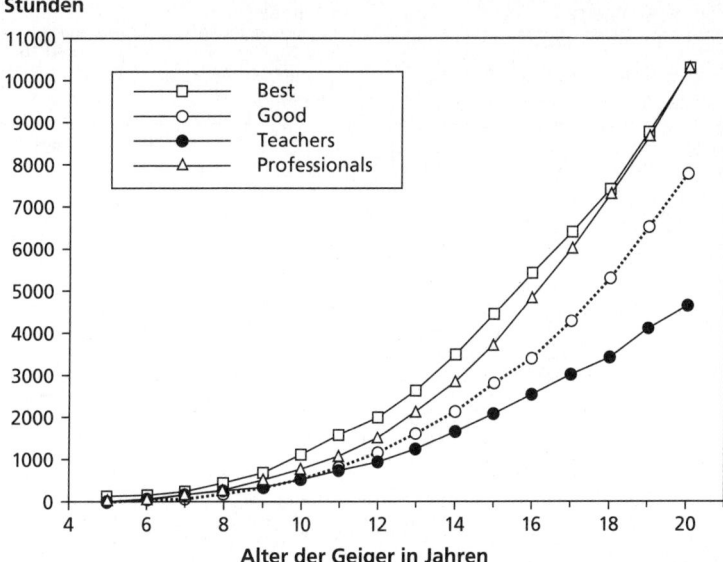

Alter der Geiger in Jahren

Abb. 2: Ericsson, Krampe und Tesch-Römer (1993) untersuchten an der Musikhochschule in Berlin das Übeverhalten von 40 Geigern, nämlich zehn sogenannte beste Studierende (von den Professoren als mögliche internationale Solisten bezeichnet), zehn gute Geiger und zehn weitere Geiger, die Schulmusik studierten. Eine vierte Gruppe von Professionellen bestand aus zehn Geigern im mittleren Alter aus zwei der Berufsorchester in Westberlin.

von Berufsmusikern hinweg vier weitere Stufen: Das Studium (Stufe 3) formt die künstlerische Persönlichkeit und ermöglicht den langsamen Einstieg ins Konzertleben. Im Alter zwischen 25 und 44 Jahren (Stufe 4) stabilisiert sich das Berufsleben. Mit Nachlassen der körperlichen Leistungsfähigkeit verlagert sich der Tätigkeitsschwerpunkt, das Unterrichten wird zur zentralen Aufgabe (Stufe 5). Der vollständige Rückzug aus dem professionellen Musikleben und die Übernahme repräsentativer Aufgaben z. B. in Wettbewerben (Stufe 6) erfolgt meist erst nach dem siebzigsten Lebensjahr: Berufsmusiker können ihre Leistungsfähigkeit bis in das höhere Alter aufrechterhalten, da die Feinmotorik vom Alterungsprozeß wesentlich weniger als die Grob- bzw. Großmotorik betroffen ist (siehe dazu die großen Geiger und Pianisten des 20. Jahrhunderts,

Entwicklungsstufe	grundlegende Dimension
Aktivität (8–10 Jahre) – Eigenvalenz des Handelns – Spielen von Liedern	Kompensation von außermusikalischen Anforderungen im Leben
Übernahme (11–12 Jahre) – fremdvermittelter Arbeitsanspruch – Üben und Spielen	Wahrnehmung eigener Fähigkeiten
Eingliederung (13–14 Jahre) – Üben mit Arbeitsmoral – Spielen zur Entspannung	Emotionalität
Identifizierung (15–18 Jahre) – Reflexion des Selbstbezugs – Ökonomie der Handlung	Orientierung der Handlung auf ein Ziel hin

Tab. 2: Grundlegende Dimensionen des Musikübens von Kindern und Jugendlichen – Merkmale der Übernahme von Komponenten der Arbeit (nach Harnischmacher, 1995, S. 55)

z. B. Arthur Rubinstein, Wladimir Horowitz, Isaac Stern und Yehudi Menuhin).

In vielen Fällen scheint die Vorbedingung für Berufsmusiker die Herkunft aus einer gehobenen Sozialschicht zu sein (Sosniak, 1990; Sloboda in Bruhn, Oerter & Rösing, 1993, S. 565 ff), da eine gute ökonomische Basis hohe musikalische Anregungen bereits in der vorschulischen Kindheit ermöglicht. Außerdem spielt bei künftigen Berufsmusikern die Haltung des Vaters zur Musik eine zentrale Rolle (s. o.). Manturzewska (1990) fand bei Berufsmusikern signifikant mehr Berufsmusiker in der väterlichen Linie der Vorfahren als in der mütterlichen. Das ist jedoch überwiegend auf die traditionelle Übermacht von Männern in Musikberufen zurückzuführen (Rieger, 1981).

Eine wichtige Enkulturationskomponente bei Berufsmusikern und Hochbegabten bildet das soziale Netzwerk insgesamt. Es ist falsch anzunehmen, daß sich Spitzenmusiker oder auch Berufsmusiker im Mittelfeld analog etwa zu guten Schülern in einem Schulfach entwickeln. Es bedarf eines viel größeren Aufwandes und viel größerer sozialer und emotionaler Unterstützung, vor allem durch die Musiklehrkräfte. Das Lernen und die zunehmende Teilhabe am Expertentum durch «guided instruction» wird vor allem durch Lehrer bewerkstelligt. Das soziale Umfeld im Elternhaus oder die Protektion durch vermögende Personen stellt sicher, daß bereits im Jugendalter Wettbewerbe im großen Umfang aufgesucht werden. Gegenwärtig bewerben sich auf der Welt in regionalen, nationalen und internationalen Wettbewerben ca. 50000 Pianisten. Hinter dieser Zahl steht eine große Opferbereitschaft und natürlich ein starker Ehrgeiz der Eltern bzw. Förderer, die sich um die Anerkennung der Leistung der Betroffenen bemühen.

Die Wettbewerbe haben aber auch, wie man aus dieser Zahl schon ersehen kann, zu einer Reihe von Mißständen geführt, die bei den überhöhten Machtbefugnissen der Jury beginnen und bei der psychischen Belastung des Teilnehmers / der Teilnehmerin enden. Während Hochleistungssportler selbstverständlich eine psychologische Betreuung erfahren, ist dies bei Musikern faktisch überhaupt nicht der Fall, obwohl sie aufgrund ihrer Persönlichkeitsstruktur (stärker introvertiert, stärker ängstlich, sensitiv und kreativ; Kemp, 1996) im Vergleich zu den extrovertierten Sportlern, die sich im Wettkampf von ihren Problemen und Ängsten freispielen können, stärker verwundbar und anfällig sind.

7. Ausblick

Außergewöhnliche musikalische Fähigkeiten werden vom Musikpublikum sehr aufmerksam verfolgt. Bemerkenswerterweise gibt es jedoch wenig empirische Arbeiten und wissenschaftliche Theorien über die Entstehung und die weitere Entwicklung dieser Fähigkeiten.

Die Effektivität des Übens leitet sich nach wie vor aus unbewiesenen Einzelaussagen von berühmten Musikern ab, sei es die Steigerung vom langsamen zum schnellen Spiel, die Frage der Fehlervermeidung oder der Aufbau im Schwierigkeitsgrad von Musikstücken. Physiologische Belege finden sich für das Prinzip des verteilten Übens: Es bringt einen größeren Lernfortschritt, wenn Übungsstunden auf mehrere Tage verteilt werden, da sich in der Zeit zwischen den Übungsstunden neue, notwendige neuronale Verknüpfungen bilden (cell assemblies, → Psychophysiologie der Wirkung von Musik). Nachgewiesen ist mittlerweile auch, daß eine Kombination zwischen mentalem Üben (Üben in der Vorstellung) und manuellem Üben zu den besten Ergebnissen führt (im Überblick Kopiez, 1990).

Beim Üben geht es um den Aufbau von Skripts, d.h. von Handlungsschemata mit wachsender Differenziertheit. Die Notenvorlage und auch die Vorstellung von einer begonnenen Improvisation sind wie das Skript in einer Filmvorlage. Nach ihm wird eine Handlung begonnen, die auf verschiedenen Wegen nachvollzogen und eingeübt werden muß. Die Einheiten werden in Schemata von Einzelhandlungen gespeichert und schließlich automatisiert, damit sie in kürzester Frist für das Musizieren abgerufen werden können. Anderson (1983) bezeichnet dies als den Übergang vom deklarativen Wissen, das verbalisiert werden kann, zum prozeduralen Wissen, das eine schnelle und flüssige Produktion von Musik ermöglicht.

Wesentliche Lernprozesse in der Musik verlaufen beiläufig und teilweise ohne bewußte Kontrolle – sie verlaufen *inzidentiell*. In den ersten sechs Lebensjahren herrscht inzidentielles Lernen vor. Das bekannteste Beispiel dafür ist der Spracherwerb. Prototypisch verläuft inzidentelles Lernen auch beim Spiel, in dem beiläufig viele handwerkliche und soziale Fertigkeiten erworben und geübt werden (mastery play, soziale Kompetenzen durch Rollenspiel, Problemlöseverhalten und Planungsverhalten im Regelspiel; vgl. Oerter, 1993 und 1997). Es könnte sich als wertvoll erweisen, ein Netzwerkmodell des inzidentellen Lernens (z. B. Greenwald, 1992) auf das Musiklernen zu übertragen.

Eine verstärkte Theoriebildung zum Musizieren ist notwendig, da die althergebrachten Modelle der Instrumentaldidaktik sich als unzureichend erwiesen haben. Die Modelle basieren vielfach auf paramilitärischem Drill (Grimmer, 1991) und entsprechen damit zeitgemäßen Vorstellungen vom Lernen überhaupt nicht mehr. Lebensweltnahe Modelle müssen entstehen, die den Bedürfnissen und Entwicklungsaufgaben der jeweiligen Phase im Leben der Musizierenden entsprechen und außerdem physiologischen und psychologischen Erkenntnissen Rechnung tragen.

Literatur

Adler, G. (1995). Wege Erwachsener zum Instrumentalspiel. In Gembris, H., Kraemer, R. D. & Maas, G. (Hg.), *Musikpädagogische Forschungsberichte 1994* (S. 325–352). Augsburg: Wißner.

Anderson, J. R. (1983). *The architecture of cognition.* Cambridge, MA: Harvard University Press.

Baldwin, J. M. (1909). *Darwin and the humanities.* Baltimore: Review Publishing Co.

Bastian, H. G. (1991). *Jugend am Instrument. Eine Repräsentativstudie.* Mainz: Schott.

Bloom, B. S. (Hg.) (1985). *Developing talent in young people*. New York: Ballentine Books.

Boswell, J. (1992). Human potential and lifelong learning. *Music Educators Journal, 79* (4), 38–40.

Bourdieu, P. (1982). *Die feinen Unterschiede. Kritik der gesellschaftlichen Urteilskraft*. Frankfurt/M.: Suhrkamp.

Brand, M. (1986). Relationship between home environment and selected musical attributes of second-grade children. *Journal of Research in Music Education, 34,* 111–120.

Bruhn, H. (1997). «Ich habe Angst, meine Schüler zu überfordern.» Überlegungen zur Bedeutung einer Stufenfolge in der musikalischen Entwicklung (aktualisierte Version eines Beitrags von 1990). In Mahlert, U. (Hg.), *Spielen und Unterrichten* (S. 277–291). Mainz: Schott.

Bruhn, H., Oerter, R. & Rösing, H. (Hg.) (1993). *Musikpsychologie. Ein Handbuch*. Reinbek: Rowohlt (3. Aufl. 1997).

Bühler, K. (1934). *Sprachtheorie*. Jena: Fischer.

Camillieri, C. (1985). La psychologie culturelle. *Psychologie française, 30,* 147–151.

Darrough, G. P. & Boswell, J. (1992). Older adult participants in music: A review of related literature. *Council for Research in Music Education, Bulletin No. 111,* 25–34.

Davidson, J. W., Howe, M. J. A., Moore, D. G. & Sloboda, J. A. (1996). The role of parental influences in the development of musical performance. *British Journal of Developmental Psychology, 14* (4), 399–412.

Davidson, L., McKernon, P. & Gardner, H. (1981). The acquisition of song: A developmental approach. In Mason, S. (Hg.), *Documentary report of the Ann Arbor symposium* (S. 301–315). Reston, V.: Music Educators National Conference MENC.

Dowling, W. J. (1984). Development of musical schemata in children's spontaneous singing. In Crozier, W. R. & Chapman, A. J. (Hg.), *Cognitive processes in the perception of art* (S. 145–221). North-Holland: Elsevier.

Doxey, C. & Wright, C. (1990). An exploratory study of children's music ability. *Early Childhood Research Quarterly, 5,* 425–440.

Ericsson, K. A., Krampe, R. T. & Tesch-Römer, C. (1993). The role of deliberate practice in the acquisition of expert performance. *Psychological Review, 100* (3), 363–406.

Graml, K. & Reckziegel, W. (1982). *Die Einstellung zur Musik und zum Musikunterricht*. Mainz: Schott.

Greenwald, A. G. (1992). New look 3: Unconscious cognition reclaimed. *American Psychologist, 47* (6), 766–779.

Grimmer, F. (1991). *Wege und Umwege zur Musik. Klavierausbildung und Lebensgeschichte*. Kassel: Bärenreiter.

Hargreaves, D. J. (1986). *The developmental psychology of music*. Cambridge: Cambridge University Press.

Harnischmacher, C. (1995). Spiel oder Arbeit? Eine Pilotstudie zum instrumentalen Übeverhalten von Kindern und Jugendlichen. In Gembris, H., Kraemer, R. D. & Maas, G. (Hg.), *Musikpädagogische Forschungsberichte 1994* (S. 41–56). Augsburg: Wißner.

Heckhausen, H. (1980). *Motivation und Handeln*. Berlin / Heidelberg: Springer.

Herskovits, M. J. (1948). *Man and his works: The science of cultural anthropology*. New York: Alfred A. Knopf.

Hodges, D. A. (Hg.) (1996). *Handbook of music psychology* (2. Aufl.). University of Texas, San Antonio: IMR Press.

Hollien, H. (1987). «Old voices»: What do we really know about them? *Journal of Voice*, *1*, 2–16.

Hortien, R. (1995). Musiktherapie in der Regelschule? In Bruhn, H. & Rösing, H. (Hg.), *Musikpsychologie in der Schule (Akademie für Lehrerfortbildung Dillingen, Akademiebericht Nr. 273)* (S. 99–118). Augsburg: Wißner.

Kemp, A. E. (1996). *The musical temperament*. Oxford: Oxford University Press.

Kleinen, G. & Schmitt, R. (1991). *«Musik verbindet» – Musikalische Lebenswelten auf Schülerbildern*. Essen: Die Blaue Eule.

Kopiez, R. (1990). *Der Einfluß kognitiver Strukturen auf das Erlernen eines Musikstücks am Instrument* (Schriften zur Musikpsychologie und Musikästhetik, Bd. 3). Frankfurt / M.: Lang.

Kubik, G. (1977). Perzeptive und kognitive Grundlagen der Musikgestaltung in Schwarzafrika. *Musicologica Austriaca*, *1*, 25–90.

Leontjew, A. N. (1982). *Tätigkeit, Bewußtsein, Persönlichkeit*. Köln: Pahl-Rugenstein (Orig. 1977).

Loschner, K. & Hensel, I. (1989). Aktivierende Gruppenarbeit mit Bewohnern von Feierabend- und Pflegeheimen. *Zeitschrift für Alternsforschung*, *44*, 109–111.

Manturzewska, M. (1990). A biographical study of the life-span development of professional musicians. *Psychology of Music*, *18*, 112–139.

Moog, H. (1967). *Beginn und erste Entwicklung des Musikerlebens im Kindesalter*. Ratingen: Henn.

Oerter, R. (1993). *Psychologie des Spiels. Ein handlungstheoretischer Ansatz*. München: Quintessenz.

Oerter, R. (1995). Warum hören Kinder auf zu singen? Folgen einer einseitigen Enkulturation. *European String Teachers Association ESTA Nachrichten*, *34*, 22–46.

Oerter, R. (1997). Beiläufiges Lernen – nur eine beiläufige Antwort. In Gruber, H. & Renkl, A. (Hg.), *Wege zum Können* (S. 138 – 153), Bern: Huber.

Oerter, R. & Aufschläger, M. (1998). *Entwicklung kindlicher Gesangsimprovisationen im Vorschulalter*. München: im Druck.

Phillips, D. (1976). An investigation of the relationship between musicality and intelligence. *Psychology of Music*, *4*, 16–31.

Piaget, J. (1936). *La naissance de l'intelligence chez l'enfant*. Neuchatel: Delachaux et Nestlé.

Power, K. M. (1990). *A cross-cultural study of mothers' and teachers' attitudes towards music education in the U. S. A. and Japan.* Hawaii: University of Hawaii (Phil. Diss.).

Resnick, L. B. (1987). Learning in school and out. *Educational Researcher, 16* (9), 13–20.

Rienäcker, G. (1984). Zur Frage der Musikverhältnisse. *Beiträge zur Musikwissenschaft, 26,* 52–55.

Rieger, E. (1981). Frau, Musik und Männerherrschaft. Frankfurt / M.: Ullstein.

Rösing, H. (1997). Musikalische Sozialisation und Musikpädagogik. In Scheidegger, J. & Eiholzer, H. (Hg.), *Europäischer Kongreß für Musikpädagogik* (S. 164–181). Luzern: Nepumuk.

Rogers, S. A. (1990). Theories of child development and musical ability. In Wilson, F. R. & Roemann, F. L. (Hg.), *Music and child development* (S. 1–10). St. Louis, Ms.: MMB Music.

Rogoff, B. (1991). Social interaction as apprenticeship in thinking: Guidance and participation in spatial planning. In Resnick, L. B., Levine, J. J. & Teasley, S. D. (Hg.), *Perspectives on socially shared cognition* (S. 349–364). Washington D. C.: American Psychological Association.

Segler, H. (1992). *Tänze der Kinder in Europa.* Celle: Moeck.

Shuter-Dyson, R. (1982). *Psychologie musikalischen Verhaltens.* Mainz: Schott.

Sloboda, J. A., Davidson, J. W., Howe, M. J. A. & Moore, D. G. (1996). The role of practice in the development of performing musicians. *British Journal of Psychology, 87* (2), 287–309.

Sloboda, J., A. & Howe, M. J. A. (1991). Biographical precursors of musical excellence: An interview study. *Psychology of Music, 19,* 3–21.

Sosniak, L. A. (1990). From tyro to virtuoso: A long-term commitment to learning. In Wilson, F. R. & Roehmann, F. L. (Hg.), *Music and child development* (S. 274–290). St. Louis, MO: MMB Music.

Suppan, W. (1984). *Der musizierende Mensch. Eine Anthropologie der Musik.* Mainz: Schott.

Thomas, N. G. (1992). Motivation. In Colwell, R. (Hg.), *Handbook of research on music teaching and learning* (S. 425–436). New York: Schirmer

Troge, T. A. (1993). *Zwischen Gesangverein und Musikcomputer. Strukturen und Entwicklungstendenzen des Musiklebens in Mitteleuropa.* Frankfurt / M.: Lang.

Vogl, M. (1993). *Instrumentenpräferenz und Persönlichkeitsentwicklung.* Frankfurt / M.: Lang.

Weinert, F. E. & Knopf, M. (1990). Gedächtnistraining im höheren Erwachsenenalter – Lassen sich Gedächtnisleistungen verbessern, während sich das Gedächtnis verschlechtert? In Schmidt-Scherzer, R., Kruse, A. & Olbricht, E. (Hg.), *Altern – ein lebenslanger Prozeß der sozialen Interaktion. Festschrift zum 60. Geburtstag von Frau Professor Ursula Maria Lehr.* Darmstadt: Steinkopf.

Wygotski, L. (1978). *Self, mind, and society.* Cambridge, Mass.: Harvard University Press.

Wygotski, L. (1987). *Ausgewählte Schriften. Arbeiten zur psychischen Entwicklung der Persönlichkeit,* Bd. 2. Berlin: Volk und Wissen.

Zdsinski, S. F. (1996). Measurement of solo instrumental music performance: A review of literature. *Council for Research in Music Education, Bulletin No. 109,* 47–58.

Reinhard C. Böhle, Carola Schormann und
Herbert Bruhn
Vergleichende Musikpädagogik

1. Allgemeine Forschungslage

Überall auf der Welt wird Musik formell in staatlichen und privaten
Schulen gelehrt – überall lernen Menschen in informellen Systemen wie
der Familie, der Gruppe der Gleichaltrigen oder in Musiziergemein-
schaften. Bei der Analyse der Lernformen zeigen sich Unterschiede zwischen den Kulturbereichen. Viele Fragen sind jedoch unbeantwortet. Der
kulturelle Austausch über die modernen Massenmedien und über Forschungsreisen wird im allgemeinen genutzt, um die Musik anderer Völker kennenzulernen, nicht aber, um die Formen der Vermittlung und des
Lernens zu beschreiben. Vergleichende Musikpädagogik ist ein in
Deutschland bisher nicht etabliertes Fach. Auch international kann man
lediglich von Anfängen in der Methodenbildung sprechen (im Überblick
Kemp & Lepherd in Colwell, 1992, S. 773–788).

Die unzulängliche Forschungslage ist um so bemerkenswerter, als es
1953 bereits einen von der UNESCO organisierten Kongreß zur Bedeutung von Musik in der Erziehung von Jugendlichen und Erwachsenen
gab. In der Folge wurde die ISME (International Society for Music Education) gegründet, die in der Zeitschrift *International Music Educator*
(später *International Journal of Music Education*) Forschungsarbeiten
veröffentlichte. In den 60er Jahren beschäftigten sich Egon Kraus (1962)
und Walter Gieseler (1969) mit Vergleichender Musikpädagogik. Sieg-
mund Helms faßt diese Aktivitäten 1994 zusammen.

Bis auf wenige Studien, die einen Kulturbereich vollständig beschreiben, wurden jedoch Einzelthemen veröffentlicht, die selten von überre-
gionaler Bedeutung waren (s. dazu Kemp & Lepherd in Colwell, 1992,
S. 774 f). Holms entwickelte 1981 ein Verfahren, mit dem der Vergleich
nationaler Musikpädagogik-Konzepte möglich wäre. Dieses Verfahren
ist bisher jedoch kaum verwendet worden.

Aufgrund dieser unbefriedigenden Forschungslage können im folgenden nur über wenige Kulturbereiche umfangreichere Aussagen gemacht
werden. Oft wird sich die Beschreibung in der Aufzählung von Informa-

tionen erschöpfen, die sich hier und da aus der musikwissenschaftlichen Literatur herauslesen lassen.

2. Musiklernen in Schulen: westliche Länder

Institutionalisierte Musikerziehung entstand in den allgemeinbildenden Schulen Deutschlands aus der Erziehung der Kinder zum Singen. Im Zuge der Humboldtschen Schulreformen (ab 1809) sollte das Nationalgefühl der Deutschen gestärkt werden. Dies schien durch das Erlernen vaterländischer Lieder im Unterricht möglich (im Überblick Gruhn, 1993, S. 35 ff). Die Dominanz des Singens im Musikunterricht blieb bis in die 50er und 60er Jahre des 20. Jahrhunderts erhalten, obwohl bereits in den 20er Jahren von Leo Kestenberg eine umfassende Reform des Musikunterrichts eingeleitet wurde (Gruhn, 1993, S. 233 ff). Erst in den 50er Jahren veranlaßte die Kritik Theodor W. Adornos an den Musikpädagogen der nationalsozialistischen Zeit eine Veränderung: Man spricht von der Zeit der «Orientierung am Kunstwerk» (Gieseler in Schmidt, 1986, S. 174 ff). Das Singen wurde daraufhin über Jahre aus dem Musikunterricht verdrängt und machte handlungsorientierten Methoden des Umgangs mit theoretischen Inhalten abendländischer Musik Platz (im Überblick Kaiser & Nolte, 1989).

Zum Ende des 20. Jahrhunderts ist von der Modernisierung der Musikerziehung in Deutschland als Reaktion auf die Adorno-Kritik nicht mehr viel zu spüren. Allgemein ist Orientierungslosigkeit zu erkennen: Zwar werden Musizieren und Singen wieder selbstverständlich. Das Orff-Instrumentarium hielt seinen Einzug und wird in den letzten Jahren zunehmend durch elektronische Instrumente ergänzt (Knolle, 1995). Vielfach überwiegen jedoch aufgrund mangelnder Lehrerqualifikation nach wie vor kognitive, theoretische Lerninhalte. Die Vermittlung moderner Kunstmusik wird immer noch der Beschäftigung mit moderner populärer Musik vorgezogen, obwohl die musikalische Lebenswelt von Kindern, Jugendlichen und Erwachsenen damit kaum angemessen behandelt wird. Eine aus den 70er Jahren stammende Medienfeindlichkeit bestimmt weiterhin das Denken vieler Musiklehrer (vgl. Terhag, 1994). Selbst die aufgrund der Wanderungsbewegungen in Europa so wichtige interkulturelle Musikdidaktik (z.B. Böhle, 1996) hat sich bisher nur ansatzweise verwirklichen lassen.

Auch in Großbritannien gibt es seit der zweiten Hälfte des 19. Jahrhunderts geregelten Musikunterricht in der Schule. Die Förderung der Musik ging dabei manchmal recht eigenwillige Wege: So erhielt aufgrund des Forster Education Act (1882) jede Schule einen Sixpence für die Schüler, die ein einstudiertes Lied vorsangen. Konnte jemand vom Blatt singen, gab es dafür einen Schilling. Heute besteht ein durchgängiges Musikunterrichtsangebot von der Grund- bis zur Oberstufe, wobei Musik als Prüfungsfach oder Einjahreskurs belegt werden kann. Lange standen Musikgeschichte, Musikhören und Musikanalyse im Vordergrund der Arbeit. Es wurden auch Harmonielehre, Kontrapunkt und Stillehre als Vorbereitung auf die Ausbildung an Konservatorien und Universitäten vermittelt. In neueren Lehrplänen wird mehr Wert auf das eigene Erfinden von Musik (Komposition), auf Interpretation und Hörerziehung gelegt. Natürlich ist auch in Großbritannien das Orff-Instrumentarium eingeführt. Weiterhin zählen Chöre, Orchester und Bands zum festen Bestandteil des Schullebens. Teilweise erhalten Schüler sogar Instrumentalunterricht in den Schulen (Stephens, 1991).

Problem vieler europäischer Länder ist, daß der Beruf des Lehrers als wenig attraktiv angesehen wird. Das rührt nicht nur daher, daß Lehrer (wie in Deutschland) oft von der Bevölkerung kritisiert werden – in einigen Staaten ist auch die Bezahlung niedrig. Das wirkt sich gerade beim Musikunterricht oft gravierend aus (für Großbritannien Stephens, 1991, S. 68; Polen: Kolago, 1990, S. 571; Rußland: Poshidaev, 1990).

In den Niederlanden wurde das Fach Musik 1968 offiziell in der Schule eingeführt. Seit 1985 kann es auch als Abiturfach gewählt werden. Obwohl der Musikunterricht sich etabliert hat, findet ein lückenloser Musikunterricht zumeist nur in der Basisschule und der Grundstufe des weiterführenden Unterrichts statt (bis zur 11. Klasse). In der Oberstufe müssen die Schüler dann zwischen den Fächern Kunst und Musik wählen. In Den Haag und Rotterdam gibt es Schulen, die an Musikhochschulen gekoppelt sind, um hochbegabte Schüler instrumental und fachwissenschaftlich zu fördern (den Ouden, 1991).

Sowohl in Großbritannien wie auch in den Niederlanden kann man feststellen, daß weit mehr als in Deutschland außereuropäische Musikkulturen in den Musikunterricht einbezogen werden. Das ist sicher aus der Geschichte der Staaten erklärbar, die in den letzten Jahrhunderten über ihre Kolonien mit der ganzen Welt in Verbindung standen.

Mehrere Artikel über die nordischen Länder sind 1987 in einem Sonderheft des *British Journal of Music Education* erschienen. Neben durchaus eigenständigen Entwicklungen wird deutlich, daß Norwegen und Dänemark sich eher von britischen und amerikanischen Unterrichtssystemen haben beeinflussen lassen. Finnland und Schweden haben sich dagegen weit mehr an Ungarn und den Singmethoden von Kodály orientiert. Schweden hat sich durch viele Einwanderergruppen auch veranlaßt gesehen, den Musikunterricht multikulturell zu gestalten (Reimers, 1990, S. 695 f).

In Italien wird an vielen allgemeinbildenden Schulen Musik unterrichtet, obwohl die Lehrer nicht dafür ausgebildet sind: Im Studium der Lehrer spielt Musik keine Rolle – ganz im Gegensatz zum Studium von Berufsmusikern, das ein weltweit hohes Niveau erreicht. So ist es zu erklären, daß Unterrichtskonzepte, die in Deutschland bereits Allgemeingültigkeit erreicht haben, in Italien noch 1978 unter dem Titel «Methoden einer neuen Schule» erscheinen konnten (Sansuini, 1991). Aus der Praxis heraus äußern sich in den letzten Jahren zunehmend Schulmusiker zu didaktischen Fragen, ohne die Dominanz des Singens bisher grundsätzlich in Frage gestellt zu haben. Bemerkenswert sind die Aktivitäten der Organisation Pro Civitate Christiana in Assisi, die mit der Zeitschrift PUM (Progetto Uomo-Musica; früher Quaderni di Musica applicata) erstmals ein Periodikum für die Fortbildung von Musikpädagogen anbieten.

In islamisch beeinflußten Staaten wie der Türkei ist der Musikunterricht stark von der jeweils vorherrschenden Einstellung religiöser Kreise zur Musik bestimmt (→ Die Türkei als Beispiel für islamische Musikkultur). In einzelnen Schulen wurde der Musikunterricht bereits in der ersten Hälfte des 19. Jahrhunderts im Zuge der türkischen Bildungsreform eingeführt (Greve, 1995, S. 48 f). Eine Neuorientierung fand jedoch erst 1935/36 statt, als Kemal Atatürk Paul Hindemith und Eduard Zuckmayer als Berater holte. Der Einfluß der deutschen Musikpädagogik zeigt sich noch heute – nicht zuletzt in vielen türkischen Kinderliedern, die auf bekannten deutschen Melodien gesungen werden (vgl. Merkt, 1985).

In Rußland und den anderen Staaten der früheren UdSSR wurde in den Schulen meist nur gesungen. Eine Veränderung bewirkten die Reformen von Dmitri Kabalewski. Als Komponist und Professor am Moskauer Konservatorium versuchte er, mit den von ihm initiierten Lehrplänen Kinder für Musik als Kunst zu interessieren. Im Unterricht sollte

Musik gehört, nach der Kodály-Methode gesungen und mit Orff-Instrumenten musiziert werden.Trotz der offiziell großen Bedeutung von Musik in der Schule fällt jedoch der Unterricht an fast 50 Prozent der Schulen wegen Lehrermangels aus (Poshidaev, 1990).

In den USA gilt der Bericht über ein Musikprogramm von 1838 als Beginn des formellen Musikunterrichts an allgemeinbildenden Schulen. Heute gibt es neben den obligatorischen Musikstunden in den ersten fünf bis sechs Schuljahren ein meist vielfältiges Angebot von Instrumentalunterricht und Ensemblearbeit. In nahezu jeder Schule gehören Chor, Bands, Bläserensembles und Orchester zum Standard. Instrumente, Überäume und Noten werden von der Schule zur Verfügung gestellt. Die für die Praxisausbildung zuständigen Lehrer sind an mehreren Schulen teilzeitbeschäftigt (s. Bruhn, 1982 und 1992). Der Musikunterricht ist Teil eines Musikprogramms, mit dem sich die gesamte Schule der Öffentlichkeit präsentiert (Lehman in Colwell, 1992, S. 281 ff).

Bemerkenswert ist die Öffnung des Musikunterrichts der USA in seinen theoretischen und praktischen Bestandteilen für die Musikkulturen der Welt. In keinem anderen Land sind so vielfältige Materialien für die unterschiedlichen Musikrichtungen entwickelt worden wie in den USA durch die Organisation der Schulmusiker MENC (Music Educators National Conference; s. z.B. Anderson & Campbell, 1989; Jordan in Colwell, 1992, S. 735–748). Grund für diese Offenheit des Musikunterrichts ist natürlich die multikulturelle Gesellschaft der USA.

Übergreifend kann man für die westlichen Kulturbereiche sagen, daß die deutsche Musikerziehung trotz aller ihrer Defizite den größten Einfluß auf europäische und außereuropäische Bildungssysteme ausgeübt hat.

In erster Linie ist der Einfluß in der *Erziehung durch das Singen* zu sehen. Mit Erstaunen ist im Ausland bereits im 19. Jahrhundert die Emotionalisierung durch nationalistische (früher: vaterländische) Lieder zur Kenntnis genommen worden (s. dazu den Reisebericht eines Engländers von 1901; s. Heise in Schmidt, 1986, S. 69 f). Manches von dieser Einstellung ist in andere westliche Musikkulturen eingegangen – obwohl die Entartung der Singbewegung im Nationalsozialismus überall kritisch zur Kenntnis genommen worden war (Günther in Schmidt, 1986, S. 85 ff).

Ein zweiter Einfluß ging vom *Orffschen Schulwerk* aus (Orff & Keetman, 1950/54). Mittlerweile in 20 Sprachen übersetzt, hat es sich über den institutionellen Musikunterricht nahezu jedes Landes der westlichen Industrienationen verbreitet (für die USA vgl. Atterbury, S. 598, und Runfola & Rutkowski in Colwell, 1992, S. 698 f).

Ebenfalls über die deutsche Musikpädagogik, zum Teil aber auch über die englischen Einflüsse verbreitete sich die Methode des *Singens nach Handzeichen*, obwohl nicht genau zu klären ist, in welchem Kulturbereich die Ursprünge dafür zu suchen sind. Historiker nennen meist die Musiktheorie des Guido von Arezzo (992–1050). Im 19. und 20. Jahrhundert haben sich daraus jedoch verschiedene Schulen entwickelt, die sich auf Ziffern (Frankfreich: Jean-Jacques Rousseau 1742), Silben und Handzeichen (England: Tonic-Sol-Fa-Methode von Sarah Ann Glover 1835; Frankreich: Solfège-Methode von Emile Jacques Dalcroze 1892; Ungarn: Zoltán Kodály 1937; USA: Jale-System von Richard Münnich 1930) sowie Tonwörter (Deutschland: Carl Eitz 1892) stützten (im Überblick dazu Heise in Schmidt, 1986, S. 59 ff). In Ungarn basiert die Grundschulerziehung immer noch überwiegend auf der Methode von Kodály (Choksy, 1974). In den USA hat sich eine Kombination der Ansätze von Kodály und Dalcroze erhalten (Runfola & Rutkowski in Colwell, 1992, S. 698).

3. Musiklernen in Schulen: Asien und Afrika

Institutionelles Musiklernen an allgemeinbildenden Schulen ist in den meisten Staaten Asiens und Afrikas durch die Musikerziehung aus Deutschland und Großbritannien beeinflußt. Im Verlauf des 19. Jahrhunderts wurde in den meisten Kolonien von mitteleuropäischen Bildungsfachleuten meist in enger Kooperation mit christlichen Missionaren ein allgemeines Schulsystem aufgebaut. Die Einflüsse sind in der Verwendung europäischer Kinderlieder mit einheimischem Text zu sehen (China: Yang, 1995; Zhang, 1996; Japan: Rüggeberg, 1997). Darüber hinaus findet sich die Verwendung unterschiedlicher Handzeichen-Methoden und – im 20. Jahrhundert – die Verwendung von Orff-Instrumenten. Außerdem ist oft der Einfluß des christlichen Choralgesangs unverkennbar.

Der Einfluß mitteleuropäischer Konzepte ist unterschiedlich stark. Am stärksten scheint er sich in Japan ausgewirkt zu haben, wo abendländische Musik mittlerweile im Mittelpunkt des pädagogischen Interesses steht. Dies ist seit der Einführung der Schulpflicht in Japan im Jahr 1872 so. Zum Ende des 20. Jahrhunderts scheint die traditionelle japanische Musik derart in den Hintergrund gedrängt worden zu sein, daß die Kinder die traditionelle Musik ihres Landes nicht mehr kennenlernen (Rüggeberg, 1997; →Kulturbereiche der Welt).

Aufgrund der besonderen politischen Situation absorbierte das abendländische Ausbildungssystem die traditionelle Musik in China nicht so weitgehend. Von der Einführung der allgemeinen Schulpflicht im Zuge der Kulturreform (1898) bis ungefähr 1949 galten Schulsystem und kulturelle Bildung des Westens als Vorbild (→Ferner Osten am Beispiel Chinas). Selbst die Rückbesinnung auf die eigenen kulturellen Werte (Kulturrevolution, 1966) unter Mao Zedong konnte nicht verhindern, daß neben traditionellen chinesischen Liedern auch europäische zu finden sind. In ihrer Ausbildung werden chinesische Lehrer heutzutage so stark von der abendländischen Musik beeinflußt, daß sie oft versuchen, traditionelle chinesische Musik westlichen Maßstäben anzugleichen (Zhonghua Zheng, 1993).

Eine ähnliche Symbiose traditioneller und abendländischer Musik findet man in Vietnam. Eigentlich sieht das Kultur- und Bildungsprogramm der Regierung eine Lösung von der kolonialen Vergangenheit und die Schaffung einer eigenen kulturellen Identität vor. Dies gelingt zumindest im Bereich des Musikunterrichts nicht: Die wenigen Lehrer sind auf westlichen Musikinstrumenten ausgebildet. In den Schulbüchern steht die Vermittlung des westlichen Notensystems im Vordergrund. Die traditionelle Musik des eigenen Landes wird durch eine unpassende pädagogische Aufbereitung so weit verfremdet, daß sie ihren eigenständigen Charakter verliert (Schormann, 1995).

Besonders problematisch ist der Einfluß abendländischer Musik in den allgemeinbildenden Schulen Westjavas. Hier hat sich durchgesetzt, daß im Musikunterricht sowohl europäische als auch indonesische Volks- und Schullieder auf diatonisch gestimmten angklung-Instrumenten begleitet werden (Schumacher, Simon & Kartomi, 1996, Sp. 766 ff). Die angklung-Instrumente kommen eigentlich bei Kulthandlungen in ganz anderen Stimmungen zu Ehren der Reis- und Fruchtbarkeitsgöttin zum Einsatz (pentatonisch oder heptatonisch; →Kulturbereiche der Welt). Am Beispiel arabischer Musik belegt Touma (1976), daß der Einfluß der abendländischen Musik möglicherweise so übermächtig wird, weil außereuropäische Musik meist mündlich tradiert wird. Da ihr die visuelle

Basis fehlt, ist sie für Veränderungen durch andere Kulturen besonders anfällig (→ Überlieferte Musik).

Wesentlichen Einfluß auf die Veränderungen in den traditionellen Gewohnheiten hat die Musikindustrie (Malm in Myers, 1992, S. 355 ff). Der Gebrauch von Kassettenrecordern hat eine ähnliche Verbreitung wie in westlichen Staaten. Verstärker werden in traditioneller und in moderner abendländischer Musik eingesetzt. Synthesizer werden ebenso für Popmusik wie für die Imitation einheimischer traditioneller Instrumente verwendet (ebenda, S. 362).

In Singapur wurde der Musikunterricht erst in den 80er Jahren in die Stundentafel der allgemeinbildenden Schule aufgenommen. Noch steckt die künstlerisch-musische Erziehung des Landes in ihren Anfängen. Dem Musikunterricht wird jedoch große Bedeutung beigemessen, seit im Wirtschaftsbericht des Jahres 1986 betont wurde, daß die Förderung kreativer Fähigkeiten auch ökonomisch nutzbar gemacht werden könne. Musikerziehung wird im Rahmen einer breit angelegten, ganzheitlichen Persönlichkeitsentwicklung gesehen, die innovatives Denken initiiert (Chong in Lepherd, 1995, S. 107).

Über Musikunterricht an allgemeinbildenden Schulen in Afrika finden sich nur sehr wenige Belege – das Ausmaß institutioneller Vermittlung musikalischer Fähigkeiten scheint eher gering zu sein. Okafor (1988, S. 9) sieht in der Arbeit christlicher Missionen, in den Schulen und im Einfluß der Medien Formen der Musikvermittlung, die im wesentlichen der europäischen Musikerziehung ähnlich sind. Lediglich aus Namibia existiert ein Beleg dafür, daß offiziell Musikunterricht in der Schule eingerichtet wurde. Den künstlerischen Fächern wird aber auch hier eine nur geringe Bedeutung zugemessen (Mans in Lepherd, 1995, S. 22).

Grund für die geringe Bedeutung von Musik in der Schule in Afrika ist vermutlich, daß Musik außerhalb der Schule eine sehr große Rolle spielt. Musik ist kultureller Ausdruck des Miteinander (Okafor, 1988, S. 10), so daß Musizieren ähnlich wichtig wird wie die sprachliche Kommunikation. Jeder kann spontan und freiwillig beim Musizieren mitmachen. Die Aufführung selbst ist bereits von sozialen Regeln bestimmt, die die Weitergabe des Überlieferten gewährleisten (Nketia in Stockmann, 1987, S. 42 f).

So fällt es den ehemaligen afrikanischen Kolonien weniger schwer als den asiatischen Staaten, aus ihrer traditionellen Kultur ein nationales

Selbstbewußtsein zu schaffen. Ein gutes Beispiel dafür sind die TANU-Lieder und die ngoma-Tanzgruppen in Tanzania (s. Malm in Stockmann, 1987, S. 282; → Musik aus der Sicht von Berufsmusikern).

4. Außerschulische Musikvermittlung

Gerade wegen der fehlenden Institutionalisierung haben afrikanische traditionelle Musikkulturen den Einflüssen abendländischer Musik relativ gut widerstanden (Nketia in Stockmann, 1987, S. 9; Addo, 1996). Gelernt wird das Musizieren und Singen in der sozialen Gemeinschaft, zumal es in vielen Bereichen Afrikas mit anderen Tätigkeiten, sozialen, politischen oder rituellen Handlungen verbunden ist (Nketia in Stockmann, 1987, S. 14 ff; Nzewi, 1997).

Das Musizieren ist gewissermaßen demokratisiert: Bis auf wenige rituelle Gelegenheiten kann jeder Anwesende auch musikalisch mitwirken (am Beispiel Ghanas: Broughton u.a., 1994, S. 287). So wird aus jedem Musizierenden auch gleichzeitig ein Lehrer für den nächsten. Anders als in Europa, wo Musikalität als Ausnahmeerscheinung angesehen wird, gilt in Afrika jeder als musikalisch. Bei den Pygmäen konnte Walker (1987, S. 171) nachweisen, daß es einen Begriff wie Musikalität oder Begabung nicht gibt.

Hier zeigt sich eine Nähe zur europäischen Volksmusik: Auch hier gibt es Traditionen, in denen Musik durch das Mitmachen in sozialen Situationen gelernt wird (vgl. Jacoby, 1992; Noll & Stein, 1996): Junge Mädchen werden bei Hochzeitsfeiern in Tanztraditionen eingewiesen, Volkslieder werden im Familienkreis von den Älteren an die Jüngeren vermittelt. Insbesondere in ländlichen Gegenden von Osteuropa findet man diese Vermittlungsformen (Schmidt, 1983; → Überlieferte Musik).

Das Musiklernen von afrikanischen Kindern in der Gruppe der Gleichaltrigen wird von Matare (1992) aufgezeigt. Aus der Art der musikalischen Spiele liest Addo (1996, S. 20) den Stand der kognitiven Entwicklung ab. In ähnlicher Weise lernen auch europäische Kinder miteinander. Den ältesten Kindern fällt eine Vorbildfunktion zu. Beim Spielen und Musikmachen werden gleichzeitig interkulturell gleiche soziale Verhaltensweisen eingeübt. Dies dokumentiert sich in den Übereinstimmungen bei Kinderliedern und Kindertänzen in ganz Europa (vgl. dazu Segler, 1990 / 92).

Eine große Bedeutung haben weltweit die Eltern bei der Vermittlung musikalischer Fertigkeiten. Ihre Anregungen bestimmen das Ausmaß der musikalischen Entwicklung der Kinder (Shuter-Dyson, 1993, S. 305–315). Diesen Einfluß haben auch die Eltern afrikanischer Kinder (Adzinyah, Maraire & Tucker, 1992). In Europa ist jedoch der Einfluß häufig schon im Vorschulalter an Institutionen abgegeben, wie an den Konzepten der musikalischen Früherziehung für Fünf- und Sechsjährige ersichtlich wird (Zarius in Helms, Schneider & Weber, 1994, S. 81 f). In den letzten Jahren versucht man in Deutschland, Konzepte zu entwikkeln, in denen Eltern und Großeltern eingebunden werden, um später zu Hause mit den Kindern weitermusizieren zu können (Reinfandt, 1984). Bemerkenswert ist in diesem Zusammenhang das Musikgarten-Konzept aus dem Hohner-Verlag, das für Zwei- bis Vierjährige erarbeitet wurde.

Weltweit große Bedeutung bei der Vermittlung von Musik haben die Privatlehrer. In Japan bekommen bereits zwei- bis vierjährige Kinder Geigenunterricht. In der Suzuki-Schule (Matsumoto) wird zunächst nach Gehör gespielt – besonders das Nachspielen von Tonaufnahmen wird gefördert. Dazu werden rhythmische Spiele und Lehrer-Schüler-Rituale geübt (Borris, 1967). Durch die nahezu ausschließliche Orientierung an abendländischer Kunstmusik gerät in Japan die eigene reiche Musiktradition aber mehr und mehr in Vergessenheit (→ Kulturbereiche der Welt).

Eine ähnliche Art der Frühförderung gibt es in Vietnam: In den staatlichen Musikschulen ist der Musikunterricht mit vier- bis sechsjährigen Kindern davon geprägt, daß auf Keyboards einfache Pop-Arrangements gespielt werden. Abgesehen von den städtischen Zentren stehen jedoch Vermittlungsformen traditioneller Musik immer noch im Mittelpunkt, obwohl der westliche Einfluß bereits dazu geführt hat, daß vietnamesische Instrumente bei Konzerten elektrisch verstärkt werden (Schormann, 1995, S. 175).

In Europa kommt dem Musikschulwesen große Bedeutung zu. Da in den Schulen überwiegend gesungen und über theoretische Inhalte gesprochen wird, können hier die Kinder getrennt von der Schule ihre Instrumentalausbildung erhalten. Oft werden Musikschulen staatlich unterstützt (Deutschland, England), aber selten so stark wie in Dänemark, wo die Schüler nur ein Drittel der tatsächlich entstehenden Kosten tragen müssen. 1993 wurde sogar geplant, musikalische Grundkurse kostenlos anzubieten (Nielsen & Rasmussen, 1991, S. 63).

5. Ausbildung zum Berufsmusiker

In nahezu allen Ländern der Welt gibt es Hochschulen für die Ausbildung von Berufsmusikern. Diese Ausbildung ist überwiegend von der abendländischen Kunstmusik geprägt. In Deutschland gibt es nur wenige Hochschulen, die darüber hinaus Formen der Popmusik (z. B. Hamburg) oder des Jazz (Köln, Berlin, Hamburg) vermitteln (dazu Pape & Schütz in Terhag, 1994, S. 254–272). Vor der deutschen Vereinigung gab es in der DDR Studiengänge für Tanzmusik an verschiedenen Musikhochschulen (Berlin, Dresden, Leipzig, Weimar; vgl. Schulz, 1985, und Mühe, 1993).

Amerikanische Institute der Musikausbildung sind in dieser Hinsicht wesentlich offener (Bruhn, 1992). Durch die enge Verbindung zwischen musikwissenschaftlicher Forschung und musikpraktischer Ausbildung sind oft an den Hochschulen Ensembles von Stilrichtungen aus der ganzen Welt vertreten. Aus diesen Aktivitäten speist sich die Erziehung zu einer pluralistischen Musikauffassung an den amerikanischen Schulen (interkulturelle Musikpädagogik, s. o.).

In den früheren Kolonialländern ist zu beobachten, daß viele Hochschulen sich in den letzten Jahrzehnten auch der traditionellen Volks- und Kunstmusik zuwenden (→ Ferner Osten am Beispiel Chinas; → Die Türkei als Beispiel für islamische Musikkultur). Diese Veränderung ist Zeichen einer neu entstehenden nationalen Identität der jungen Staaten (→ Kulturbereiche der Welt). Meist führt die Ausbildung an diesen Hochschulen zu einer Art von Vermischung der traditionellen Musikstile mit abendländischer Musiktheorie.

Die Rückbesinnung von Musikkulturen der Dritten Welt auf ihre eigenen Traditionen wurde eingeleitet durch eine Regionalisierung der ethnomusikologischen Forschung (→ Kulturbereiche der Welt; vgl. Simon, 1978). Neben der Verbindung abendländischer Musikstile mit den traditionellen Stilen des Landes (z. B. in Nsukka, der ersten Musikabteilung einer Universität in Afrika; s. Okafor, 1988, S. 13) werden die traditionellen Musikstile neu belebt. Okafor (1989) beschreibt, wie sich daraus auch eine Ausbildung für populäre Musiker vielfältigster Stilrichtungen entwickelt: Mischungen zwischen traditionellen und westlichen Formen wie Highlife und Juju-Musik (eine kommerzialisierte Form der Yoruba-Tänze) und die reimportierten afroamerikanischen Musikformen wie Reggae, Afro-Beat oder Afro-Rock (ebenda, S. 5 ff).

Die traditionelle Ausbildung eines afrikanischen Musikers ist jedoch von langen Lehrzeiten bei einem Meister seines Instruments bestimmt (für Nigeria s. Okafor, 1988, S. 10). Für bestimmte Instrumente scheint es sogar wichtig gewesen zu sein, in eine bestimmte Familie hineingeboren worden zu sein (Simon, 1988, S. 66). Der Besitz der Königstrommeln führte z. B. früher zur Herrschaft über bestimmte Landstriche. Wurde ein neuer Stammesfürst eingesetzt, mußte für die Krönung ein neues Trommel-Ensemble gegründet werden (Kebebe, 1989, S. 98).

Das Lehrling-Meister-Verhältnis findet sich in ähnlicher Weise auch in der indischen Musikkultur. Wie in allen schriftlosen Kulturen wird durch Imitation gelernt. Der Student (shishya) ordnet sich dem Lehrer (guru) respektvoll unter und lebt mit ihm jahrelang in einer Art Familienverband (vgl. Bor & Miner, 1996).

In vielen Länder gibt es bei den traditionell überlieferten Stilrichtungen keine Ausbildung zum Berufsmusiker. Das hängt damit zusammen, daß nicht jede Musikkultur eine Teilung in Musiker und Zuhörer vollzogen hat, wie dies in Europa generell der Fall ist. Im Gegensatz zur analytisch-rationalistischen Musikauffassung in Europa verschmelzen Musiker und Zuhörer in der Aufführungssituation der nicht-abendländischen Musik zu einer Einheit.

6. Ausblick

In vielen Regionen der Erde befinden sich traditionelle Lehr- und Lernmethoden in einer Umbruchphase, da sie sich durch die westliche Beeinflussung der Kulturen verändern. Neben dem außerhalb Europas und Amerikas meist völlig anders gearteten Lehrer-Schüler-Verhältnis gibt es ein vollständig anderes pädagogisches Repertoire. Die Musikvermittlung ist eine Manifestation von Lebensbedingungen und Kommunikationsbedürfnissen (Kemp & Lepherd in Colwell, 1992, S. 776).

Es würde sich daher lohnen, über verstärkte Forschung in der Vergleichenden Musikpädagogik den unterschiedlichen → Musikkulturen auf die Spur zu kommen. Das Studium der Lern- und Vermittlungsformen von Musik würde den Forschenden verpflichten, den Bedingungen im ökologischen, ontologischen und soziokulturellen Kontext nachzugehen. Über ein besseres Musikverständnis hinaus würde dies zu einem besseren Völkerverständnis führen.

Literatur

Addo, A. O. (1996). A multimedia analysis of selected Ghanaian children's play songs. *Council for Research in Music Education, Bulletin No. 129*, 1–28.

Adzinyah, A. K., Maraire, D. & Tucker, J. C. (1992). *Let your voice be heard. Songs from Ghana and Zimbabwe*. Danbury CT: World Music Press.

Anderson, W. M. & Campbell, P. S. (1989). *Multicultural perspectives in music education*. Reston, Virginia: Music Educators National Conference.

Böhle, R. C. (1996). *(Inter)Kulturell orientierte Musikdidaktik*. Frankfurt / M.: IKO-Verlag.

Bor, J. & Miner, A. (1996). Indien. (3) Das 20. Jahrhundert. In Finscher, L. (Hg.), *MGG Musik in Geschichte und Gegenwart*. Sachteil Bd. 4 (Sp. 688–696). Stuttgart / Kassel: Metzler / Bärenreiter.

Borris, S. (1967). Musikleben in Japan in Geschichte und Gegenwart. Kassel: Bärenreiter.

Broughton, S., Ellingham, M., Muddyman, D. & Trillo, R. (1994). *World music. The rough guide (mit CD)*. London: Penguin.

Bruhn, H. (1982). Die Ausbildung von Sängern und Instrumentalisten in den USA. *Das Orchester, 32*, 1–10, 111–123.

Bruhn, H. (Hg.) (1992). *Musikunterricht und die Ausbildung von Musiklehrern in den USA. Bericht über den Aufenthalt von Studierenden des Instituts für Musik und ihre Didaktik an der School of Music in Tallahassee* (Arbeiten zur Musikpsychologie, Okt. 1992). Pädagogische Hochschule Kiel: Institut für Musik und ihre Didaktik.

Choksy, L. (1974). *The Kodály-method*. Englewood Cliffs: Prentice Hall.

Colwell, R. (Hg.) (1992). *Handbook of research on music teaching and learning* (A project of the Music Educators National Conference). New York: Schirmer.

Gieseler, W. (1969). *Musikerziehung in den USA*. Stuttgart: Metzler.

Greve, M. (1995). *Die Europäisierung orientalischer Kunstmusik in der Türkei*. Frankfurt / M.: Lang.

Gruhn, W. (1993). *Geschichte der Musikerziehung*. Hofheim: Wolke.

Helms, S. (1994). Vergleichende Musikpädagogik in europäischer Perspektive. In Zimmerschied, D. (Hg.), *Tagungsbericht der Bundesschulmusikwoche*. Mainz: Schott.

Helms, S., Schneider, R. & Weber, R. (Hg.) (1994). *Neues Lexikon der Musikpädagogik*. Sachteil. Kassel: Bosse.

Holms, B. (1981). *Comparative education: Some considerations of method*. London: George Allen & Unwin.

Jacoby, R. (1992). Themenheft «Musikalische Traditionen». *Musik und Bildung, 12*, 4–43.

Kaiser, H. & Nolte, E. (1989). *Musikdidaktik. Sachverhalte – Argumente – Begründungen. Ein Lese- und Arbeitsbuch*. Mainz: Schott.

Kebebe, A. (1989). *Roots of black music. The vocal, instrumental, and dance heritage of Africa and black America*. Tallahassee: Ethius.

Knolle, N. (1995). *Neue Technologien im Musikunterricht.* Universität Oldenburg: Fachbereich Musik (Habil. schr.).

Kolago, L. (1990). Musikerziehung in Europa: Polen. *Musik und Bildung, 22,* 569–571.

Kraus, E. (Hg.) (1962). *Vergleichende Musikerziehung* (Bericht über die Internationale Konferenz der ISME, 22.–28. 6. 1962 in Wien). Mainz: Schott.

Lepherd, L. (1995). *Music education in international perspective: National systems.* Toowomba: University of Southern Queensland Press.

Merkt, I. (1985). *Türkische Musik. Arbeitsheft für den Musikunterricht mit Musikcassette.* Stuttgart: Klett.

Mühe, H. (1993). Zur Geschichte der Popularmusik in der DDR – eine kritische Bestandsaufnahme. In Rösing, H. (Hg.), *Beiträge zur Popularmusikforschung 11* (S. 21–30). Baden-Baden: CODA.

Myers, H. (Hg.) (1992). *Ethnomusicology. Bd. 1:* An introduction. New York: Norton.

Nielsen, F. V. & Rasmussen, H. B. (1991). Musikerziehung in Europa: Dänemark. *Musik und Bildung, 23* (5), 62–63.

Noll, G. & Stein, H. (Hg.) (1996). *Musikalische Volkskultur als soziale Chance. Laienmusik und Singtradition als sozialintegratives Feld.* Essen: Die Blaue Eule.

Nzewi, M. (1997). Teaching and learning of music in African cultures. In Bähr, J. & Schütz, V. (Hg.), *Musikunterricht heute. Beiträge zur Praxis und Theorie,* Bd. 2. Bericht vom Bundeskongreß für Musikpädagogik 1996 in Frankfurt / M. (AfS-Jahrbuch 1997, S. 16–34). Oldershausen: Institut für Didaktik populärer Musik.

Okafor, R. C. (1988). Focus on music education in Nigeria. *International Journal of Music Education, 12,* 9–17.

Okafor, R. C. (1989). Popular music education in Nigeria. *International Journal of Music Education, 14,* 3–13.

Orff, L. Z. Keetmann, G. (1950 / 54). Orff-Schulwerk. Musik für Kinder, 5 Bände. Mainz: Schott.

Ouden, P. den (1991). Musikerziehung in Europa: Niederlande. *Musik und Bildung, 21* (1), 60–62.

Poshidaev, G. A. (1990). Musikerziehung in Europa: UdSSR. *Musik und Bildung, 20* (9), 632–633.

Reimers, L. (1990). Musikerziehung in Europa: Schweden. *Musik und Bildung, 22,* 692–696.

Reinfandt, K.-H. (1984). *Musik machen und erleben in der Familie. Grundlagen und Materialien für eine musikalische Früherziehung in Familienbildungsstätten* (Schriftenreihe der Landesregierung Schleswig-Holstein). Kiel: Pädagogische Hochschule.

Rüggeberg, A. (1997). *Musikunterricht an japanischen Schulen und der Einfluß der deutschen Musikerziehung.* Universität Kiel: Erziehungswissenschaftliche Fakultät (schriftl. Hausarbeit zum 1. Staatsexamen).

Sansuini, S. (1991). *Pedagogia della musica*. Milano: Feltrinelli (Orig. *Strumenti per una nuova scuola*, 1978).

Schmidt, H. C. (Hg.) (1986). *Geschichte der Musikpädagogik*. (Handbuch der Musikpädagogik Bd. 1). Kassel: Bärenreiter.

Schmidt, L. (1983). *Volksmusik: Zeugnisse ländlichen Musizierens*. München: Hugendubel.

Schormann, C. (1995). Musikalische Ausbildung in Vietnam. Von Yamaha, ethnischen Minderheiten und Michael Jackson. In Bröcker, M. (Hg.), *Berichte aus dem ICTM-Nationalkomitee Deutschland* (Bd. 4, S. 175–183). Bamberg: Universitätsbibliothek.

Schulz, H. H. (1985). Tanz- und Unterhaltungsmusik an der Hochschule für Musik «Franz Liszt» Weimar. *Jazz-Forschung, 17,* 55–57.

Schumacher, R., Simon, A. & Kartomi, M. J. (1996). Indonesien. In Finscher, L. (Hg.), *MGG Musik in Geschichte und Gegenwart*. Sachteil Bd. 4 (Sp. 766–852). Stuttgart / Kassel: Metzler / Bärenreiter.

Segler, H. (1990 und 1992). *Tänze der Kinder in Europa*. Mit einer Analyse des sozialen Kontextes von Günther Batel. Untersuchung und Dokumentation in zwei Teilen. Bd. 1: Die Untersuchung 1962–1988; Bd. 2: Dokumentation und Kurzkommentare. Celle: Moeck.

Shuter-Dyson, R. (1993). Sozialisation durch Eltern, Schule und Medien. In Bruhn, H., Oerter, R. & Rösing, H. (Hg.), *Musikpsychologie. Ein Handbuch* (S. 301–316). Reinbek: Rowohlt (3. Aufl. 1997).

Simon, A. (1978). Probleme, Methoden und Ziele der Ethnomusikologie. *Jahrbuch für Musikalische Volks- und Völkerkunde, 9,* 8–52.

Simon, A. (1988). Musiker in Afrika im Spannungsfeld der Gesellschaft. In Rösing, H. (Hg.), *Beiträge zur Popularmusikforschung 5 / 6* (S. 64–74). Kassel: ASPM.

Stephens, J. (1991). Musikerziehung in Europa: Großbritannien. *Musik und Bildung, 21* (2), 68–69, und *(3),* 71.

Stockmann, E. (Hg.) (1987). *Musikkulturen in Afrika*. Berlin: Verlag Neue Musik.

Terhag, J. (1994). *Populäre Musik und Pädagogik. Grundlagen und Praxismaterialien*. Oldershausen: Institut für Didaktik populärer Musik.

Touma, H. H. (1976). *Der Maqam Bayati im arabischen Taqsim* (Beiträge zur Ethnomusikologie 3). Hamburg: Wagner.

Walker, R. (1987). Musical perspectives on psychological research and music education. *Psychology of Music, 15,* 167–186.

Yang, Y. (1995). *Musikerziehung in China. Zielsetzungen, Methoden und ästhetische Grundlagen* (Diss. sc. paed. Kiel, 1994). Augsburg: Wißner.

Zhang Che May (1996). Bildungsreform und westliche Musikerziehung in China. In Rothermund, D. (Hg.), *Jahrbuch für außereuropäische Geschichte*. Münster: LIT.

Zhonghua Zheng (1993). Chinesische Musikerziehung und europäische Kultur. In Böhle, R. C. (Hg.), *Möglichkeiten der interkulturellen ästhetischen Erziehung in Theorie und Praxis* (S. 152–161). Frankfurt / M.: IKO-Verlag.

Helmut Rösing und Alenka Barber-Kersovan
Musikvermittlung in der modernen Mediengesellschaft

1. Bestandsaufnahme

Die musikalische Realität heutzutage ist medienbedingt und medienge-
prägt (Etterna & Whitney, 1994). Eine von den elektronischen Medien
unabhängige Begegnung mit Musik wird immer seltener. Nach den Er-
hebungen des Bundesverbandes der Phonographischen Wirtschaft für
das Jahr 1995 macht der Konzertbesuch (Live-Darbietung) in der musikalischen Nutzungsstatistik der deutschen Bevölkerung nur noch knapp
ein Prozent aus (Abb. 1). Und selbst dieser ist in zunehmendem Maß
medial geprägt (→Wechselwirkungen zwischen der Herstellung und
Aufführung von Musik). Fast schon kann man es als Besonderheit bezeichnen, daß in den Stilbereichen Klassik und (teilweise) Jazz bei der
Aufführung meist bewußt auf Elektronik verzichtet wird. Allerdings hat
Friedrich Gulda 1997 für einen Open-air-Auftritt auf dem Königsplatz
in München bei klassischen Klavierstücken einen elektronischen Flügel
vorgezogen: Nur so könne vermieden werden, daß jedes Schnaufen des
Pianisten für mehr als 10000 Menschen verstärkt wird

Diese Entwicklung nahm ihren Anfang gegen Ende des 19. Jahrhunderts. Im Jahr 1877 meldeten nahezu gleichzeitig Thomas Alva Edison in
New York und Charles Cros in Paris ein Patent zur Aufzeichnung und
Wiedergabe von akustischen Schwingungen an (Phonograph, Parléo-
phone). 20 Jahre später stellte Emil Berliner die Schellack-Schallplatte
als neuen Tonträger vor (dazu Lieb in Faulstich, 1994, S. 275). Damit
beginnt im Musikbereich das Zeitalter der modernen Mediengesellschaft..

Als erstes modernes Massenmedium nach Buch- und Notendruck gilt
der Rundfunk. Kontinuierliche Sendungen gab es in den USA ab 1920, in
Deutschland ab 1923. Sechs Jahre später wurden in Berlin bereits Fern-
seh-Versuchssendungen ausgestrahlt. Einen täglichen Fernsehbetrieb
richtete der Nordwestdeutsche Rundfunk (NWDR) aber erst ab 1952 ein
(zur Rundfunk- und Fernsehgeschichte: Goslich, 1971). Mit den modernen Massenmedien konnte in den letzten Jahrzehnten ein immer dichte-

Wie wird Musik gehört?	Gesamt-bevölke-rung	14–29 Jahre	30–49 Jahre	50–59 Jahre	60 Jahre und älter
CDs	23	39	22	22	11
MCs	4	8	3	3	3
LP	2	0	2	4	2
Radio	56	42	66	57	59
Fernsehen (MTV, Video o. ä.)	11	6	5	11	23
Live-Konzerte	1	0	2	1	1
Diskotheken	1	4	0	0	0

Abb. 1: Musikkonsum der Bundesbürger über Medien (Angaben in Prozent; an 100 % fehlende Werte = sonstiges; nach Phonographische Wirtschaft, 1996, S. 49)

res, weltweites Kommunikationsnetz geschaffen werden. Es erfaßt inzwischen in Deutschland jeden einzelnen Menschen in seinem privaten Bereich: Die Ausstattung der Haushalte mit Radio- und Fernsehgeräten in Deutschland betrug 1993 mehr als 98 Prozent (Eckhardt in Deutscher Musikrat, 1995, S. 76).

Medien sind Hilfsmittel zur Übertragung von Botschaften. Sie transportieren Musik von einer Seinsform in eine andere (z. B. von der Partitur zur CD; vgl. Elste, 1993, S. 25). In den Naturwissenschaften hat sich spätestens mit dem Aufkommen von Informationstheorie und Kybernetik ein Medienbegriff etabliert, bei dem die Nachrichtenvermittlung von einem Sender zu einem Empfänger auf der Basis einer technischen Übertragungskette erfolgt. In der Massenkommunikationsforschung und Publizistik werden die neuen technischen Medien als Kanal der Übertragung von Mitteilungen untersucht, in den Medienwissenschaften steht mehr die Frage nach ihrer Funktion und Bedeutung im soziokulturellen Kontext im Mittelpunkt des Forschungsinteresses (im Überblick Faulstich, 1991).

Zu den für die Vermittlung von Musik wichtigen Medien gehören:
– Printmedien (Noten, Bücher, Zeitschriften);
– akustische Medien (Tonträger, Radio);
– audiovisuelle Medien (Film, Video, Fernsehen);
– Computer (interaktive Medien).

Alle diese Medien sind in einer Art von Medienverbund in der modernen Mediengesellschaft nicht nur für die Nachrichten- und Bildübertragung von größter Bedeutung, sondern auch für die Vermittlung von Musik. Dabei besteht zwischen den verschiedenen Medien ein direktes Beziehungsgefüge: ein Feld von Beziehungen und Wirkungen im Rahmen eines offenen Kommunikationssystems (Feldmodell: Lewin, 1951). Ihr Status kann ergänzender oder auch konkurrierender Art sein. Die jeweils neuesten Medien führen zwar nicht zu einer Verdrängung der bereits länger bestehenden Medien, zwingen sie aber zur Aufgabenspezialisierung.

Der Aneignungsprozeß (Konsum) des größten Teils von Musik (vor allem Rock, Pop, volkstümliche Musik) vollzieht sich innerhalb einer Medienlandschaft, die von verschiedenen Industriezweigen bedient und über möglichst viele Medienkanäle verbreitet wird. Zwischen die Urheber von Musik (Komponisten, Songschreiber, ausübende Musiker, Computerspezialisten) und die Konsumenten von musikalischen Produkten haben sich die primären Investoren (Verleger, Produktionsgesellschaften, Produzenten) und die sekundären Investoren (Produktionsstudio, Herstellung, Vertrieb, Werbung, Promotion) als wichtige Schaltstellen des Medienmarketings geschoben (vgl. Hummel in Deutscher Musikrat, 1995, S. 122–129).

Die unaufhaltsame Ausbreitung der Vermittlersysteme läßt sich dem Modell der Marktkommunikation in der Tonträgerbranche mit seinen vielfältigen Formen von Werbung und Promotion als zwei einander ergänzenden Maßnahmen bestens entnehmen (Abb. 2). Und das, obwohl hier nicht einmal der gleichermaßen wichtige Rückkoppelungsprozeß von den Rezipienten zur Tonträgerbranche über Verkaufszahlen, Einschaltzahlen, Chartplazierungen u. a. m. dargestellt wird.

2. Printmedien

Über die längste Tradition verfügen die Printmedien. Geschriebenes Wort und Verschriftlichung von Musik durch Notation, dann durch Buchdruck und Notendruck haben das Verständnis von Musik nachhaltig beeinflußt (zur Notation → Verschriftlichung von Musik, → Wechselwirkungen zwischen der Herstellung und Aufführung von Musik). Schon seit dem Mittelalter versuchten Autoren von Traktaten und Lehr-

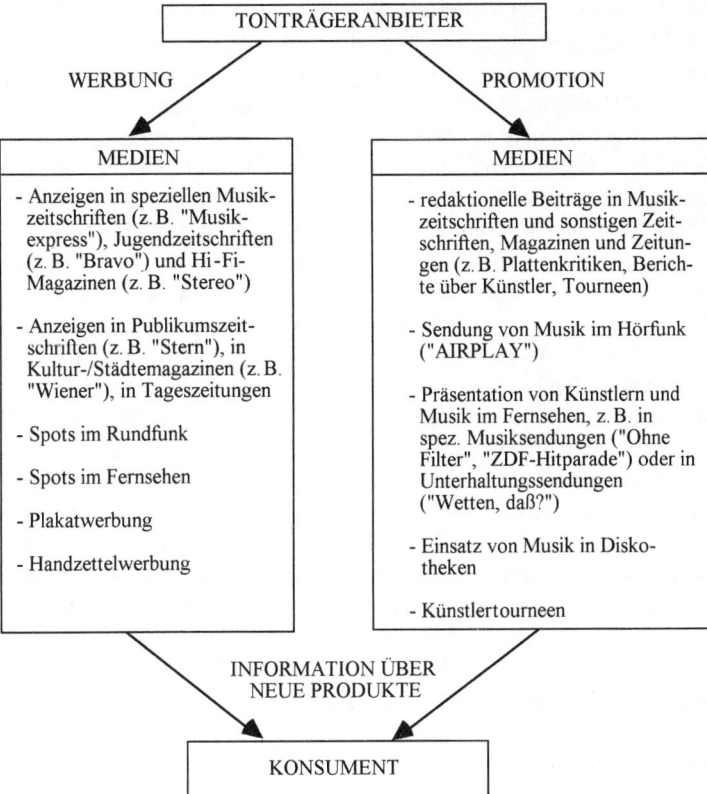

Abb. 2: Modell der direkten Marktkommunikation und Formen der Werbung und Promotion in der Tonträgerbranche (nach Conen, 1995, S. 95)

schriften (im Überblick Apfel, 1992) in Worte zu fassen, wie man richtig zu komponieren hat und wie die zunehmend abstrakteren Notensymbole in Klang umzusetzen sind. Vorworte zu Partituren, Kompositionslehren und Abhandlungen zur Musiktheorie blieben aber, auch wenn sie im Druck erschienen, weitgehend einem kleinen Adressatenkreis von Spezialisten vorbehalten (→ Entstehung des wissenschaftlichen Umgangs mit Musik, → Abendländische Kompositionslehre).

Erst mit dem Aufkommen der bürgerlichen Musikkultur gegen Ende des 18. Jahrhunderts wird Musik zur Ware. Dazu hat nicht nur die Öffnung der Konzertsäle für alle, die den geforderten Eintrittspreis zu bezahlen bereit waren, beigetragen. Ebenso wichtig waren die Printmedien. Mit der Erfindung der Lithographie (Steindruck) konnten Notenblätter und Partituren zu erschwinglichen Preisen hergestellt und auch für den häuslichen Bedarf vertrieben werden. In Journalen, Tageszeitungen und musikalischen Fachzeitschriften (Allgemeine musikalische Zeitung Leipzig, 1798–1848; Neue Zeitschrift für Musik, seit 1834) wurde über Musik berichtet (Werk- und Aufführungskritik; →Entstehung des wissenschaftlichen Umgangs mit Musik) und für musikalische Produkte (Noten, Konzerte, Musikerbiographien) geworben.

Das Angebot an periodisch erscheinenden Publikationsorganen mit musikbezogenen Inhalten hat seit den Anfängen im 18. Jahrhundert erheblich zugenommen (im Überblick Tadday, 1997). Es erscheint nicht abwegig, angesichts dieser Situation heute von einer musikalischen Informationsflut zu sprechen. Das breite Spektrum reicht von Musikfeuilletons und -kritiken in Tages- und Wochenzeitungen über allgemein informierende bzw. unterhaltende Zeitschriften bis hin zu reinen Musikzeitschriften, Fachzeitschriften und Informationsdiensten (→Quellenforschung). Damit werden auf höchst unterschiedlichem Niveau und in durchaus unterschiedlicher Sprache und Aufmachung (für den Rock-/Popbereich s. z.B. Ortmann, 1982) sehr verschiedenartig gebildete und interessierte, teilweise hochspezialisierte und teilweise mehr allgemein kulturell interessierte Zielgruppen angesprochen.

Schon seit den Anfängen des Pressewesens gab es eine häufig enge Verbindung zwischen kommerziellen Interessen und Informationsübermittlung. So erschienen in Paris seit 1838 zwei wichtige Musikjournale als indirekte Propagandaorgane von Verlagshäusern: die neu gegründete «France Musical» aus dem Musikverlag Escudier und die (1834 gegründete) «Revue et Gazette Musicale» des Verlags Schlesinger (Mann, 1971, S. 38). Dieser Propaganda- und Werbecharakter von Musikperiodika für bestimmte Branchen der Musikindustrie hat seitdem eher zu- als abgenommen. Die Verzahnung von Zeitschriften wie «Fachblatt Musikmagazin», «Keyboards» oder «Gitarre und Baß» (verkaufte Auflagen 1994 zwischen 30000 und 50000 Exemplaren) mit der Musikinstrumenten- und Tonträgerindustrie ist eng, obwohl in den Editorials Gegenteiliges behauptet wird (Steffen, 1995). Zeitschriften dieses Typs gehören häufig als ein Glied in die Kette jener Bedürfnisentfachungsmaschinerie, in der es vor allem darum geht, möglichst viel zu produzieren und zu verkaufen.

Als eine Art Korrektiv können demgegenüber die «Fanzines» (Kurzform: «Zines») gelten (dazu ausführlich Bornowski & Husslein, 1996). Hier handelt es sich um Insiderpublikationen in Kleinstauflage. Die Blütezeit der Fanzines begann mit dem Aufkommen des Punk Mitte der 70er Jahre. Fanzines brachten musikalisch wie publizistisch neue Impulse in die verkrusteten Strukturen der Popbranche. Ihre Herausgeber verstehen sich als Teil der Szene und berichten hautnah über neue Gruppen, Bandauftritte und Tonträger im Independent-Sektor. Die wirklich guten Fanzines sind nicht nur Informationsübermittler und Stimulatoren von Kommunikation, sondern zugleich auch künstlerisch bedeutsame Produkte. Mit ihnen und durch sie wird eine der jeweiligen Musikrichtung (Punk, Hardcore, Heavy Metal, Techno) entsprechende eigenständige und innovative Ästhetik entwickelt, die bereits mehrfach das Modebewußtsein breiter Bevölkerungskreise (Disco-Mode, Punk-Outfit, Techno-Glitter) nachhaltig beeinflußt hat. Zur Zeit vollzieht sich eine Schwerpunkterweiterung vom Fanzine zum «Electronic-Zine»: Auch Electronic-Zines sind ästhetisch und inhaltlich innovativ. Die digitale Datenaufbereitung und -übermittlung erlaubt die Kombination von Text (Bandinterviews, Musikrezensionen) mit Bildinhalten (Musikerbilder, Filme von Bandauftritten, simulierte visuelle Bildfolgen) und klingender Musik im Sinn einer multimedialen und intermodalen Ästhetik (Reetze, 1992; Schläbitz, 1997).

3. Akustische Medien

Bei den akustischen Medien muß unterschieden werden zwischen den zur Speicherung von Musik entwickelten Tonträgern und dem elektronischen Medium Hörfunk, das komplette Programme mit Wort- und Musikinhalten anbietet.

Tonträger

Als Tonträger auch heute noch von Bedeutung sind die Ende der 40er Jahre von Peter Goldmark für CBS entwickelte Langspielplatte (LP) und die im Gegenzug dazu von RCA-Victor herausgebrachte Single, ferner die 1963 von Philips auf dem Markt eingeführte «MusiCassette» (MC) und schließlich die von Sony und Philips gemeinsam erarbeitete digitale Compact Disc (CD). Der Trend zur CD auf Kosten von Single und LP ab Mitte der 80er Jahre ist unübersehbar. Seit 1990 ist die CD der meistverkaufte Tonträger (Lieb in Faulstich, 1994, S. 284; vgl. auch Abb. 3).

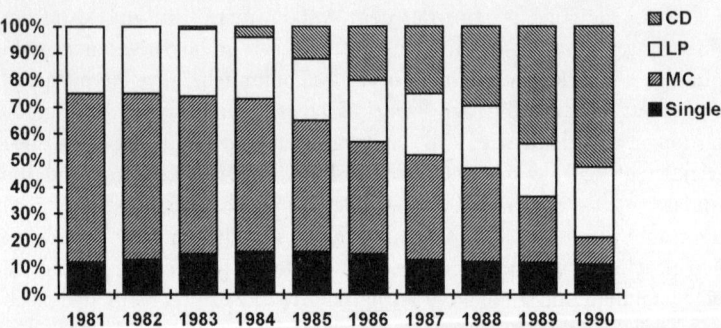

Abb. 3: Relative Anteile der verschiedenen Tonträger am Gesamtumsatz 1981–1990 in Deutschland (Angaben in Prozent; nach Conen, 1995, S. 25)

Die technischen Neuerungen haben natürlich nicht nur die Tonträgerentwicklung, sondern die gesamte Aufnahme-, Produktions- und Wiedergabetechnik nachhaltig beeinflußt, vor allem der in den 80er Jahren realisierte Übergang von analogen zu digitalen Verfahren. Eine die Entwicklung nachzeichnende idealtypische Aufteilung der «Mediamorphose» von «Klassischer Musik» in fünf Stufen hat Kurt Blaukopf (1989) vorgenommen, wobei er davon ausgeht, daß die älteren gleichzeitig neben den jüngeren Stufen der Mediamorphose weiter bestehenbleiben. Stufe 1 (mediale Abbildung) ist durch eine möglichst naturgetreue Aufzeichnung und Wiedergabe der klanglichen Realität von Live-Musik gekennzeichnet. Bei Stufe 2 geht es um die technisch optimierte Abbildung von Musik durch die Veränderung der Aufführungspraxis im Tonstudio. Stufe 3 stellt die mediale Realisierung der Partitur durch Mehrspuraufnahme dar: Zu verschiedener Zeit und an verschiedenen Orten entstandene Teilstücke können in die Produktion (Abmischung am Regiepult) eingehen. Stufe 4 meint die medial-autonome Realisierung durch den Einsatz elektronischer Technik bereits bei der Aufführung, Stufe 5 die mediale Kreation von Musik. Hier stellen die durch elektronische Klangsynthese, digitales Sampling und Sequenzerprogramme am Computer verwirklichten Schallfolgen die Primärgestalt der Musik dar. Vor allem die Stufen 4 und 5 sind maßgeblich nicht nur für zeitgenössische Avantgardemusik, sondern auch für die Herstellung des seit Jahrzehnten quantitativ bedeutsamsten Teils von Musik: die populäre bzw. Unterhaltungsmusik (U-Musik).

Bei einem Tonträger-Gesamtumsatz von rund vier Milliarden DM pro Jahr in Deutschland (es ist damit der drittgrößte Markt nach den USA und Japan; s. Zombik, 1995, S. 501) lag der Pro-Kopf-Umsatz 1995 bei 57,42 DM (Marktanteil der erfaßten Firmen: 80 Prozent). Dabei ist zu berücksichtigen, daß knapp 50 Prozent der Bevölkerung keine Tonträger kaufen und nur ca. 6,5 Prozent zu den Intensivkäufern gehören (Kauf von mehr als neun Tonträgern im Jahr, s. Phonographische Wirtschaft 1996, S. 29 ff). Der Anteil der Marktsegmente (Musikrichtungen) beträgt im Durchschnitt der letzten Jahre (1992–1995) für Pop knapp 40 Prozent, für Rock ca. 20 Prozent und für Dance-Music zwischen vier und zwölf Prozent (mit stetig steigender Tendenz). Schlager und Klassik liegen bei jeweils sieben bis acht Prozent, volkstümliche Musik und Kinderproduktionen bei jeweils drei Prozent sowie Jazz bei etwas über ein Prozent. Die verbleibenden sieben bis zehn Prozent gehören zur Rubrik sonstiges (Film-, Weihnachts-, Instrumentalmusik; ebenda, S. 13).

Über die allgemeinen Trends sagt diese Grobklassifikation einiges, über die tatsächlichen, von den Käufern bevorzugten Musikinhalte dagegen recht wenig aus. Die Konzentration in der Tonträgerbranche auf nur noch sechs weltweit – und davon fünf in der BRD – agierende Majors hat eine zunehmende Einengung des Repertoires bewirkt (als Majors bezeichnet man im allgemeinen die Firmen Sony, EMI, WEA, PolyGram, BMG Ariola und MCA-Matsushita; zur Situation in den 70er Jahren vgl. Zeppenfeld, 1978; zur Situation in den 80er Jahren vgl. Hirsch, 1987). Die Einengung des Repertoires geschah nicht zuletzt auch, weil der finanzielle Aufwand für eine erfolgreiche Produktion erheblich ist.

Eine Analyse der Pop-Produktionen 1990 für den deutschen Markt hat ergeben, daß die Erfolgsquote (gemessen am Aufstieg eines Titels in die TOP-100-Liste der Zeitschrift «Der Musikmarkt») je nach Produktionsart (nationale vs. internationale Produktion und Single vs. LP) zwischen 11 Prozent und 22,7 Prozent liegt. Mithin hat im Schnitt nur höchstens jede fünfte Pop-Produktion der Majors Aussicht auf eine erfolgreiche Plazierung am Markt (Conen, 1995, S. 56).

Die kleineren und kleinen, zum Teil unabhängigen Labels («Indie» =

Independent Label) sind grob geschätzt mit annähernd zehn Prozent am Umsatz des deutschen Tonträgermarkts beteiligt. Ihnen ist es möglich, musikalisch eigenständige Wege zu gehen und mit Kleinstauflagen ab 500 Stück am «großen Markt vorbeizuproduzieren» (Vormehr, 1992, S. 111). Wie eine Detailanalyse der Situation in den Niederlanden deutlich macht (Christiansen in Rösing, 1997a), stellen die Independent Labels in zunehmendem Umfang ein kreatives Musikpotential zur Verfügung, aus dem die Majors schöpfen. Auch im Bereich der Cover-, Beiheft- und Tonträgergestaltung haben sie, nach dem Einfluß der Pop-art ab den endsechziger Jahren (Barber-Kersovan, 1991, S. 96), mit genre- und labelspezifischer Ikonographie eine Vorreiterrolle übernommen.

Berücksichtigt man bei einer Bestandsaufnahme des auf Tonträger verfügbaren Musikrepertoires die Angebote von Majors und Indies (ausführlich Gruber, 1995), so scheint die Vielfalt an vorhandenen Musikrichtungen und -stilen kaum noch zu überbieten zu sein. Die Vertriebswege der Indie-Produkte allerdings sind häufig derart unüberschaubar, daß hier nur Insider zum Zuge kommen. Das eigentlich verfügbare Repertoire ist damit für die Mehrheit der Tonträger-Käufer eingegrenzt auf das, was große Kaufhausketten wie WOM (World of Music) oder Media Markt anbieten. Diversifikation und Konzentration des Tonträgerrepertoires sind somit zwei gegenläufige Trends, die sich paradoxerweise gegenseitig bedingen.

Hörfunk

Das Radio (bzw. der Hörfunk) kann als das Musikmedium par excellence bezeichnet werden (Schäffner in Faulstich, 1994, S. 253). Betrachtet man den Einsatz von Musik im Radio unter historischem Gesichtspunkt, so läßt sich eine zunehmende Abkehr von herkömmlichen, am Konzertbetrieb orientierten Darbietungsstrukturen und eine Hinwendung zu rundfunkspezifischen Vermittlungsformen feststellen (vgl. Großmann-Vendrey, 1986). Erst langsam wurde in der Anfangszeit des Radios im Studio gespielte und live übertragene Musik durch vorproduzierte Tonträgermusik verdrängt. Die Schallplatte mit ihrer zunächst auf drei bis fünf Minuten begrenzten Speicherkapazität kam zwar in Schallplattenkonzerten auch zum Einsatz. Den Durchbruch zu in großem Stil vorproduzierten musikalischen Programminhalten aber brachte erst das 1935 von der Firma AEG entwickelte Magnetophongerät, das eine zeitlich weit größere Speicherdauer bot.

Zentrale Bedeutung für die Programmgestaltung der öffentlich-rechtlichen Rundfunkanstalten hat das Schallarchiv. In ihm lagern u. a. die rundfunkeigenen Musikproduktionen und warten auf Abruf für die Sendung: die gesamte Breite des Musikrepertoires von der ernsten bis zur leichten, der gehobenen bis zur unterhaltsamen Musik bzw. von Klassik bis Jazz. Einen Schwerpunkt bildet die Förderung von moderner Kunstmusik (s. Sieber u. a., 1992). Als in den 60er Jahren ein Gebührenstreit mit der GEMA entflammte, war der öffentlich-rechtliche Rundfunk sogar in der Lage, die Musikprogramme über Wochen hinweg ausschließlich mit Eigenproduktionen zu bestreiten. Doch diese Zeiten sind vorbei. Die angloamerikanische Pop- und Rockmusik ist von Anfang an eine Produktionsdomäne der Schallplattenindustrie gewesen, und diese Musik prägt mittlerweile die meisten Hörfunkwellen. Musik von kommerziellen Tonträgern macht ca. 60 Prozent des Musikprogramms der ARD-Anstalten und bis zu 90 Prozent beim privaten Rundfunk aus (vgl. Eckhardt & Schneider in Deutscher Musikrat, 1995, S. 71–87).

Die nach dem Baukastenprinzip aneinandergereihten Sendungen sehr unterschiedlichen Inhalts (z. B. Sportnachrichten, Opernkonzert, regionales Fenster, Konzertmitschnitt) wurden in den 80er Jahren auf breiter Front verdrängt von den Servicewellen (Münch, 1991) mit ihren auf ganz bestimmte Zielgruppen zugeschnittenen Programmformaten (Formatradio: Heinemann, 1994, S. 49). Aus der stilistischen Beschaffenheit der Musik (z. B. nur aktuelle Pop- und Rocktitel für jugendliche Hörer oder nur Oldies und Swing für Personen zwischen 25 und 50 Jahren oder nur einzelne Sätze aus Klassischer Musik für die gehobenen Ansprüche älterer Hörer) ergibt sich eine unverkennbare Senderfärbung (Boecker, 1993). Die einzelnen Titel werden nach bestimmten Kriterien wie Tempo, Instrumentation, Gesangsstil, Stimmung, rhythmischer Energie usw. vom Redakteur mit Hilfe des Computers aus einem Pool von aktuellen Tonträgern zusammengestellt (Play-list). Ein Soundprozessor bringt die verschiedenen Stücke auf einen Pegel. Durch Jingles und Trailer, durch Überblendungen von Kurzmoderationen und Musik sowie durch häufiges Senden von Programmkennungen wachsen die Programmpartikel zu einem nahtlosen Kontinuum zusammen, dessen Fixpunkte Nachrichten, Verkehrsdurchsagen und Werbeblöcke im Halbstunden- oder Stundentakt darstellen. Wann immer der Hörer sein Programm einstellt, ist er sofort «mittendrin».

In seiner Anfangsphase wurde das Informationsmedium Radio von vielen euphorisch als Hilfsmittel zur Erziehung und Bildung breiter Bevölkerungskreise gefeiert (Demokratisierung des Musikgeschmacks). Besonders jene Musik, die zuvor nur sozial bessergestellten Personenkreisen (Bildungsbürgertum) zugänglich war, glaubte man nun allen näherbringen zu können: Sinfonien, große Opern, Klaviersonaten. Eine Umfrage des Soziologen Paul F. Lazarsfeld Ende der 20er / Anfang der 30er Jahre bei Rundfunkhörern in Wien (s. Mark, 1996) macht aber deutlich, daß die Mehrheit der Befragten schon damals für weniger ernste und mehr leichte Musik votierte.

Untersuchungen und Analysen haben gezeigt, daß die Attraktion des Mediums Rundfunk bei der Vermittlung von Musik weniger in der Möglichkeit des konzentrierten Hin-Hörens als in der des Nebenbei-Hörens und Selektiv-Hörens (kurzfristig erhöhte Aufmerksamkeitszuwendung) besteht (Abb. 4). Gerade die Ausblendung der visuellen Informationsebene erlaubt die problemlose Integration von Radiomusik in ein neues Bezugsfeld (Polyfunktionalität der Nutzung).

	Hörer pro Tag	Verweildauer in Minuten
Essen	61 %	45
Körperpflege	42 %	25
Arbeit im Haus	39 %	135
Arbeit außer Haus	9 %	250
Autofahren	29 %	64
Freizeittätigkeiten	33 %	102
im Haus gesamt	74 %	162
außer Haus gesamt	36 %	124

Abb. 4: Nebenbeinutzung des Radios nach Hörerdichte (in Prozent der Gesamthörerschaft) und Verweildauer (Franz & Klingler, 1991, S. 545)

Dieses ist einerseits durch die Programmdramaturgie gegeben. Andererseits können sich die Radiohörer selbst die funktionalen (emotionalen, assoziativen, kognitiven) Beziehungen zwischen der Musik und der Situation herstellen, in der sie Musik hören. Normative Sachzwänge, die z. B. eine Live-Aufführung vom Kartenerwerb bis hin zur Kleidung und zum Verhalten während der Aufführung mit sich bringt, gibt es nicht.

Folglich dominieren individuell-psychische gegenüber gesellschaftlich-kommunikativen Funktionen (Rösing, 1992, S. 314 f).

Hörfunkprogramme kosten Geld, sie müssen finanziert werden. Bei den öffentlich-rechtlichen Anstalten (Zahl der 1993 gesendeten Programme: rund 60) geschieht dies über einen Mix aus Rundfunkgebühren und Werbespot-Einnahmen, bei den privaten Anbietern (etwa 170 Programme; Eckhardt in Deutscher Musikrat, 1995, S. 74) ausschließlich durch Werbeeinnahmen – sofern sich das Programm nicht selbst schon als Werbung für die Betreiber (Verlagshäuser, Konzertagenturen, Tonträgerhersteller, Medienkonzerne) rechnet. Beim noch im Versuchsstadium befindlichen Digital Audio Broadcast wird eine Nutzungsgebühr erhoben (Arnold & Wandt, 1991). Entscheidend ist in jedem Fall der Kampf um Einschaltquoten. Er wird primär über die Musikinhalte als dem wesentlichen Identifikationsmittel für eine Welle ausgetragen. Denn Radiohörer schalten ihr Gerät vor allem wegen der dort gesendeten Musik ein (Heinemann, 1994, S. 49). Bei einer ausschließlich Einschaltquoten-orientierten Programmgestaltung geht allerdings – bezogen auf die Vielfalt und den Abwechslungsreichtum von Musikinhalten – mehr verloren, als gewonnen wird (vgl. Kreile & Steinschulte, 1993, S. 7 f). Denn Richtschnur ist der musikalisch kleinste gemeinsame Nenner für die anvisierte Zielgruppe. Das heißt konkret:

– Was auch immer an Musik erklingt, muß nebenbeihörtauglich sein, gleichgültig, um welchen Musikstil es sich handelt.
– Aus dem Rahmen des Bekannten, Vertrauten, Trendmäßigen herausfallende Musiktitel (progressive Musik) haben hier nichts zu suchen, denn durch sie könnten Hörerwartungen enttäuscht werden.
– Wortinformationen und Moderationen zwischen den Musiktiteln sollten möglichst kurz sein, da sie sonst – vor allem bei jüngeren Hörern – Störcharakter bekommen können.

Musikprogramme von Formatradios tragen mit dazu bei, musikalische Grenzen zwischen verschiedenen Bevölkerungsgruppen und Hörerschichten auf- statt abzubauen, Musikgeschmack zu kanalisieren und aus neugierigen Musikhörern Ressentimenthörer zu machen: das heißt Hörer, die nur noch wenige Musikstile akzeptieren und alle anderen ablehnen, häufig, ohne sie überhaupt kennengelernt zu haben (s. dazu bereits Adorno, 1968, S. 21 f).

Die Situation stellt sich (wie auch schon im Tonträgerbereich) als letztlich paradox dar. Das Repertoire an Eigenproduktionen der öffent-

lich-rechtlichen Anstalten umfaßt eine Fülle von regionalen und volkstümlichen, jazzorientierten und Kunstmusik-Stilen (vom Barock bis zur
zeitgenössischen Musik). In Verbindung mit den Musikproduktionen
der großen und kleinen Plattenlabels ergibt sich damit eine außerordentliche musikstilistische Bandbreite. Jeder noch so ausgefallene Musik-
wunsch kann auf dieser Basis realisiert werden, und er wird es ja auch
weitgehend in den etwa 15 Kulturprogrammen der ARD-Sender. Diese
aber sind nach dem Kriterium des konzentrierten Hinhörens angelegt.
Angesichts des herrschenden Einschaltquoten-Fetischismus haben sie es
immer schwerer, sich als Minderheitensendungen in der Angebotspalette zu behaupten.

4. Audiovisuelle Medien

Die audiovisuellen Medien haben der Musik ihre durch die akustischen
Medien verlorengegangene optische Ebene wieder zurückgegeben (dazu
besonders Behne, 1987; Hoddmann & Schobert, 1993). Das allerdings
auf eine völlig neue Weise, als technikabhängige und technikbedingte visuelle Inszenierung zusätzlich zur Musik und nicht als zwangsläufige,
real-musikbezogene Komponente einer jeden Live-Aufführung (Rösing,
1997b, Sp. 1580).

Tonfilm

Schon der Stummfilm war musikbegleitet. Die erste Filmvorführung der
Gebrüder Lumière in Paris im Dezember 1895 wurde mit Klaviermusik
untermalt (Fabich, 1993), eine exakte Synchronisation von Bildablauf,
Sprache und Musik aber erst mit dem Tonfilm möglich. Frühe Tonfilm-
versuche von Léon Gaumont Anfang des 20. Jahrhunderts bringen noch
keinen durchschlagenden Erfolg. Die Tonfilmära beginnt 1927 mit dem
Film «The Jazz Singer» mit Al Jolson als Hauptfigur, einem «Superstar»
des amerikanischen Vaudeville-Theaters (Schmidt, 1982, S. 38f). Früher
Prototyp des Tonfilms ist das Filmmusical bzw. der Revuefilm: In eine
unterhaltende Spielfilmhandlung sind möglichst viele Szenen mit Gesang und Tanz einbezogen («source music»: Maas, 1993, S. 86). In zunehmendem Umfang allerdings werden für einen Film vollständige Partituren geschrieben, ohne daß die Szene eine musikbezogene Handlung
aufweist. Komponisten wie Max Steiner («Casablanca»), Erich Wolfgang

Korngold («Herr der sieben Meere»), Franz Waxman («Frankensteins Braut») oder Miklos Rosza («Ben Hur»; im Überblick Thiel, 1981) schreiben sinfonische Filmmusik, die mit der Filmhandlung auf verschiedenen Funktionsebenen verbunden ist (siehe Schmidt, 1982, S., 191 ff; Brown, 1994). Dazu gehören (vgl. Maas in Bruhn, Oerter & Rösing, 1993, S. 204 f):

– tektonische Funktionen – Musik als Baustein zur äußeren Gestaltung eines Films (Titelmusik, Zwischenmusiken);
– syntaktische Funktionen – Musik als Element der Erzählstruktur (Akzentuierung von Szenenhöhepunkten, Verdeutlichung von Spannungsbögen);
– semantische Funktionen – Stimmungsuntermalung, Leitmotivik («Spiel mir das Lied vom Tod»), Interpretation bzw. Kommentierung von Handlungen (illustrierend, paraphrasierend, kontrapunktierend: Pauli, 1976);
– mediatisierende Funktion – z.B. Verwendung von aktueller Rockmusik, um ein jugendliches Publikum anzusprechen und zu einer «temporären Gemeinschaft» zusammenzuführen.

Die mediatisierende Funktion ist für die Popularisierung von Rockmusik besonders wichtig. «Blackboard Jungle» machte 1955 Bill Haleys «Rock around the clock» zur Hymne einer internationalen Jugendrevolte, der Film über Woodstock brachte mit dem Folkrock die Ideale der Hippiebewegung in den letzten Winkel dörflicher Abgeschlossenheit, «Saturday Night Fever» mit John Travolta löste 1977 das Disco-Fieber aus, «Flashdance» (1982) und «Dirty Dancing» (1987) unterstützten Aerobic-Welle und Jazz-Dance (Rodenberg in Rösing, 1997a). Der immer enger werdende Produktverbund von Film- und Schallplattenindustrie hat sich nicht nur bei der Edition von Soundtracks im Pop- und Rock-Bereich bestens bewährt und bezahlt gemacht (die Musik zu «Dirty Dancing» verkaufte sich über achtmillionenmal, Grossberg in Frith, Goodwin & Grossberg, 1993, S. 191), sondern sogar im sonst eher weniger umsatzträchtigen Klassik-Geschäft. Der Absatz von Mahlers 5. Sinfonie stieg nach dem Visconti-Film «Tod in Venedig» ebenso markant an wie der Absatz von Mozarts und Salieris Musik nach «Amadeus» von Milos Forman, und Ravels «Bolero» gelangte nach Bo Dereks «Die Traumfrau» sogar in die Hitparade.

Videoclip

Ende 1970 etablierte sich in Deutschland der Videorecorder auf dem Massenmarkt der Unterhaltungselektronik (Uka in Faulstich, 1994, S. 332 ff). Damit wurde nicht nur die Individualisierung und Privatisierung des Filmkonsums möglich. Zugleich konnte sich – fußend auf stilistischen Wurzeln des experimentellen Films der Bauhauszeit, der Videokunst im Pop-art-Bereich und den Rockfilmen der 60er Jahre («Easy Rider», s. Maas, 1993) – eine neue audiovisuelle Darbietungsform durchsetzen, in der Werbung (Promotion), Kommerz und künstlerische Ästhetik sich gegenseitig durchdringen. Nach der Produktion des Videoclips zu «Bohemian Rhapsody» von «Queen» aus Werbezwecken kam es ab Anfang der 80er Jahre zu einem wahren Videoboom (im Überblick Winter & Kagelmann in Bruhn, Oerter & Rösing, 1993, S. 208–220). Er wurde nachhaltig geschürt von dem kommerziellen Fernsehsender MTV, der 1981 in den USA mit der Ausstrahlung eines Videoclip-Programms rund um die Uhr begonnen hatte (Denisoff, 1988).

Inzwischen haben Videoclips die Film- und auch Werbespotästhetik nachhaltig beeinflußt. Sie können als die wichtigste kulturelle Äußerung der zeitgenössischen populären (Musik-)Kultur bezeichnet werden (Frith, Goodwin & Grossberg, 1993). Wegen ihrer zeitlichen Begrenztheit («Minidramen») weisen Videoclips meist eine hohe strukturelle Dichte auf: rasante Schnittechnik, assoziative Bildfolgen ohne die im Film üblichen, auf Linearität gründenden Erzählcodes, häufige Verwendung von selbstreferentiellen Mitteln und einen ausgeprägten Synkretismus – sowohl hinsichtlich der Grenzverwischungen von Hochkultur und Alltagskultur als auch in bezug auf Vergangenheit und Gegenwart, sakrale und profane, kommerzielle und experimentelle, reale und computersimulierte Bilderwelten. Eine Kategorisierung nach verschiedenen Inhalten und Darstellungsformen ist angesichts dieser Darbietungskriterien und auch angesichts ständiger kreativer Neuerungen kaum möglich, besonders, soweit es die Beziehungen zwischen bildnerischer und musikalischer Ebene betrifft (Pape & Thomsen in Rösing, 1997 a).

In den 80er Jahren wurde eine unangemessene Beeinflussung musikalischer Inhalte durch die Bebilderung bis hin zu musikbezogenen Zwangsassoziationen befürchtet (umfassend Fiske, 1989; im Überblick Schmidt in Bruhn, Oerter & Rösing, 1993, S. 196). Die neuere Wirkungsforschung allerdings hat deutlich gemacht (z.B. Wallbott, 1989; Altrogge & Amann, 1991), daß Videoclips in Abhängigkeit vom Rezeptionskontext und von der persönlichen Erfahrungs- und Gefühlswelt sehr unterschiedlich wahrgenommen werden. Sie führen – vor allem bei den jugendlichen Rezipienten – zu höchst fantasievollen Aneignungs-prozessen und kreativen Selbstdeutungen im Spannungsfeld von Kunst, Ökonomie, Traumwelt und Lebenswelt (Hausheer & Schönholzer, 1994; Asmussen, 1996).

Fernsehen

Spielfilme und Videoclips sind – neben einer Vielzahl von weiteren In-halten – Bestandteil der Programmangebote des Fernsehens. Berücksich-tigt man alle Sendungen, die mit Musik unterlegt sind (z. B. Musik als Klangtapete in Features und Magazinen, Musik zur Auflockerung von Spielshows und Unterhaltungssendungen), dann ist der Musikanteil in den Fernsehprogrammen sehr hoch (Wehmeier, 1995, S. 9). Reine Mu-siksendungen aber sind – ohne Berücksichtigung der Videoclip-Sender MTV und VIVA – eher selten im Programm zu finden. Ihr Anteil liegt je nach Sender bei maximal bis zu vier Prozent. Die zehn meistgesehenen Musiksendungen – überwiegend Angebote von ARD und ZDF – sind dem (Deutschen) Schlager und der volkstümlichen Musik gewidmet. Auf dem Tonträgermarkt haben sie jedoch nur einen Anteil am Gesamt-umsatz von zehn Prozent und liegen damit lediglich geringfügig über dem Klassik-Umsatz (Deutscher Musikrat, 1995, S. 65; Analysen von Sendungen mit volkstümlicher Musik: Jost u. a., 1996).

Sendungen mit klassischer Musik, Oper und Ballett sind fast nur noch in den Kulturprogrammen der öffentlich-rechtlichen Anstalten zu fin-den (z. B. Arte, 3Sat, dritte Programme der ARD). Sie haben vor allem einen hohen informativen Wert und stimulieren eher zum Besuch von Konzert- und Musiktheater-Veranstaltungen, als daß sie ihn ersetzen (Eckhardt & Horn, 1991, S. 21).

Die Videoclip-Sender MTV und VIVA für Jugendliche sowie VH-1 und VIVA II für die mittlere Generation sind Produkte der Medienkon-zerne. Sie können als visuelles Radio bezeichnet werden. MTV gehört zum Medienkonzern VIACOM und finanziert sich ausschließlich aus Werbeeinnahmen: aus der indirekten Werbung für Tonträger in Form von Videoclips und aus direkter Werbung für andere Produkte. Viele der Sendungen sind zudem von großen Konzernen (Benetton, Nike, Puma, Levi Strauss, Wrangler, Pepsi Cola) gesponsert.

Ähnlich ist die Situation bei VIVA. Dieser Sender als deutsche Antwort (Sendebeginn 1993) auf MTV Europe (Sendebeginn 1987) wird zu je knapp 20 Prozent von EMI, Philips (PolyGram), Sony, Warner Communication (WEA) und dem Video-Produzenten Frank Otto gehalten. Bereits 1981 hatte MTV – in Anlehnung an das Formatkonzept der Radio-Servicewellen – in den USA die Art und Weise, wie Fernsehen als «Nebenbeimedium» genutzt und Musik gehört und gesehen wird, gründlich geändert. Inzwischen ist es dem Sender gelungen, Lifestyle als Mischung aus Musik, Werbung, Mode und Design zu konstruieren und damit weltweit eine hedonistisch ausgerichtete, jugendliche Konsum- und Freizeitgesellschaft anzusprechen (Hujic, 1996).

Seit einiger Zeit sind MTV und VIVA mit verschiedenen ihrer Angebote auch im Internet präsent. Per Fax oder Telefon, via E-Mail oder World Wide Web können die Zuschauer Wunschvideos anmelden (Adressen im → Anhang). Dies ist allerdings nicht MTV- oder VIVA-spezifisch. Radio und Fernsehen sind generell dabei, etwas als Neuerung des letzten Jahrzehnts auszugeben, was Bertolt Brecht schon 1927 in den «Vorschlägen für den Intendanten des Rundfunks» gefordert hatte: die Umwandlung der Massenmedien von Distributions- in Kommunikationsapparate (Brecht, 1967; vgl. auch Kühn, 1976, S. 26 ff). Damit tragen sie zugleich dem Bedürfnis nach vermeintlicher Individualisierung des Musikgeschmacks Rechnung. Vermeintlich deswegen, weil sich die Wünsche meist im Rahmen dessen bewegen, was in den Hitlisten und Charts vorkommt und ohnehin der «Heavy-Rotation» (30 Einsätze pro Woche) bzw. «Active-Rotation» (20 Einsätze) unterliegt.

5. Computer (interaktive Medien)

Waren bis zur Jahrhundertwende die Printmedien (Notendruck) der «bestimmende Faktor für den Transport von Musik zu ihrer Verwertung» (Sikorski, 1986, S. 38), so ist mit dem Aufkommen der elektronischen Medien eine grundlegend neue Situation entstanden: Mit der digitalen Umsetzung von Musik sind die Grenzen zwischen akustischer und optischer Ebene aufgehoben worden (Münch in Rösing, 1997 a, S. 19 ff). Bereits das MIDI-Format erlaubt sowohl die Steuerung von Synthesizern als auch von Notendruckprogrammen.

Computersoftware macht es möglich, Kompositionen auf der Grundlage von nur einer Datenbasis graphisch darzustellen, akustisch zu realisieren, mit dem eigenen CD-Brenner zu vervielfältigen und über Internet weltweit zugänglich zu machen (vgl. Hanser-Strecker u. a., 1996, S. 21 ff; → Wechselwirkungen zwischen der Herstellung und Aufführung von Musik). Im Prozeßrechner gehen alle die zuvor schon bestehenden Medien eine Symbiose ein. Die Zusammenführung von Bild, Text und Ton (Multimedia), die nahezu unbegrenzte Speicherkapazität in Datenbanken (Noten, Musik, Musikbücher, Filme) und die schnelle Abrufbarkeit dieser Daten eröffnen neue musikbezogene Umgangsweisen: Die Nutzer rufen nicht nur Information ab, sondern geben auch Information ins Netz.

Für netzunabhängige Anwendungen (offline) hat sich die CD-ROM (Read Only Memory) mit den speziell für den datenintensiven Bild- und Musikbereich entwickelten Varianten CD-I (Interaktiv), CD-Plus, CD-Extra und Enhanced-CD am Multimedia-Markt etabliert (Überblick bei Teske in Rösing, 1997 a). Die folgenden Möglichkeiten sind bislang realisiert worden:

– CD-ROM als Massenspeicher für Soundsammlungen, für Verzeichnisse von Tonträgern, Noten, Musikschrifttum und als multimedialer Katalog;

– CD-ROM als Datenträger für einen Medienmix. Bereits bestehende Inhalte (Bild, Ton, Text, Video) werden digital aufbereitet und in neue Zusammenhänge gebracht. Das betrifft den Unterhaltungs- ebenso wie den Dokumentationssektor (z. B. «Ullstein Multimedia Lexikon der Musik», 1994);

– CD-ROM als Medium für neue Ausdrucks- und Vermittlungsformen von Musik im pädagogischen (z. B. «Mortons Musik-Malkasten», 1995) und im unterhaltend-künstlerischen Bereich (David Bowie: «Jump They Say», 1993; Peter Gabriel: «Xplora 1», 1994, und «Ève», 1997). Hier ist nun auch Interaktivität angesagt. Die Benutzer dürfen sich durch eine Sammlung der verschiedensten Szenen und Sounds klicken und können dabei immer wieder Neues entdecken (Borchers, 1997).

Die Online-Anwendungen sind mittlerweile dabei, den Offline-Angeboten den Rang abzulaufen. Vor allem das Internet konnte sich für private wie kommerzielle Nutzer als nichthierarchisch strukturiertes System durchsetzen (Danilenko, 1996, S. 17). Neben Musikdatenbanken (z. B. «digitallmusic», «Ultimativ Band List»), musikwissenschaftlichen Veröffentlichungen und Veranstaltungen (z. B. «virtuelles Musiksemi-

nar» der Universität Osnabrück, flächendeckender Musik-Fernunter-
richt in Australien), Musikpresse und Musikfernsehen («Hyperrealma-
gazin», MTV und VH-1) stellen sich Labels, Verlage, Vertriebe («Motor-
music», «Internet Underground Music Archive») ebenso wie Musiker im
Internet dar, vor allem aber die «User» selbst (Newsgroups, Home- und
Fanpages), denen hier ein Forum für weltweiten Gedankenaustausch zur
Verfügung steht. Damit ergibt sich die Chance für eine internationale
und grenzenlose Kommunikation über Musik und für eine in diesem
Ausmaß völlig neue Verschmelzung musikbezogenen Handelns mit
anderen Kunst- und Lebensformen (Postulart, 1996, S. 25).

Digital Audio Broadcast (DAB) und Digitales Satelliten-Radio (DSR)
sind ebenso wie die Konzepte für interaktives Fernsehen dabei, die Grenzen zwischen akustischen und audiovisuellen Speichermedien auf der
einen und den massenmedialen Programmanbietern Hörfunk und Fernsehen auf der anderen Seite aufzuweichen. Radio bzw. Fernsehen «on
demand» sollen angeblich schon in Kürze nicht nur in zunehmendem
Umfang die individuelle Programmzusammenstellung im Sinn einer
riesigen Jukebox ermöglichen, sondern im Extremfall sogar die beliebige
Veränderung von Musikstücken, Opernhandlungen und Filminhalten.

Ob sich diese äußerste Form von individualistisch ausgerichteter Interaktivität tatsächlich etablieren wird, bleibt derweil eine offene Frage.
Generell muß gesagt werden, daß sich etliche der mit großem Enthusiasmus verfolgten Innovationen bislang nicht verwirklichen ließen. Neben den vielen neuen Möglichkeiten bringt die Digitalisierung auch eine
Fülle von gesellschaftspolitischen Problemen mit sich (dazu Robertson,
1992; Mowlana, 1997). Denn die weltweit operierenden Medien-, Elek-
tronik- und Musikkonzerne sind dabei, die digitalen Netze und ihr interaktives, auf Privatheit gründendes Potential für eine gelenkte Musikvermittlung und zur Stimulation von immer neuen musikbezogenen
Bedürfnissen zu nutzen.

6. Ausblick

Elektronische und digitale Medien gehören zur gesellschaftlichen Realität des 20. Jahrhunderts. Das mediale Netz ist in den letzten Jahrzehnten
immer dichter geknüpft worden, und entsprechend haben die Synergieeffekte untereinander und der Druck auf die Musikhörer als Gruppe der

Verbraucher zugenommen. Musik als klingender Ausdruck sozialer Phänomene kann und darf sich dieser Realität nicht entziehen (→ Wechselwirkungen zwischen der Herstellung und Aufführung von Musik). Sie tut es selbst dort nicht, wo sie im dialektischen Sinn gegen die immer stärkere mediale Vereinnahmung opponiert.

Eine zentrale Rolle spielen die modernen Medien allerdings weniger bei der Produktion und Rezeption von Musik als bei ihrer Vermittlung. Hier kommt ihnen eine Art Schlüsselstellung mit Monopolcharakter zu. Die Kulturindustrie als Bewußtsein schaffende bzw. verändernde Instanz ist Gegenstand einer Vielzahl gesellschaftskritischer Medientheorien von Theodor W. Adorno und Max Horkheimer (1947) bis hin zu Hans Magnus Enzensberger (1970). Kommunikationstheoretisch orientierte Theorien versuchen dagegen mehr beschreibend als bewertend die neuen Medien als «Faktor sozialen Wandels» (Silbermann, 1977) zu begreifen. Transaktionstheorien und konstruktivistische Theorien schließlich interpretieren auch die neuen Medien als technische Hilfsmittel zur Konstruktion von personbezogener und selbstbestimmter Wirklichkeit.

Einen Kompromiß bietet hier die Agenda-Setting-Theorie (Protess & McCombs, 1991; zur musikalischen Urteilsbildung: Behne, 1997). Das Selbstkonzept wird auf der Grundlage jener Inhalte verwirklicht, die die modernen Medien anbieten. Bezogen auf Musik heißt das: Dauerhafte musikalische Geschmacksbildung sowie die Ausprägung von mehr temporären Musikvorlieben geht ausschließlich von Musikinhalten aus, die auf zumindest einer Ebene in den medialen Vermittlungskreislauf gelangt sind. Was nicht in den Medien präsentiert wird, ist bedeutungslos für die Konstruktion eines musikalischen Selbstkonzepts.

Wie mediale Vermittlung im konsequenten Medienmix aussehen kann, hat Gesenhues (1988, S. 78) am Beispiel des «Aktionsplans» zur deutschen Michael-Jackson-Tournee für den Zeitraum vom 16. bis 26. Juni 1988 im Zusammenhang mit dem Song «Bad» nachgezeichnet. In den Zeitschriften Bunte, Bravo, Spiegel, Stern sowie der Zeitung Bild am Sonntag wurden mehrseitige Berichte gebracht, flankiert von einer unübersehbaren Anzeigenkampagne. Intensive Kino- und Fernsehwerbung, ausführliche Präsentation in den Rundfunk- und Fernsehprogrammen der privaten wie öffentlich-rechtlichen Anstalten, eine bundesweite Tour-Dekoration und eine «Rock 'n' Rail-Promotion» in allen Bahnhöfen und Reisebüros der Deutschen Bahn haben zudem nachhaltig dazu beigetragen, die Integration des Songs «Bad» in das musikalische Selbstkonzept einer großen Anzahl von Bundesbürgern zu bewirken.

Nahezu ebenso erfolgreich verlief die Werbe- und Promotionkampagne zu dem 1992 vom britischen Rockmusiker Mike Oldfield eingespielten Album «Tubular Bells II». Vor der Deutschlandtournee lud die Firma WEA (Warner Communication) wichtige Medienvertreter, Händler, Journalisten nach Hamburg ein und stellte das Album in Verbindung mit einer neuartigen Light-Show vor. Als Arbeitsgrundlage erhielt jeder Gast ein Promotionpapier. Die meisten Journalisten übernahmen die Formulierungen aus diesem Papier so gut wie wörtlich. «Tubular Bells II» verkaufte sich bundesweit in über 250000 Exemplaren (weltweit: über fünf Millionen; vgl. Smudits, 1993).

Die weltumspannenden elektronischen sowie digitalen Kommunikations- und Vermittlungssysteme haben zu zwei Trends geführt, die sich gegenseitig ergänzen, so widersprüchlich sie auch zu sein scheinen: zur Globalisierung und zur regionalen Diversifikation. Mediale Infrastrukturen machen aus der Welt ein globales Dorf. Hier wird die «elektrisch durchgeformte Kultur» zu einem «simultanen Happening» (McLuhan & Fiore, 1984, S. 68). Der globale Informationsfluß trifft jedoch auf unterschiedliche politische, ökonomische, soziokulturelle und rechtliche Gegebenheiten. Daraus resultieren kulturelle Transformationsprozesse und Konflikte. Sie bewirken – auch im Musikbereich – nicht nur eine Angleichung und Nivellierung von Unterschieden (internationale Popmusik mit Englisch als Weltsprache), sondern auch ein um so bewußteres Festhalten an und Fortschreiben von Traditionen (lokale, regionale, nationale Musikstile).

Diversifikation vollzieht sich nicht allein in räumlicher Hinsicht. Die neuen Möglichkeiten der schnellen Produktion und Distribution von Musik erlauben zudem eine immer größere soziale Ausdifferenzierung nach unterschiedlichen, vor allem aber alters- und bildungsabhängigen Geschmacksgruppierungen (→ Musikalische Lebenswelten). Das führt zu einer zunehmenden Segmentierung von Gesellschaft und zum Abbau von übergeordneten kulturellen Symbolen.

Musik hat zu jeder Zeit grundlegende gesellschaftskonstituierende und erhaltende Funktionen gehabt (Suppan, 1984). Sie bietet einen Rahmen, um gesellschaftliche Beziehungen in der Form von Klängen auszudrücken (Sloboda, 1985, S. 267). Folglich handelt es sich bei Musik nicht um Luxus, auf den man verzichten könnte, sondern um einen Gebrauchsgegenstand. Ungeklärt bleibt allerdings die Frage, wieviel Musik ein Individuum zur Ausdifferenzierung und Optimierung seines Lebensgefühls benötigt. Gemäß einer schon von Karl Marx formulierten Theorie (s. Kaden, 1985, S. 220ff) ist es ein entscheidendes Anliegen kommerzieller Produktverwertung, Bedürfnisse auch dort zu entfachen, wo es eigentlich keine gibt. Die musikbezogenen Vermittlungsstrategien in den elektronischen und digitalen Medien können als Musterbeispiel dafür gelten, wie Bedürfnisstimulierung und Bedürfnisbefriedigung immer mehr den Gesetzen des Markts unterliegen. Wichtig für diesen Verwertungskreislauf sind in zunehmendem Maß weniger die musikalischen Inhalte selbst als ihre Vermittelbarkeit.

Literatur

Adorno, T. W. (1968). *Einleitung in die Musiksoziologie.* Reinbek: Rowohlt.

Adorno, T. W. & Horkheimer, M. (1947). *Dialektik der Aufklärung. Philosophische Fragmente.* Amsterdam: Querido (Neuausg. Th. W. Adorno, Gesammelte Schriften Bd. 3, Frankfurt / M.: Suhrkamp 1984).

Altrogge, M. & Amann, R. (1991). *Videoclips – die geheimen Verführer der Jugend? Ein Gutachten zur Struktur, Nutzung und Bewertung von Heavy-Metal-Videoclips.* Berlin: Vistas.

Apfel, E. (1992). *Notenbeispiele zu Die Lehre vom Organum, Diskant, Kontrapunkt und von der Komposition bis um 1480* (Bd. 1); Notenbeispiel zu sämtlichen herausgegebenen musikalischen Satzlehren vom 12. bis gegen Ende des 15. Jahrhunderts in deutscher Übersetzung. Saarbrücken: Universitätsbibliothek.

Arnold, B. P. & Wandt, S. (Hg.) (1991). *Radio heute. Die neuen Trends im Hörfunkjournalismus.* Frankfurt / M.: Inst. f. Medienentwicklung u. Kommunikation.

Asmussen, B. (1996). *MTV Music Television: A Lifestyle supermarket. Ein Erklärungsmodell für das Phänomen Musik Videoclip als mediale Lebenswelt.* Hamburg: Musikwiss. Inst. (Magisterarbeit).

Barber-Kersovan, A. (1991). Turn on, tune in, drop out: Rockmusik zwischen Drogen und Kreativität. In Rösing, H. (Hg.), *Musik als Droge?* (S. 89–104). Mainz: Stiftung Villa Musica.

Behne, K.-E. (Hg.) (1987). *Film – Musik – Video oder Die Konkurrenz von Auge und Ohr.* Regensburg: Bosse.

Behne, K.-E. (1997). Musikästhetik. III. Musikalische Urteilsbildung. In Finscher, L. (Hg.), *MGG Die Musik in Geschichte und Gegenwart.* Sachteil Bd. 6 (Sp. 998–1012). Kassel / Stuttgart: Bärenreiter / Metzler.

Blaukopf, K. (1989). *Beethovens Erben in der Mediamorphose. Kultur- und Medienpolitik für die elektronische Ära.* Heiden (Schweiz): Niggli.

Boecker, A. (1993). Der knotenlose Klangteppich. *Die Zeit,* 31. 12. 1993, 9–10.

Borchers, D. (1997). Gott hat die Musik versteckt. *Die Zeit*, 7. 3. 1997, 94.

Bornowski, R. & Husslein, U. (1996). *Fanzines ... they are like wild, exotic mushrooms*. Wuppertal: Rockbüro NRW.

Brecht, B. (1967). Radiotheorie 1927–1932. In *Gesammelte Werke in acht Bänden*. Bd. 8, Schriften 2 (S. 118–134). Frankfurt / M.: Suhrkamp.

Brown, R. S. (1994). *Overtones and undertones. Reading film music*. Berkeley: Univ. of California Press.

Bruhn, H., Oerter, R. & Rösing, H. (Hg.). (1993). *Musikpsychologie. Ein Handbuch*. Reinbek: Rowohlt (3. Aufl. 1997).

Conen, M. (1995). *Tonträgermarketing. Marktdynamik und Anpassungsmanagement*. Wiesbaden: DUV.

Danilenko, L. (1996). Künftige Vertriebswege für digitale Musik im On-Line Zeitalter. *Musikforum*, *85*, 15–20.

Denisoff, R. S. (1988). *Inside MTV*. New Brunswick: Transaction Publishers.

Deutscher Musikrat (Hg.) (1995). *Musik Almanach. Daten und Fakten zum Musikleben in Deutschland*. Kassel: Bärenreiter.

Eckhardt, J. & Horn, I. (1991). Kultur und Medien. Ausgewählte Ergebnisse einer Studie der ARD / ZDF-Medienkommission. *Musikforum*, *75*, 17–26.

Elste, M. (1993). *Kleines Tonträgerlexikon. Von der Walze zur Compact Disc*. Kassel: Bärenreiter (2. Aufl.).

Enzensberger, H. M. (1970). Baukasten zu einer Theorie der Medien. *Kursbuch*, *20* (3), 159–186.

Etterna, J. & Whitney, D. C. (1994). *Audiencemaking. How the media create the audience*. Thousand Oaks (California): Sage.

Fabich, R. (1993). *Musik für den Stummfilm*. Frankfurt / M.: Lang.

Faulstich, W. (1991). *Medientheorien. Einführung und Überblick*. Göttingen: Vandenhoeck & Ruprecht.

Faulstich, W. (Hg.) (1994). *Grundwissen Medien*. München: Fink.

Fiske, J. (1989). *Reading popular music*. Boston: Hyman.

Franz, G. & Klingler, W. (1991). Hörfunk zu Beginn der 90er Jahre. Trends und Analysen. *Media Perspektiven*, *8*, 537–552.

Frith, S., Goodwin, A. & Grossberg, L. (Hg.) (1993). *Sound and vision. The music video reader*. London: Routledge.

Gesenhues, T. (1988). *Die Bedeutung der Popmusik in den elektronischen Medien als Sozialisationsfaktor*. Münster: Fachhochschule (unveröff. Diplomarbeit).

Goslich, S. (1971). *Musik im Rundfunk*. Tutzing: Schneider.

Großmann-Vendrey, S. (1986). Musikprogramme in der «Berliner Funkstunde». In Deutsches Rundfunkarchiv (Hg.), *Materialien zur Rundfunkgeschichte*, *4*, 55–82.

Gruber, S. (1995). *Das Konsumentenverhalten bei Independent-Tonträgern. Eine empirische Untersuchung*. Frankfurt / M.: Lang.

Hanser-Strecker, P. u. a. (1996). Digitales Zeitalter und Musikleben. *Musikforum*, *85*, 21–24.

Hausheer, C. & Schönholzer, A. (Hg.) (1994). *Visueller Sound. Musikvideos zwischen Avantgarde und Populärkultur.* Luzern: Zyklop.

Heinemann, R. (1994). Stellenwert der U-Musik im Radio. *Musikforum, 80,* 49–59.

Hirsch, H. (1987). *Schallplatten zwischen Kunst und Kommerz. Fakten, Tendenzen und Überlegungen zur Produktion und Verarbeitung.* Wilhelmshaven: Noetzel.

Hoddmann, H. & Schobert, W. (Hg.) (1993). *Sound & Vision – Musikvideo und Filmkunst.* Frankfurt/M.: Deutsches Filmmuseum.

Hujic, L. (1996). «I hope youre enjoying your party»: MTV in wartorn Bosnia. *Screen, 3,* 268–277.

Jost, E. & Projektgruppe V-Musik (1996). Volkstümliche Musik im Fernsehen. In Rösing, H. (Hg.), *Beiträge zur Popularmusikforschung 17* (S. 30–65). Karben: CODA.

Kaden, C. (1985). *Musiksoziologie.* Wilhelmshaven: Heinrichshofen.

Kreile, R. & Steinschulte, G. (1993). Musik im Kulturraum Europa – Perspektiven und Strategien. *Musikforum, 79,* 4–14.

Kühn, H. (1976). Die Musik in deutschen Rundfunkprogrammen. In Schmidt, H.-C. (Hg.), *Musik in den Massenmedien Rundfunk und Fernsehen* (S. 24–43). Mainz: Schott.

Lewin, K. (1951). *Field theory in social science.* New York: Harper.

Maas, G. (1993). Rock und Film: Erscheinungsformen einer Symbiose. In Rösing, H. (Hg.), *Spektakel/Happening/Performance. Rockmusik als Gesamtkunstwerk* (S. 85–100). Mainz: Villa Musica.

Mann, M. (1971). *Heinrich Heines Musikkritiken.* Hamburg: Hoffmann und Campe.

Mark, D. (Hg.) (1996). *Paul Lazarsfelds Wiener RAVAG-Studie 1932.* Der Beginn der modernen Rundfunkforschung. Wien: Guthmann & Peterson.

McLuhan, M. & Fiore, Q. (1984). *Das Medium ist Massage.* Frankfurt/M.: Ullstein.

Mowlana, H. (1997). *Global information and world communication* (2. Aufl.). London: Sage.

Münch, T. (1991). *Pop-Fit. Musikdramaturgie in Servicewellen – Eine Fallstudie.* Pfaffenweiler: Centaurus.

Ortmann, P. (1982). *Jugendzeitschriften und Popmusik.* Berlin: Volker Spiess.

Pauli, H. J. (1976). Filmmusik: ein historisch-kritischer Abriß. In Schmidt, H.-C. (Hg.), *Musik in den Massenmedien Rundfunk und Fernsehen* (S. 91–119). Mainz: Schott.

Phonographische Wirtschaft, Bundesverband (Hg.) (1996). *Jahrbuch 1996.* Starnberg: Keller.

Postulart, H. (1996). Digitales Zeitalter und Musikleben. *Musikforum, 85,* 25–32.

Protess, D. L. & McCombs, M. (Hg.) (1991). *Agenda Setting. Readings on media, public opinion and policyamaking.* Hillsdale: Erlbaum.

Reetze, J. (1992). *Die Realität der Medien. Die Synthese von Film, Musik, audiovisueller Kunst und elektronischen Informationsmedien oder: Der Beginn der Illusionsgesellschaft.* Hannover: Metzler.

Robertson, R. (1992). *Globalization. Social theory and global culture.* London: Sage.

Rösing, H. (1992). Musik als Lebenshilfe? Funktionen und Alltagskontexte. In Lipp, W. (Hg.), *Gesellschaft und Musik. Wege zur Musiksoziologie* (S. 311–331). Berlin: Duncker & Humblot.

Rösing, H. (Hg.) (1997a) «Step across the border». Neue musikalische Trends, neue massenmediale Kontexte. *Beiträge zur Popularmusikforschung 19/20.* Karben: CODA.

Rösing, H. (1997b). Musikpsychologie. III. Angewandte Musikpsychologie. In Fincher, L. (Hg.), *MGG Die Musik in Geschichte und Gegenwart.* Sachteil Bd. 6 (Sp. 1575–1589). Kassel / Stuttgart: Bärenreiter / Metzler.

Schläbitz, N. (1997). *Der diskrete Charme der neuen Medien. Digitale Musik im medientheoretischen Kontext und deren musikpädagogische Wertung.* Augsburg: Wißner.

Schmidt, H.-C. (1982). *Filmmusik (*Musik aktuell*).* Kassel: Bärenreiter.

Sieber, W. u.a. (1992). E-Musikprogramme im Hörfunk. Kultureller Programmauftrag oder die Jagd nach Hörern. *Studienkreis Rundfunk und Geschichte, Mitteilungen, 18,* 38–68.

Sikorski, H. W. (1986). Musik in den Medien. Erfahrungen der Musikwirtschaft. In Hoffmann-Riem, W. & Teichert, W. (Hg.), *Musik in den Medien* (S. 38–43). Hamburg: Hans Bredow Institut.

Silbermann, A. (1977). Massenkommunikation. In König, R. (Hg.), *Handbuch der empirischen Sozialforschung.* Bd. 10 (S. 146–279). Stuttgart: Enke.

Sloboda, J. A. (1985). *The musical mind. The cognitive Psychology of music.* Oxford: Claredon Press.

Smudits, A. (1993). Rock-Konzerte als Element des Marketing-Gesamtkunstwerks. In Rösing, H. (Hg.), *Spektakel / Happening / Performance. Rockmusik als Gesamtkunstwerk* (S. 107–112). Mainz: Villa Musica.

Steffen, D. (1995). *Untersuchungen zur Musiker-Fachpresse im Bereich der Popularmusik.* Hamburg: (Musikwiss. Inst.) Magisterarbeit.

Suppan, W. (1984). *Der musizierende Mensch. Eine Anthropologie der Musik.* Mainz: Schott.

Tadday, U. (1997). Musikkritik. In Fincher, L. (Hg.), *MGG Die Musik in Geschichte und Gegenwart.* Sachteil Bd. 6 (Sp. 1368–1378). Kassel / Stuttgart: Bärenreiter / Metzler.

Thiel, W. (1981). *Filmmusik in Geschichte und Gegenwart.* Berlin: Henschel.

Vormehr, U. (1992). Independents. In Moser, R. & Scheuermann, A. (Hg.), *Handbuch der Musikwirtschaft* (S. 111–118). Starnberg: Keller.

Wallbott H. G. (1989). Die «euphorisierende» Wirkung von Musik-Videos – Eine Untersuchung zur Rezeption von «bebilderter» Musik. *Zeitschrift für experimentelle und angewandte Psychologie, 36,* 136–161.

Wehmeier, R. (1995). *Handbuch Musik im Fernsehen. Praxis und Praktiken bei deutschsprachigen Sendern.* Regensburg: Con Brio.

Zeppenfeld, W. (1978). *Tonträger in der Bundesrepublik Deutschland. Anatomie eines medialen Massenmarktes.* Bochum: Brockmeyer.

Zombik, P. (1995). Tonträger im Markt der Zukunft. *Media Perspektiven, 10,* 496–511.

Herbert Bruhn und Hermann Rauhe
Ökonomische Aspekte der Musikvermittlung

1. Einleitung

Abendländische Kunstmusik wird überwiegend nach künstlerischen und ästhetischen Gesichtspunkten beurteilt. Die wirtschaftlichen Gesichtspunkte sind eher abfällig betrachtet worden – künstlerisches Streben schien insbesondere für den Musikhörer und Konzertgänger nicht vereinbar mit ökonomischen Aspekten. Verächtlich wurde über Jahrzehnte auf die Musiker und Komponisten populärer und volkstümlicher Musik herabgesehen, die zum Teil offen zugaben, ihre Musik auch des Geldes wegen zu machen.

Die Ablehnung ökonomischer Gesichtspunkte ist um so verwunderlicher, als Musik und ihre Vermittlung an den Hörer höchstens in den Klöstern des frühen Mittelalters vollständig davon abzukoppeln waren. Durch die frühzeitig einsetzende Differenzierung zwischen Musikhörern und Musikschaffenden in Europa mußten Menschen davon leben, daß sie ihre musikalische Schaffenskraft gegen Bezahlung anboten. Dies traf nicht nur auf die Volksmusiker zu, die singend vom Tagesgeschehen berichteten (Troubadours, Trouvères) oder zu Festlichkeiten aufspielten. Auch bei Hof und in der Kirche spielten und komponierten Musiker gegen Honorar. Erst mit dem Erstarken des Bürgertums entwickelte sich im 18. und 19. Jahrhundert der Typus des Amateurmusikers, der unabhängig von ökonomischen Gesichtspunkten zum reinen Vergnügen Musik machen konnte (vgl. Schleuning, 1984, S. 132 ff).

Die ablehnende Einstellung gegenüber einer Verbindung zwischen Musik und wirtschaftlichen Gesichtspunkten ist in den letzten Jahrhunderten überwiegend von Vertretern der abendländischen Kunstmusik aufrechterhalten worden. Musikalische Kunstwerke werden an ästhetischen Prinzipien gemessen, die transzendenten Charakter besitzen (→ Musik aus der Sicht von Berufsmusikern). Lohn für die Erstellung solcher Kunstwerke darf demzufolge nicht von weltlichen Instanzen erwartet werden.

Dabei wird übersehen, daß Musik – auch Kunstmusik – schon immer

mehreren Zwecken diente und dient (→Zweckbestimmung von Musik).
Gotteslob ist nur einer dieser Zwecke. Die Erfüllung aller anderen
Zwecke führte im Feudalismus und später im Bürgertum sehr wohl zu
einer Honorierung im irdischen Sinn. Erwerbswirtschaftliches Handeln
ist für den Künstler zur kulturellen Praxis geworden (vgl. Bendixen in
Rauhe & Demmer, 1994, S. 47 f).

Neu für das 20. Jahrhundert ist, daß Herstellung und Distribution von
Musik den Charakter einer Industrie gewonnen haben (→Musikver-
mittlung in der modernen Mediengesellschaft). Instrumentenbau, Notenherstellung und Konzertveranstalter hat es schon immer gegeben. Im
Zusammenspiel mit den technischen Mittlern (zuerst Radio und Schallplatte) ergab sich eine Situation, die erstmals von Max Horkheimer und
Theodor W. Adorno 1947 mit dem Begriff der «Kulturindustrie» belegt
wurde (zit. nach Pohl, 1988, S. 14). In der Folge war lange Jahre von der
Manipulation der Musik durch die Kulturindustrie die Rede (insbesondere in der Musikpädagogik, s. Abel-Struth, 1986).

Spätestens in den 90er Jahren hat sich das Bild jedoch gewandelt: Die
Medien sind Teil der Lebenskultur der Menschen geworden, wie Frank
Wedekind (1992) in einer Glosse sehr treffend darstellt. Eine Verteufe-
lung der ökonomischen Aspekte des Musiklebens scheint zumindest für
die Jugend zum Ende des 20. Jahrhunderts nicht mehr angebracht zu sein
(s. zur Werbung: Gleich & Groebel, 1994; zu Medien im Unterricht: Enders, 1995).

Wie wichtig die Vermittlung von Musik als Wirtschaftsfaktor genommen werden muß, ist spätestens seit der ifo-Untersuchung aus dem Jahr
1988 bekannt: Man muß von einer Brutto-Wertschöpfung von 40 Milliarden DM bei nahezu 700000 Erwerbstätigen ausgehen, wenn man den
eng vernetzten Kulturbereich insgesamt sieht. Damit übertrifft die Kulturindustrie in ihrer Bedeutung sogar den mächtigen Sektor der Ener-
giewirtschaft (Ifo-Institut, 1988).

Zur Musikwirtschaft im engeren Sinn zählt man den Bereich der Musikveranstaltungen, die Unternehmen der Tonträgerherstellung, die
Musiksendungen in den Distributionsmedien, Verlage, Instrumenten-
hersteller und den Handel mit Musikalien und Musikinstrumenten
(Hummel in Jacoby, 1997, S. 83). Generell ist Musik heutzutage mit weiten Bereichen der Phonoindustrie, des Druck- und Verlagswesens und
anderer künstlerischer Tätigkeitsfelder eng vernetzt (vgl. PopKomm und
KlassikKomm; Brychcy, 1994).

2. Live-Musik

Ein dichtes Netz von Konzertveranstaltern, Konzertdirektionen, Kultur-treffpunkten, Theatern und Orchestern sorgt für ein breites Angebot an Musikveranstaltungen aller Stilrichtungen. Die daran teilnehmenden Musiker und Sänger sind zum Teil fest angestellt: Insbesondere im öffentlich subventionierten Theater- und Orchesterbereich haben die Künstler unbefristete Arbeitsverträge. Dies gilt auch für die Musikgruppen von Bundeswehr, Polizei und Bundesgrenzschutz. Die meisten Musiker, insbesondere wenn sie nicht dem Kunstmusikbereich angehören, sind jedoch freiberuflich tätig oder höchstens mit Teilzeitverträgen an öffentliche Institutionen gebunden.

Die Folge ist eine wenig genaue Trennung zwischen Berufsmusikern und Amateuren (Bruhn & Rösing in Bruhn, Oerter & Rösing, 1993, S. 221–228). In vielen Fällen gibt es einen fließenden Übergang: In der Kunstmusik wird in der Abschlußphase der Ausbildung bereits Geld bei Auftritten verdient, bis schließlich der gesamte Lebensunterhalt mit der Musik bestritten werden kann. In den populären Musikstilrichtungen und in der Volksmusik ist die Lage komplexer: Nahezu jede Musikgruppe erhält für ihre Auftritte Geld, nicht zuletzt auch darum, weil der technische Aufwand meist hoch ist. So wird der Übergang zwischen Berufsmusikern und Amateuren fließend. Da die meisten Rock- und Popmusiker und die Jazzer von den Einnahmen aus der Konzerttätigkeit nicht leben können, wird im allgemeinen ein anderer, musikfremder Beruf zum Lebensunterhalt ausgeübt (s. Rösing, 1987, S. 5 ff und 13 ff).

Die Organisation von Live-Veranstaltungen geht nur begrenzt von den regionalen Veranstaltungszentren aus – z.B. bei Veranstaltungen in Gemeindesälen, Kirchen oder Räumen von Schulen bzw. Universitäten. Meist lassen sich die örtlichen Veranstalter (Kulturämter der Gemeinden oder auch Kultur- und Musikvereine) von überregional arbeitenden Konzertagenturen oder Konzertdirektionen versorgen.

Die größten Konzertagenturen in Deutschland sind Hans-Werner Funke (Hamburg), Mama Concerts (Frankfurt) und Lippman + Rau (München). Sie sind insbesondere durch die Tourneen internationaler Rock- und Popstars bekannt. Ebenfalls bedeutend sind die Traditionsunternehmen Dr. Rudolf Goette (Hamburg), Hans Adler (Berlin) und Winderstein (München), die überwiegend im Kunstmusikbereich arbeiten. 1994 waren in Deutschland rund 300 Konzertagenturen tätig (Hummel in Jacoby, 1997, S. 87), von denen jede im Schnitt 70 bis 80 Konzerte im Jahr durchführt (geschätzt von Hartmann, 1984, S. 626).

Die Vermittlung von Musikern für Konzerte unterliegt in Deutschland besonderen gesetzlichen Regelungen, da das Arbeitsamt eine Vorrangstellung bei der Arbeitsvermittlung einnimmt (vgl. Rust in Rauhe & Demmer, 1994, S. 312 f). Die Verträge können von Einzelauftritten über Tourneen von mehreren Monaten bis hin zu Festanstellungen gehen. Die Vermittlung für einzelne Veranstaltungen gilt nicht als Arbeitsvertrag, sondern als Vereinbarung mit einem freiberuflich tätigen Musiker – hier wird eine Vermittlungsgebühr fällig, die bis zu mehr als die Hälfte der Gage betragen kann.

Die strenge staatliche Regelung verhindert nicht, daß insbesondere im halbprofessionellen Bereich der Rockszene unseriöse Geschäfte gemacht werden: Immer wieder wird berichtet, daß Rockgruppen von Vermittlern vertraglich über längere Zeit zur Bereitstellung aller technischen Voraussetzungen für ihre Konzerte gezwungen werden. Dies führt meist zum finanziellen Zusammenbruch, da an kleineren Veranstaltungsorten oft die Basisvoraussetzungen für ein Konzert (wie Bühne, Licht, Strom) fehlen.

Ein wachsender Anteil am Gewinn aus Live-Veranstaltungen ergibt sich durch die Vermarktung von Gegenständen im Zusammenhang mit den Konzerten (Merchandising): T-Shirts, Jacken, Taschen, Baseball-Kappen, Aufkleber oder Comicfiguren mit dem Bild bzw. dem Logo einer Musikgruppe. Die damit zusammenhängenden juristischen Probleme der Lizenzvergabe behandelt Koch (in Moser & Scheuermann, 1992, S. 299–304). Merchandising darf von den Künstlern nicht nur als eine zusätzliche Einnahmequelle verstanden werden – es trägt sehr stark zur besseren Verbreitung der Musik und zur Imagepflege des Musikprodukts bei.

Die deutsche Musikszene lebt von vielfältigen Subventionen durch den Staat. In der Kritik stehen meist die hohen Zuschüsse für Theater und Orchester durch die Gemeinden, die Länder und den Bund. Die staatliche Unterstützung der Kunstmusikbereiche hatte sicherlich lange Zeit auch untergründig zum Ziel, eine Bildungsschicht für ihr systemkonformes Verhalten zu belohnen (Heister in Bruhn, Oerter & Rösing, 1993, S. 109 f). Zum Ende des 20. Jahrhunderts kann man jedoch von der staatlichen Subvention einer breiten Vielfalt auch von populären und kritischen Musikstilen sprechen: Sie reicht von der nicht kostendeckenden

Bereitstellung von Veranstaltungsorten über die günstige Absicherung von Großveranstaltungen bis hin zum Pauschalsteuersatz von 25 Prozent für bestverdienende Weltstars. In einigen Städten werden sogar neue Aufführungsstätten für den privatwirtschaftlichen Aufführungsbetrieb gebaut, wie das Beispiel der Neuen Flora in Hamburg (für das «Phantom der Oper» von Lloyd-Webber) zeigt.

Bereits 1982 stellten Fohrbeck und Wiesand fest, daß die Subventionen im Musikbereich eine hohe Breitenwirkung erzielen. Aktuelle wirtschaftliche Berechnungen ergeben, daß der Nutzen, den Hamburg aus der überregionalen Vermarktung des Musicals «Phantom der Oper» für den Tourismus zieht, weit größer ist als die Kosten für den Bau des neuen Theaters. Nach der Premiere des Stuttgarter Musical-Projekts «Miss Saigon» ist die Zahl der Übernachtungen pro Jahr (1995) um 20 Prozent gestiegen. Bremen errechnete sich einen Kaufkraftzuwachs von 50 Millionen DM durch ein eigenes Musical-Theater (vgl. Thiede, 1996).

Man kann davon ausgehen, daß alle mit den subventionierten Musikbetrieben zusammenhängenden Wirtschaftszweige indirekt an den Subventionen teilhaben. In Beziehung zum insgesamt erwirtschafteten Gewinn erweisen sich die direkten und indirekten Subventionen als sinnvoll (vgl. dazu Rauhe, 1997).

Als alternatives Konzept zur Finanzierung des Musiklebens werden meist die USA angeführt. Bei sehr geringen staatlichen Subventionen sind die Kulturorganisationen darauf angewiesen, die Gelder von privaten Spendern oder Sponsoren zu erheben (fund raising). Diese Verhältnisse sind auf Deutschland nicht übertragbar, solange nicht steuerrechtliche Vorschriften geändert werden (vgl. Willnauer in Rauhe & Demmer, 1994, S. 105). Die Wirtschaft ist trotz großer Anstrengungen der Kulturkreise nicht geneigt, dem Staat die Kulturförderung abzunehmen, da der Image-Effekt (vgl. Wiesand in Rauhe & Demmer, 1994, S. 30ff) meist eher gering angesetzt wird. Vorbildlich ist das Engagement der Audi-Werke bei den Münchener Philharmonikern (vgl. Kohlenberg, 1994). Deutlich weniger elegant ist das Sponsoring des Symphonieorchesters der Stadt Bonn durch die Deutsche Telekom, das sich zeitweilig in Philharmonie Telekom Bonn umbenennen mußte. Nach einer Änderung in den Leitlinien für die steuerliche Behandlung von kulturellen Ausgaben müssen die Firmen nicht mehr so aufdringlich wie die Telekom in Bonn auftreten. Jede betrieblich veranlaßte Werbemaßnahme wird anerkannt, auch wenn der Werbeeffekt nach Ansicht der Finanzämter nicht «adäquat» ist (vgl. Wirtschaftsteil der Süddeutschen Zeitung vom 9. September 1997, S. 22).

Ein wichtiger Schritt ist die Gründung des Arbeitskreises Kultursponsoring im Bundesverband der Deutschen Industrie (BDI) im Jahr 1997. Dennoch bleiben die Kulturaktivitäten der Wirtschaft wahrscheinlich weiterhin eher komplementär zur staatlichen Kulturförderung.

3. Medienwirtschaft

Das 20. Jahrhundert hat der Live-Darbietung von Musik die überragende Bedeutung genommen. Bereits in den 80er Jahren stammten ungefähr $^4/_5$ der Einnahmen aus Urheberrechtsnutzungen von Musik in den Medien Rundfunk, Fernsehen und Tonträgern. Glenn Gould (1986, S. 56) bezeichnete dies so: «Das Konzert ist nicht mehr die Achse, um die sich die Welt der Musik dreht.»

Für die Wandlung in der Bedeutung von Musik hat Blaukopf (1989a, S. 553) den Begriff «Mediamorphose» geprägt, die Metamorphose der Musik durch die Entwicklung der Medien. Nicht nur die Vermittlung von Musik ist davon beeinflußt, sondern auch die Nutzung (→ Musikalische Lebenswelten) und die Komposition (→ Wechselwirkungen zwischen der Herstellung und Aufführung von Musik). Die Produzenten von Tonträgern, die Hersteller der Unterhaltungselektronik sowie Rundfunk und Fernsehen sind zu einem mächtigen Wirtschaftsfaktor geworden: 1994 wurden allein in Deutschland Tonträger für 4 Milliarden DM produziert und vertrieben. Die Umsätze der Hersteller (8,1 Milliarden DM), Großhändler (17,3 Milliarden DM) und Einzelhändler (16 Milliarden DM) addieren sich zu schwindelerregend hohen Summen. Die Umsätze der Rundfunk- und Fernsehanstalten sind nicht gut kalkulierbar, da die privaten Firmen als Tendenzbetriebe ihre Bilanzen nicht veröffentlichen müssen.

Insgesamt galt der Markt der Tonträger als relativ stabil. Verschiedene Tendenzen deuten aber auf einen Rückgang in den Umsätzen hin. Dies ist auf strukturelle Probleme zurückzuführen. Das erste Problem beschreibt Lüftner (in Moser & Scheuermann, 1992, S. 21). Er stellt fest, daß die Hauptzielgruppe für den Verkauf von Tonträgern, die Jugendlichen unter 25 Jahren, in Europa wie auch in den USA kleiner wird, und erklärt damit den Absatzeinbruch im Jahr 1990. Tatsächlich ist zu beobachten, daß kaum ein Lebensabschnitt so stark von Musik bestimmt ist wie die Zeit zwischen zehn und 25 Jahren (→ Musikalische Lebenswelten; Bruhn, 1995). Musik ist in diesen Jahren ein bedeutsamer Sozialisationsfaktor und bietet den Jugendlichen die Möglichkeit der Identifikation mit einer von ihnen gewählten Erwachsenenwelt. Die Umsatzzahlen haben sich in Deutschland nach 1992 zwar wieder erholt – wahrscheinlich jedoch als Spätfolge der deutschen Vereinigung (Hummel in Jacoby, 1997, S. 89; vgl. Abschnitt Tonträger in → Musikvermittlung in der modernen Mediengesellschaft).

Bei Kunstmusik (Klassikmarkt) zeigt sich ein weiteres Problem: Bereits Anfang der 80er Jahre war der Markt mit Tonträgern nahezu gesättigt – jeder Musikliebhaber hatte die Stücke, die er gern hörte, in einer oder in mehreren Einspielungen im Plattenschrank. Die Einführung der CD führte zu einem erneuten Aufschwung, der aber seit Anfang der 90er Jahre wieder vorbei ist. Klassikhörer (Hörer von abendländischer Kunstmusik im weiteren Sinn; → Epochendefinitionen und Geschichtsschreibung) gelten als problematische Hörergruppe. Als sogenannte Exklusivhörergruppe sind sie von den Medien schwerer zu erreichen als Popmusikhörer, da das Nutzungsverhalten individualisierter ist (Ahrens & Sievers, 1995, S. 341).

Ein Ausweg aus dem Absatzrückgang bot sich in den 90er Jahren durch die Popularisierung der Kunstmusik. Im Zentrum dieser Bewegung standen die Auftritte der «drei Tenöre» (Luciano Pavarotti, Placido Domingo, José Carreras), die am 7. Juli 1990 in den Caracalla-Thermen von Rom live und über die Medien zu insgesamt 750 Millionen Zuhörern sangen. Von diesem Konzertereignis sind mittlerweile über zehn Millionen Tonträger verkauft worden. Ebenfalls zur Popularisierung der abendländischen Kunstmusik trug bei, daß seit Anfang der 90er Jahre klassische Stücke weit über das Ausmaß der letzten Jahrzehnte hinaus in Fernseh-Werbespots eingesetzt werden (Lechler, 1992). Die Auswirkungen dieser Strategie sind schon bei kleinen Kindern festzustellen (Wisnewski & Mahrenholz, 1991).

Eine weitere Veränderung auf dem Medienmarkt ergab sich aus der Erkenntnis, daß bei älteren Musikhörern der Wunsch nach Entspannung im Vordergrund steht. Schallplattenfirmen verwerten bereits veröffentlichte Aufnahmen ein zweites Mal, indem sie Werke zu umfangreichen Sammlungen unter einem Verwertungsaspekt wie «Musik für ruhige Stunden» oder «Musik zum Träumen» zusammenstellen. In zunehmendem Maß wird klassische Musik als Begleitung zu anderen Tätigkeiten gewünscht (Ahrens & Sievers, 1995, S. 346) – diesem Wunsch kommt der Rundfunksender Klassik-Radio nach (→ Musikvermittlung in der modernen Mediengesellschaft). Klassische Musik als Hintergrundmusik ist in den 70er Jahren so nicht denkbar gewesen (vgl. Fehling, 1976), da dies dem Kunstcharakter der Musik zu widersprechen schien, demzufolge Kunstmusik nur aufmerksam und bewußt gehört werden könne. Typisch ist, daß in den 90er Jahren selbst das Fernsehen zum Nebenbeimedium wird (Frielingsdorf & Haas, 1995, S. 331).

4. Komposition und Musikwirtschaft

Kurt Blaukopf (1989 a, S. 554) sieht eine zunehmende Spannung zwischen Kultur und Ökonomie. Die musikkulturellen Bereiche waren im Abendland über die Jahrhunderte immer schon ein subventionsbedürftiger Betrieb, der finanzielle Unterstützung vom Staat bzw. von Sponsoren benötigt (ebenda, S. 555). In Zeiten übermächtiger Wirtschaftsaktivitäten geraten seiner Ansicht nach die schutzwürdigen Interessen der Künstler und Kulturschaffenden in Gefahr (Blaukopf & Rauhe in Rauhe & Demmer, 1994, S. 96).

Im Kunstmusikbereich gibt es tatsächlich nur wenige Komponisten, die allein mit dem Komponieren ihren Lebensunterhalt verdienen. So gut wie alle mehr oder weniger bekannten Komponisten bestreiten ihren Lebensunterhalt durch eine Lehrtätigkeit, meist als Professoren an einer Musikhochschule. Ein regelmäßiges Einkommen läßt sich aber z.B. erwirtschaften, wenn Bühnenwerke geschaffen wurden, die in den Repertoire-Spielplan von Musiktheatern der Welt aufgenommen werden (z.B. «Der junge Lord» von Hans Werner Henze). Allein vom Komponieren konnte auch in früheren Jahrhunderten niemand leben. Wolfgang Amadeus Mozart und Ludwig van Beethoven bestritten den überwiegenden Teil ihres Lebensunterhalts als Konzertmanager mit der Organisation von Aufführungen ihrer eigenen Werke und als Instrumentalsolisten. Carl Maria von Weber, Robert Schumann, Richard Wagner und Richard Strauss traten als Dirigenten auf, Carl Czerny, Clara Schumann und Johannes Brahms als Pianisten.

Selbst im populären Musikbereich verbinden sich mehrere Berufstätigkeiten mit dem Komponieren. Wie auch in der Kunstmusik ist die

Verbindung zwischen Komponist und Aufführendem besonders eng:
Sting, Elton John oder Michael Jackson komponieren, was sie dann auch
selbst produzieren und aufführen. In der Filmmusikbranche sind dank
der Entwicklung der elektronischen Komposition und mediengerechter
Produktion der Musik (z.B. Giorgio Moroda in München) Film und
Musik zu einer Einheit geworden.

Besonders effektiv und gewinnträchtig ist eine Vermarktungskombi-
nation, wie sie z.B. Andrew loyd-Webber bei seinen Musical-Produktio-
nen praktiziert: Komposition, Arrangement, mediengerechte Produktion und Aufführungsmanagement beschäftigen ihn und eine Vielzahl
von Mitarbeitern in der Art eines mittelständischen Betriebs.

Daß ein Komponist oder eine Komponistengruppe aus den Werken
überhaupt Gewinn ziehen kann, ist letztlich der Urheberrechtsentwick-
lung des 19. Jahrhunderts zu verdanken (im Überblick Kreile & Becker in
Moser & Scheuermann, 1992, S. 453–483). In den USA gab es zwar bereits seit 1788 ein Gesetz, das geistiges Eigentum schützen sollte. Dieses
Gesetz wurde in Frankreich während der ersten Revolutionszeit anerkannt. In Preußen konnte dann mit einem Gesetz von 1837 die Basis für
das heute geltende Urheberrecht in Deutschland gelegt werden.

Es blieb jedoch weiterhin schwierig für die Komponisten, Geld für ihre
Werke zu erhalten, da die Aufführungen nicht kontrollierbar waren und
selbst zahlungswillige Veranstalter nicht wußten, an wen sie sich wegen
der Urheberrechte hätten wenden sollten. So schlossen sich erstmals
1851 bekannte Komponisten in Frankreich zu einer Verwertungsgesellschaft zusammen (Société des Auteurs et Compositeurs et Editeurs de
Musique), um ihre Interessen gegenüber Veranstaltern durchzusetzen.
In Deutschland gründete die Genossenschaft Deutscher Tonsetzer (GDT)
unter Richard Strauss die Anstalt für musikalische Aufführungsrechte
(AFMA), aus der auf Umwegen die heutige GEMA hervorgegangen ist
(ebenda, S. 456). Ende der 50er Jahre entstand zusätzlich die Gesellschaft
zur Verwertung von Leistungsschutzrechten (GVL), die u.a. die Interessen der ausführenden Musiker wahrnimmt (ebenda, S. 457).

Die Aufnahme in die GEMA kann jeder Komponist beantragen. Für
die Anerkennung als Komponist ernster Musik müssen schriftlich aus-
geführte Kompositionen vorgelegt werden. Die Unterteilung in ernste
(E) und unterhaltende (U) Musik entstand in den 30er Jahren und regelt
auch die Höhe der Zahlungen an die Komponisten: Ernste Musik wird
nach einem höheren Satz abgerechnet. Die Unterteilung in U- und

E-Musik wird seit Jahrzehnten angegriffen und ist nach dem Stand der Wissenschaft auch nicht haltbar (→ Einleitung: Musikwissenschaft). Dennoch ist sie weit verbreitet.

Eng mit der Arbeit der Komponisten verbunden war über mehrere Jahrhunderte der Bereich der Musikverlage, die für die Verbreitung der Werke sorgten. Mit der Erfindung des Buchdrucks wurde der Notendruck nach und nach eingeführt, Musikverleger etablierten sich in ganz Europa (vgl. zur Geschichte: Sikorski in Moser & Scheuermann, 1992, S. 167–174). Erst im 18. Jahrhundert gewann die Branche jedoch durch die Einführung neuer Techniken für die Satzvorlage (Lithographie-Steindruck) an Bedeutung gegenüber der handschriftlichen Verbreitung von Musik. Aus dieser Zeit stammen einige der noch heute bedeutenden Musikverlage (z. B. Breitkopf & Härtel, gegr. 1719; Schott, gegr. 1770; C. F. Peters, gegr. 1800). Die Verlage mit dem ihnen angeschlossenen Musikalienhandel waren oft die einzig gesicherte Einnahmequelle der Komponisten. Meist blieb ein Komponist einem Verlag besonders verbunden – das ist auch heute noch der Fall (z. B. Hans Werner Henze und Wolfgang Rihm: Schott / Mainz; Györgi Ligeti: Universal Edition / Wien; Alfred Schnittke und viele zeitgenössische russische Komponisten: Sikorski / Hamburg).

Zum Ende des 20. Jahrhunderts befindet sich die Herstellung von Noten in einer Umbruchsituation. Die Standardwerke der abendländischen Kunstmusik sind nahezu überall in guten Ausgaben zugänglich. Kopierapparate auf der Basis von Laserdruckern machen die perfekte Reproduktion dieser Noten leicht möglich. Das wirkt sich auf die Geschäftslage der Musikverlage aus, da man hier viel länger als im allgemeinen Druckbereich an überalterten Techniken festgehalten hat. Finanzielle Schwierigkeiten einzelner Verlage konnten bisher abgewendet werden.

Bemerkenswert ist, daß es immer noch eine geringe Zahl von Verlagen gibt, die sich ausschließlich oder überwiegend auf abendländische Kunstmusik spezialisieren, während weltweit Tausende von kleinen Verlagen mit Ausgaben von unterschiedlich aufbereiteter populärer Musik ihr Geld verdienen (Sikorski in Moser & Scheuermann, 1992, S. 174). In Deutschland schätzt Hummel (in Jacoby, 1997, S. 88) das Verhältnis zwischen Verlagen unterhaltender zu ernster Musik auf zwei Drittel zu einem Drittel. In der inneren Einstellung ist jedoch eine Bevorzugung von Kunstmusik gegenüber der eigentlich modernen Musik des 20. Jahrhunderts (s. Rauhe, 1974) zu bemerken, wie sich in der Aussage des Verlegers

Karl Vötterle (Bärenreiter) über die «Bereitstellung des überlieferten Erbes für die Gegenwart» zeigt (zit. nach Sikorski in Rauhe & Demmer, 1994, S. 321).

5. Organisation und Management

Musikmanagement wird im allgemeinen mit der Organisation von Veranstaltungen gleichgesetzt (Konzerte, Opern, Festivals, Messen, Kongresse). Dies ist tatsächlich der traditionelle Kern des Musikmanagements (vgl. Tab.).

Darüber hinaus findet die Arbeit auch in pädagogischen Organisationen (Hochschulen, Musikschulen, Akademien, Weiterbildungsinstitutionen), bei der Vermittlung von Musikern und Musikgruppen, in der medialen Verwertung der Leistungen (Rundfunk, Fernsehen, Film- und Musikstudios) und in der Kultusbürokratie (Kulturämter, Ministerien) statt. Zu den Aufgabenbereichen zählt Willnauer (in Rauhe & Demmer, 1994, S. 231 ff):

- Planung und Termindisposition,
- Organisation,
- Verwaltung und Vertragsgestaltung,
- Gestaltung des Veranstaltungsablaufs,
- Marketing,
- Werbung und Öffentlichkeitsarbeit,
- Vermittlung,
- Kalkulation und Kostenkontrolle.

Musikmanager arbeiten nicht nur in Veranstaltungs- und Vermittlungsorganisationen, sondern begleiten oft Künstler oder Künstlergruppen als persönliche Betreuer und als Kontaktpersonen im Umgang mit Konzertdirektionen, Veranstaltern und Musikindustrie (vgl. Pütz in Moser & Scheuermann, 1992, S. 337 f). Viele international bekannte Künstler beschäftigen zusätzlich zum Musikmanager einen Finanzmanager. Als sich z.B. die Rolling Stones zu Beginn der 60er Jahre einen Investmentbanker aus England holten, wurde dies erstaunt zur Kenntnis genommen. Der persönliche Finanzmanager war bis dahin eher aus der Branche der Kunstmusik bekannt (vgl. Eingärtner in Moser & Scheuermann, 1992, S. 345).

Die Arbeit im Musikmanagement setzt ein breit angelegtes Musik-

Veranstaltungsablauf _____ am: _____ von: _____ bis: _____ Aufgabe	Auftrag	
	erteilt	erledigt
vor der Veranstaltung		
Künstler abholen / begrüßen		
Transport überwachen		
Klavier / Orgel / Cembalo stimmen lassen		
Saal kontrollieren		
Nebenräume kontrollieren		
Beleuchtung festlegen		
Tonaufnahme /-wiedergabe festlegen		
Programmheft an Verkäufer		
Garderoben vorbereiten (Mineralwasser, Tee, Kaffee)		
Fotograf, Interview, Presse		
Honorare bereitstellen		
Applausordnung und Zugaben verabreden		
Einlaßpersonal kontrollieren		
Arzt, Rotes Kreuz, Feuerwehr		
während der Veranstaltung		
eigener Sitzplatz, Außenplatz in Bühnennähe		
eventuell Ansage		
Pause: Künstler abschirmen		
Presse- und Medienbetreuung		
Programmhefte abrechnen		
Einnahmen abrechnen		
nach der Veranstaltung		
Applausordnung kontrollieren		
Blumen übergeben		
Autogramme organisieren		
Honorare auszahlen		
Abbau überwachen		
Künstler verabschieden		
Transport verabschieden		

Checkliste für die Organisation von Musikveranstaltungen (nach Willnauer in Rauhe & Demmer, 1994, S. 233) fachwissen voraus, ist aber zudem eng mit kaufmännischen und juristischen Aufgaben verbunden und erfordert Kenntnisse in Werbung, Öffentlichkeitsarbeit, Umgang mit Verwaltungshierarchien und Systemen der Rechnungslegung. Angesichts der Komplexität der Aufgabenstellung ist es verwunderlich, daß in Deutschland erst in den 90er Jahren Ausbildungsgänge für dieses Berufsfeld entwickelt wurden (z. B. Hochschule für Musik und darstellende Kunst in Hamburg).

Das Musikmanagement steht im Spannungsfeld zwischen Ökonomie und Kultur: Viele Aktivitäten im Bereich der Musik sind unwirtschaftlich in dem Sinn, daß sie keine Rendite abwerfen. Das wird von seiten staatlicher Institutionen gerade in Zeiten schwieriger Haushaltssituationen zum Vorwand für einen Rückzug genommen. Peter Bendixen (Kultusminister a. D. von Schleswig-Holstein) legt Wert darauf, daß Kulturpraxis nicht generell kommerziell ausgerichtet sein darf. Manches rechnet sich privatwirtschaftlich nicht und ist dennoch kulturpolitisch wichtig (nach Rauhe & Demmer, 1994, S. 52). Als Privatperson würde man ja auch nicht nach der Rendite einer Urlaubsreise fragen.

6. Musikunterricht und Musikpädagogik

Der überwiegende Teil der Musikvermittlung wird durch die allgemeinbildenden Schulen bewirkt. Der Musikunterricht an den Schulen wird jedoch in Deutschland durch das Angebot von ungefähr 1000 Musikschulen, durch die Angebote der Volkshochschulen und durch Privatunterricht ergänzt (Rohlfs in Jacoby, 1997, S. 19 f und 23 ff). Insgesamt sind knapp zehn Prozent der Bevölkerung in Deutschland einer Laienmusikorganisation (Chor, Orchester, Spielkreis) verbunden, wie die acht Millionen Mitglieder in den Verbänden des Deutschen Musikrats aufzeigen (Jacoby, 1997, S. 7).

Der ökonomische Aspekt der außerschulischen Musikpädagogik zeigt sich in erster Linie in der Beschäftigung von Lehrern – ein in der heutigen Zeit zuwenig beachteter wirtschaftsfördernder Faktor. Der gesellschaftliche Nutzen, die Rendite für die Gesellschaft, ergibt sich bei den unterrichteten Jugendlichen und Erwachsenen aus dem Gewinn an Lebensfreude durch sinnvoll verwandte Freizeit. Musizieren und Singen bilden ein Gegengewicht zum fremdbestimmten Arbeitsalltag. Die künstlerische Tätigkeit wird zum psychologischen Ausdruck von Freiheit (Silbermann, 1982, S. 670) und führt dennoch auch zur Erfüllung soziokultureller Verpflichtungen (Heister in Bruhn, Oerter & Rösing, 1993, S. 107 f). Selbst aus ökonomischer Sicht ist deshalb eine hohe Subvention des Kulturwesens gerechtfertigt, da Musik so zum Hilfsmittel für Erholung oder Regeneration der Arbeitskraft wird (s. Blaukopf, 1982, S. 287; Bruhn, 1985, S. 402 f).

Musikpädagogik hat jedoch auch direkte Auswirkungen auf die Musikwirtschaft: Musikunterricht bewirkt Konsum – Noten werden verwendet, Musikinstrumente gebraucht, Tonträger gekauft. Der Musiklehrer befindet sich, ohne es zu wollen, in der Rolle eines Marketingvertreters der Musikindustrie:

- wenn er zum Kauf einer bestimmten Marke eines Musikinstruments rät;
- wenn er eine speziellen Notenausgabe empfiehlt;
- wenn im Unterricht über das Musikleben gesprochen wird;
- wenn bestimmte Konzerte erwähnt werden;
- wenn über Interpreten, Tonträger, Bücher oder Musikzeitschriften gesprochen wird.

Die Beziehung zwischen Musikwirtschaft und Musikunterricht ist besonders deutlich bei Yamaha und Kawai zu sehen, die für ihr Instrumentensortiment gleich die pädagogischen Konzepte mitentwickeln (→ Vergleichende Musikpädagogik). In Deutschland kann man eine vergleichbare Tendenz bei der Firma Hohner feststellen, die Akkordeons baut, die bedeutendste Zeitschrift in diesem Bereich herausgibt und ein Ausbildungsinstitut für Akkordeonlehrer betreibt. Nach der Übernahme der Firma Sonor durch Hohner wurde eine ähnlicher Verbindung durch die Weiterentwicklung des ursprünglich amerikanischen Früherziehungsprojekts «Musikgarten» eingeleitet.

Nicht nur auf der Ebene der Hersteller, sondern auch im Musikalienhandel findet sich eine enge Beziehung zwischen dem Verkauf von Musikinstrumenten und dem Angebot von Unterricht. Manchmal hat sich der Musikalienverkauf aus dem Unterricht entwickelt, wie dies insbesondere beim Rohrbau für Oboe und Fagott der Fall ist. Meist hat sich aber aus dem Instrumentenhandel auf Nachfrage der Kunden hin ein Netz von Instrumentallehrern entwickelt, was manchmal zu musikschulähnlichen Konstruktionen führt. Dokumentiert ist die Verbindung zwischen Musikalienhandel und Musikunterricht bisher leider nicht.

7. Ausblick

Die ökonomischen Aspekte der Musikvermittlung sind in diesem Beitrag weitgehend auf die Aspekte in der westlichen Welt konzentriert worden. Insgesamt muß man jedoch deutlich machen, daß Musik weltweit organisiert ist. Spätestens mit dem Rock 'n' Roll der 50er Jahre hat auch die Globalisierung der Musikwirtschaft begonnen – wesentlich früher somit als in der übrigen Wirtschaft.

Die Musikwirtschaft muß sich im klaren darüber sein, daß ihr eine große Verantwortung zukommt: Die Globalisierung der Aktivitäten könnte zu einer Internationalisierung aller Musikstile führen. Die wirtschaftliche Macht insbesondere der Medien wäre jedoch auch dafür nutzbar zu machen, nationale Eigenheiten in der Welt zu bewahren (Spahn, 1984, S. 255). Daraus ließen sich sogar neue Märkte erschließen.

Die Wirtschaft muß sich gleichzeitig darüber im klaren sein, daß sie weit davon entfernt ist, «Ausdruck der jeweiligen Kultur zu sein» (Pohl, 1988, S. 25). Wirtschaft bildet nur eine der Vorbedingungen für die Existenz einer Kultur – nach der Ansicht von Pohl noch nicht einmal die vitalste. Natürlich bezieht sich der anfangs erwähnte Begriff «Kulturindustrie» nicht mehr wie zu Adornos Zeiten allein auf die Unterhaltungsindustrie. Alle Kulturbereiche sind wirtschaftlich miteinander verflochten. Diese Verflechtung ist aus unserem Leben nicht mehr wegzudenken. Musik, ihre Darstellungs- und Distributionsmedien sowie die Vermarktung von Musik und Medien sind Teil unserer Kultur geworden, mit denen sich jeder Musikforscher auseinandersetzen muß. Sie sind nur noch als Ganzheit zu betrachten. Wer versuchen würde, die Kunstform Musik aus ihrem wirtschaftlichen Zusammenhang herauszulösen, würde die Musik aus ihrem gesellschaftlichen Zusammenhang herauslösen.

Literatur

Abel-Struth, S. (1986). Massenmedien und Musikpädagogik. Versuche und Versuchungen. *Musik und Bildung, 18,* 481–484, 493.

Ahrens, E. & Sievers, P. (1995). Klassische Musik im Hörfunk. *Media Perspektiven, 7,* 340–347.

Blaukopf, K. (1982). *Musik im Wandel der Gesellschaft.* München: Piper (2. Aufl. München: dtv, 1984).

Blaukopf, K. (1989a). Musik in der Mediamorphose. Plädoyer für eine kulturelle Marktwirtschaft. *Media Perspektiven, 9,* 552–558.

Blaukopf, K. (1989b). *Beethovens Erbe in der Mediamorphose. Kultur- und Medienpolitik für die elektronische Ära.* Heiden (Schweiz): Niggli.

Bruhn, H. (1985). Laienmusizieren. In Bruhn, H., Oerter, R. & Rösing, H. (Hg.), *Musikpsychologie. Ein Handbuch in Schlüsselbegriffen* (S. 399–406). München: Urban & Schwarzenberg.

Bruhn, H. (1995). Jugendliche im Musikunterricht. In Bruhn, H. & Rösing, H. (Hg.), *Musikpsychologie in der Schule* (Akademie für Lehrerfortbildung Dillingen, Akademiebericht Nr. 273) (S. 29–38). Augsburg: Wißner.

Bruhn, H., Oerter, R. & Rösing, H. (Hg.) (1993). *Musikpsychologie. Ein Handbuch.* Reinbek: Rowohlt (3. Aufl. 1997).

Brychcy, U. (1994). Musik, Fernsehen, Video, Computer – alles wächst zusammen. *Süddeutsche Zeitung,* 18. 8. 1994.

Enders, B. (1995). Musikalische Bildung und Neue Medien. *Musikforum, 83,* 40–55.

Fehling, R. (1976). Manipulation durch Musik. München: Raith.

Fohrbeck, K. & Wiesand, A. (1982). *Musik Statistik Kulturpolitik.* Köln: DuMont.

Frielingsdorf, B. & Haas, S. (1995). Fernsehen zum Musikhören. Stellenwert und Nutzung von MTV und VIVA beim jungen Publikum in Nordrhein-Westfalen. *Media Perspektiven, 7,* 331–339.

Gleich, U. & Groebel, J. (1994). ARD-Forschungsdienst: Funktion von Werbung für Kinder und Jugendliche. *Media Perspektiven, 6,* 311–313.

Gould, G. (1986). *Schriften zur Musik.* Bd. 1. München: Piper (Orig. 1984).

Hartmann, C. (1984). Die Entwicklung der Konzertdirektionen in der Bundesrepublik unter wirtschaftlichen Gesichtspunkten. *Das Orchester, 32,* 625–634.

Ifo-Institut. (1988). Die volkswirtschaftliche Bedeutung von Kunst und Kultur (Ifo-Schnelldienst 24/88, S. 6–8). *Dokument + Analyse, Heft 10,* 35.

Jacoby, R. (Hg.) (1997). *Musikszene Deutschland.* Kassel: Bärenreiter/Bosse.

Kohlenberg, M. (1994). *Musiksponsoring. Grundlagen – Strategien – Beispiele.* Wiesbaden: DUV.

Lechler, B. (1992). Rock me Amadeus. Freude, schöne Götterspeise: clevere Pop-Strategen mischen die Klassik auf. *Music Express Sounds, 1,* 11–14.

Moser, R. & Scheuermann, A. (Hg.) (1992). *Handbuch der Musikwirtschaft.* Starnberg/München: Keller.

Pohl, K. W. (1988). Zum Begriff der «Kulturindustrie» in der europäischen Medienpolitik. *Musikforum, 69,* 14–26.

Rauhe, H. (1974). *Popularität in der Musik. Interdisziplinäre Aspekte musikalischer Kommunikation.* Karlsruhe: Braun.

Rauhe, H. (Hg.) (1997). *Management zwischen Kultur und Markt.* Regensburg: Con Brio.

Rauhe, H. & Demmer, C. (Hg.) (1994). *Kulturmanagement. Theorie und Praxis einer professionellen Kunst.* Berlin: de Gruyter.

Rösing, H. (Hg.) (1987). Rock/Pop/Jazz: Vom Amateur zum Profi. Referate und

Diskussionen der Tagung vom 12. bis 15. Nov. 1987 in Hamburg. *Beiträge zur Popularmusikforschung. 3/4.* Gesamthochschule Kassel: Fachrichtung Musik.

Schleuning, P. (1984). *Das 18. Jahrhundert: Der Bürger erhebt sich.* Reinbek: Rowohlt.

Silbermann, A. (1982). Die psychosozialen Funktionen der Kunst. In Condrau, G. (Hg.), *Psychologie der Kultur. Bd. 2*: Imagination, Kunst und Kreativität (S. 664–672). Weinheim: Beltz.

Spahn, P. (1984). Musik und Massenkommunikation. *Beiträge zur Musikwissenschaft, 26,* 246–255.

Thiede, M. (1996). Der Boom bei Cats & Co. Musical-Tourismus in Deutschland: Wann kippt der Markt? *Süddeutsche Zeitung, 6./7./8. 4.* 1996, 19.

Wedekind, F. (1992). Wie die Suppen entstanden sind. Eine Auswahl aus den Maggi-Werbetexten des berühmten Dramatikers. *Süddeutsche Zeitung 29. 2./1. 3.* 1992, 151.

Wisnewski, G. & Mahrenholz, K. (1991). «Meine Mami nimmt immer Wash & Go». *Süddeutsche Zeitung Magazin, 42,* 18. 10. 92, 12–23.

V
Musik beschreiben

Gerd Rienäcker und Helmut Rösing

Epochendefinitionen und Geschichtsschreibung

1. Musikgeschichte und Kategorisierung

Für die Geschichtsforschung genügt es nicht, überlieferte Daten und Fakten, Ereignisse und Handlungsabläufe aufzuschreiben und zueinander in Beziehung zu bringen. Die Beziehungen müssen gegliedert und kategorisiert werden, um Strukturbeschreibungen zu ermöglichen und zwischen Wesentlichem und Unwesentlichem unterscheiden zu können (Dahlhaus, 1985, S. 24).

Die Gliederung der westlich-europäischen Musikgeschichte nach Epochen hat eine lange Tradition. Seit Beginn der Musikgeschichtsschreibung im 18. und 19. Jahrhundert wurden vornehmlich räumliche und zeitliche Veränderungen betrachtet. Spätestens mit August Wilhelm Ambros (ab 1862) begann die Suche nach einer Verbindung zu anderen Gebieten des geistigen Lebens (Freitag, 1979, S. 23). Seither hat es die vielfältigsten Gliederungsversuche gegeben, die vier unterschiedlichen Kriterien zu folgen scheinen – vorausgesetzt, die Gliederungseinheiten werden als Epochen bezeichnet:
- Übernahme von Epochenbezeichnungen aus der allgemeinen Geschichte;
- Übernahme von Epochenbezeichnungen aus der Kunst- und Literaturgeschichte;
- Einführung von musikimmanenten Bezeichnungen und
- Kategorisierung nach sozialgeschichtlichen Gesichtspunkten.

Setzt man sich mit der Epochengliederung der Musik auseinander, so werden die Grundfragen historischer Musikforschung angesprochen (vgl. Le Goff u.a., 1994). Lassen sich musikhistorische Entwicklungszüge oder Funktionszusammenhänge angemessen darstellen? Wovon gehen sie aus? Sind die bislang vorgeschlagenen Epochengliederungen plausibel? Sind es die Aktionen des Musizierens oder der Aneignung von Musik, die man zum Gegenstand historischer Forschung macht? Sind es die teilweise verschriftlichten Musikwerke, oder sind es die Menschen, Individuen und Gruppen, die aufgrund von Besonderheiten ihres Denkens und Fühlens und der Verhältnisse, in denen sie leben, zum Musizieren gelangen?

Die folgende Tabelle zeigt die Epochengliederung von vier musikgeschichtlichen Übersichtswerken. Es wird deutlich, daß das System des Cambridge-Buchs der Musik von Stanley und Latham (1994) der am weitesten verbreiteten Gliederung entspricht.

Cambridge-Buch der Musik (Stanley & Latham, 1994)	Neues Handbuch der Musikwissenschaft (Dahlhaus, 1975 ff)	Wörner (1993)	Eggebrecht (1991)
	Altertum	Antike	
Mittelalter	Mittelalter bis ca. 1100	Mittelalter	9. bis 11. Jahrhundert
	12. und 13. Jahrhundert		12. Jahrhunder
			Notre-Dame-Epoche und Ars antiqua (13. Jahrhundert)
	14. Jahrhundert		14. Jahrhundert
Renaissance	ab hier nach Jahrhunderten geordnet	ab hier nach Jahrhunderten geordnet	Frühneuzeitliche Musik (15. und 16. Jahrhundert)
Barock			Barock
Klassik			Klassik
Romantik			19. Jahrhundert
Nationale Schulen der Jahrhundertwende			
Moderne			20. Jahrhundert

Epochengliederungen nach verschiedenen wichtigen Handbüchern und Übersichtswerken

Meist wird die Benennung von Epochen heute vermieden: Man glaubt, eine Wertung und Kategorisierung umgehen zu können, wenn man die

Musikbeschreibungen nach Jahrhunderten zusammenfaßt (vgl. Möller & Stephan, 1991, S. 1). Doch der Frage nach Zäsursetzungen und ihrer Stichhaltigkeit kann man auch so nicht entkommen. Schon mit einer zäsurbestimmenden Jahreszahl rücken bestimmte Ereignisse bzw. Ereigniszusammenhänge in das Zentrum der Aufmerksamkeit, werden Ereignishaufen in eine einsichtige Konfiguration gebracht. Bei genauer Betrachtung zeigt sich, daß alles, was als Entwicklungslinie dargestellt wird, nichts anderes als Abstraktion von Progressionen und Regressionen ist. Musikgeschichte läßt sich nur bewältigen, wenn Schneisen in die Dichte der Ereignisse geschlagen werden (vgl. hierzu auch den Begriff der «Passage» bei Walter Benjamin, 1983). Entwicklung ist, wenn überhaupt, vielsträngig und geht gleichzeitig in verschiedene Richtungen (vgl. Möller, 1996).

Musikhistoriker haben eine hohe Verantwortung, wenn es um die Entdeckung oder Konstruktion von Entwicklungszusammenhängen geht, da deren Richtigkeit oder Plausibilität ethische Bedeutung gewinnt. Denn was ein Musikhistoriker an Rekonstruktion von musikalischer Wirklichkeit vergangener Zeiten anbietet, kann entscheidenden Einfluß auf den Umgang mit Musik in der Gegenwart haben (Karbusicky, 1995). In die Definition von Epochen gehen die Fakten und Ereignisse ein, die zur Entstehung von bestimmten Kompositionen geführt haben. Außerdem spielt das Vorhandensein von Musikern, Musikinstrumenten und Musikorganisationen eine Rolle, so daß man die Gliederung der Musikgeschichte nicht ohne Erörterung der Musikverhältnisse (Rienäcker, 1984) vornehmen kann. Musik ist Teil der materiellen und geistigen Werte, die die Menschen unter bestimmten gesellschaftlichen Verhältnissen geschaffen haben. Eine derart definierte Musikkultur beinhaltet die Gesamtheit der Produktions-, Verteilungs- und Aneignungsverhältnisse (vgl. Wicke, 1980).

Musik zeigt sich somit als ein soziales und funktionales Medium, das von den jeweiligen Musikverhältnissen nicht losgelöst betrachtet werden kann (vgl. Brockhaus, 1984, Einleitung). So ist die Werkgestalt der Matthäuspassion von Johann Sebastian Bach nicht von den Besonderheiten des damaligen protestantischen Gottesdienstes in der Leipziger Hauptkirche zu lösen (Rifkin, 1991). Wie eng die Beziehung zur Entstehungszeit war, zeigte sich in der Art der Umarbeitung, die Felix Mendelssohn-Bartholdy vornahm, als er die Passion aus der Sphäre der Kirche in die der bürgerlichen Konzerte hob (Wiora, 1969, S. 317). Ebenso ist die dürftige Struktur einer Festmotette nicht vom lärmenden Betrieb eines gleichzeitig stattfindenden Festes zu trennen. In der aktuellen populären Musik gehen Umfeld und Feld so weit ineinander über, daß sich der Kontext als der eigentliche Text entpuppen könnte (vgl. dazu u.a. Wicke, 1987; Middleton, 1990).

Analysiert der Musikhistoriker ein Werk nach seinen Entstehungs- und Wirkungszusammenhängen, so ist er über die Jahre der Rezeption keineswegs mehr mit ein und derselben Musikkultur konfrontiert. Die Zugehörigkeit eines Werks zu einer Epoche ist somit kaum noch definierbar (vgl. Dahlhaus, 1977).

2. Umbrüche

Gelegentlich wird argumentiert, daß sich Musikgeschichtsschreibung nach besonders bemerkenswerten Umbrüchen strukturieren läßt. Immer wieder wird Musik als «neu» im Gegensatz zu einer früheren Musik bezeichnet: so im 14. Jahrhundert die Ars nova, im 16. Jahrhundert Musik im Stile nuovo, im 19. Jahrhundert die Kennzeichnung von Richard Wagner und Franz Liszt als Neutöner – im 20. Jahrhundert schließlich gleich mehrfach die Verwendung des Begriffs Neue Musik für die Musik der Generation Schönberg, Hindemith, Bartók, Strawinsky, für die Musik nach 1945 (vgl. Eggebrecht, 1991, S. 752 ff und 812 ff) und – unter dem Begriff der «neuen Einfachheit» – für die Kunstmusik nach 1980 (Danuser & Mauser, 1994; zum Begriff der Moderne s. auch Habermas, 1988).

Analysiert man diese Umbrüche genauer, so stellt man fest, daß es sich nicht um einschneidende Veränderungen zu einem erkennbaren Zeitpunkt handelt, sondern um langandauernde Entwicklungen, die sich nur aus der Sichtweise einzelner Theoretiker als unvermittelter Umbruch darstellen. Dies läßt sich z.B. am Übergang von der Ars antiqua zur Ars nova im Mittelalter zeigen.

Der Begriff Ars nova stammt von Johannes de Muris, der 1319 eine Schrift mit dem Titel «Ars novae musicae» veröffentlichte (vgl. Möller, 1997). In der heutigen Musikwissenschaft steht der Begriff meist für Errungenschaften, die mit Schriftsystem und Aufgeschriebensein, mit der Beziehung zwischen einer genauen Notation und der Komposition zusammenhängen (Besseler, 1949). Alle diese Neuerungen sind jedoch bereits viel früher als erst zu Beginn des 14. Jahrhunderts in der Musik zu finden: Die Tonhöhen werden bereits in der diastematischen (Intervalle festschreibenden) Neumennotation der Jahrtausendwende genau notiert. Das System der Mensuralnotation, das eine differenziertere Aufzeichnung von Rhythmen ermöglichte, stammt aus der zweiten Hälfte des 13. Jahrhunderts von Franco von Köln. Zur selben Zeit entstand auch die isorhythmische Motette, die als typisch für die Ars nova gilt. Die Regeln des Zusammenklangs sowie die bedingte Zulassung der Terz als unvollkommener Konsonanz, die später einmal zum Kern der Kontrapunktlehren avancieren sollte, sind teils vor und teils nach dem scheinbaren Umbruch zur Ars nova entstanden (s. Kaden, 1984, Kap. 6).

Auch die verstörenden Veränderungen in der Harmonik und Tonalität um die Wende vom 19. zum 20. Jahrhundert entpuppen sich bei näherer Betrachtung als Veränderungen über weit größere Zeiträume hinweg: So ließe sich die Geschichte des musikalischen Materials von Franz Schuberts harmonischen Rückungen über die Chromatik in der Klaviermusik von Frederik Chopin, Robert Schumann und Franz Liszt sowie die Polytonalität in Richard Wagners *Parsifal* durchaus als linearer Entwicklungsstrang ansehen, der direkt ins 20. Jahrhundert führt. Bemerkenswert ist zudem, wie jeder Schritt der Veränderung über bisherige Grenzen hinweg nachdrücklich in den traditionellen Techniken rückversichert und verankert wurde: durch Rückgriff auf kontrapunktische Techniken des 15., 16. und frühen 18. Jahrhunderts, durch Rückgriff auf barocke Gattungsmerkmale oder durch Rückgriff auf motivisch-thematische Arbeit um 1800 (vgl. z. B. Schweizer, 1970).

Auffallend ist jedoch die meist zugespitzte Reflexion der Veränderungen durch die Zeitgenossen. Schreckhafte Verstörung scheint zur Sache zu gehören – sie macht offenbar, daß nicht so sehr traditionelle Kompo sitionsregeln, sondern Übereinkommen in der zwischenmenschlichen Kommunikation aufgekündigt oder zumindest gestört wurden. Die bisherigen Gleichgewichte der Musikverhältnisse geraten aus den Fugen und führen zu Auseinandersetzungen zwischen Traditionsbewahrern und Erneuerern (z. B. Reinecke, 1969).

Dabei entgingen den Verschreckten meist viel gravierendere Veränderungen in den Musikverhältnissen: bei der Ars nova z. B. die Entstehung eines kontrapunktischen Systems mit spezieller Konsonanz-/Dissonanzbehandlung von eigentlich selbständigen Stimmen, bei der Einführung des Stile nuovo im 16. Jahrhundert die beginnende Emanzipation der Instrumentalmusik, mit dem Zeitalter der Industrialisierung die Veränderungen des akustischen und optischen Potentials z.B. an der Pariser Oper und – ab dem Ende des 19. Jahrhunderts – die nachhaltigen strukturellen wie darbietungsbezogenen Veränderungen durch die technische Reproduzierbarkeit der Musik (→ Musikstil und Interpretation, → Musikvermittlung in der modernen Mediengesellschaft).

3. Epochenbegriff I: Barock

Schlagartig, so scheint es, veränderten sich um die Wende zum 17. Jahrhundert die musikalischen Gattungen und Schreibweisen (im Überblick: Brockhaus, 1984; Dammann, 1967): Nicht das komponierte Meßordinarium, nicht die Motette und das Madrigal stehen im Zentrum, sondern die Oper und das vokale Concerto. Bei diesen beiden Gattungen tritt ein neuartiger musikalischer Satz zutage. Er läßt sich weniger vom Widerspiel unterschiedlicher Stimmen als vielmehr aus der Stufenfolge von Zusammenklängen bestimmen. Nicht die Mittelstimme, der Tenor, sondern die Unterstimme, der Baß, ist sein Fundament, auf dem Akkord für Akkord gebildet werden kann. Dies ist der Ausgangspunkt für die Generalbaß- bzw. Basso-continuo-Praxis. Und es liegt nahe, nur noch die Baßlinie und die Oberstimmen aufzuschreiben (z.B. bei J. S. Bach: BWV 1021 und 1023). Damit ist das Mit- und Gegeneinander selbständiger Stimmen aufgehoben.

Auf der Grundlage dieser Satzpraxis werden auch neue Gattungen geschaffen. Die Messe wird zur Missa concertata, die Motette zum Concerto oder zur Symphonia sacra, das Madrigal zum Solomadrigal, später zur Solokantate. Hinzu kommen, nach der Mitte des 17. Jahrhunderts, als weitere neue Gattungen: das Oratorium, das instrumentale Concerto, die Sonate.

Daß Zusammenklänge ins Zentrum der Aufmerksamkeit rücken, zeigt sich nicht nur in der Praxis des Basso continuo, sondern in der Ausstattung einzelner Klänge und Klangfolgen überhaupt. Ihnen soll größtmögliche Wirkung verliehen werden. Die nicht nur in der venezianischen Markuskirche entwickelte Mehrchörigkeit hat u.a. darin ihren Grund. Zugleich verändert sich das Gefüge der Dissonanzen und Konsonanzen. Claudio Monteverdi exponiert in seinen Madrigalen Dissonanzen, ohne sie durch Stufenbewegungen einzuführen und aufzulösen. Er begründet dies mit bestimmten Affekten, die der Worttext vorgibt (vgl. Vorwort zum 5. Madrigalbuch; Leopold, 1982).

Mit den Affekten jedoch treten einzelne Menschen in das Zentrum der Musik, nicht mehr die anonyme Gemeinde. Es ist somit kein Zufall, daß die Praxis des Basso continuo der solistischen, von Akkorden und einer Baßlinie untersetzten Oberstimme das Wort gibt.

Das Primat der Harmonik, die Entfaltung des Klangs, das um sich greifende Verzierungswesen – dies alles läßt sich in gewisser Weise mit der neuartigen Pracht jener Kirchen, Paläste, Skulpturen, Gemälde vergleichen, für die seit Heinrich Wölfflin (1888) der Begriff Barock (1600–1750) reserviert ist. Und so lag es nahe, vom Barock auch in der Musik zu sprechen. Curt Sachs (1919) und Robert Haas (1929) gaben griffige Definitionen, die sich bis heute gehalten haben.

Eine genauere Auseinandersetzung mit den Fakten entlarvt diese Schilderung des musikalischen Barock als Historiker-Konstruktion. Wesentliche Errungenschaften des Basso continuo sind im 16., teilweise auch schon im 15. Jahrhundert ausgebildet, etwa in der Umwandlung mehrstimmiger Madrigale in lautenbegleitete Sologesänge. Andererseits haben tradierte Gattungen und Setzweisen der Vokalpolyphonie auch im 17. und 18. Jahrhundert große Bedeutung. Die Messe spaltete sich auf in die Missa a cappella (rein vokal) und die Missa concertata (mit Instrumenten). Zudem entstehen bedeutende Motettenzyklen, in denen die Praxis des Basso continuo keine Rolle spielt. Heinrich Schütz z. B. weist in der Vorrede zu seiner «Geistlichen Chormusik» (1648) ausdrücklich darauf hin, daß sein Lehrer Giovanni Gabrieli ihn in der Schreibweise ohne Basso continuo unterwiesen habe. Er selbst hält sie allerdings für dringlich: Wer davon nichts verstünde, sei eine «taube Nuß».

Generell läßt sich sagen, daß die Neuerungen selbst immer auch von Traditionen durchsetzt sind: Nicht nur beziehen sich z. B. der Sologesang und die im vielstimmigen Material verankerte seconda prattica weiterhin auf die überlieferten Stimmführungsregeln des polyphonen Satzes, sie übernehmen auch ein Gutteil jener Errungenschaften, von denen sie sich partiell abzusetzen suchen. Und die harmonischen Zusammenhänge gehorchen selbst dort, wo sie alle tradierten Regeln außer Kraft zu setzen scheinen, den Rahmenbedingungen der Kirchentöne, das heißt der Spannung zwischen Finalis (Schlußton) und Repercussio (zweitwichtigstem, mehrfach angeschlagenem Ton in der Mitte).

Für viele der musikalischen Innovationen im Barockzeitalter ist übrigens nicht der Beginn, sondern erst die Mitte oder sogar das Ende des 17. Jahrhunderts ausschlaggebend (vgl. Palisca, 1989): Das gilt u. a. für das Concerto grosso, das Gruppen- und Solokonzert, für die Sonata da chiesa und die Sonata da camera, für die Suite für Tasteninstrumente und für neuartige Techniken der Orchestration, ohne die die französische «tragédie lyrique» (Oper) sich kaum vorstellen läßt.

Ähnlich schwierig wie die Datierung ist der Versuch, einen einheitlichen Entwicklungsbogen bis zum Ende des musikalischen Barock aufzuzeigen. Einigermaßen verbindliche Gemeinsamkeiten betreffen weniger die innermusikalischen Gegebenheiten als die Impulse von außen: Besonderheiten der höfischen und dann auch bürgerlichen Kultur (Schleuning, 1984) mit ihrem großen Interesse an der Erregung und zugleich Disziplinierung von menschlichen Leidenschaften (vgl. Leopold, 1994, Sp. 1242 f). Sie angemessen darzustellen ist ein Hauptanliegen aller Künste zu dieser Zeit. Als musikalische Gattung tritt demgemäß die Oper in das Zentrum der Aufmerksamkeit. Aber es bedarf keineswegs erst des Einflusses der Oper, um Affektdarstellung und Theatralik nahezu allen Gattungen, auch denen der Sakralmusik, aufzuprägen. Wenn man denn nach einem gemeinsamen Nenner sucht, so ist das Moment der musikalischen Darstellung («Klang-Rede») mit mehr oder minder offenkundiger Dramatik jenseits aller musikstrukturellen und gattungsgeschichtlichen Aspekte ein zentrales übergreifendes Merkmal des musikalischen Barock.

4. Epochenbegriff II: Klassik

Der Begriff «Klassische Musik» wird im aktuellen Sprachgebrauch gern zur Kennzeichnung von sogenannter E-Musik gegenüber den verschiedenen Stilen der Unterhaltungsmusik (U-Musik) verwendet (→ Einleitung: Musikwissenschaft). Gemeint sind dann vornehmlich Kompositionen des 18. und 19., seltener des 20. Jahrhunderts. Musiker wie Kritiker sprechen von Klassikern der Musik in den verschiedensten Zusammenhängen. Werden Mozart, Haydn, Beethoven, mitunter auch Johann Sebastian Bach und Händel als Klassiker in toto bezeichnet, so z. B. Haydn, Mozart, Beethoven als Klassiker der Sinfonie, Mozart als Klassiker der Oper, Schubert als Klassiker des Liedes, Bach als Klassiker der Fuge, Palestrina als Klassiker der Motette.

Von musikalischer Klassik (auch Wiener Klassik) als Epochenbegriff ist spätestens seit Guido Adler die Rede (1930, S. 768 ff). Hier vereinen sich zwei Möglichkeiten der Grenzziehung: die räumlich-zeitliche (von Haydn bis Beethoven) und die qualitative. Haydn, Mozart und Beethoven werden von den Komponisten des 19. Jahrhunderts («Romantik») und auch von den Zeitgenossen minderer kompositorischer Potenz (Dittersdorf, Kozeluch, Umlauff, Gyrowetz u. a.) abgehoben. Nicht anders verfahren Literaturgeschichten (vgl. Borchmeyer, 1994, S. 13 ff), wenn sie von der Weimarer Klassik handeln, zu der allein Goethe und Schiller, kaum noch Herder und Wieland, erst recht nicht die gleichzeitig im benachbarten Jena wirkenden Frühromantiker Friedrich Schlegel, Novalis, Ludwig Tieck gehören: Hier ist die Ein- und Abgrenzung deswegen besonders prekär, weil dadurch konzeptionelle Differenzen ins Höher- und Niederwertige umgepolt werden.

Läßt sich zwar ein qualitativer Unterschied zwischen Schillers und Klopstocks Dramen, Haydns und Dittersdorfs Sinfonien ausmachen, so aber doch nicht zwischen Beethovens *Fidelio* und Webers *Freischütz*; und sollte gar der *Bürgergeneral* von Goethe mit Kleists *Der zerbrochene Krug*, Beethovens Liedschaffen mit dem seines Zeit- und Ortsgenossen Franz Schubert in eine Rangfolge gebracht werden, so fiele sie für Goethe und Beethoven nicht günstig aus.

Musiktheoretiker des 16. Jahrhunderts bezeichnen Komponisten als Classici, um sie als herausragend zu qualifizieren. Ähnlich verfährt Heinrich Schütz in der Vorrede zur «Geistlichen Chormusik» (1648), wenn er von «alten und newen Classicos Autores» spricht. Diesem wertenden Begriff ist eine Bezugnahme zur griechisch-römischen Antike noch nicht beigemischt. Goethe aber bezieht sich, wenn er das Klassische als gesund und das Romantische als krank bezeichnet, auf die Antike. Ganz in diesem Sinn auch vergleicht der frühe Mozart-Biograph Franz Xaver Niemetschek die als klassisch beurteilten Werke und Schreibweisen Mozarts mit der griechisch-römischen Kunst (Niemetschek, 1798).

Ist der Begriff des Klassischen in musiktheoretischen Schriften des ausgehenden 18. Jahrhunderts von solcher Rückwende auf die Antike durchaus frei, so verändert sich dies in den ersten Jahrzehnten des 19. Jahrhunderts (vgl. Knepler, 1961, S. 22 ff). Maximen der Schönheit und Vollkommenheit gehen mit dem Blick auf Komponisten, Werke und Stile vergangener Jahrhunderte einher. Werden Mozarts Werke bereits vor der Jahrhundertwende als klassisch gerühmt, so rückt mit E. T. A.

Hoffmanns Essay über die 5. Sinfonie Beethoven ins Zentrum der Aufmerksamkeit, ohne daß Hoffmann ihn allerdings als Klassiker bezeichnet (Schnaus, 1977). In den nächsten Jahrzehnten wechseln die Ränge, die Haydn, Mozart und Beethoven zugedacht werden. Erst in den 30er Jahren – also post festum – bezeichnet der Musiker und Verleger Amadeus Wendt Haydn-Mozart-Beethoven als «Dreigestirn». Das Attribut «klassisch» vereint die Bezeichnung eines Höhepunkts mit der des geschichtlichen Orts. Überdies wird eine Entwicklung zur Mitte des Dreigestirns hin angenommen: von Haydn zu Mozart, während Beethoven den Bannkreis des Höhepunktes bereits überschreitet. Indem nun Guido Adler (1930) den Ort (Wien) und das Attribut klassisch zum Begriff der Wiener Klassik verbindet, postuliert er nicht nur den Höhepunkt, sondern auch die Vorherrschaft der deutsch-österreichischen Musik.

Will man Besonderheiten im Werk der Wiener Klassiker festhalten, so haben sie ihren Dreh- und Angelpunkt keineswegs im Regelhaft-Ausgewogen-Ebenmäßigen. Die Entwicklung vom vermischten Stil bei Haydn und Mozart zum Universalstil ist weder selbstverständlich noch problemlos: Es geht nicht allein um das mehr oder minder gefällige Zusammenspiel des französischen und italienischen oder des «gelahrten» und «popularen Stils» (Schleuning, 1984, S. 301 ff), nicht mehr nur um das Zusammenwirken verschiedener Gattungen, sondern um die Zusammenfassung von Errungenschaften unterschiedlicher Musiziersphären und Zeitalter. Das zeigen z. B. Haydns Oratorien (s. Robbins Landon, 1977, S. 342 ff). Chorblöcke im Stil Händels verbinden sich mit hochentwickelter sonatisch-sinfonischer Arbeit, mit harmonischen und instrumentatorischen Neuerungen. Oder auch Mozarts letzte Sinfonien (vgl. Kunze 1968 / 88), etwa der Schlußsatz der 41. Sinfonie: Quasi gregorianische Wendungen, imitatorische Felder und Janitscharenmusik auf engstem Raum prägen ihren Anfang. Sinfonische Entwicklung spielt sich ab als Pendelschlag zwischen extrem kontrastierenden Schreibweisen.

Genannt werden muß in diesem Zusammenhang auch *Die Zauberflöte* (dazu Branscombe, 1991). Sie ist nicht nur eine Verschmelzung von Errungenschaften des Singspiels, der Opera buffa und Opera seria, sondern auch der Sinfonie, Kantate, Choralbearbeitung und Messe. Ferner Beethovens *Sinfonia eroica*, deren Finale ganz unterschiedliche Formmodelle und Satztechniken miteinander kombiniert (Geck & Schleuning, 1989); außerdem seine späten Quartette, in denen Grenzüberschreitungen gleichsam nach vorn und nach hinten stattfinden (Kerman, 1966).

Neben der Technik der entwickelten Variation ist für Beethoven auch die Erkundung verschiedenartiger Formmodelle zentral, das lust- und schmerzhafte Spiel mit unterschiedlichen Regelsystemen, die es in die Krise zu bringen und möglicherweise dadurch zu kräftigen gilt.

Eine Gattung nach der anderen sich zu erobern verlangt, einer jeden gerecht zu werden. Eine Sinfonie ist kein Streichquartett, ein Streichquartett keine Klaviersonate. Für jede Gattung muß ein eigener Tonsatz ausgebildet werden. So selbstverständlich dies anmutet, so komplikationsreich wird diese Einsicht schon für Beethovens Zeitgenossen und erst recht für seine Nachfahren. Erinnert sei nur an Probleme der Orchestration in Chopins Klavierkonzerten, teilweise auch in den Sinfonien und Oratorien von Robert Schumann oder an Wagners eher vergeblichen «symphonischen Ehrgeiz» (Voss, 1977). Beethoven ist, in Österreich und Deutschland wenigstens, der letzte Komponist, der alle je verfügbaren Gattungen seiner Zeit souverän handhabt.

Daß es bei alledem nicht um «Musik für sich» geht, ist Haydn, Mozart, Beethoven noch selbstverständlich: Musik ist Sprache, Mitteilung, Botschaft. Ob sie sich allerdings, wie Johann Mattheson (1739) noch ein halbes Jahrhundert zuvor gemeint hatte, in verbal fixierbare Vokabeln auffächern läßt («Klang-Rede»), ist nicht mehr ausgemacht.

So intensiv, vielschichtig, kompliziert die Auseinandersetzung mit den großen Bewegungen der Zeit (Französischer Revolution, Aufklärung, technischer Fortschritt) auch ist, so vielschichtig und kompliziert gibt sich die Transformation ins Kompositorische (Goldschmidt, 1978). Und sowenig sich die Kompositionstechniken auf einen Begriff reduzieren lassen, sowenig können Botschaften auf die magere Schnur einer Leitidee gebracht werden. Vom triumphalen Finale in Beethovens Sinfonien zu reden schlägt ebenso ins Leere wie der Versuch, Sonaten- und Sinfoniesätze von Haydn, Mozart und Beethoven auf ein und dasselbe Modell zu vereidigen. Statt weniger, unentwegt repetierter Ideen tritt eine geradezu unermeßliche Vielgestalt musikalischer – und über Musik hinausweisender – Charaktere, Aktions- und Entscheidungsfelder zutage, die analytisch zu fassen immer noch Schwierigkeiten bereiten (zu Mozart s. Knepler, 1991). Sie allesamt mit dem Attribut «klassisch» auszuzeichnen macht nur Sinn, wenn der Begriff nicht für Ausgewogenheit, Ebenmaß, Mustergültigkeit oder gar für die Hinwendung zum Vergangenen einsteht, sondern für das Herausragende, für kompositorische Meisterschaft und Originalität, zugespitzt: für die Ausnahme.

Welche Faktoren aber sind es, die diese Ausnahme ermöglicht haben? Da ist zum einen der Ort, die Stadt Wien, Residenz zwar der habsburgischen Monarchie, aber keineswegs das Zentrum Europas und mit London und Paris an Weltläufigkeit nicht zu vergleichen. Wohl aber hat sie einige Besonderheiten, die für die Musikkultur von Belang sind. Sie ist die Hauptstadt eines Vielvölkerstaates, ein Ort, wo ganz unterschiedliche Nationalitäten mit- und nebeneinander leben und ihre eigenen Kulturen pflegen (vgl. Knepler, 1961, S. 591 ff). Ein Ort also auch der unterschiedlichsten Musiziersphären. Musik der verschiedenen ethnischen Gruppen kann gleichsam vor der Haustüre wahrgenommen werden. Dies spielt für Haydn, Mozart und Beethoven eine nachweislich fundamentale Rolle (vgl. Beethovens Rasumowsky-Quartette, op. 59). Darüber hinaus vereinigte Wien zu jener Zeit musikkulturelle Gegebenheiten, die aus verschiedenen Epochen zu kommen scheinen: bürgerliche Musikverlage zu Beethovens Zeit, bürgerliche Musikakademien, die in Gestalt von Subskriptionskonzerten für Mozart wichtig sind, aristokratisch-bürgerliche Privathäuser, in denen u.a. Beethovens Klavier- und Kammermusik gespielt wird (s. Goldschmidt, 1974), schließlich die katholische Kirche mit eigenen Musiktraditionen und das Theater bei Hof, aber auch jenes Vorstadttheater an der Wieden, für das Mozart *Die Zauberflöte* komponiert hat (Braunbehrens, 1993).

Solche und andere Gegebenheiten sich zu erobern heißt nun allerdings nicht, in ihren Grenzen zu bleiben: Haydns mehrfacher Weg nach England gehört ebenso zur Sache wie Mozarts zunehmende Kritik an diesen Gegebenheiten und Beethovens Entscheidung, seine Werke außerhalb Wiens verlegen zu lassen, da er nicht bereit war, ständig Galoppe und ähnliche Gebrauchskompositionen zu schreiben.

Die hier nur angedeuteten gesellschaftlichen, politischen, ökonomischen und kulturellen Faktoren sind von Fall zu Fall danach zu befragen, was sie für die Musiker im Wien um die Wende vom 18. zum 19. Jahrhundert bedeutet haben können. Die ungewöhnliche Mannigfaltigkeit der Verhältnisse jedenfalls liegt auf der Hand. Es könnte sein, daß sie Voraussetzung und Nährboden zugleich für kompositorischen Abwechslungsreichtum war.

5. Epochenbegriff III: Romantik

Wie beim Klassikbegriff muß auch beim Romantikbegriff zwischen dem umgangssprachlichen Wortgebrauch und Romantik als Epochenbegriff unterschieden werden. Der Schritt ins Ungewöhnliche, Unvorhergesehene, Unberechenbar-Wundersame und Traumhafte gehört zum Attribut «romantisch» in so gut wie allen Sphären seines Gebrauchs: romantische Landschaften, Abenteuer, Nächte, Liebesaffären usw. Als kunsttheoretischer Epochenbegriff dagegen meint Romantik in der Regel die Zeitspanne von 1805 bis 1849.

Idee und Begriff des Romantischen tauchen zuerst in Dichtung und Prosa vor der Wende zum 19. Jahrhundert auf. Dabei handelt es sich vor allem um den Versuch des Ausbruchs aus dem als dürftig empfundenen bürgerlichen Alltag (mit der Hinwendung zu alternativen Lebensformen), um Auseinandersetzungen mit der Philosophie der Aufklärung (Kant) und um die mehr oder weniger emphatische Hinwendung zu großen politischen Ereignissen im Gefolge der Französischen Revolution (dazu Frank, 1994). Hinzu kam die Enttäuschung über das überlieferte, durch so hochgerühmte Dichter wie Goethe, Schiller, Wieland geprägte Inventar der Poesie (s. Korff, 1953). In der Folge von Empfindsamkeit und Sturm und Drang führten die Ausbruchsversuche der jungen Dichtergeneration (z. B. Friedrich Schlegel, Friedrich von Hardenberg, genannt Novalis, Ludwig Tieck, Heinrich Wackenroder) zum poetischen Fragment als neuer literarischer Kunstform. In ihm verdinglichten sich die Zusammenhänge eines visionär erahnten Universums, in ihm verdichteten sie sich in einem durch den Klang von Wortsilben und Wortgruppen als den eigentlichen Trägern einer Botschaft geprägten Moment (s. Schanze, 1994).

Musik, vor allem Instrumentalmusik, galt diesen jungen Dichtern als die «romantischste aller Künste», wie das E. T. A. Hoffmann 1810 in seiner berühmten Rezension über Beethoven und seine 5. Sinfonie formuliert hat. Bei diesem Konzept handelte es sich um erste die Grenzen der verschiedenen Künste überschreitende und zum Gesamtkunstwerk tendierende Visionen: um die Herauslösung von Vokal- und Instrumentalmusik aus ihren tradierten Funktionszusammenhängen (Dahlhaus, 1988).

Lange Zeit allerdings ließen sich diese Visionen im Bereich der Komposition noch gar nicht einlösen. Als romantische Opern werden z. B.

Der Freischütz (1821) von Carl Maria von Weber, *Der Vampyr* (1828) von Heinrich Marschner und *Der fliegende Holländer* (1843) von Richard Wagner bezeichnet – Werke also, die deutlich später entstanden sind als die poetischen Entwürfe der Frühromantik. Auch die Klavierzyklen von Robert Schumann etwa, die Zeitgenossen wie Nachfahren als romantisch klassifizierten, datieren aus späteren Jahrzehnten, und von «romantischer Harmonik» gar und ihrer Krise in Wagners *Tristan* sprach erst Ernst Kurth (1920).

In der Tat liegen Jahrzehnte zwischen frühromantischer Poesie und als romantisch bezeichneter Musik bzw. Oper. Auch läßt sich das Attribut des Romantischen keineswegs nur auf Deutschland reduzieren. Von Romantischer Oper ist in Frankreich, teilweise auch in Italien die Rede. In beiden Fällen handelt es sich aber nicht um eine besondere Gattung, sondern um Präsentationen der Grande Opéra, der Opéra comique und des Melodrammo lirico mit romantischen Sujets. *Ossian* von François Le Sueur, *Robert le Diable* von Meyerbeer, *Armida* von Rossini, *Lucia di Lammermoor* von Donizetti lassen sich als romantische Opern interpretieren, auch wenn das Attribut in den Partituren kaum erscheint. Und umgekehrt stehen deutsche, explizit als romantisch bezeichnete Opern entweder der französischen Opéra comique oder der Grande Opéra durchaus nahe. Die Wolfsschlucht in Webers *Freischütz* hat ihr Vorbild in der Opéra comique; Wagners *Lohengrin* – als «große romantische Oper» bezeichnet – bezieht sich u. a. auf die Opera des in Berlin wirkenden italienischen Opernkomponisten Gasparo Spontini und auf die französische Grande Opéra von Daniel François Esprit Auber.

Doch trotz der deutlichen Epochenverschiebung ist es möglich, Errungenschaften der literarischen Frühromantik mit Errungenschaften der romantischen Oper zu vergleichen. Ist von Feen, Wundern, Verwandlungen die Rede, so ist das allein schon vom Libretto her gesehen ein wichtiges Indiz für eine romantische Oper (Überblick bei Einstein, 1950, Kap. 10). Geister, Feen und Teufel bevölkern die Opernbühne: Mefistofeles, Hexen und Feuergeister treten in der Oper *Faust* von Spohr auf; Undine, Kühleborn, Erd- und Wassergeister in *Undine* von Hoffmann; Samiel und das wilde Heer in *Der Freischütz* von Weber; Hexen und Vampire in *Der Vampyr* von Marschner.

Alle diese wundersamen Gestalten haben Menschenantlitz. In den Wundern, die Mefistofeles, Samiel, Kühleborn vollbringen, kommt höchst prosaische Wirklichkeit zum Vorschein – allerdings verzerrt, verfremdet, ihrer trügerischen Oberfläche beraubt, damit das Wesentliche sichtbar wird. Und ist von Träumen die Rede, so kehrt in ihnen, mitsamt den Bildern vager Alternativen, der prosaische Alltag wieder. Erweisen sich Wunder also als bitter nötig, um dem tristen Status quo zu entkommen, so bringen gerade sie ihn auch wieder zurück (vgl. Rummenhöller, 1989).

Verwandlungen finden allerorten statt und setzen die Theatermaschinerie ebenso in Gang wie die musikalisch-theatralischen Mittel. Betritt z. B. Max, der verzweifelte Glückssucher, in Webers *Freischütz* die Wolfsschlucht, so beginnt Samiels Maschinerie zu rotieren – der Mond verfinstert sich, ein Unwetter ist im Anzug und bricht aus, Flammen schlagen aus dem Boden, und ein abgestorbener Baum wird zum wilden Jäger, der nach Caspar und Max greift. Kaum aber schlägt es ein Uhr, ist der Teufelsspuk jäh zu Ende (vgl. Adorno, 1961 / 62).

Derartige Verwandlungen ungeheuren Ausmaßes führen bei näherem Hinsehen die Akteure im Kreis herum. Durchbrüche in das jeweils «Andere» als zentrale Kategorie der Romantik verwandeln sich in Rückkehr in das Vertraute. Von dieser Einkehr als Durchbruch sind nicht nur die szenischen, sondern auch die musikalisch-dramaturgischen Vorgänge geprägt. So komplex die Akkordfolge zu Beginn der Wolfsschlucht auch zu sein scheint, so armselig ist das, worauf sie sich reduzieren läßt: ein einziges, mehrmals sequenziertes Akkordpaar. Gerade dadurch aber gerät das tonale Gefüge ins Wanken, wird bestehenden harmonischen Verhältnissen zumindest für Augenblicke der Boden entzogen. Verstärkt wird dieser Eindruck zudem durch die Instrumentation. Die ungewöhnlich schroffen Lautstärke- und Klangfarbenkontraste strafen alle zuvor hörbar gemachte Homogenität Lügen (z. B. der Einsatz der Bläser in der Wolfsschlucht-Szene).

Gültige Regeln werden außer Kraft gesetzt und doch auch wieder eingehalten. Das macht Dichtung wie Musik der Romantik doppelgesichtig. Und gerade hierin zeigt sich der unentwegte Pendelschlag zwischen Realität und Irrealität, zwischen Teil und Ganzem. Die Doppelgesichtigkeit verweist mit Nachdruck auf die frühromantische Philosophie und Poetik (vgl. Frank, 1994). Dennoch bleibt die Frage bestehen, worin denn nun – jenseits der handlungsdramaturgischen Aspekte der romantischen deutschen Oper – die Besonderheiten und Merkmale von romantischer Musik liegen.

Dazu abschließend noch einige Hinweise:

- Die frühromantische Fragmenttechnik beeinflußt das innermusikalische Gefüge der Klavier- und Kammermusik, des Sololiedes, auch der Sinfonie (vgl. zu Schubert: Gülke, 1979). In seinem Gefolge entwickeln sich Fantasiestücke unterschiedlicher Größenordnung, vor allem auch Miniaturen, in denen das Geschehen größerer Stücke zusammengedrängt erscheint. Robert Schumanns *Kinderszenen* sind dafür typisch (Koenig, 1982).

- Die Vision der Universalpoesie, das Überschreiten bisheriger Gattungsgrenzen findet ihr Korrelat im Zusammenschluß einzelner Sätze, mitunter auch Werke. Die Attacca-Technik der Fantasiesonaten und der 4. Sinfonie, der innere Zusammenhalt in den Liedzyklen von Robert Schumann stehen ebenso dafür ein wie der poetische Ton seiner Instrumentalmusik jenseits poetischer Programme (Dietel, 1989).

- Den poetischen Entdeckungen der Sprachklänge und Vokalfarben stehen gleichwertige Entdeckungen der Harmonik und Klangfarbe in der Musik zur Seite. Hinzuweisen ist diesbezüglich auf die wachsende Bedeutung von mediantischen Schritten, alterierten Zwischendominanten und ausufernder Chromatik, auf die konstitutive Bedeutung einzelner Klänge jenseits ihrer tonalharmonischen Funktion, auf die Bedeutung von einzelnen Klangfarben (vgl. Rösing, 1972) und ihre vielfältigen Kombinationen sowie auf jene «Kunst des feinsten Übergangs», die Wagner am *Tristan* so sehr hervorgehoben hat.

- Das ironisch gebrochene Spiel mit ambivalenten Gestalten und Situationen findet auch musikalisch statt, im Spiel mit Gedankensplittern, das z. B. die 1. und 2. Sinfonie von Carl Maria von Weber kennzeichnet. Ins Tragische gewendet, drückt sich immer wieder die Polarisierung zwischen Traum und Wirklichkeit in den Sätzen oder Satzteilen von Sonate und Sinfonie (zu Berlioz' *Symphonie fantastique*: vgl. Dömling, 1979), von Liedern und Liedgruppen aus, so in dem unversöhnlichen Kontrast zwischen Haupt- und Seitenthema im ersten Satz der 8. Sinfonie, in dem zweiten Satz des Streichquintetts in C-Dur oder in dem Lied *Frühlingstraum* aus der *Winterreise* von Franz Schubert (s. Dürr & Krause, 1997).

Es bleibt allerdings eine offene Frage, ob derartige musikimmanente Merkmale ausreichen, um damit den Epochenbegriff einer musikalischen Romantik zu rechtfertigen. Was sich aber in jedem Fall verbietet, ist die Konstruktion einer Abfolge von Klassik und Romantik. Jenseits aller inhaltlichen und musikstrukturellen Gründe spricht auch schon die Chronologie der Lebensdaten und Werke von wichtigen Komponisten dagegen: Weber z. B. starb ein Jahr vor, Schubert ein Jahr nach Beethoven, und Schumann komponierte seine Klavierzyklen noch zu Goethes Lebzeiten. Was jedoch konstitutiv für den Epochenbegriff bleibt, ist ein poetisch-weltanschauliches Konzept, das der Komposition von Musik spätestens mit Beginn des 19. Jahrhunderts auf vielfältige Weise (z. B. absolute Musik – Programmusik, Charakterstück, Walzer, Salonmusik) seinen Stempel aufgedrückt hat.

6. Ausblick

Die Auseinandersetzung mit Epochendefinitionen macht deutlich, daß musikalische Realität eigentlich immer mehr oder weniger nachhaltig mit dem Wunsch nach Kategorisierung, Systematisierung und schlagwortartiger Vereinnahmung kollidiert (Motte-Haber, 1996, S. 156 ff). Vor allem überführt jeder neue Epochenbegriff die zuvor geprägten Begriffe der Untauglichkeit. Denn ihnen allen gemeinsam ist, daß sie bestimmte Eigenarten, Strömungen, Entwicklungen einer historischen Zeit hervorheben, andere aber fallenlassen, um die begriffliche Konsistenz nicht zu gefährden. Eine chronologisch-eindimensionale Abfolge von Entwicklungslinien gibt es nicht, wohl aber das direkte Nebeneinander verschiedener Musikstile und -richtungen, die sich teilweise gegenseitig beeinflussen und durchdringen, teilweise jedoch auch abstoßen und ausgrenzen.

Die Komplexität des Faktischen nimmt erheblich zu, will man musikbezogene Epochenbegriffe – wie es das Anliegen von Musiksoziologie ist – auf der Grundlage von Allgemeingeschichte definieren und Wechselwirkungen beschreiben. Denn schon allein bei der Frage, ob die gängigen Epochenbezeichnungen neben kulturgeschichtlichen auch wirtschafts-, sozial-, mentalgeschichtliche Gegebenheiten beinhalten (vgl. Konrad u. a., 1994), begegnet dem Musikhistoriker ein Gewirr unterschiedlichster Annahmen und Erklärungsversuche. Was er davon für seine musikbezogene Arbeit in Anspruch nimmt, ist von der jeweiligen Fragestellung und dem dahinterstehenden Erkenntnisinteresse geprägt, nicht aber ein für allemal verbindlich.

Literatur

Adler, G. (1930). *Handbuch der Musikgeschichte*, 2. Teil (2. Aufl.). Berlin: Heinrich Keller.

Adorno, T. W. (1961/62). Bilderwelt des Freischütz. Programm der Hamburger Staatsoper, Heft 5. Nachdr. in Th. W. Adorno, *Gesammelte Schriften, Bd. 17: Musikalische Schriften IV* (S. 36–41). Frankfurt/M.: Suhrkamp.

Ambros, A. W. (1862). *Geschichte der Musik*. Leipzig: Leuckart.

Benjamin, W. (1983). *Das Passagen-Werk*, (2 Bde.) Frankfurt/M.: Suhrkamp.

Besseler, H. (1949). Ars antiqua. In Blume, F. (Hg.). *MGG Die Musik in Geschichte und Gegenwart*. Bd. 1 (Sp. 679–697). Kassel: Bärenreiter.

Borchmeyer, D. (1994). *Weimarer Klassik. Portrait einer Epoche*. Weinheim: Beltz/Athenäum.

Branscombe, P. (1991). *W. A. Mozart Die Zauberflöte*. Cambridge: University Press.

Braunbehrens, V. (1993). *Mozart in Wien*. München: Piper.

Brockhaus, H. A. (1984). *Europäische Musikgeschichte, Bd. I*. Berlin: Verlag für Neue Musik.

Dahlhaus, (Hg.) (1975ff). *Neues Handbuch der Musikwissenschaft* (13 Bde. und Register). Laaber: Laaber.

Dahlhaus, C. (1977). *Grundlagen der Musikgeschichte*. Köln: Gerig.

Dahlhaus, C. (Hg.) (1985). *Die Musik des 18. Jahrhunderts* (Neues Handbuch der Musikwissenschaft, Bd. 5). Laaber: Laaber.

Dahlhaus, C. (1988). *Klassische und romantische Musikästhetik*. Laaber: Laaber.

Dammann, R. (1967). *Der Musikbegriff im deutschen Barock*. Köln: Volk-Gerig (2. Aufl. Laaber: Laaber 1995).

Danuser, H. & Mauser, S. (Hg.) (1994). *Neue Musik und Interpretation*. Mainz: Schott.

Dietel, G. (1989). *«Eine neue poetische Zeit». Musikanschauung und stilistische Tendenzen im Klavierwerk Robert Schumanns*. Kassel: Bärenreiter.

Dömling, W. (1979). *Hector Berlioz. Die symphonisch-dramatischen Werke*. Stuttgart: Reclam.

Dürr, W. & Krause, A. (Hg.) (1997). *Schubert Handbuch*. Kassel/Stuttgart: Bärenreiter/Metzler.

Eggebrecht, H. H. (1991). *Musik im Abendland. Prozesse und Stationen vom Mittelalter bis zur Gegenwart*. München: Piper.

Einstein, A. (1950). *Die Romantik in der Musik*. München: Liechtenstein (Orig. 1947).

Frank, M. (1994). Philosophische Grundlagen der Frühromantik. *Athenäum, Jahrbuch für Romantik, 4*, 37–130.

Freitag, W. D. (1979). *Der Entwicklungsbegriff in der Musikgeschichtsschreibung. Darstellung und Abgrenzung musikhistorischer Epochen*. Wilhelmshaven: Heinrichshofen.

Geck, M. & Schleuning, P. (1989). *«Geschrieben auf Bonaparte». Beethovens «Eroica»: Revolution, Reaktion, Rezeption*. Reinbek: Rowohlt.

Goldschmidt, H. (1974). *Beethoven Studien I. Die Erscheinung Beethovens.* Leipzig: VEB Deutscher Verlag für Musik.

Goldschmidt, H. (1978). Kunstwerk und Biographie. In Goldschmidt, H. u. a. (Hg.), *Internationaler Beethoven Kongreß Berlin 1977* (S. 437–450). Leipzig: VEB Deutscher Verlag für Musik.

Gülke, P. (1979). Musikalische Lyrik und instrumentale Großform. In Brusatti, O. (Hg.), *Schubert-Kongreß Wien 1978, Bericht.* Graz: Akademische Druck- und Verlagsanstalt.

Haas, W. (1929). *Die Musik des Barocks.* Wildpark-Potsdam: Akademische Verlagsgesellschaft.

Habermas, J. (1988). Die Moderne – ein unvollendetes Projekt. In Welsch, W. (Hg.), *Wege aus der Moderne. Schlüsseltexte der Postmoderne-Diskussion.* Weinheim: VHC Acta humaniora.

Hoffmann, E. T. A. (1810). Ludwig van Beethoven – 5. Sinfonie. *Allgemeine Musikalische Zeitung Leipzig* (Nachdruck in E. T. A. Hoffmann, Schriften zur Musik, München: Winkler, S. 34–51).

Kaden, C. (1984). *Musiksoziologie.* Berlin: Verlag für Neue Musik.

Karbusicky, V. (1995). *Wie deutsch ist das Abendland? Geschichtliches Sendungsbewußtsein im Spiegel der Musik.* Hamburg: von Bockel.

Kerman, Joseph (1966). *The Beethoven Quartets.* Oxford: University Press.

Knepler, G. (1961). *Musikgeschichte des 19. Jahrhunderts* (2 Bde.). Berlin: Henschel.

Knepler, G. (1991). *Wolfgang Amadé Mozart: Annäherungen.* Berlin: Henschel.

Koenig, T. (1982). Robert Schumanns «Kinderszenen» op. 15. Hermeneutische und formanalytische Untersuchung. In Metzger, H.-K. & Riehn, R. (Hg.), *Musik-Konzepte Sonderband Robert Schumann II.* München: edition text + kritik.

Konrad, C. u. a. (Hg.) (1994). *Geschichte schreiben in der Postmoderne. Beiträge zur aktuellen Diskussion.* Stuttgart: Reclam.

Korff, H. A. (1953). *Der Geist der Goethezeit. Versuch einer ideellen Entwicklung der klassisch-romantischen Literaturgeschichte* (Teil 4: Hochromantik). Leipzig: Weber.

Kunze, S. (1968/88). *Wolfgang Amadeus Mozart: Sinfonie g-moll, KV 550* (1968) / *Sinfonie C-Dur, KV 551, Jupiter-24Sinfonie* (1988). München: Fink.

Kurth, E. (1920). *Romantische Harmonik und ihre Krise in Wagners «Tristan».* Bern: Haupt.

Le Goff, J. u. a. (Hg.) (1994). *Die Rückeroberung des historischen Denkens. Grundlagen der neuen Geschichtswissenschaft.* Frankfurt / M.: Fischer (Orig. 1978).

Leopold, S. (1982). *Claudio Monteverdi und seine Zeit.* Laaber: Laaber.

Leopold, S. (1994). Barock. In Finscher, L. (Hg.), *MGG Die Musik in Geschichte und Gegenwart.* Sachteil Bd. 1 (Sp. 1235–1256). Kassel / Stuttgart: Bärenreiter / Metzler.

Mattheson, J. (1739). *Der vollkommene Kapellmeister.* Faksimile-Nachdruck Kassel: Bärenreiter 1980 (3. Aufl.).

Mayer, G. (1989). Zum Verhältnis von politischer und musikalischer Avantgarde. In Riethmüller, A. (Hg.), *Revolution in der Musik. Avantgarde von 1200 bis 2000* (S. 28–46). Kassel / Basel: Bärenreiter.

Middleton, R. (1990). *Studying popular music.* Buckingham / Bristol: Open University Press.

Möller, H. & Stephan, R. (Hg.) (1991). *Die Musik des Mittelalters.* (Neues Handbuch der Musikwissenschaft, Bd. 2.). Laaber: Laaber.

Möller, H. (1996). Bernhard von Clairvaux und die Kommunikation über musikalische Umbrüche seiner Zeit. In Heister, H.-W. (Hg.), *Musik / Revolution, Festschrift für Georg Knepler zum 90. Geburtstag,* Bd. 1 (S. 83–100). Hamburg: von Bockel.

Möller, H. (1997). Notation. In Finscher, L. (Hg.), *MGG Die Musik in Geschichte und Gegenwart.* Sachteil Bd. 7 (Sp. 276–282). Kassel / Stuttgart: Bärenreiter / Metzler.

Motte-Haber, H. de la (1996). *Handbuch der Musikpsychologie* (2. Aufl.). Laaber: Laaber.

Niemetschek, F. (1798). *Das Leben des k. k. Kapellmeisters Wolfgang Gottlieb Mozart.* Prag: Herrlische Buchhandlung.

Palisca, C. (1989). Barock. In Eggebrecht, H. H. (Hg.), *Handwörterbuch der musikalischen Terminologie,* 14. Lieferung. Stuttgart: Steiner.

Reinecke, H.-P. (Hg.) (1969). *Das musikalisch Neue und die Neue Musik.* Mainz: Schott.

Rienäcker, G. (1984). Zur Frage der Musikverhältnisse. *Beiträge zur Musikwissenschaft, 26,* 52–54.

Rifkin, J. (1991). More (and less) on Bach's orchestra. *Performance Practice Review, 4* (1).

Robbins Landon, H. C. (1977). *Haydn: The years of «The Creation» 1796–1800.* London: Thames & Hudson.

Rösing, H. (1972). *Die Bedeutung der Klangfarbe in traditioneller und elektronischer Musik.* München: Katzbichler.

Rummenhöller, P. (1989). *Romantik in der Musik.* München / Kassel: dtv / Bärenreiter.

Sachs, C. (1919). Barockmusik. *Jahrbuch für Musikwissenschaft Peters, 26,* 7–15.

Schanze, H. (Hg.) (1994). *Romantik-Handbuch.* Stuttgart: Alfred Kröner.

Schleuning, P. (1984). *Das 18. Jahrhundert: Der Bürger erhebt sich.* Reinbek: Rowohlt.

Schnaus, P. (1977). *E. T. A. Hoffmann als Beethoven-Rezensent der Allgemeinen Musikalischen Zeitung.* München: Katzbichler.

Schütz, H. (1648). *Geistliche Chormusik.* Dresden: Johann Klemmens (Neuausg. v. P. Spitta Bd. 8. Leipzig: Breitkopf & Härtel 1889).

Schweizer, K. (1970). *Die Sonatensatzform im Schaffen Alban Bergs.* Freiburg: Musikwissenschaftliche Verlagsgesellschaft.

Stanley, S. & Latham, A. (1994). *Cambridge-Buch der Musik*. Frankfurt / M.: Zweitausendeins.

Voss, E. (1977). *Richard Wagner und die Instrumentalmusik. Wagners symphonischer Ehrgeiz*. Wilhelmshaven: Heinrichshofen.

Wicke, P. (1980). *Popmusik. Studie der gesellschaftlichen Funktion einer Musikpraxis*. Berlin: Humboldt-Univ. (Diss. A., mschr.).

Wicke, P. (1987). *Rockmusik. Zur Ästhetik und Soziologie eines Massenmediums*. Leipzig: Reclam.

Wiora, W. (1969). Grenzen und Stadien des Historismus in der Musik. In Wiora, W. (Hg.), *Die Ausbreitung des Historismus über die Musik* (Studien zur Musikgeschichte des 19. Jahrhunderts, Bd. 14) (S. 299–327). Regensburg: Bosse.

Wölfflin, H. (1888). *Renaissance und Barock* (4. Aufl. 1926). München: Ackermann.

Wörner, K. H. (1993). *Geschichte der Musik* (8. Aufl.). Göttingen: Vandenhoeck & Ruprecht.

René Clemencic und Herbert Bruhn
Musikstil und Interpretation

1. Aktuelle Musikpraxis im 20. Jahrhundert

Die Musikkultur des Abendlandes ist wesentlich von der schriftlichen Fixierung ihrer Werke bestimmt (→ Verschriftlichung von Musik; → Wechselwirkungen zwischen der Herstellung und Aufführung von Musik). Dennoch ist nur ein kleiner Teil der musikalischen Struktur durch die Notentexte festgelegt. Viele Aspekte des Stils einer bestimmten Epoche werden erst in der Aufführung der Musik realisiert. Durch ihre Interpretation erwecken die Musiker einen Musikstil zum Leben (Brown & McKinnon, 1980).

Die musikalische Aufführungspraxis steht in einem Traditionsstrom, der von der Entstehung eines Werks bis zur Aufführung in der heutigen Zeit für den überwiegenden Teil des Standardrepertoires nie abgerissen ist. Die abendländische Kunstmusik wird auf Instrumenten gespielt, die sich im wesentlichen seit Ende des 19. Jahrhunderts nicht mehr verändert oder weiterentwickelt haben. In den großen europäischen Orchestern haben sich Traditionen über Generationen von Orchestermitgliedern hinweg erhalten. Auch die persönliche Weitervermittlung von Interpretationsstilen durch Instrumental- und Gesangslehrer bildet eine fortlaufende Kette der Überlieferung von Musizierpraktiken.

Dies gilt für die Musik von der Mitte des 18. Jahrhunderts bis zum Ende des 20. Jahrhunderts. Das Standardrepertoire von Konzert und Oper reicht jedoch bis weit in das 16. und 17. Jahrhundert zurück. In den Aufführungen wird diese Musik ganz offenkundig aktuellen Hörerwartungen angepaßt. Trotz eines erkennbaren Bestrebens nach Authentizität wird die Interpretation zu einer *Adaption* für den gegenwärtigen Musikgeschmack – die Werke werden an die modernen Musikinstrumente, an die modernen Stimmungssysteme und an die heutigen Aufführungsorte angepaßt:

- Die Größe der Orchester und Chöre ist eindeutig von den spätromantischen Klangvorstellungen Richard Wagners und Gustav Mahlers beeinflußt, auch wenn es um die Aufführung von barocken und frühklassischen Werken geht.

- Bei der Interpretation von Werken von Johann Sebastian Bach hat das moderne Klavier Vorrang vor dem originalen Cembalo (z. B. Glenn Gould).
- Die Musiker von Orchesterinstrumenten spielen weltweit mit einem relativ starken, unüberhörbaren Dauervibrato.
- Die Stimmtonhöhe ist mit a′ = 440 Hz genormt. Die meisten Orchester stimmen sogar deutlich höher ein (Berliner Philharmoniker mit 445 Hz).
- Das gleichschwebende Stimmungssystem (s. Barkowski, 1996) wird heute für alle Aufführungen vorausgesetzt, obwohl viele der gespielten Werke in einer Zeit komponiert wurden, in der die physikalisch bedingte Ungenauigkeit in der Intonation noch nicht ausgeglichen war.

Wenig beeinflußt vom Stilwandel der Jahrhunderte ist die Tradition der Gregorianischen Gesänge (Stäblein, 1956). Das hat jedoch keine ästhetischen Gründe, sondern ist auf das Festhalten der katholischen Kirche an zum Teil mittelalterlichen Kultpraktiken zurückzuführen.

Seit der zweiten Hälfte des 19. Jahrhunderts bemühen sich Musikwissenschaftler um die Erforschung der Aufführungspraxis vergangener Jahrhunderte. In der ersten Zeit konzentrierte man sich auf die Herausgabe von Notenausgaben, die auf die erreichbaren Urtexte und Handschriften zurückführen sollten. Bald entstand zusätzlich das Bestreben, diese Notentexte so authentisch wie möglich auszuführen (im Überblick Gutknecht, 1994, Sp. 961 ff). Einige Erkenntnisse aus der musikwissenschaftlichen Forschung sind bereits in die musikalische Aufführungspraxis eingegangen. So wird die Verwendung des Cembalos als Instrument im Basso continuo als selbstverständlich angesehen. Die Urtextausgaben haben manchen Notentext von romantischen Veränderungen befreit. Bach-Aufführungen im Stil von Herbert von Karajan werden vom Durchschnittshörer im allgemeinen nicht mehr akzeptiert, da die starke Romantisierung als kitschig empfunden wird.

Darüber hinaus hat sich ein alternatives Konzertleben entwickelt, in dem alte Musik so originalgetreu wie möglich aufgeführt wird. Immer breitere Publikumskreise erkennen, daß das Kunstmusikerlebnis vom spezifischen Instrumental- und Vokalklang abhängig ist. Man öffnet sich den Besonderheiten lange vergangener Zeiten, indem man historische Instrumente restauriert oder nachbaut, die alte Aufführungspraxis oder alte Gesangstechniken übt und Verzierungstechniken vergangener Jahrhunderte wiederbelebt. Auf manchen vergessen geglaubten Instrumenten (z. B. Zinken) gibt es zum Ende des 20. Jahrhunderts Virtuosen mit unglaublichen Fertigkeiten.

Die historische Aufführungspraxis beherrscht das Musikleben jedoch keineswegs. Man kann drei Grundtypen der realen Konzertpraxis identifizieren: (1) eine möglichst authentische Praxis durch Solisten und Ensembles, die sich jeweils auf die Musik eines Zeitalters spezialisieren; (2) eine historisch unreflektierte Art, die im Strom der üblichen Kunstmusiktradition steht; (3) ein Kompromiß zwischen den beiden Richtungen, in der ein Ensembleleiter (Dirigent) moderne Instrumente historisch reflektierend einsetzt (s. dazu auch Danuser, 1992, S. 13 ff).

Das Aktuelle und Gegenwartsbezogene wird vom Publikum im allgemeinen mehr geschätzt als historische Korrektheit und Werkbezogenheit. Da jedoch der Trend dahin geht, Werke aus immer früheren Epochen der abendländischen Musikgeschichte ins Konzertrepertoire zu übernehmen, sollen im folgenden Besonderheiten alter Musikstilrichtungen beschrieben werden.

Obwohl →Epochendefinitionen in der Geschichtsschreibung immer als gewaltsamer Eingriff in den fließenden Wandel der Musikstile angesehen werden müssen, werden hier tradierte Epochenbegriffe als Rahmen für die geschichtliche Orientierung verwendet.

2. Musik des frühen Mittelalters

Geistliche Einstimmigkeit

Die einstimmige katholische Kirchenmusik, auf die sich dieser Abschnitt beschränkt, wird meist als Gregorianischer Choral bezeichnet. Angeblich ist die Sammlung dieser Melodien im 6. Jahrhundert von Papst Gregor I. initiiert worden. Dies ist wissenschaftlich jedoch nicht haltbar. Die entsprechende Melodiensammlung wurde erst dreihundert Jahre später mit seinem Namen verbunden (Hucke & Möller, 1995, Sp. 1609).

Reine Konzertprogramme mit einstimmigen geistlichen Werken sind selten und auch unpassend, da diese Art von Gesang eng mit dem Kult der katholischen Kirche verwachsen ist. In CD-Einspielungen der letzten Jahre versucht man, die Blütezeit des Chorals im 9. bis 11. Jahrhundert zu rekonstruieren. Einige Aufnahmen konnten Mitte der 90er Jahre sogar die Bestsellerlisten in den USA erreichen.

Die Interpretation des Rhythmus ist besonders offen, da die Notationszeichen kaum klare Aussagen darüber machen. Auch die Deutung gewisser Ornamentzeichen ist unklar. Die damaligen Notationen dienten hauptsächlich als Gedächtnisstützen einer an sich bekannten Choralmaterie (Neumen, → Verschriftlichung von Musik). Die in manchen Manuskripten über den Neumen stehenden lateinischen Buchstaben sind Kürzel von Vortragsnuancen wie «kehlig angestoßen», «schmetternd», «zurückhaltend», «drängend». Sie deuten auf eine höchst lebendige oratorische Vortragsweise hin (Wagner, 1911; Hucke & Möller, 1995, Sp. 1618 f).

Will man den Choral ab dem 11. Jahrhundert rekonstruieren, sieht die Sache anders aus. Hier wird bereits über den Verfall der Choraltradition geklagt, dessen rhythmische und klangliche Feinheiten immer mehr zu verflachen scheinen. Ab dem 13. Jahrhundert wird dann der Choral endgültig zum Cantus planus, zum ebenmäßigen Gesang, der sich in langsamen, mehr oder minder gleich langen Notenwerten bewegt (Levy & Emerson, 1980). Heutige Choralinterpretationen sollten diesem Zustand Rechnung tragen und nicht versuchen, unhistorisch puristisch zu sein.

Weltliche Einstimmigkeit des Mittelalters

Aus dem Mittelalter hat sich eine Fülle herrlichster Melodien erhalten: so die Musik der provenzalischen Troubadours und der französischen Trouvères (Stevens & Karp, 1980), der deutschsprachigen Minnesänger (Kippenberg 1971), die italienischen Laudengesänge (Stevens, 1980), die spanischen Cantigas de Santa María (Angles, 1943–59), die Sammlung der Carmina Burana (Clemencic, 1979). Die meisten Musikstücke wurden erst lange Zeit nach ihrer Entstehung aufgeschrieben (→ Verschriftlichung von Musik). Das mittelalterliche Musizieren lebte im Konflikt zwischen mündlicher Überlieferung, Improvisationskünsten und schriftlich festgelegten Vorlagen (Binkley in Danuser, 1992, S. 73 ff).

Die Aufführung der Melodien erfordert eine Reihe von Entscheidungen, da in der musikalischen Notation nichts über Tondauer, Tempo, Dynamik, Vortragsart oder Besetzung (vokal, instrumental, gemischt) gesagt wird. Es boten sich damals sicherlich eine Reihe von Möglichkeiten an, die je nach Stück, Anlaß und Vortragendem recht flexibel eingesetzt wurden. Der jeweilige Zeitbereich und die geographisch-nationale Eigenart kamen noch hinzu. Neben der Männerstimme (in ihrer natürlichen oder falsettierenden Lage) wurde bei diesen Gesängen auch die

Frauenstimme eingesetzt, da nachweislich auch weibliche Troubadours und Trouvères sowie Spielweiber auftraten.

Sicher existierten Gepflogenheiten, unausgesprochene Regeln: Ob man eher straffere, tanzartige oder eher freiere, deklamatorische Rhythmen bzw. improvisationsartiges Rubato verwendete, hing wohl weitgehend vom Stückcharakter, von seinem melodischen Bau, von der Versstruktur, vom Verhältnis des Textes zum Ton ab (mehr melismatisch oder mehr syllabisch). Der Vortrag sollte vermutlich vom Interpreten selbständig rhythmisch gedeutet werden. Dasselbe gilt für Tempo, Dynamik und Vortragsart, die indirekten Quellen zufolge (z.B. Beschreibungen in Gedichten) unerhört intensiv und suggestiv gewesen sein müssen (weitere Hinweise s. Binkley in Danuser, 1992, S. 75 ff).

Die Art der Stimmgebung war sicher weit entfernt vom heutigen Opern- und Konzertgesang, ohne daß sich eindeutige Aussagen darüber machen ließen. Der Sologesang war vermutlich meist unbegleitet wie die Meistersingergesänge im 16. Jahrhundert (Dahlhaus in Finscher, 1989/90, S. 85 f). Die gelegentliche Mitwirkung von Instrumenten wird durch mittelalterliche Gedichte und Dokumente nahegelegt, jedoch nicht eindeutig belegt (Binkley in Danuser, 1992, S. 107 f). Erhalten hat sich keines dieser Instrumente. Man vermutet aber, daß sich in den Volksmusikkulturen von Sardinien, Sizilien, Spanien, Ungarn Instrumente erhalten haben, die den mittelalterlichen Instrumenten gleichen (→ Überlieferte Musik). Der Einsatz dieser Instrumente bei modernen CD-Aufnahmen führt zu überraschend guten Resultaten (vgl. die Aufnahmen der Carmina Burana mit dem Clemencic-Consort, Harmonia Mundi France).

Frühe geistliche Mehrstimmigkeit

Als erster Beleg notierter Mehrstimmigkeit gilt die Musica Enchiriadis aus dem 9. Jahrhundert. Sie gibt vermutlich wieder, was bereits längere Zeit üblich war: Zum festgelegten Tenor der gregorianischen Melodien wurden Zusatzstimmen improvisiert – nach genauen Regeln meist in parallelen Intervallen zur Melodiestimme (Oktave, Quinte und Quarte; Eggebrecht in Eggebrecht u.a., 1984, S. 9 ff).

Zu Beginn des 12. Jahrhunderts löst man sich vom strengen Note-gegen-Note-Satz. Von der Schule von St. Martial über die Notre-Dame-Schule (Paris) bis zum spanischen Codex Calixtinus (Santiago de Compostela) verändert sich die Oberstimme zu einer bis zu 14 Töne umfassenden Melismatik auf jedem Choralton (Möller & Stephan, 1991, S. 217 ff). Die Oberstimme wurde vermutlich virtuos solistisch und frei im Rhythmus interpretiert. Die langen orgelpunktartigen Töne des Chorals dürften von einem kleinen Chor oder auch von zwei Solisten gesungen worden sein.

Nicht den geringsten Hinweis gibt es darauf, ob bei den Aufführungen Instrumente mitgewirkt haben. Die gesamte frühe Mehrstimmigkeit ist aus den improvisatorischen Techniken der damaligen Sänger ableitbar.

3. Musik des 11. bis 14. Jahrhunderts

Ars antiqua

Als Ars antiqua bezeichnet man die Zeit vom Ende des 12. bis zum Beginn des 14. Jahrhunderts (zur Brauchbarkeit dieser Epochenbezeichnung vgl. Frobenius, 1994, Sp. 874 ff; → Epochendefinitionen und Geschichtsschreibung). Die weltliche Musik dieser Epoche kann heute gut im Konzertsaal realisiert werden. Die geistliche Musik bedarf der besonderen Nachhallverhältnisse damaliger Sakralräume, für die sie konzipiert wurde.

Die melismatische Musik dieser Zeit wird bereits durch eine erste Art der Rhythmusnotation festgelegt: Es stehen dafür sechs Modi zur Verfügung, rhythmische Modelle, die den antiken Versmaßen entsprechen (Besseler, 1949a, Sp. 683). Für die Aufführungspraxis dieser Zeit gibt es die Schrift eines um 1275 in Paris lebenden Engländers – in der musikwissenschaftlichen Literatur Anonymus IV genannt (vgl. Reckow, 1967). Hier ist zu lesen, daß die Modi eines Rhythmus nicht mit akademischer Genauigkeit ausgeführt werden. Innerhalb einer Stimme kann der Modus wechseln. Es kann auch passieren, daß gleichzeitig zwei verschiedene Modi gesungen werden. Beginn und Ende eines Modus sind oft nicht genau festgelegt, so daß heute die Ausführenden selbst entscheiden müssen.

Man unterscheidet melismatische (Musica sine litera, textlose Musik) und syllabische (Musica cum litera, mit Text versehene Musik) Gattungen der Mehrstimmigkeit. Liturgische Hauptgattung ist das melismatische *Organum* (bis zu vier Stimmen, modal notiert). Die Hauptstimme liegt unten. Sie besteht aus einem Choralfragment, das durch die Melismen der Oberstimmen stark zerdehnt wird (Roesner, 1979).

Der syllabische *Conductus* kann vom Text her liturgisch oder nicht-
liturgisch sein und verwendet in der Unterstimme (vox principalis) frei
erfundenes Melodiematerial. Die ein bis zwei darüberliegenden Stimmen werden dazu in meist strengem Note-gegen-Note-Satz hinzu-
gesetzt (Kontrapunkt).

Besonders faszinierend ist die Motette (motetus), ebenfalls eine syllabische Gattung. Sie entstand um 1200 herum durch nachträgliche Ver-
textung von melismatischen Kompositionen (Tropierung). Bald ging
man dazu über, selbständige, nicht abgeleitete Motetten über Choralzi-
tate in einer Unterstimme zu komponieren. In der weiteren Entwicklung
wurden oft gleichzeitig zwei oder drei Texte verwendet, manchmal sogar
in verschiedenen Sprachen (Latein und Französisch). Weltliches und
Geistliches war damals nicht so scharf wie heute voneinander getrennt –
so konnte man Motetten auch mit anzüglichen oder ironisierenden Texten von Geistlichen oder Nonnen gesungen in Kirchen und Klöstern
hören (Frobenius in Möller & Stephan, 1991, S. 272 ff; für die spätere
Zeit s. Kuegle, Gomez & Günther, 1994, Sp. 882).

Die Mitwirkung von Instrumenten war beim Conductus und Motetus
sicher fallweise möglich, aber nie zwingend notwendig (obligat). Durch
instrumentale Wiedergabe des liturgischen Tenors, der tiefsten Stimme,
wurde ein zweistimmiger Motetus zum begleiteten Sologesang, dem
Grundtypus weltlicher Vokalmusik. Hauptinterpreten dieser Gattung
waren Studenten und junge Geistliche. Da sie Instrumente spielen konnten, wird es wohl auch rein instrumentale Aufführungen gegeben haben.
Meist dürften die Stücke vokal und solistisch interpretiert worden sein.

Das trifft sicherlich auch auf das Organum zu. Die gedehnten, fast
endlosen Töne des Tenors konnten von einen einzigen Sänger gesungen
werden, «der seine Pausen macht» (Roesner, 1979). Leichter war es sicher mit zwei oder mehr Sängern, die chorisch atmeten (zeitlich gegeneinander versetzt). Anonymus IV und andere Theoretiker erwähnen
auch Begleitinstrumente, jedoch nie in klarer und unmißverständlicher
Art. Möglicherweise wechselten rein instrumentale mit vokalen Ausführungen.

Über Normen der Stimmtonhöhe sind für diese Epoche keinerlei Angaben möglich (Dupont, 1935). Die musikalische Temperatur war wohl
mehr oder minder pythagoreisch mit reinen Oktaven, Quarten und
Quinten. Terzen und Sexten wurden wahrscheinlich beim Singen oder
beim Spielen auf intonationsvariablen Instrumenten ausgeglichen.

Tempoangaben gibt es keine. Anonymus IV spricht von einem mittleren Zeitmaß, das geeignet sei, auch die kleinsten Notenwerte noch gut realisierbar zu machen.

Auch Angaben zur Dynamik der Ausführung waren nicht üblich. In den Notenschriften gibt es keine Hinweise dafür. Indirekt weisen aber Quellen wie kirchliche Rügen und Theoretikerschriften auf eine unerhört intensive, manchmal sogar exaltierte Art des Kirchengesanges hin. Man spricht vom gestikulierenden Gesang (cantus gestualis), von der Nachahmung «des Todeskampfes von Sterbenden», vom «Pferdewiehern» oder der «Ekstase von Leidenden» (Ailred, zit. nach Möller & Stephan, 1991, S. 296).

Ab der Mitte des 13. Jahrhunderts taucht bei Theoretikern die Bezeichnung musica ficta (falsche Musik) auf. Gemeint sind damit alle chromatischen Töne, die verwendet wurden, um perfekte Quinten und Oktaven im Zusammenklang herzustellen («um der Notwendigkeit willen») oder Leittöne zu betonen («der Schönheit wegen»; s. Sachs in Eggebrecht u. a., 1984, S. 199 ff). Leider wurden die Vorzeichen nicht konsequent eingezeichnet, so daß sie vom Interpreten ergänzt werden müssen.

Ars nova

Unter diesem → Epochenbegriff soll hier die französische oder französisch orientierte Mehrstimmigkeit des 14. Jahrhunderts verstanden werden. Über das 13. Jahrhundert hinweg hat sich die Mensuralnotation entwickelt, mit der die Dauer der Einzeltöne einer Komposition genau fixiert werden konnte (1260 mit dem Traktat des Franco von Köln abgeschlossen). Das um 1322 verfaßte Traktat «Ars Nova» (Philippe de Vitry) gab der Epoche ihren Namen (vertiefend Haas in Eggebrecht u. a., 1984, S. 89 ff; Kuegle, Gomez & Günther, 1994, Sp. 878).

Ein Hauptwerk dieser Epoche ist zweifellos die große zyklische Meßkomposition «Messe de Nostra Dame» von Guillaume de Machault. Eine Aufführung dieses Werks im Konzert ist möglich – angemessener jedoch die Realisation im liturgischen Zusammenhang (Machabey, 1955). Die komplizierte Polyphonie Machaults wurde damals von gutbezahlten, oft von weit her geholten professionellen und mehr oder minder «intellektuellen» Spezialisten gesungen, die in der Lage waren, die komplizierten musikalischen Schriften zu entziffern. Dazwischen bzw. vor und nach der Messe sang eine geistliche Choralschola liturgische einstimmige Musik. Der Organist der Kathedrale spielte auf der Orgel, vielleicht auch mehrstimmig auf einem Glockenspiel (tintinnabulum) alternierend seine Soli. An Marienfesttagen, für welche die «Messe de Nostra Dame» gedacht war, sang das Kirchenvolk ohne Noten einfache einstimmige Marienweisen. Vor und nach der feierlichen Messe musizierten auf dem Kirchplatz Bettler und Spielleute. Oft hatten sie auch in den Kirchen einen eigenen Marienaltar, vor welchem sie ihre volkstümliche Spielmannsmusik zu Ehren der Muttergottes aufführten. Dazwischen gab es Fanfaren auf Businen (Posaunen) und Trommeln, um den höchsten Ritter und Weltenherrn durch ritterlichen Prunk zu glorifizieren. Alles klang hier an: Volkstümliches, Intellektuelles, Geistliches, weltliche Macht und untergründig Erotisches – ein Minnegottesdienst mit einer nicht nur geistlichen Marienverklärung.

Was aufführungstechnische Details betrifft, lassen sich nicht immer klare Angaben machen (etwa wiederum über die Stimmtonhöhe). Immer noch ist die pythagoreische Temperatur maßgebend, mit Korrektur der unreinen Terzen und Sexten im Gesang und auf intonationsflexiblen Instrumenten. Die Schärfung der Leittöne hat wahrscheinlich zugenommen. Für das Tempo, das nicht notiert wird, scheint es ein mittleres Grundmaß (angeblich ca. 80 M. M.) gegeben zu haben, von welchem aber nach oben und unten hin abgewichen wurde (velociter – medie – tractim). Über Dynamik und Klanggebung der Stimme ist nichts bekannt, so daß man ähnliche Verhältnisse wie in der Ars antiqua annehmen sollte.

Die Vorzeichen der Musica ficta werden in dieser Epoche immer zahlreicher. Neben den zwei bekannten Gründen (reine Intervalle und Leittonverschärfung) kommt jetzt die Erhöhung des Leittones hinzu, der in die Quinte führt.

Ein besonderes Problem bereiten bis ins 16. Jahrhundert hinein untextierte Stimmen in Vokalstücken oder Stimmen, bei denen lediglich ein Textanfang zu finden ist. Vielleicht wurden besonders bekannte Texte nicht vollständig ausgeschrieben. Sicher ist jedenfalls, daß das Vorhandensein eines Textes nicht identisch mit einer rein vokalen Aufführung sein muß und das Fehlen eines Textes nicht auf eine rein instrumentale Realisation hinweist (Clemencic, 1994). Alle Gattungen wurden zwar immer solistisch, aber sowohl rein instrumental als auch rein vokal oder gemischt aufgeführt.

Liturgische Werke wurden wohl vorzugsweise rein vokal realisiert. Die untextierten Stimmen konnten auf Vokalen oder Solmisationssilben

gesungen oder aber auszugsweise mit dem Text der Oberstimme versehen werden. In authentischer Volksmusik wie auch in modernen Praktiken der Unterhaltungsmusik finden sich noch heute solche Praktiken
wieder.

Bei nichtliturgischen Motetten haben oft Instrumente die Unterstimmen übernommen. Aber auch hier wird von rein vokalen Aufführungen
berichtet. Indirekten Quellen zufolge gliedert sich die fast unerschöpfliche Fülle der Möglichkeiten in zwei Hauptgruppen: zum einen den
instrumental begleiteten Sologesang, zum anderen die instrumentale
Realisierung durch möglichst homogene Klanggruppen (klangverwandte Instrumente, Instrumentenfamilien). Aus theologisch-metaphysischen Gründen strebten die Musiker und Komponisten des Mittelalters danach, trotz der Vielzahl der Instrumente und Stimmen eine
klangliche Einheit hören zu lassen. Der Begriff des «Spaltklangs», der zu
Beginn des 20. Jahrhunderts für die vielfältige Instrumentation der Musik des 14. Jahrhunderts geprägt wurde (s. Besseler, 1949 b, Sp. 725), entspricht somit nicht der historischen Realität.

Italienische Trecentomusik

Im 14. Jahrhundert geht die italienische Musik abseits vom französisch
bestimmten Hauptstrom abendländischer Musik einen eigenen Weg (s.
Eggebrecht, 1991, S. 185 ff). Im wesentlichen handelt es sich um eine
weltliche Liedkunst mit Ballade, Madrigal und Caccia (Jagdszene; s. Möller & Stephan, 1991, S. 385 ff). Voraussetzung für die separate Entwicklung der italienischen Musik war die Entstehung eines neuen dichterischen Stils, für den stellvertretend Dante Alighieri und Francesco
Petrarca genannt werden können. Die wichtigsten Sammlungen von
Werken sind der Codex Squarcialupi und der Codex Rossi.

Die südlich-lebensfrohe Musik dieser Epoche wird heute vor allem
von italienischen Spezialensembles gepflegt. Für den Musiker sind hier
ähnliche Gegebenheiten wie bei der Ars nova festzustellen. Erschwert
wird die Realisation der Musik dadurch, daß sich im Trecento eine Sonderform der Notation entwickelte. Unter den Instrumenten scheint –
auch zum Solovortrag – das Portativ (eine tragbare Orgel) eine Vorzugsstellung einzunehmen (Becherini, 1959).

4. Spätgotik und Renaissance

Das 15. und das 16. Jahrhundert gelten als Übergang zur Neuzeit – nicht nur in den politischen und gesellschaftlichen Strukturen, sondern auch in Wissenschaft und Kunst. Die Musik, die im Mittelalter oft an Astronomie und Mathematik gekoppelt war, emanzipiert sich als selbständige Kunstform. Von besonderer Bedeutung sind die Komponisten der Franko-flämischen Schule (auch Niederländische Schule genannt): Das Wirken von Guillaume Dufay, Johannes Ockeghem, Jakob Obrecht oder Josquin Desprez hatte Einfluß auf die Entwicklung der englischen Komponisten (z. B. William Byrd oder Thomas Morley) und der Italienischen Schule (Antonio und Johannes Gabrieli, Orlando di Lasso, Ottavio Petrucci, Giovanni Pierluigi da Palestrina).

Die weltliche Musik des 16. Jahrhunderts erfreut sich zunehmender Beliebtheit beim heutigem Publikum. Dabei handelt es sich insbesondere um Programme mit gefälligen, launigen Liedern und italienischen Madrigalen. Die weltliche Musik des 15. Jahrhunderts und die geistlichen Meisterwerke des 15. und 16. Jahrhunderts haben sich noch keinen festen Platz im heutigen Repertoire erobert.

In der Musik wirkt immer noch die mittelalterliche Vergangenheit: so die individuelle Stimmführung, in der der Contratenor als Mittelstimme zunehmend harmoniefüllende Funktionen übernimmt. Das Cantus-firmus-Prinzip wird fortgeführt, bei dem eine bereits existierende, oft liturgische Melodie einer neuen Komposition zugrunde gelegt wird. Beinahe theologisch mutet das Festhalten an einem einheitlichen zeitlichen Grundmaß (Mensuralmusik) an, von welchem sich alle anderen Notenwerte streng proportional ableiten lassen (Huizinga, 1939).

Wichtige Entwicklungen der Renaissance führen jedoch im Verlauf des 15. Jahrhunderts zu einem neuen Stil (Stile moderno; Finscher, 1989/90, S. 252), der lange Zeit neben dem alten Stil praktiziert wurde:
– die Entdeckung der vertikalen Klanglichkeit und das Aufkommen harmonischer Kadenzstrukturen (Zarlino, 1573),
– die kantablen, schlichten Melodien in der Oberstimme,
– imitatorische Satztechniken,
– der stärker werdende Textbezug und
– die transparenteren, einfacheren formalen Strukturen (vertiefend s. Laubenthal & Sachs in Finscher, 1989/90, S. 157 ff).

Die Stimmtonhöhe ist noch immer kaum genormt und dürfte wohl von den zur Verfügung stehenden Orgeln abhängig gewesen sein. Die aus dem 15. und 16. Jahrhundert erhaltenen Blockflöten sind einen Halbton über unserer heutigen Norm gestimmt.

Die musikalische Temperatur nähert sich immer mehr der Mitteltönigkeit. Dieses Stimmungssystem verwendet nahezu reine Terzen – auf Kosten der Reinheit von Quinten und Quarten (Murray Barbour, 1966). Terzen und Sexten wurden durch die Satztechniken des Stile *moderno* bedeutsamer für den musikalischen Klang als Quarten und Quinten. Symptomatisch für die Veränderung der Klangvorlieben sind die Techniken Faburden (England) bzw. Fauxbourdon (Frankreich), mittels deren zu einer vorgegebenen Melodie eine zweite und dritte Stimme im Terz- und Sextabstand improvisiert werden konnte (genauer s. Laubenthal & Sachs in Finscher, 1989 / 90, S. 159 ff).

Das Tempo der Musik dieser Epoche orientierte sich wie auch schon früher am Grundmaß von Herzschlag und Puls. Im 16. Jahrhundert wurde von diesem Grundmaß zunehmend nach oben und unten abgewichen – und zwar in Abhängigkeit von Text, Satzstruktur, Aufführungsort und Aufführungsanlaß. Ein besonders langsames Tempo galt beispielsweise als festlich. In den Stimmen konnten gleichzeitig unterschiedliche Mensurmaße auftreten – sie müssen mathematisch genau befolgt werden. Für Tempoveränderungen innerhalb eines Stücks gab es unterschiedliche Mensurzeichen (Busse Berger, 1993). Verbale Tempobeschreibungen finden sich erstmals 1535 im «Libro de Musica» des spanischen Lautenisten Luys Milan. Bezeichnungen für die Lautstärke der Ausführung existieren im 15. Jahrhundert noch nicht. Im frühen 16. Jahrhundert tauchen sie in einigen Lautenwerken auf (s. u.).

Die Ergänzung von Vorzeichen (musica ficta) bleibt immer noch der Entscheidung des Interpreten überlassen (Laubenthal & Sachs in Finscher, 1989 / 90, S. 185 f), obwohl es bereits viel mehr Regeln zu beachten gab als in den Jahrhunderten vorher (Welker in Danuser, 1992, S. 177 f). Wichtig war die Vermeidung von übermäßigen Quarten, verminderten Quinten und übermäßigen Oktaven. Im Verlauf des 16. Jahrhunderts wurde der Schlußakkord vorzugsweise zum Dur-Akkord. Trotz des zunehmend akkordischen Denkens waren die Regeln jedoch immer noch an linearen Stimmführungen orientiert (Kontrapunkt).

Im 16. Jahrhundert wird erstmals ausführlich in verschiedenen Instrumentalschulen (Sylvestro di Ganassi, Diego Ortiz) über Artikulation gesprochen (vgl. Finscher & Leopold in Finscher, 1989 / 90, S. 579 ff).

Verzierungen aller Art hat es wohl schon immer gegeben, ohne daß man sie notiert hätte. Ab der Mitte des 15. Jahrhunderts fängt man an, formelhafte Tonauszierungen wie Triller oder Mordente in Orgelwerken schriftlich festzuhalten. Darüber hinaus wird der freien improvisatorischen Variation (Diminution) einer komponierten Melodie breiter Raum gegeben. In den Lehrwerken der Zeit wird in systematischer Art gezeigt, wie man einfache Melodielinien oder Sprünge miteinander verbinden und auszieren kann (z. B. Ganassi, 1535). Oft ist die ursprüngliche Melodie unter den virtuosen Tongirlanden kaum noch zu erkennen. Heute ist es relativ schwer, Sänger und Instrumentalisten zu finden, die in der Kunst der Diminution erfahren genug sind, um der Musik des 16. Jahrhunderts gerecht zu werden.

Über das Sängervibrato äußert man sich im Mittelalter nur in negativer Weise: Agricola (1532) erwähnt das Vibrato im Zusammenhang mit Flöten und «Polnischen Geigen». Ganassi (1542 / 43) empfiehlt eine Art Tremolo höchstens, um einer «traurigen und schwermütigen Musik den geeigneten Ausdruck zu geben».

Der Chor scheint im 15. Jahrhundert vorzugsweise (mit Ausnahme besonderer Anlässe) noch solistisch besetzt gewesen zu sein. Hatte der Chor der sixtinischen Kapelle in Rom im Jahr 1436 neun Sänger, so wuchs er bis zum Ende des 16. Jahrhunderts auf 28 an. Die höchste Stimme wurde von Knaben und / oder Falsettisten, ab der 2. Hälfte des 16. Jahrhunderts auch von Kastraten gesungen. Weltliche Mehrstimmigkeit sang man nach wie vor in der Regel solistisch.

Ab der Mitte des 16. Jahrhunderts werden die Kirchenchöre immer öfter von klanghomogenen Instrumentalgruppen (wie etwa Zinken und Posaunen) unterstützend begleitet oder alternierend ergänzt. Die Orgel wurde weiterhin weitgehend solistisch eingesetzt oder wechselte sich mit dem Chor ab. Dennoch scheint die Orgel gelegentlich auch zur Unterstützung des Choralgesangs herangezogen worden zu sein, was heute im allgemeinen streng verpönt ist (für diese Praxis an Notre-Dame in Paris im 15. Jahrhundert s. Wright, 1989).

5. Barock

Mit einer möglichst authentischen Wiedergabe der Musik des sogenannten Barock beschäftigen sich heute die meisten Spezialisten alter Musik. Mit Ausnahme der Musik von Claudio Monteverdi wird hauptsächlich das Ende dieser Stilperiode in der Zeit um 1700 gepflegt (Johann Sebastian Bach, Georg Friedrich Händel, Antonio Vivaldi).

Die Aufführungspraxis des Barock (→ Epochendefinitionen und Geschichtsschreibung) ist nicht leicht zu beschreiben (Donington, 1963), da es sich um einen langen Zeitraum handelt (von der zweiten Hälfte des 16. Jahrhunderts bis zur Mitte des 18. Jahrhunderts). Nach und nach wurden neue Instrumente eingesetzt – Zinken, Pommern und Krummhörner verschwanden aus dem Repertoire. Andere Instrumente wie die Streichinstrumente wurden baulich nicht unwesentlich verändert. Die Notenausgaben waren unterschiedlich genau – noch bis ins 18. Jahrhundert waren die Druckzeichen sehr variabel (Sikorski in Moser & Scheuermann, 1992, S. 167–174).

Die willkürlichen Verzierungen, Diminutionen und Ornamente der Renaissance blieben wesentlicher Bestandteil barocker Aufführungspraxis. Sie lassen sich nur indirekt aus den wesentlichen Musiklehren des 18. Jahrhunderts herauslesen (z. B. Quantz, 1752; Leopold Mozart, 1756; Tosi & Agricola, 1757). Nationale Unterschiede schienen charakteristisch zu sein: Quantz schreibt, die italienische Praxis der Diminution sei «willkürlich, ausschweifend, gekünstelt, dunkel, auch öfters frech und bizarr, schwer in der Ausübung: sie erlaubet viel Zusatz von Manieren» – die französische dagegen «sklavisch, doch modest, deutlich, nett und reinlich im Vortrage[...]. Sie erfordert nicht viel Erkenntniß der Harmonie, weil die Auszierungen mehrenteils von den Componisten vorgeschrieben werden» (1752, S. 323 ff).

Die Auszierung der barocken Musikstücke wird stets vom Ausführenden erwartet (Überblick bei Bartels, 1985; Lange, 1991). Lediglich Johann Sebastian Bach scheint fast alle Verzierungen ausgeschrieben zu haben. Die als Bevormundung empfundene schriftliche Fixierung und das dadurch oft überladene Notenbild machte Bach bei den Musikern seiner Zeit nicht sonderlich beliebt.

Musikalisch gesehen fällt die Epoche des Barock mit der Anwendung des Generalbasses zusammen (Basso continuo, abgekürzt b. c.). Im 16. Jahrhundert verändern sich die musikalischen Sätze so, daß der Akkord für die Begleitinstrumente nicht mehr allein aus dem Baß ableitbar war. Mittels Ziffern wurden die von einem einfachen Dreiklang abweichenden Töne angegeben (vgl. Türk, 1800). Die Fähigkeit, nach einem bezifferten Baß vollständige Begleitakkorde mit gelegentlichen solistischen Überleitungen zu spielen, ist heute wieder weit verbreitet. Als Continuo-Instrumente kommen Cembalo, Orgel, Laute und Gitarre in Frage.

Die Höhe des Stimmtons (wofür es übrigens erst seit dem 18. Jahrhundert ein eigenes Wort gibt; s. Danuser, 1992, S. 168) scheint meist von Ort zu Ort unterschiedlich gewesen zu sein. Die meisten Stimmungsanweisungen für Zupf- oder Streichinstrumente weisen darauf hin. Michael Praetorius unterscheidet 1619 zwischen Kammerton (etwas tiefer als unsere heutige Stimmung), Chorton (etwas höher) und Cornett-Ton für Blasinstrumente (noch etwas höher). In Norditalien wurde sehr hoch eingestimmt – in Rom dagegen nachweislich fast eine große Terz tiefer. Tosi und Agricola bedauern, daß man «den Vorschlag des Herrn Sauveur, von der Bestimmung eines beständigen Tones, in den physikalischen Abhandlungen der Pariser Akademie der Wissenschaften, vom Jahre 1700, sich noch nicht zu Nutzen gemacht hat» (Tosi & Agricola, 1757, S. 42 f). In diese Zeit fällt die Erfindung der Stimmgabel (dem englischen Trompeter John Shore 1711 zugeschrieben).

In der zweiten Hälfte des 20. Jahrhunderts hat sich stillschweigend eine neue Norm für sogenannte Alte Musik gebildet, a' = 415 Hz. Da diese Stimmung genau einen Halbton unter der Stimmung mit a' = 440 Hz steht, ist sie recht bequem zu handhaben. Mit authentischer Stimmtonhöhe hat sie jedoch nichts zu tun. Im Grunde müßte jeder Musiker selbst überprüfen, welche Stimmtonhöhe für ein bestimmtes Stück am ehesten geeignet sein könnte, und das Stück dann in diese Lage transponieren.

Auch bezüglich der verschiedenen Stimmungssysteme für Tasteninstrumente und Instrumente mit Bünden (z.B. Lauten, Gamben) herrschte wenig Eindeutigkeit. Mitteltönigkeit wurde sicher bis zum Beginn des 17. Jahrhunderts praktiziert, vor allem auf Tasteninstrumenten. Später wurde eine Vielzahl verschiedenster ungleichschwebender Temperaturen verwendet, die sich manchmal mehr der Mitteltönigkeit, manchmal mehr einem gleichschwebenden System näherten (Murray Barbour, 1966; Barkowski, 1996).

Die heute praktizierte, aber oft angegriffene temperierte Stimmung wird meist Andreas Werckmeister zugeschrieben. Sie war jedoch bei den

Chinesen schon 2000 Jahre vorher bekannt (vgl. Oesch, 1984, S. 41 ff). Außerdem wird sie selbst in der abendländischen Musikkultur bereits im 15. und 16. Jahrhundert wiederholt beschrieben. Lauten- und Gambenspieler waren sehr frühzeitig mit den gängigen Stimmungssystemen unzufrieden und haben oft temperierte Stimmungen bevorzugt (Dupont, 1935).

Die Rhythmus-Modi des Spätmittelalters und der Renaissance für Tempo-Proportionen sterben im späten 18. Jahrhundert langsam aus. Italienische Ausdrücke für das Tempo und/oder den Charakter eines Stücks findet man schon 1619 bei Michael Praetorius. Aber noch das ganze 17. Jahrhundert hindurch gibt es unbezeichnete Sätze. Erst ab dem 18. Jahrhundert werden Tempoangaben obligat. Daß man gelegentlich trotz einer Bezeichnung das Tempo freier nahm und mal verzögerte, mal beschleunigte (rubato), bezeugte 1535 der spanische Lautenist Luys Milan.

Eindeutige dynamische Zeichen scheinen für italienische Komponisten um 1600 bereits selbstverständlich zu sein (Praetorius, 1619). Ein Beispiel dafür ist die Sonata pian' e forte aus den Symphoniae sacrae von Giovanni Gabrieli (1597). Graduell sich verändernde Dynamik (crescendo und decrescendo) wird ab der 2. Hälfte des 16. Jahrhunderts in theoretischen Werken erwähnt und ab dem Beginn des 17. Jahrhunderts von Komponisten ausführlich beschrieben. Die *Stufendynamik* gehört also nicht zu den besonderen Merkmalen des Barock. Der spezifische Einsatz der Dynamik muß aber im Einzelfall genau überlegt sein und auf Stück sowie Ort und Zeit seiner Entstehung ausgerichtet werden.

Ein Hauptanliegen barocker Kunst ist der Ausdruck von Affekten und Gefühlen. Dies zeigt sich auch in der Musik: Affektive Textauslegung macht die Musik teilweise zur «Dienerin der Worte» (Monteverdi in Malipiero, 1926–54, Band X). Der musikalische Ausdruck wird durch die Affektenlehre in strenge Gesetzmäßigkeiten gegossen (vgl. Serauky, 1949). Die auszudrückenden Affekte sind jedoch keine subjektiven romantischen Gefühle, sondern eher Allegorien, Repräsentationen von Gefühlskategorien.

Allmählich beginnt die Instrumentation zum integralen Bestandteil einer Komposition zu werden: Die Komponisten geben an, für welche Instrumente sie ihre Kompositionen hergestellt haben. Jedoch ist der Interpret bzw. der Leiter eines Ensembles wesentlicher Mitgestalter der Komposition. Fast jede Art von Uminstrumentierung und Bearbeitung ist möglich. Violinkonzerte konnten z.B. zu Cembalokonzerten werden (noch bei Johann Sebastian Bach). Die Einrichtung von instrumentenspezifischen Solokompositionen wie etwa den Sonaten Domenico Scarlattis für Ensembles war möglich. Umgekehrt wurden Concerti grossi auch als Kammersonaten aufgeführt, wenn wenig Musiker zur Verfügung standen. Transpositionen aller Art wurden vorgenommen. Sopranpartien konnten zu Baritonpartien werden. Die quasi identische Wiederholbarkeit heutiger Tonaufnahmen vermittelt ein von der damaligen Praxis abgehobenes Gefühl für die damalige Praxis.

Im Verlauf des 17. Jahrhunderts bilden sich langsam Orchester heraus, eine Entwicklung, die sich in dem Streben nach Klangfülle bereits in der Spätrenaissance angekündigt hatte (Rösing, 1975). Kern des Orchesters sind schon damals die Streicher mit ihren mehrfach besetzten Stimmen. Handelte es sich zunächst noch um kleinere Besetzungen, so konnten es im Spätbarock (zwischen 1680 und 1750) abhängig vom Aufführungsort und den dortigen finanziellen Möglichkeiten bis zu 28 Violinen, sechs Bratschen, sechs Celli und sechs Kontrabässe sein.

Oft ist über den Bogen für die Streichinstrumente zu diesen Zeiten geschrieben worden. Angeblich soll es früher einen Bogen gegeben haben, mit dem man alle vier Saiten gleichzeitig spielen konnte, da man seine Spannung mit dem Daumen veränderte. Dies hat sich als schwerwiegendes Mißverständnis der Forschung herausgestellt: Lediglich die Vermutung eines bekannten Geigers um 1900 ist belegt – sie wurde in einer populären Bach-Monographie weit verbreitet. Den beschriebenen speziellen Bogen hat es jedoch nie gegeben (vgl. dazu Gutknecht, 1994, Sp. 971).

Holzbläser (Block- oder Querflöten, Oboen, Fagotte) wurden manchmal mehrfach besetzt. Trompeten und Pauken waren bei festlichen Werken unerläßlich. Die Instrumente des Basso Continuo, vor allem Cembali, gehörten ebenfalls zum Kern des Orchesters. Noch bis ins 19. Jahrhundert hinein wurden Aufführungen vom Cembalo aus geleitet. Die Größe von Chören schwankte zwischen zwölf und 40 Sängern.

Über das Vibrato in barocken Musikstücken ist viel diskutiert worden (Moens-Haanen, 1988). Ein deutlich hörbares Dauervibrato wurde zu allen Zeiten sowohl für die menschliche Stimme als auch für Instrumente aus ästhetischen Gründen abgelehnt. Nur zur Verzierung bzw. Färbung spezieller Töne aus Gründen des Ausdrucks wurde es verwendet und gebilligt. Ob ein fast unmerkliches Vibrato als Tonbelebung gemacht und akzeptiert wurde, ist nicht eindeutig feststellbar. Von manchen Theoretikern und Kritikern wird es beschrieben und positiv bewertet.

Die willkürlichen Rhythmusveränderungen (notes inégales) des französischen Stils bilden ein Problem für sich (Houle, 1987). Oft wurden Punktierungen verschärft (doppelte Punktierung). Wenn gleichzeitig in der einen Stimme Triolen und in der anderen punktierte Notenwerte notiert waren, glich man die Rhythmen einander an. Welcher Notenwert sich dabei dem anderen anzugleichen habe, wird wohl von der Forschung nie eindeutig beantwortet werden können.

Beim Einsatz der menschlichen Stimme ging es im Barock noch nicht wie in späteren Jahren hauptsächlich um Belcanto, um die Produktion von als möglichst angenehm empfundenen Tönen. Vielfach stand die Beweglichkeit der Stimme im Vordergrund, die akrobatisch wie ein virtuoses Musikinstrument gehandhabt wurde. Der Koloratursopran unserer Zeit ist eine letzte Erinnerung an diese Gesangsästhetik. Die größten Stimmvirtuosen des Barock waren Kastraten, oft als Abgötter verehrt und hoch honoriert. Ihr Tonumfang reichte von a bis d'''. Fast jedes venezianische Opernhaus im Venedig des 18. Jahrhunderts hatte eine *prima donna-soprano* und einen *primo uomo-soprano*. Die Aufnahmen des letzten bekannten Kastraten der Sixtinischen Kapelle in Rom, Alessandro Moreschi, aus den Jahren 1902 und 1903 vermitteln uns eine Idee dieser entschwundenen Vokalkunst. Heute sollte man für solche Partien Frauensoprane mit sehr gerade geführten, knabenhaften Stimmen nehmen.

6. Klassik

Erst seit wenigen Jahren nimmt man zur Kenntnis, daß auch die Klassik Aufführungspraktiken besaß, die sich vom modernen Konzertleben des 20. Jahrhunderts unterscheiden. Während Musik im Barockstil bereits um die Mitte des jetzigen Jahrhunderts mit alten Instrumenten und den dazugehörigen Spieltechniken aufgeführt wurde, stand klassische Musik zu sehr im Zentrum des öffentlichen Konzertlebens, als daß man eine konsequente Historisierung gewagt hätte.

Besonders bemerkenswert ist dies, weil sich klassischer und barocker Stil weit überlappen – Dahlhaus (1985, S. 2) sieht eine Zeitspanne von 60 Jahren zwischen dem Ende des Barock und dem Beginn der «eigentlichen» Klassik, der Wiener Klassik (→ Epochendefinitionen und Geschichtsschreibung). Während Johann Sebastian Bach seine wichtigsten Werke schrieb, war zum Beispiel am Mannheimer Hof ein neuer Stil entstanden, meist Vorklassik oder «galanter Stil» genannt (Dahlhaus, 1985, S. 24 und S. 206 f).

Die Überlappung zwischen den Epochen ist erkennbar, wenn man die Tradition des Generalbaßspiels betrachtet: Noch in frühen Streichquartetten von Joseph Haydn und in einzelnen Klavierkonzerten von Wolfgang Amadeus Mozart sind gelegentlich Ziffern unter den Baß geschrieben. Es ist überliefert, daß Haydn noch 1794/95 seine Sinfonien in London von einem Tasteninstrument aus (Klavier oder Cembalo) leitete.

Die Tradition der willkürlichen Verzierungen und Diminutionen nimmt in dieser Zeit schnell ab. Die Stücke werden bis auf die letzte Note aufgeschrieben. In der Kadenz der Solisten im Instrumentalkonzert bleibt lediglich ein Teil der Improvisationskünste des Barock erhalten. Spontan improvisierte Musikstücke genießen jedoch nach wie vor große Wertschätzung (→ Improvisation).

Generell ist der Klang über die Jahrhunderte breiter, voller und dicker geworden. Das Mannheimer Hoforchester hatte um 1770 eine Streicherbesetzung von zwölf ersten und zehn zweiten Geigen, jeweils vier Bratschen und Violoncelli und einen Kontrabaß bei vollständiger klassischer Bläserbesetzung. Bei einer modernen Zwölfer-Besetzung spielen bei gleicher Anzahl der Geigen acht Bratschen, sechs Violoncelli und vier Kontrabässe. Diese Tiefenlastigkeit ist von der Veränderung des Klangideals im 20. Jahrhundert bestimmt (→ Wechselwirkungen zwischen der Herstellung und Aufführung von Musik).

Der Musikstil der Klassik war generell davon geprägt, daß die Instrumente schlanker geklungen haben. Die zunehmende Klangfülle des Instrumentenklangs ist bei den Holzblasinstrumenten durch die Kombination von größeren Bohrungen mit Klappentechniken und auch durch die Vergrößerung der Instrumente selbst (Fagott) geschehen. Bei den Hörnern ist die Mensur vergrößert worden, was zu einem volleren Ton geführt hat.

Die Trompeten sind dagegen in der Mensur und in der Rohrlänge verkleinert worden. Durch die Neuerungen in der Bauweise liegt außerdem die Naturtonreihe anders, so daß viele Trompetenpartien aus der Musik des 18. Jahrhunderts auf modernen Instrumenten nicht mehr ohne Gebrauch der Ventile gespielt werden können.

Alle Streichinstrumente haben heute einen längeren Hals, kräftigere Saiten und ein stärker geneigtes Griffbrett (um den Druck der Saiten abzufangen). Die Besaitung der Kontrabässe ist zudem von den damals meist drei auf heute fünf Saiten erweitert worden.

Die größte Veränderung hat jedoch das Klavier durchgemacht. Bereits seit ca. 1700 vom Prinzip her bekannt, setzte es sich erst zu Mozarts Zeiten nach einer Vielzahl von technischen Verbesserungen durch. Der Klang des damaligen *Hammerklaviers* war je nach Bauart zum Teil noch sehr dem Cembalo ähnlich. Erst durch weitere bauliche Veränderungen im 19. Jahrhundert hat sich der runde Flügelklang unseres Jahrhunderts entwickelt.

Der schlanke Klang der damaligen Instrumente korrespondiert mit dem Tonsatz der Kompositionen. Bis zu den späten Werken von Beethoven ist erkennbar, daß der Stil dieser Zeit von einer eher durchsichtigen Instrumentation bestimmt ist (vgl. Rosen, 1983).

Die Stimmtonhöhe bleibt ungenormt. Sie scheint zwischen 420 und 435 Hz gelegen zu haben. Es sind jedoch Querflöten aus dieser Epoche erhalten, die mit mehreren Mittelstücken für höhere Stimmungen ausgestattet waren. Wie auch heute waren es meist die Streicher, die ihr Instrument höher einstimmten, weil ihnen der Klang dann brillanter erschien.

Die Tempoangaben werden immer präziser. Die Konstruktion des Metronoms (1816 von Johann Nepumuk Maelzel) führte jedoch nicht zur erwünschten Genauigkeit, da die von den Komponisten angegebenen Metronomzahlen oft wenig vertrauenerweckend sind (Danuser, 1992, S. 54). Dies ist vermutlich darauf zurückzuführen, daß das musikalische Tempo vom wahrgenommenen Klang abhängig ist – also von der Akustik, von der Spielweise, von der Größe der Besetzung. Somit ist das Tempo auch durch ein mechanisches Instrument kaum festlegbar (vgl. Bruhn, 1994, S. 41 f). In welchem Ausmaß ein Ausdrucksrubato gemacht wurde, ist heute nicht mehr nachvollziehbar. Die landläufige Vorstellung, daß die feine Variation des Tempos erst im 19. Jahrhundert als formbildendes Element eingesetzt wurde, läßt sich aus der Forschung bisher nicht bestätigen (vgl. Danuser, 1992, S. 44–49).

7. Romantik

Im 19. Jahrhundert gehen die Veränderungen im Stil der Musik und ihrer Aufführung in rascher Folge vor sich (→ Epochendefinitionen und Geschichtsschreibung). Ein Gegensatz zwischen den Stilepochen Klassik und Romantik ist jedoch nicht zu erkennen – im Gegenteil, sie bleiben eng miteinander verflochten (Dahlhaus, 1980, S. 21).

Will man typische Merkmale für einen romantischen Musikstil aufzählen, so gelingt dies nur in einer Beschreibung von Steigerungen gegenüber der Klassik:

• Die Musikinstrumente werden virtuoser angesetzt (als in der Klassik).
• Die Instrumentation klingt voller ...
• Der Tonumfang wird nach oben und unten zunehmend ausgeweitet ...
• Die dynamischen Kontraste werden stärker ...
• Die Musikstücke werden länger ...

Vieles ist indirekt eine Folge der Weiterentwicklung der Musikinstrumente. Zu Beginn des 19. Jahrhunderts werden alle Holzblasinstrumente durch das Böhmsystem vollständig verändert. Die Intonation wird genauer und der Klang im allgemeinen größer. Außerdem verbessern sich die spieltechnischen Möglichkeiten: Schwierigere und schnellere Abfolgen von Tönen werden möglich. Die Blechblasinstrumente werden durch die Konstruktion von Ventilen zu Melodieinstrumenten und emanzipieren sich gegenüber den Streichern und Holzbläsern als stimmführende Gruppe. Insbesondere die Hörner stehen stellvertretend für den romantischen Orchesterklang (zusammenfassend: Seedorf in Danuser, 1992, S. 346 ff; Gutknecht, 1994, Sp. 957).

Außerdem werden die Ensembles vergrößert. Das Schlagzeug wird zunehmend zur Unterstützung von Höhepunkten in der Musik eingesetzt und entwickelt sich bis zum Ende des Jahrhunderts ebenfalls zu einer eigenständigen stimmführenden Gruppe. Die Pauke übernimmt vielfältigere Aufgaben (schon in der 9. Sinfonie von Ludwig van Beethoven). Durch die Erfindung schnell funktionierender Stimmvorrichtungen ist sie nicht mehr auf Grundton und Quinte einer Tonart fixiert.

Einige Instrumente des 18. Jahrhunderts verschwinden: die Gamben, das Bariton, die Oboe d'amore und die Oboe da caccia (Gutknecht, 1994, Sp. 956). Dafür wird das Sinfonieorchester um verschiedene andere Instrumente erweitert, die bisher eher unbedeutend waren: Pikkoloflöte, Englischhorn (eine Alt-Oboe), Baßklarinette und Kontrafagott. Die Familie der Tuba-Instrumente entwickelt sich (ca. 1830) und wird seit Richard Wagner und Anton Bruckner im Orchester eingesetzt. Das 1841 konstruierte Saxophon kommt nur sporadisch im Orchester zum Einsatz, bestimmt dafür aber die populären Musikstile im 20. Jahrhundert (→Wechselwirkungen zwischen der Herstellung und Aufführung von Musik). Nicht durchgesetzt hat sich das Heckelphon, eine 1904 für Richard Strauss gebaute Bariton-Oboe.

Als Stimmungssystem hat sich im 19. Jahrhundert die gleichschwebende Stimmung durchgesetzt. Erstmals wurden auch Versuche gemacht, die Höhe der Stimmung zu vereinheitlichen (Mendel, 1976). 1859 wurde in Frankreich auf Empfehlung einer Kommission unter Beteiligung mehrerer Komponisten (u.a. Berlioz, Rossini, Meyerbeer) der Stimmton auf a' = 435 Hz festgelegt. 1939 wurde der heutige Stimmton auf a' = 440 Hz angehoben, nachdem englische und amerikanische Verbände bereits früher aus der alten Norm ausgeschert waren (Gutknecht, 1994, Sp. 973 f).

Seit 1900 sind kaum noch Veränderungen im Instrumentarium der abendländischen Kunstmusik festzustellen. Wer allerdings glaubt, daß die Aufführungspraxis deshalb unserer Zeit entsprochen habe, kann sich von den frühen Schallaufnahmen vom Ende des 19. Jahrhunderts eines Besseren belehren lassen. Wer Tonträger mit Aufnahmen romantischer Musik der letzten 100 Jahre miteinander vergleicht, stellt fest, daß sich die Art der Interpretation fortwährend verändert hat. Nichts wandelt sich offenbar rascher als der Geschmack von Publikum und Musikern.

8. Zusammenfassung und Ausblick

Spätestens seit dem Beginn des 20. Jahrhunderts wird der abendländische Kunstmusikbetrieb immer vergangenheitsbezogener (Dahlhaus, 1980, S. 19 f). Zum einen werden immer weiter zurückliegende Epochen der abendländischen Musikgeschichte für das Musikleben aufbereitet (zu den Schulen s. Gutknecht, 1994, Sp. 962–969; zu den Notenausgaben Sp. 957; zu den Instrumenten Sp. 961). Zum anderen erhält das Repertoire früherer Jahrhunderte eine größere Bedeutung, weil die Kunstmusik des 20. Jahrhunderts vom Publikum nicht in dem Maße angenommen wird, wie es noch in den 50er Jahren erwartet wurde. Objektiv betrachtet läßt sich kein Werk der Musikgeschichte jemals wieder tatsächlich authentisch aufführen. Jedes Werk ist an Klangideale, musikalische Vorstellungen, Musikinstrumente und räumliche Gegebenheiten gebunden, die selbst mit bester wissenschaftlicher Forschung nicht zu rekonstruieren sind. Obwohl die abendländische Musikkultur die präziseste Form der → Verschriftlichung von der ganzen Welt entwickelt hat, bleibt sie in ihrem Wesen eine teilschriftliche Kultur.

Deshalb muß verlangt werden, daß die Aufführenden sich der Beziehung zwischen der Struktur eines überlieferten Werks und seinen originären Aufführungsbedingungen bewußt werden. Manche Werke beginnen nur zu leben, wenn sie mit historischen Instrumenten aufgeführt werden. Andere Werke lassen sich auch mit modernen Instrumenten spielen. Vielfach ist es angemessen, das Vibrato dem Musikstil einer Epoche anzupassen. Mit der Führung des Bogens läßt sich auch bei modernen Streichinstrumenten der Klang den verschiedensten Stilepochen angleichen. Und schließlich sollte die Verwendung korrekten Orchestermaterials selbstverständlich sein.

Letztlich verbleibt die Verantwortung für eine stilgerechte Aufführung beim Musiker und beim Dirigenten.

Literatur

Agricola, M. (1532). *Musica instrumentalis deudsch.* Wittenberg: o. V.

Anglès, H. (1943–59). La Musica de la Cantigas de Santa Maria. Barcelona (3 Bde).

Barkowski, J. (1996). *Anleitung zur Berechnung von Intervallen in einigen musikalischen Stimmungssystemen* (Forschungsbericht Nr. 5). Hochschule für Musik und Theater, Hannover: Institut für Musikpädagogische Forschung.

Bartels, D. (1985). *Handbuch der musikalischen Figurenlehre.* Laaber: Laaber.

Becherini, B. (Hg.). (1959). *L'ars nova italiana del trecento.* Certaldo: Centro di Studi sull, ars nova italiana del trecento.

Besseler, H. (1949a). Ars nova. In Blume, F. (Hg.), *MGG Die Musik in Geschichte und Gegenwart.* Bd. 1 (Sp. 679–697). Kassel: Bärenreiter.

Besseler, H. (1949b). Ars antiqua. In Blume, F. (Hg.), *MGG Die Musik in Geschichte und Gegenwart.* Bd. 1 (Sp. 702–729). Kassel: Bärenreiter.

Brown, H. M. & McKinnon, J. W. (1980). Performing practice. In Sadie, S. (Hg.), *The New Grove Dictionary of music and musicians.* Bd. 14 (S. 370–393). London: Macmillan.

Bruhn, H. (1994). *Wahrnehmung von Musik. Eine Allgemeine Musiklehre aus der Sicht von Psychologie und Musikgeschichte* (Arbeiten zu Musikpsychologie und Musikpädagogik). Kiel: Christian-Albrechts-Universität.

Busse Berger, A. M. (1993). *Mensuration and proportion signs*. Oxford: Claredon.

Clemencic, R. (1994). Gedanken zur Verwendung von Instrumenten in der Aufführungspraxis mehrstimmiger Musik des 13. und 14. Jahrhunderts. In Nagy, M. (Hg.), *Musik muß man machen. Eine Festgabe für Josef Mertin* (S. 99–112). Wien: Pasqualatihaus.

Clemencic, R. & Korth, M. (Hg.) (1979). Carmina burosa: Lateinisch–deutsch. München: Heimeran.

Dahlhaus, C. (1980). *Die Musik des 19. Jahrhunderts* (Neues Handbuch der Musikwissenschaft Bd. 6). Laaber: Laaber.

Dahlhaus, C. (Hg.) (1985). *Die Musik des 18. Jahrhunderts* (Neues Handbuch der Musikwissenschaft Bd. 5). Laaber: Laaber.

Danuser, H. (Hg.) (1992). *Musikalische Interpretation* (Neues Handbuch der Musikwissenschaft Bd. 11). Laaber: Laaber.

Donington, R. (1963). *The interpretation of early music*. London: Faber & Faber.

Dupont, W. (1935). *Geschichte der musikalischen Temperatur*. Nördlingen: Beck (Nachdruck 1986).

Eggebrecht, H. H. (1991). *Musik im Abendland. Prozeß und Stationen vom Mittelalter bis zur Gegenwart*. München: Piper.

Eggebrecht, H. H., Gallo, F. A., Haas, M. & Sachs, K. J. (Hg.). (1984). *Die mittelalterliche Lehre von der Mehrstimmigkeit*. Darmstadt: Wissenschaftliche Buchgesellschaft.

Finscher, L. (Hg.) (1989/90). *Musik des 15. und 16. Jahrhunderts* (Neues Handbuch der Musikwissenschaft Bd. 3). Laaber: Laaber.

Frobenius, W. (1994). Ars antiqua. In Finscher, L. (Hg.), *MGG Musik in Geschichte und Gegenwart*. Sachteil Bd. 1 (Sp. 865–877). Stuttgart/Kassel: Metzler/Bärenreiter.

Ganassi, S. (1535). *La fontegara. Schule des kunstvollen Flötenspiels und Lehrbuch des Diminuierens*. Herausgegeben von H. Peter, 1956. Berlin-Lichterfelde: Lienau.

Ganassi, S. (1542–1543). *Regola rubertina*. Herausgegeben von H. Peter 1972. Berlin-Lichterfelde: Lienau.

Gutknecht, D. (1994). Aufführungspraxis. In Finscher, L. (Hg.), *MGG Musik in Geschichte und Gegenwart*. Sachteil Bd. 1 (Sp. 954–986). Stuttgart/Kassel: Metzler/Bärenreiter.

Houle, G. (1987). *Meter in music: 1600–1800*. Bloomington: Indiana University Press.

Hucke, H. & Möller, H. (1995). Gregorianischer Gesang. In Finscher, L. (Hg.), *MGG Musik in Geschichte und Gegenwart*. Sachteil Bd. 5 (Sp. 1609–1621). Stuttgart/Kassel: Metzler/Bärenreiter.

Huizinga, J. (1939). *Herbst des Mittelalters*. Stuttgart: Kröner.

Kippenberg, B. (1971). Die Melodien des Minnesangs. Musikalische Edition im Wandel des historsichen Bewußtseins. In Georgiadis, T. (Hg.), *Musikwissenschaftliche Arbeiten* (Bd. 23). Kassel: Bärenreiter.

Kuegle, K., Gomez, M. & Günther, U. (1994). Ars nova – Ars subtilior. In Finscher, L. (Hg.), *MGG Musik in Geschichte und Gegenwart*. Sachteil Bd. 1 (Sp. 877–894). Stuttgart / Kassel: Metzler / Bärenreiter.

Lange, H. K. H. (1991). *Allgemeine Musiklehre und musikalische Ornamentik*. Stuttgart: Steiner.

Levy, K. & Emerson, J. A. (1980). Plainchant / bibliography. In Sadie, S. (Hg.), *The New Grove Dictionary of music and musicians*. Bd. 14 (S. 832–844). London: Macmillan.

Machabey, A. (1955). *Guillaume de Machault*. Paris: Richard-Masse-Editeur.

Malipiero, G. F. (1926–1954). *Claudio Monteverdi: Tutte le opere. Vorwort zu den Scherzi musicali 1607* (Bd. 10). Wien: Universal Edition.

Mendel, A. (1976). Stimmton. In Blume, F. (Hg.), *MGG Die Musik in Geschichte und Gegenwart*. Bd. 16 Suppl. (Sp. 1759–1763). Kassel: Bärenreiter.

Milan, L. (1535). *Libro de musica de vihuela de mano*. Faksimile Hofmeister im Taunus: Hofmeister.

Möller, H. & Stephan, R. (Hg.) (1991). *Die Musik des Mittelalters. Neues Handbuch der Musikwissenschaft*. Bd. 2. Laaber: Laaber.

Moens-Haanen, G. (1988). *Das Vibrato in der Musik des Barock*. Graz: ADEVA.

Moser, R. & Scheuermann, A. (Hg.) (1992). *Handbuch der Musikwirtschaft*. Starnberg / München: Keller.

Mozart, L. (1756). *Versuch einer gründlichen Violinschule* (Nachdruck Leipzig, VEB deutscher Verlag für Musik, nach der 3. Auflage von 1789). Augsburg: o. V.

Murray Barbour, J. (1966). Temperatur und Stimmung. In Blume, F. (Hg.), *MGG Musik in Geschichte und Gegenwart*. Bd. 13 (Sp. 213–227). Kassel: Bärenreiter.

Oesch, H. (1984). *Außereuropäische Musik, Teil 1* (Neues Handbuch der Musikwissenschaft Bd. 8). Laaber: Laaber.

Ortiz, D. (1553). *Tretado de glosas sobre clausulas y ortos generos de punto en la musica de violones*. Nachdruck Kassel: Bärenreiter.

Praetorius, M. (1619). *Syntagma musicum III* (Documenta musicologica. Erste Reihe: Druckschriften-Faksimiles XV). Kassel: Bärenreiter 1958.

Quantz, J. J. (1752). *Versuch einer Anweisung, die Flute traversière zu spielen* (Documenta musicologica. Erste Reihe: Druckschriften-Faksimiles II). Kassel: Bärenreiter 1953.

Reckow, F. (1967). Der Musiktraktat des Anonymus IV. *Beihefte zum Archiv für Musikwissenschaft*, 4–5.

Rösing, H. (1975). Zum Begriff «Orchester» in europäischer und außereuropäischer Musik. *Acta Musicologica, 17,* 134–143.

Roesner, E. (1979). The performance of Parisian organum. *Early Music, 7,* 174–189.

Rosen, C. (1983). *Der klassische Stil*. München / Kassel: dtv / Bärenreiter (Orig. engl. 1971).

Serauky, W. (1949). Affektenlehre. In Blume, F. (Hg.), *MGG Musik in Geschichte und Gegenwart*. Bd. 1 (Sp. 113–121). Kassel: Bärenreiter.

Stäblein, B. (1956). Monumenta Monodica Medii Aevi I: Hymnen. Kassel: Bärenreiter.

Stevens, J. (1980). Lauda spirituale. In Sadie, S. (Hg.), *The New Grove Dictionary of music and musicians*. Bd. 10 (S. 538–543). London: Macmillan.

Stevens, J. & Karp, T. (1980). Troubadours, Trouvères. In Sadie, S. (Hg.), *The New Grove Dictionary of music and musicians*. Bd. 19 (S. 189–208). London: Macmillan.

Tosi, P. F. & Agricola, J. F. (1757). *Anleitung zur Singkunst* (Hg. von K. Wichmann). Leipzig: VEB Deutscher Verlag für Musik.

Türk, D. G. (1800). *Anweisung zum Generalbaßspielen* (2. Aufl.). Halle, Leipzig: o. V.

Wagner, P. (1911). *Einführung in die gregorianischen Melodien*. Hildesheim: Olms (Nachdruck 1970, 3 Bde.).

Wright, C. (1989). *Music and ceremony at Notra Dame of Paris 500–1500*. Cambridge: Cambridge University Press.

Zarlino, G. (1573). *Le istituzioni harmoniche*. Venedig: o. V. (Erstausgabe vermutlich 1558).

Margaret Kartomi
Musikinstrumente

1. Instrumente und der Körper des Menschen

Das erste Instrument, mit dem Musik hergestellt wurde, ist aller Wahrscheinlichkeit nach der menschliche Körper selbst gewesen. Vokalmusik, die Menschen mit ihrem Stimmapparat hervorbringen, kann von der Feinheit und Intimität eines Liebeslieds oder eines deutschen Wiegenlieds bis hin zu Dynamik und Virtuosität balinesischer kecak-Musik reichen, in der Tänzer die Silbe cak schlagzeugartig in kunstvoll ineinandergreifenden Rhythmen wiederholen. In gleicher Weise kann die Musik von atemberaubend schnellen Rhythmen durch Schläge der Arme und Hände auf die Brust (in der Seudati-Musik der Acehnese / Sumatra: Kartomi, 1998) bis hin zum langsamen bis mäßig schnellen rhythmischen Dröhnen bei der Begleitung von Zeremonien der Aborigines-Frauen im westlichen Australien reichen (Kartomi, 1984, S. 59–93). Im antiken Griechenland wurde die menschliche Stimme das «belebte» Instrument genannt und anderen, unbelebten Instrumenten vorgezogen. Ebenso bevorzugten die frühen Christengemeinschaften die Stimme als Instrument Gottes. Der menschliche Körper ist das vielseitigste und komplexeste Musikinstrument und wird überall auf der Welt verwendet.

In manchen Musikkulturen ist der menschliche Körper seit alters her in die traditionellen Klassifikationen der Musikinstrumente einbezogen – zusammen mit den Geräten und Maschinen, die die Menschen zum Musizieren erfunden und konstruiert haben. Im frühen zweiten Jahrtausend vor unserer Zeitrechnung wurde in der Schrift Sangitamakaranda (Narada, 1920) Singen und Händeklatschen als eine der fünf Kategorien von Musikinstrumenten angeführt. Der javanesische Musikethnologe Poerbapangrawit schloß im 20. Jahrhundert die weibliche Stimme in die Kategorie der Melodieinstrumente im Gamelan ein (zusammen mit den anderen gestrichenen, geschlagenen oder geblasenen Melodieinstrumenten; Kartomi, 1990, S. 103). Olsen (1980) schlug vor, die Klassifikation von Sachs (1930) um die Kategorie «Corpophone» für die körpereigenen Musikinstrumente zu erweitern.

Die entwickelten Geräte und Maschinen zum Musizieren entstanden ebenso wie die Werkzeuge von Handwerkern oder Bauern, um die körperlichen Möglichkeiten der Menschen zu erweitern. Neu erdachte Musikinstrumente wurden verwendet, um ungewöhnliche Klänge zu produzieren, technische oder virtuose Leistungen zu vollbringen und besonders schnelle, sehr laute, extrem lange Klänge und Klangfolgen herzustellen.

Es gibt nur wenige Musikkulturen, die überhaupt keine Musikinstrumente kennen. Dies hängt sicher nicht mit fehlenden handwerklichen Fähigkeiten zusammen: So beweisen die Yami (Botel Tobago) ihr handwerkliches Geschick beim Bau von Booten, stellen jedoch keine Musikinstrumente her. Auch die Vedda (Sri Lanka), die Fuegians (südliche Spitze von Südamerika), die Lappen, die Bewohner der äußeren Hebriden und die tasmanischen Aborigines musizieren ohne Instrumente. Diese Musikkulturen stellen jedoch Ausnahmen von der Regel dar: Selbst wenn das Singen im Zentrum der Musik steht, werden üblicherweise Musikinstrumente zusätzlich eingesetzt. Sie haben jedoch einen unterschiedlich hohen Wert: So hat das Didjeridu bei den nordaustralischen Aborigines einen höheren Status als Klanghölzer und andere Instrumente – an der Spitze der Wertschätzung steht aber die Stimme (Kartomi, 1984).

Manchmal erweitern Musikinstrumente lediglich den begrenzten Klangbereich der körpereigenen Instrumente. Oft werden sie als Gegensatz zur menschlichen Stimme verwendet. Mitglieder mancher Musikkulturen verbinden bestimmte Musikinstrumente mit übernatürlichen Kräften und assoziieren sie mit Mythen, Ritualen und Zauberei. In Minagkabau malen die Musiker weiße Zeichen auf die Rückseite der Gongs, um ihren Respekt vor den Geistern zu zeigen, die ihrer Ansicht nach in den Gongs wohnen. Im Gegenzug erhoffen sie sich von den Geistern, daß diese den Klang der Gongs beim Anschlagen verschönern (Kartomi, 1986). Einige Gruppen australischer Ureinwohner nehmen mit Geistern aus Träumen Kontakt auf, indem sie eine Bullenpeitsche schwirren lassen. Indische Musiker zeigen ihre Ehrfurcht vor Trommeln, Vinas und Sitars, indem sie zur Anbetung der Götter der Musik Weihrauch verbrennen und Blumen opfern.

2. Beziehungen zwischen Musikinstrument und Lebensraum

Warum sich in den Kulturbereichen der Welt bestimmte Typen von Musikinstrumenten entwickelt haben, hängt von der natürlichen Umwelt, den religiösen Überzeugungen und dem Lebensstil der Menschen ab. Oft werden allerdings auch neue Instrumente im Zusammenhang mit Wanderungsbewegungen der Bevölkerung eingeführt (dazu Stockmann, 1979; → Ferner Osten am Beispiel Chinas).

Normalerweise ist die Art der in einer Region entwickelten Instrumente von der Verfügbarkeit des Baumaterials abhängig: Holz, Bambus, Felle, Metall, Kürbis, Seide, Stein oder Ton müssen vorhanden sein und mit geeigneten Techniken bearbeitet werden können. Außerdem spielen religiöse und mythische Vorstellungen und das Klima des Landes eine Rolle. Die über Jahrtausende vorherrschende Klassifikation der chinesischen Instrumente basiert zum Beispiel auf dem Herstellungsmaterial – jedes Material war mit einer bestimmten Jahreszeit im landwirtschaftlichen Zyklus verbunden (Abb. 1).

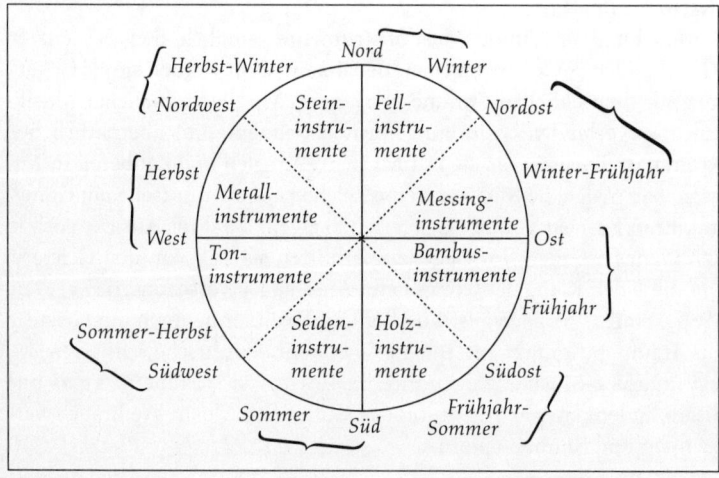

Abb. 1: Die Beziehung zwischen dem Material von Musikinstrumenten und den Himmelsrichtungen bzw. Jahreszeiten in China (nach Kartomi, 1990, S. 39)

Die Tatsache, daß in Südostasien eine Vielzahl von Bronze-Instrumenten entwickelt wurde, ist darauf zurückzuführen, daß Metalle wie Kupfer und Zinn zur Verfügung standen und die Menschen die Fähigkeit entwickelten, sie zu einer Legierung zu verschmelzen. Anhand von Ausgrabungen hat man festgestellt, daß im Annam-Tonkin-Bereich als Teil der Dongson-Kultur ungefähr seit dem 7. Jahrhundert vor unserer Zeitrechnung Kesselpauken aus Bronze hergestellt wurden, die sich über ganz Südostasien verbreiteten. Über die Jahrtausende hinweg haben sich unterschiedliche Ensembles mit Bronze-Instrumenten wie Gongs, Metallophonen und Schlagstöcken entwickelt, die in der einfachen Bevölkerung, bei Hof und in der Religionsausübung zum Einsatz kamen. Den Schmieden dieser meist schweren Instrumente wurden im tropischen Südostasien deshalb oft heilige Kräfte nachgesagt (Kunst, 1963, S. 192).

Nomaden oder andere oft umherziehende Völkern bevorzugen im Gegensatz dazu leichte, transportable und kleine Musikinstrumente. Beispiel dafür sind die Bambusflöten der Kubu (Waldgebiete in Zentral- und Südsumatra; Kartomi, 1997) oder die Klanghölzer der Aborigines im Süden und im Zentrum von Australien (Kartomi, 1984). Mit Tierfellen bezogene Trommeln findet man bei Jägern und Sammlern und bei Herdenbesitzern. Dies ist bei den Dan, den Kpelle und anderen Bewohnern von Savanne und Wald in Zentral- und Südafrika (Zemp, 1971; Stone, 1982; vgl. Kartomi, 1990, S. 247) oder in den Wüsten und Halbwüsten des Mittleren Orients der Fall. Da sich der Islam von Arabien aus zum Mittelmeer, nach Nordafrika und Asien verbreitete, zeigen Moslems überall eine Vorliebe für Rahmentrommeln (meist in künstlerisch ausgeprägten Formen wie bei den Sufi; Kartomi, 1986 und 1990, S. 132).

Manchmal wird die Präferenz für bestimmte Musikinstrumente durch religiöse oder wissenschaftliche Schriften aufrechterhalten. So weisen die Schriften von Aristoteles, Platon und ihren Schülern auf eine deutliche Vorliebe der Griechen für gezupfte Saiteninstrumente (insbesondere Lyra und Kithara) vor den Blasinstrumenten (insbesondere vom Typ des Aulos) hin. Schlaginstrumente hatten den niedrigsten Status und wurden in den Schriften nicht einmal erwähnt.

Dies setzt sich über die griechisch beeinflußten arabischen Theorieschriften (al-Kindi, al-Fārābi im 9. und 10. Jahrhundert, →Die Türkei als Beispiel für islamische Musikkultur) bis in unsere Zeit fort. Die Entwicklung der europäischen Streichinstrumente (ungefähr im 13. Jahrhundert) und speziell der Geigenfamilie (ab dem 15. Jahrhundert) vergrößerte den Vorsprung der Saiteninstrumente, so daß sie nach und nach zur führenden Gruppe im europäischen Orchester werden konnten. Auch Blasinstrumente vollzogen eine rasche Entwicklung – Schlaginstrumente wurden jedoch vernachlässigt. In die Kunstmusik wurden Schlaginstrumente außer Pauke, großer Trommel und Becken eigentlich erst im 20. Jahrhundert einbezogen.

3. Klassifikation und Systematisierung

Instrumentenkunde ist nach Elschek (1969) die Systematik aller Musikinstrumente, die die Herstellung der Instrumente (ergology), das Material, ihre Form und Struktur ebenso einschließt wie die Art der Begriffsbildung und die Klassifikationen der Instrumente.

Musikinstrumente können auf mehrere Arten systematisiert werden. Die physikalische Beschaffenheit der Instrumente spielt hier ebenso eine Rolle wie der Einsatz als Solo- oder Ensembleinstrument. Einige Klassifikationssysteme verkörpern grundlegende Lebensvorstellungen oder Glaubenssysteme. Auf jeden Fall spiegelt die Art der Klassifikation die kulturellen und individuellen Voraussetzungen einer Musikkultur wider (im Überblick Kartomi, 1990). In Kulturen mit mündlicher Überlieferung von Religion, Brauchtum, Geschichte und Klassifikationssystemen (wie in vielen Bereichen von Südostasien, dem pazifischen Raum und Afrika) sind für die Entstehung der Systematik meist weniger historische Daten verfügbar als in den Kulturen, die ihre Vorstellung schriftlich vermittelt haben (in vielen Bereichen von Europa, des Mittleren Ostens, von China und Südasien). Die Klassifikationen können jedoch sowohl in Schriftkulturen als auch in Kulturen mit mündlicher Überlieferung von einer groben Einteilung mit wenigen Kategorien bis hin zu einer Vielzahl von Abstufungen reichen.

Wissenschaftsorientierte Klassifikationen sind meist aus einer Theorie abgeleitet. In der Form des Verzweigungsdiagramms (Abb. 2) bestimmt jeweils ein Merkmal die weitere Differenzierung. In der Form der Typologie werden mehrere Merkmale herangezogen, um die Musikinstrumente in Varianten und Typen klassifizieren zu können. Eine besondere Methode der Typologie entwickelte Elschek (1969), der graphische Symbole einsetzte.

Idiophone	Schlagidiophone	unmittelbar geschlagen	Gegenschlag-I. (z. B. Becken) – Aufschlag-I. (z. B. Triangel) – Glocken
		mittelbar geschlagen	Rasseln – Schrapp-Idiophone – Reiß-Idiophone
	Zupfidiophone	Maultrommel	
		Spieldosen	
	Streich-Idiophone	Streichstabspiele	z. B. Nagelgeige
		Streichglockenspiele	z. B. Glasharmonika
	Blas-Idiophone		
Membranophone	Schlagtrommeln	unmittelbar geschlagen	Kesseltrommeln oder Pauken – Röhrentrommeln – Schellentrommeln
		mittelbar geschlagen	Klapper- und Rasseltrommeln
	Reibtrommeln		
	Mirlitons		
Chordophone	einfache Chordophone	Stabzithern	z. B. Musikbögen
		Brettzithern	Griffbrettzithern – griffbrettlose Zithern, hier z. B. Cembalo, Klavier und Flügel
	zusammengesetzte Chordophone	Trumscheit	
		Leier	
		Lauteninstrumente	Sattelknopfinstrumente, hier z. B. die Geigenfamilie – Querriegelinstrumente, hier z. B. Laute und Gitarre
		Harfe	
Aerophone	Trompeteninstrumente	Hörner	Signalhörner – Waldhörner – Sprachliches
		Trompeten und Posaunen	
	Flöten	Längsflöten	
		Querflöten	
	Rohrblattinstrumente	Oboeninstrumente (Doppelrohrblatt)	Oboe – Fagott – Krummhorn – Rauschpfeife – Rackett
		Klarinetteninstrumente	Klarinette, Saxophon
		Sackpfeifen	
	die Orgel und ihre Verwandten	Orgel	
		Harmonium	Harmonium – Ziehharmonika – Mundharmonika

Abb. 2: Die wohl bekannteste Klassifikation von Musikinstrumenten stammt von Sachs (1930). Sie läßt sich als Diagramm darstellen, in dem sich ein Oberbegriff jeweils nach einem ausgewählten Merkmal immer stärker verzweigt.

Die überlieferten Klassifizierungen in der Welt sind selten aus theoretischen Überlegungen, sondern aus der Herstellung bzw. der Verwendung des einzelnen Instruments abgeleitet. Sie werden deshalb mit anderen Begriffen bezeichnet: Taxonomien (bei einer Beurteilungsdimension pro Hierarchiestufe) oder Paradigmen (bei mehreren Dimensionen). Als Beispiel für ein Paradigma soll die Einteilung der Musikinstrumente bei den T'boli (südliche Philippinen) dienen. Die Einteilung erfolgt sowohl nach Materialeigenschaften der Instrumente als auch nach deren Einsatz beim Musizieren. Die leeren Zellen in Abbildung 3 zeigen an, daß

– die T'boli ihre Lauten oder die gestrichenen Saiteninstrumente nie im starken Musikstil (megel) verwenden, sondern nur in der sanften Art (lemnoy),

– die Ensembles mit Gongs, Trommeln und Schlagstöcken nie in der sanften Art musizieren und

– die Instrumente, die mit dem Atem gespielt werden, ausschließlich als Soloinstrumente verwendet werden.

	Soloinstrumente	Ensembles		
nawa (mit dem Atem gespielt)	feu (Rohrblattinstrument) keyotut (Rohrblattinstrument) flendeg (Flöten) s'loli (Flöten) kumbing (Maultrommel)			lemnoy (sanfter Stil der Musik)
t'uk (mit dem Finger gespielt)	dwegey (Fidel) s'ludoy (Zither) hegelung (Laute)	setang (Zither für zwei Spieler)	seguyun (Laute und Fidel)	
tembol (geschlagen)	klutang (Schlagzeug) s'lagi suto (Gongs) klintang (Glocken) t'nonggong sotu (Trommeln) medek dol (Stampftrog)	sebelang (Gongs, Trommeln, Klanghölzer und Glocken)		megel (starker Stil der Musik

Abb. 3: Paradigma der T'boli-Instrumente und ihrer Ensembles (Kartomi, 1990, S. 22)

Die Bedeutung von Klassifikationsschemata, die in den Ursprungsländern entstanden sind, wurde den Wissenschaftlern erst nach 1970 bewußt. Die Untersuchungen z. B. bei den Are'are in Polynesien (Zemp, 1971, 1978) zeigten, daß es hier traditionelle Vorstellungen gibt, die keineswegs einer logischen Klassifizierung entsprechen, obwohl streng geordnete Taxonomien dem Denken der Are'are grundsätzlich nicht fremd sind. Ein natürliches Instrument wird nicht automatisch einer einzigen Kategorie zugeordnet, sondern kann auch unscharf dazwischen einge-

ordnet werden. So gibt es Kulturen, die Zupfen und Schlagen als Klangerzeugung nicht deutlich voneinander trennen. Instrumente, die in einer
Kultur besonders geschätzt sind, werden differenzierter unterteilt als andere, weniger geschätzte: Darum sind die Gongs und Trommeln in java-
nesischen Schemata nach höchst differenzierten Kriterien gegliedert
(Gitosaprodjo, 1984, S. 340 ff; Kartomi, 1990, S. 102).

In einigen Kulturen werden Instrumente in erster Linie aufgrund ihrer Beschaffenheit / Bauweise oder ihrer Akustik klassifiziert. In anderen
werden sie überwiegend nach funktionalen Symbolen für kosmische
oder spirituelle Ideen, nach Geschlechtszugehörigkeit, nach dem höfischen Charakter und Auftreten oder nach der sozialen Funktion, z. B. als
Herberge für Geister der Natur bzw. verstorbener Vorfahren, eingeteilt.

Eine streng logische Unterteilung findet sich in allen Musikkulturen
selten, gleichgültig ob es sich um eine schriftorientierte Kultur oder eine
Kultur mit mündlicher Überlieferung handelt. Manchmal werden Schemata spontan entwickelt, um bestimmte Ideen zu veranschaulichen, so
daß kein Bedarf nach einem System besteht, welches die Vielfalt aller
Details beinhaltet. Zweideutige oder widersprüchliche Kategorien sind
manchmal nur verständlich, wenn man die historische Entstehung der
Begriffe kennt.

Werden die Art der Klangerzeugung oder rein musikalische Faktoren
alleine zur Klassifikation von Musikinstrumenten herangezogen, so äh-
neln sich die Systeme über die verschiedenen Musikkulturen hinweg.
Sie unterscheiden sich jedoch sehr deutlich, sobald die Klassifikationen
sich auf breiter angelegte soziale, religiöse oder weltanschauliche Strukturen stützen (Kartomi, 1990).

4. Forschungsgeschichte

Der erste Versuch, eine weltweit brauchbare Klassifikation von Musikinstrumenten zu entwickeln, stammt von Mahillon (1880, 1893 – 1922),
der als Kurator im Instrumentenmuseum des Konservatoriums in Brüssel
arbeitete. Für seine Instrumentenkataloge verwendete er in der Tradition
früherer europäischer Systeme von den antiken Griechen bis ins europäische Mittelalter ein Baumdiagramm (Kartomi, 1990, S. 135 f). Er
unterteilte die Instrumente nach der Art der Vibration des klangerzeu-
genden Materials. Mahillons Schema war in mehreren Aspekten unvoll-

kommen und stützte sich in unzulässiger Weise auf europäische Instrumente wie Tasteninstrumente und mechanische Instrumente. Seine Arbeit wurde von Hornbostel und Sachs (1914) und später von Sachs (1930) aufgenommen, die lediglich den Begriff der Autophone durch Idiophone ersetzten (vgl. Abb. 2). Ein weiteres logisch aufgebautes System von Schaeffner (1932) unterscheidet zwei Klassen von Instrumenten: vibrationsfähige feste Substanzen (unterteilt in dehnbar, flexibel und nicht dehnbar) und schwingende Luft.

Dräger (1947) unternahm die ersten Schritte, um eine Klassifikation auf der Basis der Untersuchung und Beschreibung einzelner Musikinstrumente zu entwickeln. Ein Instrument kann seiner Ansicht nach nicht ausreichend beurteilt werden, wenn man nicht auch die musikalische und die physiologische Funktion in Betracht zieht. Allein die physikalische Untersuchung (wie z. B. bei Winkler, 1988) ist nicht ausreichend, da man die Beziehung eines Instruments zum Musiker und zu dessen Fähigkeit zur Klangerzeugung herstellen muß. Drägers Entwurf einer idealen Instrumentenkunde zielte darauf ab, eine Vielzahl von Daten mit der Kenntnis der kollektiven Musikpraxis zu verbinden – ein unrealistisches Unterfangen, da Details über individuelles Musizieren auf weltweiter Basis nicht zu sammeln sind. Die Vollendung seiner Arbeit wäre allenfalls mit Computerhilfe möglich (s. dazu Ramey, 1974, S. 27).

Einen vergleichbaren Weg versuchte Hood (1971) zu gehen. In seine Beobachtungen bezog er die Aufführungstechniken, die musikalischen Funktionen, Verzierungen auf den Instrumenten und die Lackformen ebenso ein wie verschiedene soziokulturelle Überlegungen zu rituellen und symbolischen Gedanken und zu Instrumentenherstellern. In den daraus entstandenen Diagrammen (organogram) verwendete Hood eine symbolische Sprache, die von der Laban-Notation (ursprünglich für Tanz und Bewegung erfunden) inspiriert ist und Schwierigkeitsskalen (hardness scale) für Lautheit, Intonation, Klangqualität, Dichte und Material des Instruments beinhaltet (1971, S. 162).

Neben der Klassifikation in der wissenschaftlichen Literatur gibt es viele mündlich überlieferte Klassifikationen von Einzelinstrumenten.

In manchen Musikkulturen ist die Klassifikation von Ensembles oder Orchestern wesentlich wichtiger als die Klassifikation von Soloinstrumenten. So vermeiden die T'boli auf den südlichen Philippinen die Kategorisierung von einzelnen Instrumenten, haben jedoch ein komplexes System für die wesentlichen rituellen Ensembles entwickelt. Es basiert auf den Schlüsselideen ihrer Kultur, die sich in der Religionsphilosophie und in den Ritualen ausdrücken (Mora, 1987).

Andere Musikkulturen gewähren den Ensembles einen ebenso hohen Status wie einzelnen Instrumenten. Seit ungefähr 1600 entwickelten z. B. die europäischen Musikkulturen zunehmend größere Orchester mit einem ähnlich organisierten Streicheranteil (chorisch oder solistisch besetzt) plus einer Anzahl von Bläsern und Schlaginstrumenten. Sowohl Instrumente wie auch Orchester werden deshalb in Europa typischerweise von Musikwissenschaftlern, Musikern und Musikhörern in einem Drei-Kategorien-System beschrieben: Streicher, Bläser und Schlagzeug.

Die Behandlung des Sinfonieorchesters wurde von dem Komponisten Hector Berlioz 1843 erstmals exemplarisch dargestellt – die Instrumentenkunde wird hier um eine Instrumentations- bzw. Orchestrationslehre erweitert. Ungefähr gleichzeitig erschien der 4. Band der Kompositionslehre von Adolphe Bernard Marx (1847), der einer Instrumentationskunde ebenfalls nahekam. Das Werk von Berlioz wurde 1905 von Richard Strauss aktualisiert und erweitert. Einen historischen Ansatz verfolgt Erpf (1959), indem er die Prinzipien der Orchestration in der jüngeren europäischen Musikgeschichte zu erklären versucht.

Ein weiterer Typus von Orchester ist das große Gamelan in Zentral-Java, das bei Ritualen, im Theater, bei Tanzaufführungen oder zum meditativen Zuhören spielt (Martopangrawit, 1984). Obwohl man aus archäologischen Funden sowie aus Bild- und Schriftquellen weiß, daß es seit Ende des ersten Jahrtausends Prototypen der meisten Gamelan-Instrumente gibt, existiert bisher kein eindeutiger Beleg dafür, daß sie auch damals schon in großen Orchestern gespielt wurden. Die Kombination von laut und von leise klingenden Instrumenten (z. B. Metallophone, die jeweils mit harten oder weichen Schlegeln gespielt wurden) zu großen Gamelans könnte sich im 16. Jahrhundert entwickelt haben (Kunst, 1973). Die Kombination von zwei Gamelan-Orchestern – eines mit einer Fünfton-Skala (slendro) und eines mit einer Siebenton-Skala (pelog) – scheint sich in der zweiten Hälfte des 19. Jahrhunderts ausgebreitet zu haben. Im Gamelan-Orchester lassen sich die Instrumente zwei Kategorien zuordnen: Die einen bestimmen den Rhythmus und sorgen für die Klangdichte (Gongs, Trommeln, Zimbeln in unterschiedlichen Ausprägungen), die anderen sind für die Melodie zuständig (Streichinstrumente, Flöten, Metallophone und Xylophone; vgl. dazu Martopangrawit, 1984, S. 12 f).

5. Zusammenfassung

Obwohl bereits seit Jahrhunderten wissenschaftliche Werke zu den Musikinstrumenten veröffentlicht werden, kann man sagen, daß sich die Instrumentenkunde erst in den letzten Jahrzehnten zu einer wesentlichen Disziplin der Musikwissenschaft entwickelt hat. Dies zeigt sich in den Konferenzen und Veröffentlichungen unter der Schirmherrschaft der Studiengruppe Musikinstrumente der International Folk Music Concert Group. Weiterhin sind die neun Bände über Musikinstrumente aus dem Stockholmer Musikinstrumentenmuseum als Meilenstein zu werten.

Relativ wenig beachtet wird von Musikwissenschaftlern jedoch bisher die Entwicklung der Musikinstrumente im Bereich der populären Musik. Mit der elektronischen Synthese von Tönen haben sich nicht nur für die Kunstmusik neue Perspektiven aufgetan (→ Wechselwirkungen zwischen der Herstellung und Aufführung von Musik). Die elektronischen Instrumente der populären Musik verbreiten sich und verdrängen zunehmend traditionelle Instrumentengruppen (Enders & Rocholl, 1987). Dieser Tendenz wird sich die Musikforschung annehmen müssen.

Literatur

Berlioz, H. & Strauss, R. (1905). *Instrumentationslehre; erweiterte Fassung von Hector Berlioz (1843).* Mainz: Schott.

Dräger, H. (1947). *Prinzip einer Systematik der Musikinstrumente.* Kassel: Bärenreiter.

Elschek, O. (1969). Typologische Arbeitsverfahren bei Volksmusikinstrumenten. *Studia Instrumentorum Musicae Popularis, 1,* 23–40.

Enders, B. & Rocholl, C. (1987). Instrumentalmusik im Zeichen der Elektronik. In Rösing, H. (Hg.), *Beiträge zur Popularmusikforschung, 3/4* (S. 83–101). Kassel: ASPM.

Erpf, H. (1959). *Lehrbuch der Instrumentation und Instrumentenkunde.* Mainz: Schott.

Gitosaprodjo, S. (1984). Ichtisar teori Karawitan dan teknik menabuh gamelan (Theory and technique of gamelan playing). In Becker, J. (Hg.), *Karawitan* (Bd. 1, S. 335–388). Ann Arbor: University of Michigan Press.

Hood, M. (1971). *The ethnomusicologist.* New York: McGraw Hill.

Hornbostel, E. M. von & Sachs, C. (1914). Systematik der Musikinstrumente. *Zeitschrift für Ethnologie, 1961, 45,* 3–90 und 553–590.

Kartomi, M. J. (1984). Delineation of lullaby style in three areas of Aboriginal Australia. In Moyle, A., Kassler, J. & Stubington, J. (Hg.), *Problems and solutions, essays in musicology* (S. 59–93). Sydney: Hale & Ironmonger.

Kartomi, M. J. (1986). Muslim music in west Sumatran culture. *The World of Music*, 3 (8), 13–32.

Kartomi, M. J. (1990). *On concepts and classifications of musical instruments.* Chicago: University of Chicago Press.

Kartomi, M. J. (1997). *Contact and synthesis in the development of the music of south Sumatra* (Festschrift für Andrew McCredie). Wilhelmshaven: Heinrichshofen (im Druck).

Kartomi, M. J. (1998). Sumatra. *Gailand Encyclopedia of World Music* (im Druck).

Kunst, J. (1963). *Hindu-Javanese musical instruments.* Den Haag: Nijhoff (Orig. 1927).

Kunst, J. (1973). *Music in Java.* Den Haag: Nijhoff (Orig. 1934).

Mahillon, V. C. (1880, 1893–1922). *Catalogue descriptif et analytique de musée* (Instrumental du Conservatoire Royal de Musique de Bruxelles, Bd. 1–5). Paris: Gand.

Martopangrawit, R. L. (1984). Catatan-catatan pengetahuan karawitan (Notes on gamelan playing). In Becker, J. (Hg.), *Karawitan* (Bd. 1, S. 1–244). Ann Arbor: University of Michigan Press.

Marx, A. B. (1847). *Die Lehre von der musikalischen Komposition* (Bd. 4). Leipzig: Breitkopf & Härtel.

Mora, M. (1987). The sounding pantheon of nature: T'boli instrumental music in the making of an ancestral symbol. *Acta musicologica*, 65, 187–212.

Narada. (1920). *Sangitamakaranda* (übers. M. R. Telang). Baroda: Gaekwad Sanskrit Series.

Olsen, D. A. (1980). Note on «Corpophone». *Newsletter of the Society for Ethnomusicology*, 20 (4), 5.

Ramey, M. (1974). *A classification of musical instruments for comparative study.* Los Angeles: University of California (Ph. Diss.).

Sachs, C. (1930). *Handbuch der Musikinstrumentenkunde* (2. Aufl.). Leipzig: Breitkopf & Härtel.

Schaeffner, A. (1932). D'une nouvelle classification méthodique des instruments de musique. *Revue musicale*, 10/11, 215–231.

Stockmann, E. (1979). Interethnische Kommunikationsprozesse und die Verbreitung von Musikinstrumenten. *Beiträge zur Musikwissenschaft*, 21, 189–200.

Stone, R. (1982). *Let the inside be sweet: The interpretation of music event among the Kpelle of Liberia.* Bloomington: Indiana University Press.

Winkler, K. (Hg.) (1988). Die Physik der Musikinstrumente. In: Verständliche Forschung (Hg.), Heidelberg: Spektrum der Wissenschaft.

Zemp, H. (1971). *La musique dans la pensée et la vie sociale d'une société africaine* (Cahiers de l'Homme, Ethnologie-Geographie-Linguistic, n.s. 11, pt. 2, conceptions et verbalisations 69). The Hague / Paris: Mouton.

Zemp, H. (1978). Are'are classification of musical types and instruments. *Ethnomusicology*, 22 (1), 37–68.

Nicole Schwindt
Quellenforschung

In der wissenschaftlichen Kommunikation ist von wesentlicher Bedeutung, daß Aussagen nachvollzogen werden können und überprüfbar sind. Zu diesem Zweck werden in der Musikforschung Quellen wie Musikalien, Texte, Bilder, akustische Speichermedien und Gegenstände (z. B. Musikinstrumente) untersucht.

Quellen können danach unterschieden werden, ob sie a priori vorhanden sind oder ad hoc hergestellt werden. Historische Quellen sind *a priori* vorhanden und somit nicht willkürlich erweiterbar oder herzustellen. Auf ihre Erscheinungsweise hat – von Restaurierung und Kopie einmal abgesehen – der Benutzer keinen Einfluß. Dagegen werden empirische Quellen *ad hoc* gemäß einer Fragestellung erzeugt. Art und Umfang des Materials wie Fragebögen oder Protokolle sind vom Forscher beeinflußt. Empirische Quellen werden zu historischen Quellen, wenn ein anderer Forscher sie später gegebenenfalls mit einer abweichenden Fragestellung erneut benutzt. Eine Zwischenposition nimmt die mündliche Überlieferung (oral history) ein. Das Gedächtnis stellt eine rudimentäre Form von historischer Quelle dar – der Forscher kann jedoch durch Befragung auf die Aktivierung bestimmter Erinnerungen einwirken.

Bei den hier zu behandelnden apriorischen Quellen kann man davon ausgehen, daß sie als physische Objekte im Besitz von Privatpersonen, privaten oder öffentlichen Institutionen sind. Diese Quellen sind unterschiedlich gut verfügbar: Die Skala reicht von vollständiger Verweigerung der Ausleihe bei manchen Privatsammlungen bis hin zu kostenlosen Ausleihe an jedermann in öffentlichen Bibliotheken. Wie die Bestände organisiert sind, ergibt sich aus dem Inhalt der verwahrten Quellen. Museen, Bibliotheken und spezielle Sacharchive ordnen ihre Bestände nach Profilen, die entweder von der Funktion geleitet sind (die Bibliothek einer Musikhochschule versorgt speziell ihre Angehörigen mit Noten, die im Unterricht und für Aufführungen gebraucht werden) oder von Sammelschwerpunkten, die dem historisch gewachsenen Bestand entsprechen (Renaissance-Quellen in der Herzog-August-Bibliothek in Wolfenbüttel).

Ausschlaggebend für Sammlungsschwerpunkte sind häufig geographische Bezüge. Sie können von der Pflege lokaler Sonderinteressen bis zur Verwaltung nationaler Pflichtexemplare im Publikationswesen reichen. Bei staatlichen, kommunalen oder kirchlichen Archiven werden die offiziellen Geschäftsakten betreut, die aus den Vorgängen auf der entsprechenden administrativen Ebene erwachsen sind (Staatsregierung, Landkreis, Diözese etc.).

1. Musikalien

Noten und notenähnliche Aufzeichnungsweisen (Neumen, Ziffern und Buchstaben in Instrumentaltabulaturen, graphische und Textnotation in der Neuen Musik) stehen für den westlich-europäischen Musikhistoriker im Zentrum der Forschung. Man kann Niederschriften grundsätzlich nach post- und präskriptivem Charakter unterscheiden. Postskriptiv bedeutet, daß Musik nachträglich aufgeschrieben wurde. Für außereuropäische Musik und Volksmusik, für weite Bereiche der mittelalterlichen Einstimmigkeit und für improvisierte Musik ist die nachträgliche Verschriftlichung oft zur Rekonstruktion der mündlichen Existenz der Musik herangezogen worden.

Die Überführung mündlich überlieferter Musik in eine schriftliche Form führt immer zu entscheidenden Verlusten. Das betrifft nicht nur Transkriptionen von Ethnologen, die außereuropäische Intervall- und Rhythmusstrukturen mit den dafür unzureichenden abendländischen Notationssystemen abbilden (dazu Stockmann, 1979), sondern auch die bereits im Mittelalter erfolgte schriftliche Fixierung des Gregorianischen Gesangs oder der Troubadour- und Trouvèrelieder in einer erst nachträglich erfundenen bzw. angewandten Notation (Lug, 1983). Die Folgen der im Mittelalter immer vielfältiger ausdifferenzierten Verschriftlichung erforscht die musikalische Bibliologie. Hier wird die Frage nach der Beziehung zwischen Struktur und Funktion buchartiger Quellen sowie nach ihren soziokulturellen Folgen gestellt (Schwindt, 1997).

Die Mehrheit der Musikalien wird in Bibliotheken aufbewahrt, wo sie grundsätzlich in Katalogen erschlossen und vor Ort benutzbar sind. Diese Kataloge können gedruckt, als Mikrofiche oder CD-ROM vorliegen (verzeichnet bei Duckles & Keller, 1988, und Lanzke, 1990 / 92 / 96). Grundsätzlich muß man damit rechnen, daß die Katalogaufnahmen in ihrer Beschreibungsintensität stark variieren, historisch überholt sind oder auch sachlich unzutreffend sein können.

Das Ausmaß an Erhaltung, Dokumentation und Erschließung von Musikalien hängt von sehr unterschiedlichen Faktoren ab. Besonders günstig ist die Lage, wenn ein Gesetz zur Ablieferung von Pflichtexemplaren aller Editionen zwingt. So sind z. B. die deutschen Musikaliendrucke nahezu vollständig verfügbar: ab 1906 in der Staatsbibliothek zu Berlin, ab 1945 und besonders ab 1973 im Deutschen Musikarchiv in Berlin. Für ältere Musikdrucke existiert keine zentrale Sammlung.

Für Notendrucke des 19. Jahrhunderts gibt es bisher keinen zentralen Nachweis. Notendrucke vor ca. 1800 werden jedoch weltweit in den Verzeichnissen des Répertoire International des Sources Musicales erfaßt (RISM, Zentralredaktion Frankfurt/M., in Buchform erhältlich; s. dazu Schwindt-Gross 1992, S. 106–111).

Sehr uneinheitlich ist die Situation bei den Musikhandschriften. Schon weit fortgeschritten ist die von RISM betriebene Registrierung der Exemplare vor 1600 (in Buchform), während die EDV-gestützte Aufnahme der Millionen Handschriften des 17. und 18. Jahrhunderts und die Verzeichnis-Edition (auf Mikrofiche, CD-ROM, ab 1997 reduziert im Internet) wohl noch lange auf ihren Abschluß warten läßt.

Zahlreiche Archive haben sich Spezialgebiete gesucht, in denen sie Material nachweisen und – oft in Reproduktionen – sammeln. Hier sind u. a. zu nennen:

• Deutsches Musikgeschichtliches Archiv (Kassel): umfangreiche Mikrofilm-Sammlung von Musikhandschriften und -drucken des 15. bis 18. Jahrhunderts aus Deutschland

• Bruno-Stäblein-Archiv (Erlangen): Verfilmungen von mehr als 4000 mittelalterlichen Musikhandschriften

• Archiv für Photogramme musikalischer Meisterhandschriften (Österreichische Nationalbibliothek in Wien)

• Jazz-Institut (Darmstadt, Leitung Wolfram Knauer)

• Klaus Kuhncke-Archiv für populäre Musik (Hochschule der Künste in Bremen)

• Deutsches Volksliedarchiv (Freiburg/Br.)

• Archiv Frau und Musik (Kassel)

Außerdem gibt es Institute, die einzelnen Komponisten gewidmet sind, wie das Bach-Archiv (Göttingen-Leipzig) oder die Internationale Stiftung Mozarteum (Salzburg).

2. Wortsprachliche Quellen

Schriftgut jeglicher Art ist für Hochkulturen zu einem immer selbstverständlicheren Kommunikations- und Darstellungsmedium geworden. So finden wir auch schriftliche Äußerungen über Musik aus Kulturbereichen, für die es keine oder so gut wie keine musikalischen Quellen gibt. Aus der griechischen Antike haben sich beispielsweise nur wenige Aufzeichnungen von Musik erhalten, dagegen gibt es detaillierte Texte zu Musiktheorie und Musikanschauung.

Aus den musiktheoretischen Erörterungen entstanden die ersten musikbezogenen Texte und schließlich Spezialabhandlungen der Neuzeit: 1495 etwa mit dem «Terminorum musicae diffinitorium» von Johannes Tinctoris das erste «Musiklexikon», 1581 die erste Musikästhetik mit dem «Dialogo della musica antica et della moderna» von Galilei, 1690 die erste Musikgeschichte mit der «Historischen Beschreibung der edelen Sing- und Klingkunst» von W. C. Printz, 1760 mit «Memoirs of the Life of the Late George Frederic Handel» von J. Mainwaring die erste Musikerbiographie, 1771 mit «The Present State of Music in France and Italy or the Journal of a Tour through those Countries» von Ch. Burney der erste musikalische Reisebericht, 1782 mit dem «Musikalischen Almanach für Deutschland» von Forkel der erste musikalische Staatskalender etc.

Zu Personen, Ereignissen, Geschäftsvorgängen und juristischen Tatbeständen ist der Musikforscher meist auf die allgemeinhistorischen Quellen angewiesen: Briefe oder Tagebücher, Hofchroniken, Diplomatenberichte, Kirchenbücher, Finanzverwaltungsakten, Presseartikel oder ähnliches (dazu Schwindt-Gross, 1992, S. 36–38; Beck & Henning, 1994).

Selbstverständlich zählt auch die umfangreiche fachwissenschaftliche Literatur des 19. und 20. Jahrhunderts zu den wortsprachlichen Quellen. Man spricht hier von Sekundärquellen.

Im Prinzip finden sich literarische und theoretische Texte in Bibliotheken, dagegen Urkunden, Akten und sonstige Dokumente aus Geschäftsvorgängen in Archiven. Briefe, Memoiren, Presseausschnitte, Nachlässe und ähnliches können jedoch an beiden Stellen aufbewahrt werden. Gemessen an ihrer Bedeutung, sind die Archive für die Musikforschung bisher wenig dokumentiert. So existiert bislang keine Übersicht zu musikbezogenen Archivalienpublikationen, -dokumentationsstellen und -datenbanken sowie auf Archivmaterial beruhenden Arbeiten, geschweige denn eine Theorie der musikwissenschaftlichen Archivarbeit (zu Ansätzen s. Lesure, 1972; Haggh, Daelemans & Vanrie, 1994). Auf zwei zentrale Dokumentationen kann exemplarisch verwiesen werden: aus dem Bereich der Primärquellen RIPM (Répertoire International de la Presse Musicale, Zentralredaktion im Center for Studies in 19th-Century Music an der University of Maryland, deutsche Arbeitsstelle an der Universität Mainz) und aus dem Bereich der Sekundärquellen RILM (Répertoire International de Litérature Musicale, Zentralredaktion in New York, deutsche Arbeitsstelle am Staatlichen Institut für Musikforschung in Berlin):

• RIPM bereitet vorerst 65 der rund 2000 Zeitschriften mit musikalischem Schwerpunkt des 19. Jahrhunderts auf und macht die Inhalte in Buchform und auf einer Datenbank über Schlagworte zugänglich.

• RILM verzeichnet seit 1967 musikwissenschaftliche Sekundärliteratur aus Monographien, Beiträgen in ausgewählten Zeitschriften und Sammelbänden bibliographisch, schlüsselt sie nach Schlagworten auf und versieht sie mit einem Abstract (in Buchform, auf CD-ROM erhältlich sowie online abzufragen, → Internet).

3. Sachquellen

Grundsätzlich sind alle Objekte, die im Zusammenhang mit Musik stehen, von Bedeutung für die Musikforschung. Gegenstände wie Rastrale zum Ziehen von Notenlinien, Bleitypen und Pressen für den Notendruck, Notenpulte, Metronome stehen jedoch eher am Rande des Forschungsinteresses.

Von besonderer Bedeutung sind Instrumentensammlungen. Die wenigen archäologischen Funde und die seit der Renaissance in wachsender Zahl erhaltenen Objekte werden physikalischen, chemischen und kunsthistorischen Analysen unterzogen – Ziel der Musikforschung ist die Material- und Altersbestimmung, die Erfassung der Dekoration, die Vermessung mit Hilfe von Endoskopie, Röntgen- und Ultraschallfotografie, die akustische Messung und die Klanguntersuchung. Alle phonographischen Geräte gehören in den musikwissenschaftlich relevanten Bereich der Ingenieurwissenschaft und Technikgeschichte.

Wichtige Sachquellen sind auch Gebäude und Räumlichkeiten, in denen Musik erklang und erklingt. Die Untersuchungen konzentrieren sich hier vor allem auf den Bereich der Akustik (Schroeder & Eilemann, 1994). Sehr viel seltener rückt die historisch orientierte Erforschung von architektonischen Bedingungen der Musikausübung in den Blick, die erhaltene Aufführungsorte untersucht sowie zerstörte Orte rekonstruiert (z. B. Forsyth, 1985).

Musikbezogene Sachquellen werden in Museen und Sammlungen im kunst-, technik-, stadt-, landesgeschichtlichen oder völkerkundlichen Zusammenhang oder in speziellen Musikinstrumentenmuseen ausgestellt (z. B. im Staatlichen Institut für Musikforschung in Berlin, im Deutschen Museum und Stadtmuseum in München, in der Hofburg in Wien). Meist ist ein großer Teil der Exponate in Depots untergebracht. Die Dokumentation der Bestände variiert erheblich (s. dazu das Verzeichnis in Schmid, Klaus & Lambert, 1996).

4. Bildquellen

Graphische Darstellungen, Zeichnungen und Malereien, Plastiken, Fotografien und Filme sind in der Musikwissenschaft erst im ersten Jahrzehnt des 20. Jahrhunderts in ihrem Wert erkannt worden, obwohl es viele Fragen gibt, über die von Bildquellen Auskünfte zu erwarten sind.

Für Instrumente aus Zeiten, aus denen sich keine Objekte erhalten haben, erlauben bildliche Wiedergaben oft doch wenigstens eine ungefähre Vorstellung. Bilder von Instrumenten, Aufführungen und Aufführungsorten lassen Rückschlüsse auf Aufführungspraxis, auf Spieltechniken, Besetzungen, Ensembleaufstellungen zu. Ethnologische Feldforschung ist auf Fotos von Musikinstrumenten angewiesen, da sie selten im wünschenswerten Umfang erworben werden können.

Bildquellen vermitteln oft einen Eindruck, der die Informationen zur musikalischen Funktions-, Sozial- und Ideengeschichte aus anderen Bereichen schlüssig ergänzt. Die Rolle des Klavierspiels in der bürgerlichen Mädchenerziehung des 19. Jahrhunderts spiegelt sich z. B. nicht zuletzt in der Fülle entsprechender Szenen wider, die bildlich gestaltet wurden. Nicht unerwähnt bleiben sollen Musikerporträts als visuelle Ergänzung zur Biographie.

Bildquellen sind als künstlerische Objekte in Museen, Galerien, Porträtsammlungen, Kupferstichkabinetten oder Sammlungen für Druckgraphik zu finden, für die die Kunstgeschichte eigene Verzeichnungsmethoden bereithält. Quellen eher dokumentarischen Charakters wie Fotos sind in historischen Archiven, gelegentlich auch Bibliotheken anzutreffen. Das Répertoire International d'Iconographie Musicale (RIdIM, Zentrale im Research Center for Music Iconography in New York, deutsche Arbeitsstelle in München) hat 1979 begonnen, Bilddarstellungen zur Musik zu erfassen.

5. Schallquellen

Als Schallquellen gelten nicht nur Schallplatten (seit 1897 genutzt), Magnetbänder (seit ca. 1940) und die Compact Disc (seit ca. 1980), sondern auch die Papier- und Metallwalzen für mechanische Musikinstrumente (bereits seit Père Engramelle 1775; s. Cossart-Cotte, 1974). Zu den akustischen Tonträgern treten entsprechende kombinierte Bild-Ton-Träger: Tonfilm, Video und die verschiedenen Formen der Computer-CDs (→ Musikvermittlung in der modernen Mediengesellschaft).

Über ihren Nutzen als Quelle für die Art und den Wandel der klanglichen Realisierung von Musikwerken hinaus können Tonträger auch als Speichermedium für Musik überhaupt dienen. Dies ist vor allem dann relevant, wenn es keine andere primäre, in der Regel notenschriftliche Fixierung gibt oder diese nicht die Funktion hat, die Substanz der Musik zu erfassen: In der elektronischen Musik seit den 1950er Jahren gibt es zwar Produktionsanweisungen, das Werk existiert aber im wesentlichen in seiner Tonbandversion. Musik aus dem Jazz-, Pop- und Rock-Bereich ist über weite Strecken eine «mündliche» Kultur und grundsätzlich zuerst über Schallquellen zu erfassen.

Entsprechendes gilt für alle ethnographischen Forschungen. Anthropologen (aber auch sonstige Reisende) setzten zwischen 1890 und dem Zweiten Weltkrieg den 1877 patentierten Edisonphonographen mit Wachszylindern ein, der nach der Entwicklung von batteriebetriebenen Geräten seit den 50er Jahren durch Tonbandaufnahmen ersetzt wurde. Die seit den 70er Jahren verfügbare Videotechnologie mit ihrer Kombination von Bild und Ton ist für die Erstellung solchen Quellenmaterials vorteilhaft, da sie einen komplexen Handlungszusammenhang und nicht nur das isolierte musikalische Element einfangen kann.

Für musikalische Tonträger haben sich schon früh separate Sammlungen gebildet: 1899 in Wien und 1900 in Berlin sowie in Paris die selbständigen ethnologisch orientierten Phonogrammarchive, die einen ausschließlich wissenschaftlich-dokumentarischen Auftrag hatten (die Bestände werden noch heute gepflegt; s. Ziegler, 1995). Später entstanden Phonotheken, Tonträgersammlungen innerhalb öffentlicher und wissenschaftlicher Bibliotheken, deren Sammelinteresse meist mit dem der Notenbestände korrespondiert. Demgegenüber erfüllen die Nationalphonotheken für Tonträger dieselbe Aufgabe wie die Nationalbibliotheken für Literatur und Noten: Registrierung und Verwahrung aller unter das Pflichtablieferungsgesetz fallenden Objekte (in Deutschland auch hierfür das Deutsche Musikarchiv; Lanzke, 1995; Elste, 1989, 124 f). Besonders umfangreich sind die Rundfunkarchive, vor allem das Deutsche Rundfunkarchiv (DRA) in Frankfurt am Main als Zentralstelle aller öffentlich-rechtlichen Rundfunkanstalten. Sie sind jedoch im allgemeinen Außenstehenden nicht zugänglich (als Beispiel Süddeutscher Rundfunk; s. Scharlau in Beck & Henning, 1994, S. 147–150). Dem speziellen Segment der elektronischen Musik widmet sich das Internationale Digitale Elektroakustische Musikarchiv (Stanford University und Karlsruhe).

6. Neue Informationsträger

Konnte man noch vor wenigen Jahrzehnten Fotos und Mikrofilme von traditionellen Papyrus- oder Pergamentquellen als neue Informationsträger bezeichnen, so ist man mit der digitalen Speicherung in eine neue Qualitätsstufe eingestiegen.

Die Digitalisierung von Bildmaterial wird bisher in erster Linie in Pressearchiven vorgenommen. Die Digitalisierung von Musik betrifft insbesondere die Beschleunigung der Bearbeitung von Daten bei der rechnergesteuerten →Analyse von Musik. Digitalisierte Daten können außerdem in konventionelle oder experimentelle Notenschrift oder mit Hilfe eines Synthesizers auch wieder in Klang transformiert werden (vgl. dazu die MIDI-Norm der Musikindustrie, Musical Instrument Digital Interface für Synthesizer und Computerprogramme). Es wird erkennbar, daß mit Ende des 20. Jahrhunderts die für konventionelle Quellen typische Trennung der Ebenen Ton, Bild und Schrift der integrierten Überlieferung weicht (Brachmann in Beck & Henning, 1994, S. 132 f).

Eine spezielle Weiterentwicklung der Digitalisierung stellt die beginnende Einspeisung musikalischer oder sonstwie musikbezogener Daten in ortlose Netze dar (Cyberlib, →Internet), wodurch die Trennung des inhaltlichen Materials von seinem physischen Träger endgültig vollzogen wird.

7. Quellenkritik am Beispiel der Textphilologie

Quellen sind Zeugen, die vom Musikforscher nach ihrer Herkunft, Entstehungsweise und Überlieferung befragt und in einen historischen Zusammenhang eingeordnet werden. Dazu sind zahlreiche Methoden aus einer Palette von Hilfswissenschaften abgeleitet worden.

Im Rahmen der Kodikologie (Lehre von der Buchanlage) werden Untersuchungen zur Beschaffenheit des Beschreibstoffs Pergament bzw. Papier und dessen Zusammenfügung in Einzelblättern, Lagen und Faszikeln durchgeführt. Hier spielt das Interesse an der zeitlichen Einordnung eine Rolle: Aus dem Papier läßt sich oft erkennen, wann eine mittelalterliche Quelle oder ihre Teile entstanden sind und wie sie im Lauf der Zeit durch Zusätze, Abtrennungen oder Umstellungen verändert wurden. So wird ein mittelalterlicher Kodex datiert, und es kann die Entscheidung darüber getroffen werden, wie lange ein Repertoire aktuell blieb. Bei jüngeren Komponisten läßt sich durch Papieruntersuchungen der Arbeitsprozeß nachverfolgen.

Zu einem der wichtigsten Hilfsmittel in Datierungsfragen hat sich die Wasserzeichenkunde entwickelt, die für alle geschöpften Papiere herangezogen werden kann (s. Hudson, 1987). Bisweilen reicht es, das Wasserzeichen einer bestimmten Region oder Mühle und einem Jahrzehnt zuzuordnen. Gegebenenfalls müssen differenziertere Vorgänge rekonstruiert werden wie die Veränderung einer Drahtform durch Abnutzung im Laufe eines Jahres. Während im einen Fall das manuelle Durchpausen über einer Lichtquelle ausreicht, kann im anderen Fall der Rückgriff auf hochtechnologische Verfahren wie Beta-Radiographie erforderlich werden.

Die Paläographie (Schriftkunde) greift in wichtigen Fällen auf naturwissenschaftliche Untersuchungen der Tinten zurück, beschränkt sich aber in aller Regel auf die genaue Beobachtung und den Vergleich von Schreiberdialekten, Schriftentwicklung und Schreibstadien. Auch der Abstand zwischen Notenlinien ist wichtig: Eine Veränderung weist auf den Wechsel des Rastrals und damit möglicherweise auf eine andere Zeit hin. Bei Notendrucken tritt an die Stelle der Schriftuntersuchung die Ermittlung der druck- und verlagstechnischen Gegebenheiten (Druckverfahren, Erstdruck, Nachdruck, Plattenabzug u. ä.).

Ergänzt wird die Einordnung der Quelle durch die Erkundung der Textbestandteile, und zwar des eigentlichen Notentextes und der Beischriften (Autor- und Titelangabe, Schreibername, Datums- und Ortsangaben, Aufführungseintragungen, Korrekturen etc.). Ein möglichst enges Beschreibungsraster der äußeren Faktoren erlaubt, die überlieferungsgeschichtliche Position der Quelle zu lokalisieren. Dabei interessieren Fragen nach der räumlichen und zeitlichen Nähe der Quelle zum Komponisten: Handelt es sich

– um ein Autograph (in welchem Stadium der Entstehung: Skizze, Kompositionsautograph, Reinschrift, überarbeitete spätere Fassung),
– um eine Quelle mit autographen Elementen (Korrektur einer Kopistenabschrift oder einer Druckfahne),
– um einen vom Komponisten autorisierten, eventuell überprüften Druck,
– um eine Publikation (vielleicht einen Raubdruck oder eine Bearbeitung, auf die der Autor keinerlei Einfluß nahm),
– um eine Abschrift aus dem Umfeld des Komponisten
– oder um die Rezeption eines räumlich oder zeitlich näheren oder ferneren Interessentenkreises?

Bei der Einschätzung der «Glaubwürdigkeit» des Zeugen, den die Quelle darstellt, sind auch qualitative Aspekte zu erwägen (musikalisch kompetenter Schreiber oder Neuling, Pedant oder eigenschöpferischer Adapteur, zuverlässiger oder notorisch achtloser Verleger). Weiterhin interessieren Fragen nach der Funktion der Quelle: ob es sich um Aufführungsmaterial, kodifizierende Denkmäler zur Repertoiretradierung oder um Repräsentationszwecken dienende Sammlerobjekte handelt.

Die Quellenkritik spielt eine wichtige Rolle bei der Herausgabe von Werken, vor allem bei der Erstellung von sogenannten historisch-kritischen Ausgaben. Welche Konsequenzen aus der Quellenauswertung gezogen werden, ist genaugenommen eine Frage der Editionstechnik (vgl. dazu Feder, 1982 und 1987; Schwindt-Gross, 1992, S. 138–156; Schmidt, 1995; Grier 1996). Die Quellenforschung stellt nach eingehender Untersuchung das dafür notwendige Material zur Verfügung.

478   Nicole Schwindt

Literatur

Beck, F. & Henning, E. (Hg.) (1994). *Die archivalischen Quellen: Eine Einführung in ihre Benutzung* (Veröffentlichungen des Brandenburgischen Landeshauptarchivs Bd. 29) (2. Aufl.). Weimar: Böhlau.

Cossart-Cotte, F. (1974). «Documents sonores» de la fin du XVIIIe siècle: Leurs enseignements pour l'interpretation. In Weber, E. (Hg.), *L'interpretation de la musique française aux XVIIe et XVIIIe siècles* (S. 139–152). Paris: CNRS.

Duckles, V. & Keller, M. (1988). *Music reference and research materials: An annotated bibliography* (4. Aufl.). New York: Schirmer.

Elste, M. (1989). *Kleines Tonträger-Lexikon: Von der Walze zur Compact Disc.* Kassel: Bärenreiter.

Feder, G. (Hg.) (1982). *Quellenforschung in der Musikwissenschaft* (Wolfenbütteler Forschungen Bd. 15). Wolfenbüttel: Möseler.

Feder, G. (1987). *Musikphilologie.* Darmstadt: Wissenschaftliche Buchgesellschaft.

Forsyth, M. (1985). *Buildings for music. The architect, the musician, and the listeners from the 17th century to the present day.* Cambridge: MIT-Press.

Grier, J. (1996). *The critical editing of music. History, method, and practice.* Cambridge: Cambridge University Press.

Haggh, B., Daelemans, F. &. Vanrie, A. (Hg.) (1994). *Musicology and archival research.* Brüssel: Archives et Bibliothéques de Belgique.

Hudson, F. (1987). Musicology and paper studies. A survey and evaluation. In Spector, S. (Hg.), *Essays in paper analysis* (S. 34–60). London: Associated University Press.

Lanzke, H. (1990/92/96). *Wo finde ich Informationen über Musik, Noten, Tonträger, Musikliteratur?* Bd. 1: Musikdokumente und Musiksammlungen – Musiklexika – Musikgeschichte – Musikleben, Bd. 2a: Musikbibliographie. Bibliographie der Bibliographien, Musikverzeichnisse (Musikalische Werke und ihre Ausgaben) Bd. 2b: Musikbibliographie. Tonträgerverzeichnisse (Musikaufnahmen und ihre Ausgaben) – Bibliographie der Musikliteratur (Bücher über Musik, Musikperiodika). Mit einem Anhang «Nationale Dokumentations- und Informationseinrichtungen auf dem Gebiete der Musik». Berlin: A. Spitz.

Lanzke, H. (1995). Das Deutsche Musikarchiv. Zentrales Archiv und nationalbibliographisches Zentrum für Musik. *Jahrbuch des Staatlichen Instituts für Musikforschung Preußischer Kulturbesitz 1993/94* (S. 385–387). Stuttgart: Metzler.

Lesure, F. (1972). Archival research: Necessity and opportunity. In Brook, B. S., Downes, O. D. & Van Sokema, S. (Hg.), *Perspectives in musicology* (S. 56–79). New York: Norton.

Lug, R. (1983). Nichtschriftliche Musik. In Assmann, A. & J. (Hg.), *Schrift und Gedächtnis* (Archäologie der literarischen Kommunikation Bd. 1) (S. 245–263). München: Fink.

Schmid, M. H., Klaus, S. K. & Lambert, B. (1996). Instrumentensammlungen. In

Finscher, L. (Hg.), *MGG Die Musik in Geschichte und Gegenwart*. Sachteil Bd. 4 (Sp. 970–1011). Kassel / Stuttgart: Bärenreiter / Metzler.

Schmidt, C. M. (1995). Editionstechnik. In Finscher, L. (Hg.), *MGG Die Musik in Geschichte und Gegenwart*. Sachteil Bd. 2 (Sp. 1656–1680). Kassel / Stuttgart: Bärenreiter / Metzler.

Schroeder, M. R. & Eilemann, A. (1994). Akustik: V. Raumakustik. In Finscher, L. (Hg.), *MGG Die Musik in Geschichte und Gegenwart*. Sachteil Bd. 1 (Sp. 406–411). Kassel / Stuttgart: Bärenreiter / Metzler.

Schwindt, N. (1997). Quellen. In Finscher, L. (Hg.), *MGG Die Musik in Geschichte und Gegenwart*. Sachteil Bd. 7 (Sp. 1946–1986). Kassel / Stuttgart: Bärenreiter / Metzler.

Schwindt-Gross, N. (1992). *Musikwissenschaftliches Arbeiten: Hilfsmittel – Techniken – Aufgaben* (Bärenreiter-Studienbücher Musik Bd. 1). Kassel: Bärenreiter.

Stockmann, D. (1979). Die Transkription in der Musikethnologie: Geschichte, Probleme, Methoden. *Acta musicologica, 51*, 204–245.

Ziegler, S. (1995). Das ehemalige Berliner Phonogrammarchiv. In Laubenthal, A. (Hg.), *Studien zur Musikgeschichte. Eine Festschrift für Ludwig Finscher* (S. 766–772). Kassel: Bärenreiter.

Helmut Rösing und Alenka Barber-Kersovan
Musikerbiographien

1. Intentionen – Theorien

Das Hauptanliegen einer Biographie besteht darin, ein individuelles Leben mit seinen verschiedenen Stadien im Kontext der historischen Zeit und der gesellschaftlichen Gegebenheiten nachzuzeichnen (Jüttemann & Thomae, 1987, S. 3). Musikerbiographien – als Teilbereich der Künstlerbiographie – versuchen, Person und Werk in der Regel als Einheit zu erfassen. Dahinter steht die Annahme, daß eine genaue Kenntnis von Individualität Voraussetzung für das «adäquate Verstehen einer Persönlichkeit bzw. eines Kunstwerkes» sei (Sandberger, 1997, S. 42). Eingebettet ist die Darstellung spezifischer Persönlichkeitsmerkmale oder Charakterzüge zumeist in ein umfassendes soziokulturelles Bezugsfeld. Darum informieren Musikerbiographien üblicherweise auch über den Zeitgeist einer Epoche, über Kompositionsanlässe und Aufführungsbedingungen, über Strategien der Lebensbewältigung und Existenzsicherung, über Liebesbeziehungen und Freundschaften, über Erfolge und Mißerfolge im privaten wie öffentlichen Bereich.

In seinem Grundsatzartikel «Umfang, Methode und Ziel der Musikwissenschaft» von 1885 weist Guido Adler der wissenschaftlichen Biographieforschung (Biographik) den untersten Rang im Bereich der Historischen Musikwissenschaft zu (Adler 1885, S. 10). Noch einen Schritt weiter geht Theodor W. Adorno. Für ihn ist das Interesse an Musikerbiographien ein typisches Verhalten des Bildungskonsumenten. Seine Unfähigkeit zum strukturellen Mitvollzug der Musik werde dadurch kompensiert, daß man «so viel wie nur möglich an Kenntnissen über Musik, zumal über Biographisches […] anhortet» (1968, S. 17). Ganz auf dieser Linie befindet sich z. B. auch der Mozart-Spezialist Arthur Hutchings, wenn er lapidar feststellt, daß es die meisten Kompositionen von Haydn, Mozart, Beethoven und Schubert nicht erlauben, deren Ausdrucksqualitäten mit «den damaligen Launen und Lebensumständen» der Komponisten zu verknüpfen (1976, S. 3).

Eine derartige Sicht kann den vielfältigen Wechselbeziehungen zwischen Werk und Person kaum gerecht werden. Das musikalische Handeln einer Person ist wichtiger Bestandteil ihrer Biographie. Die Biographisches findet somit nicht allein Ausdruck in der Kunst, sondern umgekehrt auch konstituieren Kunst und Musik ihrerseits Lebensläufe (Kaden in Schubert, 1997, S. 17). Angesichts der Komplexität aller musikalisches Handeln bestimmenden Faktoren wäre es ohnehin naiv, zwischen Person und Werk eine isomorphe Relation anzunehmen. Das hat unlängst Hermann Danuser am Beispiel von psychischen Krisensituationen und ihrer Bedeutung für kompositorisches Schaffen überzeugend dargelegt. Mit einem «Analogie-» und einem «Ausgleichsmodell» stellt er zwei gegenläufige Grundformen von kunsttheoretisch bedeutsamen Krisenkategorien zur Diskussion, die er anhand unterschiedlicher biographischer Konstellationen vornehmlich bei Komponisten der 2. Wiener Schule (Schönberg, Berg) konkretisiert (Danuser in Schubert, 1997, S. 303–318).

In ernstzunehmenden Biographien werden der persönliche Lebenslauf und das musikbezogene Handeln im gesellschaftlichen Umfeld auf der Grundlage von philologisch gesicherten Quellen (→Quellenforschung) in ihren wechselseitigen Beziehungen und Verflechtungen dargestellt. Lebensgeschichte wie Geschichte ganz allgemein ist auf diese Weise retrospektive Konstruktion bzw. Re-Konstruktion von Gewesenem. Eine zentrale Rolle kommt dabei der «biographischen Differenzierung» anstelle von «kollektiver Generalisierung» zu (Bastian, 1989, S. 9).

Biographien multiplizieren kulturelle Inhalte nach bestimmten Kriterien der Auswahl, Kategorisierung und Interpretation von Quellen. Sie führen zur Bewertung vergangener oder gerade stattfindender Ereignisse und stellen Leitbilder bzw. Identifikationsfiguren aus privater wie öffentlicher Nahsicht vor. Sie sind wichtige Bausteine für das «kollektive Gedächtnis» kultureller Güter (Taylor, 1996). Vor allem aber machen sie immer wieder – mehr oder weniger explizit – deutlich, daß Musik als Ergebnis eines vielfach vermittelten Schaffensprozesses kein Sonderreich der Töne ist, sondern ein Medium, das von den persönlichen und gesellschaftlichen Bedingungen der Produktion, Vermittlung und Rezeption geprägt wird (→Musik herstellen).

2. Geschichte der Biographieforschung

Erste Musikerbiographien datieren aus dem frühen 18. Jahrhundert. Der Trend zur Subjektivierung und Individualisierung seit der Aufklärung führte dazu, daß den Künstlerpersönlichkeiten als Urhebern von Werken immer mehr Aufmerksamkeit entgegengebracht wurde (im Überblick: Lenneberg, 1988 und 1994). In Sammelbiographien (z. B. Johann Georg Walther: «Musikalisches Lexicon», Leipzig 1732; Johann Mattheson: «Grundlage einer Ehrenpforte», Hamburg 1740) werden bevorzugt die beruflichen Qualitäten der Musiker und Komponisten aufgezählt. Das in zwei Bänden 1790 und 1792 von Ernst Gerbert in Leipzig herausgegebene «Historisch-biographische Lexicon der Tonkünstler» (Neuauflage in 4 Bänden Leipzig 1812–1814) bringt erstmals eine orthographische Standardisierung der Musikernamen.

Auf hohem Niveau fortgeführt wird diese lexikalische Biographik nahezu 100 Jahre später von Robert Eitner. Sein «Biographisch-bibliographisches Quellenlexikon» umfaßt zehn Bände und einen Nachtrag (Leipzig 1900–1904). Den kurzen Musikerbiographien folgen jeweils eine Werkauflistung und ein Nachweis über die Bibliotheksfundorte der wichtigsten Musikdrucke. Die großen lexikalischen und enzyklopädischen Nachschlagewerke unseres Jahrhunderts zur Kunstmusik und in den letzten Jahren zunehmend auch zur populären Musik führen die von Gerbert und Eitner geschaffene Tradition in vielerlei Varianten fort. Ihnen allen gemeinsam ist, daß biographische Angaben und Werknachweise (Notendrucke, Tonträgerproduktionen, Auftritte) einander ergänzen (für die aktuellen Nachschlagewerke → Anhang, Nachschlagewerke und Übersichtsliteratur).

Das früheste einem einzigen Musiker gewidmete Buch stammt aus dem Jahr 1760: eine Biographie über den späten, in London höchst populären Georg Friedrich Händel, ein Jahr nach dessen Tod vorgelegt von John Mainwaring. Deutlich im Sinn aufklärerischer Universalhistorie angelegt ist die Bach-Biographie von Johann Nikolaus Forkel («Johann Sebastian Bachs Leben, Kunst und Kunstwerke», Leipzig 1802). Gedacht war sie als Abschluß einer Musikgeschichte von den «barbarischen» Anfängen der Musik primitiver Völker bis zur höchsten Entwicklungsstufe der Tonkunst, die Forkel in Johann Sebastian Bachs Klavier- und Orgelwerken verwirklicht sah. Auch Carl Georg August v. Winterfelds Buch über Johannes Gabrieli («Johannes Gabrieli und sein Zeitalter», Berlin

1834) ist diesem universalistischen Konzept verpflichtet. Einer früheren Epoche bis etwa 1600 wird die neue Epoche als Zeit der «heiligen Tonkunst» gegenübergestellt.

Der wissenschaftsgeschichtliche Wandel zur klassischen Biographik erfolgt in Verbindung mit der Historisierung und Literalisierung des Musiklebens ab der Mitte des 19. Jahrhunderts: «Aus den umfassenden, weitgespannten Entwürfen [...] zog man sich in eng begrenzte Bereiche zurück, in denen Authentizität durch Quellenkritik verbürgt werden konnte» (Dahlhaus, 1980, S. 273). Zu nennen sind hier vor allem die großen mehrbändigen Biographien von Otto Jahn (Mozart, 1856–1859), Friedrich Chrysander (Händel, 1858–1867), Alexander Wheelock Thayer (Beethoven, 1866–1879), Philipp Spitta (Bach, 1873–1880) und Carl Ferdinand Pohl (Haydn, 1875–1882).

Das Bestreben nach möglichst objektiver Darstellung des Faktischen hat im 20. Jahrhundert in der Historischen Musikwissenschaft zum Typus der Dokumentarbiographie geführt, einer Zusammenstellung möglichst vieler unterschiedlicher Materialien zur Dokumentation von Leben und Werk einer Musikerpersönlichkeit (s. Lenneberg, 1994, Sp. 1550). Maßstabsetzend war hier die frühe Arbeit von Otto Erich Deutsch über «Franz Schubert. Die Dokumente seines Lebens und Schaffens» (Leipzig, 1913), gefolgt von entsprechenden Büchern über Händel (New York, 1955), Mozart (Leipzig, 1961), Bach (4 Bände, Leipzig, 1963–1978) und – ediert von Howard Chandler Robbins Landon – Haydn (5 Bände, London, 1976–1980). Die Interpretation der Dokumente bleibt dem kundigen Leser überlassen, soweit nicht schon die Auswahl und Zusammenstellung der Text- und Bildmaterialien eine Form der Interpretation beinhalten. Dieses Konzept einer Dokumentarbiographie für Experten wurde u. a. durch die Monographien-Reihe des Rowohlt-Verlags («Monographien in Selbstzeugnissen und Bilddokumenten») einer breiten kunst- und musikinteressierten Leserschaft nahegebracht.

Die musikwissenschaftliche Biographik befaßt sich schwerpunktmäßig mit jenen «großen» Komponisten vom Barock bis zur musikalischen Moderne, deren Werke auch das Repertoire der Konzert- und Opernaufführungen dominieren. Die Biographien haben damit – meist in Verbindung mit historisch-kritischen Gesamtausgaben der Werke – einen deutlich repertoirefixierenden Rückkoppelungseffekt. Wissenschaftlichen Kriterien genügende Biographien über bedeutende Instrumentalisten

(Kaiser, 1989), Sängerinnen (Matheopoulos, 1991), Dirigenten (Lembrecht, 1992) aus Vergangenheit und Gegenwart gehören demgegenüber eher zu den Ausnahmen.

Kaum Gegenstand eines musikwissenschaftlichen Diskurses sind bislang die Werdegänge und Lebensläufe von Musikerpersönlichkeiten aus den Stilrichtungen Jazz, Rock, Pop und volkstümliche Musik. Obwohl in den letzten zwei Jahrzehnten einige grundlegende Arbeiten über Jazzmusiker (z. B. die Reihe zu Leben, Werk und Schallplatten im Oreos-Verlag, Waakirchen, u. a. über Louis Armstrong, Ornette Coleman, Charlie Parker) sowie über Rockmusikgruppen und Rockmusiker (z. B. O'Grady über die Beatles, 1983; Shelton über Bob Dylan, 1988; Booth über die Rolling Stones, 1995) vorgelegt wurden, gehört Biographieforschung in den verschiedenen Sparten der populären Musik – anders als etwa in England und den USA – an bundesdeutschen Universitäten immer noch zu den akademischen Defizitbereichen (s. dazu Scott, 1990).

Ebenfalls kaum Berücksichtigung in der einschlägigen Biographieforschung hat bislang die Aufarbeitung von weniger bekannten bzw. erfolgreichen Musikern gefunden (vgl. aber Simon, 1988). Doch gerade derartige Untersuchungen können Aufschluß über sozialpsychologische Aspekte musikalischer Betätigung geben – etwa die Verzahnung von Mißerfolg, Charaktereigenschaften, personabhängigen Handlungsstrategien, kulturellen Traditionen und musikalischer Kompetenz (Neuwerth, 1992).

3. Biographische Inszenierungen

Dem wissenschaftlichen Anspruch des Faktischen wurden schon die ersten von Zeitzeugen abgefaßten Biographien meist nur in Grenzen gerecht. Das betrifft z. B. die von Georg Nicolaus v. Nissen verfaßte «Biographie W. A. Mozart's» (Leipzig 1828) nach Originalbriefen ebenso wie die von Beethovens Gehilfen Anton Schindler geschriebene «Biographie von Ludwig van Beethoven» (Münster 1840). Um die Charakterzüge des durchaus lebenslustigen Mozart zu idealisieren, unterschlug Nissen auf Anraten seiner Frau Constanze wichtige Briefe ihres verstorbenen Ehemanns. Schindler fälschte sogar Eintragungen in Beethovens Konversationsheften (Beck & Herre, 1979).

Derartige biographische Fremdinszenierungen zum Besten eines Musikers und zur Unterdrückung von negativen, dem Heroenkult und der Legendenbildung abträglichen Tatsachen (vgl. im Hinblick auf das Primadonnen-Wesen: Honolka, 1982) prägen bis heute große Teile der Biographieschreibung. Besonders symptomatisch ist hierfür das journalistische oder populärwissenschaftliche Schrifttum über Pop- und Rockstars. Meist wird bereits im Titel auf Aspekte von Mythos, Legende, Kult hingewiesen und die «ganze Wahrheit» versprochen. Dabei fördert der Tod eines Stars die Mythenbildung und führt zu einer Flut von biographischen Veröffentlichungen (z.B. Kurt Cobain, Jimi Hendrix, Janis Joplin, John Lennon).

Bei der Aufarbeitung und Vermarktung des Privatlebens von Stars kann es sehr schnell zu moralischen und – als Folge davon – zu rechtlichen Problemen kommen. Es gibt Tabuzonen der Privatheit, die selbst im Hinblick auf wissenschaftliche Wahrheitsfindung unangetastet bleiben sollten. Für eine gezielte Dechiffrierung der Privatsphäre können aber auch ganz andere Beweggründe als die des Zugewinns von Erkenntnis ausschlaggebend sein. Ein Beispiel aus jüngster Zeit sind dafür die verletzenden «autobiographischen Erinnerungen» über David Bowie, von seiner Ex-Gattin der Journalistin Patricia Carr in die Feder diktiert (Carr & Bowie, 1993).

Der Schritt von der Fremd- zur Selbstinszenierung ist nicht groß. Bereits in der Romantik gelangte die Musiker-Autobiographie als äußerst beliebte Form der «Identitätsarbeit» zur Hochblüte (Ballstaedt in Jüttemann & Thomae, 1987, S. 205). Im Kern geht sie zurück auf die Schilderung von Lebensläufen und auf autobiographische Skizzen, wie sie z.B. von Georg Philipp Telemann, Johann Sebastian und Carl Philipp Emanuel Bach oder Joseph Haydn abgefaßt worden sind (Kahl, 1943). Erste Hohepunkte einer selbstinszenierten Identitatskonstruktion (vgl. dazu Strube & Weinert in Jüttemann & Thomae, 1987, S. 162 f) stellen die Autobiographien von Hector Berlioz («Memoires», Paris 1870, dt. München, 1914) und Richard Wagner («Mein Leben», Privatdruck Basel/Bayreuth, 1870–1880; erste öffentliche Publikation München, 1911) dar. Mit dem Anspruch auf eine höhere, ideale Wahrheit jenseits der Tatsachen (Gutman, 1970, S. 8) liefern sie das Material für einen Geniekult, der sich als äußerst publikumswirksam und gewinnträchtig erwiesen hat, seit es Massenmedien gibt (→ Musikvermittlung in der modernen Mediengesellschaft; speziell zum Star-/Antistarkult: Jacke, 1996). Pop- und Rockikonen wie Joan Baez (1987), Michael Jackson

(1988), Johnny Rotten alias John Lydon (1995) oder Tina Turner (1986) profitieren davon nachhaltig.

Der Übergang von der autobiographisch untermauerten Selbstinthronisation zur Kultbiographie ist fließend. Die Erhöhung des Stars gegenüber seinen Fans, die Mythologisierung seines Privatlebens kann dabei – gleichgültig, ob es sich um Richard Wagner (Chamberlain 1896), Franz Liszt (Ramann 1880), den polnischen Pianisten Ignaz Paderewski (vgl. Rauhe & Flender, 1986, S. 37) oder Elvis Presley (Presley-Beaulineau, 1986) handelt – durchaus religiöse Züge annehmen. In der jüngsten Zeit wird die gottähnliche Erhöhung des Stars gegenüber seiner Fangemeinde durch den Trend zu ständig wechselnden Identitäten noch verstärkt. An die Stelle eines in der Biographie des Musikers verankerten diskursiven Bezugssystems tritt das Ritual medial inszenierter Inkarnationen (z.B. Madonna, Michael Jackson: vgl. Wicke, 1993).

Ein wichtiger Auslöser für die gottähnliche Verehrung von Künstlern und Musikern liegt seit alters her im Geheimnis der Kreativität (Komponist) und der virtuosen Beherrschung von Stimme bzw. Instrument begründet. Die Gattung der Psychobiographie mit ihrer Vorliebe zur psychologischen Durchdringung des Privatlebens gemäß dem Topos, daß das Genie erst im Kampf mit einem harten Schicksal und an der Grenze zum Irrsinn sich bestätige, wurde zu einer beliebten Biographieform des 19. und beginnenden 20. Jahrhunderts (im Überblick: Neumann, 1986). Vorbildcharakter kam dabei dem Lebenslauf von Beethoven zu, zu dessen Überhöhung ja auch Komponisten wie Franz Liszt und Richard Wagner nachhaltig beigetragen hatten (Fuchs, 1986, S. 65 ff). In Anlehnung an Sigmund Freuds psychoanalytisches Konzept entstanden im 20. Jahrhundert umfangreiche biographische Studien über «Genies» und «Talente» (Lange-Eichbaum & Kurth, 1927; Westphal, 1977), über zwischenmenschliche Beziehungen (Solomon, 1978; Langegger, 1978) und über die Krankheiten großer Musiker (Kerner, 1963). Wenn auch kommunikationstheoretische und tätigkeitsbezogene Modelle musikalischer Produktionshandlungen mittlerweile dazu geführt haben, das Musikgenie auf den Boden der Realität zu stellen (Rösing, 1996), so ist doch die Aura des Numinösen («Wunderkind», «Genie»), Exzentrischen und Geheimnisvollen (der Musiker als «Bohemien»: Frith & Horne, 1989) bis heute konstitutiv für das Künstlerbild und den Starkult geblieben.

4. Biographische Elemente als Gegenstand von Kunst

Häufig wird behauptet, daß es biographische Musik gibt. Die Beispiele einer direkten und konkreten Umsetzung biographischer Details in Musik sind allerdings eher selten. Beethovens Klaviersonate op. 81a («Les Adieux, l'Absence et le Retour») z. B. bezieht sich auf die Abreise und Rückkehr von Erzherzog Rudolf aus Wien im Jahr 1809, Bedrich Smetana hat in seinem Streichquartett Nr. 1 e-moll («Aus meinem Leben», 1876) u. a. den Tinnitus als Vorboten seiner Ertaubung dargestellt, Arnold Schönberg im Streichtrio op. 45 (1946) seinen Herzinfarkt (Pizzikatoknall, T. 51). Weit mehr noch ist die «Sinfonia domestica» op. 53 (1903) von Richard Strauss tonmalerisches Abbild seines privaten Familienlebens. Zum tieferen Verständnis der Musik und ihrer strukturellen Eigenheiten trägt die Kenntnis derartiger programmatisch-biographischer Inhalte jedoch nur bedingt bei. Ihre Umsetzung in das abstrakt-symbolhafte Medium der Musik führt zu einer neuen semantischen Qualität (s. im Hinblick auf Brahms z. B. Heister, 1997). Wohl aber fungieren biographische Ereignisse immer wieder und nachhaltig als Auslöser für musikalische Kreativität, so z. B. Freundschaften, Reisen, politische Ereignisse, Aufführungserfolge, psychische Gestimmtheiten, Freude, Liebe, Trauer, Verzweiflung – kurz: Schlüsselerlebnisse jeglicher Art (vgl. Floros, 1989; 1992; 1997).

Bereits bis in die italienische Renaissance zurückverfolgen läßt sich die bildnerische Darstellung berühmter Persönlichkeiten (s. Salmen, 1982 / 83). Ein frühes Musikerporträt (Oswald v. Wolkenstein) datiert aus dem Jahr 1432. Von dem von 1556 bis zu seinem Tod 1594 am Münchener Hof wirkenden Orlando di Lasso sind Stiche, Miniaturen, Tafelbilder und Münz-Porträts überliefert. Eine sprunghafte Zunahme von Musikerbildnissen ist ab dem 17. Jahrhundert zu verzeichnen (bes. Titelkupfer zu Notendrucken). Im 19. Jahrhundert wird die gottähnliche Darstellung (neben Gemälden auch Statuen, Musikerbüsten, Totenmasken) immer üblicher. Deren Ablösung erfolgt gegen Ende des 19. Jahrhunderts langsam durch das neue Medium der Fotografie, welches schon Wagner souverän zur Selbstdarstellung nutzte. Diese Entwicklung führte im 20. Jahrhundert zur Bildbiographie und zum biographischen Porträt in Film, Fernsehen und Video.

Literarische Formen der Umsetzung von Musiker-Lebensläufen (Roman, Erzählung, Novelle) gehen auf die Gattung des Künstlerromans zurück. Vor allem die Beethoven-Romane des 19. Jahrhunderts haben nachhaltig zur Entstehung des Beethoven-Mythos beigetragen. Vorreiter war die Erzählung über Beethoven von Johann Peter Lyser aus dem Jahr 1834 (Voss in Loos, 1986, S. 82). Zahlreiche Topoi wie unordentliche Kleidung, unwirsches Verhalten, ständige Geldnöte, Liebe als Inspirationsquelle haben hier ihren Ursprung. Sie werden im 20. Jahrhundert durch eine psychologisierende Sichtweise noch überhöht (Huch, 1927–32; Pourtalès, 1925).

Die Umsetzung von Musikerbiographien in eine Theater- oder Opernhandlung gehört eher zu den Ausnahmen (z.B. Hans Pfitzner: «Palestrina», 1917; Alfred Schnittke: «Gesualdo», 1995). Häufiger schon erschien die Figur eines Komponisten auf der Musical-Bühne (so 1934 «The Great Waltz» über Johann Strauß). Vor allem aber wurde der Film zum Medium publikumswirksamer Musikerdarstellungen. Die meisten Spielfilme sind dem Leben und Schaffen der Komponisten Wolfgang Amadeus Mozart, Johann Strauß und Franz Schubert gewidmet; Beethoven, Chopin und Wagner avancierten zwar auch wiederholt, aber nicht bevorzugt zu Leinwandhelden (Statistik und Filmnachweise: Tiedemann, 1996). Im Pop- / Rockbereich werden die verschiedenen Darstellungsformen (Roman, Film, Videoclip, Bildbiographie) in zunehmendem Maß parallel eingesetzt, um Synergieeffekte bei der Vermarktung zu erzielen (z.B. «Kellys forever. Der neue Roman für Kelly Family-Fans» von Lena Beckmann gleichzeitig zu neuen Videoclips und zur Konzerttour 1996 durch Deutschland).

5. Zusammenfassung

Wissenschaftliche Biographieforschung kann als ein wichtiges Instrument zur Erfassung von intersubjektiven Mentalitäten (Reinecke, 1993, S. 11) im Verlauf der Geschichte verstanden werden. Entscheidend ist dabei die Frage nach den Wechselwirkungen von musikalischen Handlungen und Lebensläufen im Kontext einer historisch gegebenen soziokulturellen Situation. In diesem Zusammenhang sollte u. a. das Beziehungsgeflecht zwischen erfolgreichen Musikern (Stars) als Führern und ihren Anhängern (Fans) als Geführten berücksichtigt und im Hinblick auf stereotype Verhaltensweisen wie Heroenkult, Legendenbildung, Anbetung analysiert werden. Musikwissenschaftlich-biographische Arbeit hätte mehr als bislang auch darin zu bestehen, die verschiedenen populären, literarischen, filmischen und bildnerischen Biographieformen als Dokumente und Quellen zu akzeptieren. Ferner sollte sich die Arbeit gegenüber den biographischen Fremd- und Selbstkonstruktionen der Stars von heute öffnen (vgl. dazu z. B. im Hinblick auf Andy Warhol und The Velvet Underground: Barber-Kersovan, 1997), statt nur zeitgenössische Komponisten aus dem Bereich der ernsten Kunstmusik einer wissenschaftlichen Abhandlung für wert zu befinden.

Die intime Kennerschaft einer Zeit und ihrer Ausdrucksgepflogenheiten gehört allerdings zu den Voraussetzungen, um die verschiedenen Quellen und Dokumente richtig zu interpretieren (vgl. Zuhorts in Jüttemann & Thomae, 1987, S. 97–107; Roseberry, 1991). Darüber hinaus gilt es, die Sphäre der Privatheit nicht zu verletzen – was häufig einer Gratwanderung zwischen wissenschaftlichem Erkenntnisinteresse und ethischen Ansprüchen gleichkommen dürfte. Auch wäre es an der Zeit, die bislang auf die westliche Welt fokussierte Biographieforschung für die wissenschaftliche Auseinandersetzung mit Musikerpersönlichkeiten anderer Kulturen zu öffnen.

Insgesamt gesehen besteht ein dringender Bedarf an fundierter musikwissenschaftlicher Biographik, die sich nicht ausschließlich an Fachkreise richtet, sondern eine größere Öffentlichkeit anspricht, um die breitenwirksame und damit Mentalitäten kreierende Darstellung von Musiker-Lebensläufen nicht zunehmend Literaten (z. B. Wolfgang Hildesheimer: Mozart; Peter Härtling: Schubert), Filmemachern (Ken Russel: Lisztomania; Milos Forman: Amadeus), Journalisten und den Public-Relations-Abteilungen großer Medienkonzerne zu überlassen. Erste Voraussetzung dafür ist eine gut lesbare Darstellung. Gerade Veröffentlichungen aus dem angloamerikanischen Sprachraum haben wiederholt gezeigt, daß wissenschaftliche Seriosität und sprachliche Klarheit sich keineswegs gegenseitig ausschließen müssen, wie hierzulande gern behauptet wird.

Literatur

Adler, G. (1885). Umfang, Methode und Ziel der Musikwissenschaft. *Vierteljahresschrift für Musikwissenschaft, 1*, 5–20.

Adorno, T. W. (1968). *Einleitung in die Musiksoziologie*. Reinbek: Rowohlt.

Baez, J. (1987). *We shall overcome. Mein Leben*. Bergisch-Gladbach: Bastei-Lübbe.

Barber-Kersovan, A. (1997). «Pop goes Art» – «Art into Pop». Andy Warhol, The Velvet Underground und die Folgen. In Kreutziger-Herr, A. & Strack, M. (Hg.), *Aus der Neuen Welt. Streifzüge durch die amerikanische Musik des 20. Jahrhunderts* (S. 149–164). Hamburg: LIT.

Bastian, H. G. (1989). *Leben mit Musik.* Mainz: Schott.

Beck, D. & Herre, G. (1979). Anton Schindlers fingierte Eintragungen in den Konversationsheften. In Goldschmidt, H. (Hg.), *Zu Beethoven. Aufsätze und Annotationen* (S. 11–89). Berlin: Verlag für Neue Musik.

Booth, S. (1995). *The Rolling Stones. Let it bleed. Eine Rock 'n' Roll-Offenbarung.* St. Andrä-Wördern: Hannibal.

Carr, P. & Bowie, A. (1993). *Einmal und immer wieder. Mein wildes Leben mit David Bowie.* München: Goldmann.

Chamberlain, H. S. (1896). *Richard Wagner.* München: Bruckmann.

Dahlhaus, C. (1980). *Die Musik des 19. Jahrhunderts* (Neues Handbuch der Musikwissenschaft Bd. 6). Wiesbaden: Athenaion.

Floros, C. (1989). *Musik als Botschaft.* Wiesbaden: Breitkopf & Härtel.

Floros, C. (1992). *Alban Berg.* Wiesbaden: Breitkopf & Härtel.

Floros, C. (1997). *Johannes Brahms. «Frei aber einsam» – ein Leben für eine poetische Musik.* Zürich: Arche.

Frith, S. & Horne, H. (1989). *Art into pop.* London: Routledge.

Fuchs, M. (1986). *«So pocht das Schicksal an die Pforte». Untersuchungen und Vorschläge zur Rezeption sinfonischer Musik des 19. Jahrhunderts.* München: Katzbichler.

Gutman, R. (1970). *Richard Wagner. Der Mensch, sein Werk, seine Zeit.* München: Heyne.

Heister, H.-W. (Hg.) (1997). *Johannes Brahms oder Die Relativierung der «absoluten» Musik.* Hamburg: von Bockel.

Honolka, Kurt (1982). *Die großen Primadonnen.* Wilhelmshaven: Heinrichshofen.

Huch, F. (1927/32). *Der junge Beethoven – Beethovens Vollendung.* München: Langewiesche-Brandt.

Hutchings, A. (1976). *Mozart. Der Mensch.* Braunschweig: Westermann.

Jacke, C. (1996). *Die milliardenschweren Verweigerer. Antistarkult in der Darstellung ausgesuchter Printmedien.* Münster: Univ., FB Journalistik (unveröff. Magisterarb.).

Jackson, M. (1988). *Moonwalk. Mein Leben.* München: Goldmann.

Jüttemann, G. & Thomae, H. (Hg.) (1987). *Biographie und Psychologie.* Berlin: Springer.

Kahl, W. (1943). *Selbstbiographien Deutscher Musiker des XVIII. Jahrhunderts.* Köln: Staufen.

Kaiser, J. (1989). *Große Pianisten in unserer Zeit.* München: Piper.

Kerner, D. (1963). *Krankheiten großer Musiker.* Stuttgart: Schattauer.

Lange-Eichbaum, W. & Kurth, W. (1927). *Genie, Irrsinn und Ruhm* (7. völlig neu bearbeitete Ausgabe von W. Ritter, 3 Bde.). München 1986: Reinhardt.

Langegger, F. (1978). *Mozart Vater und Sohn. Eine psychologische Untersuchung.* Zürich: Atlantis.

Lembrecht, N. (1992). *Der Mythos vom Maestro.* Zürich: Edition Musik & Theater.

Lenneberg, H. (1988). *Witnesses and scholars. Studies in musical biographies.* New York.

Lenneberg, H. (1994). Biographik. In Finscher, L. (Hg.), *MGG Die Musik in Geschichte und Gegenwart.* Sachteil Bd. 1 (Sp. 1545–1551). Kassel / Stuttgart: Bärenreiter / Metzler.

Loos, H. (Hg.) (1986). *Beethoven und die Nachwelt. Materialien zur Wirkungsgeschichte Beethovens.* Bonn: Beethoven-Haus.

Lydon, J. (1995). *Johnny Rotten. No Irish, no Blacks, no Dogs. Mein Leben mit den Sex Pistols.* St. Andrä-Wördern: Hannibal.

Matheopoulos, H. (1991). *Diva. Great sopranos and mezzos discuss their art.* London: Gollancz (dt. Zürich, 1995).

Neumann, E. N. (1986). *Künstlermythen. Eine psychohistorische Studie über Kreativität.* Frankfurt / M.: Campus.

Neuwerth, J. (1992). *Kunst im Alltag – Kunst trotz Alltag. Über das Selbstverständnis des Kasseler «Erlebnisbereiters» Till Mertens.* Kassel: Univ. Kassel, FR Musik (unveröff.) Wiss. Hausarbeit.

O'Grady, T. J. (1983). *The Beatles. A musical evolution.* Boston: Twayne.

Pourtalès, G. de (1925). *Franz Liszt.* Paris: Gallimard.

Presley-Beaulineau, P. (1986). *Elvis und ich.* Bergisch-Gladbach: Bastei-Lübbe.

Ramann, L. (1880). *Franz Liszt. Als Künstler und Mensch (2* Bde.). Leipzig: Breitkopf & Härtel.

Rauhe, H. & Flender, R. (1986). *Schlüssel zur Musik.* Düsseldorf: Econ.

Reinecke, H.-P. (1993). Die Erfindung des Gesamtkunstwerks und ihre Hintergründe im 19. Jahrhundert. In Rösing, H. (Hg.), *Spektakel / Happening / Performance. Rockmusik als Gesamtkunstwerk* (S. 11–20). Mainz: Stiftung Villa Musica.

Rösing, H. (1996). Psychologische Aspekte der Komposition. In Finscher, L. (Hg.), *MGG Die Musik in Geschichte und Gegenwart.* Sachteil Bd. 5 (Sp. 543–551). Kassel / Stuttgart: Bärenreiter / Metzler.

Roseberry, E. (1991). Some thoughts on the musicologist as biographer. *The Musical Quarterly 75,* 1, 93–100.

Salmen, W. & G. (1982 / 83). *Musiker im Portrait 1–4.* München: Beck.

Sandberger, W. (1997). *Das Bach-Bild Philipp Spittas. Ein Beitrag zur Geschichte der Bach-Rezeption im 19. Jahrhundert* (Beihefte zum Archiv für Musikwissenschaft 39). Stuttgart: Steiner.

Schubert, G. (Hg.) (1997). *Biographische Konstellation und künstlerisches Handeln.* Mainz: Schott.

Scott, D. B. (1990). Music and society for the 1990s: A changing critical perspective. *The Musical Quarterly 74,* 3, 385–410.

Shelton, R. (1988). *Bob Dylan. Sein Leben, seine Musik.* München: Goldmann.

Simon, A. (1988). Musiker in Afrika im Spannungsfeld der Gesellschaft. In Rösing, H. (Hg.), *Beiträge zur Popularmusikforschung 5 / 6* (S. 64–74). Kassel: Arbeitskreis Studium populärer Musik.

Solomon, M. (1978). *Beethoven.* London: Cassell.

Taylor, G. (1996). *Cultural selection.* New York: Basic Books.

Tiedemann, R. (1996). *Der Komponist als Filmheld. Die Darstellung von Leben und Werk Richard Wagners im biographischen Spielfilm* (2 Bde.). Universität Hamburg: Musikwissenschaftliches Institut (unveröff. Magisterarbeit).

Turner, T. & Loder, K. (1986). *Ich Tina. Mein Leben.* München: Goldmann.

Westphal, K. (1977). *Genie und Talent in der Musik.* Regensburg: Bosse.

Wicke, P. (1993). Popmusik – Konsumfetischismus oder kulturelles Widerstandspotential? In Heuger, M. & Prell, M. (Hg.), *Pop music. Yesterday, today, tomorrow* (S. 21–33). Regensburg: Con Brio.

Herbert Bruhn
Analyse

1. Versuch einer Eingrenzung

Analyse bedeutet im allgemeinen, daß ein Gegenstand systematisch auf seine Komponenten hin zergliedert wird. Diese Komponenten werden daraufhin einer Untersuchung unterworfen (vgl. Erpf, 1949). Im Bereich Musik wird der Begriff Analyse meist so verstanden, daß man ein Musikstück in seine erklingenden Bestandteile zerlegt und sie dann nach verschiedenen Kriterien beurteilt und zueinander in Beziehung setzt (als Beispiel Helms & Hopf, 1986). So dient musikalische Analyse der genauen Beschreibung von Musik.

Die am häufigsten analysierten Bestandteile sind Melodie, Harmonie und formaler Ablauf. Man kann jedoch auch einen Komponisten in Hinblick auf einen Stilwandel oder die Produktivität über die Lebenszeit analysieren (→ Musikerbiographien; vgl. Simonton, 1994) oder eine ganze Stilepoche nach Struktureigenheiten und Wandel beschreiben und von einer anderen Epoche abgrenzen (→ Epochendefinitionen und Geschichtsschreibung). Ebenso können die besonderen Merkmale der Musik eines oder mehrerer verwandter Stämme oder einer ganzen Musikkultur (→ Musik entdecken) wie auch die Beziehungen zwischen Musikkulturen (→ Interkultureller Musikaustausch) Gegenstand der Analyse sein. Schließlich fällt sogar die Erforschung der physiologischen und psychologischen Wirkung von Musik (→ Psychophysiologie der Wirkung von Musik) unter den Begriff Analyse.

Wichtig ist, daß eine Analyse das Setting der untersuchten Musik einbezieht. Unter Setting versteht man das soziale und materielle Umfeld, in dem eine Musik komponiert, aufgeführt oder gehört wird (zum Begriff des Settings vgl. Bronfenbrenner, 1977, S. 514). Daraus ergibt sich eine Vielzahl von Fragestellungen:

• Wie ist die Musik komponiert worden?
• Ist sie schriftlich festgehalten oder mündlich überliefert?
• In welchem sozialen Zusammenhang wurde sie komponiert?
• Wie war der Komponist motivational / emotional gestimmt?

- Wie war der Aufführungsort beschaffen?
- Welche Umstände führten zur Aufführung?
- Welche Beziehung hat ein Hörer zur Musik: Welche Vorbildung, welche emotionale Gestimmtheit, welche Motivation bestimmen das Zuhören?

Die ersten Analysen der abendländischen Musikentwicklung standen im Dienst der Komposition. Sie dienten im späten Mittelalter (z. B. Tinctoris, 1477) dazu, den Stil und die Regeln einer Musik zu verdeutlichen. Auch in der frühen Neuzeit änderte sich diese Zielrichtung von Analyse nicht. Als Beispiel kann die Beschreibung der Ritornell-Praxis von Michael Praetorius (1619) herangezogen werden (abgebildet bei Braun, 1981, S. 314). Musikanalyse und Musiktheorie gehen hier eine enge Verbindung ein (Gruber, 1994, Sp. 579 f), die auch heute noch besteht.

Im 18. Jahrhundert finden sich zunehmend Beschreibungen von Musik für den Amateurmusiker oder den Besucher von Konzerten, die schließlich zur Musikkritik führten (→ Entstehung des wissenschaftlichen Umgangs mit Musik). Das 19. Jahrhundert schließlich veränderte die Analyse zu einem Maßsystem für Objektivität und ein ästhetisches Urteil. Mit der Analyse sollte ein Schlüssel zum «richtigen Verständnis» von Musik an die Hand gegeben werden (Horn in Schüler, 1996, S. 24). Ziel dieser Art von Analyse ist die objektivierte wissenschaftliche Erkenntnis über Wert oder Unwert der analysierten Musik.

Man darf jedoch nicht annehmen, daß Analysen eine Art reflexionsloser Wahrnehmung von Musik zum Ergebnis haben (Dahlhaus, 1985, S. 50). Selbst in der abendländischen Musik stehen Sachverhalte keineswegs ausschließlich «in den Noten» (ebenda, S. 44) und sind dadurch objektivierbar: Überlieferte Aufführungspraktiken machen die Musik in wesentlichen Bereichen zu einer teilschriftlichen Kultur (→ Musikstil und Interpretation).

Auch zur Musik anderer → Kulturbereiche der Welt ist durch eine Analyse nur ein begrenzter Zugang möglich: Oft werden Einzelbeispiele untersucht, die nicht nach schriftlich fixierten Vorlagen entstanden sind, sondern mündlich überliefert wurden. Außereuropäische Musik ist einer Analyse erst über die mediale Speicherung zugänglich geworden, wie der zeitliche Zusammenhang zwischen der Erfindung des Grammophons und der Entstehung der Vergleichenden Musikwissenschaft belegt (um 1900; → Entstehung des wissenschaftlichen Umgangs mit Musik).

Nach Gruber (1994, Sp. 579) ist Analyse ohne das Wertungsspektrum einer Musikästhetik nicht möglich. Der Umgang mit außereuropäischen Musikkulturen zeigt jedoch, daß Analyse und Wertediskussion nicht voneinander abhängig sein dürfen. Es stellt sich die Frage, wie Analysen ihrem Untersuchungsgegenstand angemessen durchgeführt werden können. Analysen decken oft Dinge auf, die weder den Musikern noch den Komponisten jemals aufgefallen sind – sie wirken konstruiert. Nach Dahlhaus (1980, S. 215) hören sie dadurch nicht auf, Tatsache zu sein. Ein zentrales Problem analytischen Vorgehens wird jedoch immer bleiben, zwischen sinnvollen und sinnwidrigen Konstruktionen in der Analyse zu unterscheiden (ebenda, S. 226).

Aus der engen Beziehung zwischen Musik, den mit ihr verbundenen Künsten und ihrem Verwendungszusammenhang (Musikverhältnisse; Rienäcker, 1984) zeigt sich deutlich, daß das Arbeitsgebiet der Analyse nicht auf ein Zergliedern von Werken und eine Betrachtung der Komponenten beschränkt werden kann. Musikalische Analyse bedarf der Verbindung zu anderen Wissenschaftsdisziplinen, deren Methoden sie sich je nach Zielsetzung bedienen muß.

2. Analyse und Hermeneutik

Die Hermeneutik bildet als Kunst der Deutung von Zusammenhängen einen Gegenpol zur zergliedernden Analyse (→ Philosophische und ästhetische Annäherung an die Musik). Scheinbar besteht ein Gegensatz zwischen Analyse und Hermeneutik – hier spiegelt sich der Streit zwischen den Formalisten und den Inhaltsästhetikern des 19. Jahrhunderts wider (Hanslick, 1854). Die Diskussion entzündete sich ursprünglich an der Frage, ob man Beethovens Musik eher durch ein Verständnis von Struktur und Formidee oder durch die Entdeckung eines inhärenten Programms gerecht würde (vgl. Dahlhaus, 1980, S. 9).

Gerade der Hauptprotagonist der Inhaltsästhetik, E. T. A. Hoffmann, zeigt jedoch in seiner berühmten Kritik zur Uraufführung von Beethovens 5. Sinfonie (Allgemeine musikalische Zeitung 1810), wie eng die Verknüpfung formaler Aspekte mit dem Ausdruck gesehen werden kann (dazu Dahlhaus, 1980, S. 74 ff). Ähnlich müssen auch die Kritiken von Robert Schumann in der «Neuen Zeitschrift für Musik» beurteilt werden: Über die Beschreibung der formalen Verknüpfung aller Teile miteinander gelangen die Kritiken zu einer Ausdrucks- und Charakterbeschreibung. Es ist also sinnvoll, schon hier von Analyse mittels hermeneutischer Methoden zu sprechen.

Hermann Erpf unterscheidet zusätzlich zwischen Ausdrucksanalyse (1949, Sp. 450) und Gehaltsanalyse (bei Arnold Schering; ebenda, Sp. 453), die über den Ausdruck hinaus eine poetische Idee in den Kompositionen sucht. Hier wird die Grenze zwischen Analyse und rein «sprachlich-gedanklichem Umgang mit Musik» (Horn in Schüler, 1996, S. 19) überschritten, so daß die Musik lediglich der Inspiration für eine andere Kunstgattung dient.

Im 20. Jahrhundert ist erkennbar, daß Musikkritiker immer in einer Kombination von Analyse und Hermeneutik vorgehen. Ganz besonders deutlich wird dies in den Aufführungskritiken von Joachim Kaiser (Süddeutsche Zeitung) oder den Kompositionskritiken von Hans Heinz Stukkenschmidt (Frankfurter Allgemeine Zeitung), bei denen Strukturmerkmale als Bedingungsvariablen für musikalischen Ausdruck angeführt werden (dazu auch Bruhn, 1984).

3. Musiktheorie und Analyse

Mit dem Erstarken der Formalästhetik ab Mitte des 19. Jahrhunderts wurde musikalische Analyse zunehmend mit den Methoden der Musiktheorie durchgeführt. Im 20. Jahrhundert ist die Beziehung zwischen Musiktheorie und Analyse bereits so eng geworden, daß Gernot Gruber (1994, Sp. 579) beide als verwandte Disziplinen ansieht: Aus der zergliedernden Analyse wurden Bauprinzipien der Musik (Fuß, 1994) abgeleitet. In abstrahierter Form wurden diese Bauprinzipien wiederum zum Werkzeug der Analyse.

Für die harmonische Analyse sind die Theorien von Hugo Riemann bahnbrechend gewesen (→ Abendländische Kompositionslehre). Riemann sieht die harmonischen Abläufe als ein funktional zusammenhängendes Gefüge an, das sich vollständig auf die drei Hauptfunktionen Tonika (1. Stufe), Subdominante (4. Stufe) und Dominante (5. Stufe) zurückführen läßt. Alle Akkorde in einem tonal gebundenen Stück lassen sich seiner Ansicht nach als eine dieser Hauptfunktionen oder als Vertreterakkorde dieser Hauptfunktionen erklären (vgl. Riemann, 1893). Im wesentlichen wurde Riemanns Theorie von Wilhelm Maler (1937) wei-

terentwickelt. Diether de la Motte (1985) zeigte dann die Grenzen der
Riemannschen Logik auf, indem er sie auf die geschichtliche Entwicklung der abendländischen Musik bezog: In der Zeit vor 1700 ist die funktionale Harmonielehre höchstens in Ansätzen anwendbar; in Stilrichtungen nach Debussy läßt sie sich überhaupt nicht anwenden.

In seinem Lehrbuch zur musikalischen Analyse verdeutlicht de la
Motte (1968) an elf Musikbeispielen von Johann Sebastian Bach bis Alban Berg, daß man eine Analyse aus unterschiedlichem theoretischen
Blickwinkel durchführen kann. Noch umfassender ist das Lehrbuch von
Clemens Kühn (1993). Während de la Motte vom vollständigen Musikstück ausgeht, abstrahiert Kühn frühzeitig, geht von übergreifenden
strukturellen Prinzipien aus und versucht, Musik als zusammenhängendes System zu begreifen (Kühn, 1993, S. 19).

Als Sonderweg müssen die Arbeiten von Heinrich Schenker (1956) erwähnt werden. Schenker ging davon aus, daß man jede Komposition auf
eine sogenannten «Urlinie» zurückführen könne, die harmonisch aus
den Stationen Tonika – Dominante – Tonika bestehe. Ausgangsbasis seiner Überlegungen waren wahrscheinlich Quintfallsequenzen der Renaissance (vgl. de la Motte, 1985, S. 112 ff). Schenker schließt dabei die
Subdominante vollständig aus, obwohl in der harmoniebestimmten
abendländischen Musik ein tonales Zentrum (die Tonika) erst dann eindeutig bestimmt ist, wenn es von zwei Seiten her durch eine Quintbeziehung festgelegt worden ist – also durch Dominante *und* Subdominante
(Bruhn, 1988, S. 87 ff). Schenkers Theorien sind in den letzten Jahren in
Europa in den Hintergrund getreten. Die Übersetzung seiner Werke ins
Englische hat jedoch in den USA ein Welle von Veröffentlichungen hervorgerufen, da man glaubte, seine Theorie mit strukturalistischen psychologischen Theorien verbinden zu können (s. später).

Ebenfalls ungewöhnlich ist der Weg von Ernst Kurth. Seiner Ansicht
nach setzt sich Musik in einen Spannungsvorgang im Menschen um
(Kurth, 1917, S. 2), der von der erklingenden Melodie und Harmonie bestimmt wird. Musik wohnt eine gewisse Energie inne, die sich in der
Wahrnehmung durch den Menschen realisiert (im Überblick Rösler,
1997). Dieser theoretische Ansatz taugt anders als die anderen musiktheoretischen Konzepten nicht zur Zergliederung von Werken. Im Hintergrund von Kurths Theorie steht der phänomenologische Ansatz der
Gestaltpsychologie, die davon ausgeht, daß ein aus Einzelereignissen
(z. B. Tönen) zusammengesetztes Ganzes zusätzliche Eigenschaften er-

wirbt, die über die Summe der Einzelereignisse hinausgehen (vgl. Ehrenfels, 1960).

Die energetische Vorstellung von Musik war aus der Sicht traditioneller Musiktheoretiker schwer erklärbar. Kurth selbst faßte seine Gedanken 1931 unter dem Buchtitel «Musikpsychologie» zusammen. Als wichtiger Vertreter in seiner Nachfolge kann Assafjew (1976) gesehen werden. Bemerkenswert ist außerdem, daß der rumänische Dirigent Sergiu Celibidache (1912–1996) – inspiriert von Kurth – eine «Musikphänomenologie» entwarf und sie zur Grundlage seines Musizierens machte (Unterrichtstätigkeit an der Universität Mainz von 1977 bis 1996; s. Rösing & Bruhn in Bruhn, Oerter & Rösing, 1993, S. 25). Insgesamt ist die energetische Vorstellung von Musiktheorie in der zweiten Hälfte des 20. Jahrhunderts jedoch nicht weiterverfolgt worden (Danuser, 1986/87, S. 94).

Mit Beginn des 20. Jahrhunderts wird die musikalische Analyse vor neue Aufgaben gestellt, da die musiktheoretischen Systeme für Melodie, Harmonie und Form kaum noch anwendbar waren. Für den Bereich der harmonischen Analyse konnte Paul Hindemith (1937) noch ein Modell erstellen, das der Entwicklung der ersten Hälfte des 20. Jahrhunderts folgte. Für die Veränderungen nach 1950 waren jedoch völlig neue Zugangsweisen erforderlich. Meyer-Denkmann (1972) versuchte, die Analyse moderner Kunstmusik durch die Definition von drei Bereichen von Strukturprinzipien zu ermöglichen: *Klänge* (1) erhalten sehr elementare Funktionen und werden ohne musiktheoretische Ansprüche eingesetzt. Deren *strukturelle Organisation* (2) kann von vollständig mathematischer Determiniertheit bis hin zur reinen Zufälligkeit variieren. Die *formalen Proportionen* (3) sind oft wenig fixiert, so daß Meyer-Denkmann (1972, S. 51) von der Auflösung des tradierten Werkbegriffs spricht.

Zwangsläufig löst sich im 20. Jahrhundert die zergliedernde Analyse von den tradierten Systemen der Musiktheorie. Dahlhaus (1980, S. 77) stellt jedoch fest, daß die moderne Kunstmusik der Mitte des 20. Jahrhunderts ohne die Institution Analyse überhaupt nicht möglich gewesen wäre: Über mehrere Jahrzehnte hinweg hat sich eine Form von «Denkmusik» manifestiert, deren Gehalt ohne eine analytische Anleitung gar nicht hörbar wird (vgl. dazu Schnebel, 1972).

Auch populäre Musikstilrichtungen sind in den letzten Jahrzehnten musiktheoretisch orientierten Analysen unterworfen worden. Aus der Sicht von Kunstmusik-Experten führt dies zu vernichtenden Urteilen über die angeblich minderwertige Qualität von Pop und Rock oder zumindest zu herablassenden Bewertungen. Besonders abwegig sind die Analysen von Karlheinz Stockhausen zu sechs bekannten Krautrock-Stücken, die auf Intitiative der Feuilleton-Redaktion der «Zeit» zustande kamen und am 18. April 1997 veröffentlicht wurden. In den Analysen wird deutlich, daß musiktheoretisch orientierte Analyse diese Musik kaum zu erfassen vermag. Hier gilt es, Kriterien zu entwickeln, die populärer Musik angemessen sind (z.B. Rock: Middleton, 1990; Punk: Budde, 1997; Popmusik: Tagg, 1995.

4. Psychologie und Analyse

Die Psychologie ist in mehrerlei Weise mit der musikalischen Analyse verbunden. Wie bereits erwähnt, ist die Musikpsychologie von Ernst Kurth (1931) aus der Verbindung von Musikbetrachtung mit der phänomenologischen Methode entstanden. Kurt Huber (1923) leitete seine Schlußfolgerungen über die psychologische Wirkung von musikalischen Motiven interpretierend ab – er ging also hermeneutisch vor. Und der Philosophieprofessor und Mitbegründer der Musikpsychologie Carl Stumpf (1883/90) entwickelte Experimente, um der Struktur des Musikerlebens auf den Grund zu gehen.

In der zweiten Hälfte des 20. Jahrhunderts ist die Beziehung zwischen Analyse und Psychologie deutlich von den Fortschritten der Kognitiven Psychologie beeinflußt. Die Wirkung von Musik wird auf Verarbeitungsmechanismen des menschlichen Gehirns zurückgeführt (→ Psychophysiologie der Wirkung von Musik). Musik kann als Wahrnehmungsstruktur analog zur Sprache gesehen werden. Konzepte der Psycholinguistik (z.B. Chomsky, 1973) lassen sich auf die Periodengliederung von Musik anwenden. Amerikanische Musikpsychologen sahen hier eine Beziehung zu den Theorien von Heinrich Schenker (vgl. Beach, 1985). Psychologische Strukturmodelle bieten sich so als Erklärung für musikalische Phänomene an (im Überblick Stoffer in Bruhn, Oerter & Rösing, 1993, S. 466–478).

Aus Ähnlichkeitsbeurteilungen wird die Bedeutung von bestimmten Tonstufen und Akkorden innerhalb eines Musikstücks bestimmt (Krumhansl, 1990). In der Beurteilung von Melodieabschnitten kann man Rückschlüsse auf den Prototyp eines Motivs ziehen, das in modifizierten

Abwandlungen in einem sinfonischen Satz vorkommt (Kötter, 1992). Die Phrasengliederung von Melodie und Harmonie wird analog zur Struktur eines gesprochenen Satzes als hierarchisch gegliederter Zusammenhang dargestellt (Lerdahl & Jackendorff, 1983; Keiler, 1978). Der harmonische Ablauf von tonaler abendländischer Musik kann wie eine verbale Aussage mit propositionalen Relationen beschrieben werden (Bruhn, 1988).

Ebenso wie die Kognitive Musikpsychologie hat auch die musikalische Semiotik ihren Ursprung in den kommunikationstheoretischen Überlegungen der 50er Jahre (z. B. Moles, 1971). Ist den Kognitionspsychologen die Struktur einer Nachricht wichtig, so steht im Zentrum semiotischer Überlegungen die Beziehung zwischen Zeichen und Bedeutung in einem Kommunikationsvorgang (R. Schneider, 1980, S. 40 f). Wenn man annimmt, daß Musik aus einer Art von hörbaren Zeichen (signifiant) aufgebaut ist, so muß es auch eine Bedeutung für diese Zeichen (signifié) geben (R. Schneider, 1980, S. 124). Nach den aufsehenerregenden Arbeiten von Nattiez (1975) und Ruwet (1975) verstand man die musikalische Semiotik als eine Art von Gegenentwurf zur traditionellen historischen Musikwissenschaft – nach Ansicht von R. Schneider (1980, S. 241) jedoch fälschlicherweise.

5. Lebenswelt und Analyse

Wesentliche Variablen für die Analyse von Musik sind die Bedingungen, unter denen Musik entsteht und wahrgenommen wird. In der Erforschung außereuropäischer Musik ist das Bedingungsgefüge des kulturellen, sozialen und historischen Umfelds (Fuß, 1994) immer schon in die Analyse von Musik einbezogen worden. Bevor ein Musikstück auf seine akustische Struktur hin untersucht werden konnte (Blum in Myers, 1992, S. 165 ff), mußte geklärt werden, wann ein Musikstück gesungen oder gespielt wurde, wer daran teilnehmen durfte und welchen Zweck die Aufführung hatte. Musik hat nicht nur Einfluß auf soziale Systeme, sondern erweist sich als Ausdruck der gesamten Kultur (music as culture, Herndon & McLeod, 1981; → Musikkultur). Ein besonderes Problem ist die Tatsache, daß der Analysierende die Aufführung durch seine Anwesenheit möglicherweise beeinflußt (teilnehmende Beobachtung, Myers, 1992, S. 29 ff).

Bei der Analyse abendländischer Musik wird im allgemeinen eher am Rande vermerkt, von wem und in welchem Zusammenhang die jeweilige Musik gemacht wurde. Das hängt sicher damit zusammen, daß Musikstücke in unserem Jahrhundert meist mehreren Zwecken dienen und somit den Lebenszusammenhängen nicht eindeutig zugeordnet werden können (→Zweckbestimmung von Musik).

Kulturelle Praktiken und Verhaltensmuster werden bezeichnenderweise erst bei der afroamerikanisch beeinflußten populären Musik in die Analyse von Musik und Musikstilen einbezogen (vgl. Wallis & Malm, 1984, S. 21). Dies ist vermutlich aus den zunehmend wichtiger werdenden →ökonomischen Aspekten der Musikvermittlung zu erklären.

. Aus dem Bedürfnis der Musikwirtschaft, Marktchancen zu kalkulieren, und dem Bestreben der Massenmedien Rundfunk und Fernsehen, Publikumsschichten gezielt zu erreichen, hat sich der Zweig der Präferenzforschung entwickelt (→Musikalische Lebenswelten). Musikalische Konventionen stehen mit allgemeinen Lebensnormen (general codes) und sozialen Gewohnheiten sowie mit Musiktechniken und Musikstilen in Verbindung (vgl. Stefani, 1987). David Brackett (1995, S. 31) zeigt anhand von Popstücken auf, daß die Analyse von Aspekten des Urhebers, von der Beziehung Text-Kontext, von den musikalischen Normen und vom Publikum abhängig ist. Für jeden Musikstil ist eine andere Art von Analyse notwendig. Die Beispiele von Brackett stammen aus den Stilrichtungen Big-Band-Jazz, Country, Rock und Punk.

6. Mathematisch-naturwissenschaftliche Methoden

Genaugenommen ist bereits jedes Auszählen von Takten, Notenwerten und Teilabschnitten von Musikstücken mathematisch-naturwissenschaftlich. Eindeutig naturwissenschaftlich sind jedoch Frequenzmessungen, die schon im ersten psychologischen Laboratorium 1879 in Leipzig von Wilhelm Wundt durchgeführt wurden. Sie wurden frühzeitig verwendet, um die Systeme der Tonarten zu untersuchen. Mit der Weiterentwicklung der naturwissenschaftlichen Analysemethoden versuchte man in der Ethnomusikologie (Vergleichenden Musikwissenschaft) und der Psychologie, →Universalien der menschlichen Wahrnehmung auf die Spur kommen zu können. Die physikalisch-akustischen Analysemethoden sind in den 90er Jahren zu hoher Perfektion geführt worden. Mittlerweile ist man nicht nur in der Lage, in einer Echtzeitanalyse das vollständige Spektrum eines musikalischen Klangs auf einen Bildschirm zu projizieren (Sonagramm; s. Deutsch & Noll, 1993). Verschiedene Programme (z.B. VIOLA; s. Pinter, 1994) ermöglichen es sogar, eine Art von Notation der Grundtonhöhe vorzunehmen.

Diese elektronischen Werkzeuge werden nicht nur in der Musikethnologie eingesetzt (dazu Födermayr & Deutsch, 1994). Sie sind auch wertvolle Hilfsmittel beim Vergleich von theoretischen und ästhetischen Normen mit der musikalischen Wirklichkeit in der abendländischen Musik. Bemerkenswert ist z.B. das Phänomen der Klangbreite: Selbst Berufsmusiker produzieren und akzeptieren große Abweichungen von der physikalisch sauberen Intonation von Intervallen (A. Schneider, 1994). Die Wahrnehmung orientiert sich offensichtlich an Kategorien von Tonstufen, die zwar trennscharf, aber ziemlich breit sind.

Problematisch wird der Einsatz naturwissenschaftlicher Methoden, wenn allzu leichtfertig eine Analogie zwischen den physikalischen und den psychologischen Erscheinungen angenommen wird. Aus der Berechnung von Übergangswahrscheinlichkeiten von einer Tonstufe zu einer anderen (z.B. Simonton, 1984) können keine Erwartungswahrscheinlichkeiten abgeleitet werden, da das statistische Maß der Entropie den Voraussetzungen der menschlichen Wahrnehmung nicht Rechnung trägt (im Überblick Motte-Haber, 1972, S. 90–102). Besonders waghalsig ist es, daraus eine ästhetische Theorie der emotionalen Wirkung von Musik ableiten zu wollen (Meyer, 1956). Auch wenn die Abweichungen der Länge eines musikalisches Pulses von einem Mittelwert gemessen werden (Gabrielsson, 1988), ist nicht direkt ein Rückschluß auf Prinzipien musikalischer Interpretation möglich. Die Regeln physikalischer Phänomene bilden sich zwar in der psychischen Weiterverarbeitung ab. Die Welt der psychischen Logik bildet jedoch mathematisch-naturwissenschaftliche Logik keineswegs isomorph ab (Bruhn, 1989, S. 234).

Wie bedeutsam die psychische Welt auf die Wahrnehmung der physikalischen Welt einwirkt, kann man daran erkennen, daß bestimmte Arten von Musik die Zeit scheinbar langsamer, andere schneller vergehen lassen (Kellaris & Kent, 1992). Soll man sich dagegen die Länge von Musikstücken anhand einer Notenvorlage vorstellen, so sind die geschätzten Zeiten meist viel kürzer als die real erklingenden Musikstücke (Rötter, 1992).

Noch heikler wird die Analyse von Musik auf der Grundlage von Theorien, die als pseudonaturwissenschaftlich angesehen werden müssen. So geistert durch die Vorstellung ausübender Musiker immer wieder die Annahme, daß die Länge von Aufbau und Abbau der Spannung in einem Musikstück sich nach dem Verhältnis des Goldenen Schnitts vollzieht. Ebenfalls pseudonaturwissenschaftlich gehen die Vertreter der harmonikalen Grundlagenforschung vor, die harmonische Beziehungen aus physikalischen Grundgesetzmäßigkeiten ableiten (Kayser, 1946; Haase, 1968). Wie will man eine Brücke zwischen Dur-Moll-Tonalität und Platons Sphärenmusik schlagen, wenn die Musiksysteme der Welt noch nicht einmal auf der pythagoreischen Naturtonreihe beruhen (Barkowski, 1996; → Universalien der Musik).

7. Zusammenfassung

Es zeigt sich, daß die Analyse von Musik eine abendländische Besonderheit ist. Obwohl die meisten Musikkulturen eine mehr oder weniger genaue Form der Musiktheorie entwickelt haben, wurde diese Theorie nie zur Zergliederung bereits geschaffener Werke verwendet. Wie im abendländischen Mittelalter dient die Theorie andernorts ausschließlich der Synthese neuer Werke.

Zu Beginn des 20. Jahrhunderts ist die abendländische Form der musikalischen Analyse auf außereuropäische Kulturen übertragen worden. So war es in der Anfangszeit der ethnomusikologischen Forschung üblich, Analysekriterien der europäischen Musiktheorie bei außereuropäischer Musik zu verwenden. Das hat zu deutlichen Wahrnehmungsverfälschungen geführt und mußte korrigiert werden. Heute gilt selbst die Transkription von nichtschriftlicher außereuropäischer Musik bei der Annäherung an eine Analyse als problematisch und verfälschend.

In der abendländischen Musik ist Analyse im 20. Jahrhundert häufig zu einer Art Sucht geworden (Dahlhaus, 1985, S. 14). Ursprünglich dem Wunsch entsprechend, durch Beschreibungen ein größeres Verständnis für ein Musikstück zu erreichen, muß Analyse sich jetzt den Vorwurf gefallen lassen, die Erlebnisfähigkeit für Musik zu beeinträchtigen und Emotionalität zu zerstören.

Der hohe Anteil von Werkanalysen in den musikwissenschaftlichen

Publikationen zeigt zudem, daß die Gefahr besteht, die spezielle Form einer abstrakten Kunstfertigkeit (l'art pour l'art) zu fördern und dadurch die Bedeutung musikwissenschaftlicher Forschung zu schmälern.

Literatur

Assafjew, B. (1976). *Die musikalische Form als Prozess*. Berlin: Neue Musik.

Barkowski, J. (1996). *Anleitung zur Berechnung von Intervallen in einigen musikalischen Stimmungssystemen* (Forschungsbericht Nr. 5). Hochschule für Musik und Theater, Hannover: Institut für Musikpädagogische Forschung.

Beach, D. (1985). The current state of Schenkerian research. *Acta Musicologica*, 57, 275–307.

Brackett, D. (1995). *Interpreting popular music*. Cambridge: Cambridge University Press.

Braun, W. (1981). *Die Musik des 17. Jahrhunderts* (Neues Handbuch der Musikwissenschaft Bd. 4.) Laaber: Laaber.

Bronfenbrenner, U. (1977). Toward an experimental ecology of human development. *American Psychologist*, 32, 513–531.

Bruhn, H. (1984). Musikkritik und Leserpsychologie – Schreiben Musikkritiker zu kompliziert? *Das Orchester*, 32, I: 727–733; II: 850–855.

Bruhn, H. (1988). *Harmonielehre als Grammatik der Musik – Propositionale Schemata in Musik und Sprache*. München / Weinheim: Psychologie Verlags Union.

Bruhn, H. (1989). Wahrnehmung von dur-moll-tonalen Beziehungen zwischen Akkorden – Zur Relevanz einer Harmonielehre-Didaktik. *Jahrbuch des Arbeitskreises Musikpädagogische Forschung AMPF*, Bd. 9 (S. 229–242). Laaber: Laaber.

Bruhn, H., Oerter, R. & Rösing, H. (Hg.) (1993). *Musikpsychologie. Ein Handbuch*. Reinbek: Rowohlt (3. Aufl. 1997).

Budde, D. (1997). *Take three chords ... Punkrock und die Entwicklung zum amerikanischen Hardcore*. Karben: CODA.

Chomsky, N. (1973). *Aspekte der Syntax-Theorie* (2. Aufl.). Frankfurt / M.: Suhrkamp (Orig. 1969).

Dahlhaus, C. (1980). *Die Musik des 19. Jahrhunderts*. (Neues Handbuch der Musikwissenschaft Bd. 6). Laaber: Laaber.

Dahlhaus, C. (Hg.) (1985). *Die Musik des 18. Jahrhunderts*. (Neues Handbuch der Musikwissenschaft Bd. 5). Laaber: Laaber.

Danuser, H. (1986 / 87). «Energie» als musiktheoretische Kategorie bei Ernst Kurth und Borsi Assafjew. Sonderheft Gedenkschrift Ernst Kurth 1886–1946. *Schweizer Jahrbuch für Musikwissenschaft*, 6 / 7, 71–94.

Deutsch, W. A. & Noll, A. (1993). *S_TOOLS. Integrated workstation for acoustics, speech, and signal processing. Version 5*. Wien: Österreichische Gesellschaft der Wissenschaften, Kommission für Schallforschung.

Ehrenfels, C. v. (1960). Über «Gestaltqualitäten» (Nachdruck des Aufsatzes von

1890). In Weinhandl, F. (Hg.), *Gestalthaftes Sehen* (S. 11–43). Darmstadt: Wissenschaftliche Buchgesellschaft.

Erpf, H. (1949). Analyse. In Blume, F. (Hg.), *MGG Die Musik in Geschichte und Gegenwart*, Bd. 1 (Sp. 499–454). Kassel: Bärenreiter.

Födermayr, F. & Deutsch, W. A. (1994). Analytische Grundlagen zu einer Typologie des Jodelns. *Systematische Musikwissenschaft, 2* (2), 255–272.

Fuß, H. U. (1994). Analyse. In Helm, S., Schneider, R. & Weber, R. (Hg.), *Neues Lexikon der Musikpädagogik*. Sachteil (S. 10–14). Kassel: Bosse.

Gabrielsson, A. (1988). Timing in music performance and its relations to music performance. In Sloboda, J. A. (Hg.), *Generative processes in music* (S. 27–51). Oxford: Claredon.

Gruber, G. (1994). Analyse. In Finscher, L. (Hg.), *MGG Die Musik in Geschichte und Gegenwart*. Sachteil Bd. 1 (Sp. 577–591). Stuttgart / Kassel: Metzler / Bärenreiter.

Haase, R. (1968). *Beiträge zur harmonikalen Grundlagenforschung*. Wien: Lafite.

Hanslick, E. (1854). *Vom Musikalisch-Schönen. Ein Beitrag zur Revision der Ästhetik der Tonkunst*. Leipzig: Weigel (Nachdruck Darmstadt 1981: Wissenschaftliche Buchgesellschaft).

Helms, S. & Hopf, H. (Hg.) (1986). *Werkanalyse in Beispielen*. Regensburg: Bosse.

Herndon, M. & McLeod, N. (1981). *Music as culture*. Darby: Norwood Editions.

Hindemith, P. (1937). *Unterweisung im Tonsatz I (Theoretischer Teil)*. Mainz: Schott.

Huber, K. (1923). *Der Ausdruck musikalischer Elementarmotive. Eine experimentalpsychologische Untersuchung*. Leipzig: Barth.

Kayser, H. (1946). *Vom Klang der Welt. Ein Vortragszyklus zur Einführung in die Harmonik*. Zürich: Occidentverlag.

Keiler, A. R. (1978). Bernstein's «The unanswered question» and the problem of musical competence. *Musical Quarterly, 64*, 195–222.

Kellaris, J. J. & Kent, R. J. (1992). The influence of music on consumers' temporal perceptions. Goes time fly when you're having fun? *Journal of Consumer Psychology, 1* (4), 365–376.

Kötter, E. (1992). Zur Prototypenbildung bei der Abstrahierung melodischen Materials. *Jahrbuch Musikpsychologie, 9*, 55–64.

Krumhansl, C. L. (1990). *Cognitive foundations of musical pitch* (Oxford Psychology Series No. 17). New York: Oxford University Press.

Kühn, C. (1993). *Analyse lernen*. Kassel: Bärenreiter.

Kurth, E. (1917). *Grundlagen des linearen Kontrapunkts. Bachs melodische Polyphonie*. Berlin (Nachdruck 1977 Hildesheim: Olms).

Kurth, E. (1931). *Musikpsychologie*. Berlin: Hesse (Nachdruck Bern: Krompholz 1947).

Lerdahl, F. & Jackendoff, R. (1983). *A generative theory of tonal music*. Cambridge MA: MIT Press.

Maler, W. (1937). *Beitrag zur durmolltonalen Harmonielehre.* Bd. I. München: Leuckart.

Meyer, L. B. (1956). *Emotion and meaning in music.* Chicago: University of Chicago Press.

Meyer-Denkmann, G. (1972). *Struktur und Praxis Neuer Musik im Unterricht.* Wien: Universal Edition.

Middleton, R. (1990). *Studying popular music.* Buckingham / Bristol: Open University Press.

Moles, A. (1971). *Kunst & Computer.* Düsseldorf: DuMont (Orig. 1958).

Motte, D. de la (1968). *Musikalische Analyse. Text- und Notenteil.* Kassel: Bärenreiter.

Motte, D. de la (1985). *Harmonielehre* (1. Aufl. 1976). München / Kassel: dtv / Bärenreiter.

Motte-Haber, H. de la (1972). *Musikpsychologie.* Köln: Gerig.

Myers, H. (Hg.) (1992). *Ethnomusicology. Bd. 1: An introduction.* New York: Norton.

Nattiez, J. J. (1975). *Fondements d'une semiologie de la musique.* Paris: Union Generale d'Edition.

Pinter, I. (1994). Transcription versus sound spectroscopy in analyzing folk music performance. *Systematische Musikwissenschaft, 2* (2), 333–346.

Riemann, H. (1893). *Vereinfachte Harmonielehre oder: Die Lehre von den tonalen Funktionen der Akkorde.* London: Augener & Co.

Rienäcker, G. (1984). Zur Frage der Musikverhältnisse. *Beiträge zur Musikwissenschaft, 26,* 52–55.

Rösler, H.-P. (1997). *Die Musiktheorie von Ernst Kurth und ihr psychologischer Hintergrund.* Universität Hamburg: Musikwissenschaftliches Institut (Diss. phil., mschr.)

Rötter, G. (1992). Zeitwahrnehmung bei Musikern. *Jahrbuch Musikpsychologie, 9,* 97–104.

Ruwet, N. (1975). Théorie et méthode dans les études musicales: Quelques remarques retrospectives et préliminaires. *Musique en Jue, 17,* 11–36.

Schenker, H. (1956). *Der freie Satz* (2. Aufl.). Wien: Universal Edition (Orig. 1935).

Schnebel, D. (1972). *Denkbare Musik* (hg. von Hans Rudolf Zeller). Köln: DuMont Schauberg.

Schneider, A. (1994). Tone systems, intonation, aesthetic experience: Theoretical norms and empirical findings. *Systematische Musikwissenschaft, 2* (2), 221–254.

Schneider, R. (1980). *Semiotik der Musik. Darstellung und Kritik.* München: Finck.

Schüler, N. (Hg.) (1996). *Zum Problem und zu Methoden von Musikanalysen.* Hamburg: von Bockel.

Simonton, D. K. (1984). Melodic structure and note transition probabilities. A content analysis of 15618 classical themes. *Psychology of Music, 12,* 3–16.

Simonton, D. K. (1994). Computer content analysis of melodic structure: Classical composers and their compositions. *Psychology of Music, 22,* 31–43.

Stefani, G. (1987). Melody: A popular perspective. *Popular Music, 6* (1), 21–35.

Stumpf, C. (1883 / 90). *Tonpsychologie,* 2 Bde. Leipzig: Hirzel.

Tagg, P. (1995). Beitrag zur Typologie des musikalischen Zeichens. In Heuger, M. & Prell, M. (Hg.), *Popmusik, yesterday – today – tomorrow* (S. 35–46). Regensburg: Con Brio.

Wallis, R. & Malm, K. (1984). *Big sounds from small peoples. The music industry of small countries.* London: Constable.

VI
Musik entdecken

Franz Födermayr
Kulturbereiche der Welt

1. Vorbemerkung

Dieses Kapitel setzt sich zum Ziel, einen Überblick über die geographischen Großräume zu geben, in welchen die Musikwissenschaft bisher tätig war und sich auch fernerhin mit einer Fülle von Aufgaben konfrontiert sieht. Danach werden ausgewählte Kulturräume etwas detaillierter besprochen, um exemplarisch die Arbeit der Ethnomusikologie zu vertiefen.

Die Art der Darstellung in diesem Beitrag soll darauf hinweisen, daß für das Verständnis von Musik, auch jener, deren Erforschung in die Zuständigkeit der Ethnomusikologie fällt (Nettl, 1983; Myers, 1992, 1993), eine historische Sichtweise unverzichtbar ist. Kulturelle Verhältnisse, wie wir sie in der Gegenwart antreffen, sind immer das Ergebnis einer historischen Entwicklung. Um das Bewußtsein für die Bedeutung einer solchen Grundeinstellung auch auf dem Gebiete der Ethnomusikologie zu wecken, werden Forschungsergebnisse der Prähistorie, Linguistik und Ethnohistorie herangezogen.

Der Versuch, geographische Großräume zu benennen, mag als erster Schritt für eine Orientierung geeignet sein (Abb. 1). Er reicht aber bei weitem nicht aus, sich wirklich zurechtzufinden. Eine geeignete Maßnahme, um die Fülle des Wissens über die Musikkulturen der Erde einigermaßen überblickbar zu machen, ist die Zuordnung der musikalischen Erscheinungen zu vier Bereichen: tribale Musik, Volksmusik, Kunstmusik, populäre Musik. Man sollte sich aber darüber im klaren sein, daß diese Ausdrücke lediglich Etiketten für verschiedene Bereiche der Musik sind, die sich weder eindeutig voneinander abgrenzen noch eindeutig definieren lassen und bislang auch nicht eindeutig definiert wurden. Dies schon deshalb, weil das Spektrum der Musik unserer Erde zu vielfältig und zu breit ist, als daß es eindeutig kategorisiert werden könnte (vgl. Brandl & Rösing, 1993, S. 57 ff). Insbesondere gibt es breite Übergangs- und Berührungszonen, die die Erarbeitung exakter Definitionen erschweren (für eine Orientierung s. Födermayr, 1985).

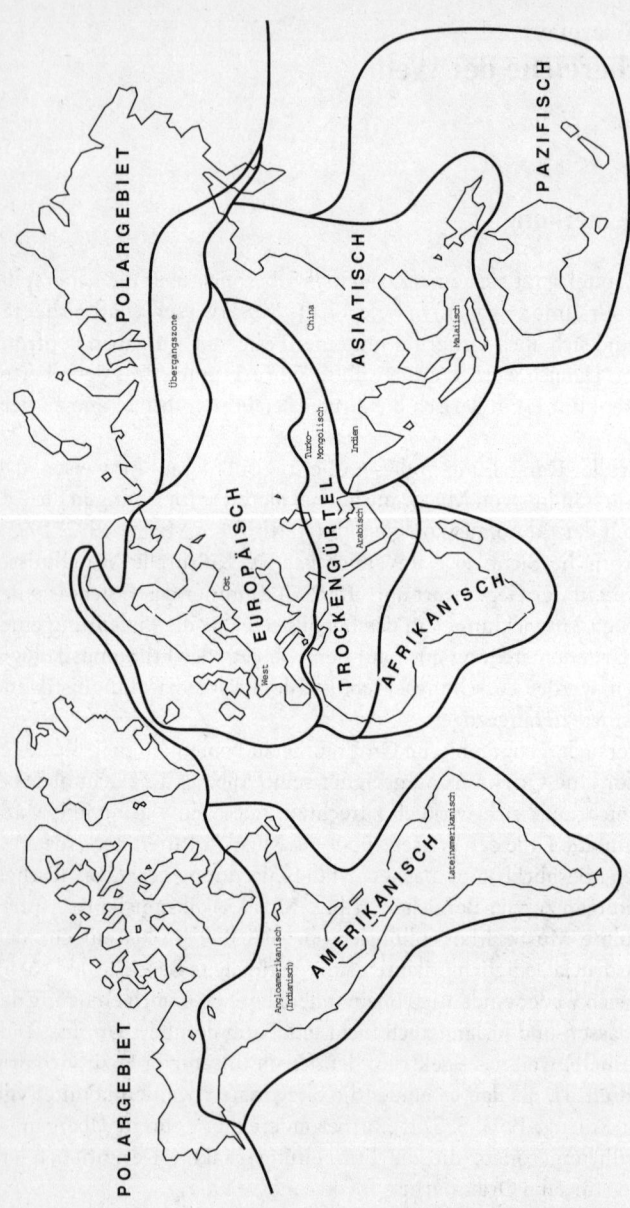

Abbildung 1: Überblick über die Kulturräume der Welt (nach Reck, 1991, S. 14 und 15)

2. Europa

Es ist nicht verwunderlich, daß sich der Großteil der musikwissenschaftlichen Literatur auf die europäische Kunstmusik bezieht. Schließlich hat die Musikwissenschaft ihren Ursprung in Europa (→Entstehung des wissenschaftlichen Umgangs mit Musik). Neben der Erarbeitung einer Fülle von Einzeldaten wurde immer wieder versucht, die großen Zusammenhänge herauszuarbeiten, Entwicklungslinien abendländischer Musik nachzuzeichnen (s. z.B. Fellerer, 1966; Eggebrecht, 1991) und das Wesen und die Besonderheit europäischer Musik zu klären. Zweifellos sind die in Europa zu voller Höhe entwickelte Mehrstimmigkeit (→Abendländische Kompositionslehre) und die Verbindung des Kompositionsprozesses mit einer musikalischen Notation die beiden wichtigsten Faktoren der europäischen Musikentwicklung (→Verschriftlichung von Musik).

Mehrstimmigkeit ist auch für viele Bereiche der europäischen Volksmusik kennzeichnend (s. Elscheková, 1996). Wenn diese zweifellos auch der Kunstmusik vieles verdankt, so steht doch außer Frage, daß es eine Volksmehrstimmigkeit schon vor der artifiziellen Mehrstimmigkeit in Europa gab und daß diese ihren «Erfahrungshintergrund» bildete (Eggebrecht, 1991, S. 18; →Überlieferte Musik).

Grundsätzlich ist zwischen traditioneller und neuer Volksmusik zu unterscheiden. Als tradierte Volksmusik bezeichnet man die aus dem 18./19. ins 20. Jahrhundert überlieferte Musik der ländlichen Bevölkerung wie auch verschiedener städtischer Berufsgruppen. Sie bildete innerhalb der genannten Gruppen einen unmittelbaren Teil des Lebens, war also mit täglichen Verrichtungen und dem Leben der jeweiligen Gruppe eng verbunden. Schon im 19., verstärkt aber im 20. Jahrhundert löste sich diese Musik aufgrund sozioökonomischer Veränderungen immer mehr von ihren ursprünglichen Anlässen (→Zweckbestimmung von Musik). Sie wird heute im Rahmen von Singbewegungen, Volksmusikpflege und Revivals in einem sogenannten «Zweiten Dasein» (Wiora, 1958) aufgeführt – vielfach nach notierter Vorlage und in veränderter Erscheinungsform.

Während neuer europäischer Volksmusik eine gewisse Internationalität eigen ist, unterscheiden sich die traditionellen Stile je nach Region sehr stark voneinander. Hier sind vor allem die Traditionen Zentraleuropas, Britanniens und Irlands, Fenno-Skandinaviens, Osteuropas und der

Balkanhalbinsel sowie der romanischen Länder zu nennen (Stockmann, 1991). Die verbreitetsten Aufführungsanlässe sind die Stationen im Jahres- und Lebenszyklus, Arbeit, Epik und andere Arten erzählender Gesänge, Tanz und Spiel.

3. Der Nahe und Mittlere Osten

Der Zeitraum, in den die musikbezogenen Quellen dieses Raums fallen, umfaßt sechs Jahrtausende, wobei – vom Eintritt des Orients in das industrielle Zeitalter abgesehen – Aufkommen und Verbreitung des Islam auch für die Musik das einschneidendste Ereignis darstellt (→ Die Türkei als Beispiel für islamische Musikkultur). Von einigen Belegen aus neolithischer Zeit abgesehen, stammen die ersten Zeugnisse musikalischer Betätigung aus diesem Teil der Erde von den frühen Hochkulturen, die sich im mesopotamischen Raum einschließlich Syrien/Palästina aus dem Aufeinandertreffen und der Vermischung hauptsächlich semitischer, aber auch nichtsemitischer Völkerschaften und Kulturen herausgebildet haben (s. Abb. 2).

Auch das pharaonische Ägypten ist hier anzuführen, da es, obwohl Teil des afrikanischen Kontinents, schon damals politisch mehr zum Nahen Osten tendierte und diesem auch in gegenseitigem kulturellen Austausch eng verbunden war (Hickmann, 1961).

Bildliche Darstellungen und Bodenfunde erlauben die Rekonstruktion der Entwicklungsgeschichte verschiedener Arten von Musikinstrumenten wie Harfen, Leiern, Lauteninstrumenten, Flöten und Rohrblattinstrumenten, Trommeln, Rasseln und anderen Idiophonen. Sie lassen, unterstützt von Schriftdenkmälern, ein reges Musikleben erahnen, das – zum Teil getragen von einem professionellen und ständisch organisierten Berufsmusikertum – mit der theokratischen Staatsform eng verbunden war, aber auch andere Bereiche des Lebens umfaßte (Draffkorn-Kilmer & Lawergreen, 1997). Keilschrifttexte aus der Mitte des 2. Jahrtausends v. Chr., darunter auch solche, die mit großer Wahrscheinlichkeit Musiknotationen enthalten, lassen die Annahme zu, daß zumindest der altmesopotamischen Musik eine diatonische siebenstufige Tonleiter in pythagoreischer Stimmung zugrunde lag (s. Vitale, 1982).

Auf der Basis vorislamischer Traditionen der arabischen Halbinsel entsteht zwischen dem 7. und 13. Jahrhundert aus der Konfrontation und

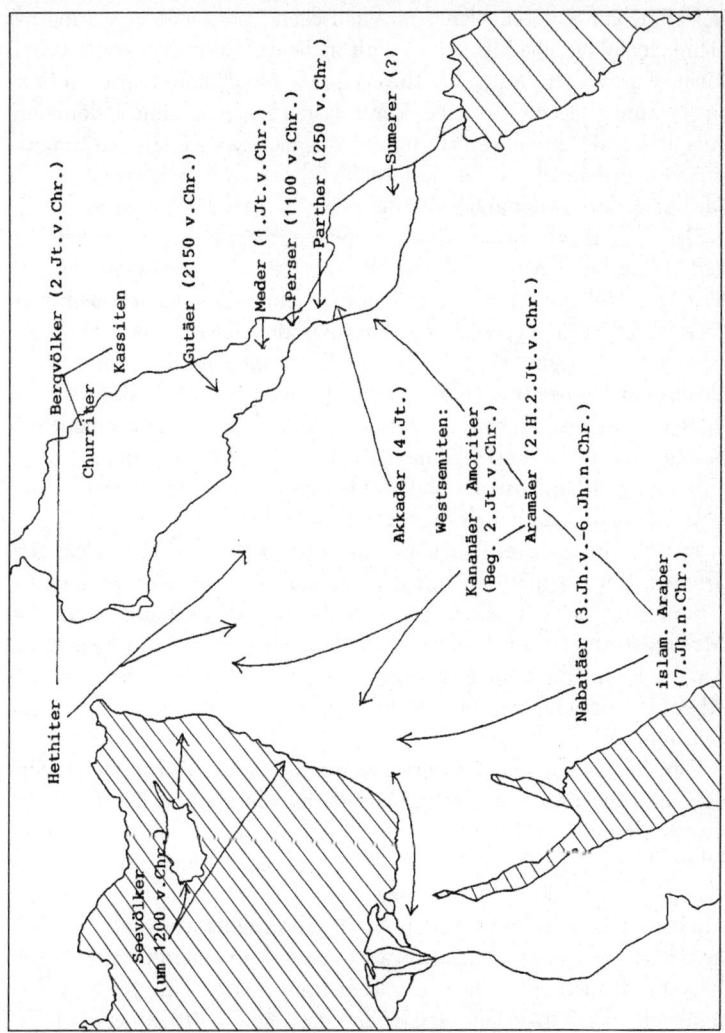

Abbildung 2: Kulturen des alten Nahen Ostens (eigene Zusammenfassung)

Verschmelzung verschiedener musikalischer Traditionen eine zunächst ziemlich einheitliche Mischmusikkultur, die weit über den Nahen Osten hinauswirkt: nach Westen bis Europa und tief in den afrikanischen Kontinent hinein, nach Osten über Zentralasien bis Indien und Indonesien. Aus dieser Mischmusikkultur heben sich nach einer Phase der Stagnation erst ab dem 19. Jahrhundert drei deutlich unterscheidbare nationale Musikdialekte ab: der arabische, der persische und der türkische.

Das Hauptkennzeichen dieser ursprünglich mit dem höfischen Lebensstil verbundenen Mischmusikkultur, die schon zwischen 750 und 850 ihren Höhepunkt erreichte, liegt in einem auch von der Musiktheorie erfaßten System geregelter → Improvisation, die einer musikalischen Idee erst im Zeitpunkt der Aufführung konkrete Gestalt verleiht. Diese ist mit einem spezifischen Kolorit verbunden, das sich in der Verwendung von für das europäische Ohr ungewohnten Intervallen, einem spezifischen Stimmklang (Födermayr, 1971, S. 122–139) und einer reichen, auf feinen Klangfarben- und Tonhöhenschattierungen basierenden vokalen und instrumentalen Ornamentik äußert.

Für die Musik dieses Raums gilt zwar die Gleichung Musik = Gesang. Trotzdem aber wurde im Laufe der Zeit eine eigenständige virtuose Instrumentalmusik entwickelt. Besonders wichtig im reich differenzierten Musikinstrumentarium sind die Saiteninstrumente, von denen die Knickhalslaute durch ihre Spanbauweise dem mittelalterlichen europäischen Instrumentenbau wesentliche Impulse gegeben haben dürfte (Turnbull, 1977).

Der Zusammenhang mit vorislamischen Traditionen läßt sich besonders am Musikinstrumentarium zeigen, hier speziell bei den Blas- und Trommelinstrumenten. So war die Flöte nay (ney) schon im pharaonischen Alten Reich bekannt. Für die neuzeitliche Musikpraxis können charakteristische Trommelformen wie die Becher- und Rahmentrommel seit dem 3. Jahrtausend v. Chr. in ununterbrochener Verwendung nachgewiesen werden. Die Musik verwirklicht sich in einem breiten Repertoire musikalischer Formen. Der Kunstmusik steht eine reiche tribale und Volksmusiktradition gegenüber, deren «außerordentliche Vielfalt musikalischer Idiome und poetisch-musikalischer Gattungen eine große ethnische, religiöse und ökonomische Verschiedenartigkeit reflektiert» (Shiloah, 1994, Sp. 758).

Im Zusammenhang mit dem politischen Bestreben, den Anschluß an die Industrienationen zu finden, machte sich ab dem 19. Jahrhundert

auch auf dem Gebiet der Musik europäischer Einfluß geltend, der sich –
in den einzelnen Ländern in unterschiedlichem Maße – in zum Teil tiefgreifenden Änderungen von Musik und Musikleben äußert (→Die
Türkei als Beispiel für islamische Musikkultur).

4. Der Ferne Osten

Wie in anderen Erdteilen sind auch für den Fernen Osten mehrere
Bereiche der Musik zu unterscheiden: tribale Musik; die traditionelle
Musik der fernöstlichen Hochkulturen – also die Kunstmusik Chinas,
Tibets, Koreas, Japans; die Volksmusik im Verbund dieser Hochkulturen;
Musik europäischer Provenienz und die internationale Popmusik.

China

Die älteste Hochkultur in diesem Raum ist China, das zu verschiedenen
Zeiten seiner Geschichte ein kräftiges Ausstrahlungszentrum war, indem es die Musik Koreas und Japans, Tibets und Südostasiens zum Teil
sehr stark beeinflußte. Umgekehrt hat die musikalische Hochkultur Chinas Musikelemente von außen aufgenommen, insbesondere aus dem
zentralasiatischen Westen und von den Mongolen. Auch Kontakte mit
den altmesopotamischen Hochkulturen sind nicht auszuschließen, und
die chinesische Hochkultur hatte zu allen Zeiten Beziehungen zur Volksmusik bzw. tribalen Musik ihres Reiches.

Über die weiteren Entwicklungsstadien der chinesischen Musik gibt
der Artikel → Ferner Osten am Beispiel Chinas Auskunft.

Korea

Die Musik Koreas ist einerseits der chinesischen stark verpflichtet und
hat andererseits zur Musik Japans wichtige Beiträge geleistet. Schon für
die älteste Periode der koreanischen Geschichte, die Periode der Drei Kö-
nigreiche (37 v. Chr. – 668 n. Chr.), läßt sich dies nachweisen (Pratt, 1987,
S. 23–31; Burde, 1985, S. 47 ff). In der Silla-Periode (668–935) kam es
zu einer Verschmelzung der drei koreanischen Musiktraditionen und zur
Übernahme sowohl der religiösen buddhistischen als auch der profanen
Musik der Tang-Zeit (s. Oesch, 1984, S. 37 f). In der Koryo-Zeit
(925–1392) wurde die konfuzianische Tempelmusik der Sung-Dynastie
und die bürgerliche Musikform ci (Gesänge über eine bestimmte

Gedichtform) dem koreanischen Repertoire hinzugefügt. Während der 2. Periode der von 1392 bis 1910 dauernden Yi-Zeit ging die eingeführte chinesische bzw. nach diesem Vorbild in Korea neu geschaffene oder koreanisierte Musik zum Großteil verloren bzw. veränderte sich entscheidend.

Die starken chinesischen Einflüsse aus verschiedenen Epochen wurden in Korea zu einer durchaus eigenständigen musikalischen Ausdrucksweise assimiliert. Im 19. Jahrhundert wurde mit der Gattung sanjo (Solomusik für ein Melodieinstrument unter Begleitung der Sanduhrtrommel changgo; Song, 1976) ein Musikstil entwickelt, der hinsichtlich der Bedeutung, die der Improvisation zukommt, in China und Japan kein Gegenstück besitzt. Auch auf dem Gebiet der überwiegend chinesischen Musikinstrumente sind koreanische Besonderheiten festzustellen. Die changgo ist erstmals auf Wandmalereien der Koguryo-Zeit (37 v. Chr. – 886 n. Chr.) abgebildet. Sie war zwar auch in China bekannt, hat dort aber bei weitem nicht jene Bedeutung erlangt wie in Korea. Es ist nicht einmal ausgeschlossen, daß sie von Korea nach China gebracht wurde. Ferner ist die Verbindung von Klappertrommeln und Faßtrommeln zu Trommelsätzen eine koreanische Spezialität (Lee, 1970, S. 93 ff). Bei Saiteninstrumenten sind es besonders die kayagum- und die komun'go-Wölbbrettzithern, in denen sich koreanische Eigenart manifestiert.

Man kann davon ausgehen, daß es neben der bisher angesprochenen Hofmusik (Burde, 1985, S. 63 ff) auch tribale und Volksmusik (K. Howard in Burde, 1985, S. 129 ff) gab – und wohl auch Kunstmusikformen, die außerhalb des Hofes gepflegt wurden. Die Quellen lassen uns hier allerdings weitgehend im Stich. Später nachweisbar sind:

– epische Gesänge mit theatralischem Charakter (p'ansori, s. Reese in Burde, 1985, S. 113 ff), die erstmals Mitte des 18. Jahrhunderts erwähnt werden;
– die Gattungen des koreanischen Kunstliedes kagok, sijo und kasa (Reese in Burde, 1985, S. 81 ff); sie sind ab dem 16. Jahrhundert zum Teil aus der Hofmusiktradition hervorgegangen und wurden vor allem außerhalb des Hofes in gewissen Kreisen gepflegt;
– die bereits erwähnte Gattung sanjo (instrumentale Solomusik).

Was die gegenwärtige Situation betrifft, so ist – wie auch in anderen Gebieten – zwischen traditioneller und nichttraditioneller Musik zu unterscheiden. Traditionelle Musik ist durch Reste tribaler Musik (Schamanengesänge, s. Günther in Burde, 1985, S. 157 ff), durch eine blühende und facettenreiche Volksmusik sowie durch die verschiedenen Kunstmusikformen repräsentiert. Von der nichttraditionellen Musik (Bühler & Chu, 1996) ist die europäische Musik zu nennen, die – wie es außerhalb Europas meist der Fall war – zunächst in Formen christlicher Hymnen durch Missionare und in Form von Militärmusik im späten 19. Jahrhundert nach Korea gebracht wurde. Danach erst kam die europäische Kunstmusik nach Korea – in deren Gefolge wurde Musik im Stil der europäischen Kunstmusik mit alten und neuen Kompositionstechniken, zum Teil unter Einarbeitung traditioneller Elemente geschaffen. Weiterhin ist eine aus japanischer Zeit stammende populäre Musik in Form des nostalgischen Gesangs zu nennen. Darüber hinaus gibt es verschiedene Facetten der internationalen Popmusik.

Japan

Das Musikleben Japans ist heute zu fast 100 Prozent von der Musik europäischer Herkunft beherrscht (Siddons, 1977). Das führt dazu, daß selbst in japanischen Kreisen nicht oder zuwenig bewußt ist, daß dieses Land eine eigene reiche und in die Vergangenheit weit zurückreichende Musikgeschichte besitzt (→ Vergleichende Musikpädagogik). Im Verlauf der Jahrhunderte haben sich verschiedene Stile entwickelt, die heute noch praktiziert werden. Von diesen erfreuen sich die theatralischen Formen noh und kabuki sowie das Puppentheater bunraku eines größeren Beliebtheitsgrades. Darüber hinaus wird zeitgenössische japanische Musik auf traditionellen Musikinstrumenten gespielt und zum Teil im Geist der traditionellen Musik komponiert.

Abbildung 3 (nach Kishibe, 1984, S. 4) zeigt die Entwicklung der Musik Japans in groben Zügen. Schon frühzeitig sind auch auf musikalischem Gebiet Beziehungen zu Korea und China nachzuweisen. Die älteste Kunstmusik, die vom asiatischen Kontinent nach Japan eingeführt wurde, war bonbai, der buddhistische Gesang des 6. Jahrhunderts n. Chr. (s. Harich-Schneider, 1973; Giesen, 1977), ab dem 13. Jahrhundert shomyo genannt und heute meist unter der Bezeichnung o-kyo bekannt. Er beruht wie die buddhistischen Gesänge des gesamten Fernen Ostens auf dem Mosaikprinzip, das in der Zusammensetzung der melodischen Linie aus feststehenden und auch entsprechend benannten Formeln besteht.

Der Name gagaku («elegante, verfeinerte Musik») bezieht sich auf die Gesamtheit alter Musik und Tänze, die von den Musikern und Adeligen des kaiserlichen Hofes praktiziert wurden (Garfias, 1975). In der Nara-

Zeit (etwa 8. Jahrhundert) war die repräsentative gagaku-Hofmusik eine fast genaue Imitation der zeitgenössischen Musik Chinas und Koreas. Infolge des Aufstiegs der Militäraristokratie zur herrschenden politischen Kraft ab dem 10. Jahrhundert wurde ihr dann der Nährboden entzogen. Sie konnte bei der Restaurierung des Kaisertums 1868 nur teilweise wiederhergestellt werden.

In Verbindung mit der ritterlichen Lebensweise und Lebensgesinnung der Samurai entstanden in der Kamakura-Zeit (1192–1333) Musikformen, als deren reifste uns im 14. / 15. Jahrhundert das noh-Theater entgegentritt. Auch heikebiwa – Musik mit der Kurzhalslaute biwa, die im 8. Jahrhundert über China eingeführt wurde – hat die feudale Lebensordnung zur Grundlage und schildert die militärischen Heldentaten der Krieger des der Errichtung des 1. Shogunats vorangegangenen Gempei-Krieges. Dieser erzählende Musikstil Japans erreichte beim Kriegeradel wie bei den einfachen Soldaten eine ungeheure Popularität, da sie in ihm all das fanden, was ihr Lebensideal ausmachte: Treue und Mut, Redlichkeit und den buddhistischen Glauben an die Vergänglichkeit des Lebens. Im 17. Jahrhundert begann das Interesse für heikebiwa abzuflauen. Es kamen neue biwa-Stile auf, von denen der wichtigste (satsumabiwa: Schmitz, 1994) die Aufgabe hatte, den Mitgliedern des Shimazu-Klans im heutigen Kagoshima (Südjapan) angesichts des schädlichen Einflusses verschiedener zeitgenössischer populärer Unterhaltungsmusik die Ideale des Kriegeradels in Erinnerung zu rufen.

Ansätze zu theatralischen Aufführungen finden sich schon in der Frühzeit der japanischen Geschichte, und theatralische Momente waren auch in den nach Japan importierten Formen kontinentaler Musik enthalten. Die Wurzeln des noh-Theaters (Ortolani, 1990) sind aber weniger in diesen Bereichen zu suchen als in Formen volkstümlicher Unterhaltung, die einen scharfen Kontrast zum Pomp der Heian-Zeremonien bildeten. Zwei Gattungen gelten als historische Hauptbasis für noh: das auf das chinesische sanyüeh, eine Art Varieté, zurückgehende sangaku (später sarugaku genannt) und das von den Volkstänzen im Zuge des Reisfeldbaus (ta-mai) ausgehende dengaku.

Spätestens im 16. Jahrhundert wurde mit dem tsukushi-goto-Stil eine selbständige koto-Musik (Wölbbrettzither; Ackermann, 1986) begründet. Das Repertoire bestand aus einer Gruppe kurzer Gedichte ohne thematische Verbindung, die zur Begleitung der koto gesungen wurden. Um die Mitte des 17. Jahrhunderts führte Yatsuhashi Kengyo den zokuso-

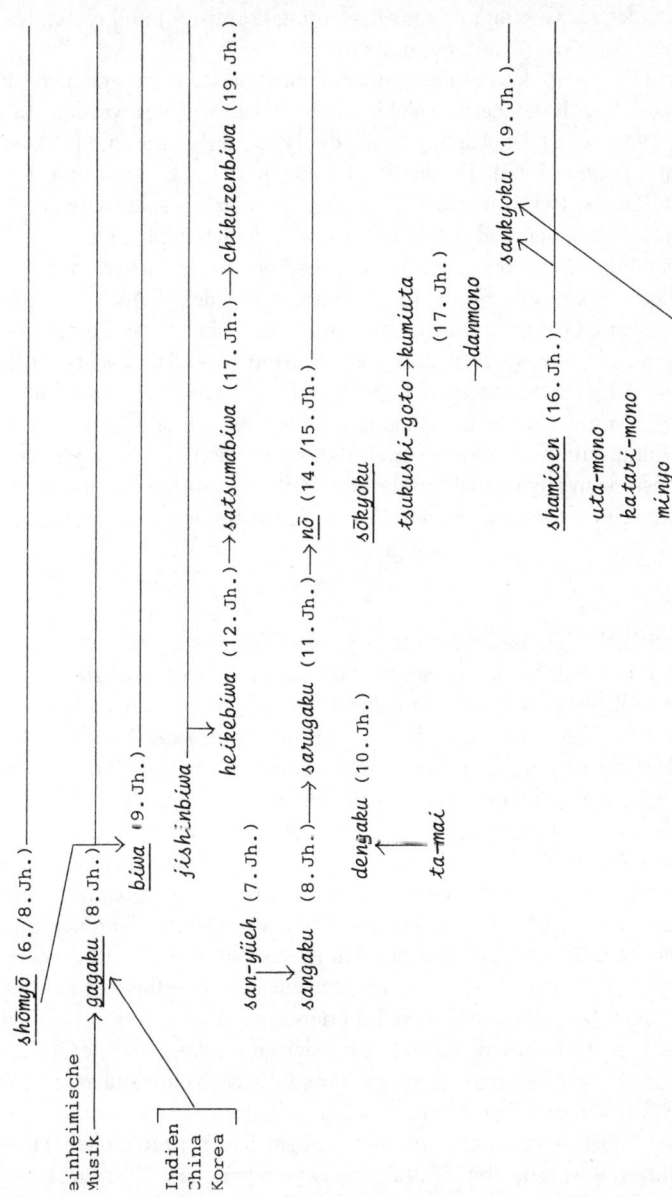

Abbildung 3: Genealogie der traditionellen Musikstile Japans (nach Kishibe, 1984, S. 4)

Stil ein, der aus Gesang mit koto-Begleitung (kumi-uta) und reinen Instrumentalstücken (danmono) besteht.

Ebenfalls im 16. Jahrhundert entstand eine zweite Form erzählender Gesänge, die mit der Zargenspießlaute shamisen begleitet wurden (Kishibe, 1984, S. 71). Die Hauptgattung der lyrischen shamisen-Musik ist nagauta (Malm, 1963). Dieser Stil ist eng mit der Entwicklung von kabuki (Leims, 1990; Ortolani, 1990), dem Theater des städtischen Bürgertums, verbunden und wurde zum Kernstück dieser Gattung.

Der jüngste Stil traditioneller japanischer Musik basiert auf der Kerbflöte shakuhachi. Sie wurde zusammen mit der shamisen im 19. Jahrhundert in die koto-Musik übernommen und bildet mit beiden zusammen das sankyoku-Ensemble. Das Repertoire der shakuhachi-Musik gliedert sich dementsprechend in Solostücke (Fritsch, 1979; Gutzwiller, 1983), in von der koto- und shamisen-Musik entlehnte Stücke und in neue Kompositionen (teilweise im Stil der europäischen Musik.) Solche Kompositionen gibt es auch für die koto-Zither. Traditionelle japanische Musikinstrumente werden ebenso für zeitgenössische japanische Musik verwendet.

Tibet

Ursprünge der tibetischen Kultur liegen bei nomadischen Hirtenvölkern zentralasiatischer Herkunft, aber die bis zum Ende des 6. Jahrhunderts n. Chr. vollzogene politische Einigung Tibets ging von den Ackerbaukulturen in den Tälern der Nebenflüsse des Brahmaputra aus. Musik spielte im tibetischen Königreich eine zentrale Rolle. Wenngleich die Quellen auch von einer säkularen Musik berichten, erfuhr tibetisches Wesen in der religiösen Musik seinen bezeichnendsten Ausdruck. Schon die Musik im Rahmen der einheimischen Bon-Religion, wahrscheinlich eine Verbindung von schamanistischen und animistischen Ackerbauritualen, war durch ein theoretisches System erfaßt und überaus komplex und vielgestaltig. Sie verband sich mit den in der Blütezeit des tibetischen Reiches (7.–10. Jahrhundert) zusammen mit dem Buddhismus aus Indien eingeführten musikalischen Traditionen zu einem durchgebildeten System. Es erfuhr nach einigen Jahrhunderten der Regionalisierung ab dem 11. Jahrhundert in den nun immer zahlreicher entstandenen Klöstern, Tempeln und Klosterstädten seine endgültige Form.

Diese Musik – vokal und instrumental sowie mit prunkvollen Maskentänzen theatralischen Charakters verbunden – ist allerdings mit europäischen Maßstäben nicht zu messen. Sie hat ihre Basis in einem komplexen Symbolismus. Die Musikinstrumente werden nicht unter einem musikalischen Aspekt betrachtet, sondern hinsichtlich ihrer magischen Wirksamkeit eingesetzt. So werden Blasinstrumente meist paarweise gespielt: Darin kommt die Untrennbarkeit des männlichen und weiblichen Prinzips zum Ausdruck. Durch Verwendung einer weiblichen und einer männlichen Schädelkalotte im Trommelbau wird ein magischer Bezug zur schöpferischen Lebenskraft hergestellt. Die Glocke symbolisiert die Erkenntnis und die heilige Kraft des Wortes, und die mythische Bedeutung der Tiere im Buddhismus findet im Klang der Instrumente ihren Ausdruck.

Der Symbolismus äußert sich ferner im Anwendungsbereich der Instrumente. Diesbezüglich kommt besonders die Gliederung des Pantheons in Friedens- und in kämpferische Gottheiten zum Ausdruck – kämpferisch in dem Sinn, daß die Hauptaufgabe dieser Gottheiten in der Verteidigung der Lehre und der Vertreibung feindlicher Geister besteht. Den kämpferischen Gottheiten sind die Kurztrompeten und eine bestimmte Art von Becken zugeordnet, während ein anderer Beckentyp zu den Friedensgottheiten gehört.

Das Repertoire der einzelnen Instrumente – mit Ausnahme der im 15. oder 16. Jahrhundert eingeführten Kegeloboen – besteht aus feststehenden Formeln, die sich auf bestimmte Gottheiten beziehen. Der Gesang im Rahmen des tibetischen Lamaismus ist durch sehr tiefe Tonlage und gutturale Stimmgebung gekennzeichnet. Vokaltransformationen über lang ausgehaltenen Tönen, feine Tonschattierungen und eine reiche Ornamentik bestimmen die melodische Linie eines Stücks, dessen Identität durch die melodische Kontur und weniger durch diskrete Tonhöhen bestimmt ist (Ellingson, 1986). Durch bestimmte Einstellungen von Kehlkopf und Resonanzräumen werden in einer Gattung religiöser Gesänge Obertöne gesondert hörbar gemacht. Das kann als Methode der meditativen Versenkung in die heiligen Silben gedeutet werden. Diese Technik wurde bei Mongolen und Turkvölkern zu einem Obertonmusizieren ausgebildet (Deutsch & Födermayr, 1992).

Wahrscheinlich aus einer Mischung vorbuddhistischer Tänze im Rahmen der Bon-Religion mit indischen buddhistischen Tänzen und mit Theater entstanden im 8. Jahrhundert die Chams-Tänze (Nebesky-Wojkowitz, 1976). Sie werden von Mönchen und Novizen in öffentlichen Ritualen als Mysterienspiele aufgeführt. In ihnen geht es hauptsächlich um die Vertreibung der alten Bon-Religion durch den Buddhismus, die Austreibung von Dämonen, die den Menschen bedrängen, und die Darstellung des Totenreichs, wobei auch Intermedien komischen Charakters eingestreut sind. Während die chams-Tänze für die Zuschauer vornehmlich ein farbenprächtiges Schauspiel darstellen, kommt es den Tänzern darauf an, durch den Tanz und die Darstellung einer Gottheit mit dieser in Kontakt zu treten. Mit der Annexion Tibets durch das kommunistische China wurde 1951 diese Tradition unterbrochen. Sie wird in eingeschränktem Umfang in der Emigration fortgesetzt.

5. Süd- und Südostasien

Das Gebiet umfaßt den indischen Subkontinent einschließlich Sri Lanka sowie Hinterindien und den malayischen (indonesischen) Archipel einschließlich der Philippinen. Spricht man von indischer Musik (→ Indien), so meint man im allgemeinen jene Musik, für die die Begriffe raga (Melodie) und tala (Rhythmus) stehen. Diese Sichtweise drängt aber das Faktum in den Hintergrund, daß die Musik des indischen Subkontinents unter Einbeziehung der nordwestlichen, nördlichen und nordöstlichen Randgebiete durch eine überaus große Vielfalt traditioneller Stile und Formen gekennzeichnet ist, die die «sprachliche, ethnische, gesellschaftliche, regionale und religiöse Vielfalt der südasiatischen Bevölkerung widerspiegelt» (Manuel, 1988, S. 171). Insbesondere gibt es auch heute noch einen erheblichen Prozentsatz tribaler bzw. regionaler Kulturen (Lindig, 1981, S. 394) mit zum Teil recht unterschiedlichen musikalischen Ausdrucksformen. Hinzu kommt seit dem frühen 20. Jahrhundert eine lebhafte populäre Musikszene, innerhalb deren die Filmmusik den breitesten Raum einnimmt (→ Indien).

Die Forderung der Musikforschung, Musik nicht losgelöst von ihrem historischen und kulturellen Hintergrund zu betrachten (→ Musikkultur), gilt in besonderem Maß für Südostasien einschließlich der Inselwelt. In diesem Gebiet, das zu den am frühesten von Menschen besiedelten Gegenden der Erde gehört, wohnen sehr verschiedene Völker, die sich in unterschiedlichen Entwicklungsstadien befinden (Villiers, 1965, S. 11 f). Die hier aus mehreren Komponenten entstandenen bodenständigen Kulturen waren zunächst indischen und chinesischen, dann im Zuge der Ausbreitung des Islam auch nahöstlichen Einflüssen ausgesetzt. Schließlich wurden sie durch Kolonialisierung dem europäischen Einfluß unterworfen. Diese Vielfalt von Fremdeinflüssen schuf eine Anzahl höchst komplexer Kulturformen (ebenda, S. 13):

• Für das kontinentale Südostasien ergibt sich eine gewisse Orientierung durch den Kontrast zwischen Bergland und Tiefland. Die Kulturen sind ethnisch nicht einheitlich, was sich auch in der Musik zeigt. Das Bergland ist von einer kleindörflichen Lebensweise gekennzeichnet. Die Bevölkerung der Tiefländer ist seit Beginn der nachchristlichen Zeit aufgrund indischen und chinesischen Einflusses in Staaten mit monarchischer Tradition organisiert (Lindig, 1981, S. 129 f).

• Hinsichtlich der Vielfalt der Völker und Kulturen der Inselwelt (wozu auch die Halbinsel Malakka gerechnet wird) unterscheidet die Völkerkunde zwischen alt- und jungindonesischen Ethnien. Deren Vorfahren haben sich im Zuge der ab ca. 2500 v. Chr. wahrscheinlich vom Südchina-Taiwan-Gebiet ausgegangenen austronesischen Wanderungen (Kirch, 1997, S. XIX) über ganz Südostasien verbreitet.

• Im kontinentalen Südostasien erfuhren diese Kulturen im Laufe des 1. Jahrtausends n. Chr. vom Norden her eine Überformung durch Mon-Khmer- und tibeto-birmanische Völker sowie durch die Thai. Während die altindonesischen Kulturen (zu denen auch verschiedene Gruppen der wildbeuterischen nicht mongoliden Vorbevölkerung gerechnet werden) eine neolithische Basis hatten, leiteten die Jungindonesier in Südostasien die Bronze- und Eisenzeit ein und wurden später durch Hinduismus, Buddhismus, Islam und das frühe Christentum geprägt (Lindig, 1981, S. 146). Durch die unterschiedliche Intensität der Durchdringung mit dem Islam steht seither dem buddhistischen Festland, wo islamische Gruppen in der Minderheit sind, die kulturell stärker differenzierte Inselwelt gegenüber.

Die ethnische und kulturelle Vielfalt findet ihren Niederschlag auch in der Musik. Es erweist sich als schwierig, aus den gegenwärtigen Verhältnissen auf frühere zu schließen. Jedoch lassen sich einige gemeinsame Tiefenstrukturen feststellen (Hood, 1972, S. 2 f), die hauptsächlich auf die durch die austronesischen Wanderungsbewegungen begründeten Kulturen zurückgehen:

1. Gemeinsam haben die Reste der Altbevölkerung mit den Austronesiern animistische Glaubensvorstellungen, die auch im südasiatischen Buddhismus festzustellen sind. Sinn musikalischer Äußerungen ist es, die guten Geister um Beistand zu bitten und die bösen abzuwehren

(Oesch, o.J.). Die ganze Kultur ist mit Seelensubstanz erfüllt, die unter bestimmten Bedingungen zu einem Geist werden kann. Der Geist geht im Traum eine Beziehung zu einem Menschen ein und gibt ihm zur Bekräftigung der Beziehung einen Gesang. In der Praxis sind dies die Schamanen, die dann für die ganze Gemeinschaft die Verbindung zu den Geistern herstellen und auf diesem Wege auch Kranke heilen können (Roseman, 1984).

2. Offenkundig ist die Vorliebe der Völker Südostasiens für Gongs und andere zum Teil melodiefähige Metall-, insbesondere Bronze-Instrumente und die damit zusammenhängende Ensemblebildung. Dies dokumentiert sich z.B. in den Gong-Ensembles des altindonesischen Bergstamms der Kalinga im Norden der Insel Luzon (Philippinen) und findet die reifste Ausprägung in den teilweise sehr großen Ensembles der zentraljavanischen und balinesischen Hochkultur. Auf Java und Bali markieren Gongs verschiedener Größe und Abstimmung die Abschnitte der Melodie und bestimmen durch die Art dieses interpunktierenden Schlagmusters den Formtyp (s. bes. McPhee, 1966; Kunst, 1973; →Musikinstrumente). Häufig werden Gongs zu melodiefähigen Gongspielen zusammengesetzt. Solche Gongspiele sind neben Metallophonen und Xylophonen auch Bestandteil der ehemaligen Hofmusik-Ensembles in Burma, Kambodscha, Laos und Thailand (Morton, 1976; Garfias, 1985).

3. Die temperierten Stimmungen Südostasiens sind eine weitere Tiefenstruktur, die der Musik dieses Raums zugrunde liegt. Wir finden sie in der Teilung der Oktave in sieben gleich große Stufen in der Thai-Hofmusik, im fünfstufigen slendro und siebenstufigen pelog auf Java, Bali und anderen Inseln. Sie sind möglicherweise durch die Adaptierung der chinesischen Pentatonik entstanden, um Musikstücke auf den fest abgestimmten Instrumenten transponierbar zu machen (Vetter, 1989). Neben Gongs, Gongspielen, Membranophonen und Xylophonen kennt die Musik Südostasiens aber auch zahlreiche Bambusinstrumente, Flöten, Zithern und Lauteninstrumente. Die Musik dieser Instrumente sowie der Gesang außerhalb der Gamelankompositionen verwenden Töne, die auf den fest abgestimmten Instrumenten keine Entsprechung haben. Dieses System der sogenannten Vokaltöne ist besonders im Sunda-Distrikt (Westjava) entwickelt, findet sich aber auch im kontinentalen Südostasien (Tamura, 1977).

4. Zum charakteristischen Bild südostasiatischer Kulturen gehören zu-

dem verschiedene Arten der Puppenspiele und des Tanzdramas. In ihren Ursprüngen waren sie wahrscheinlich mit dem Animismus verbunden und dienten der Ahnenverehrung. Während der tausend Jahre des indischen Kultureinflusses wurden sie zu distinkten Arten herausgebildet, in denen der usprünglich religiöse Charakter erst heute immer stärker der reinen Unterhaltung weicht (Brandon, 1967).

Das Interesse für traditionelle Musik scheint in den Ländern Südostasiens immer noch lebhafter zu sein als für europäische Musik, vielleicht mit Ausnahme westlicher bzw. mit westlichen Elementen vermischter populärer Musik, die besonders in Indonesien breite Akzeptanz gefunden hat. Die wohl älteste Variante populärer Musik, kroncong, entstand im späten 16. Jahrhundert und ist besonders durch die Einschmelzung von Elementen der portugiesischen Volksmusik gekennzeichnet. Sie wurde um 1960 kommerzialisiert und entwickelte sich schließlich zum Ausdruck des neuen indonesischen Selbstbewußtseins (Becker, 1975; Heins, 1975). Neben euro-amerikanischen Formen (in Indonesien unter dem Begriff Pop zusammengefaßt) und dangdut, einer weiteren Mischform aus indonesischen und europäischen Elementen, entstand zudem eine rein indonesische Form der populären Musik (jaipongan: Kartomi, 1998).

6. Australien und Ozeanien

Australien

«Die Australier besaßen bei der Ankunft der Europäer eine Kultur, die trotz lokaler Sonderentwicklungen erstaunlich einheitlich war» (Lındıg, 1981, S. 42). Diese Feststellung gilt auch für die Musik der australischen Aborigines. Sie steht im traditionellen Kontext überwiegend im Dienste von Religion und Gemeinschaft und ist grundsätzlich vokal. Selbst das didjeridu, die Holztrompete des Arnhemlandes (Zentralnordaustralien) und Kimberly-Gebiets (NW-Australien), dient – mit seinen klanglich abgestuften Rhythmuspatterns (s. Jones, 1963) – zusammen mit Gegenschlagstäben (auch Bumerangs) der Gesangsbegleitung. In Nordostaustralien (Cape-York-Halbinsel) übernehmen einfellige Sanduhrtrommeln und Rasseln diese Aufgabe. Überall bei den Aborigines werden Gesänge je nach Thematik oder Aufführungsanlaß zu zum Teil sehr langen Serien zusammengefaßt. Die Gesänge sind meist mit Tanz verbunden, sollen magische Wirkungen ausüben und werden auf jene Zeit zurückgeführt, in der «die Schöpferahnen dem Land Leben gegeben und die Grundregeln des Zusammenlebens in der Gemeinschaft festgelegt» haben (Wild, 1994, Sp. 1055). Korrekt ausgeführt vermitteln sie der jeweiligen Gruppe jene Kräfte, die von den Geisterwesen der Vorzeit an bestimmten Plätzen zurückgelassen worden sind.

Die Gesänge Zentralaustraliens und der westlichen Wüste, wo sich die traditionelle Kultur noch am reinsten erhalten hat, sind durch absteigende Melodik gekennzeichnet. In ihrer extremsten Form besteht sie aus einer einzigen melodischen Kontur, die mit großer Lautstärke in höchster Höhe einsetzt und steil in die Tiefe führt, wo sie in einem murmelnden Pianissimo ausklingt. Mehrere solcher Kaskaden bilden einen Gesang. Demgegenüber weisen die Gesänge des zentralen Arnhemlandes eine komplexere Gliederung auf, die durch je nach Inhalt unterschiedliche melodische Phrasen, Stabschlag- und didjeridu-Muster gekennzeichnet ist.

Der traditionellen Kultur der Aborigines ist durch die europäische Besiedelung des Kontinents seit 1788 weitgehend der Boden entzogen worden. Sofern die Musik nicht überhaupt verschwunden ist, wurde sie durch die Christianisierung sehr stark verändert: zur sogenannten Inselmusik, einer Mischung aus evangelischen Hymnen und polynesischer Musik. Es entstand zudem die chorisch bzw. gitarrebegleitete solistische Gospelmusik (Wild, 1994, Sp. 1067 f).

Großen Raum nimmt heute die populäre Musik der Aborigines ein, innerhalb deren Entwicklung drei Phasen festgestellt werden können (ebenda, Sp. 1068 ff):

- die bush music des 19. Jahrhunderts, hervorgegangen aus der Übernahme volkstümlicher Gesänge und Tänze der britischen Einwanderer aus dem ländlichen Ostaustralien;
- ein von der amerikanischen Country-music abgeleitetes Genre und in jüngster Zeit
- das mit der zunehmenden Verstädterung der Aborigines zusammenhängende Aufgreifen verschiedener Musikstile, insbesondere der Rockmusik und des Reggae.

Die europäische Kunstmusik wurde wie in anderen Musikkulturen von Militärkapellen eingeführt, die auch in Gottesdiensten mitwirkten, Tanzmusik spielten und Opernarrangements aufführten. Daneben gab

es in bescheidenem Maß Salon- und Hausmusik. Erst um die Mitte des
20. Jahrhundert entwickelte sich ein institutionalisiertes Musikleben
(s. Laubenthal, 1994).

Ozeanien

Die pazifische Inselwelt ist üblicherweise in Melanesien, Mikronesien
und Polynesien unterteilt (s. Lindig, 1981, S. 233). Eine historisch sinn-
vollere Gruppierung der Bevölkerung der pazifischen Inselwelt wird
neuerdings jedoch aus sprachwissenschaftlicher Sicht in der Unterscheidung zwischen Austronesiern und Nicht-Austronesiern gesehen
(Kirch, 1997, S. XIX). Die große Vielfalt der Kulturen bzw. Varianten
breiterer Kulturkomplexe des pazifischen Raums (s. Wernhart, 1992)
findet auch in der Vielzahl von traditionellen Musikstilen ihren Ausdruck. Es können jedoch gemeinsame Merkmale festgestellt werden.

So gehört Ozeanien neben Europa, Kaukasien, dem Fernen Osten,
Südostasien, Indonesien und Afrika zu jenen Gebieten, in denen eine
eigenständige Mehrstimmigkeit entwickelt wurde. Sieht man von zufälligen Mehrklangbildungen ab, so gibt es in der Vokal- und Instrumentalmusik Akkordik (meist Doppelquarten), Parallelismus (vor allem in Sekunden, Terzen, Quarten und Quinten), Bordun, Variantenheterophonie
(gelegentliches Auftreten von Mehrklängen durch den gleichzeitigen
Vortrag von Vertretungstönen, s. Schneider, 1934, S. 43–46), Ostinato-
formen, kanonische Ansätze und Imitation sowie Polyphonie mit selbständigen Stimmen (zur Systematik von Mehrstimmigkeitsformen s. Simon, 1996, Sp. 1767–1772).

Kennzeichnend ist auch die starke Repräsentanz des Tanzes sowie die
Vorherrschaft der Idiophone unter den Musikinstrumenten. Besonders
zu nennen sind die sehr großen, reich dekorierten Schlitztrommeln, die
in Melanesien und Polynesien zur Nachrichtenübermittlung, in rituellen Zusammenhängen oder bei der Begleitung von Tänzen verwendet
werden. Ferner sind das Reibholz, ein nur aus Neuirland (Melanesien)
bekanntes Instrument (s. bes. Messner, 1980), und die zum Teil unterschiedlich abgestimmten Stampfröhren anzuführen. Allgemeine Verbreitung haben die mit der Nase angeblasenen Flöten sowie – mit Ausnahme der Hochländer Neuguineas – die überwiegend für Signalzwecke
eingesetzte Schneckentrompete. Von besonderem Interesse ist die Musik
der Panflötenensembles auf der Salomoneninsel Malaita (s. Zemp, 1995).
Musik erklingt in Melanesien auch heute noch häufig in traditionel-

len Zusammenhängen. Mit der staatlichen Unabhängigkeit der einstigen Kolonien ist die traditionelle Kultur (und damit auch die Musik) zum Ausdruck kultureller Identität geworden. Dennoch hat der europäische Einfluß über die christliche Mission und den Kolonialismus der Musik Ozeaniens weithin seinen Stempel aufgedrückt. Insbesondere sind es christliche Hymnen im gemischten Chorsatz und Formen der internationalen Popmusik, die das Musikleben der Gegenwart kennzeichnen.

7. Amerika

Das reich differenzierte Bild der Musik Amerikas (Hamm, 1983; Kingman, 1990) läßt sich unter Heranziehung der Besiedlungsgeschichte des Doppelkontinents (Lindig, 1972) in mehrere Schichten gliedern, die selbst wieder ein differenziertes Gepräge aufweisen.

Indianische Schicht

Die Besiedlung Amerikas hängt eng mit dem Verlauf der sogenannten Wisconsin-Eiszeit zusammen, während der zeitweilig eine Landbrücke zwischen Alaska und Sibirien bestand. Über diese zogen Teile der protomongoliden Bevölkerung Nordostasiens nach Amerika und entwickelten sich dort im Laufe von Jahrtausenden zum regional angepaßten Typus der Indianer. Die Indianer schufen eine Fülle unterschiedlicher Stammeskulturen und bildeten im 1. Jahrtausend v. Chr. in Mittelamerika und im westlichen Südamerika jene Hochkulturen aus, deren Endphasen mit den Namen Inka, Azteken und Maya verbunden sind.

Von den tribalen indianischen Musikstilen sind jene Nordamerikas am besten erforscht (s. Nettl, 1996). Die mittel- und südamerikanischen Stile gehören dagegen «zu den weltweit am wenigsten untersuchten Traditionen» (Seeger, 1996, Sp. 633). Dort haben sich autochthone indianische Kulturen lediglich in den Tiefländern erhalten. Auf den Territorien der alten indianischen Hochkulturen hingegen kam es mit Beginn der Kolonisation zu einer raschen kulturellen Durchdringung von indianischer und europäischer Kultur – «mit dem Ergebnis einer stark mestizierten hispano-amerikanischen Provinzkultur, bei der indianische und provinzspanische Elemente kaum noch säuberlich zu trennen sind» (Lindig & Münzel, 1992, S. 27). «Indianische Kultur ist dort heute untrennbar mit europäischen Elementen durchsetzt, und was indianisch heißt, ist oft in Wahrheit kolonialspanisches Relikt» (ebenda, S. 88).

Auf dem Gebiet der Musik äußert sich dies besonders deutlich in der Verwendung von Instrumenten europäischen Ursprungs, die aufgrund des langen Gebrauchs inzwischen selbst traditionell geworden sind (Seeger, 1996, Sp. 636). Tribale indianische Musik ist hier in ihrer Einschmelzung europäischer Elemente und der starken Vermischung ihrer Träger zu Volksmusik geworden (→ Lateinamerika).

Generell gilt, daß indianische tribale Musik eng mit Tanz verbunden, stark religiös bestimmt und im Leben der Gemeinschaft fest verankert ist. Die Musik der nordamerikanischen Indianer ist hauptsächlich vokal. Instrumente (vorwiegend Trommeln und Rasseln) werden nur zur Gesangsbegleitung verwendet, eine selbständige Instrumentalmusik kann lediglich in bestimmten Arten von Flötenmusik gesehen werden. In Mittel- und Südamerika dagegen hat Instrumentalmusik, und zwar nicht nur in der Mischkultur, eine wesentlich größere Bedeutung.

Von den Regionalstilen der nordamerikanischen Indianer ist besonders jener der Plains- und Prärieindianer bekannt. Ihr Gesang ist durch eine rauhe, gespannte Stimmgebung, durch große Lautstärke, scharfe Akzente, labile Intonation, Gliederung langer Notenwerte durch einzelne Druckstöße (pulsato) und durch einen großen, von oben nach unten terrassenartig durchmessenen Tonraum gekennzeichnet. An ihrer Kultur hat sich das mitteleuropäische Klischee vom Indianer gebildet. Es handelt sich aber um die jüngste aller nordamerikanischen Indianerkulturen. Sie hat sich erst im 18. Jahrhundert im Zusammenhang mit großen Völkerverschiebungen herausgebildet, die durch das Eindringen der weißen Siedler ausgelöst worden waren.

Wie falsch die Vorstellung einer einheitlichen Indianerkultur in der Tat ist, zeigt die Gegenüberstellung der Plains-/Präriekultur mit jener der Nordwestküsten-Indianer. Diese Kultur entstand um 1000 v. Chr. in der Fjord- und Insellandschaft westlich der Rocky Mountains zwischen Südostalaska und Nordwestkalifornien. Sie hatte im Fischfang und in der Seesäugerjagd ihre ökonomische Basis und erreichte den höchsten Entwicklungsstand der Indianerkulturen Nordamerikas. Auf musikalischem Gebiet zeigt sich dies in Form eines überaus komplexen Singstils und auf instrumentalem Sektor zum einen durch kunstvolle und häufig in Tierform geschnitzte Musikinstrumente, zum anderen in einer sonst nirgends unter den nordamerikanischen Indianern anzutreffenden Vielfalt von Blasinstrumenten (s. Galpin, 1902 / 03). Die Instrumente galten als heilig und hatten ihren Platz in den Zeremonien der Geheimbünde.

Typische Entwicklungen des 19. Jahrhunderts auf dem Gebiet der nordamerikanischen Indianermusik betreffen die Ghost-dance-Bewegung (Herzog, 1935) und die Musik des Peyote-Kults (McAllester, 1949). Außerdem haben die Indianer eigene Modifikationen der westlichen Musik hervorgebracht (Nettl, 1996, Sp. 623).

Die Eigenständigkeit peruanischer Indianermusik zeigt sich am besten in den zum Teil sehr großen Panflötenensembles. Panflöten waren in den präkolumbischen Hochkulturen allgemein vertreten. Schlitztrommeln, die in der mittelamerikanischen Kultur der Azteken und Maya große Bedeutung hatten, fehlen im Andenraum. Sie waren jedoch bei zahlreichen Indianerstämmen Südamerikas noch lange vorhanden und wurden speziell zur Nachrichtenübermittlung eingesetzt. Bei Amazonasindianern und anderen Stämmen der Tiefländer ist eine Vielzahl von Blasinstrumenten (s. Izikowitz, 1935) anzutreffen.

Als älteste Indianerkultur gilt die heute bereits erloschene Kultur der Feuerlandindianer. Besonders bemerkenswert war für sie, daß sie kaum Instrumente kannten und auch beim Singen einen äußerst begrenzten Tonumfang verwendeten. Die Tongebung war emphatisch und mit starken Akzenten versehen.

Inuit (Eskimo)

Die meist im Zusammenhang mit den Indianern genannte, grundsätzlich aber von dieser zu trennende Schicht ist die der Inuit. Neue, bereits mongolide Einwanderer aus Asien verbanden sich vor 1000 v. Chr. mit den Vertretern einer arktischen Kleingeräte-Kultur zur Proto-Eskimokultur. Diese von Anfang an auf der Seesäugerjagd beruhende Kultur breitete sich unter starker Bevölkerungszunahme dynamisch in östliche Richtung in den amerikanischen Kontinent hinein aus, bis sie schließlich um 600 v. Chr. die kanadische Ostküste und um Christi Geburt Ostgrönland erreichte.

Die Inuit kennen keine selbständige Instrumentalmusik. Das einzige ursprüngliche Musikinstrument, das aber nur der Gesangsbegleitung dient, ist eine Stilgriffrahmentrommel. Inuit-Gesänge (Estreicher, 1950) sind meist an ihrer spezifischen Stimmfarbe erkenntlich. Sie wird als ziemlich scharf, nasal und mit Geräuschen durchsetzt beschrieben. Es werden sinnlose Silben (z. B. àyaya) verwendet. Die Trommelbegleitung geht meist nicht mit dem Gesang konform. Immer wieder wird vom Singstreit der Inuit berichtet, in dem auf unblutige Weise Streitigkeiten geschlichtet werden (Ramseyer, 1970, S. 22–26; →Zweckbestimmung von Musik).

Volksmusik der europäischen Siedler

In einer Gliederung der Musik Amerikas die Volksmusik der europäischen Siedler als eigene Schicht anzuführen gibt hinsichtlich Nordamerika keine Probleme auf. Denn hier ist sowohl in der Volksmusik nationaler und religiöser Minderheiten wie im breiten Strom angloamerikanischer Volksmusik ein indianischer Einfluß kaum vorhanden. Zudem hat der afrikanische Einfluß – speziell in den Südstaaten der USA und besonders auf instrumentalem Sektor – bereits auf dem Wege «neoafrikanischer Musik» (s. unten) stattgefunden (→Interkultureller Musikaustausch).

In Mittel- und Südamerika hingegen kam es zu einer viel stärkeren ethnischen und kulturellen Vermischung der Bevölkerungselemente. Darum kann – von einigen Enklaven abgesehen – von einer selbständigen europäischen Volksmusik in Lateinamerika nicht gesprochen werden. Die genuinen lateinamerikanischen Volksmusiktraditionen sind, wie Gerard Béhague (1973, S. 180) schreibt, das Ergebnis der Mestizenkultur. Oder, wie es Bruno Nettl (1960, Sp. 293) ausdrückt: Der eigentliche Beitrag Lateinamerikas zur Volksmusik der Welt liegt in einer Reihe von Kultur- und Musikstilkombinationen (→Lateinamerika).

Eine Volksmusik der europäischen Kolonisten gibt es also nur in Nordamerika. Sie besteht aus jenen musikalischen Traditionen und Repertoires, die die Siedler aus ihrer Heimat mitbrachten (in den ersten Phasen der Einwanderung vor allem Briten und Franzosen), und aus ihrer Vermischung mit den in Amerika neu hinzugekommenen Stilen. Während die Musik ethnischer bzw. religiöser Minderheiten oft ein voneinander stark unterschiedliches Gepräge aufweist, stehen im Zentrum des breiten Stroms der angloamerikanischen Volksmusik vier Bereiche:
- Balladen (europäische wie amerikanische);
- sogenannte occupational songs, mit der Tätigkeit der Holzfäller, Matrosen etc. verbunden;
- eine starke religiöse Gesangstradition;
- die Instrumentalmusik, getragen vor allem von der Fiedel, dem von den Schwarzen übernommenen banjo (Smaele, 1981) und der Gitarre.

Im Zuge der Urbanisierung und Kommerzialisierung wurde traditionelle Volksmusik von Formen der populären Musik zurückgedrängt bzw. – wie im Falle der Country-music – selbst zu populärer Musik.

Kunstmusik und populäre Musik

Von einer amerikanischen Kunstmusik mit eigenständigem Charakter kann man erst relativ spät sprechen: in Kanada und den USA seit dem 2. Viertel des 20. Jahrhunderts, in Lateinamerika seit den letzten Jahrzehnten des 19. Jahrhunderts. Bis dahin war die Kunstmusik Amerikas das Spiegelbild der europäischen.

Hierbei scheint vorerst die geistliche Musik dominierend gewesen zu sein. Dies gilt besonders für Lateinamerika, dessen Eroberung und Kolonialisierung von Anfang an eng mit der christlichen Mission verbunden war (s. Konetzke, 1995, S. 220–282). Schon gegen Ende des 16. Jahrhunderts besaßen alle wichtigen Städte Kathedralen mit entsprechenden Musikkapellen (Béhague, 1994, Sp. 560). Man führte Kirchenwerke europäischer Komponisten und Stücke einheimischer Kapellmeister auf. Die weltliche Kunstmusik war vor allem durch die Oper und andere szenische Formen repräsentiert und scheint erst im 19. Jahrhundert größere Bedeutung erlangt zu haben.

Im protestantischen Nordamerika war das einstimmige Singen von Psalmen im 17. Jahrhundert die erste Form geistlicher Musik. Sie fand in der meist unbegleiteten vierstimmigen Hymnodie der singing schools und mancher religiöser Sekten des 18. Jahrhunderts ihre Fortsetzung. Das 19. Jahrhundert brachte eine zunehmende Trennung von Stadt und Land. Die Hymnodie lebte in Verbindung mit der Volksmusik auf dem Lande weiter und wurde durch die spiritual songs des religiösen Revivalismus ergänzt. In den Städten wurde die Hymnodie durch anspruchsvollere Kompositionen verschiedenster Herkunft bzw. durch die Gospelhymnen zurückgedrängt (Chase, 1958).

Die Bemühungen, den geistlichen Gesang zu verbessern, legten im 18. Jahrhundert die Basis auch für eine weltliche Kunstmusik. Dabei gab es sowohl bezüglich der musikalischen Sprache als auch der Aufführungsgelegenheiten keine strenge Unterscheidung zwischen klassischer Musik und populärer Musik. Dies hat sich im wesentlichen bis in die heutige Zeit so erhalten (→ Musik aus der Sicht von Berufsmusikern).

Die populäre Musik Lateinamerikas ist – wenn man die Salonmusik des 19. Jahrhunderts im europäischen Stil nicht dazurechnet – stark der

Volksmusik verpflichtet und hat dementsprechend von Anfang an indospanisches bzw. afrospanisches Gepräge. Auch beeinflußten europäische Modetänze des 19. Jahrhundert die Entwicklung der populären Musik in Lateinamerika nachhaltig (Béhague, 1994, Sp. 566). In ihr glaubt die Weltöffentlichkeit, «die unverfälschte und authentische musikalische Identität Lateinamerikas zu erkennen» (ebenda, Sp. 565).

Afro-amerikanische Musik

Die – von den späteren asiatischen Einwanderungen abgesehen – zeitlich jüngste ethnische und kulturelle Komponente in Amerika wird durch die Afrikaner repräsentiert. Die Einfuhr von Schwarzafrikanern als Sklaven nach Amerika bildete seit dem 16. Jahrhundert einen wirtschaftlichen und politischen Faktor von größter Bedeutung. Darüber hinaus hatte sie weitreichende Folgen auch für die gesellschaftlichen und kulturellen Verhältnisse Amerikas und für die Musik dieses Kontinents. Die den Afrikanern eigene hohe Musikalität schuf sich auch in der Neuen Welt ein Betätigungsfeld. Im engen Kontakt mit den übrigen kulturellen Schichten entstanden verschiedene Mischstile, die das afrikanische Erbe noch mehr oder weniger deutlich zeigen. Hierbei ist zwischen den afroamerikanischen Stilen der USA und den Stilen Südamerikas und der Karibik zu unterscheiden.

Für die USA wurde vor allem die Begegnung afrikanischer mit europäischen Ausdrucksformen bestimmend. Dazu kam im 18. bis 20. Jahrhundert der Einfluß afro-karibischer Musik. Spätestens für den Beginn des 19. Jahrhunderts sind die spirituals zu nennen, entstanden als Folge der Konversion von Afrikanern zum Christentum; ferner field-hollers und worksongs als Kommunikationsmittel bzw. als Form individueller emotionaler Äußerung; nach dem Bürgerkrieg 1861–65 der folk blues auf der Basis westsudanischer Stile (Kubik & Oliveira Pinto, 1994), seit seiner Vermarktung durch die Race Records der 1920er Jahre country blues genannt; der städtische Blues, als mehr oder weniger standardisierte Form auch als rhythm & blues bezeichnet (im Überblick Merwe, 1989); schließlich der Jazz mit seinen Vorläufern und verschiedenen Stilen (Dauer, 1989).

Die breiteste Palette afro-amerikanischer Musikstile entstand in Südamerika und in der Karibik (Reggae, Samba; →Lateinamerika). Kennzeichnend hierfür ist weniger die Verbindung mit europäischen Elementen als die Verschmelzung von Elementen verschiedener afrikanischer

Kulturen in Amerika (neo-afrikanische Musik; Kubik, 1991, S. 14) sowie
die weitere Ausbreitung und Ausstrahlung regionaler Kulturen innerhalb der Neuen Welt (Kubik & Oliveira Pinto, 1994, Sp. 201).

8. Afrika

Die Unterscheidung zwischen Weißafrika und Schwarzafrika, die auch in
der Ethnomusikologie gebräuchlich ist, verführt dazu anzunehmen, daß
hier zwei streng getrennte Kulturbereiche einander gegenüberstünden:
der eine mehr dem Mittelmeer und dem Nahen Osten zugekehrt, der andere ein geschlossener Block negrider Bevölkerung und Kultur. Diese
Einstellung wird unterstützt, wenn man die Übergänge in Rasse, Sprache, Religion, Kultur und Landschaft betrachtet (Abb. 4).

Hierbei vergißt man aber allzuleicht, daß die Sahara vom 8. Jahrtausend bis etwa 2500 v. Chr. «das größte Bevölkerungszentrum des afrikanischen Kontinents bildete» (Cornevin, 1966, S. 6). Die Sahara war der
grüne Lebensraum negrider neolithischer Großwildjäger und Fischer,
die mit den beiden anderen anthropologischen Blöcken, den Protober-
bern und den Äthiopiern, eine Mischung eingingen. Mit zunehmender
Austrocknung des Gebiets wichen sie hauptsächlich nach Süden aus und
brachten in dem dort von Pygmäen und nichtnegriden Protobuschmän-
nern bewohnten Raum eine Bevölkerungsdynamik in Gang, die es vorher dort wahrscheinlich nicht gegeben hat.

Darüber hinaus verschleiert diese Sicht die Tatsache, daß der sahari-
sche Raum spätestens ab 1500 v. Chr., wahrscheinlich aber schon früher
Beziehungen zum pharaonischen Ägypten hatte. Darauf ist möglicherweise die Ähnlichkeit rezenter afrikanischer Harfenformen mit altägyp-
tischen zurückzuführen.

Auch gerät leicht in Vergessenheit, daß der Islam einerseits über die
alten Karawanenstraßen der Sahara, andererseits von Ägypten aus bis in
den Sudan vordrang und daß arabische Händler in Ostafrika bis weit in
den Süden (Moçambique) ihre Niederlassungen gründeten.

Für die Neuzeit läßt sich festzustellen, daß europäischer Kolonialismus und Sklavenhandel entscheidenden Einfluß auf Geschichte und
Kulturen Schwarzafrikas hatte. Der Rückfluß afro-amerikanischer und
afro-karibischer Kultur im 20. Jahrhundert sowie schließlich die Unabhängigkeit der ehemaligen Kolonien hatten auch Konsequenzen für die

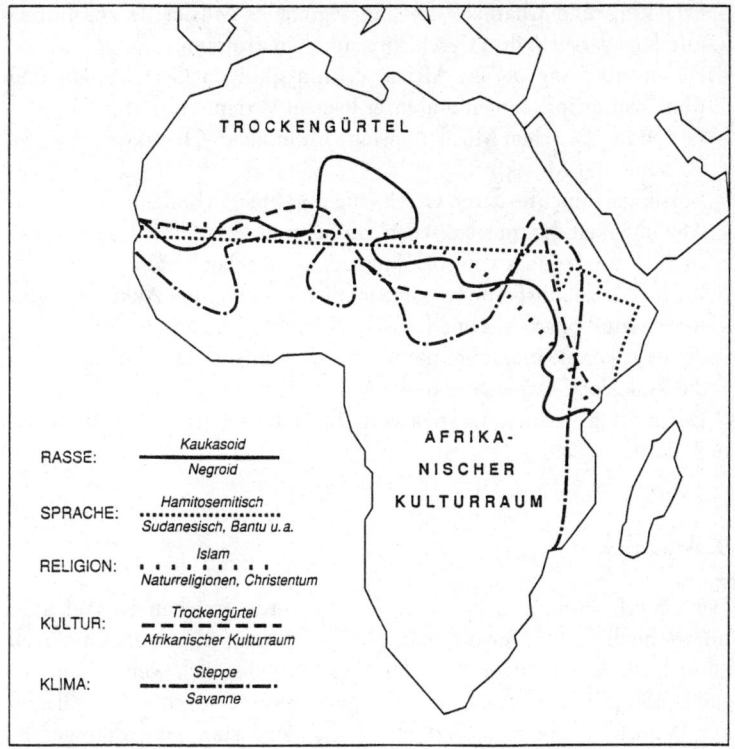

Abbildung 4: Im südlichen Bereich der Sahara verläuft die als afrikanischer Graben bezeichnete Trennungslinie zwischen Rasse, Sprache, Religion, Kultur und Landschaft (nach Reck, 1991, S. 16). Sie verleitet dazu, eine strikte Trennung zwischen Weiß- und Schwarzafrika anzunehmen.

Musik Afrikas. Zu nennen sind ferner die älteren Staatenbildungen (Jacob, 1966, S. 52 f), beginnend mit dem Reich Ghana in Westafrika um 300 n. Chr. bis zum Buganda-Reich des 19. und 20. Jahrhunderts. Wurden die tribalen Ordnungen durch solche «Staatenbildungen» zwar nicht wirklich aufgehoben, so schufen diese in weiten Teilen Afrikas doch die Basis für eine höfische Musik.

Aus dem skizzierten historischen Hintergrund lassen sich die Aufgaben einer modernen Afromusikologie formulieren (s. bes. Kubik & Simon, 1994, Sp. 50–170):

- Erfassung und Charakterisierung regionaler Musikstile zusammen mit dem Versuch, ihre Geschichte zu rekonstruieren;
- Herausarbeitung der in Afrika weithin gültigen Gestaltungs- und Kompositionsprinzipien und ihrer lokalen Varianten;
- Beziehung zwischen Musik und Tanz (motionaler Charakter schwarzafrikanischer Musik);
- Musikinstrumente, deren Geschichte und Spieltechniken;
- Abhängigkeit der musikalischen Erscheinungsform und des gedanklichen Hintergrundes von soziokulturellen Gegebenheiten;
- Kulturwandel, insbesondere hinsichtlich der rezenten Akkulturation;
- Repräsentationsmusik und höfische Musik;
- der Musiker als Individuum und seine Stellung in der Gemeinschaft;
- die Rolle der Geschlechter in der Musik.

Der Beitrag →Schwarzafrika vertieft die hier angeführten Informationen.

9. Ausblick

Der Überblick zeigt, daß die Musik in den Kulturbereichen der Welt sehr unterschiedlich ist. Obwohl man die Erscheinung Musik als universell ansehen muß (→Universalien der Musik), finden sich wenig Gemeinsamkeiten. Musik baut auf den biologisch-physiologischen Grundlagen der Wahrnehmung auf. Letztlich entscheidend sind jedoch die gesellschaftlichen und kulturellen Prozesse, die zu Weltbildern, Wertesystemen und Lebensformen führen (vgl. Brandl & Rösing, 1993, S. 71 f).

In ihren Anfängen war ethnomusikologische Forschung von der Arbeit mitteleuropäischer Musikwissenschaftler dominiert. Die Sichtweise der Forscher war dadurch meist von der abendländischen Musikentwicklung geprägt – allzu leichtfertig wurden Musikkulturen mit der Musik Mitteleuropas verglichen und so implizit unangemessene Wertungen vorgenommen (s. dazu Simon, 1978). Erst während der letzten Jahrzehnte des 20. Jahrhunderts hat sich hier ein grundlegender Wandel vollzogen: In vielen Regionen wurden musikwissenschaftliche Zentren entwickelt, die sich mit Geschichte und Gegenwart der jeweils eigenen Musikkultur beschäftigen (vgl. Myers, 1993), so daß man von einer zweiten Epoche der Ethnomusikologie sprechen kann (s. dazu Weber, 1993, S. 449). Dies ist besonders wichtig, da die Eigenheiten mancher Musik-

stile durch die Allgegenwart abendländischer Musikstilrichtungen ein-
geebnet zu werden drohen (Nettl, 1983).

Dennoch ist die Forschungslage vielfach sehr unbefriedigend. Gelingt
meist noch die Aufarbeitung der geschichtlichen Ursprünge einer Musikkultur, so ist die Beschreibung der Gegenwart mit ihren interkulturellen Wechselbeziehungen besonders schwierig geworden.

Literatur

Ackermann, P. (1986). *Studien zur Koto-Musik von Edo* (Studien zur traditionellen Musik Japans Bd. 4). Kassel: Bärenreiter.

Becker, J. (1975). Kroncong. Indonesian popular music. *Asian Music, 7,* 14–19.

Béhague, G. (1973). Latin american folk music. In Nettl, B. (Hg.), *Folk and traditional music of the western continents* (Prentice Hall History of Music
Series). Englewood Cliffs: Prentice Hall.

Béhague, G. (1994). Amerika. In Finscher, L. (Hg.), *MGG Die Musik in
Geschichte und Gegenwart.* Sachteil Bd. 1 (Sp. 548–567). Stuttgart / Kassel: Metzler / Bärenreiter.

Brandl, R. M. & Rösing, H. (1993). Musikkulturen im Vergleich. In Bruhn, H.,
Oerter, R. & Rösing, H. (Hg.), *Musikpsychologie. Ein Handbuch*
(S. 57–74). Reinbek: Rowohlt (3. Aufl. 1997).

Brandon, J. R. (1967). *Theatre in southeast Asia.* Cambridge, Mass.: Harvard
University Press.

Bühler, J. & Chu, K. S. (1996). Koreas Musikleben in der Neuzeit. In Finscher, L.
(Hg.), *MGG Die Musik in Geschichte und Gegenwart.* Sachteil Bd. 6
(Sp. 746–755). Stuttgart / Kassel: Metzler / Bärenreiter.

Burde, W. (Hg.) (1985). *Korea. Einführung in die Musiktradition Koreas (Weltmusik).* Mainz: Schott.

Chase, G. (1958). *Die Musik Amerikas. Von den Anfängen bis zur Gegenwart.*
Berlin-Halensee: Hesse (Orig. 1955).

Cornevin, R. & M. (1966). *Geschichte Afrikas von den Anfängen bis zur Gegenwart.* Stuttgart: Klett.

Dauer, A. M. (1977). *Der Jazz. Seine Ursprünge und seine Entwicklung* (3. Aufl.).
Kassel: Röth.

Deutsch, W. A. & Födermayr, F. (1992). Zum Problem des zweistimmigen Solo-
gesangs mongolischer und Turkvölker. In Schumacher, R. (Hg.), *Von der
Vielfalt musikalischer Kultur. Festschrift für Joseph Kuckertz* (S. 133–145).
Anif: Müller-Speiser.

Draffkorn-Kilmer & Lawergreen, B. (1997). Mesopotamien. In Finscher, L. (Hg.),
MGG Die Musik in Geschichte und Gegenwart. Sachteil Bd. 6
(Sp. 133–174). Stuttgart / Kassel: Metzler / Bärenreiter.

Eggebrecht, H. H. (1991). *Musik im Abendland. Prozeß und Stationen vom Mittelalter bis zur Gegenwart.* München: Piper.

540 Franz Födermayr

Ellingson, T. (1986). Buddhist musical notations. In Tokumaru, Y. & Yamaguti, O. (Hg.), *The oral and the literate in music* (S. 302–341). Tokyo: Academia Music.

Elscheková, A. (1996). Mehrstimmigkeit in der europäischen Volksmusik. In Finscher, L. (Hg.), *MGG Die Musik in Geschichte und Gegenwart*. Sachteil Bd. 5 (Sp. 1782–1790). Stuttgart/Kassel: Metzler/Bärenreiter.

Estreicher, Z. (1950). Die Musik der Eskimos. *Anthropos, 45*, 659–720.

Fellerer, K. G. (1966). Entwicklungslinien abendländischer Musik. *Studium Generale, 19* (1), 35–43.

Födermayr, F. (1971). *Zur gesanglichen Stimmgebung in der außereuropäischen Musik* (Acta Ethnologica et Linguistica Nr. 24). Wien: Stiglmayr.

Födermayr, F. (1985). Volksmusikforschung am Institut für Musikwissenschaft der Universität Wien zwischen 1965 und 1985. In Deutsch, W. A. (Hg.), *Volksmusikforschung in Österreich 1965–1985* (Schriften zur Volksmusik Bd. 10) (S. 25–35). Wien: Schendl.

Fritsch, I. (1979). *Die Solo-Honkyoku der Tozan-Schule* (Studien zur traditionellen Musik Japans Bd. 4). Kassel: Bärenreiter.

Galpin, F. W. (1902/03). The whistles and reed instruments of the American indians of the north-westcoast. *Proceedings of the Musical Association, 29*, 115–138.

Garfias, R. (1975). *Music of a thousand autumns. The Togaku style of Japanese music*. Berkeley: University of California Press.

Garfias, R. (1985). Zur historischen Erforschung der Musik in Burma. *Beiträge zur Musikwissenschaft, 27*, 130–137.

Giesen, W. (1977). *Zur Geschichte des buddhistischen Ritualgesanges in Japan* (Studien zur traditionellen Musik Japans Bd. 1). Kassel: Bärenreiter.

Gutzwiller, A. (1983). *Die Shakuhachi der Kinko-Schule* (Studien zur traditionellen Musik Japans Bd. 5). Kassel: Bärenreiter.

Hamm, C. (1983). *Music in the New World*. New York: Norton.

Harich-Schneider, E. (1973). *A history of Japanese music*. London: Oxford University Press.

Heins, E. (1975). Kroncong and tanjidor – two cases of urban folk music in Jakarta. *Asian Music, 7*, 20–32.

Herzog, G. (1935). Plains ghost dance and great basin music. *American Anthropologist, 37*, 403–419.

Hickmann, E. (1990). *Musik aus dem Altertum der Neuen Welt*. Frankfurt/M.: Lang.

Hickmann, H. (1961). Vorderasien und Ägypten im musikalischen Austausch. *Zeitschrift der Deutschen Morgenländischen Gesellschaft, 111* (1), N. F. 36, 23–41.

Hood, M. (1972). Music of India. *Handbuch der Orientalistik, 3/6*, 1–27. Leiden/Köln: Brill.

Izikowitz, K. G. (1935). *Musical and other sound instruments of the South American indians*. East Ardsley: S. R. Publ. (Nachdruck 1970).

Jacob, E. G. (1966). *Grundzüge der Geschichte Afrikas* (Grundzüge Bd. 7). Darmstadt: Wissenschaftliche Buchgesellschaft.

Jones, T. A. (1963). The art of didjeridu. *Wattle Ethnic Series, No. 2.*

Kartomi, M. (1998). The impact of nationalism and multinationals on the popular music of Indonesia. In Burlas, L. & Födermayr, F. (Hg.), *Ethnologische, Historische und Systematische Musikwissenschaft* (im Druck). Bratislava: ASCO Art und Science.

Kingman, D. (1990). *American music. A panorama.* New York: Schirmer.

Kirch, P. V. (1997). *The Lapita people. Ancestors of the oceanic world.* Cambridge, Mass.: Blackwell.

Kishibe, S. (1984). *The traditional music of Japan.* Tokyo: Ongaku No Tomo Sha Corp.

Konetzke, R. (1995). *Süd- und Mittelamerika I. Die Indianerkulturen Altamerikas und die spanisch-portugiesische Kolonialherrschaft* (Fischer Weltgeschichte Bd. 22). Frankfurt / M.: Fischer.

Kubik, G. (1991). *Extensionen afrikanischer Kulturen in Brasilien (Forum 13).* Aachen: Alano, Edition Herodot.

Kubik, G. & Oliveira Pinto, T. de. (1994). Afroamerikanische Musik. In Finscher, L. (Hg.), *MGG Die Musik in Geschichte und Gegenwart.* Sachteil Bd. 1 (Sp. 194–261). Stuttgart / Kassel: Metzler / Bärenreiter.

Kubik, G. & Simon, A. (1994). Afrika südlich der Sahara. In Finscher, L. (Hg.), *MGG Die Musik in Geschichte und Gegenwart.* Sachteil Bd. 1 (Sp. 49–194). Stuttgart / Kassel: Metzler / Bärenreiter.

Kunst, J. (1973). *Music in Java. Its history, its theory, and its technique* (3. Aufl.). The Hague: Nijhoff.

Laubenthal, A. (1994). Australien. II: Kunstmusik. In Finscher, L. (Hg.), *MGG Die Musik in Geschichte und Gegenwart.* Sachteil Bd. 1 (Sp. 1974–1978). Stuttgart / Kassel: Metzler / Bärenreiter.

Lee, H. K. (1970). *A history of Korean music.* Seoul: Ministry of Culture and Information.

Leims, T. (1990). *Die Entstehung des Kabuki. Transkulturation Europa-Japan im 16. und 17. Jahrhundert* (Brill's Japanese Studies Library vol. 2). Leiden: Brill.

Lindig, W. (1972). *Die Kulturen der Eskimos und Indianer Nordamerikas* (Handbuch der Kulturgeschichte Abt. 2). Frankfurt / M.: Akademische Verlagsgesellschaft.

Lindig, W. (Hg.) (1981). *Völker der Vierten Welt.* München: Funk / Schöningh.

Lindig, W. & Münzel, M. (92 / 94). *Die Indianer. Kulturen und Geschichte,* Bd. 1 und 2. München: dtv.

Malm, W. P. (1963). *Nagauta. The heart of kabuki.* Rutland / Tokyo: Tuttle.

Manuel, P. (1988). *Popular musics of the non-western world.* Oxford: Oxford University Press.

McAllester, D. P. (1949). *Peyote music* (Bd. 13). New York: Vinking Fund Publ. in Anthropology.

McPhee, C. (1966). *Music in Bali. A study in form and instrumental organisation in Balinese orchestral music.* New Haven: Yale University Press.

Merwe, P. van der (1989). *Origins of the popular style. The antecedents of the twentieth-century popular music.* Oxford: Claredon Press.

Messner, G. F. (1980). Das Reibholz von New Ireland Manu Taga Kul Kas. *Studien zur Musikwissenschaft, 31,* 221–312.

Morton, D. (1976). *The traditional music of Thailand.* Berkeley: University of California Press.

Myers, H. (Hg.). (1992). *Ethnomusicology. Bd. 1: An introduction.* New York: Norton.

Myers, H. (Hg.). (1993). *Ethnomusicology. Bd. 2: Historical and regional studies.* New York: Norton.

Nebesky-Wojkowitz, R. de. (1976). *Tibetan religious dance. With an appendix by W. Graf.* The Hague: Mouton.

Nettl, B. (1960). Lateinamerikanische Volksmusik. In Blume, F. (Hg.), *MGG Die Musik in Geschichte und Gegenwart,* Bd. 8 (Sp. 292–304). Kassel: Bärenreiter.

Nettl, B. (1983). *The study of ethnomusicology. Twenty-nine issues and concepts.* Urbana: University of Illinois Press.

Nettl, B. (1996). Indianer: Nordamerika I–V. In Finscher, L. (Hg.), *MGG Die Musik in Geschichte und Gegenwart.* Sachteil Bd. 4 (Sp. 612–627). Stuttgart / Kassel: Metzler / Bärenreiter.

Oesch, H. (1984/87). *Außereuropäische Musik, Teil 1/2* (Neues Handbuch der Musikwissenschaft Bde. 8/9.) Laaber: Laaber.

Oesch, H. (o. J.). *The senoi of Malacca. An anthropology of south-east Asian music.* Kassel: Bärenreiter, Musicaphon BM 30 L 2561.

Ortolani, B. (1990). *The Japanese theatre. From shamanistic ritual to contemporal pluralism* (Handbuch der Orientalistik, 5/2/1). Leiden: Brill.

Pratt, K. (1987). *Korean music. Its history and its performance.* London: Faber.

Ramseyer, U. (1970). *Soziale Bezüge des Musizierens in Naturvolkkulturen.* München: Francke.

Reck, D. (1991). Musik der Welt. Hamburg: Rogner & Bernhard (Orig. New York 1977).

Roseman, M. (1984). The social structuring of sound: The temiar of peninsular Malaysia. *Ethnomusicology, 28,* 411–445.

Schmitz, H. E. (1994). *Satsumabiwa. Die Laute der Samurai und ihre instrumentalen Spielstücke danpo.* Kassel: Bärenreiter.

Schneider, M. (1934). *Geschichte der Mehrstimmigkeit.* 1. Teil. Berlin: Bard.

Seeger, A. (1996). Indianer: Mittel- und Südamerika. In Finscher, L. (Hg.), *MGG Die Musik in Geschichte und Gegenwart.* Sachteil Bd. 4 (Sp. 631–651). Stuttgart / Kassel: Metzler / Bärenreiter.

Shiloah, A. (1994). Mittel- und Südamerika. In Finscher, L. (Hg.), *MGG Die Musik in Geschichte und Gegenwart.* Sachteil Bd. 1 (Sp. 686–766). Stuttgart / Kassel: Metzler / Bärenreiter.

Siddons, J. (1977). A librarian's guide to musical Japan. *Fontis Artis Musicae, 24,* 59–68.

Simon, A. (1978). Probleme, Methoden und Ziele der Ethnomusikologie. *Jahrbuch für Musikalische Volks- und Völkerkunde, 9,* 8–52.

Simon, A. (1996). Mehrstimmigkeit. II: Systematische Darstellung. In Finscher, L. (Hg.), *MGG Die Musik in Geschichte und Gegenwart.* Sachteil Bd. 5 (Sp. 1768–1772). Stuttgart / Kassel: Metzler / Bärenreiter.

Smaele, G. de. (1981). *Banjo a cinq cordes: Histoire et informations pratiques à-propos de la documentation* (The Brussels Museum of Musical Instruments Bulletin 11). Buren: Knuf.

Song, B.-S. (1976). *Komun'go-sanjo. An analytical study of a style of Korean folk instrumental music.* Ann Arbor: University Microfilms.

Stockmann, D. (Hg.). (1991). *Volks- und Popularmusik in Europa* (Neues Handbuch der Musikwissenschaft Bd. 12). Laaber: Laaber.

Tamura, F. (1977). The tone and scale system of Sunda. In Koizumi u. a. (Hg.), *Asian musics in an Asian perspective* (S. 64–72). Tokyo: Heibonsha.

Turnbull, H. (1977). The genesis of carvel-built lutes. *Musica Asiatica, 1,* 75–84.

Vetter, R. (1989). A retrospect on a century of Gamelan tone measurement. *Ethnomusicology, 33,* 217–227.

Villiers, J. (1965). *Südostasien vor der Kolonialzeit* (Fischer Weltgeschichte Bd. 18). Frankfurt / M.: Fischer.

Vitale, R. (1982). La musique suméro-accadienne. *Ugarit-Forschungen, 14,* 242–263.

Weber, M. (1993). *Zum Wandel der Ethnomusikologie* (Studien zur Musikwissenschaft) (S. 441–450). Tutzing: Schneider.

Wernhart, K. R. (1992). Aspekte der Kulturgeschichte Polynesiens. In Peter, H. (Hg.), *Polynesier, Vikinger der Südsee. Ausstellungskatalog* (S. 53–88). Wien: Museum für Völkerkunde.

Wild, S. (1994). Australien. In Finscher, L. (Hg.), *MGG Die Musik in Geschichte und Gegenwart.* Sachteil Bd. 1 (Sp. 1052–1069). Stuttgart / Kassel: Metzler / Bärenreiter.

Wiora, W. (1958). Der Untergang des Volksliedes und sein zweites Dasein. *Musikalische Zeitfragen, 7,* 9–25.

Zemp, H. (1995). *Écoute la bambou qui pleure.* Paris: Gallimard.

Martin Greve
Die Türkei als Beispiel für islamische Musikkultur

1. Einleitung

Wie in kaum einem anderen Land zeigen sich in der Türkei die Brüche und Identitätskonflikte einer modernen islamisch geprägten Musikkultur. Zum einen gibt es die Kategorie «türkische Musik» nicht: Darunter kann lediglich zusammengefaßt werden, was in der Türkischen Republik an Musik praktiziert wird. Versuche, aus der unübersichtlichen Vielfalt eine tatsächlich «türkische» Musik herauszulösen, erweisen sich als musikwissenschaftlich unhaltbar und politisch gesehen als nationalistisch. Zum anderen wurde die originäre Musik des Landes frühzeitig von der abendländischen Musik beeinflußt. Dieser Einfluß begann spätestens mit dem Untergang des Osmanischen Reiches nach dem Ersten Weltkrieg und dauert bis heute an (s. Greve, 1995).

Unmittelbar nach der Ausrufung der Türkischen Republik 1923 wurde Musik, und zwar abendländische Musik, zum Pflichtfach an allen Schulen. Vorbild für die Verknüpfung der beiden musikalischen Bereiche wurde Béla Bartók, der 1936 auf Einladung der türkischen Regierung Anatolien bereiste, um seine Methoden von musikethnologischer Feldforschung und Dokumentation zu demonstrieren. Ahmet Adnan Saygun (1907–1991), der Bartók bei seiner Feldforschung begleitet hatte, wurde zum einflußreichsten Kulturberater der türkischen Regierung und gleichzeitig zum erfolgreichsten Komponisten des Landes.

Während anatolische («türkische») und abendländische Musik während der 20er und 30er Jahre aufgewertet wurden, galt orientalische Musik, vor allem die hochentwickelte Hofmusik der Osmanen, als veraltet und war kulturpolitisch unerwünscht. Das Musikleben der Türkei glich sich dem der europäischen Länder an. Bereits im Jahr 1917 war in Istanbul ein erstes Musikkonservatorium gegründet worden, seit 1908 bestanden private Musikgesellschaften, die sich in den 20er Jahren zu Musikschulen entwickelten. 1936 entstand in Ankara die Musikakademie – das spätere Konservatorium –, 1953 ein weiteres in Izmir; 1927 wurde der Rundfunk Istanbul gegründet, 1939 der von Ankara.

Bis in die Gegenwart sind diese Prozesse der Europäisierung, der Institutionalisierung sowie des Ausbaus der Massenkommunikation im türkischen Musikleben spürbar: In den 60er Jahren verbreiteten die Musikkassetten westliche Popmusik bis in die Dörfer Anatoliens. In den 70er Jahren wurden weitere Musikkonservatorien in immer weiter östlich gelegenen anatolischen Städten gegründet und gleichzeitig das Rundfunk- und Fernsehnetz landesweit ausgebaut.

Ende der 70er Jahre änderte der türkische Staat jedoch sein jahrzehntelang ablehnendes Verhältnis gegenüber der osmanischen Kunstmusik. Dieser nun «klassische türkische Musik» genannte Stil hatte sich mittlerweile unter dem Einfluß europäisch-romantischer Musikästhetik stark verändert. Er galt dennoch als nationales türkisches Erbe und wurde durch staatliche Ensembles und Konservatorien finanziell gefördert.

Gegenwärtig sind zwei anscheinend gegensätzliche Tendenzen zu beobachten: das Aufblühen islamischer Musik, verbunden mit einem Wiederaufleben osmanischer Musiktraditionen, sowie andererseits die Entstehung einer stark westlich orientierten Jugendmusikkultur mit Videoclips, Diskotheken und einer Vielzahl neuer Popularmusikstile von «Popmüzik» über Heavy Metal bis HipHop.

2. Tendenzen der Forschung

Bis in die 1980er Jahre war die musikalische Türkeiforschung von wenigen Einzelpersönlichkeiten geprägt (im Überblick Greve, 1995). Das Buch von Laurence Picken (1964) über Volksmusikinstrumente der Türkei ist bis heute ein Standardwerk der musikethnologischen Instrumentenkunde geblieben ist. In Deutschland bestimmten zwischen den 50er und 80er Jahren Kurt und Ursula Reinhard das Bild von türkischer Musik (Reinhard & Reinhard, 1984; Reinhard & Pinto, 1989). Im Zuge der allgemeinen Europäisierung entwickelte sich auch in der Türkei aus der osmanischen Musiktheorie eine moderne Musikwissenschaft. Rauf Yekta (1871–1935), Suphi Ezgi (1869–1962) und Hüseyin Sâdettin Arel (1880–1955) waren in erster Linie bemüht, das osmanische Musikerbe zu kodifizieren und zu bewahren. In den 80er Jahren schließlich traten jüngere Wissenschaftler in Erscheinung (Cem Behar, Onur Akdogu, Bülent Aksoy, Murat Bardakci u.a.), die Musik nach den Vorstellungen internationaler Musikwissenschaft erforschen.

Heute sind fünf Forschungsrichtungen erkennbar:

1. Die musikethnologische Erforschung anatolischer Volksmusiktraditionen, wie sie vor allem Reinhard und türkische Forscher der Bartók-Nachfolge betrieben hatten (etwa Halil Bedii Yönetken, Muzaffer Sarisözen, Ethem Ruhi Üngör), wird ungebrochen weitergeführt (z.B. Reiche, 1970; Brenner, 1992). Jüngere Arbeiten thematisieren Modernisierungsprozesse der Volksmusik (Markoff, 1986).

2. Die Entwicklung der Popularmusik in der Türkei stellt ein junges, aber ergiebiges Forschungsfeld dar (Stokes, 1992), auf dem heute türkische Autoren dominieren (Nazife Güngör, Akin Ok, Orhan Tekelioglu).

3. Noch stärker ist die Dominanz türkischer Wissenschaftler bei der Erforschung westlich-türkischer Kunstmusik, die von der internationalen Musikwissenschaft weitgehend ignoriert wird. Bis auf wenige Ausnahmen liegen ausschließlich türkischsprachige Arbeiten vor (Akdemir, 1991; Say, 1993).

4. Der makam-Begriff (arab.: maqam) der traditionellen vorderorientalischen Kunstmusik stand lange unangefochten im Zentrum musikwissenschaftlicher Aufmerksamkeit (Touma, 1968; Oransay, 1966; Signell, 1977). Mittlerweile sind die regionalen Eigenentwicklungen vorderorientalischer Kunstmusik stärker in den Vordergrund gerückt.

5. Schwerpunkt gegenwärtiger Forschung bildet die Geschichte osmanischer Hofmusik. Zahlreiche Notensammlungen und theoretische Traktate des 17. bis 19. Jahrhunderts wurden in den letzten Jahren wissenschaftlich erschlossen (Feldmann, 1992, 1993, 1996; Jäger, 1996 b). Vor allem auf türkisch sind darüber hinaus immer wieder Arbeiten über die Musik der Janitscharen (mehterhâne) erschienen (Jäger 1996 a).

3. Die Beziehung des Islam zur Musik

Auch in der modernen Türkei wird das Musikleben vom Islam wesentlich mitbestimmt. Musik ist in der islamischen Theologie ein umstrittener Begriff (Braune, 1996). Zwar findet sich im Koran selbst kein eindeutiges Verbot von Musik, einzelne Stellen jedoch (etwa 31. Sure Luqman, Vers 6) lassen sich in Verbindung mit Überlieferungen (hadit) von Aussprüchen und Handlungen des Propheten Mohammed (um 570–632 n. Chr.) als gegen Musik gerichtet interpretieren. Spätestens seit dem 9. Jahrhundert n. Chr. entstanden polemische Schriften, die die Sinnlichkeit von Musik angriffen (etwa Damm al-malahi, «Die Mißbilligung der Musikinstrumente» von Ibn ad-Dunya, gest. 894). Als generell noch am unverfänglichsten galt die menschliche Stimme, daneben die Rahmentrommel (def, bendir, arab.: duff), die in vielen religiösen Vokalformen als Begleitinstrument dient.

Unter den wechselnden politischen, theologischen und sozialen Bedingungen islamischer Gesellschaften wurde Musik unterschiedlich gehandhabt. Am osmanischen Hof bestanden stets enge Verbindungen zwischen islamischen Geistlichen und Hofmusikern, und unter den Komponisten der Hofmusik finden sich auch Kalifen (etwa Mahmud I., 1739–1754, oder Selim III., 1789–1807) sowie ein seyhülislam (höchster islamischer Richter des Reiches, Ebuishakzade Esad, 1685–1753). Vor allem auf dem Land ist heute noch die Auffassung verbreitet, daß sich Musik für einen frommen Moslem nicht schicke.

Selbst die Frage, ob eine islamisch-liturgische Musik existiert, ist umstritten. Theologen halten den Ausdruck Musik für ausschließlich weltlich und betrachten liturgische Gattungen als Sprache. Rein klanglich stehen jedoch Gebetsruf (ezan, arab.: adan) und Koranrezitation (tecvid, arab.: tagwid) mit der genau festgelegten Aussprache dem makam-gebundenen Kunstgesang nahe (s. später). Außerdem gibt es verschiedene Hymnenformen, die in Moscheen oder während sufistischer Zeremonien gesungen werden können.

4. Musik im Sufismus

Sufismus (tasavvuf) ist eine Sammelbegriff, der verschiedene Richtungen des mystischen Islam zusammenfaßt. In sogenannten zikr-Zeremonien (arab.: dikr, wörtlich: Erinnerung) versuchen Sufis durch Gebete, spezielle Atemtechniken, Trommelrhythmen und Gesang zu einer inneren Einheit mit Gott zu finden. Musikalisch waren im Osmanischen Reich vor allem die Mevlevi bedeutsam, von denen viele als Hofmusiker beschäftigt waren. Die öffentlichen religiösen Tänze der Mevlevi sind in zahllosen europäischen Reiseberichten beschrieben und auch musikwissenschaftlich häufig untersucht worden. Begleitet wurden die Tänze von offenen Längsflöten (ney) sowie Kesselpauken (kudüm). Die zyklische Folge der Musikstücke steht der höfischer Kunstmusik (fasil) nahe.

Im 20. Jahrhundert gingen aus der Tradition der Mevlevi sowohl die moderne türkische Musiktheorie hervor als auch die großen Noten-sammlungen der 30er und 40er Jahre, die Hauptquellen der heutigen klassischen türkischen Musik. 1925 wurden die Mevlevi verboten. Erst 1953 durften sie ihre Tänze wieder öffentlich aufführen.

5. Musik im Alevismus

Der anatolische Alevismus (wörtlich «Verehrer von Ali», dem Schwie-gersohn des Propheten Mohammed) bildet ein eigenständiges islami-sches Glaubensbekenntnis. Historisch gesehen entstand der Alevismus als Zweig des Schiismus. Unter dem Einfluß der sufistischen Lehre des volkstümlichen anatolischen Mystikers Haci Bektas (13. / 14. Jahrhun-dert) entwickelte sich der Alevismus jedoch weitgehend unabhängig wei-ter und unterscheidet sich heute deutlich sowohl vom schiitischen Islam (wie er etwa im Iran praktiziert wird) als auch vom sunnitischen (zu dem sich etwa vier Fünftel aller türkischen Staatsangehörigen bekennen).

Die wichtigste religiöse Zeremonie einer alevitischen Gemeinde ist die sogenannte âyin-î-cem-Versammlung. Direkt neben dem religiösen Führer (dede) sitzt dabei ein Sänger, der zugleich eine Langhalslaute (ba-glama) spielt. Im Verlauf einer âyin-î cem singt er das Glaubensbekennt-nis (ikrar) sowie sozialkritische oder religiöse Lieder. Den Höhepunkt bilden die Tänze (semah) ausgewählter Gemeindemitglieder, die als kol-lektive Gebete gelten. Infolge der großen Bedeutung von Musik im ale-vitischen Kult haben Aleviten tendenziell ein engeres Verhältnis zu Mu-sik als Sunniten.

6. Volksmusik in Anatolien

Auch am Ende des 20. Jahrhunderts wird in Anatolien Volksmusik in einer kaum überschaubaren Vielfalt gepflegt. Je nach Region zeigen sich dabei viele kaukasische, russische, arabische, griechische oder bul-garische Einflüsse. Hinzu kommen die Volksmusikstile von 47 ethnischen Minderheiten. Die wichtigsten Anlässe für Musik und Tanz in anatolischen Dörfern sind Beschneidungs- und Hochzeitsfeiern. Die Gastgeber engagieren dazu professionelle Musiker, meist Zigeuner (cin-

gene), mit Zylindertrommel (davul) und Kegeloboe (zurna) – eine Instru-
mentenkombination, die in ganz Asien, auf dem Balkan und in Nordafrika verbreitet ist. In der Westtürkei sind heute auch Instrumente wie
Klarinette (türkische Metall-Klarinette in g oder europäische Standard-
typen), Violine, das Banjo-ähnliche cümbüs und die becherförmige
Handtrommel aus Ton oder Aluminium (darbuka bzw. dümbelek) verbreitet. An der Schwarzmeerküste begleitet man Tänze meist auf der gestrichenen Kastenlaute (kemence) oder auf dem Dudelsack (tulum).
Schließlich gibt es auch Tanzlieder, zu deren rhythmischer Begleitung
die Umstehenden einfach mit den Händen klatschen. Häufig werden
Tänze durch additive Rhythmen (aksak, wörtlich: hinkend) wie 5er, 7er
oder 9er begleitet.

Charakteristisch für ganz Anatolien sind *Gruppentänze*, bei denen
sich die Tänzer entweder an den Händen fassen oder einander die Arme
auf die Schultern legen. Der am Rand tanzende Anführer hält dann oft
ein Tuch in der freien Hand und winkt damit. Bei Volkstänzen lassen sich
folgende Stilregionen mit jeweils typischen Tänzen unterscheiden:
Thrakien (hora, karsilama, sirto), Westanatolien (zeybek), Südanatolien
(kasik oyunu), Zentral- und Südostanatolien (halay), Ostanatolien (bar),
Schwarzmeerküste (horon, kasik oyunu). Der ciftetelli wird in der
gesamten Türkei getanzt.

Volkslieder (der verbreitetste allgemeine Terminus lautet türkü) genießen in der Türkei heute hohes Ansehen. Türkü können zu den
verschiedensten Anlässen gesungen werden, z.B. bei Hochzeiten, als
Abschiedsklage der Braut (gelin aglatmasi) oder ihrer Mutter, zur Begleitung dörflicher Arbeit, als Klagelieder bei Trauerfällen (agit) oder als
Wiegenlieder (ninni). Türken kennen meist ein großes Repertoire an
Volksliedern – freilich oft aus dem Fernsehen oder von Kassetten. Neben
den türkü sind vor allem für Ostanatolien uzun hava (wörtlich: lange
Melodien) typisch, lange, rhythmisch freie Melodien, die mit sehr hoher
und gepreßter Stimme gesungen werden.

Das bei weitem populärste Volksmusikinstrument der Türkei ist die
Langhalslaute (saz). Wörtlich bedeutet saz «Musikinstrument», um-
gangssprachlich wird das Wort aber für Langhalslauten benutzt; für die
verschiedenen Größen gibt es spezielle Bezeichnungen. Die Anzahl der
Bünde liegt üblicherweise zwischen 14 und 26, auf dem Land sind es
meist weniger, bei modernen Virtuoseninstrumenten dagegen oft wesentlich mehr. Angeschlagen wird die saz mit einem Plektron, Mittel-

und Ringfinger der rechten Hand können außerdem auf der Decke des Instruments eine rhythmische Begleitung klopfen.

Eine besondere Position innerhalb anatolischer Volksmusik nimmt die Tradition der asik ein. Dieser Ehrentitel bezeichnet Dichtersänger, die eigene religiöse oder aktuell-politische Gedichte singen. Die Melodien der asik-Lieder sind aus regional unterschiedlichen Floskeln zusammengesetzt, manche klingen fast wie rezitiert, andere werden sehr kunst- und vor allem gefühlvoll gesungen. Die meisten asik begleiten sich auf großen saz-Lauten.

In jüngster Zeit scheint sich unter dem Einfluß von Massenmedien und Konservatorien für türkische Volksmusik eine allmähliche Vereinheitlichung der regional vielfältigen Traditionen zu entwickeln. Im Zuge dieses Prozesses wird aus den ehemals dörflichen Traditionen einerseits ein professionell vermarkteter Popularmusikstil, andererseits eine hochkultivierte, elitäre «Kunst-Volksmusik». Dazu hat sich sogar eine Musiktheorie entwickelt, deren Konzepte aus der traditionellen Kunstmusik abgeleitet sind.

Über die Musik der 47 ethnischen Minderheiten der Türkei ist nur wenig bekannt. Zahlenmäßig am bedeutendsten sind die Kurden. Typisch für Feiern in kurdischen Dörfern sind vor allem Gruppentänze. Meist singen die Tänzer selber, kurze enge Melodien, die endlos wiederholt werden. In anderen Fällen spielen Trommel und Oboe (kurd.: dahul-u-zurna). Außer dieser Tanzmusik kennt die kurdische Volksmusik auch epische Lieder sowie eine reiche Instrumentalmusik.

Weiterhin leben in der Türkei verschiedene nichtmoslemische Minderheiten – syrisch-orthodoxe, armenische und griechische Christen mit sehr alten Liturgien und einer reichen, aber noch kaum erforschten Volksmusik. In den westanatolischen Großstädten sind etwa 40000 sephardische Juden ansässig, Nachkommen von Flüchtlingen aus dem Spanien des 15. Jahrhunderts, deren Volksmusik durch die Vermischung altspanischer mit osmanischen Traditionen geprägt ist. Die liturgische jüdische Musik der Türkei scheint sich im Laufe der Jahrhunderte allmählich osmanischer Kunstmusik angeglichen zu haben.

7. Vom Hof in den Konzertsaal

Die Kunstmusik des Vorderen Orients verbindet von Marokko über Ägypten, Syrien, die Türkei, den Iran bis ins zentralasiatische Usbekistan und in die westchinesische Provinz Xinjiang eine Reihe grundsätzlicher Gemeinsamkeiten. Die reich ornamentierte Melodik der Vokalkultur ist durch das makam-Modalsystem strukturiert. Ein bestimmter makam wird durch seine Grundskala bestimmt, durch die Hierarchie seiner tonalen Zentren (Signell 1977), eine feste melodische Entwicklungstendenz, häufig auch stereotype Floskeln sowie typische Modulationen. Metrisch freie Improvisationen wechseln mit unterschiedlich langen rhythmischen Trommelpatterns (usul, arab.: wazn). Die Sänger werden durch kleine Ensembles heterophon begleitet.

Die Instrumente sind im gesamten Kulturraum weitgehend einheitlich. In osmanischer Tradition wurden verwendet: offene Längsflöte (ney), Kastenzither (kanun), Kurzhalslaute (ud), Langhalslaute (tanbur, wenn gestrichen: yayli tanbur), Violine (keman), gestrichene Schalenlaute (kemence).

Der überwiegende Anteil vorderorientalischer Kunstmusik ist komponiert, und vor allem osmanische Komponisten sind in der Regel namentlich und biographisch bekannt. Als älteste osmanische Komponisten gelten Sultan Korkut (1467–1513) und Gazi Giray Han (1554–1607). Die meisten Stücke des heutigen Repertoires stammen aus dem 17. bis 20. Jahrhundert. Berühmt sind Mustafa Itrî (gest. 1712), Ebû Bekir Aga (gest. 1759), Zekai Dede (gest. 1897). Zum Ende des 20. Jahrhunderts gelten Alaaddin Yavasca (geb. 1927) und Avni Anil (geb. 1928) als bedeutend.

Sowohl die einzelnen Liedformen als auch die Liedzyklen (fasil) insgesamt haben dabei zahlreiche historische Umgestaltungen erfahren. Im Laufe des 20. Jahrhunderts wurde einerseits innerhalb der Zyklen, die ursprünglich in nur einem makam standen, immer häufiger in andere makame moduliert. Andererseits wurden die langen Liedformen (kar, beste) durch die kürzeren sarki verdrängt.

Wie in vielen arabischen Staaten wurde auch in der Türkei die einst übernationale Kunstmusiktradition – am osmanischen Hof hatten auch viele armenische, griechische und jüdische Musiker gewirkt – zum nationalen türkischen Erbe (klassische türkische Musik) umgedeutet. Dabei wuchsen die Ensembles zu großen symphonischen Orchestern an, und anstelle des expressiven Sologesangs traten kunstvoll sublimierte Interpretationen durch große gemischte Chöre. Klangideal und Ästhetik dieser Stilrichtung orientierten sich an europäischer Kunstmusik. Gleichzeitig zweigten sich aus der alten Kunstmusiktradition verschiedene populäre Stile (fasil müzik, sanat müzik) ab, die Elemente von Bauchtanzmusik und Schlager aufnahmen. Vor allem aus dem kulturellen Erbe der Mevlevi (s. o.) speist sich darüber hinaus eine elitäre sufistische Kunstmusik.

Die Musiktheorie des Vorderen Orients (ilm-i Mûsikî, arab.: ilm al-musiqa) entstand spätestens im 9. Jahrhundert. Sie war von Anfang an stark von der griechischen Antike beeinflußt. Bedeutende Theoretiker waren etwa Al-Farabi (gest. 950), Safi al-Din Urmawi und Qutb al-Din Shirâzî (13. Jahrhundert) oder Meragali Abdülkader (Abd al-Qadir Marâghî ibnu Ghaibî, gest. 1435). Hielten Musikethnologen die osmanische Musiktheorie lange für stagnierend, so haben jüngere Forschungen deutlich gemacht (Jung 1989, Feldmann 1992), daß spätestens mit der Schrift des Dimitrius Kantemir (1673–1723) um 1700 ein völlig neuartiges, erstmals praxisorientiertes Theoriekonzept aufkam.

In der zeitgenössischen türkischen Musiktheorie gilt das sogenannte nichttemperierte 24-Ton-System als etabliert. Es teilt den Ganzton (204 cents) in neun gleich große Intervalle, sogenannte koma von etwa 22,6415 cents, wobei jedoch die Intervalle aus 2, 3, 6 oder 7 koma nicht verwendet werden. Die Grundskala des Systems, cargah, lautet (in cent:)
204 204 90 204 204 204 90 (in koma-Angaben: 9 9 4 9 9 9 4)

Die ausübenden Musiker jedoch verwenden mehr Intervalle, als sie das System vorsieht. Bei einigen makamen herrschen unterschiedliche Auffassungen über die korrekte Intonation bestimmter Tonstufen.

8. Musik der Janitscharen (mehterhâne)

Militärmusik gab es offenbar bereits in den ersten türkischen Nomadenstaaten Zentralasiens im 8. Jahrhundert, und auch die frühen türkischen Fürstentümer Anatoliens pflegten ähnliche Traditionen. Im Osmanischen Reich war seit dem 17. Jahrhundert für Militärmusik der Begriff mehterhâne in Gebrauch, in Europa jedoch wurde sie unter dem Namen Janitscharenmusik bekannt (Jäger, 1996a).

Spätestens seit dem 16. Jahrhundert wurde ihre Musik an europäischen Höfen imitiert, woraus sich im 18. Jahrhundert der Alla-turca-Stil entwickelte. Ein osmanisches mehterhâne-Ensemble umfaßte jeweils mehrere der folgenden Instrumente: Kegeloboe (zurna), Messingtrompete (boru), Beckenpaar (zil), Zylindertrommel (davul), Kesselpaukenpaar (nakkare) und Schellenbaum (cagana). Die ältesten Komponistennamen sind aus dem 16. Jahrhundert überliefert (Hasan Cin Celebi um 1490–1567; Tartar Gazi Giray Han 1554–1607).

1826 wurde ihre Musik mitsamt den Janitschareneinheiten im Zuge von Militärreformen abgeschafft und erst knapp hundert Jahre später, im Jahre 1914, wiederbelebt. Die meisten Janitscharenmärsche, die heutige Ensembles als politisch-nationalistische Wahrzeichen für vergangene türkische Größe spielen, stammen aus dem 20. Jahrhundert.

9. Westliche mehrstimmige Musik

Mit dem Ende der mehterhâne begann im Osmanischen Reich der Aufstieg westlicher Musik. 1826 wurde Guiseppe Donizetti (1788–1856) Leiter einer neugegründeten, europäisch ausgerichteten Militärmusikkapelle. Spätestens in der zweiten Hälfte des 19. Jahrhunderts gab es am osmanischen Hof sowie im Istanbuler Christenviertel Beyoglu / Pera bereits regelmäßige Opern- und Operettenaufführungen.

Mit der Gründung der Türkischen Republik 1923 begann die nachdrückliche Förderung der westlichen Musik: Junge Musiker wurden zum Studium nach Paris, Wien, Prag und Berlin geschickt. 1934 wurde Paul Hindemith mit der Organisation eines Ausbildungssystems für Musiker in der Türkei beauftragt. Die bekanntesten Komponisten dieser Zeit waren Cemal Resit Rey (1904–1985), Ahmet Adnan Saygun (1907–1991), Ulvi Cemal Erkin (1906–1972), Necil Kazim Akses (geb. 1908) und Hasan Ferit Alnar (1906–1978). Vor allem «Yunus Emre Oratoryosu» (1942, von Saygun, nach Texten eines anatolischen Mystikers des 14. Jahrhunderts) machte diese neue türkische Musik auch international bekannt.

In den 50er Jahren entstanden die ersten türkischen Zwölfton-Kompositionen (z. B. 1952 von Ilhan Usmanbas, geb. 1921), später folgten Klangkomposition und elektronische Musik (Bülent Arel, 1919–1991; Ilhan Mimaroglu, geb. 1926). Andere Komponisten wie Okan Demiris (geb. 1942), Bülent Tarcan (1914–1991), Ferid Tüzün (1929–1977) oder

Ilhan Baran (geb. 1934) beharrten auf der Verbindung anatolischer Volksmusik mit westlichen Satztechniken.

Heute leben in der Türkei auch eine Reihe international geachteter Dirigenten (Hikmet Simsek, geb. 1924), Instrumentalsolisten (Suna Kan, geb. 1936, Violine; Idil Biret, geb. 1942, Klavier) sowie Musikhistoriker und -kritiker (Faruk Yener, geb. 1923; Önder Kütahyali, geb. 1936; Filiz Ali, geb. 1937; Evin Ilyasoglu, geb. 1951).

10. Populäre Musik

Am deutlichsten zeigt sich der starke westliche Einfluß in der populären Musik. Die meisten der zahlreichen populären Stile sind Verbindungen orientalischer mit westlicher Musik.

Populäre Volksmusik in schlagerähnlichen Arrangements wird z. B. von Burhan Cacan und Mahsun Kirmizigül angeboten. In höfischer Tradition steht die sanat müzik: Die leichten sarki-Lieder werden von oft exzentrischen Sängern und Sängerinnen gesungen (z. B. Zeki Müren, Bülent Ersoy, Ebru Gündes).

Um 1970 entstand eine Mischung aus anatolischer Volksmusik, westlichem Schlager, ägyptischer Filmmusik und libanesischen Arrangements, die unter dem Begriff arabesk bekannt wurde (z. B. Orhan Gencebay, Ibrahim Tatlises, Ferdi Tayfur).

In teuren Restaurants findet man oft Musik von Sängern mit Keyboard-Begleitung (taverna; z. B. Cengiz Kurtoglu).

Chansons mit politischem oder auch poetischem Charakter werden özgün müzik genannt. Wörtlich heißt dies «eigene Musik» (z. B. Ahmet Kaya, Grup Yorum).

Rockmusik gibt es in türkischen Großstädten seit den 60er Jahren (z. B. Cem Karaca, Erkin Koray etc.). Seit etwa 1990 entsteht mit popmüzik erstmals in der Türkei ein Stil, der musikalisch der internationalen Popmusik nahesteht. «Popmüzik» eignet sich insbesondere zum Tanzen in den ebenfalls neuen türkischen Diskotheken (z. B. Sezen Aksu, Tarkan, Mirkelam, Mustafa Sandal).

11. Zusammenfassung und Ausblick

Noch vor 80 Jahren war Istanbul als Sitz des Kalifen das politische und kulturelle Zentrum der islamischen Welt. Heute dagegen läßt sich die Türkei keinem Kulturraum mehr eindeutig zuordnen. Vielmehr sind für die unterschiedlichen Musikbereiche verschiedene Kulturräume erkennbar, die sich überdies historisch verschieben.

Betrachtet man die klassische türkische Musik, so verbindet sich ihre Geschichte zwar mit arabischer und iranischer Kultur, ihre gegenwärtige Ästhetik aber steht europäischen Vorstellungen nahe. Anatolische Volksmusikstile dagegen zeigen je nach Region Verbindungen zu den verschiedenen Nachbarländern der Türkei, nach Bulgarien, Griechenland, Rußland, dem Kaukasus, Syrien oder dem Iran. Viele Elemente anatolischer Musik erinnern an zentralasiatische Volksmusik. Islamische Musik wiederum ist heute von der zunehmenden Globalisierung auch der islamischen Welt geprägt.

Die Entwicklung der Türkei erweist sich als exemplarisch für den gesamten islamisch-vorderorientalischen Kulturraum: Der Einfluß der abendländischen Kultur führt zu Auflösungstendenzen von Kulturformen, denen traditionalistische Islamisten entgegenzuwirken versuchen.

Zwei Millionen türkische Staatsangehörige leben zum Ende des 20. Jahrhunderts in Deutschland. Angesichts der geschilderten Zersplitterung des türkischen Musiklebens tut sich die deutsche Öffentlichkeit besonders schwer bei der Rezeption und kulturellen Integration türkischer Musik. Die Entwicklung eines neuen Modelles zur Beschreibung dieses islamisch-vorderorientalischen Kulturraumes ist deshalb dringend notwendig.

Literatur

Akdemir, H. (1991). *Die neue türkische Musik.* Berlin: Hitit.

Braune, G. (1996). Islam. In Finscher, L. (Hg.), *MGG Die Musik in Geschichte und Gegenwart.* Sachteil Bd. 4 (Sp. 1205–1211). Stuttgart / Kassel: Metzler / Bärenreiter.

Brenner, K.-P. (1992). *Dörfliche Musik aus dem Distrikt Bodrum, Südwest-Türkei: Stiluntersuchungen anhand der Sammlung Reinhard 1968 und eigener Feldaufnahmen 1984–86.* Münster: LIT.

Feldmann, W. (1992). Melodic progression, rhythm and compositional form in the Ottoman Pesrev 1500–1850. In Elsner, J. & Jähnichen, G. (Hg.): *Regionale maqâm-Traditionen in Geschichte und Gegenwart. Materialien der Study*

Group «maqam» des ICTM (S. 191–251). Berlin: Institut für Musikwissenschaft der HU Berlin.

Feldmann, W. (1993). Ottoman sources on the development of the taksim. *Yearbook for Traditional Music, 25,* 1–28.

Feldmann, W. (1996). *Music of the Ottoman court. Makam, composition and the early Ottoman instrumental repertoire* (Intercultural Studies 10). Frankfurt/M.: Verlag für Wissenschaft und Bildung.

Greve, M. (1995). *Die Europäisierung orientalischer Kunstmusik in der Türkei.* Frankfurt/M.: Lang.

Jäger, R. M. (1996 a). Die türkische Janitscharenmusik: Mehterhane. In Finscher, L. (Hg.), *MGG Die Musik in Geschichte und Gegenwart.* Sachteil Bd. 4 (Sp. 1318–1329). Stuttgart/Kassel: Metzler/Bärenreiter.

Jäger, R. M. (1996 b). *Die türkische Kunstmusik und ihre handschriftlichen Quellen aus dem 19. Jahrhundert.* Eisenach: Schriften zur Musikwissenschaft aus Münster Bd. 7.

Jung, A. (1989). *Quellen der traditionellen Kunstmusik der Usbeken und Tadschiken Mittelasiens.* Hamburg: Wagner.

Markoff, I. J. (1986). *Musical theory, performance and the contemporary Baglama specialist in Turkey.* Ann Arbor: University Microfilms International.

Oransay, G. (1966). *Die melodische Linie und der Begriff Makam vom 15.–19. Jahrhundert.* Ankara: Küg.

Picken, L. (1964). *Folk musical instruments of Turkey.* London: Oxford University Press.

Reiche, J. P. (1970). Stilelemente südtürkischer Davul-Zurna Stücke. *Jahrbuch für musikalische Volks- und Völkerkunde, 5,* 9–54.

Reinhard, K. & Reinhard, U. (1984). *Musik der Türkei.* Wilhelmshaven: Heinrichshofen.

Reinhard, U. & Oliveira Pinto, Tiago de (1989). *Sänger und Poeten mit der Laute. Türkische Asik und Ozan.* Berlin: Museum für Völkerkunde.

Say, A. (1993). *The Music Makers in Turkey.* Ankara: Music Encyclopedia Publication.

Signell, K. (1977). *Makam: Modal practice in Turkish art music.* Seattle: Asian Music Publication.

Stokes, M. (1992). *The Arabesk Dabate, music and musicians in modern Turkey.* Oxford: Clarendon.

Tewari, L. (1972). Turkish village music. *Asian Music, 3* (1), 10–24.

Touma, H. H. (1968). *Der Maqam Bayati im arabischen Taqsim.* Hamburg: Wagner.

Zhang Que May
Ferner Osten am Beispiel Chinas

Der Begriff chinesische Musik (Yue) bezeichnet im allgemeinen die Musikkultur der Han-Chinesen, die über 90 Prozent der Gesamtbevölkerung Chinas ausmachen. Die 56 ethnischen Minoritäten in diesem Land haben jeweils ihre eigenen Musikkulturen entwickelt, die zwar stets in Wechselbeziehung zu der Musikkultur der Han-Chinesen stehen, jedoch ihre eigene Geschichte und Identität aufweisen. Insbesondere Volksmusik, Tanz und Musiktheater haben je nach Region ein Lokalkolorit, das sich in den Modi (Tonalitäten), Melodielinien, Rhythmen und Ornamenten manifestiert und auf Sitten, Gebräuche, Lebensgewohnheiten und Dialekte der jeweiligen Region zurückzuführen ist.

Die Musikkultur Chinas zeichnet sich dennoch durch eine stilistische Kontinuität aus, die ideologisch bedingt ist – nämlich durch den Einfluß von Konfuzianismus und Daoismus. In der volkstümlichen Musik läßt sich dagegen eine lebendige Entwicklung beobachten (im Überblick Oesch, 1984). Chinesische Musik ist vom Westen bisher wenig erforscht worden. Dies ist um so erstaunlicher, als Musik durch ihre enge Beziehung zu den einflußreichen Lebensphilosophien ins Zentrum der traditionellen Kultur gehört. Sie könnte somit zum Schlüssel für einen Kulturbereich werden, der westlichen Beobachtern sonst meist fremd bleibt.

1. Konfuzianische Musikideologie

Im Mittelpunkt des Konfuzianismus steht das Gedankengut der Riten und der Musik (Li-Yue). Die Äußerungen zur Musik von Konfuzius (551–479 v. Chr.) sind fragmentarisch im *Lunyu* erhalten, das von seinen Schülern und von Anhängern späterer Epochen formuliert wurde (ca. 5.–3. Jh. v. Chr.; vgl. Wilhelm, 1995, und Moritz, 1982). Die Gedanken von Konfuzius beruhen auf dem *Guoyu* (ca. 8.–3. Jh. v. Chr.), der ältesten Chronik Chinas, und dem *Zuozhuan* (8.–5. Jh. v. Chr.), in denen sich Aufzeichnungen über das Musikalisch-Schöne, die Beziehung zwischen Musik und Natur sowie Musik und Gesellschaft finden.

Als zusammenfassendes Werk konfuzianischer Musikideologie gilt das *Yueji* (Aufzeichnungen über Musik, übersetzt von Wilhelm, 1958). Es wird Liu De, dem Sohn eines Kaisers der westlichen Han-Dynastie, zugeschrieben (221–206 v. Chr.; s. Wilhelm, 1927). Die weitere Entwicklung der konfuzianischen Musiktradition läßt sich seit dem 2. Jahrhundert verfolgen, da sie in den 24 offiziellen Annalen des chinesischen Kaiserhofs (bis zum 17. Jahrhundert) und der Chronik der letzten Qing-Dynastie (1644–1911) beschrieben wurde.

Die konfuzianische Musikideologie, die im staatlichen Leben vorherrscht, zeichnet sich durch die Abhängigkeit von Riten, durch das Ideal der inhaltlichen und formalen Schönheit der Musik und durch die erzieherische und politische Funktion der Musik aus. «Die Musik berührt die Menschen so tief und kann folglich deren Sitten und Bräuche verändern» (Yueji, übers. von Wilhelm, 1958, S. 84).

Zu der konfuzianischen Gelehrsamkeit gehören vier Qualitäten, die ein gebildeter Mensch besitzen muß: Kalligraphie, Malerei, Schachspiel und Musik. Mit dem Begriff Musik ist in erster Linie eine geistige Welt an sich gemeint, in der sich der Mensch moralisch und charakterlich zu vervollkommnen sucht. Musik war eine Geistesbildung, diente vor allem der inneren Reflexion des Musizierenden und sollte somit seine persönliche Entwicklung positiv beeinflussen. Folglich wurde auch das Erlernen des musikalischen Handwerkszeugs, der Spieltechnik, im konfuzianischen Bildungssystem als minderwertig angesehen.

Als Verkörperung der konfuzianischen Musikideologie galt im alten China die höfische *Yayue* (Ritualmusik), die das Geisteswesen der heiligen Vorfahren darstellen sollte. Mit ihren strengen Aufführungsformen und ihrer stilistischen Erstarrung konnte die Yayue bereits in der Tang-Dynastie (618–907) nicht mehr mit den bunten Musikkulturen konkurrieren, die zu jener Zeit über die Seidenstraße nach China kamen. Sie verfiel in den darauffolgenden Epochen und ging spätestens Ende der Qing-Dynastie (1644–1911) vollständig verloren (vgl. Shigeo, 1980, S. 250 f).

Dennoch erstreckt sich die Wirkung der konfuzianischen Musikideologie bis ins geistige Leben der Gegenwart hinein, da sie von den Kommunisten übernommen wurde. Die Kulturpolitik der Volksrepublik China seit 1949 zielt äußerlich auf eine völlige Zerstörung der sogenannten dekadenten «Vier Alten» ab (die alte Kultur, die alten Gedanken, die alten Sitten und die alten Bräuche), die dem Volk als üble Ursachen der Rückständigkeit Chinas proklamiert werden. Nach Konfuzius besitzt aber Musik die Fähigkeit, den Menschen das Ethos harmonischen Verhaltens zu vermitteln und somit zur Gefügigkeit des Volkes bzw. zum Frieden im Staat zu führen. Das Musizieren und das Musikschaffen sollen sich den für die Politik nützlichen Riten unterwerfen. Die Kultur kann somit der sozialistischen Revolution bzw. der Politik des Proletariats nützen (Mao, 1967, S. 354–359).

Folglich richtet sich die sogenannte sozialistische revolutionäre Musik in erster Linie an die proletarischen Massen. Die bevorzugten Gattungen solcher Musik sind u. a. Chöre mit propagandistischen Texten und die in bewußter Abkehr von der Pekingoper (nach abendländischer Bezeichnung) neu entstandene Oper. Sie übernehmen die musikalischen Strukturen, kompositorischen Techniken und zum Teil auch das Instrumentarium der abendländischen Oper, stellen jedoch revolutionäre Handlungen dar. Die Dominanz der konfuzianischen Ideologie, die allerdings bereits durch die Kommunisten verfremdet worden war, wird erst zum Ende des 20. Jahrhunderts durch die Öffnung Chinas zum Westen geschwächt (dazu Wang, 1991).

2. Daoismus in der Musik

Die Gedanken des Daoismus zur Musik sind u. a. im *Daodejing* erhalten, das dem legendären Laozi (Lao-Tse, ca. 5. Jh. v. Chr.) zugesprochen wird. Im Zentrum des Daoismus steht die Idee des Nicht-Tuns: «Der heilige Mensch beharrt im Wirken des Nicht-Tuns» (Lao-Tse, 1987, S. 58).

In vier der 81 Kapitel des Daodejing von Laozi finden sich Äußerungen zur Musik (ebenda, S. 58 f, 69, 103, 112 f). Das Empfinden des Schönen wie z. B. wahrer Musik ist etwas Metaphysisches. Es verbleibt immateriell hinter der sinnlichen Erscheinung und kann von irdischen Elementen wie Sprache, Tönen und Farben nicht erreicht werden. «Die wahre Musik ist nicht zu hören; die wahre Gestalt ist nicht zu sehen» (ebenda, S. 69).

Ideengeschichtlich hat der Daoismus vor allem diejenigen Gelehrten in China beeinflußt, die auf eine politische bzw. Beamtenlaufbahn verzichteten und sich der Beschäftigung mit schöngeistigen Dingen widmeten. Ein Beispiel dafür ist der Ming-zeitliche Gelehrte Li Yu (1610–1680), einer der führenden Köpfe Chinas im 17. Jahrhundert, Literat, Dramatiker und Musikästhetiker.

Während sich die Herrschenden in China auf den Konfuzianismus stützen und mit Musik Politik machen, erweist sich der Daoismus als eine Lebenshaltung der individualistischen Gelehrten und als das Ideal ihres künstlerischen Schaffens. Dem Konfuzianismus gemäß hat die Musik keinen eigenständigen ästhetischen Wert, sondern ist Teilmoment der Philosophie, Moral, Ethik und Politik. Solche Musik charakterisiert sich durch ihre Abhängigkeit von außermusikalischen Elementen wie Sprache und Illustration. Daoistisch orientierte Gelehrte dagegen versuchen, sich der Realität bzw. den gesellschaftlichen Schranken zu entziehen und ins Innere zurückzukehren, um sich geistig frei entfalten zu können. Dies ist in der Poetik, Malerei und Qin-Musik (klassischer Zither, Liang, 1985, S. 197–211) an Metaphern, schlichten asymmetrischen Linien oder verschwommenen Szenerien und Konturen zu erkennen.

In der Gegenwart übt der Daoismus Einflüsse vor allem auf die zeitgenössische Kunstmusik junger Intellektueller aus. Musiker der chinesischen Avantgarde (Xinchao), die Anfang der 80er Jahre zu den ersten Studierenden der Konservatorien nach der Kulturrevolution (1966–1976) gehörten, entfernen sich bewußt von der konfuzianischen Musiktradition, um sich vom politischen System zu distanzieren (s. dazu ein Interview in Renmin yinyue, 6, 1986, S. 6–12).

Die künstlerische Individualität, die zur Tradition abendländischer Kultur gehört, ist in China angesichts der allgemeinen Sozialfunktion von Kunst keineswegs eine Selbstverständlichkeit. Im allgemeinen präsentiert sich der Komponist als ein Vertreter der Massen bzw. Träger der öffentlichen Meinung. Dabei muß er auf seine Persönlichkeit und seinen ästhetischen Maßstab verzichten, um auf den Geschmack der Massen einzugehen und damit eine gesellschaftliche Wirkung der Musik zu erzielen.

Mit den zeitgenössischen Avantgardisten entstehen zum ersten Mal in der chinesischen Geschichte zahlreiche Kompositionen vom Typ der absoluten Musik, die nicht an außermusikalische Elemente gebunden sind. Wenn auch die Avantgarde das Bewußtsein in der Kunstmusik substantiell verändert hat und deren Entwicklung bis heute prägt, beschränkt sich diese Stilrichtung doch auf einen kleinen Kreis von Intellektuellen (Beispiele für Tonaufnahmen: New music from China. Amsterdam: Zebra Records 1992; Tan Dun. B. B. C. Scotland, 1990 und 1993).

3. Volksmusik

Obwohl die volkstümliche Musik von den Konfuzianern als yin (vulgär) bezeichnet und offiziell aus der Kategorie Yue (Musik) ausgeschlossen wurde, war sie mit ihrer Farbenpracht und ihrem stilistischen Reichtum bereits zu Kaiserzeiten ein unentbehrlicher Bestandteil der höfischen Musikkultur, vor allem der Bankett-Musik (Yanyue). Wie damals spielt auch heute die volkstümliche Musik im alltäglichen Leben der meisten Chinesen die wichtigste Rolle neben der politisch funktionalen und intellektuellen Musik.

Gesang
Volkslieder bilden die Grundlage der gesamten chinesischen Volksmusik: Sie dienen als Vorlage für Tänze, Instrumentalmusik, Vortragskünste und Musik im Theater. Die älteste Sammlung mit Volksliedern findet sich im *Shijing* (Buch der Lieder, ca. 6. Jh. v. Chr.), in dem Volkslieder aus 15 Gebieten zwischen dem 11. bis 6. Jahrhundert v. Chr. erhalten sind (übers. von Legge, 1871; s. Schmidt-Glintzer, 1990, S. 27–35). Im 2. Jahrhundert v. Chr. wurde am Kaiserhof das erste amtliche Konservatorium gegründet, um Volkslieder und Balladen zu sammeln (bis heute Aufgabe der Hochschulen; vgl. Zhang, 1992).

Volkslieder in China lassen sich inhaltlich und strukturell drei Bereichen zuordnen (vgl. Jiang, 1982; Song, 1986):

Haozi (Arbeitslieder) werden von Bauern, Bauarbeitern, Trägern oder Fischern bei der Arbeit gesungen, um den Arbeitsrhythmus innerhalb einer Gruppe zu koordinieren.

Shange sind kantable lyrische Lieder, die in der Freizeit in der Natur oder bei Festlichkeiten gesungen werden (Erntefest, Hochzeit, Totenfest). Sie gelten als wichtiges Mittel sozialer Interaktionen wie Informationsübermittlung oder auch Liebeserklärung.

Xiadiao (Straßengesänge) gehören eher zur städtischen Kultur und dienen der Unterhaltung. Zu Xiadiao zählen lyrische und satirische Gesänge, die sich mehr auf aktuelle Ereignisse in Politik und Gesellschaft beziehen. Sie werden von Amateuren ebenso wie von professionellen Varieté-Künstlern vorgetragen.

Tanz

Zu fast allen folkloristischen Festen wird getanzt. Hauptmotive der Tänze sind Feldarbeiten (wie das Pflanzen von Reis oder das Pflücken von Tee), Naturerscheinungen, Tiere oder überirdische Wesen. Requisiten wie Fächer, Seidentücher, Blumen und Masken (vor allem bei religiösen Tänzen) erweisen sich als wichtige Darstellungsmittel der Volkstänze. Getanzt wird nach Volksliedern. Die Begleitung besteht vorwiegend aus Schlaginstrumenten (wie Trommeln, Becken, Gong) und einigen Bläsern wie Suona (Oboe) und Sheng (Mundorgel). Saiteninstrumente werden selten verwendet. In der Regel ist der Trommler zugleich der Dirigent.

Ältester Beleg für Tanzszenen ist eine Darstellung auf einer Vase aus der Provinz Qinghai, die der Neuen Steinzeit vor ca. 5000 Jahren zugeordnet wurde (Musikinstitut der chinesischen Kunstakademie, 1988, S. 2). Im Shijing (Buch der Lieder; s. Legge, 1871) finden sich zahlreiche Aufzeichnungen über Volkstänze zu volkstümlichen und höfischen Festen. Einige Tänze der Han-Dynastie sind bis heute überliefert (Tänze aus der Sammlung Baixi: Drachentanz, Löwentanz, Schwerttanz, Tanz auf Stelzen und Tanz mit Seidentüchern).

Instrumentalmusik

In Vergangenheit wie Gegenwart wird volkstümliche Instrumentalmusik selten unabhängig vom sozialen Anlaß aufgeführt (vgl. Reinhard, 1956, S. 91 ff; Yuan, 1987). Sie ist Bestandteil religiöser Rituale oder folkloristischer Feierlichkeiten und dient der Begleitung von Zeremonien, Gesängen, Tänzen oder Umzügen bei Hochzeiten und Trauerfeiern. Traditionelle Formen von Instrumentalmusik sind die Variation (Bianzou), das Rondo (Xunhuan) und die Reihung mehrerer melodischer Muster (Lianzhui).

Musikinstrumente werden im alten China nach Herstellungsmaterialien gruppiert (→ Musikinstrumente). Als die ältesten Instrumente gelten die Pfeifen aus Knochen (Gushao) und Ton (Xun). Die verbreitetsten Musikinstrumente vor dem 3. Jahrhundert v. Chr. sind Mundorgel, Bambusflöten, verschiedene Formen von Zithern, Lithophone und Schlaginstrumente, die meist als Solo-Instrumente gespielt wurden. Seit der Qin-Dynastie (221–206 v. Chr.) ist Ensemblemusik zunehmend beliebter geworden. Während der Tang-Zeit wurden zahlreiche weitere Instrumente aus Zentralasien nach China eingeführt (im Überblick s. Hu 1987).

Seit den 20er Jahren dieses Jahrhunderts wird die volkstümliche Instrumentalmusik an Konservatorien gelehrt. Die Instrumente der virtuosen Solisten sind heute nach der zwölftönigen wohltemperierten Skala gestimmt, damit sie auch in der Orchestermusik (zusammen mit westlichen Musikinstrumenten) gespielt werden können.

Vortragskünste (Quyi)

Eine Besonderheit der chinesischen Kultur sind die Vortragskünste (s. Guan, 1958), die sich spätestens in der städtischen Kultur der Song-Zeit (960–1127) entwickelt haben und bis heute in Stadt und Land beliebt sind. Man kann sie hauptsächlich zwei Kategorien zuteilen, der Rezitation ohne Musik und dem Sprechgesang. Bei Aufführungen auf Straßen, in Teehäusern oder zu Volksfesten werden bedeutende historische und aktuelle Ereignisse, Ausschnitte aus Geschichtsbüchern oder Romanen rezitiert bzw. singend von einer oder zwei Personen vorgetragen und mit Pantomimen verbunden. Die Melodielinie des Gesangs ist aus Volksliedern abgeleitet, wird aber vollständig der Betonung der chinesischen Texte untergeordnet. Als Begleitinstrumente dienen meist Klappern, chinesische Geigen, Zupfinstrumente, Flöten oder Zithern.

Musiktheater

Die Entwicklung des chinesischen Musiktheaters erlebte während der Yuan-Dynastie (1279–1368) unter der mongolischen Herrschaft ihren ersten Höhepunkt (Dolby, 1979). Dennoch gehört es bis heute zu den beliebtesten Gattungen der Volksmusik in China. Zu den wichtigsten Feierlichkeiten jedes Jahres wie Mondfest, Totenfest, Lichterfest oder Neujahr wird Theater aufgeführt, das oft mehrere Tage andauert.

Im Unterschied zur abendländischen Oper wird in China die Musik nicht für jedes Theaterstück neu komponiert – es werden üblicherweise verschiedene Melodien zusammengefügt, die aus der Vergangenheit überliefert worden sind (s. dazu Crump, 1980). Als Standardwerk für die Auswahl der Lieder gilt bis heute die Sammlung des *Jiugongdacheng nanbeici gongpu* (1746 vollendet). In dieser Sammlung sind 1513 Melodiemuster des nördlichen und 581 des südlichen Stils enthalten (einschließlich deren Variationen 4466 Melodiemuster aus einem Jahrtausend).

Jedes Melodiemuster hat eigene charakteristische und stilistische Eigenschaften, die darüber entscheiden, in welchem dramatischen Moment sie eingesetzt werden. Im Yuan-zeitlichen Theater werden in der

Regel ca. 17 Modi (Tonalitäten) benutzt, deren jeweilige Eigenschaften wie Anmut, Trauer, Prunk, Eleganz, Eile, Stärke usw. im *Changlun* (s. Yan'nan Zhi'an, ca. 14. Jh.) aus der Yuan-Zeit erläutert worden sind. Die Zusammensetzung einer Melodie und eines Textes im Gesang muß den Tonlagen der Aussprache angepaßt sein. Im Rahmen der vorgegebenen Muster ist es möglich, individuell zu improvisieren oder den Gesang zu kolorieren (Aufnahmen verschiedener regionaler Stile, u. a. der Peking-oper: Hong Kong Records 1985, Bezug über Teldec).

4. Einflüsse aus dem Westen

Frühe Beziehungen

Die Einführung der abendländischen Musikkultur nach China begann mit der Tätigkeit der europäischen Jesuiten am chinesischen Kaiserhof in der späten Ming-Dynastie (1368–1644). Die Jesuiten leisteten ihre Dienste als Wissenschaftler, Maler und Musiker, da die chinesischen Kaiser von der Wissenschaft und Kunst der Europäer fasziniert waren. Religiöse Einflüsse waren kaum zu verzeichnen.

Im 17. Jahrhundert erschien in China die erste Schrift zu abendländischen Notationen und Tonsystemen (vermutlich vom portugiesischen Pater Thomas Pereira, 1645–1708; vgl. Pfister, 1932). Eine überarbeitete Version dieser Schrift wurde in das fünfbändige Gesetzbuch der Musik *Lülü zhengyi* (1714) aufgenommen. Der Einfluß beschränkte sich zu jener Zeit auf die Musik am Kaiserhof und in der Kirche.

Kolonialzeit: Einfluß auf Kunstmusik und Musikerziehung

Erst nach den beiden Opiumkriegen (1839–1842, 1856–1860) war die Einführung der westlichen Kultur nicht mehr aufzuhalten. Das Konzertleben westlicher und chinesischer Kunstmusik vermischte sich. Bis zum Jahr 1990 entstanden in der Volksrepublik China insgesamt neun Musikhochschulen, zudem Musikfakultäten an acht Kunstakademien und elf Fachschulen für Musik, die an Hochschulen oder Akademien angeschlossen sind; an mehr als 70 Fachschulen für Kunst oder Theater wird Musik als ein eigenständiges Fach gelehrt; an 49 Universitäten oder pädagogischen Akademien werden Musikpädagogen ausgebildet. Der Einfluß der deutschen Musikpädagogik, der zu Beginn des 20. Jahrhunderts über Japan wirksam wurde, ist immer noch zu bemerken. Seit 1949 hat die Sowjetunion den größten Einfluß auf die allgemeinbildenden Schulen des ganzen Landes genommen (Yang, 1995; Zhang, 1996).

Abgesehen von einzelnen Schwerpunkten, wird an allen diesen Institutionen chinesische *und* westlich-europäische Musik gelehrt. Die Kompositionen der zeitgenössischen Kunstmusik sind Mischprodukte der westlichen und chinesischen Musikkultur. Auch in der Volksmusik sind die fremden Einflüsse in der Weiterentwicklung der Musikinstrumente oder des Instrumentariums im Musiktheater zu bemerken.

Die Zeit nach der Kulturrevolution

Die internationale Popmusik hat sich erst nach der Kulturrevolution und mit Beginn der Reform- und Öffnungspolitik im ganzen Land verbreitet. Anfang der 80er Jahre begann der Einfluß vor allem in den großen Städten. Am beliebtesten waren Schlager aus Hongkong, Taiwan und Japan sowie westliche Rockmusik (Jones, 1992; Heberer, 1994).

In der Folge entwickelte sich schnell eine eigene Rezeption der Pop- und Rockmusik. In kürzester Zeit entstand eine chinesische Popmusik, zuerst als Schlager, später auch als Rockmusik. Die Sinisierung, die maßgeblich zur Popularität der Popmusik beigetragen hat, zeichnete sich dadurch aus, daß traditionelle Melodien von Volksliedern verwendet und Texte verfaßt wurden, die sich auf das chinesische Alltagsleben bezogen. Während der Schlager in erster Linie privater Unterhaltung dient, erwies sich die Rockmusik bald als politisch orientiert.

Literatur

Crump, J. I. (1980). *Chinese theatre in the days of Kublai Khan*. Tucson: University of Arizona Press.

Dolby, W. (1979). *A history of chinese drama*. London: Elek.

Guan Dedong (1958). *Quyi gailun* (Einführung in die Vortragskünste). Beijing: Zhonghua shuju.

Heberer, T. (Hg.) (1994). *Yaogun Yinyue: Jugend, Subkultur und Rockmusik in China – politische Hintergründe eines Phänomens*. Münster: LIT.

Hu Dongsheng u. a. (1987). *Zhongguo yueqi tuzhi* (Illustriertes Handbuch der chinesischen Instrumente). Beijing: Qinggong.

Jiang Mingdun (1982). *Hanzu minge gailun* (Einführung in die Volkslieder der Han-Chinesen). Shanghai: Yinyue.

Jones, A. F. (1992). *Like a knife – ideology and genre in contemporary chinese popular music*. Ithaka, NY: Cornell Eastasia Program.

Lao-Tse (Laozi) (1987). *Tao Te King* (Übers. Victor v. Strauß, 8. Aufl.). Zürich: Manesse.

Legge, J. (1871). *The «She King», or the book of poetry.* (Chinese classic Bd. 4). Hongkong: London Missionary Society's Printing Office. Orig.: *Shijing* (Das Buch der Lieder). Nanjing: Jiangsu guji, 1984.

Liang Ming-Yueh (1985). *Music of the billion.* Wilhelmshaven: Heinrichshofen.

Mao Zedong (1967). *Worte des Vorsitzenden.* Beijing: Verlag für fremdsprachige Literatur.

Moritz, R. (1982). *Konfuzius. Gespräche.* Leipzig: Reclam (2. Aufl. 1989, Köln: Röderberg).

Musikinstitut der chinesischen Kunstakademie (1988). *Zhongguo yinyueshi tujian* (Illustriertes Handbuch der chinesischen Musikgeschichte). Beijing: Renmin yinyue.

Oesch, H. (1984). *Außereuropäische Musik, Teil 1* (Neues Handbuch der Musikwissenschaft Bd. 8). Laaber: Laaber.

Pfister, L. (1932). *Notices biographiques et bibliographiques sur les jésuites de l'ancienne mission de Chine 1552–1773.* Shanghai: o.V. (Neuaufl. San Francisco: Chinese Materials Center, 1976).

Reinhard, K. (1956). *Chinesische Musik.* Eisenach / Kassel: Röth.

Schmidt-Glintzer, H. (1990). *Geschichte der chinesischen Literatur.* München: Scherz.

Shigeo Kishibe (1980). Court traditions (ya-yüeh). In Sadie, S. (Hg.), *The New Grove Dictionary of Music and Musicians* (Bd. 4, S. 250–253). London: Macmillan.

Song Daneng (1986). *Minjian gequ gailun* (Einführung in die Volkslieder). Beijing: Renmin yinyue.

Wang Yuhe (1991). *Zhongguo xiandai yinyue shigang* (Kompendium der chinesischen Musikgeschichte der Neuzeit). Beijing: Wenhua.

Wilhelm, R. (1927). *Chinesische Musik.* Frankfurt / M.: Verlag China-Institut.

Wilhelm, R. (1958). *Yüo-Gi: Aufzeichnungen über die Musik. Li Gi: Das Buch der Riten, Sitten und Gebräuche.* München: Diederichs (Neuaufl. 1994)

Wilhelm, R. (1995). *Kungfutse: Gespräche. Lun Yü.* München: Diederichs (Orig. 1955).

Yan'nan Zhi'an (Pseud.) (ca. 14. Jh.). Changlun (Buch des Gesangs). In: *Zhongguo gudi-anxiqu lunzhu jicheng* (Sammelband der chinesischen klassischen Schriften zum Theater, Bd. 1). *Beijing: Xiju* (Neuaufl. 1980).

Yang Hsien Yenyi (1995). *Musikerziehung in China* (Diss. sc. paed. Kiel, 1994). Augsburg: Wißner.

Yuan Jingfang (1987). *Minzu qiyue* (volkstümliche Instrumentalmusik). Beijing: Renmin yinyue.

Zhang Que May (1996). Bildungsreform und westliche Musikerziehung in China. In Rothermund, D. (Hg.), *Jahrbuch für außereuropäische Geschichte.* Münster: LIT.

Zhang Yongxin (1992). *Han Yuefu yanjiu* (Untersuchungen über das Konservatorium der Han-Dynastie). Nanjing: Jinagsu guji.

Helmut Rösing und Pia Srinivasan-Buonomo
Indien

1. Einleitung

Das Interesse an indischer Musik hat im Gefolge der Hippiekultur der 60er Jahre sprunghaft zugenommen. Die Indienbegeisterung der Beatles bewirkte, daß einige ihrer Stücke (z.B. Norwegian Wood, 1965; The Inner Light, 1968; Within You Without You, 1968) unüberhörbar von Versatzstücken indischer Musik – vor allem dem «sirrenden Klang» der Sitar (Graves & Schmidt-Joos, 1990, S. 929) – geprägt wurden. Nachdem der indische Sitarspieler Ravi Shankar im Sommer 1967 auf dem Monterey Pop Festival in Kalifornien aufgetreten war (neben Janis Joplin, Jimi Hendrix, Jefferson Airplane, The Who u.a.) und zudem gemeinsam mit Yehudi Menuhin über indische ragas improvisiert hatte (West meets East, EMI Electrola 1967), kam kurzfristig sogar der Begriff «Raga Rock» (vgl. Graves & Schmidt-Joos, 1990, S. 16) als Bezeichnung für indisch beeinflußten Rock und Jazzrock auf (z.B. The Byrds: Fifth Dimension; Don Ellis: Live at Monterey; The Mahavishnu-Orchestra / John McLaughlin: The Inner Mounting Flame; → Interkultureller Musikaustausch).

Weniger auf die Klangoberfläche als exotische Zutat und mehr auf die kontemplativ-religiöse Ebene von indischer Musik beziehen sich Kompositionen wie «La Nativité du Seigneur. Neuf Méditations pour l'Orgue» (1936) von Olivier Messiaen, «Mantra» für zwei Pianisten und ringmodulierte Klaviere (1969/70) von Karlheinz Stockhausen oder Gruppenimprovisationen des von Peter Michael Hamel geleiteten Ensembles «Between». Mit dem Buch «Durch Musik zum Selbst» (1. Aufl. 1976) löste Hamel eine sprunghafte Zunahme von Selbsterfahrungsgruppen und Workshop-Angeboten aus. Auf der Grundlage von Bordunklängen zu Melodie- und Rhythmusmodellen indischer Musik hoffte man hier, zu ganzheitlich-intuitiver Musik und einem neuen magischen Mystizismus zu finden (Hamel, 1980, S. 17f; Stroh, 1994, S. 150ff).

Derartige Aneignungswellen einzelner struktureller Elemente von indischer Musik sollten nicht darüber hinwegtäuschen, daß es die indische Musik eigentlich nicht gibt. Dagegen sprechen geographische wie religions- und kulturgeschichtliche Gründe. Der indische Subkontinent umfaßt neben dem 1947 gegründeten Vielvölkerstaat Indien auch Länder wie Pakistan und Teile von Afghanistan im Nordwesten, Tibet, Nepal, Sikkim und Bhutan an der Nordgrenze zu China, Bangladesch und Burma im Nordosten sowie Sri Lanka im Süden (vgl. tabellarische Übersicht: Brandl & Rösing, 1993, S. 60; Landkarte: Kuckertz, 1981, S. 19).

Die Kunstmusik des indischen Subkontinents hat sich in Verbindung mit religiösen und politisch-sozialen Umwandlungen seit ihren Anfängen (Industal-Kultur, 2100–1500 v. Chr.) zwar nur langsam, aber doch stetig verändert. Trotz vieler gemeinsamer Traditionen muß heute zwischen der nordindischen klassischen Hindustani-Musik und der südindischen karnatischen Musik unterschieden werden (Kumar & Stackhouse, 1987, S. 1ff). Zudem gibt es regionale Sonderbildungen und – auf der Ebene der volkstümlichen Musik – die Kult- und Gebrauchsmusik der Dörfer und Stämme (im Überblick: Kuckertz, 1981, S. 17f). Verglichen mit den dynamischen Wandlungen der abendländischen Kunstmusik seit dem ausgehenden Mittelalter (→Epochendefinitionen und Geschichtsschreibung) ist die Traditionsgebundenheit und stilistische Konstanz der nord- wie südindischen Kunstmusik allerdings groß: Sie kann als melodisch und rhythmisch modal strukturiert, überwiegend solistisch und hochgradig improvisatorisch bezeichnet werden (Daniélou, 1975, S. 10f; Pesch, 1996).

2. Industal-Kultur und vedische Zeit

Zurückverfolgen läßt sich die indische Musik bis zur Industal-Kultur (2100–1500 v. Chr.): einer hochentwickelten Stadtkultur mit eigener Schrift und kulturellen Kontakten zum Euphrat-Tigris-Gebiet (Mesopotamien, Sumer). Funde aus Mohendscho Daro und Harappa belegen die große Bedeutung von Musik (Bogenharfe, Rahmentrommel) und Tanz in dieser Zeit (Sachs, 1968, S. 50; Rashid, 1984, S. 19ff).

Eroberer aus dem Nordwesten leiteten die vedische Zeit (1500–500 v. Chr.) ein. Grundlegende Schriftzeugnisse dieser Zeit sind die vier vedischen Hauptbücher Rgveda, Yajurveda, Samaveda und Atharvaveda (zwischen 1200 und 800 v. Chr. aufgeschrieben). Sie enthalten Texte und Melodien von Ritualgesängen, Gebeten und Beschwörungsformeln (Kaufmann, 1981, S. 6f). Rezitation und Psalmodie galten als wirksames

Mittel, um einen Einklang mit den hohen Mächten herzustellen (Bake, 1980, S. 194 ff). Ausgeführt wurden sie von «wissenden» Priestern (brahman). Die Tradition der vedischen Rezitation hat sich in einigen Brahmanenfamilien bis in die heutige Zeit erhalten (Nijenhuis, 1996, Sp. 658). Je nach Anlaß und Ziel (analog zum hinduistisch-tantristischen «mantra» als höchster Offenbarung) werden die Verse unter Aufhebung der Wortbindung äußerst kunstvoll Silbe für Silbe nach unterschiedlichen Verkettungsmustern (z. B. krama: Silbenfolge 1221, 2332; jata: 122112, 233223) und auf verschiedenen Tonhöhen (udatta: mittlere Lage, anudatta: tief, svarita: hoch) von meist drei Priestern vorgetragen (Musikbeispiele und Kommentare: Unesco Collection, Die Musik Indiens I: Veda-Rezitation und -Gesang, BM 30 L 2006).

Exegetische Kommentare zu den vedischen Hauptbüchern finden sich in den zwischen 800 und 600 v. Chr. verfaßten Brahmanas, Aranyakas und Upanisaden. Von der späteren vedischen Zeit berichten die großen Epen Mahabharata und Ramayana, aufgeschrieben ab 200 v. Chr. In ihnen wird nicht nur die bewegte Zeit der Feldzüge der Aryas nach Osten und Süden geschildert, sondern auch der Vortrag von Dichtung in drei verschiedenen Zeitmaßen (pramana), sieben Melodietypen (jati) und verschiedenen Stimmungen (rasa; vgl. Nijenhuis, 1996, Sp. 659). Zur Gesangsbegleitung wurden Trommeln und Saiteninstrumente verwendet, unter ihnen die mehrsaitige vina, die nach mehreren baulichen Veränderungen (Harfe, Stabzither, Laute) noch heute zu den wichtigsten Instrumenten der südindischen Musik zählt (Srinivasan-Buonomo, 1980).

3. Hinduistische Zeit

Diese durch mehrfache religiöse und politische Umwälzungen gekennzeichnete Großepoche umfaßt die Zeitspanne von ca. 500 v. bis etwa 1700 n. Chr. und kann in drei Abschnitte gegliedert werden: frühe Phase (500 v. bis 200 n. Chr.), mittlere Phase (200 bis 1200 n. Chr.), späte Phase (1200 bis ca. 1800 n. Chr.; vgl. Oesch & Zimmermann, 1984, S. 218–284).

Die frühe Phase ist geprägt durch das Aufkommen des Buddhismus (Gautama Buddha: der Erleuchtete, ca. 563–483), der im 3. Jahrhundert v. Chr. zur Staatsreligion erhoben wird. Gegen Ende der frühen Phase erobern Griechen den Nordwesten Indiens. Zu Beginn der mittleren Phase entsteht ein neues indisches Großreich (gupta: 4.–6. Jh. n. Chr.). Die Wiederbelebung des Hinduismus führt zwischen 700 und 1000 n. Chr. zu großen Spannungen. Ab dem 8. Jahrhundert nimmt der Einfluß der islamischen Völker auf den Norden Indiens zu. Das führt zur Trennung von Nord- und Südindien in der späten hinduistischen Phase.

Aus der hinduistischen Zeit sind viele Sanskrit-Schriften über Musik und Tanz sowie Musiktheorie und Aufführungspraxis in Verbindung mit religiös-philosophischem Gedankengut überliefert. Besonders wichtig sind die Natyasastra des Bharata («Tanzmeister»): ein Lehrbuch der Theaterkunst, kompiliert ab dem 2. Jahrhundert v. Chr.; das Brhaddesi von Matanga aus dem 8. Jahrhundert: Hier wird die regionale Musik der verschiedenen Völker Indiens detailliert beschrieben; und das Samgita-ratnakara («Ozean der Musik») von Sarngdeva: Es wurde zwischen 1210 und 1247 geschrieben und enthält die Summe des Wissens gegen Ende der mittleren hinduistischen Phase. Die Schriften der späten Phase sind vornehmlich Kommentare zu den großen Traktaten der früheren Zeit (vgl. Oesch & Zimmermann, 1984, S. 254–259).

Immer zu Zeiten wirtschaftlicher Prosperität spielte in Indien Musik (und das heißt vor allem: Vokalmusik) nicht nur in den religiösen Zentren und beim «Volk» (Kuckertz, 1996, Sp. 725 f) eine große Rolle, sondern auch an den Höfen. Liebeslieder und Hymnen des Dichters Vidyapati (um 1400) haben sich bis heute ebenso erhalten wie auch viele der 411 Lieder des Bengali-Dichters Baru Candidas aus dem 15. Jahrhundert. Die dhrupad-Gesänge des Hofmusikers Nayaka Baksu stammen ebenfalls aus dieser Zeit. Ein dhrupad besteht meist aus vier Abschnitten (Einstimmung, Verbindung, fester Teil, Abrundung). Dieser äußerst kunstvolle und melismenreiche klassische Kompositions- und Gesangsstil (vgl. dazu Srivastava, 1980) ist im 20. Jahrhundert zunehmend von leichter auszuführenden Stilen wie khyal, thumri und tappa verdrängt worden.

Anfang des 16. Jahrhunderts kommt es unter der Mogul-Herrschaft zu einem intensiven Austausch zwischen arabischen, türkischen und indischen Musiktraditionen. An den Höfen werden große Musikkapellen (mit 60 und mehr Instrumentalisten) eingerichtet (Nijenhuis, 1996, Sp. 678). Nach einer kurzen musikfeindlichen Phase gegen Ende des 17. Jahrhunderts (Kaiser Aurangzeb) blühte die Musikpflege an den Höfen im 18. Jahrhundert wieder auf.

Zu dieser Zeit war die Trennung zwischen nord- und südindischer

Musik bereits vollzogen. Zwar beziehen sich beide Richtungen auf die grundlegenden theoretischen Schriften der frühen bis mittleren hinduistischen und auch der vedischen Zeit. Ihre Ausdeutung und Umsetzung in musikalische Praxis aber war unterschiedlich: traditionsbezogener, religiöser und volksnäher im Süden, deutlich stärker vom Islam beeinflußt im Norden (Bake, 1980, S. 209).

4. Musiktheorie und musikalische Praxis

Musik (sangita) wird in Indien generell als Dreiheit aufgefaßt. Vokale Musik (gita), Instrumentalmusik (vadya) und Tanz (nrtya) bilden eine Einheit und sind eng an das Theater gebunden. Zentrale Bedeutung hat der raga (Natyasastra: jati) als Melodietyp und Empfindungsträger. Ein raga wird aus den sieben Tönen einer Grundtonleiter gebildet. Die Intervalle der Grundtonleiter stammen aus der in 22 sruti geteilten Oktave durch Zusammenfassung von zwei, drei oder vier sruti. Ein Melodietyp ergibt sich aus der Festlegung von Anfangs- und Schlußton, Hoch- und Tiefpunkt, häufig erklingenden und übersprungenen Tönen in zwei Viertonfolgen (Tetrachorden) einer Oktave. Dabei braucht die aufsteigende nicht mit der absteigenden Intervallfolge übereinzustimmen (vgl. Kuckertz, 1981, S. 28 ff).

indische Skala	Sa	Ri	Ga	Ma	Pa	Dha	Ni	[Sa]
mögliche Töne, bezogen auf den Grundton C	C	Des D Dis	Eses Es E	F Fis	G	As A Ais	Heses B H	C

Tabelle 1: Entstehung der jeweils siebenstufigen Modalleitern des heutigen Melakarta-Systems (nach Kuckertz, 1981, S. 29). Für jede Stufe kann einer der angegebenen Töne gewählt werden. In keiner indischen Leiter kommen alle zwölf Töne der Grundskala vor. In jeder Leiter gibt es die Quintbeziehung zwischen der 1. und der 5. Stufe (Sa – Pa).

Entscheidend ist, daß jeder raga-Modus bestimmte poetische, religiöse, emotionale Aspekte wiedergibt und beim Zuhörer die entsprechenden Wirkungen (rasa) hervorruft (ausführlich: Koch, 1995). Ein Überblick über die gebräuchlichen ragas findet sich bei Pesch (1993), Jairazbhoy (1971, nur Nordindien) und Kaufmann (1976, nur Südindien).

Ein raga wird rhythmisch strukturiert durch das tala (von tad: schlagen, klatschen). Hierbei handelt es sich um eine Art von additiver bzw. quantifizierender Rhythmik, die sich aus der Prosodie (silbenzählenden Versform) entwickelt hat (Brandl & Rösing, 1993, S. 69). Theoretisch können indische tala-Perioden aus bis zu 100 Einheiten (Zeitquanten) zusammengesetzt sein. In der Praxis jedoch werden kürzere tala-Perioden bevorzugt (s. für Nordindien: Junius, 1983): Sie haben weniger als zwölf matras (ein matra entspricht einer Viertelnote). Jede tala-Periode ist in Abteilungen (anga) mit einer unterschiedlichen Anzahl von Schlägen strukturiert. So kann die gleiche Anzahl von Schlägen je nach tala in 4 + 2 + 4 (matya) oder 7 + 1 + 2 (jhampa) untergliedert werden. Talas werden in drei Zeitmaßen (laya) ausgeführt: schnell (druta), normal (madhya) oder langsam (vilambita).

Jedes raga wird durch eine Art Präludium (Nordindien: alap; Südindien: alapana) in freier rhythmischer Gestalt eingeführt, um die stimmungsmäßigen und assoziativen Ebenen des Melodietyps mit vielen Verzierungen und Umspielungen der raga-Töne auszuloten. Danach folgen je nach Stil weitere durch das tala rhythmisierte Abschnitte. Improvisation vollzieht sich im Rahmen der durch raga und tala vorgegebenen musikalischen Strukturen; virtuose Höhepunkte sind gekennzeichnet durch das kurzzeitige «Überspielen» (Erweitern, Um- und Neuinterpretieren) dieser musikalischen Rahmengegebenheiten. Aspekte der Ton- bzw. Stimmgebung (z.B. Vibrato und verschiedene Formen der «Feinmodulation» von Tönen und Tonfolgen) unterliegen – anders als häufig bei der Darbietung von abendländischer Musik – niemals dem Zufall, sondern sind das Ergebnis einer in jahrelanger Ausbildung erlernten Darbietungspraxis. Dabei ist auch im 20. Jahrhundert das direkte Lehrer-Schüler-Verhältnis (vor allem auf Privatlehrer-Basis) weit mehr Grundlage der Ausbildung hochrangiger Musiker als eine Unterweisung an Universitäten oder Musikhochschulen (vgl. Meer, 1980, S. 138 ff).

5. Musikinstrumente

Bereits in der Natyasastra sind die Musikinstrumente – häufig in Zusammenhang mit mythologisch-symbolischen Hinweisen – nach vier Kategorien aufgeteilt, die sich mit der bei uns gebräuchlichen Systematik decken (→ Musikinstrumente; zur Genese: Sachs, 1940, S. 151 ff).

Idiophone (Selbstklinger: Schraper, Schellen, Glocken, Gong, Rassel, Maultrommel) gibt es in vielfachen Formen. Sie sind vor allem im religiösen und volkstümlichen Kontext von großer Bedeutung. Sehr alt ist auch das jaltaranga: Bis zu 18 unterschiedlich große, mit Wasser gefüllte Porzellanschalen sind im Halbkreis um den Musiker angeordnet und werden mit Bambusstäben geschlagen (Musikbeispiel: L. Subramaniam, Anthologie klassischer südindischer Musik, Radio France / ocora).

Aus der indischen Musik nicht wegzudenken sind die Membranophone (Fellinstrumente). Besonders beliebt und weit verbreitet sind Röhrentrommeln mit beidseitiger Fellbespannung. Hierzu zählen dhol (große Trommel) und dholak (kleine Trommel), rechts mit Schlegel und links mit der Hand oder einem kleinen Stock geschlagen (weitere Details zu allen im folgenden erwähnten Instrumenten: Sadie, 1984). Der khol, häufig in Ostindien zur Begleitung von Tänzen verwendet, hat eine deutlich ausgebauchte Form. Sein Korpus besteht aus gebranntem Ton (Gefäßtrommel). Trommeln mit Schnarrsaiten (z. B. die Tempeltrommel idakke), große Rahmentrommeln (Volksmusik: daff), Trommeln mit klingenden Bronzescheiben (Südindien: kanjira) und die meist paarweise gespielte Kesseltrommeln (Pauke: nagara) runden die weite Palette der Membranophone ab (Musikbeispiele: A. Daniélou, Anthologie de la musique classique de l'Inde, 1955 ff, Bärenreiter Musicaphon).

In der Kunstmusik des Nordens ist der pakhavaj, in der des Südens der mrdangam gebräuchlich: eine zweifellige zylindrische Holztrommel mit mehrschichtiger Ziegenfellbespannung. Das rechte Fell ist zur Klangoptimierung mit schwarzer Stimmpaste bestrichen. Die Bespielung erfolgt mit Händen und Fingern nach einem hochdifferenzierten System unterschiedlicher Schläge, deren Abfolge durch Merksilben (bols) in Bezug zu einem bestimmten tala geregelt ist. Ähnlich wird auch die tabla gehandhabt. Hier handelt es sich aber um ein Trommelpaar: eine kleinere, mit der rechten Hand gespielte (tabla dayan) und eine größere, mit der linken Hand gespielte Kesseltrommel (bayan; vgl. Ranade, 1990, S. 121 f; akustische Analyse einiger tabla-Schläge: Rösing, 1970).

Indische Chordophone (Saiteninstrumente) sind bei uns vor allem als Soloinstrumente bekannt. Unterschiedlich konstruierte Musikbögen und Harfen stammen aus früher Zeit und werden nach wie vor in religiöser und volkstümlicher Musik verwendet. Ein schon in den Veden erwähntes Saiteninstrument ist die vina, ursprünglich eine Stabzither mit einem Saitenträger aus Bambus und zwei Kalebassen als Resonator. In

Südindien hat die vina die Form einer Langhalslaute. Vier der sieben Saiten sind Spiel-, drei sind Bordunsaiten (Veer, 1983, S. 58 f).

Lauteninstrumente gibt es in vielen Varianten von der einsaitigen eka-tara über die Bordunlaute tambura mit vier Saiten und pulsierendem Klang bis hin zu der langhalsigen sitar mit Bünden am Griffbrett und vier Spiel-, zwei Bordun- und bis zu 20 Resonanzsaiten (s. Junius, 1974). Auf allen Saiteninstrumenten werden die raga-Melodien mit feinsten Verzierungen und ornamentalen Ausschmückungen umspielt (vgl. Miner, 1993).

Als Streichinstrumente mit einer bis vier Spielsaiten und verschiedener Anzahl von Resonanzsaiten sind sarangi, dilubra und esraj häufig anzutreffen, in Südindien ab Ende des 18. Jahrhunderts (Beginn der englischen Vorherrschaft in Indien) auch die europäische Violine. Ihre Haltung und Stimmung (c-g-c-g) sind jedoch den Klangvorstellungen indischer Saiteninstrumente angepaßt.

Die Gruppe der Aerophone (Blasinstrumente) ist ebenfalls umfangreich. Quer- und Längsflöten werden vor allem in der Volksmusik viel benutzt. Doch auch der Gott Krishna wird üblicherweise mit einer Flöte (murali) dargestellt. Die Doppelklarinette pungi ist das übliche Instrument zur Schlangenbeschwörung. Die Oboe sahnai wird paarweise auch in der klassischen Musik verwendet. Hörner und Trompeten dienen vor allem als Signal-, Kriegs- und Kultinstrumente.

Die ideale Spielweise aller Melodieinstrumente orientiert sich am Gesang. Gemessen an europäischen Gesangsstilen wird die Stimme in der indischen Kunstmusik wie ein Instrument eingesetzt. Sie muß frei sein von unwillkürlichem Vibrato, um die zur Ausdeutung eines ragas erforderlichen Verzierungen und Modulationen (Glissandi, Triller) auch realisieren zu können. Das erfordert eine höchst kontrollierte Artikulation. Sie wird vor allem dadurch erreicht, daß Stimmbildung und Phrasierung möglichst weit vorn erfolgen (Daniélou, 1975, S. 84; s. Notenbeispiel).

6. Neuzeit

Trotz erheblicher politischer Instabilität im 18./19. Jahrhundert (vor allem im Norden) wurden Musik, Poesie und Tanz an den verschiedenen nordindischen Höfen (z.B. Lucknow, Jaipur) weiterhin intensiv gepflegt

Verschiedene Möglichkeiten der Verzierung von ragas (nach Pesch, 1996, S. 20)

(s. Kippen, 1988). Für Südindien sind besonders das Musiker-Dreigestirn Tyagaraja (1767–1847; vgl. Jackson, 1991), Muttusvami Diksitar (1776–1835) und Syama Sastri (1762–1827) zu nennen – ferner die intensive Musikpflege am Hof von Tanjore (Seetha, 1981).

Im Jahr 1857 ging die indische Regierungsgewalt an die britische Krone über. Der Einfluß von westlicher Musik auf die indische Musik hielt sich dennoch in Grenzen. Wohl aber änderte sich die gesellschaftliche Struktur. Das höfische Mäzenatentum wurde abgelöst von der Förderung der Künste durch eine städtische Oberschicht. Seit der Unabhängigkeit Indiens 1947 kam dazu die staatliche Unterstützung, die vor allem zu einer pädagogischen Institutionalisierung und wissenschaftlichen Aufarbeitung der traditionellen Musik an Universitäten und Colleges führte.

Von größter Bedeutung für das Musikleben in Indien war ähnlich wie im Abendland (→ Musikvermittlung in der modernen Mediengesellschaft) das Aufkommen einer weitgehend monopolisierten Tonträgerindustrie (ab 1901. Gramophone Company of India / His Master's Voice), die Einführung eines staatlich kontrollierten Rundfunks (ab 1930 in Bombay u. Kalkutta) sowie die Produktion von indischen Tonfilmen ab 1931 (vgl. Bor & Miner, 1996, Sp. 690). Inzwischen zählt Filmmusik zu der umfangreichsten Sparte des kommerziellen Pop. Meist handelt es sich um Lieder und Tänze, die auf modalen Melodien aufbauen und im einheimischen Stil mit vielen Verzierungen gesungen werden. Die Instrumentalbegleitung stellt häufig eine Synthese von indischen und europäischen Musikinstrumenten dar (bes. Klarinette und chorisch spielende Violinen).

Ab den 70er Jahren begann sich die westliche populäre Musik (Disco,

Rock, Reggae) vermehrt in den städtischen Zentren auszubreiten. Immer bedeutungsvoller wurden zudem die Aktivitäten kleinerer, regional agierender Musikfirmen. Auf Musikkassetten produzieren und vertreiben sie religiöse hinduistische, volkstümliche und klassische Musik in neuen Bearbeitungen (Manuel, 1993). Aber auch die große Tradition der klassischen indischen Musik lebt weiter. Dabei sind die Berührungspunkte und Wechselbeziehungen zwischen klassischer und populärer Musik offenbar intensiver als in unserer Musikkultur.

Literatur

Bake, A. A. (1980). Indien. In *Außereuropäische Musik in Einzeldarstellungen* (S. 190–225). München / Kassel: dtv / Bärenreiter (edition MGG).

Bor, J. & Miner, A. (1996). Indien: Das 20. Jahrhundert. In Finscher, L. (Hg.), *MGG Die Musik in Geschichte und Gegenwart*. Sachteil Bd. 4 (Sp. 688–696). Kassel / Stuttgart: Bärenreiter / Metzler.

Brandl, R. M. & Rösing, H. (1993). Musikkulturen im Vergleich. In Bruhn, H., Oerter, R. & Rösing, H. (Hg.), *Musikpsychologie. Ein Handbuch* (S. 57–74). Reinbek: Rowohlt (3. Aufl. 1997).

Daniélou, A. (1975). *Einführung in die indische Musik*. Wilhelmshaven: Heinrichshofen (2. Aufl. 1982).

Day, C. R. (1891). *The music and musical instruments of Southern India and The Deccan*. Neu Delhi: B. R. Publishing Corporation (3. Aufl. 1983).

Graves, B. & Schmidt-Joos, S. (1990). *Das neue Rock-Lexikon*, 2 Bde. Reinbek: Rowohlt (1. Aufl. 1973).

Hamel, P. M. (1980). *Durch Musik zum Selbst. Wie man Musik neu erleben und erfahren kann*. München / Kassel: dtv / Bärenreiter (1. Aufl. München: Scherz 1976).

Jackson, W. J. (1991). *Tyagaraja. Life and lyrics*. Madras: Oxford University Press.

Jairazbhoy, N. A. (1971). *The rags of north indian music. Their structure and evolution*. London: Faber & Faber.

Junius, M. M. (1974). *The sitar. The instrument and its technique*. Wilhelmshaven: Heinrichshofen.

Junius, M. M. (1983). *Die Talas der nordindischen Musik*. München: Katzbichler.

Kaufmann, W. (1976). *The ragas of South India. A catalogue of scalar material*. Bloomington: Indiana University Press.

Kaufmann, W. (1981). *Altindien. Musikgeschichte in Bildern* (hg. v. W. Bachmann). Bd. II, Lieferung 8. Leipzig: VEB Deutscher Verlag für Musik.

Kippen, J. (1988). *The tabla of Lucknow. A cultural analysis of a musical tradition* (Cambridge Studies in Ethnomusicology). Cambridge: University Press.

Koch, L.-C. (1995). *Zur Bedeutung der rasa-Lehre für die zeitgenössische nordindische Kunstmusik. Mit einem Vergleich mit der Affektenlehre des 17. & 18. Jahrhunderts.* Bonn: Holos.

Kuckertz, J. (1981). *Musik in Asien I. Indien und der Vordere Orient* (Musik aktuell 3). Kassel: Bärenreiter.

Kuckertz, J. (1996). Indien, Teil IV u. V. In Finscher, L. (Hg.), *MGG Die Musik in Geschichte und Gegenwart.* Sachteil Bd. 4 (Sp. 704–733). Kassel / Stuttgart: Bärenreiter / Metzler.

Kumar, K. & Stackhouse, J. (1987). *Classical music in South India. Karnatic tradition in western notation.* Stuyvesant, NY: Pendragon.

Manuel, P. (1993). *Cassette culture: Popular music and technology in North India.* Chicago: University Press.

Meer, W. van der (1980). *Hindustani music of the 20th century.* The Hague: Nijhoff.

Miner, A. (1993). *Sitar and sarod in the 18th and 19th centuries.* Wilhelmshaven: Noetzel.

Nijenhuis, E. te (1974). *Indian music. History and structure* (Handbuch der Orientalistik, 2. Abt., Bd. 6). Leiden: Brill.

Nijenhuis, E. te (1996). Indien, Teil I–III, 1. In Finscher, L. (Hg.), *MGG Die Musik in Geschichte und Gegenwart.* Sachteil Bd. 4 (Sp. 655–681). Kassel / Stuttgart: Bärenreiter / Metzler.

Oesch, H. & Zimmermann, H. (1984). Der indische Kulturbereich. In Oesch, H. (Hg.), *Außereuropäische Musik Teil 1* (S. 197–328) (Neues Handbuch der Musikwissenschaft Bd. 8). Laaber: Laaber.

Pesch, L. (1993). *Ragadhana. An alpha-numerical directory of ragas* (2. Aufl.). Ohne Ort: Natana Kairali.

Pesch, L. (1996). *Vom Klang des Glücks. Ein Leitfaden zur Konzert-, Tanz- und Tempelmusik Südindiens.* Amsterdam: eka-grata publ.

Ranade, A. D. (1990). *Keywords and concepts: Hindustani classical music.* New Delhi: Promilla.

Rashid, S. A. (1984). *Mesopotamien. Musikgeschichte in Bildern* (hg. v. W. Bachmann). Bd. II, Lieferung 2. Leipzig: VEB Deutscher Verlag für Musik.

Rösing, H. (1970). Klangfarbe und Rhythmus im indischen Tablaspiel. In *Musik als Gestalt und Erlebnis. Festschrift Walter Graf zum 65. Geburtstag (Wiener Musikwissenschaftliche Beiträge Bd. 9).* (S. 178–193). Wien: Böhlau.

Sachs, C. (1940). *The history of musical instruments.* New York: Norton.

Sachs, C. (1968). *Die Musik der Alten Welt in Ost und West. Aufstieg und Entwicklung.* Berlin: Akademie-Verlag (am. Orig. 1943).

Sadie, S. (Hg.) (1984). *The New Grove Dictionary of musical instruments,* 3 Bde. London: Macmillan.

Seetha, S. (1981). *Tanjore as a seat of music.* Madras: University of Madras.

Srinivasan-Buonomo, P. (1980). Südindien. Musik für Vina. Kommentar. In Simon, A. (Hg.), *Museum Collection Berlin (West), MC 8.* Berlin: Musikethnologische Abteilung, Museum für Völkerkunde.

Srivastava, I. (1980). *Dhrupada. A study of its origins, historical development, structure, and present state.* Delhi: Shantilal Jain.

Stroh, W. M. (1994). *Handbuch New Age Musik. Auf der Suche nach neuen musikalischen Erfahrungen.* Regensburg: Con Brio.

Veer, R. A. [Ram Avtar Vir] (1983). *Musical instruments of India. History and development.* New Delhi: Pankaj.

Tiago de Oliveira Pinto
Lateinamerika

1. Einleitung

Unter Lateinamerika versteht man den südamerikanischen Subkontinent, Mittelamerika sowie die spanisch- und französischsprachige Karibik. Diese kulturgeographische Einteilung ist allerdings nicht in sich schlüssig, da nicht überall in Süd- und Mittelamerika eine der romanischen Sprachen Spanisch, Portugiesisch oder Französisch gesprochen wird. Während Französisch-Guayana dazugehört, tun dies die Nachbarländer Surinam und Britisch Guayana nicht, obwohl sie geographisch in Südamerika liegen.

Neben den romanischen Sprachen existieren im lateinamerikanischen Raum über 200 verschiedene einheimische Sprachen, deren ethnische Gruppen zum Teil die Mehrheit der Bevölkerung eines Landes ausmachen (wie die Aymara und Quechua in Bolivien). Zahlreiche Sprachen werden jedoch nur von wenigen hundert Angehörigen einer Indianergruppe vertreten. Im Amazonas-Gebiet, das in seiner geographischen Ausdehnung ganz Europa entspricht, gibt es beispielsweise über 170 Sprachen, die von insgesamt nur ca. 300 000 Menschen gesprochen werden.

Die wissenschaftliche Beschäftigung mit lateinamerikanischer Musik begann mit der Entstehung der Vergleichenden Musikwissenschaft um 1900. Aber schon im 19. Jahrhundert hatten Forschungsreisende Musikinstrumente, Aufzeichnungen und gelegentlich sogar in Notenschrift festgehaltene Melodien insbesondere einheimischer Bevölkerungsgruppen Lateinamerikas nach Europa mitgebracht. Im Unterschied zu Untersuchungen von afrikanischer, indischer, südost- oder ostasiatischer Musik nehmen die ersten wissenschaftlichen Studien zur lateinamerikanischen Musik aber einen eher untergeordneten Stellenwert ein (→ Kulturbereiche der Welt). Vereinzelte Fachzeitschriften zur lateinamerikanischen Musik belegen, daß sich bis heute das Bild wenig geändert hat (u. a. Latin American Music Review der Texas University Press).

2. Kulturelles Erbe

Historische Überlieferungen gehen in Lateinamerika in den seltensten Fällen auf einen einheitlichen kulturellen Ursprung zurück. Selbst die eigenständigen Traditionen fußen auf unterschiedlichen Wurzeln. Genau dies ist aber der Bereich, der trotz musikologischer Pionierstudien aus der sogenannten Berliner Schule (vgl. Hornbostel, 1912; Bose, 1934) am geringsten erforscht ist.

Von wenigen Ausnahmen abgesehen (u.a. Halmos, 1979; Aretz, 1991; Seeger, 1996), ist bei zahlreichen in Lateinamerika lebenden Ethnien bis heute nichts über Musikleben, geschweige denn über spezifische musikalische Strukturen bekannt oder gar wissenschaftlich dokumentiert. Zum einen geht dies auf die schnelle, meist erzwungene Anpassung an andere Kultursysteme zurück, u.a. auf die Vertreibung aus dem gewohnten Lebensbereich oder auch auf die Einflußnahme christlicher Missionare. Während eines Besuchs bei den Aparai-Wayana, die relativ isoliert in ihrem angestammten Gebiet im Grenzbegiet zwischen Brasilien und Surinam leben, entstand 1995 der Eindruck, daß nichts mehr von den eigenen Musiktraditionen lebendig geblieben war. Wenn überhaupt, dann erklangen protestantische Kirchengesänge, die von amerikanischen Missionaren über Jahrzehnte systematisch eingeführt worden waren. Nur ein mit größter Behutsamkeit durchgeführtes Projekt zur «kulturellen Selbsthilfe» läßt die eigenen Traditionen wieder erwachen (Rauschert & Oliveira Pinto 1997).

Anders allerdings verhält es sich in den meisten Andenländern, wo neben traditionellen Musikformen auch der gesamte Popularmusikbereich nachhaltig von einheimischer, eigenständiger Musik und von traditionellen Musikinstrumenten bestimmt ist (Fairley, 1994).

Parallel zu den überlieferten Musikstilen entstanden in Lateinamerika im Verlauf der letzten drei Jahrhunderte nach und nach Kulturen mit hohem Anteil an Elementen unterschiedlicher europäischer Traditionen (u.a. spanischer, portugiesischer, italienischer, französischer und deutscher Herkunft) sowie verschiedener stark afrikanisch geprägter Traditionen. Im 20. Jahrhundert kamen Bevölkerungsgruppen aus dem asiatischen Kontinent hinzu, so aus Indonesien (in die Karibik) und aus Japan (nach Peru und Brasilien). Sie bildeten eigene Kulturinseln, deren spezifische Musiküberlieferungen bis in die Gegenwart lebendig geblieben sind.

Bei verschiedenen Musiktraditionen läßt sich sowohl eine kulturbedingte Eingrenzung von Gattungen, Instrumenten oder Tänzen beobachten als auch die Aufnahme dieser Elemente in ursprünglich fremde gesellschaftliche Gruppen. Dies geschieht mit der ecuatorianischen Harfe (Schechter, 1992) oder der guatemaltekischen marimba (Garfias, 1983). Exemplarisch läßt sich dieser Prozeß auch am Repertoire des ursprünglich aus Deutschland stammenden bandoneón (Bandonion, concertina) erkennen (dazu Dunkel, 1987). In der La-Plata-Region von Nordargentinien und Uruguay war dieses Instrument maßgeblich für die Entstehung lokaler Musikstile wie milonga und tango verantwortlich und hat sich geradezu zum Nationalinstrument entwickelt. Dagegen bleibt dem bandoneón in Enklaven mit primär deutscher Einwanderung wie im Staat Espírito Santo (Brasilien) lediglich eng begrenzte Bedeutung: Beliebt sind hier bei der lokalen Landbevölkerung in der Bergregion von Campinho u.a. die auf dem bandoneón (bzw. der concertina) gespielten Hochzeitstänze. Außerhalb dieses von deutschen Einwanderern (aus Pommern und aus dem Hunsrück) Mitte des 19. Jahrhunderts besiedelten Gebietes aber sind die concertina und ihr Repertoire völlig unbekannt.

3. Die historischen Verbindungen zu Afrika

Von sämtlichen Kulturen haben sich afrikanische Musikformen ohne Frage am tiefgreifendsten auf das Musikleben Lateinamerikas – vor allem im Bereich der populären Musik – ausgewirkt. Unter afroamerikanischer Musik sind Musikformen zu verstehen, die ursprünglich von Menschen afrikanischer Herkunft in der Neuen Welt kreiert oder dort adaptiert wurden und überwiegend formale, stilistische, strukturelle und konzeptuelle Merkmale aus afrikanischen Kulturen aufweisen (→Kulturbereiche der Welt). Die in afrikanischen und afroamerikanischen Kulturen enge Verbindung zwischen Musik und Bewegung erweitert diesen Begriff, so daß unter afroamerikanischer Musik vielfach auch das mit ihr verbundene Bewegungs- und Tanzelement gemeint ist: Samba, Salsa, Cumbia usw. sind gleichermaßen Bezeichnungen für musikalische wie tänzerische Strukturen (dazu Kubik & Oliveira Pinto, 1994). In vielen Gebieten der Neuen Welt werden afroamerikanische Musikformen auch von anderen Bevölkerungsgruppen als der afrikanischstämmigen gepflegt.

Für das Studium der kulturellen Verbindung zwischen Afrika und Lateinamerika hat vor allem die von Gerhard Kubik initiierte Analyse der afrikanischen Time-Line-Formeln zu wichtigen Ergebnissen geführt (Kubik 1986). Diese asymmetrisch aufgebauten rhythmischen Formeln sind in ihrer Grundstruktur so eindeutig definiert, daß ihre vorzugsweisen Verbreitungsräume in Afrika ein Indiz für Beziehungen zu bestimmten afroamerikanischen Traditionen sind.

Wenn man daher in einer afroamerikanischen Musikkultur die siebenschlägige 12er- oder die neunschlägige 16er-Standardformel (time-line-pattern) vorfindet, dann ist anzunehmen, daß sie ihre Struktur im Laufe der Jahrhunderte nicht verändert hat (Notenbeispiel 1). Die Verwendung der 12er-Formel etwa in der religiösen Musik des candomblé in Bahia (Brasilien) läßt auf direkte Verbindungen zur Musik der Yoruba, Ewe, Fon und benachbarter ethnischer Gruppen in Westnigeria, Dahomey und Togo schließen (dazu Kubik, 1986; Oliveira Pinto, 1991). Die andere, in bestimmten Regionen Lateinamerikas häufig anzutreffende 16er-Formel deutet auf eine kulturhistorische Verbindung zum bantusprachigen Raum von Angola und Zaire hin. Sie bildet das rhythmische Rückrat des brasilianischen Samba und wird, wie jede afrikanische Time-Line-Formel, auf Gegenständen mit oft durchdringender Klangfarbe (Glocken u. a.) geschlagen (vgl. Oliveira Pinto & Tucci 1992; Notenbeispiel 2).

x . x . xx . x . x . xx .

Notenbeispiel 1
x = geschlagener Puls
. = «leerer» Puls

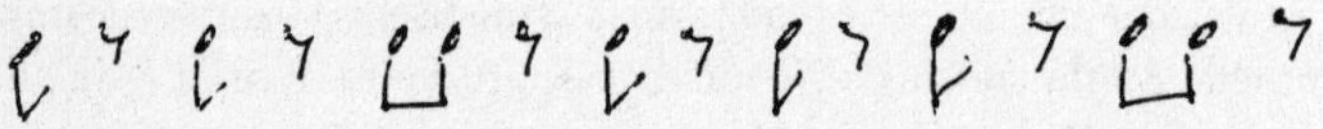

x . x . x . x . xx . x . x . x

Notenbeispiel 2

Auf dem Gebiet der musikinstrumentenkundlichen Technologie ist die Schnurpflockspannung bei Trommeln des candomblé (Brasilien) oder bestimmter Trommeln wie apinti in Surinam ein weiteres diagnostisches Merkmal. Es weist darauf hin, daß diese Trommelformen mit Sklaven von der GuineaKüste in Gebiete der Neuen Welt kamen. Denn nur dort ist diese hochspezialisierte Art der Trommelspannung bekannt (vgl.

Wieschoff, 1933). Selbst die Keilringspannung, obgleich sie auch in Indonesien vorkommt, kann als Indiz für die Verbindung von afrikanischen mit afroamerikanischen Kulturen gewertet werden (für Kolumbien s. List, 1983). In Afrika ist ihre Verbreitung auf West-Zentralafrika konzentriert, besonders den Raum der Kameruner Bucht, Gabun, Kongo etc.

Was vor allem afrolateinamerikanische Musikformen der Gegenwart im weitesten Sinn mit afrikanischer Musik verbindet, dürfte die Art und Weise sein, wie Musik und Bewegung «gedacht» werden. Gemeint ist das rhythmische Bewegungskonzept, das hinter der musikalischen Praxis in Lateinamerika steht, selbst dann, wenn bei populärer Musik kaum noch Elemente ein konkretes Gegenbeispiel in Afrika besitzen. So kann eine mit Reis gefüllte Cola-Büchse in dem Augenblick, wo sie mit dem entsprechenden musikalischen Konzept eingesetzt wird (in der Samba), zu einem afroamerikanischen Instrument werden. Zahlreiche Musikformen wurden so in Lateinamerika geschaffen; ihre musikalische Ausführung – das allgemeine Konzept, das hinter ihnen steht – bleibt jedoch dem afrikanischen Prinzip einer ganzheitlichen, d. h. körper- und geistorientierten Strukturierung von musikalischen Zeitverläufen treu (→ Schwarzafrika).

4. Musikgeschichte abendländischer Prägung

Der stets nach Europa – später auch nach Nordamerika – gerichtete Blick der dominierenden gesellschaftlichen Schichten und gleichzeitig die oftmals stark christlich ausgeprägten religiösen Anschauungen haben das etablierte Musikleben in den meisten Ländern des lateinamerikanischen Subkontinents als Fortsetzung abendländischer Kultur erscheinen lassen. Während der kolonialen Herrschaft entstanden wichtige Städte, in denen ein reges an Hof und Kirche gebundenes Musikleben florierte: Mexiko, Quito, Sucre, São Salvador da Bahia oder Vila Rica sind einige der urbanen Zentren, die in den ersten Jahrhunderten der Kolonisierung Lateinamerikas eine glanzvolle kulturpolitische Bedeutung erlangten (vgl. u. a. Lange, 1983; Béhague, 1979).

So erklärt sich das im 19. Jahrhundert, dem Jahrhundert der Unabhängigkeit, rege Opernschaffen in mehreren Ländern Lateinamerikas. Große Opernhäuser sind auch heute noch in zahlreichen Städten Lateinamerikas Zeugen der Vorliebe für diese Gattung.

Vorbild für das eigene Schaffen war im 19. Jahrhundert die italienische Oper. Unter den bekannteren mexikanischen Opernkomponisten dieser Zeit sind Luis Baca (1826–1855), Cenobio Paniagua (1821–1882) und Melesio Morales (1838–1908) zu nennen. Ihre Opern auf italienische Libretti stellen eine Reproduktion des europäischen Stils dar. Origineller ist dagegen die Oper «Guatimotzin» von Aniceto Ortega (1823–1875), die ein aztekisches Thema behandelt. Im Jahre 1871 in Mexiko-Stadt uraufgeführt, enthält diese Oper trotz italienischer Prägung auch einheimische musikalische Elemente.

In Brasilien bescherte Antonio Carlos Gomes (1836–1886) der lateinamerikanischen Oper internationalen Erfolg. Sein bekanntestes Werk, «Il Guarany», wurde 1870 an der Mailänder Scala mit beachtlichem Erfolg uraufgeführt. Gomes lebte um diese Zeit für einige Jahre am Lago Maggiore in Italien, um im Land seines größten Vorbildes Giuseppe Verdi zu arbeiten. Trotz mehrerer Aufenthalte und späterer Opernuraufführungen in Europa blieb Gomes brasilianischen Stoffen und besonders dem Flair der Volksmusik seiner Heimat treu. Er gilt als der größte Opernkomponist Amerikas des 19. Jahrhunderts (Kiefer, 1976, S. 83).

In der Musikgeschichte und Musiksoziologie Lateinamerikas sind Gegensätze die Regel, fest umrissene Epochen und Stile bleiben die Ausnahme. Im ausgehenden 19. Jahrhundert wird dies bei der Übernahme lokaler volkstümlicher Elemente in die sogenannte Ernste Musik deutlich. Im Bestreben, einen nationalen Musikstil zu finden, läßt sich dieser Trend in Mexiko, Argentinien und vor allem in Brasilien feststellen. «Brasilianische Musik ist jede nationale Schöpfung mit oder ohne ethnischen Charakter», postulierte der brasilianische Musikgelehrte, Schriftsteller und Volkskundler Mário de Andrade (1893–1945) in den Jahren des Höhepunktes jener künstlerischen Strömung, die man in Brasilien als «modernismo» bezeichnet (ab 1922). Modern zu sein und gleichzeitig national zu bleiben war für brasilianische Komponisten wie Heitor Villa-Lobos (1887–1959) oder Mozart Camargo Guarnieri (1907–1992) kein Widerspruch in sich, sondern selbstverständlich. Dieses ästhetische Ideal, das Mário de Andrade formulierte, kommt beim vielfältigen kompositorischen Schaffen für das Klavier deutlich zum Ausdruck. Auf dem Klavier wurden stilistische Neuheiten erprobt, die sich erst später, etwa in größer angelegten Orchesterwerken, niederschlugen. In der Klaviermusik verwischten sich besonders in Brasilien sehr bald die Grenzen

zwischen Ernster Musik (Kunstmusik) und anderen volkstümlichen Stilrichtungen.

Der bedeutendste Komponist der brasilianischen Musikgeschichte des
20. Jahrhunderts ist Heitor Villa-Lobos (1887–1959). Der aus Rio de
Janeiro stammende (sich selbst gern als «Halbindianer» bezeichnende)
Villa-Lobos hat in seinem umfangreichen Werk populäre Musikstile seines Heimatlandes mit modernen kompositorischen Mitteln verbunden.
International bekannt geworden sind die Klavierwerke «A prole do bebê»
(acht Stücke von 1921) und «A lenda do caboclo» von 1920. Stuckenschmidt (1969, S. 162) weist besonders auf die für Klavier gesetzten Kinderlieder «Cirandas» und das Orchesterwerk «Choros Nr. 12» hin.

Die kurzen 50 Klavierstücke, die ein anderer Brasilianer, Camargo Guarnieri (1907–1992), zwischen 1931 und 1959 schrieb, wurden als Pon-
teios zu einer geschlossenen Werkgruppe vereint. Aufgrund intensiver
Volksmusikforschung, die Guarnieri als junger Musikstudent und Komponist in verschiedenen Teilen Brasiliens betrieb, strahlen die einzelnen
Stücke brasilianisches volksmusikalisches Idiom aus, ohne jedoch direkt
auf bestimmte Vorlagen aus der Volksmusik zurückzugehen.

Die Beschäftigung mit Volksmusik ist ab der Mitte des 19. Jahrhunderts für das Schaffen jener lateinamerikanischen Komponisten wichtig,
die sich auf der Suche nach einer von Europa unabhängigen Musik be-
fanden. Das Bewußtsein einer autochthonen Volksmusik scheint sich am
stärksten in Mexiko erhalten zu haben (Stuckenschmidt, 1969, S. 162).
Trotzdem bleiben in der E-Musik die abendländischen Parameter verbindlich. In Mexiko verdeutlichen dies die Werke von Silvestre Revueltas
(1899–1940) oder Carlos Chávez (1899–1978). Chávez beabsichtigte,
mit seiner «Sinfonía India» von 1935/36, ausgehend vom Modell der
5. Sinfonie von Beethoven, ein Werk mit eindeutig mexikanischen Bezü-
gen zu schreiben.

Eine ähnliche Synthese hat Heitor Villa-Lobos versucht, indem er den
Duktus und selbst formale Anlagen der Musik Johann Sebastian Bachs
übernahm (wie die Fuge), um sie in seinen neun «Bachianas Brasileiras»
(zwischen 1930 und 1945 geschrieben) mit brasilianischer Musik zu verbinden.

Im Laufe des 20. Jahrhunderts ist wohl kaum eine kompositorisch-
technische Neuerung der zeitgenössischen Kunstmusik unbemerkt an
Lateinamerika vorübergegangen, sei es die Zwölftontechnik, seien es serielle Kompositionsweisen, *musique concrète*, elektronische Musik oder

verschiedenste Computerverfahren. Zeitgenössische Musik hat in Lateinamerika in sämtlichen größeren Kulturzentren einen festen Platz. Besonders erwähnt werden muß Mauricio Kagel (1931 in Buenos Aires, Argentinien, geboren), der seit Mitte der 50er Jahre in Deutschland wirkt und mit kritischen, ironisierenden Beiträgen die experimentelle Musikszene belebt hat (1964: Match für drei Spieler, 1971: Halleluja für gemischten Chor, 1972: Staatstheater).

5. Populäre Musik

Das Aufeinandertreffen verschiedener historischer Entwicklungen mit regionalen Besonderheiten bestimmt jenes Phänomen, das geradezu zum kulturellen Paradigma für Lateinamerika geworden ist: die populäre Musik. Jedes Land, darin auch die verschiedenen Regionen, hat eigene Formen der populären Musik entwickelt.

Seit Beginn des 20. Jahrhunderts ist Lateinamerika der größte Exporteur von Gesellschaftstänzen nach Europa und in die USA. Einer breiten Öffentlichkeit sind Gattungen wie Tango, habanera, mambo, bolero, corrido, rumba und merengue (aus den 20er bis 40er Jahren) oder chachachá, bossa nova, salsa, lambada, Latin Soul, Latin Jazz und Rock (seit den 50er Jahren) bekannt.

Die gravierenden gesellschaftlichen und politischen Umwälzungen, die Lateinamerika vor allem in der 2. Hälfte des 20. Jahrhunderts erlebt hat – Revolutionen, Militärputsche, Bürgerkriege –, haben sich auch in der populären Musik ausgedrückt. Nueva trova in Kuba (Sílvio Rodríguez, Pablo Milanés), nueva canción (Victor Jara, Violetta Parra) in Chile und anderen Ländern Südamerikas (Mercedes Sosa in Argentinien, Daniel Viglietti in Uruguay), MPB (música popular brasileira) in Brasilien oder canto revolucionário in Nicaragua (vgl. Pring-Mill, 1987) sind vielfach musikalischer und poetischer Ausdruck einer kritischen Haltung gegenüber den herrschenden politischen Verhältnissen. Die Spannungen und auch die Gefahren, denen die Künstler in vielen lateinamerikanischen Ländern ausgesetzt waren, ließen Werke mit außerordentlich bildhafter und metaphorischer Aussagekraft, mit großer poetischer Tragweite und Sensibilität entstehen.

Die Folge davon ist, daß ein Begriff wie MPB nicht einfach mit «brasilianische Popularmusik» übersetzt werden kann. In den 60er Jahren geprägt, bekam MPB nach dem Militärputsch von 1964 große Bedeutung, da in dieser Vokalmusik Musik und Text in intellektuell konzipierter und symbolisch befrachteter Manier miteinander in Verbindung standen. In der Art und Weise der Komposition steht MPB der Kunstmusik näher als dem spontanen, mündlich überlieferten Musikrepertoire im volkstümlichen Bereich.

Einer der prominentesten Vertreter des brasilianischen MPB ist Chico Buarque (geb. 1945). Sein Werk verdeutlicht beispielhaft auch für andere Komponisten, daß es in Lateinamerika oftmals nicht möglich ist, eine Trennung zwischen Kunstmusik, populärer Musik und traditionellen Musikstilen vorzunehmen.

In den letzten Jahrzehnten ist der Einfluß der internationalen Popmusik größer geworden, so in der Musik aus dem Andengebiet (Inti-Illimani, Bolivia Manta u.a.) und in der vom New Age beeinflußten música inka-meditativa (u.a. Grupo Alvorada). Dennoch bleiben es die afroamerikanischen Gattungen, die als nationale Popularmusikformen auch über Lateinamerika hinaus bekannt werden. Sie üben weiterhin einen starken Einfluß auf die Popmusik anderer Länder und selbst anderer Kontinente aus: Zu nennen sind insbesondere Cumbia (Kolumbien), Joropo (Venezuela), Samba (Brasilien) oder Salsa und Rumba (Kuba).

6. Urbane Musik in Kuba

Die urbane Musik in Kuba ist untrennbar mit der Geschichte des son verknüpft, einer Musikform, die gegen Ende des 19. Jahrhunderts im Land populär wurde.

Die Entstehungsgeschichte des son hängt wahrscheinlich damit zusammen, daß jahrhundertelang verschiedene afrikanische Musiktraditionen im Hintergrund der offiziellen Kunstmusik- und Volksmusik-Szene hispanischer Prägung existierten. Sie konnten sich bei den Nachfahren der Sklavenbevölkerung vor allem im Bereich religiöser Praktiken bis auf den heutigen Tag erhalten. Das Ende der Sklaverei 1886 und die wirtschaftliche und soziale Umstrukturierung des Landes führten schließlich dazu, daß die afrikanischen Traditionen langsam die Aufmerksamkeit der weißen Bevölkerung weckten. Was in der Literatur unter Bezugnahme auf die Kompositionen von Ignacio Cervantes (1847–1905) als erster entscheidender Schritt in Richtung eines musikalischen Nationalismus (Béhague 1979, S. 85) bezeichnet wird, definiert diese Phase der kulturellen Umstrukturierung. Cervantes war insofern ein Vorreiter, als er Elemente aus der Musik der Nachfahren afrikanischer Sklaven unter der Etikette Folklore in seine Kompositionen übernahm.

Zu Beginn des 20. Jahrhunderts war der son aus dem Osten von Kuba, dem Raum von Santiago und Varacoa, das Gegenstück zu Rumba-Musikformen, wie sie von urbanen afrokubanischen Musikern in Havanna gespielt und getanzt wurden. Im son ist eine einzigartige Synthese afrokubanischer und hispanischer Elemente verwirklicht, die später auch stark vom Jazz beeinflußt wurde. Zwar entstand ein musikalisches Genre, das durch feste Formen definierbar ist, seinen Ausführenden bleibt jedoch viel Raum für individuelle Ausgestaltung. Durch den son wurden auch andere traditionelle Formen beeinflußt, so daß man z.B. von guaracha-son, bolero-son u.a.m. sprechen kann.

Die Instrumentalbesetzung einer modernen son-Band variiert. Im allgemeinen besteht sie aus Gitarre und tres (einem kleineren, mit drei Doppelsaiten bespannten Gitarreninstrument), aus einem Baß (der die traditionelle afrokubanische marímbula ersetzt hat) und aus verschiedenen Rhythmusinstrumenten wie clave (Schlagholz), guiro (Schraper), maracas (Rasseln), cencerro (Aufschlagglocke) und Congas bzw. Bongos. In fast allen Stilen des son taucht die typische, afrikanisch gefärbte claves-Figur aus Notenbeispiel 3 auf. Diese in anderen Gebieten Lateinamerikas, vor allem in Brasilien häufig auftretende Time-Line-Formel verstehen viele geradezu als das Wahrzeichen kubanischer Musik:

Notenbeispiel 3

Ein drei- bis vierstimmiger Chor übernimmt den feststehenden Refrain (montuno) oder auch mehrere Refrains. Ein Vorsänger, der sonero, trägt den canto vor, der meist nach dem formalen Schema ABA oder ABCA verläuft. Im späteren Wechsel mit den Einwürfen des Chors improvisiert der sonero und entfaltet dabei sein ganzes Können: je origineller die Text- und Musikimprovisationen, desto besser. Den musikalischen Gegenpart zum Solo-Sänger übernimmt in vielen Gruppen die Trompete. Sie stellt zu Beginn das Thema vor, bringt später kurze Riffs und improvisiert über dem vom Chor vorgetragenen montuno. Die individuellen motional-rhythmischen Parts aller zusammenspielenden Instrumente heißen tumbaos. Typische Kombination individueller tumbaos oder rhythmischer Zellen (células rítmicas) im son hat James Robbins dargestellt (1990, S. 189; Notenbeispiel 4).

Notenbeispiel 4

Zu den bekanntesten Formen kubanischer Tanz- und Popularmusik gehören außer rumba und son auch bolero, chachachá, guaracha und mambo. Außerhalb Kubas spricht man hier gern verallgemeinernd von salsa-Musik. Selbst wenn der kubanische Anteil an dieser so benannten, aus der Karibik stammenden musikalischen «Soße» (= salsa) überwiegt, faßt salsa in Wirklichkeit unterschiedliche Musikstile verschiedener lateinamerikanischer Länder zusammen wie plena aus Puerto Rico, cumbia aus Kolumbien, tamborito aus Panama, son und rumba aus Kuba und boleros aus verschiedenen Ländern (vgl. Stewart 1994).

7. MPB und Bossa Nova (Brasilien)

Große Stars der populären Musik sind in Lateinamerika stets nationale Idole. Auch in Brasilien ist dies der Fall, wobei sich hier die populäre Musik nicht auf dieses Land beschränkt. Brasilianische Musik erklingt auf der ganzen Welt (vgl. Oliveira Pinto, 1994). Musikstile vieler Länder von den USA bis hin zu Nigeria, Portugal oder Frankreich sind nachhaltig von ihr beeinflußt. Namhafte US-amerikanische Musiker wie Charlie Byrd, Herbie Mann, Roy Eldridge, Paul Winter und in jüngster Zeit David Byrne und Paul Simon haben ihre musikalische Wallfahrt nach Brasilien unternommen.

Die Geschichte des Bossa Nova begann 1958. In diesem Jahr kam eine Schallplatte mit dem Song «Chega de Saudade» («Schluß mit der Sehnsucht») von Antonio C. Jobim (1927–1995) und Vinícius de Moraes (1913–1980) heraus. Interpret war ein junger Sänger und Gitarrist aus Bahia: João Gilberto (geb. 1931). Damit war der erste Bossa Nova geschaffen. Die Bezeichnung stammt aus einer Redewendung der 50er Jahre; etwas mit «Bossa» tun hieß damals, etwas mit Witz, mit Swing auszuführen. Bossa Nova war somit neuartige Musik, genauer: moderne und intellektuelle Samba-Musik mit Pfiff. Zwar liegt ihr der Samba-Rhythmus zugrunde, trotzdem läßt sich Bossa Nova schwer definieren. Eher handelt es sich um eine bestimmte Art und Weise der Ausführung und um einen bestimmten Sound als um eine festgelegte musikalische Gattung oder Form. Bezeichnend ist auch die scheinbare Unabhängigkeit zwischen Instrumental- und Gesangspart.

Bossa Nova ist wahrscheinlich die letzte rein akustische, weltweit bekannt gewordene und rezipierte Popularmusik. Sie kommt nicht nur ohne elektronische Instrumente, ohne synthetische Klangeffekte oder Rhythmus-Maschinen aus, sie meidet all dies geradezu peinlichst.

Bossa Nova kam als Musik aus der sogenannten Dritten in die Erste

Welt. Hier erreichte sie bald eine Popularität, die mit der der Beatles zu vergleichen war. In den beginnenden 90er Jahren gehört der Klassiker des Bossa Nova «Garota de Ipanema» (Antonio C. Jobim & Vinícius de Moraes) nach wie vor zu den fünf meistgespielten Songs – weltweit.

8. Ausblick

Auch in Lateinamerika wirkt sich die Verbreitung der Informationstechnologien auf die Musik aus. Die Folge ist jedoch bisher nicht die befürchtete Vereinheitlichung der einheimischen musikalischen Stile. Ganz im Gegenteil sind in den letzten Jahrzehnten vielfältige Impulse von der lateinamerikanischen Musik ausgegangen, die die populären Musikstile der restlichen Welt beeinflußt haben. Charakteristisches Merkmal der Musik von Lateinamerika wird auch weiterhin die Vielfalt der eigenen Traditionen mit ihrem nachgerade unerschöpflichen Musikreservoir bleiben.

Literatur

Aretz, I. (1991). *Música de los aborígenes de Venezuela.* Caracas: Fundef-Conac.

Béhague, G. (1979). *Music in Latin America: An introduction.* New Jersey: Prentice Hall.

Bose, F. (1934). *Die Musik der Uitoto.* Berlin: o. V.

Dunkel, M. (1987). *Bandonion und Konzertina.* München: Katzbichler.

Fairley, J. (1994). Nueva canción. The guitar is a gun; the song is a bullet. In Broughton, S., Ellingham, M., Muddyam, D. & Trillo, R. (Hg.), *World music. The rough guide* (S. 569–576). London: Penguin.

Garfias, R. (1983). The marimba of Mexico and central America. *Latin American Music Review, 4* (2), 203–228.

Halmos, I. (1979). The music of the Nambicuara indians (Mato Grosso, Brazil). *Acta Ethnographica Academiae Scientarum Hungaricae, 28,* 205–350.

Hornbostel, E. M. von (1912). Zwei Gesänge der Cora-Indianer. In Preuss, T. (Hg.), *Die Nayarit Expedition* (S. 367–376). Berlin: o. V.

Kiefer, B. (1976). *Historia da musica brasileira.* Porto Alegre: Movimento.

Kubik, G. (1986). Afrikanische Musikkulturen in Brasilien. In Oliveira Pinto, T. de (Hg.), *Welt Musik Brasilien. Einführung in Musiktraditionen Brasiliens* (S. 121–147). Mainz: Schott.

Kubik, G. & Oliveira Pinto, T. de (1994). Afroamerikanische Musik. In Finscher, L. (Hg.), *MGG Die Musik in Geschichte und Gegenwart.* Sachteil Bd. 1 (Sp. 194–261). Stuttgart / Kassel: Metzler / Bärenreiter.

Lange, F. C. (1983). *Historia da musica na vila do principe do serro do frio a arraial de tejuco*. Belo Horizonte: Conselho Estadual de Cultura.

List, G. (1983). *Music and poetry in a Colombian village. A tri-cultural heritage.* Bloomington: Indiana University Press.

Oliveira Pinto, T. de. (1991). *Capoeira, samba, candomblé. Afro-brasilianische Musik im Reconcavo, Bahia.* Berlin: Reimer.

Oliveira Pinto, T. de. (1994). Local thoughts on global music. In: *Katalog zur Worldwide Music Expo* (WOMEX) 1994. Berlin: o. V.

Oliveira Pinto, T. de & Tucci, D. (1992). *Sambas und Sambavistas in Brasilien.* Wilhelmshaven: Noetzel.

Pring-Mill, R. (1987). The roles of revolutionary song: A Nicaraguan assessment. *Popular Music, 6* (2), 179–190.

Rauschert, M. & Oliveira Pinto, T. de. (1997). *Resgate de cultura oral Aparai-Wayana* (Arbeitsbericht für die GTZ). Berlin: Institut für brasilianische Kultur (unver. Manuskript).

Robbins, J. (1990). The Cuban son as form, genre, and symbol. *Latin American Music Review, 11* (2), 182–200.

Schechter, J. (1992). Latin America – Ecuador. In Todd Titon, J. (Hg.), *Worlds of Music. An introduction to the music of the world's people* (S. 376–428). New York: Schirmer.

Seeger, A. (1996). Mittel- und Südamerika. In Finscher, L. (Hg.), *MGG Die Musik in Geschichte und Gegenwart.* Sachteil Bd. 4 (Sp. 631–651). Stuttgart/Kassel: Metzler/Bärenreiter.

Steward, S. (1994). Dancing with the saints. The international sound of salsa. In Broughton, S., Ellingham, M., Muddyam, D. & Trillo, R. (Hg.), *World music. The rough guide* (S. 485–494). London: Penguin.

Stuckenschmidt, H. H. (1969). *Musik des 20. Jahrhunderts.* München: Kindler.

Wieschoff, H. (1933). *Die afrikanischen Trommeln und ihre außerafrikanischen Beziehungen.* Stuttgart: Strecker & Schröder.

August Schmidhofer
Schwarzafrika

1. Einleitung

Schwarzafrika umfaßt den afrikanischen Kontinent südlich der Sahara und die vorgelagerten Inseln im Indischen und Atlantischen Ozean. Die Musikkulturen des nordafrikanischen Raums (Weißafrika) sind der orientalischen Welt zuzurechnen. Ihr Einfluß setzt sich allerdings weit nach Schwarzafrika hinein fort, insbesondere im Subsaharagürtel und entlang der ostafrikanischen Küste (dazu Simon, 1983b).

Die Musik Schwarzafrikas stellt keine stilistische Einheit dar. Ähnlich der Sprachenvielfalt ist auch eine große Mannigfaltigkeit der musikalischen Ausdrucksformen festzustellen. Alan Lomax, der über Gesangsstile gearbeitet hat, postuliert zwölf unterschiedliche Stilregionen: Western Sudan, Moslem Sudan, Eastern Sudan, Ethiopia, Upper Nile, Guinea Coast, Equatorial Bantu, Northeast Bantu, Central Bantu, African Hunters, South African Bantu und Madagascar. Zusätzlich wird Afroamerika in die schwarzafrikanische Stilwelt einbezogen (Lomax, 1968, S. 32 f).

Einige dieser Gruppen nehmen eine Sonderstellung ein, etwa die unter «African Hunters» zusammengefaßten Khoisan-Völker (Buschmänner) Südwestafrikas und die Pygmäen Zentralafrikas. Äthiopien ist ebenfalls eine musikalische Welt für sich und erweist sich insbesondere in der alten Tradition der koptisch-christlichen Kirchenmusik als Teil eines afroasiatischen Kulturgebietes. Madagaskar wird in Abhandlungen über afrikanische Musik zumeist ausgeklammert. Obwohl die Insel in vielen kulturellen Aspekten nach Südostasien verweist, spiegelt die madagassische Musik die geographische Nähe zum afrikanischen Kontinent deutlich wider, vor allem in ihren rhythmischen Grundlagen.

Die historisch bedingten Verflechtungen und innerafrikanischen Einflüsse sind noch wenig erforscht. Im Zentrum des Interesses standen bis in die Gegenwart hinein Kulturparallelen mit Gebieten außerhalb Schwarzafrikas (dazu Kubik, 1988, S. 25). Die Forschung schloß dabei auf der Basis von Vergleichen von Musikinstrumenten, Tonsystemen und musikalischen Ausdrucksmitteln auf prähistorische Kulturkontakte (s. Jones, 1964). Die Tendenz dieser Arbeiten, den «schwarzen Erdteil» als Empfänger von Kultur, nicht als Inventor zu beschreiben, fand in Afrika viele Kritiker (dazu Kubik, 1988, S. 26).

Die Erforschung der Geschichte afrikanischer Musik, ihres Wandels durch Innovation, Adaptation, Modifikation, Entlehnung und Verlust von musikalischen Ausdrucksmerkmalen bedient sich heute zunehmend der historischen Arbeitsweise. Die Quellenlage ist je nach Epoche, Region und Musikgenre sehr unterschiedlich. Dem Mangel an internen Quellen (sieht man von den Oralquellen ab) steht eine noch weitgehend unerschlossene Fülle an externen Quellen aus der Kolonialzeit gegenüber. Die Auswertung der an ethnographischen Belegen oft reichen Reiseberichte erfordert eine verfeinerte Quellenkritik, handelt es sich doch um Dokumente, die sehr unterschiedliche Interessen, Geisteshaltungen und Niveaus der Auseinandersetzung mit dem Fremden reflektieren (im Überblick Kubik & Simon, 1994).

2. Musik im Leben der afrikanischen Gesellschaft

Der große Stellenwert der Musik in der afrikanischen Gesellschaft wird immer wieder betont. Es gibt kaum bedeutende Ereignisse, die ohne Musik ablaufen. Die starke Interaktion zwischen Musikern und Zuhörern, die Afrikaner bei Musikdarbietungen in Europa oft vermissen, ist dabei ein herausragendes Charakteristikum (dazu Chernoff, 1994, S. 53 ff; Nketia, 1979, S. 33 ff).

Die Bedeutung der Musik reflektiert auch das große Spektrum von Funktionen, die der Musik in der Gesellschaft zukommt (→ Zweckbestimmung von Musik). Liedtexte behandeln wichtige soziale Belange, prangern unsoziales Verhalten wie Stolz, Habsucht und Untreue an, zeigen auf, daß die Wahrung von Werten wie Respekt, Großzügigkeit, Kooperation und Solidarität das harmonische Zusammenleben fördert. Der Musiker wirkt tief auf soziale Prozesse ein, er erfüllt vielfach eine verhaltensregulierende Funktion. Musiker können im Dienste von Herrschern stehen und mit ihren Preisliedern zur Erhaltung der Gesellschaftsordnung beitragen (vgl. Erlmann, 1980). Umgekehrt können Musiker als Vertreter unterprivilegierter Schichten in kritischen Liedern

Mißstände anprangern. In vielen Orten gibt es für Musik- und Tanzveranstaltungen bestimmte Plätze im Zentrum des Dorfes, was den sozialen Stellenwert der Musik unterstreicht.

Daneben findet sich aber auch das Musizieren ohne Zuhörerschaft, zum Zeitvertreib und zur Rekreation des Gemüts. Dafür eignen sich besonders Instrumente mit zartem Klang wie Lamellophone (in der Literatur häufig «Sanza» genannt), die vielfach bei einsamen Wanderungen im Gehen gespielt werden.

Vom freien, ungebundenen Musizieren, mit oder ohne Zuhörerschaft, ist das Musizieren zu besonderen Anlässen und besonderen Zeiten zu unterscheiden. Der *Jahreszyklus* gibt den Rahmen für eine Zahl von Ereignissen, die von Musik begleitet sind. Vor allem wenn die Feldarbeit ruht, werden Feste abgehalten. Musik, Tanz und musikbegleitete Spiele von Kindern und Jugendlichen in Vollmondnächten sind weit verbreitet. Der *Lebenszyklus* bestimmt jene Stationen im Leben des einzelnen, die mit Übergangsriten beim Eintritt in einen neuen Lebensabschnitt festlich gestaltet werden. Geburt, Initiation / Beschneidung und Tod sind hier in ganz Afrika von universaler Bedeutung, während die Heirat vorwiegend in islamisch und christlich beeinflußten Kulturen bzw. Gesellschaftsschichten gefeiert wird. Viele Musikgattungen sind nach ihrem kontextuellen Bezug voneinander unterschieden.

Das Spektrum der Ausführenden reicht von jedermann über den begabten Laien bis zum professionellen Musiker. Bootsleute singen, um im Rhythmus zu rudern, Frauen singen bei der Aussaat, um sich die Arbeit zu erleichtern, Händler preisen singend ihre Waren an, um den Umsatz zu steigern. In responsorialen Gesängen kann das ganze Volk den Chorpart bilden. Das den Gesang begleitende Händeklatschen ist ebenfalls eine musikalische Tätigkeit, die oft bereits kleine Kinder beherrschen. Diverse Musikinstrumente gelten als einfach, während andere Spezialisten vorbehalten sind. Im Süden Madagaskars etwa kann der überwiegende Teil der Bevölkerung eine Rassel bedienen, das Spiel des Akkordeons oder der Kastenzither beherrschen hingegen nur wenige.

Berufsmusiker, die sich ausschließlich der Musik widmen, von deren Ausübung sie kontinuierlich leben können, finden sich in Afrika nur selten. Meistens üben Musikspezialisten ihre musikalische Tätigkeit saisonweise oder auf Abruf vorübergehend aus und gehen zusätzlich noch einer anderen Tätigkeit nach.

Einzelne Musikgattungen oder Musikinstrumente können weiblichen oder männlichen Ausführenden vorbehalten sein. Wiegenlieder (dazu Nketia, 1979, S. 231 ff) und Totenklagen sind charakteristische Genres der Frauen (wenngleich es vereinzelt auch Totenklagen durch Männer gibt). Preis- und Epengesang wiederum sind primär Männerdomäne. Chordophone und Aerophone werden in Madagaskar fast nur von Männern gespielt, das Xylophon hingegen nur von Frauen. Bestimmte Sakraltrommeln sind für Frauen tabu, andere Sakraltrommeln werden aber durchweg von Frauen gespielt. Besonders in islamisch beeinflußten Kulturen ist die Trennung in einen männlichen und weiblichen Lebensbereich deutlich. Ebenso gibt es vielfach auch eine Zuordnung zu bestimmten Altersgruppen. Diverse Lautenformen sind in weiten Teilen Afrikas typische Altersgruppeninstrumente. Schon im Kindesalter werden erste Versuche auf dem oft selbstgebauten Instrument gemacht. Mit zunehmendem Alter wird das Spiel des Instruments meist wieder aufgegeben.

Musiker stammen häufig aus den unteren sozialen Schichten. Dennoch kann ihnen ihre Tätigkeit Ansehen einbringen, insbesondere wenn sie sich einer prestigeträchtigen Musikform verschrieben haben. Neben Formen und Musikinstrumenten, die sich an Vorbildern der westlichen Welt orientieren, sind dies vor allem jene, die an den Höfen von Königen üblich sind (dazu Nketia, 1979, S. 61 ff).

Heute sind die traditionellen Herrscher weitgehend entmachtet und ohne politische Befugnisse, genießen aber dennoch große Wertschätzung in der Bevölkerung. Davon künden das Preistrommeln und der Preisgesang. Die Griots Westafrikas haben daneben die Funktion der Tradierung von Geschichte aus der Perspektive des Herrschergeschlechts, die letztlich zur Legitimation der Herrschaft beiträgt (Erlmann, 1980; Bender, 1985, S. 28 ff). Die Musik an den Höfen ist strengen Bestimmungen unterworfen. Musiker begleiten die Würdenträger zu offiziellen Auftritten. Nur zu besonderen Anlässen werden bestimmte Instrumente hervorgeholt und bestimmte Musikformen aufgeführt. Zu den königlichen Insignien gehören Elfenbeinhörner, Glocken und insbesondere Trommeln. Das Funktionieren des politischen Systems wird oft mit der Existenz und Bewahrung von heiligen Trommeln in Zusammenhang gebracht. Um sie herum existiert ein spezieller Kult (Gansemans & Schmidt-Wrenger, 1986, S. 32 f; Nketia, 1979, S. 62).

Eine besondere Form des Musikspezialisten ist der Schamane. Musik spielt in Tranceritualen, die in ganz Afrika verbreitet sind, eine entscheidende Rolle. Orisa und Vodu (Voodoo) sind die bekanntesten Beispiele (Kubik & Simon, 1994, S. 153). Nach Artur Simon (1983a, S. 285 f) sind therapeutische, religiöse, soziale Riten und Riten zur An- oder Abwendung von Hexerei zu unterscheiden. Häufig arbeitet der Schamane eng mit Musikern zusammen, ist aber selbst ebenfalls ein mit der Musik Vertrauter.

3. Strukturen afrikanischer Musik

Form

Einige strukturelle Merkmale und grundsätzliche Verfahren sind in Schwarzafrika sehr weit verbreitet. Afrikanische Musik läßt sich zumeist der Perioden- oder Deklamationsform zuordnen.

- Die *Periodenform* ist gekennzeichnet durch das Aneinanderreihen von Formeln, die in ihren Wiederholungen vielfach variiert werden. Der überwiegende Teil afrikanischer Musik ist solche Pattern-Musik. Eine besondere, charakteristisch afrikanische Technik ist hier das Ruf-Antwort-Verfahren (call and response) mit einem zumeist freieren Rufteil und einem formelhaften Antwortteil.
- Die *Deklamationsform* ist stärker an die Struktur des Textes gebunden. In diese Kategorie gehört auch das Sprechtrommeln in einigen westafrikanischen Musikkulturen (dazu Chernoff, 1994). Dabei werden die tonalen und Längenfaktoren der in der betreffenden Region gebräuchlichen Tonhöhensprache ziemlich getreu wiedergegeben. Davon zu unterscheiden ist das Signal Trommeln, bei welchem durch Codes präzise Botschaften übermittelt werden, z.B. die Einberufung einer Versammlung. Auch diverse Blasinstrumente, etwa Muschel- oder Zebuhörner, können hierfür herangezogen werden.

Während die Deklamationsform überwiegend einem freien Metrum folgt, ist die Periodenform durch ein strenges Zeitmaß gekennzeichnet.

Timing

Bei «mikroskopischer» Betrachtung des zeitlichen Ablaufs, etwa eines Xylophonstücks, entdeckt man eine äquidistante Folge kleinster Zeiteinheiten, die die Basis für jede rhythmische Gestalt bilden. Dieses Orientierungsraster wird *Elementarpulsation* genannt (Kubik, 1988, S. 71 ff).

In einigen Instrumentaltraditionen läuft die Elementarpulsation mit großer Geschwindigkeit ab. Metronomzahlen von 600 M. M. und darüber sind keine Seltenheit.

Die nächste Orientierungsebene über der Elementarpulsation ist der *Beat*. Ein Beat liegt auf jedem zweiten, dritten oder vierten Elementarpuls und bildet somit ebenfalls ein gleichmäßiges Raster. Mitunter liegen betonte Stellen neben dem Beat (Off-Beat).

Eine weitere Referenz des Musikers ist die *Formzahl*. Sie gibt die Anzahl der Elementarpulse an, die ein Pattern umfaßt. Wir finden insbesondere die Formzahlen 6, 8, 9, 12, 16 und 18 sowie Vielfache davon. Die Zahl 12 ist die wichtigste Formzahl der afrikanischen Musik. Die Bedeutung der 12, teilbar durch 2, 3, 4 und 6, liegt darin, daß sie für eine polymetrische Gestaltung prädestiniert ist.

Das Spiel mit dem Metrum ist ein herausragendes Charakteristikum afrikanischer Musikgestaltung. Verschiedene Metren können nacheinander in einem Stück auftreten (Heterometrik). Häufiger aber ist die Polymetrik, das gleichzeitige Ablaufen mehrerer Metren. Die elementarste polymetrische Form, ein 2 gegen 3, zeigt das folgende Beispiel:

Formzahl 12 ‖: ♩ ♩ ♩ ♩ ♩ ♩ :‖

Eine einfache Bimetrik dieser Art ist in der afrikanischen Musik selten. Meist laufen mehr als zwei Grundmetren simultan ab.

Forscher, die afrikanische Musik vor Ort erlernt haben, bezeugen übereinstimmend die Verbundenheit auditiver mit motionalen (Bewegungs-)Aspekten im afrikanischen Musikverständnis. Die Tanzforschung hat dies besonders hervorgehoben, indem sie die Polymetrik der Musik zur Polyzentrik des Tanzes in Beziehung gesetzt hat (Günther, 1969; Dauer, 1983, S. 169 f).

In Fällen, in denen nur ein einzelnes Metrum benutzt wird, findet sich oft die gleichzeitige Verwendung verschiedenartiger Rhythmen, die aber stets auf einem einzelnen Grundschlag basieren. Es handelt sich dann um Polyrhythmik (dazu Dauer, 1983, S. 170 f). Eine besondere Form polyrhythmischer Gestaltung ist die Kreuzrhythmik: ein Überkreuzen der einzelnen Parts eines Ensembles in der Art, daß die Einsatzpunkte und Hauptakzente der verwendeten Formeln an unterschiedlichen Stellen liegen (Dauer, 1983, S. 171 f).

Eine besondere Rolle bei der rhythmischen Strukturierung in bestimmten Regionen, insbesondere im Bereich der Niger-Kongo-Spra-
chen, spielen die *Time-Line-Formeln*. Dies sind prägnante rhythmische
Gestalten, die auf heraustönenden Instrumenten (z. B. Eisenglocken) gespielt werden. Sie enthalten in komprimierter Form alle grundlegenden
Prinzipien des Timings in afrikanischer Musik: Polymetrik, Off-Beat-
Phrasierung, Kreuzrhythmik. Eine der verbreitetsten Time-Line-Formeln ist die sogenannte *omele*-Formel (dazu Dauer, 1983, S. 177 f):

Beat: ↓   ↓   ↓   ↓
12‖: ♪ ♪ ♪♪ ♪ ♪♪ :‖

Die Entdeckung der «inhärenten Patterns» (dazu Kubik, 1988, S. 109)
führt in das innerste Wesen schwarzafrikanischer Musik. Es handelt sich
hier um ein Phänomen der Wahrnehmung, das von Musikern Zentral-
und Ostafrikas bewußt genutzt wird. Komplexe Patterns, die durch hohe
Dichte (d. h. große Spielgeschwindigkeit) und sprunghafte Intervalle gekennzeichnet sind und in unablässigen Wiederholungen vorgetragen
werden, erhalten in der Wahrnehmung den Eindruck thematischer
Mehrdeutigkeit nach Art eines Vexierbildes. Die Wahrnehmung kann
auf die hohe, mittlere oder tiefe Lage in der Musik ausgerichtet werden.
Man registriert dort jeweils unterschiedliche melodisch-rhythmische
Gestalten, wobei der Rest des Klanggewebes in den Hintergrund tritt.
Diese Gestalten haben vielfach ausgeprägte, individuelle metrische Qualitäten, die mit dem Metrum anderer inhärenter Gestalten desselben
Stücks in einem Konflikt stehen. Wenn während des Hörens die Aufmerksamkeit auf eine andere Gestalt gerichtet wird, ändert sich schlagartig der metrische Eindruck des Ganzen; er «kippt um», weil das Be-
zugsmetrum wechselt. Neben rein rhythmischen Gestalten können auch
Melodien in das Klanggewebe als inhärente Patterns hineinkomponiert
sein.

Tonsystem und Mehrstimmigkeit

Untersuchungen zu afrikanischen Tonsystemen haben eine lange Tradition. Ein besonderes Augenmerk wurde stets den *äquidistanten* fünf-
oder siebenstufigen Skalen gewidmet, bei denen die Oktave in fünf oder
sieben gleiche Intervalle geteilt ist. Ähnliche Skalen finden sich auch in
Indonesien.

Heute besitzen wir detaillierte Kenntnis über die Verbreitung der vier-, fünf-, sechs- und siebenstufigen Skalen und über die Verbreitung der unterschiedlichen Formen von Mehrstimmigkeit (s. Verbreitungskarten in Jones, 1959, Bd. 1, und Kubik, 1988, S. 20 f). Zwischen Skala und Mehrstimmigkeit besteht ein Zusammenhang. Abgesehen von jenen Gebieten, in denen man lediglich Einklang und Oktavparallelen vorfindet, folgt die Mehrstimmigkeit einem «Überspringverfahren» (Kubik, 1988, S. 100 ff): Der jeweils übernächste Skalenton wird zur Bildung eines Zusammenklangs herangezogen. Im Falle heptatonischer Skalen ergeben sich daraus Terzklänge, im Falle pentatonischer Skalen charakteristische Quarten.

4. Populäre Musik

Die Entwicklung der populären Musik Afrikas ist eng verbunden mit der Geschichte der Musikkontakte zur westlichen Welt. In den meisten Gesellschaften Schwarzafrikas waren die christlichen Missionen und das Militär Angelpunkte der Einführung westlicher Musik. Es gibt zahlreiche Beispiele der Übernahme europäischer Formen; zum Teil war es eine erzwungene Übernahme. Und es gibt Beispiele der Ausrottung autochthoner Formen, insbesondere im Kampf der christlichen Kirchen gegen das «Heidnische» (dazu Nketia, 1979, S. 25 ff). Zu diesen Sachverhalten kommt ein psychologischer Aspekt. Die Einschätzung der afrikanischen Musik durch europäische Missionare, Lehrer etc. als «primitiv» wurde lange Zeit akzeptiert und verinnerlicht.

Dennoch dürften, aus heutiger Sicht, die längerfristigen Folgen vielfach falsch eingeschätzt worden sein. Die christliche Kirchenmusik (dazu Klein, 1990), die Blasmusik (Bender, 1985, S. 137 ff) und europäische Formen populärer Musik unterlagen schon früh einem Prozeß der Afrikanisierung. Die Geschichte des Highlife in Ghana ist ein Beispiel für diesen Prozeß stetiger Adaptation (Bender, 1985, S. 89 ff). Einflüsse von schwarzen und akkulturierten Musikformen aus Nordamerika und der Karibik gewannen ab den 1920er Jahren verstärkt an Bedeutung. Walzer, Quadrille, Schottischer, Mazurka und Polka wichen nun Jazz, Rumba, Merengue, Cha-Cha-Cha, Son, Calypso, Reggae und Zouk. Diese Formen wurden zunehmend als Ausdruck einer schwarzen Identität wahrgenommen. Europäische Metropolen wie Paris und London erhielten eine neue Bedeutung als Umschlagplätze des Musiktransfers und als Produktionsstätten afrikanischer «Popularmusik». Viele Formen, die im Einflußbereich afroamerikanischer und afrokaribischer Musik ihre Wurzeln haben, werden heute zu den herausragenden Erscheinungen der modernen afrikanischen Musik gezählt: Highlife, Juju, Soucous, Makossa, Jive, Kwela, Simanje-manje.

In einigen Ländern (z. B. Guinea, Tansania) erfolgte nach der Unabhängigkeit eine radikale Abkehr vom Westen, verbunden mit der bewußten Pflege afrikanischer Musik und der Einrichtung von Nationalensembles und Festivals (Bender, 1985, S. 9 ff und 140 ff). Traditionelle Musikformen wurden vermehrt zur Inspirationsquelle auch für Musiker der Popszene («roots revival»; Stapleton & May, 1987, S. 27 ff; Wolff, 1996). Zentren des Musiklebens und der Produktion mit großer Ausstrahlung entstanden. Afrikanische Musiker orientieren sich heute verstärkt an den neuesten Entwicklungen in Kinshasa, Brazzaville, Nairobi, Johannesburg, Dakar, Abidjan, Freetown und Antananarivo. Afroamerikanische Musik, besonders aus der Karibik, bleibt aber weiterhin der dominierende Einfluß von außen. Innerhalb der schwarzafrikanischen Musikszene gewinnen Austausch und Zusammenarbeit von Künstlern unterschiedlicher Herkunft an Bedeutung.

Literatur

Bender, W. (1985). *Sweet Mother. Moderne afrikanische Musik.* München: Trickster.

Chernoff, J. M. (1994). *Rhythmen der Gemeinschaft. Musik und Sensibilität im afrikanischen Leben.* München: Trickster.

Dauer, A. M. (1983). Kinesis und Katharsis. In: Simon, A. (Hg.), *Musik in Afrika* (S. 166–186). Berlin: Staatliche Museen Preußischer Kulturbesitz, Museum für Völkerkunde.

Erlmann, V. (1980). *Die Macht des Wortes. Preisgesang und Berufsmusiker bei den Fulbe des Diamaré (Nordkamerun).* 2 Bde. Hohenschäftlarn: Renner.

Gansemans, J. & Schmidt-Wrenger, B. (1986). *Zentralafrika* (Musikgeschichte in Bildern I / 9). Leipzig: VEB Deutscher Verlag für Musik.

Günther, H. (1969) *Grundphänomene und Grundbegriffe des afrikanischen und afroamerikanischen Tanzes* (Beiträge zur Jazzforschung 1). Graz: Universal Edition.

Jones, A. M. (1959). *Studies in African Music.* 2 Bde. London: Oxford University Press.

Jones, A. M. (1964). *Africa and Indonesia. The evidence of the xylophone and other musical and cultural factors.* Leiden: Brill.

Klein, C. (1990). *Meßkompositionen in Afrika. Ein Beitrag zur Geschichte und Typologie der katholischen Kirchenmusik Afrikas.* Göttingen: Edition Re.

Kubik, G. (1988). *Zum Verstehen afrikanischer Musik.* Leipzig: Philipp Reclam jun.

Kubik, G. & Simon, A. (1994). Afrika südlich der Sahara. In Finscher, L. (Hg.), *MGG Musik in Geschichte und Gegenwart.* Sachteil Bd. 1 (Sp. 49–194). Stuttgart / Kassel: Metzler / Bärenreiter.

Lomax, A. (1968). *Folk song style and culture* (American Association for the Advancement of Science 88). Washington: McCall.

Nketia, J. H. K. (1979). *Die Musik Afrikas.* Wilhelmshaven: Heinrichshofen.

Simon, A. (1983 a). Musik in afrikanischen Besessenheitsriten. In: Simon, A. (Hg.), *Musik in Afrika* (S. 284–296). Berlin: Staatliche Museen Preußischer Kulturbesitz, Museum für Völkerkunde.

Simon, A. (1983b). Islam und Musik in Afrika. In: Simon, A. (Hg.) *Musik in Afrika* (S. 297–309). Berlin: Staatliche Museen Preußischer Kulturbesitz, Museum für Völkerkunde.

Stapleton, C. & May, C. (1987). *African all-Stars. The pop music of a continent.* London: Quartett Books.

Wolff, K. (1996). *Trommeln und Teutonen. Afrikanische Musik auf dem deutschen Pop-Musikmarkt* (Schriften zur Popularmusikforschung 1). Karben: CODA.

Anhang

Zusammengestellt von Herbert Bruhn und Helmut Rösing

Berufsfelder

Wie alle rein geisteswissenschaftlichen Fächer ist Musikwissenschaft überwiegend auf die Forschung ausgerichtet – und hier wiederum vornehmlich auf die Erforschung von Aspekten der Vergangenheit. Einen Überblick zur Organisation des Studiums gibt Küster (1996).

An manchen Studienorten ist allerdings behutsam eine Beziehung zu möglichen beruflichen Praxisfeldern angedacht worden. Teilweise haben diese Überlegungen dazu geführt, daß neue Inhalte in den etablierten Kanon der musikwissenschaftlichen Lehre aufgenommen wurden. Insgesamt läßt sich jedoch feststellen, daß kaum deutlich wird, unter welchen Umständen ein musikwissenschaftliches Studium Berufschancen konkret erhöhen kann. Küster (1996, S. 44) bestätigt dies: Ziel musikwissenschaftlicher Lehre sei der Umgang mit «klassischen Grundproblemen der Facharbeit». Berufliche Aussichten eröffnen sich vor allem denjenigen, die nach einem musikwissenschaftlichen Studium eine weitere Ausbildung absolvieren.

Eine Vielzahl von Berufen ist direkt oder indirekt mit Musik verbunden (s. Rohlfs, 1988) und erfordert deshalb tiefgehende Fachkenntnis. Diese Fachkenntnis kann sich ein Berufsanfänger jedoch nicht nur durch ein musikwissenschaftliches Studium erwerben, sondern auch durch ein Musikpädagogik-Studium, die Berufstätigkeit als Musiker oder eine musiknahe Berufsausbildung (Instrumentenbauer, Musikalienhandler, Rundfunkjournalist). Oft entsteht beruflich verwertbares Musikwissen sogar lediglich durch aufmerksame Beobachtung der Musikszene und des Tonträgermarkts oder durch ein gehobenes Interesse an relevanten Veröffentlichungen zur Musik.

Ein Umdenken in der universitären musikwissenschaftlichen Praxis könnte das Buch «Musikwissenschaft und Berufspraxis» von Sabine Ehrmann-Herfort (1996) einleiten. Zwar wird auch hier nicht deutlich, was genau unter Musikwissenschaft und ihren vielen Teilgebieten (Historische, Systematische, Vergleichende Musikwissenschaft und Musikethnologie) zu verstehen ist. Die Einzelbeiträge beschreiben jedoch eine Vielzahl musikbezogener Arbeitsfelder und können zur Vertiefung der folgenden Ausführungen empfohlen werden.

Musikausbildung und Unterricht

In der musikbezogenen Berufswelt nimmt die pädagogische Tätigkeit den größten Raum ein. Pädagogische Studiengänge beinhalten eine Vielzahl musikwissenschaftlicher Lehrveranstaltungen. Sie erfordern jedoch immer auch eine praktische Ausbildung, sei es zum Gesangs- oder Instrumentalpädagogen oder zum Musiklehrer an der allgemeinbildenden Schule. Die Arbeitsmöglichkeiten sind umfangreich – Musiklehrer wurden bislang in den Schulen meist vorrangig angestellt. Musikschulen dagegen bieten zwar nur selten feste Anstellungen, sind jedoch ständig auf der Suche nach Honorarkräften.

Im Zusammenhang mit musikpädagogischen Berufen sind auch die Landesmusikakademien und vergleichbare Fortbildungsstätten zu sehen. Deren Kurse werden im allgemeinen von Praktikern aus Schule und Musikschule, von bekannten Berufsmusikern oder von Wissenschaftlern der Universitäten angeboten.

Musikwissenschaftler mit Promotion und Habilitation haben die Möglichkeit, sich auf eine der Lehrstellen an Universitäten oder Musikhochschulen zu bewerben (Wissenschaftliche Mitarbeiter, Lehrkräfte für besondere Aufgaben, Professuren; dazu Eggebrecht in Ehrmann-Herfort, 1996, S. 1 ff). Die Berufschancen sind jedoch eher gering einzuschätzen, zumal die Anzahl der ohnehin wenigen Stellen in den nächsten Jahren zurückgehen wird. Außerhalb von Universitäten und Musikhochschulen ist eine rein musikwissenschaftliche Unterrichtstätigkeit im allgemeinen nur in Volkshochschulen auf Honorarbasis möglich.

Musikunterricht in der Schule: VDS Verband Deutscher Schulmusiker e.V., Weihergarten 5, 55116 Mainz.
Rektorenkonferenz der Musikhochschulen in der Bundesrepublik Deutschland, c/o Hochschule für Musik, Dagobertstraße 38, 50668 Köln.
Musikakademien: Arbeitskreis der Musikbildungsstätten in der Bundesrepublik Deutschland, c/o Landesmusikakademie NRW, Steinweg 2, 48619 Heek.
Außerschulischer Musikunterricht: VdM Verband deutscher Musikschulen e.V., Plittersdorfer Straße 93, 53173 Bonn (→ Internet).

Musikausübung und Öffentlichkeitsarbeit

Auch im Studium von Berufsmusikern für Oper, Sinfonieorchester, Kirchenmusik oder für Solistenkarrieren sind musikwissenschaftliche Lehrveranstaltungen enthalten. Der Erfolg der beruflichen Tätigkeit wird jedoch nicht von den musikwissenschaftlichen Kenntnissen, sondern ausschließlich von den praktischen Fertigkeiten bestimmt. Den besten Überblick über die Arbeitsmöglichkeiten als Berufsmusiker oder Berufssänger mit allen Adressen im deutschsprachigen Raum bietet das Jahrbuch der GDBA (Genossenschaft deutscher Bühnenangehöriger), das jeweils gegen Ende eines Jahres erscheint und auch im Buch- und Musikalienhandel erhältlich ist.

Für die Tätigkeit in der Öffentlichkeitsarbeit eines Theaters, Orchesters oder anderen Kulturbetriebs ist Musikwissenschaft als Grundlagenstudium sehr gut geeignet. Zusätzlich sollte man sich betriebswirtschaftliche Kenntnisse aneignen – wenn schon nicht durch ein wirtschaftswissenschaftliches Studium, dann zumindest durch Praktika oder eine Assistententätigkeit. Für die Arbeit im Bereich des Konzert- und Festivalmanagements, der Organisation von Musiktheater und Orchester oder in der Künstlervermittlung dürfte auch das Studium Musikmanagement (Hochschule für Musik und Theater in Hamburg) oder Kulturmanagement (Universität Lüneburg) günstig sein.

Genossenschaft deutscher Bühnenangehöriger, Feldbrunnenstraße 74, 20148 Hamburg.
Deutscher Rock- und Popmusikerverband e.V., Kolberger Str. 30, 21339 Lüneburg.
Union Deutscher Jazzmusiker e.V., Weberstraße 59, 53113 Bonn.
B. A. Rock – Bundesarbeitsgemeinschaft der Musikinitiativen e.V., Hansastraße 39, 81373 München (→ Internet).
Interessenverband Deutscher Konzertveranstalter und Künstlervermittler e.V., Lenharzstraße 15, 20249 Hamburg.
Verband der Deutschen Konzertdirektionen e.V., Liebigstraße 39, 80538 München.
Hochschule für Musik und Theater, Harvestehuder Weg 12, 20148 Hamburg.
Universität Lüneburg, Wilschenbrucher Weg 84, 21335 Lüneburg.

Handel und Handwerk

Die Berufsausbildung in den Bereichen Verlagswesen, Musikalienhandel, Instrumentenbau oder Notenherstellung stellt oft eine sinnvolle Fortführung des Musikwissenschaftsstudiums dar. Musikwissenschaftliche Kenntnisse sind hier als spezialisierte Form des Allgemeinwissens erwünscht, jedoch keineswegs Vorbedingung. Einen Überblick über die Vielfalt der Arbeitsfelder, für die im allgemeinen eine Lehrzeit absolviert werden muß, bietet der regelmäßig aktualisierte Musikalmanach des Deutschen Bühnenvereins im Bärenreiter-Verlag (→ Musikorganisationen).

Sehr gut ausgebildete Musikwissenschaftler werden in der Editionsarbeit der Musikverlage benötigt (s. Döge in Ehrmann-Herfort, 1996, S. 68 ff). Im 20. Jahrhundert sind viele Werke der Kunstmusik nach den vorliegenden Quellen neu bearbeitet und herausgegeben worden. In den seltensten Fällen haben die Verlage jedoch dafür feste Stellen geschaffen. Oft werden die Ausgaben in Zusammenarbeit mit Instituten der Universitäten erstellt. Gelegentlich sind diese Institute dank der Unterstützung aus Drittmitteln der Deutschen Forschungsgemeinschaft oder aus Stiftungen in der Lage, auf begrenzte Zeit zusätzliche Mitarbeiter anzustellen.

Seit Beginn der 80er Jahre hat sich der Bereich Technik und Computer explosionsartig entwickelt. Für die Entwicklung und Installation von Verstärkeranlagen (PA), das Programmieren von Musiksoftware oder die Entwicklung neuer MIDI-Geräte sind musikwissenschaftliche Kenntnisse nur zum Teil (bestimmte Bereiche der Systematischen Musikwissenschaft) hilfreich. Wichtig ist hier eine technische Ausbildung in Elektronik, am Computer oder am Synthesizer. Üblich ist der Quereinstieg von Popmusikern und Jazzern, die ihr Fachwissen durch intensives Selbststudium autodidaktisch erworben haben. Eine Ausnahme bilden Tonmeister und Tontechniker, für die es bereits seit den 60er Jahren gesonderte Ausbildungsgänge in Berlin, Detmold und München gibt (vgl. Dickreiter, S. 205 ff, und Daehn, S. 209 ff, beide in Rohlfs, 1988).

Bundesverband der Deutschen Musikinstrumenten-Hersteller e.V., Tennelbachstraße 25, 65193 Wiesbaden.
Verband der Vertriebe von Musikinstrumenten und Musikelektronik in Deutschland e.V., Heinestraße 169, 70597 Stuttgart.
Deutscher Musikverleger-Verband e.V. – Fachverband Deutsche Klavierindustrie

e.V. – Gesamtverband Deutscher Musikfachgeschäfte, alle c/o Friedrich-Wilhelm-Straße 31, 53113 Bonn.

Verband Deutscher Tonmeister e.V., Am Zaarshäuschen 9, 51427 Bergisch-Gladbach.

Medien

Die Medien bieten in unterschiedlicher Weise Arbeitsmöglichkeiten für Musikwissenschaftler. Überregionale Tageszeitungen (Süddeutsche Zeitung, Frankfurter Allgemeine Zeitung, Die Welt) und Wochenzeitungen wie Die Zeit beschäftigen im Feuilleton festangestellte Musikredakteure. Im allgemeinen aber sind Musikwissenschaftler freiberuflich gegen ein geringes Zeilenhonorar als Kritiker und Autoren tätig (vgl. Dreher in Rohlfs, 1988, S. 191 ff). Selbst Zeitschriften, die sich auf Musik spezialisiert haben (wie Keyboards, Opernwelt, Fachblatt Musik Magazin, Fono Forum), arbeiten aus Kostengründen überwiegend mit freien Autoren. Voraussetzung für eine Festanstellung ist eine praxisnahe journalistische Ausbildung (Zeitungs- oder Zeitschriftenvolontariat), da die wenigen Redakteure für die Endbearbeitung der Texte, das Einpassen ins Layout und die Produktionsabläufe bis zum Druck überwiegend journalistische Kenntnisse benötigen.

Ähnlich sieht es mit der Beschäftigung von Musikwissenschaftlern in der Phonoindustrie aus. Für die Begleitdokumentation von Tonträgern werden Texte von freiberuflich tätigen Wissenschaftlern erstellt. Festanstellungen sind in den Abteilungen Öffentlichkeitsarbeit, Werbung und Management üblich (→ Ökonomische Aspekte der Musikvermittlung).

Die Arbeit von Musikredakteuren in den Rundfunk- und Fernsehanstalten erfordert tiefgehende Musikkenntnisse. Dennoch nützt ein Studium der Musikwissenschaften nur für die Gestaltung der wenigen Klassik-Programme an öffentlich-rechtlichen Anstalten (auch hier nur nach einem Volontariat), da musikwissenschaftliche Studien in der Regel keine oder zu geringe Kenntnisse über die vielfältigen Stile der modernen populären Musik vermitteln. Die meisten Rock-, Pop- und Jazz-Musikredakteure haben sich die notwendigen Kenntnisse in der Praxis selbst angeeignet. Voraussetzung für ein Volontariat ist eine vorangegangene freie Mitarbeit in einem Programm und die Moderation von einzelnen Musiksendungen.

Arbeitsgemeinschaft der Rundfunkanstalten ARD, c/o WDR, Appellhofplatz 1, 50667 Köln (→ Internet).
Bundesverband der Phonographischen Wirtschaft e.V. und Deutsche Phono-Akademie e.V., Grelckstraße 36, 22529 Hamburg.
Preis der Deutschen Schallplattenkritik e.V., Am Gehölz 67, 22844 Norderstedt.
Verband Unabhängiger Tonträgerunternehmen e.V. (VUT), Kleine Freiheit 1, 22767 Hamburg.

Archivarbeit und Bibliotheken

Gut 100 Bibliotheken in öffentlichen Büchereien und ebenso viele Bibliotheken in Universitäten, Landes- und Staatsarchiven haben sich in Deutschland auf Musik spezialisiert (s. Musikalmanach des Deutschen Musikrats, 1997). Hier sind meist Musikbibliothekare angestellt, die nach Abschluß des Diploms als Bibliothekar die halbjährige Zusatzausbildung an der Stuttgarter Fachhochschule für Bibliothekswesen absolviert haben (Lesle in Rohlfs, 1988, S. 181–185). In großen Musikabteilungen von Universitäts- oder Staatsbibliotheken ist es möglich, daß Musikwissenschaftler mit einem qualifizierten Abschluß (meist Promotion) als Referendare in den höheren Dienst eingestellt und Musikbibliothekaren vorgezogen werden.

Besonders bekannt für ihre gute Ausstattung sind die öffentlichen Bibliotheken der VHS Neumünster, der Stadtbibliothek Essen und der Musikbücherei Hamburg. Internationale Bedeutung kommt der Musikabteilung in der Bayerischen Staatsbibliothek in München und der Staatsbibliothek Preußischer Kulturbesitz in Berlin zu.

Fachhochschule für Bibliothekswesen, Feuerbacher Heide 38–42, 70192 Stuttgart.
Internationale Vereinigung der Musikbibliotheken, Musikarchive und Musikdokumentationszentren, Gruppe Bundesrepublik Deutschland e.V., Dr. Joachim Jaedicke, Staatsbibliothek zu Berlin, Preußischer Kulturbesitz, Postfach, 10772 Berlin.

Literatur

Deutscher Musikrat (Hg.) (1997). *Musikalmanach*. Kassel: Bosse.
Ehrmann-Herfort, S. (Hg.) (1996). *Musikwissenschaft und Berufspraxis*. Darmstadt: Wissenschaftliche Buchgesellschaft.
Küster, K. (1996). *Studium: Musikwissenschaft* (UTB). München: Fink.
Rohlfs, E. (Hg.) (1988). *Handbuch der Musikberufe. Studium und Berufsbilder*. Regensburg: Bosse.

Musikorganisationen

Deutscher Musikrat e.V., Weberstraße 59, 53113 Bonn (→ Internet)
Dachorganisation aller mit Musik befaßten Verbände und Vereine in Deutschland. In der Generalversammlung sind 89 Fachorganisationen (Zahl von 1997) vertreten, die ein elfköpfiges Präsidium wählen. Das Präsidium übernimmt zusammen mit dem Generalsekretariat die Koordination der Verbandsarbeit, die Vertretung der Musikverbände in der Politik und entscheidet über die Mittel des Bundes für Förderprogramme und Maßnahmen im Bereich Musik.
Im erweiterten Präsidium sind zusätzlich die Präsidenten der 16 Landesmusikräte vertreten. Die Landesmusikräte übernehmen im allgemeinen die Verteilung der Musikfördermittel, die vom jeweils zuständigen Landesministerium bereitgestellt werden.

Gesellschaft für musikalische Aufführungs- und mechanische Vervielfältigungsrechte (GEMA), Generaldirektion, Bayreuther Str. 37/38, 10787 Berlin
Ausgangsbasis der GEMA war die Gründung der Genossenschaft Deutscher Tonsetzer unter maßgeblicher Beteiligung von Richard Strauss (→ ökonomische Aspekte der Musikvermittlung). Die GEMA vertritt die Rechte von nahezu 30 000 Mitgliedern, indem sie mit möglichen Nutzern von Musik und Noten Verträge abschließt und die Erträge auf die Mitglieder verteilt. Die GEMA unterscheidet zwischen U- und E-Musik (unterhaltend/ernst) und bevorzugt durch einen festgelegten Verteilungsschlüssel die E-Musik.

Gesellschaft zur Verwertung von Leistungsschutzrechten (GVL), Heimhuder Str. 5, 20148 Hamburg
Die GVL wurde 1959 gegründet und vertritt die Ansprüche von Interpreten gegenüber Veranstaltern und Tonträgerherstellern. Insbesondere die Mitglieder von Ensembles (Orchester, Chor usw.) haben so die Möglichkeit, die Rechte an ihren Leistungen wahrzunehmen.

Verwertungsgesellschaft Wort (VG Wort), Goethestraße 49, 80336 München
Die VG Wort vertritt seit 1958 die Urheberrechte von nahezu 100 000 Autoren und Verlagen. Vor allem die Ausschüttungen aus der sogenannten Kopierumlage kommen Wissenschaftlern zugute, die Aufsätze in Fachzeitschriften veröffentlichen.

Verwertungsgesellschaft Musikedition (VG), Königstor 1, 34117 Kassel
Die jüngste der Gesellschaften zum Schutz von Urheberrechten ist 1967 als Zusammenschluß der Herausgeber und Verlage von musikwissenschaftlichen Werkausgaben entstanden.

Deutscher Bühnenverein, Sankt-Apern-Straße 17–21, 50667 Köln
Vertreter der Arbeitgeber an den deutschen Bühnen und bei den Orchestern.

Musikergewerkschaften

Im wesentlichen werden Musiker, Sänger, Dirigenten, Ballett- und Chormitglieder von drei Gewerkschaften vertreten:

IG-Medien, Fachgruppe Musik, Friedrichstr. 15, 70174 Stuttgart (für alle genannten Gruppen von Musikschaffenden).

Genossenschaft deutscher Bühnenangehöriger (GDBA), Feldbrunnenstr. 74, 20148 Hamburg (überwiegend für Mitglieder von Chor und Ballett im Musiktheater).

Orchestervereinigung (DOV), Heimhuder Str. 5, 20148 Hamburg (Vertretung aller Berufsorchester in Deutschland).

Musikpädagogische Verbände

In der Musikpädagogik gibt eine Vielzahl von Organisationen, die sich um berufspolitische Belange und um Forschung kümmern. Die große Konkurrenz bewirkt, daß die Arbeit der jeweiligen Organisation nur eine geringe Reichweite besitzt.

Arbeitskreis Musikpädagogische Forschung (AMPF), c/o Peter Busch, An der Schule 12, 29342 Wienhausen (Verbreitung der Ergebnisse von Forschungsprojekten).

Arbeitskreis für Schulmusik, c/o Prof. Dr. Volker Schütz, Winterleitenweg 65, 97082 Würzburg (→ Internet).

Bundesfachgruppe Musikpädagogik (BMP), c/o Prof. Dr. Birgit Jank, Moselstraße 8, 15738 Zeuthen (berufspolitische Fragen).

Gesellschaft für Musikpädagogik, Heinrich-Schütz-Allee 35, 34131 Kassel.

Verband Deutscher Schulmusiker (VDS), Weihergarten 5, 55116 Mainz (Schwerpunkt Gymnasium).

Wissenschaftliche Sozietät, c/o Institut für Musikpädagogik, Leopoldstr. 13, 80802 München (Forschungskreis, durch posthume Stiftung der Musikpädagogin Sigrid Abel-Struth auch Förderung junger Wissenschaftler möglich).

Musikwissenschaftliche Verbände:

Die unterschiedlichen Verbände decken jeweils einen Schwerpunkt musikwissenschaftlicher Forschung ab. Zu nennen sind:

Arbeitskreis Studium Populärer Musik (ASPM), c/o Alenka Barber-Kersovan, Ahornweg 154, 25469 Halstenbek.

Arbeitskreis Systematische Musikwissenschaft, c/o Prof. Dr. Albrecht Schneider, Musikwissenschaftliches Institut der Universität, Neue Rabenstraße 13, 20354 Hamburg.

Deutsche Gesellschaft für Elektroakustische Musik, Treuchtlinger Str. 8, 10779 Berlin (→ Internet).

Deutsche Gesellschaft für Musikpsychologie (DGM), c/o Hochschule für Musik, Emmichplatz 1, 30175 Hannover.

Deutsche Ges. für Musiktherapie (DGMT), Libauer Str. 17, 10245 Berlin.

Fachgruppe Freie musikwissenschaftliche Forschungsinstitute, c/o Dr. Helga Lühning, Hohle Gasse 5, 53177 Bonn.

Frau und Musik. Internationaler Arbeitskreis, Naumburger Str. 40, 34127 Kassel.

Gesellschaft für Musikforschung, Heinrich-Schütz-Allee 35, 34131 Kassel.

Institut für Neue Musik und Musikerziehung, Olbrichweg 15, 64287 Darmstadt.

International Council for Traditional Music, deutsche Gruppe c/o Prof. Dr. Marianne Bröcker, Obere Seelgasse 5a, 96049 Bamberg.

Nachschlagewerke und Übersichtsliteratur

Nachschlagewerke

New Grove Dictionary of Music and Musicians, hg. v. S. Sadie (1980), London: Macmillan (mit 20 Bänden umfangreichstes Musiknachschlagewerk).

MGG Musik in Geschichte und Gegenwart, alte Ausgabe hg. v. F. Blume (1949–1986), 17 Bände – neue Ausgabe L. Finscher (Hg.) (1994 ff), Sachteil bis Bd. 7 (1997) erschienen, Personenteil erscheint ab 1999.

New Grove Dictionary of Jazz, hg. v. B. Kernfeld, (1988), London: Macmillan

New Grove Dictionary of Musical Instruments, hg. v. S. Sadie (1992). London: Macmillan

Encyclopedia of Rock, hg. v. P. Hardy & D. Laing (1987). London.

Rock-Lexikon (2 Bde.), hg. v. B. Graves & S. Schmidt-Joos (Neuausgabe 1990). Reinbek: Rowohlt.

Guinness Encyclopedia of Popular Music, hg. v. C. Larkin (1992). London: Guinness (Biographien von Musikern der modernen populären Musik).

Hugo Riemann, *Musiklexikon;* 12. Aufl. in 5 Bänden, hg. v. W. Gurlitt & C. Dahlhaus, Mainz/München: Schott/Piper (1959–1975).

Datenbanken

RILM (Répertoire International de la Literature Musicale): wichtigste Datenbank für musikwissenschaftliche Literatur, liegt als Print-Ausgabe in jeder Bibliothek. EDV-Einrichtung vorgesehen.

RIPM (Répertoire International de la Presse Musicale): →Internet.

RISM (Répertoire International des Sources Musicales): →Quellenforschung, S. 470.

ERIC (Educational Ressources Info Center): internationale Veröffentlichungen zur Musikpädagogik und Musikdidaktik.

PSYCHINFO: internationale Datenbank für Zeitschriftenartikel und Bücher zur Psychologie. Abfrage mit den Schlüsselwörtern *music* und *psychology* bzw. *therapy.*

PSYCHLIT: Datenbank für deutschsprachige Veröffentlichungen zur Psychologie.

DIMDI (Deutsches Institut für medizinische Dokumentation und Information): medizinische Datenbank für internationale Literatur.

Die Datenbanken PSYCHINFO, PSYCHLIT, DIMDI und ERIC sind auf CD-ROM in vielen Universitätsbibliotheken zugänglich. Sie enthalten viele Arbeiten zur Musik. Sie können außerdem nach Angabe von Schlüsselbegriffen als Listen, Karteikarten oder Computerdatei über den zentralen Presse-Informationsdienst (ZPID, Universität, 54286 Trier) bestellt werden.

Übersichtsliteratur

Bruhn, H., Oerter, R. & Rösing, H. (Hg.) (1993). *Musikpsychologie. Ein Handbuch*. Reinbek: Rowohlt (3. Aufl. 1997).

Carterette, E. C. & Friedman, M. P. (Hg.) (1978). *Handbook of perception*. IV: Hearing. New York: Academic Press.

Colwell, R. (Hg.) (1992). *Handbook of research on music teaching and learning*. New York: Schirmer.

Dahlhaus, C. (Hg.) (1975 ff). *Neues Handbuch der Musikwissenschaft* (13 Bde. und Register). Laaber: Laaber (Musikgeschichte 8 Bde., Ethnomusikologie 2 Bde., Systematische Musikwissenschaft, Popular- und Volksmusik, Interpretation je 1 Bd.).

Dorfmüller, K. & Müller-Benedict, M. (1997). *Musik in Bibliotheken*. Wiesbaden: Reichert.

Hodges, D. A. (Hg.) (1996). *Handbook of music psychology*. University of Texas, San Antonio: IMR Press (2. Aufl.).

Michels, U. (1985 / 92). *dtv-Atlas zur Musik* (2 Bde.). München: dtv.

Myers, H. (Hg.) (1992 / 93). *Ethnomusicology* (2 Bde.). New York: Norton.

Zeitschriften und Jahrbücher

Aus dem umfangreichen internationalen Angebot fach- und populärwis-
senschaftlicher Zeitschriften wird hier eine kleine Auswahl angeführt,
die sich mit höchst unterschiedlichen Schwerpunkten an unterschiedliche Leserkreise wendet.

Eine weitaus vollständigere Recherche zu Zeitschriftenbeiträgen ist
über die Datenbank RIPM (Répertoire International de la Presse Musicale) möglich (UMI, The Old Hospital, Ardingly Road, Cuckfield, West
Sussex RH17 5JR, Großbritannien; →Internet).

Acta Musicologica (hg. v. Internationale Ges. für Musikwissenschaft)
- Acustica (Internationale akustische Zeitschrift)
- Analecta Musicologica
- Archiv für Musikwissenschaft (hg. v. Hans Heinrich Eggebrecht)
- Audio (Magazin für Hi-Fi, Musik und Video)
- Beiträge zur Popularmusikforschung (hg. v. Arbeitskreis Studium Po-
  pulärer Musik ASPM).
- Beiträge zur Musikwissenschaft (hg. v. Ges. für Musikwissenschaft)
- drums & percussion (speziell für Schlagzeuger und Percussionisten)
- Early Music
- Ethnomusicology
- Fachblatt Musik Magazin (führendes Rock- und Popmagazin)
- Fono Forum (Magazin für Klassikliebhaber)
- Int. Rev. of the Aesthetics and Sociology of Music (bis Ende 1990)
- Jazz Podium
- J. of the Acustical Soc. of America (akustische Grundlagenforschung)
- Journal of the American Musicological Society
- The Journal of Musicology
- Journal of Music Theory
- Journal of the Royal Musical Association
- Keyboards (Homerecording and Computer)
- Keys (Magazin für Keyboard, Computer & Recording)
- Das Liebhaberorchester (hg. v. Bund Deutscher Liebhaberorchester)
- Lied & Chor (hg. v. Deutschen Sängerbund)
- Music & Letters
- The Music Review
- The Musical Quarterly

- Musikalmanach (alle 3 Jahre hg. v. Deutschen Musikrat)
- Musik Express / Sounds (Rock und Pop)
- Musik in der Schule
- Musik & Bildung
- Musik und Unterricht
- Musiktheorie
- Nuova Rivista Musicale Italiana
- Die Musikforschung (hg. v. Gesellschaft für Musikforschung)
- Musikforum (hg. v. Deutschen Musikrat)
- Musikhandel (hg. v. Musikverlegerverband und Gesamtverband Musikfachgeschäfte)
- Das Musikinstrument (führend bei Instrumentenhandel und -bau)
- Musikpädagogische Forschung (Jahrbuch des AMPF)
- Musikpsychologie (Jahrbuch der DGM)
- Musik-, Tanz- und Kunsttherapie
- Musiktheorie
- Musiktherapeutische Umschau (hg. v. DGMT)
- Neue Musikzeitung (NMZ, hg. u. a. v. Musikalische Jugend Deutschlands, Arbeitskreis für Schulmusik, Deutscher Tonkünstlerverband)
- Neue Zeitschrift für Musik (NZ, moderne Kunstmusik)
- Oper und Konzert (Opernliebhaber)
- Opernwelt (Opernliebhaber)
- Popular Music
- Psychomusicology
- Revue de Musicologie
- Sound Check (Rock und Pop)
- Systematische Musikwissenschaft (hg. v. Arbeitskreis Systematische und Vergleichende Musikwissenschaft in Hamburg)
- Theater heute (Musiktheater)
- Üben & Musizieren (Musikschule)
- The World of Music (Ethnomusikologie)
- Zeitschrift für Musikpädagogik (früher: Die Grünen Hefte; Schwerpunkt internationale und deutsche populäre Musik)

Internet

Das Internet als weltweiter Zusammenschluß von Großrechnern und Rechennetzen spielt bisher in der musikwissenschaftlichen Forschung noch eine relativ geringe Rolle. Da sich dies jedoch in den nächsten Jahren schnell ändern wird, sollen ausgewählte Adressen als Anregung weitergegeben werden (vgl. die Studie der ARD: Eimeren, Oehmichen & Schröter, 1997).

Bei der Verwendung der Internet-Adressen muß die Groß- und Kleinschreibung beachtet werden. Sollte ein Aufruf mißlingen, weil sich die Adresse geändert hat oder ein Querverweis (Link) falsch eingefügt wurde, so muß nachrecherchiert werden. Dafür gibt es die sogenannten Suchmaschinen – Programme, die verschiedene Internet-Anbieter zum Durchsuchen des weltweiten Netzes meist kostenlos anbieten. Für den deutschsprachigen Raum empfiehlt sich:

http://www.altavista.telia.com

Eine Liste von weltweit operierenden Suchmaschinen findet sich bei:

http://dmarkt.com./fritz/liste.htm

Wenn eine neue Seite eingerichtet wurde, sollte die Adresse dieser Seite mit Schlüsselwörtern an die Suchmaschinen weitergegeben werden. Es wird empfohlen, auf jeden Fall das Stichwort

musicology research Germany

anzugeben – ergänzt um die Schlüsselwörter des Forschungsthemas. Die Adresse und die Schlüsselwörter müssen registriert und an die anderen Suchmaschinen verteilt werden. Dies ist zum Beispiel möglich über

http://dmarkt.com/fritz/

Informationen über die Möglichkeiten und die Organisation des Internet finden sich in einer Vielzahl von Fachbüchern (z.B. Bollmann & Heibach, 1996; Honeycutt u.a., 1997). Die aus dem Internet erhältlichen Daten sind überwiegend Textdateien. Im Musikbereich werden jedoch auch MIDI-Dateien, Wave-Dateien, Videos mit Ton und digitale Audio-Dateien (für Echtzeit-Radioübertragungen) angeboten. Für die Nutzung der Dateien sind meist zusätzliche Programme notwendig, die ebenfalls leicht aus dem Internet abgerufen werden können.

Literatur

Bollmann, S. & Heibach, C. (Hg.) (1996). *Kursbuch Internet. Anschlüsse an Wirtschaft und Politik, Wissenschaft und Kultur.* Mannheim: Bollmann.

Eimeren, B. van, Oehmichen, E. & Schröter, C. (1997). ARD-Online-Studie 1997: Onlinenutzung in Deutschland. Media Perspektiven, 10, 548–557.

Honeycutt, J. u.a. (1997). Special Edition Internet. Referenz und Anwendungen. Haar bei München: Que / Markt & Technik.

Ausgewählte Internet-Adressen

Internet-Adresse	Anbieter und Inhalt der Seiten
Rundfunk und Fernsehen	
http://www.sharelook.de	Kommerzieller Anbieter von Anzeigen im Internet, aber auch Überblick über alle Medienanstalten von Deutschland, Österreich und der Schweiz. Von hier aus Links zu den Websites der öffentlich-rechtlich und privaten Rundfunk- und Fernsehanstalten. Weitere Links finden sich in Media Perspektiven 11 (1997), S. 622
als Beispiel: http://rsh.de http://www.wdr.de http://www.mtv.com http://www.vh1.de.	Radio Schleswig-Holstein: Informationen über die Moderatoren, Vorschläge für das Programm, Bestellung von Fan-Artikeln WDR: Übermittlung von Autogrammwünschen, Anmeldung zur Teilnahme an Fernseh-Shows Musiksender MTV Musiksender VH-1
http://www.technohouse.com/technohouse/	Internet-Seiten mit Angaben über Sendezeiten und Sendeplätze nur von Techno und House
http://www.npr.org/ http://www.dwelle.de/ http://www.nrwo.com/ radio-kiepenkerl/index.htm	Online-Radios, die Hits werden auf den privaten Computer geladen und können über die Soundkarte angehört werden
http://www.real.com/ products/player/ index.html	Hier kann man das Programm zur Übersetzung der von Online-Radios gesendeten Dateien abrufen: RealAudio-Player
Zeitschriften	
http://www.spiegel.de	Der Spiegel. Hintergrundinformationen über die Artikel in der aktuellen Spiegel-Ausgabe, zusätzliche Informationen über bewegtes Bild (Video) und Tonbeispiele (siehe Kultur Extra Musik). Weitere Möglichkeiten bei Bibliotheken (s. u.)
http://www.konrad.stern.de	Internet-Zeitschrift des Stern: Online-Ausgabe der Zeitschrift, zusätzliche Informationen, Links zu anderen Seiten

http://sharelook.de	Zugang zu den meisten Zeitschriften im Popmusikbereich. Hier auch Links zu *Webzines*, Musik-Zeitschriften, die nur im Internet erscheinen

Plattengesellschaften

http://www.bmg.com http://www. grammophon.de http://www.wbr.com http://www.emimusic.de http://emiclassics.com http://www.sonymusic.de	BMG Deutsche Grammophon Warner Brothers EMI Deutschland EMI international, spezielles Pädagogikprogramm für Klassik Sony Die Plattengesellschaften bieten immer eine Liste der unter Vertrag stehenden Interpreten. Für viele Interpreten gibt es besondere Websites, die direkt angeklickt werden können (Links). Oft lassen sich Hörbeispiele abrufen

Archive und Bibliotheken

http://www.bsb. badw-muenchen.de/ index2.htm	Bayerische Staatsbibliothek: Hier besteht die Möglichkeit, online den Bestand einer der größten Musikbibliotheken der Welt zu durchsuchen (vollständige Bibliographie und vollständiger Bestandsnachweis, Suche nach Stichwort, Titel und Autor möglich)
http://www.umi.com	RIPM Répertoire International de la Presse Musicale: Übersicht über die Leistungen der Datenbank und die Bestellmöglichkeiten
http://www.yahoo.de/ Bildung und Ausbildung/	Suche nach anderen Universitätsbibliotheken über die Websites der jeweiligen Universitäten
http://www.iuma.com	Archiv der Independent Labels
http://www.on-luebeck.de /~cdammann/Musik.html	Informationen zu Musik, Veranstaltungen und Links zu Websites berühmter Künstler und Ensembles
http://www.spiegel.de/ archiv/index.html	Volltextrecherche in allen Spiegel-Artikeln ab 1993, kostenpflichtig nach vorheriger Anmeldung

Organisationen

http://www. Deutscher-Musikrat.de	Deutscher Musikrat, von hier aus Links zu allen Landesmusikräten und zu den Mitgliedsorganisationen mit eigener Website oder E-Mail
http://www.Dfg-Bonn.de	Deutsche Forschungsgemeinschaft mit allen Forschungsinformationen und Antragsvordrucken
http://members.aol.com/ afsnieders/ AfS/welcome.htm	Arbeitskreis für Schulmusik, umfangreiche Website mit Links zu allen deutschsprachigen Musikpädagogik-Zeitschriften, Informationen zu Veröffentlichungen, Organisationen und Verlagen
http://www2.rz. hu-berlin./ inside/fpm/	Forschungszentrum populäre Musik, Humboldt Universität Berlin
http://db.allmusic.de	Bayerisches Verzeichnis von Musikadressen
http://www.ekd.de/epid	Evangelischer Posaunendienst in Deutschland, Konzertnachrichten, online-Instrumentenmarkt
http://www.kgw. tu-berlin.de/DegeM http://www.kgw. tu-berlin.de/EMDoku	Deutsche Gesellschaft für Elektroakustische Musik
http://www.goethe.de	Goethe-Institut (deutsches Kulturinstitut)
http://www. musikschule-vdm.de	Verband Deutscher Musikschulen mit Links zu allen Musikschulen in Deutschland mit eigener Website oder E-mail
http://www.menc.org	Music Educators National Conference, die amerikanische Organisation der Musiklehrer
http://www.festspiele.de	Bayreuther Festspielhaus

Interessante Musik-Websites

http://www.sunsite. unc.edu/elvis/ elvishom.html http://www. boygroups.com http://www. rollingstone.com http://www.jazzonline.com	Pop-Gruppen und -Stars
http://www.infoworld.de	Musikbücher des Wißner-Verlags

http://www.worldmusicstore.com	CD, Video, Bücher zu Musik aus der ganzen Welt – Katalog und Bestellmöglichkeit
http://www.mediumbooks.com	Umfangreicher Rock- und Pop-Musikbuchkatalog vom Music-Headquarter in München
Suchmaschinen	
http://www.altavista.com http://www.yahoo.com http://www.yahoo.de http://www.webcrawler.com	Suchmaschinen sind meist Anzeigenanbieter, die gleichzeitig in einer Datenbank die Adressen und Stichwörter einer Vielzahl von Websites gespeichert haben. Über einige Suchmaschinen ist auch die Anmeldung der eigenen Website möglich

Autoren

Barber-Kersovan, Alenka, geb. 1945, Dipl. Musikwissenschaft: Forschung zu musikalischen Subkulturen, Rockmusik in den Ostländern, pädagogische Aspekte der populären Musik. Adresse: Ahornweg 154, 25469 Halstenbek.

Böhle, Reinhard C., geb. 1949, Privatdozent Dr.: Musikpädagogik, Rock- und Popmusik, interkulturelle Musikdidaktik. Wichtigste Veröffentlichungen: (Inter)kulturell orientierte Musikdidaktik (1996), Das Arrangement – einst und heute (1996). Adresse: Borussiastraße 53, D-12099 Berlin.

Bruhn, Herbert: s. Seite 2.

Clemencic, René, geb. 1928, Professor Dr.: Komponist, Dirigent, Cembalist, Blockflötist und Musikwissenschaftler, Aufführungspraxis Alter Musik. Adresse: Reisnerstraße 26/7, A-1030 Wien, Österreich.

Elschek, Oskár, geb. 1931, Univ.-Prof. Dr.: Vergleichende und Systematische Musikwissenschaft, Organologie. Wichtigste Veröffentlichungen: Die slowakischen Volksmusikinstrumente. Volksinstrumente der Tschechoslowakei Teil 2 (1983), Musikforschung der Gegenwart – Systematik, Theorie und Entwicklung (1989). Adresse: Beskydská 6, Sk-811 05 Bratislava, Slowakei. hudvelos@savba.savba.sk oder hudvrut@savba.savba.sk

Elscheková, Alica, geb. 1930, Ph. D., CSc (Candidatus scientiarum): Volksmusikforschung, Vergleichende Musikwissenschaft. Wichtigste Veröffentlichungen: Systematisierung und Klassifikation von Volksliedweisen (in Hdb. des Volksliedes, 1975, S. 549–582), Stratigraphie der Volksmusik in den Karpaten und auf dem Balkan (1980), Einleitung in das Studium der slowakischen Volksmusik (mit O. Elschek, 1996). Adresse: s. Oskár Elschek.

Erlmann, Veit, geb. 1951, Prof. Dr., Endowed Chair of Music History. Musikethnologische Forschungen zu Südafrika. Wichtigste Veröffentlichungen: African Stars (1991), Nightsong (1996). Adresse: School of Music, University of Texas at Austin, TX 78712, USA. erlmann@mail.utexas.edu

Flender, Reinhard, geb. 1953, Prof. Dr.: Jüdische Musik, Musik des 20. Jahrhunderts. Wichtigste Veröffentlichungen: Der biblische Sprechgesang und seine mündliche Überlieferung in Synagoge und griechischer Kirche (1988), Popmusik (zus. mit H. Rauhe 1989), Hebrew psalmody – a structural investigation (1992). Adresse: Hochschule für Musik und Theater, Harvestehuder Weg 12, D-20148 Hamburg.

Födermayr, Franz, geb. 1933, o. Univ.-Prof., Mag. art., Dr. phil.: Vergleichende Musikwissenschaft. Wichtigste Veröffentlichungen: Zur gesanglichen Stimmgebung in der außereuropäischen Musik (1971), Popularmusik als Gegenstand musikwissenschaftlicher Forschung (Musicologica Austriaca 5, 1985), Musik als geistes- und naturwissenschaftliches Problem (1992), Analytische Grundlagen zu einer Typologie des Jodelns (Systematische Musikwissenschaft, 1994). Adresse: Bäckenbrünnlgasse 7A/7, A-1180 Wien, Österreich.

Frobenius, Wolf, geb. 1940, Univ.-Prof. Dr.: Historische Musikwissenschaft, insbes. Mittelalter, 19. und 20. Jahrhundert. Wichtigste Veröffentlichungen: viele Beiträge zum Handwörterbuch der musikalischen Terminologie und Aufsätze zur Frühgeschichte der Motette. Adresse: Musikwissenschaftliches Institut der Universität des Saarlandes, Postfach 15 11 50, D-66041 Saarbrücken.
w.frobenius@rz.uni-sb.de

Greve, Martin, geb. 1961, Dr. phil.: Musik in der Türkei, türkische Musik in Deutschland. Wichtigste Veröffentlichungen: Die Europäisierung orientalischer Kunstmusik in der Türkei (1995), Alla Turca – Musik aus der Türkei in Berlin (1997). Adresse: Badensche Straße 54, 10825 Berlin.

Heister, Hanns-Werner, geb. 1946, Prof. Dr. phil.: Neue Musik, politische Musik, Musik im NS und im Widerstand; Musikkultur, Medien, Institutionen, Methodologie der Musikwissenschaft. Adresse: Am Ölbach, 37293 Herleshausen.

Kartomi, Margaret, geb. 1940, Prof. Dr.: Ethnomusikologie, bes. Südostasien. Wichtigste Veröffentlichungen: On concepts and classifications of musical instruments (1990), Artikel über Südostasien, die australischen Aborigines und allgemeine Musikwissenschaft. Adresse: Dep. of Music, Monash University, Clayton, Victoria 3168, Australien.

Kreutziger-Herr, Annette, Dr. phil.: Musik des Mittelalters, Musik des 19. und 20. Jahrhunderts. Wichtigste Veröffentlichungen: Johannes Ciconia: Komponieren in einer Kultur des Wortes (1990), Aus der Neuen Welt. Streifzüge durch die amerikanische Musik des 20. Jahrhunderts (1997, mit Stuck), Das Andere, Eine Spurensuche in der Musikgeschichte des 19. und 20. Jahrhunderts (1998). Adresse: Musikwissenschaftliches Institut der Universität, Neue Rabenstraße 13, D-20354 Hamburg.
aKh@compuserve.com

Nowak, Adolf, geb. 1941, Prof. Dr. phil.: Neuere Musikgeschichte, Theorie und Ästhetik der Musik. Adresse: Musikwissenschaftliches Institut der Universität, Senckenberganlage 24, D-60054 Frankfurt/M.

Oerter, Rolf, geb. 1931, Prof. Dr. phil. habil.: Pädagogische Psychologie, Entwicklungspsychologie, Kulturpsychologie; Entwicklung im Jugendalter, Menschenbild im Kulturvergleich, Spielverhalten bei Kindern, Musikpsychologie. Wichtigste Veröffentlichungen: Entwicklung von Werthaltungen (1966), Moderne Entwicklungspsychologie (1967, 19. Aufl. 1982, übers. span., ital.), Psychologie des Denkens (1971, 6. Aufl. 1980), Struktur und Wandlung von Werthaltungen, Psychologie des Spiels (1993), Entwicklungspsychologie, (1995, zus. mit Montada). Adresse: Institut für Psychologie, Leopoldstraße 13, 80802 München.

Oliveira Pinto, Tiago de, geb. 1958, Dr. phil.: Musikwissenschaftler und Ethnologe, Direktor des Brasilianischen Kulturinstituts in Berlin, Lehrbeauftragter FU Berlin, Universidade de São Paulo/Brasilien. Wichtigste Veröffentlichungen: Welt Musik Brasilien (1986), Capoeira, Samba, Candomblé Afro-brasilianische Musik im Reconcavo (1991), Afroamerikanische Musik (mit G. Kubik, 1994). Adresse: ICBRA, Knesebeckstraße 20–21, D-10623 Berlin. icbra@compuserve.com

Rauhe, Hermann, geb. 1930, Prof. Dr. phil.: Musikpädagogik, populäre Musik, Musiktherapie, Musikwirtschaft. Wichtigste Veröffentlichungen: Hören und Verstehen – Theorie und Praxis handlungsorientierten Musikunterrichts (1975), Schlüssel zur Musik (mit R. Flender, 1986), Popmusik (mit R. Flender, 1989), Kulturmanagement (mit C. Demmer, 1994). Adresse: Präsident der Hochschule für Musik und Theater, Harvestehuder Weg 12, D-20148 Hamburg.

Rienäcker, Gerd, geb. 1939, Prof. Dr. sc.: Theorie und Geschichte des Musiktheaters (Oper und Operette), Arbeiten zu J. S. Bach und Beethoven und zur Musikgeschichtsschreibung. Adresse: Ahornallee 15 A, D-16567 Mühlenbeck.

Rösing, Helmut: s. Seite 2.

Schmidhofer, August, geb. 1958, Dr.: Afrikanische Musik (bes. Madagaskar), Musik und Trance. Wichtigste Veröffentlichungen: Das Xylophonspiel der Mädchen – zum afrikanischen Erbe in der Musik Madagaskars (1995), Awakening the spirits – music in tromba and bilo trance rituals (CD und Begleitheft 1997). Adresse: Traisengasse 5/6/7, A-1200 Wien, Österreich. August.Schmidhofer@univie.ac.at

Schormann, Carola, geb. 1954, Dr. phil.: Musikethnologie und Musikpädagogik. Wichtigste Veröffentlichungen: Musikalische Ausbildung in Vietnam (1995), Musik in Kuba – Santeria, Salsa und Soneros (in V. Schütz, 1996). Adresse: Feldstraße 27, OT Medingen, D-29549 Bad Bevensen. schormann@uni-lueneburg.de

Schwindt, Nicole, geb. 1957, Prof. Dr.: Musik des 16. bis 18. Jahrhunderts, Quellenkunde. Wichtigste Veröffentlichungen: Drama und Diskurs (1989), Musikwissenschaftliches Arbeiten (1992), Artikel Kammermusik in MGG, Sachteil Bd. 4 (1996). Adresse: Schlegelstraße 33, D-72762 Reutlingen. NicoleSchwindt@t-online.de

Srinivasan-Buonomo, Pia, geb. 1931, Dr. phil.: Südindische klassische Musik. Wichtigste Veröffentlichungen: Beihefte bzw. Kommentare zum Doppelalbum Musik für Vina, zur CD Gopalakrishnan: Carnatic Flute (mit L. Pesch), Von der südindischen Violine (mit S. A. Srinivasan); Monographie Marayamman in music and in sociology of religion (mit S. A. Srinivasan) (1997). Adresse: Hermann-Lönsstraße 6, D-21465 Reinbek.

Zhang, QueMay, geb. 1958, Dr. phil.: Sinologie, Musikwissenschaft, Theaterwissenschaft, westliche Einflüsse auf die Musikkultur Chinas. Wichtigste Veröffentlichung: Bildungsreform und westliche Musikerziehung in China (1996). Adresse: Ostasien-Seminar der FU-Berlin, Podbielskiallee 42, D-14195 Berlin.

Register

(zentrale Erwähnungen jeweils *kursiv*)

**Herbert Bruhn
Rolf Oerter
Helmut Rösing
(Hg.)**

MUSIK-
PSYCHOLOGIE
Ein Handbuch

**rowohlts
enzyklopädie**

ro
ro
ro

ISBN 3-499-55526-3